Max Wirth

Grundzüge der National-Ökonomie

Beiträge zur sozialen Frage

Max Wirth

Grundzüge der National-Ökonomie
Beiträge zur sozialen Frage

ISBN/EAN: 9783741130427

Hergestellt in Europa, USA, Kanada, Australien, Japan

Cover: Foto ©Thomas Meinert / pixelio.de

Manufactured and distributed by brebook publishing software
(www.brebook.com)

Max Wirth

Grundzüge der National-Ökonomie

Grundzüge

der

National-Oekonomie.

Von

Max Wirth.

Vierter Band.

Köln, 1873.

Verlag der M. DuMont-Schauberg'schen Buchhandlung.

Druck von M. DuMont Schauberg in Köln.

Beiträge
zur
socialen Frage.

Von

Max Wirth.

Köln, 1873.
Verlag der M. DuMont-Schauberg'schen Buchhandlung.

Druck von M. DuMont-Schauberg in Köln.

Vorwort.

Die Aufgabe, welche wir uns gestellt, ist nicht, die „sociale Frage zu lösen", sondern einen Beitrag zu liefern, daß die gesellschaftliche Arbeit zu diesem Ziel auf die richtige fruchtbare Bahn gelenkt werde.

Unser Zweck ist, eine Summe von Zeit und Kraft ersparen zu machen, welche jährlich in der volkswirthschaftlichen Arbeit vergeudet wird durch das Grübeln und Jagen nach neuen Theorieen, Systemen und Universalmitteln zur „Lösung der socialen Frage", welche nicht selten zum Schilde von Partei-Umtrieben dienen. Wir versuchen dieses Ziel zu erreichen, indem wir beweisen, daß es außer der persönlichen Tüchtigkeit kein Universalmittel gibt, und daß das Forschen nach neuen Heilmitteln der socialen Uebel nur helfen kann, wenn man innerhalb und auf der Basis der allgemeinen Cultur-Errungenschaft bleibt; daß alle wirthschaftlichen Bemühungen von der doppelten Grundlage der Solidarität der menschlichen Gedankenarbeit und der Ungleichheit der Eigenschaften der Menschen von Natur und Geburt ausgehen müssen; daß zwar ein Theil der Cultur, des geistigen Capitals gemeinsames Eigenthum Aller ist, der Besitz eines anderen Theiles aber wieder von der natürlichen Begabung des Menschen abhängt, — daß es deßhalb allerdings allgemeine Maßregeln zur Verbesserung der Zustände gibt, welche für Alle passen, wie z. B. die Gesetzgebung über Handel und Wandel, die Verkehrs- und Umsatz-Anstalten, der öffentliche Unterricht; daß aber andererseits die aus der Ungleichweil der Menschen von Natur entstandene Theilung der Arbeit und Vielfachheit der Berufsarten eine solche Mannigfaltigkeit der Zustände hervorruft, daß jeder einzelne Beruf untersucht werden muß, ehe man Verbesserungsmaßregeln für dessen Gebrechen vorschlagen kann, — daß also jeder Aufsuchung von Heilmitteln die Diagnose der speciellen Krankheit vorhergehen muß, — wodurch wir statt zu Panaceen, zu Hunderten von Heilmitteln und Behandlungsarten geführt werden.

Indem wir daher die verschiedenen Berufsschichten der Bevölkerung statistisch prüfen und zerlegen, kommen wir dadurch in die Lage, eine Anzahl landläufiger Behauptungen und für unbestritten ausgegebener Prämissen, zum Beispiel, daß die unbemittelten Arbeiter oder gar die Fabrikarbeiter die Mehrzahl der Bevölkerung bilden, — in ihr Nichts zu verweisen. Durch solche Aufklärungen verliert aber die sociale Frage bedeutend an ihren Schrecknissen, denn mit der Verminderung der Zahl der Hülfsbedürftigen wachsen die Mittel und der gute Wille Derer, welche im Stande sind, zu helfen. Dadurch wird der Gegenstand erst auf die richtige Basis gestellt und, so weit es bei dem gegenwärtigen Stand der Berufsstatistik möglich ist, das Material geliefert, um die Untersuchung über die Lage der arbeitenden Classen und die Mittel zur Abhülfe bestehender Uebelstände zum ersprießlichen Ziele zu führen. Unsere Absicht ist daher nicht, ein Partei-Programm zu liefern, sondern die Arbeit zur Verbesserung der Lage der arbeitenden Classen auf die wissenschaftliche Basis zu stellen.

Indem man auf diese Weise dann fruchtlose oder gar schädliche Bemühungen verhütet, würde, wie bei einem großen Bau oder in einer Armee, ein Jeder auf seinen Platz gestellt, wo er nützlich wirken kann, und durch solches wohl durchdachtes, planmäßiges Zusammenwirken Aller würde ein großartiges Gebäude allgemeiner Volkswohlfahrt errichtet, während das schablonenhafte Agitiren und Haschen nach Universalmitteln — nur zu einem babylonischen Thurmbau und dessen Sprachverwirrung führt.

Zu Weihnachten 1872.

Der Verfasser.

Inhalts-Verzeichniß.

Literatur.

I.

Berufsstatistik, amtliche, der verschiedenen Länder, 1862–1866.

Englische Blaubücher:

Condition of the Industrial Classes 1870, 1871, 1872.

Children's Employment, 8 Foliobände.

Preußen: Zeitschrift des preuß. statist. Bureaus. (Berlin.)

Thurgau: Amtlicher Bericht über das thurgauische Fabrikwesen. (Frauenfeld 1869.)

Würtemberg, Jahresberichte der Handelskammern in, herausgegeben von der Centralstelle. (Stuttgart.)

II.

Arbeiterfreund, der, Zeitschrift des Centralvereins in Preußen für das Wohl der arb. Classen. (Halle, Buchh. des Waisenhauses.)

Arbeitgeber, der, Centralorgan für Stellen- und Arbeitergesuche, Archiv für Volkswirthschaft und Statistik. (Frankfurt a. M.)

Concordia, Zeitschrift für die Arbeiterfrage. (Berlin, F. Enslin.)

Faucher, J., Vierteljahrsschrift für Volkswirthschaft und Culturgeschichte. (Berlin.)

Hildebrandt, Jahrbücher für National-Oekonomie u. Geschichte. (Jena.)

Journal des Economistes. (Paris.)

Journal de la Société vaudoise d'utilité publique. (Lausanne, Bridel.)

Schweizerische statistische Zeitschrift. (Bern, Wyß.)

Schweizerische Zeitschrift für Gemeinnützigkeit. (Zürich, Herzog.)

Staatswissenschaft, Zeitschrift für die gesammte. (Tübingen.)

III.

Arbeiterfrage, die, und ihre Lösung. (Karlsruhe, 1869.)

Arbeiterfreund, s. Zeitschriften.

Arbeitgeber, s. Zeitschriften.

Arbeiterbewegung, zur Geschichte der englischen, 1871. (Leipzig, 1872.)

Atherton, Henry, An acre of land. (London, 1872.)

Bamberger, L., Die Aufhebung der indirecten Gemeinde-Abgaben in Belgien, Holland und Frankreich. (Berlin, 1871.)

Banderß, S., Die sociale Reform des Geldes und der Waare. (Berlin, 1872.)

Berufsstatistik, s. amtliche Publicationen.
Bela, Die Geheimmittel- und Unsittlichkeits-Industrie. Deutsche Zeit- und Streitfragen. (11. Heft, 1872.)
Bitzer, Dr. Fr., Arbeit und Capital. (Stuttgart, 1871.)
" " " Der freie Arbeitsvertrag und die Arbeitsordnungen. (Stuttgart, 1872.)
Böhmert, Dr., Lage der Fabrikarbeiter in Zürich. (Zürich, 1868.)
" " Schweizerische Arbeiterverhältnisse in den letzten zehn Jahren. (Zürich, 1872.)
" " Socialismus und Arbeiterfrage. (1872.)
Brassey, Thomas, On Work and Wages. (London, 1872.)
Brentano, Dr. Lujo, Zur Geschichte der englischen Gewerkvereine.
" " " Zur Kritik der engl. Gewerkvereine. (Leipzig, 1872.)
Brunner, J. C., Licht- und Schattenseiten der Industrie. (Aarau, 1869.)
Bülow, von, Beitrag zur Lösung der Arbeiterfrage durch Anlegung von Arbeiter-Colonieen. (Leipzig, 1872.)
Concordia, s. Zeitschriften.
Contzen, H. von, Die sociale Frage. (Leipzig, 1871.)
Dannenberg, Das deutsche Handwerk und die sociale Frage. (Leipzig, 1872.)
Dupasquier, Etude sur le malaise des classes ouvrières. (Neufchâtel, 1869.)
Eberty, Gewerbegerichte. (Berlin, 1869.)
Eccarius, G., Eines Arbeiters Widerlegung der national-ökonomischen Lehren von J. St. Mill. (Berlin, 1869.)
Emminghaus, A., Allgemeine Gewerkslehre. (Berlin, 1869.)
Engel, Die Industrie der großen Städte. (Berlin, 1868.)
Engels, Die arbeitenden Classen.
Etang, siehe L'Etang.
Faucher, J., s. Zeitschriften.
Fröbel, Julius, Die Wirthschaft des Menschengeschlechts. (Leipzig, 1870.)
Frey-Herosee, Bericht über Gewerbewesen vor der schweiz. gemeinnützigen Gesellschaft. (Zürich, 1868.)
Goltz, Th. von der, Die ländliche Arbeiterfrage. (Danzig, 1872.)
" " " " Die sociale Frage. (Danzig, 1872.)
Held, Dr. Adolf, Die Einkommensteuer. (Bonn, 1872.)
Hildebrandt, Jahrbücher, s. Zeitschriften.
Hole, James, The Homes of the Working classes. (London, 1866.)
Huber, A. v., Sociale Fragen. (Nordhausen, 1869.)
Jäger, E. L., Beitrag zur Geschichte der Versicherung der Arbeiter gegen Unglücksfälle im Beruf. (Stuttgart, 1872.)
Jannasch, Robert, Die Strikes. (Berlin, 1868.)
Israel, S., Volksbanken als eingetragene Genossenschaften. (Hamburg, 1872.)
Knöckel, Th. & Söhne, Statuten einer Arbeiter-Kranken-Unterstützungscasse. (Neustadt, 1867.)
Körner, Theodor, Der Beruf des Staates und der Gemeinde in der socialen Frage. (Berlin, 1872.)

Lange, F. O., Die Arbeiterfrage. (Winterthur, 1870.)
Laspeyres, Der Einfluß der Wohnung auf die Sittlichkeit. (Berlin, 1869.)
Lengerke, v., Die ländliche Arbeiterfrage. (Berlin, 1849.)
L'Etang, L'ouvrier, sa femme et ses enfants.
Levi, Leoni, Wages and Earnings of the Working classes. (London, 1867.)
Marlo, Organisation der Arbeit. (Cassel, 1850.)
Marx, Karl, Das Capital. (Hamburg, 1867.)
Meitzen, August, Der Boden und die landwirthschaftlichen Verhältnisse des preußischen Staates. (Berlin, 1868.)
Mill, J. St., Die Hörigkeit der Frau; übersetzt von Jenny Hirsch. (Berlin, 1872.)
. . . Politische Oekonomie.
Moynier, G., Les institutions ouvrières de la Suisse. (Genève, 1867.)
Müller, M., Die Freiheit der Arbeit an Sonn- und Feiertagen. (Leipzig, 1869.)
Oppenheim, H. B., Der Katheder-Socialismus. (Berlin, 1872.)
Pachler, E. M., Die internationale Arbeiter-Verbindung. (Essen, 1871.)
Paris, Graf von, Les associations ouvrières (Trades Unions) en Angleterre. (Paris, 1869.)
Petitpierre, A., Un demi siècle de l'histoire économique de Neufchâtel. (Neuenburg, 1871.)
Play, le, Classes ouvrières. (4 Vol.)
Plener, E. v., Die englische Fabrikgesetzgebung. (Wien, 1871.)
Preußen, Statistische Zeitschrift, f. amtliche Publicationen.
Prince-Smith, Herrn Joh. Jacoby's Ziel der Arbeiterbewegung. (Berlin, 1870.)
Puynode, Dr. G., Les lois du travail et de la population. (Paris, 1868.)
Raiffeisen, F. W., Die Darlehenscassen-Vereine in Verbindung mit Consum-, Verkaufs-, Bank- &c. Genossenschaften, als Mittel zur Abhülfe der Noth der ländlichen Bevölkerung. (Neuwied, 1872.)
Richter, Emil, Menschheit und Capital. (Leipzig, 1872.)
Robert, Charles, Supression des Grèves. (Paris, 1870.)
Rousseau, Julien de, L'association de l'ouvrier aux bénéfices du patron. (Paris, 1870.)
Roux, Alfred de, Pflege der Eintracht, Sittlichkeit &c. in den Arbeiterkreisen; übersetzt von Director v. Steinbeis (Stuttgart, 1868.)
Runge, W., Betheiligung der Arbeiter am Reingewinne industrieller Unternehmungen. (Breslau, 1869.)
Salvisberg, Die Holzschnitzerei des berner Oberlandes. (Bern, 1868.)
Schäffle, A. E. F., Capitalismus und Socialismus. (Tübingen, 1870.)
Scheba-Ferrali, Die internationale Arbeiterbewegung. (Berlin, 1870.)
Scheel, H. v., Die Theorie der socialen Frage. (Jena, 1871.)
Schmoller, Gustav, Die Geschichte der deutschen Kleingewerbe. (Halle, 1870.)
Schönberg, Gustav, Arbeitsämter. (Berlin, 1871.)
Schuhmacher, H., Ueber Thünen's Gesetz vom naturgemäßen Arbeitslohne. (Rostock, 1869.)

Schulz, Ad., Betheiligung der ländlichen Arbeitnehmer am Gutsertrag. (Leipzig, 1871.)

Settegast, Dr., Die Arbeiterfrage in der Landwirthschaft. (Breslau, 1872.)

Stahl, Die Arbeiterfrage sonst und jetzt. Deutsche Zeit- und Streitfragen. (6. 1872.)

Sulzer, E., Ein Beitrag zur Lösung einer der wichtigsten Fragen unserer Zeit. (Zürich, 1872.)

Sybel, H. v., Die Lehre des heutigen Socialismus und Communismus. (Bonn, 1872.)

Syme, Die ackerbautreibenden Classen Englands. (London, 1872.)

Testut, Oscar, L'Internationale. (Paris, 1871.)

Tidd-Pratt, W., The Law relating the Benefit building Societies. (London, 1868.)

Thünen, Isolirter Staat.

Wächtler, Die Arbeiterfrage vom christlichen Standpunkte. (Bielefeld, 1872.)

Wyß, Dr. E., Ueber die Wohnungsfrage in Deutschland. (Berlin, 1872.)

Einleitung.

Wenn die neuere Naturforschung Recht behält, so wird die sociale Frage in der Zukunft physiologisch gelöst, dadurch, daß das Menschengeschlecht sich so veredelt, daß die Massen die Eigenschaften unserer jetzigen leiblich und geistig hervorragenden Größen und Genies erlangen. Wann dieser ferne Tag angebrochen sein möchte, dann würden Nahrungssorgen allerdings dem Bereich der Geschichte angehören. Für die Gegenwart hat dieser Zukunftsgedanke nur die Bedeutung, daß er die hervorragenden Menschen der Gegenwart und Vergangenheit uns als Muster zeigt, nach dem die übrigen sich bilden sollten, um leiblich und geistig sich zu vervollkommnen und zufrieden und glücklich zu werden. Denn diese sind nicht bloß physiologisch oder von Natur hervorragend, sondern Arbeit und Fleiß haben ihr gut Theil dazu beigetragen, um die Anlagen der Natur zu veredeln und zu stärken.

Wir können jenen naturwissenschaftlichen Gedanken daher auf sich beruhen lassen, denn wirthschaftlich sind wir der fortwährenden Entwicklungsfähigkeit der Menschen gewiß. Dafür leistet uns die bisherige Entwicklung Bürgschaft.

Wollen wir unsere Zuversicht zu dem Fortschritt der Menschheit zu besseren, glücklicheren Zuständen stärken, so müssen wir in die Vergangenheit blicken und sehen, wie die Menschen aus der Tiefe der Zustände zur Bildung und Macht sich emporgearbeitet haben.

Allein nicht bloß die Vergangenheit zeigt uns diesen Spiegel des Emporringens der Völker aus thierähnlichen Zuständen; — wir können die Stufen dieses Entwicklungsganges noch in der Gegenwart wahrnehmen.

Eine merkwürdige, außerhalb des engeren wissenschaftlichen Kreises viel zu wenig beachtete Erscheinung in dem Leben der Menschheit ist nämlich die Aehnlichkeit der Entwicklungsstufen der einzelnen Racen, Völker und Stämme nach Zeit und nach Raum; die überraschende Wahrnehmung, daß noch in der Gegenwart in den verschiedenen Theilen der Erde, ja bis zu einem gewissen Punct sogar innerhalb einer und derselben Nation dieselbe Stufenleiter der Bildung und Unbildung der Menschen sich vorfindet, wie in verflossenen Jahrtausenden, so weit die Spuren des Menschen sich mittels der vergleichenden Sprachforschung und der Alterthumskunde verfolgen lassen. Es ist sogar fraglich, ob nicht in der Gegenwart wilde Volksstämme existiren, welche eine noch tiefere Entwicklungsstufe darstellen, als die Pfahlbauten und selbst die Höhlenfunde im westlichen Europa enthüllen; denn während die Barbarei der Anthropophagie im Nebel der Vorzeit nur vom scharfsinnigen Auge des Forschers erspäht wurde, lebt jetzt noch über eine Million Menschenfresser in Africa und Australien [1]. In unseren Alterthumssammlungen liegen Muster von unpolirten Steinwaffen und Werkzeugen aus Pfahlbauten neben solchen, welche erst vor wenigen Jahren Indianerstämmen des nordwestlichen America's entnommen sind und nur wenig von jenen sich unterscheiden. Die sociale Classenentwicklung, welche die Geschichte der verschiedenen Völker und Culturepochen ausweist, von der Anthropophagie zur Sclaverei, von dieser zur Hörigkeit und endlich zur Aufhebung der gesetzlichen Classenunterschiede läßt sich in der Gegenwart auf einer Wanderung durch Africa, Asien und America mit den eigenen Augen wahrnehmen.

Ein solcher Vergleich des gegenwärtigen Zustandes sämmtlicher Glieder des Menschengeschlechtes mit der geschichtlichen Entwicklung der jetzigen civilisirten Völker gibt dem Urtheil über die weitere Verbesserungsfähigkeit der socialen Zustände derselben erst die erforderliche Schärfe. Die Ergründung der Ursachen, welche die Verschiedenartigkeit der Entwicklungsstufen der Volksstämme, so wie der einzelnen Classen und Individuen innerhalb eines Volkes

1) Richard Andree gibt eine sehr ausführliche Zusammenstellung über Verbreitung der Anthropophagie. Das Resultat seiner Untersuchung ist Folgendes: „Die Beweggründe, welche wir als eine der scheußlichsten Verirrungen kennen lernten, sind nach dem Gesagten sehr verschiedener Natur. Neben rein sinnlichem Genuß, neben Hunger, veranlaßt durch Mangel anderweitiger Fleischnahrung, spielten aufs höchste entflammte Leidenschaften, Rache und Haß, dann religiöse Vorstellungen und finsterer Aberglaube ihre Rolle. Tröstlich aber ist es, zu sehen, daß in geschichtlicher Zeit die Anthropophagie mehr und mehr verschwunden ist, während wir nur einen einzigen Fall von einem neuen Auftauchen derselben bei einem Volke (den Basuto) zu verzeichnen hatten, dem sie bisher unbekannt gewesen war. Verschwunden ist sie mit diesen selbst bei den Irokesen und Algonkinern, verschwunden bei dem Volke der Hochebene von Anahuac und den Indianern Peru's, verschwunden bei den meisten brasilianischen Stämmen. Endlich wird sie in der Südsee mehr und mehr verdrängt, wo sowohl das Aussterben der Cannibalen selbst als auch das Vordringen der weißen Ansiedler die Anthropophagie wesentlich beschränken. Noch immer aber ist die Zahl der Cannibalen eine ganz ansehnliche.

„Die folgenden Ziffern können natürlich nur annähernde sein, aber immerhin geben sie einen Anhaltspunct für die Kopfzahl der Anthropophagen überhaupt. Es zählen nämlich die Battas (nach Friedmann) 200.000 Seelen, die Cannibalen im Nigerdelta etwa 100,000, die Fan (nach Fleuriot de Langle) 60,000, die Höhlencannibalen im Basutolande (der zehnte Theil der Gesammtbevölkerung) 10,000, die Niam-Niam etwa 500.000, die Miranhas und Mesayas (nach Marcoy) 2000, die anderen südamerikanischen Cannibalen 1000, die Eingeborenen Australiens 30.000, die Melanesier (Neuguinea nicht einbegriffen) 1,000,000. Danach ergibt sich 1,943,000 als Gesammtzahl der heute noch der Anthropophagie ergebenen Menschen, eine Zahl, die keineswegs übertrieben ist, die aber immerhin noch den 690. Theil der Gesammtbevölkerung unseres Planeten oder 0,14 pCt. darstellt."

in der Gegenwart bedingen, müssen wir auf sich beruhen lassen, um einen Blick auf das Vehikel zu werfen, welchem wir den Fortschritt der Cultur verdanken.

Sehen wir ab von den rein physiologischen Ursachen der Verschiedenheit der Entwicklungsfähigkeit der Racen, Volksstämme und Individuen, von den politischen und religiösen Hindernissen und Förderungen der Cultur, so wie von den Verhältnissen, welche der physischen Beschaffenheit der Länder und ihres Klima's und endlich außerordentlichen Naturereignissen entspringen, — so ist die oberste Ursache des Fortschrittes der Bildung und ihrer Geistesmacht die Uebertragung der Gedanken unter den Menschen in Raum und Zeit. Das erste Mittel dazu war die Sprache, das zweite die Schrift, das dritte die mechanische Vervielfältigung der Schrift (Buchdruckerkunst) und endlich die Verbesserung der Verkehrsmittel.

Während die junge Generation unter der Zucht der älteren aufwächst, saugt sie die ganze Bildung der letzteren in Fleisch und Blut auf, in noch so jungen Jahren, um auf dieser Basis weiterbauend das allgemeine Gedankencapital ihrerseits durch neue Errungenschaften zu bereichern. So wächst die Bildung durch Uebertragung der Gedanken im Raum von den Vätern auf die Söhne, von den Lehrern auf die Schüler, von einem Volke auf das andere, von einem Welttheil zum anderen, und in der Zeit von den älteren auf die jüngere Generation, vom älteren Culturvolk auf das jüngere, von einem Jahrhundert und Jahrtausend zum andern. In dieser Weise stellt sich das geistige Capital der Menschheit als ein Ganzes, die Menschheit selbst als ein solidarisch verbundenes Collectiv-Individuum dar, in dessen Schooß der einzelne gebildete Mensch im Besitze intellectueller Mittel und Kenntnisse sich befindet, zu deren Sammlung Millionen von Denkern Tausende von Jahren gebraucht haben. Menschen von der Befähigung eines Aristoteles, eines Goethe, eines Humboldt, die auf einer wüsten Insel geboren würden und ohne Erzieher aufwüchsen, würden Wilde; sie wären nicht einmal im Stande, die Sprache zu erfinden, weil deren reicher Schatz nicht durch die Kraft eines Einzelnen, sondern nur durch Tausende denkender Menschen in Jahrhunderten ausgebildet werden konnte. Andererseits genießt die an Intelligenz tiefststehende Person innerhalb der Gesellschaft eine Menge von Gedanken-Producten, welche sämmtlich auf einmal zu schaffen selbst das größte Genie innerhalb der gebildeten Gesellschaft der Jetztzeit unfähig wäre.

Eine Folge dieser solidarischen Entwicklung der menschlichen Cultur ist es, daß jeder Arbeiter, der Gelehrte und Künstler bis zum Mechaniker, Handwerker und Handlanger herab, auf den Schultern seiner Vorgänger und Vorfahren steht, ohne deren Arbeit er nichts leisten könnte. Auch das größte Genie bringt nur deßhalb Leistungen hervor, welche werthvoll sind, weil es sein Material aus dem Geistesschatz der Vergangenheit schöpft und mittels der Erfahrungen der Vorgänger großgezogen worden ist. Es bedient sich der letzteren als Leiter, um höhere Stufen zu erreichen; außerhalb des Gedankenschatzes der Menschheit kann es nichts gänzlich Neues schaffen. Leute, welche behaupten, neue Wissenschaften entdeckt zu haben, die von der in den bekannten Disciplinen gegebenen Grundlage abweichen, sind deßhalb — Marktschreiern zu vergleichen. Und so ist auch der Versuch, menschliche Gebrechen ohne Unterscheidung mittels neuer Universalmittel heilen zu wollen — Charlatanerie.

Es gibt *keine* neuen heilenden *Universalmittel*.

An dem Gebrechen, solche zu empfehlen, leiden indessen bis heute die meisten socialen Reformer und Weltverbesserer. Ihre Mittel sind gerade so wirksam, wenn auch zuweilen weniger unschuldig, als Du Barry's Revalenta arabica (d. h. Linsenmehl).

Sociale Heilmittel also, welche den Boden der Wissenschaft, d. h. der collectiven Gedankenarbeit der Menschheit, verlassen, sind unbrauchbar und vielleicht sogar schädlich; weil ein einzelner noch so begabter Mensch nichts Gemeinnütziges schaffen kann, wenn er nicht auf dem Boden der allgemeinen Cultur-Errungenschaft und Wissenschaft steht.

Andererseits ist aber auch das von der Wissenschaft vollkommen bewährt gefundene Heilmittel als Universalmittel nutzlos und nur für den einzelnen Fall heilbringend. Mit anderen Worten: Jedem Versuch der Heilung socialer Gebrechen muß gleich wie bei physischen Krankheiten — die *Diagnose* vorhergehen — d. h. die Analyse der allgemeinen Zustände, sowie der Verhältnisse des betreffenden Standes und Erwerbszweiges, zu welchen die über sociale Uebel sich beschwerenden Personen gehören.

Ein zweiter Grund-Irrthum, in welchen die Socialreformer mit wenigen Ausnahmen verfallen sind, ist das *Generalisiren*. Allerdings liebt das nicht streng logisch denkende Publicum sehr das Verallgemeinern. Wenn es einen theatralisch aufgeputzten Engländer auf dem Continent sieht, so schließt es ohne Bedenken: Alle Engländer kleiden sich wie die Hanswurste, — obgleich die Briten in Wahrheit in ihrer Heimath ängstlicher als ein anderes Volk alles Auffallende vermeiden und möglichst ernst sich tragen. Dieses Schließen vom einzelnen Falle oder aus wenigen Fällen auf viele oder alle, ist völlig unwissenschaftlich und führt daher zu den gröbsten Irrthümern. Die wissenschaftliche Methode verfährt gerade umgekehrt; sie untersucht vorher viele Fälle, ehe sie sich einen Schluß daraus auf den einzelnen erlaubt. Fast alle Socialisten dagegen generalisiren: sie beurtheilen sämmtliche Arbeiter nach den *Fabrikarbeitern* oft nur eines Landes, deren Verhältnisse aus der doppelten Ursache mehr in die Augen fallen müssen, weil sie in den fortgeschrittensten Industriezweigen und in großer Anzahl zusammen beschäftigt sind.

Von den agrarischen Kämpfen Roms bis zu den socialistischen Schlachten zu Paris haben Menschenfreunde und Denker sich mit Vorliebe der Ergründung der Ursachen des menschlichen Elends und der Mittel zu deren Abhülfe gewidmet; in keiner Epoche waren solche Bestrebungen indessen vielseitiger und intensiver, als seit der ersten französischen Revolution. Ueberblicken wir die Reihe der hervorragendsten Socialreformer, so finden wir indessen, daß keiner von den beiden gerügten Grundirrthümern sich frei gehalten hat.

Babeuf's, Owen's, Rapp's, Weidling's Universalmittel war die *Gütergemeinschaft*. Für sie enthielt die Geschichte von Sparta, Creta, Münster und Mülhausen, die Entwicklung der Klöster und der russischen Dorfgemeinde nicht die Lehre, daß die Menschen ohne individuelles Eigenthum träge werden und in Wohlstand und Bildung zurückgehen.

Das Universalmittel der St. Simonisten war die *Aufhebung des Erbrechts*. Noch in unseren Tagen ist eine *Reform des Erbrechts* zu Gunsten der Nothleidenden von Bluntschli und Brater in der Weise empfohlen worden, „daß das subsidiäre Erbrecht des Staates, welcher jetzt bloß erbenlose Verlassenschaften antritt, erweitert werde, so daß das Erbrecht der Gesammtheit, um als Eigenthumsform zu wirken 1) mit dem Erbrecht der Sippen in Concurrenz trete, 2) durch die Lehre des Pflichttheils gegen zerstörende letztwillige Verfügungen geschützt und daß 3) das dem Staate angefallene Erbgut nicht zu öffentlichen Verwendungen benutzt, sondern zu neuer Verleihung an Privatpersonen, vorzüglich zu privatrechtlicher Ausstattung dürftiger Familien wieder hingeleitet werde."

Dieses Universalmittel der St. Simonisten und ihrer Schüler ist mit einem großen Aufwand von Geist verfochten worden, allein es ist uns völlig unbegreiflich, wie namentlich Männer von der wissenschaftlichen Bedeutung der Letztgenannten an die Gemeinnützigkeit ihres Mittels einen Augenblick glauben konnten, wie sich ihnen nicht das Bedenken aufdrängte, daß die Aufhebung des Erbrechts den Reiz der Capitalsammlung schwächen, dadurch aber die Erwerbs- und Bildungsfähigkeit schmälern würde; — und daß die Einschränkung desselben zu Gunsten von Nothleidenden die armen Classen verführen würde, ihr Fortkommen fortan *weniger* auf ihre *eigene Anstrengung* als auf die Hoffnung eines Erbanfalles zu bauen.

Wer irgend Erfahrung besitzt, muß wissen, wie viele verfehlte Lebensbahnen der Hoffnung auf eine Erbschaft beizumessen sind.

Das Universalmittel *Fourier's* und Considerant's, eines Schülers St. Simon's, war die Errichtung von Wohncasernen oder *Phalansterien* mit freiwilliger Arbeit für gemeinschaftliche Rechnung, aber Vertheilung des Gewinns nach Verhältniß des Capital-Einschusses, also mit individuellem Eigenthum bei gemeinschaftlichem Betrieb.

Fourier nahm an, daß jeder Mensch fleißig sein würde, wenn er nur die Wahl habe, eine Beschäftigung zu ergreifen, welche seiner Natur und seinem Geschmack entspreche, und dabei angemessen mit der Arbeit abzuwechseln. Daß es Leute gebe, welche von einer so consequenten Arbeitsscheu besessen sind, daß sie nur durch Gewalt, bezw. durch die Noth zur Thätigkeit bewogen werden können, schien Fourier ignoriren zu dürfen. Abgesehen von der materiellen Unausführbarkeit eines Planes, welcher an die Stelle aller Gebäude in Höfen, Dörfern und Städten Casernen setzen will, würden die darin wohnenden Gemeinschaften entweder in Unthätigkeit versumpfen oder unter Fuchtel des Aufsehers zu einer Sclavenbande verknöchern.

Louis Blanc's Ausübung des Handels und der Industrie durch den Staat würde den unerträglichsten Polizeistaat schaffen, der je existirt hat, und schließlich zur Verarmung führen, weil nur die individuelle Geschäftsführung die Umsicht und Rührigkeit hat, welche allein solche Geschäfte gedeihlich entwickeln können.

Doch genug, — wir glauben uns auf die Kritik der Reformvorschläge derjenigen Socialisten beschränken zu dürfen, welche ihre Systeme wissenschaftlich zu begründen versucht haben. Es sind dies Proudhon, Lassalle und Marx.

Die beiden Ersteren haben ihre Forderungen auf Prämissen der Adam Smith-Ricardo'schen Schule, der Dritte auf eine eigene Bestimmung des wichtigsten Fundamentalbegriffes der Volkswirthschaftslehre aufgebaut, und alle Drei haben den Vorschlag von besonderen Universal-Heilmitteln daran angeknüpft.

Proudhon fußte auf dem Begriff der Grundrente, als eines Einkommens, welches aus dem Boden erlangt werde, nachdem die darauf verwandte Arbeit und das hineingesteckte Capital völlig abgelohnt, verzinst und mit Versicherungsprämie und Amortisationsrate bedacht worden.

Wir haben schon im ersten Band dieses Werkes nachgewiesen, daß es eine Bodenrente in diesem Sinne nicht gibt. Wir dürfen uns daher hier kurz fassen.

Die Ricardo'sche Auffassung der Bodenrente, nach welcher dieselbe der Ueberschuß des Ertrages des besseren Bodens über den schlechteren, ist abgethan; denn schlechterer Boden kann in Folge einer Verkehrsverbesserung, welche ihn dem Markt oder Düngmitteln näher bringt oder in Folge der Anwendung neuer Maschinen, im Verhältniß zu dem darauf gemachten Capital- und Arbeitsaufwand ein höheres Einkommen abwerfen. Nicht so leicht abzufertigen ist die von den Späteren versuchte Begründung der Bodenrente aus dem Steigen der Preise der Grundstücke in Folge des Näherrückens des Marktes durch Verbesserung der Communicationsmittel oder Dichterwerden der Bevölkerung, — namentlich das Steigen des Werthes der Bauplätze. Diese Erscheinung kann allerdings nicht gleich der Grundrente im obigen engeren Sinne ins Nichts verwiesen werden. Auch wissenschaftlich ist sie mit der Erklärung als einer Versicherungsprämie für alle die umgekehrten Fälle, wo die Bodenpreise, in Folge schlimmer Productions- und Handels-Conjuncturen sinken, nicht völlig abgethan. Allerdings wird der Tendenz der Steigerung der Bodenpreise durch Näherrücken des Marktes eine Schranke in Gestalt der Verbesserung der Verkehrsmittel und der Erleichterung der Zollschranken gesetzt, so daß z. B. der Werth der Grundstücke in der Schweiz von den Aernten in Ungarn abhängt, allein hinsichtlich der Bauplätze in den im Aufschwung begriffenen Städten und des Grundeigenthums, welches von Eisenbahnen durchschnitten wird, findet dieser Moderator keine Anwendung. Die Freigebigkeit der Expropriations-Schätzungen und die oft californische Steigerung der Bauplätze sind Erscheinungen, welche sich auch nicht mit dem Hinweis auf das mit dem letzteren Hand in Hand gehende Steigen des Arbeitslohnes abthun läßt, denn letzteres geht doch nur langsamer und in bescheideneren Verhältnissen vor sich.

Wir erkennen an, daß wir hier vor einem Problem stehen, das nicht schablonenhaft abgemacht werden kann. Die Prämie für die Möglichkeit des sinkenden Bodenwerthes in Gestalt des steigenden Kaufpreises steht doch in keinem Verhältniß zum Risico. In Groß-Städten ist letzteres überhaupt kaum vorhanden. Andererseits aber gibt es Gegenden, wo die Preise der Bauplätze und des bebauten Bodens constant sinken, ohne irgend eine Chance des Ersatzes.

Es ist deßhalb auch schon auf dem Lausanner Arbeiter-Congreß (1671) und neuerdings von Ad. Wagner in seiner gedankenreichen Rede „über die sociale Frage" der Vorschlag gemacht worden, die Bauplätze in der Nähe großer Städte zum Besten des Gemeinwesens, d. h. der Gemeinde oder des Staates, zu expropriiren. Wir halten eine solche Maßregel aber für das Betreten eines schlüpfrigen Weges, welcher leicht an den Abgrund der Staatsallmacht, der Vormundschaft des Staates auch über die Privatindustrie und endlich zur Forderung der Gütergemeinschaft führen könnte, wo das Heilmittel schlimmer als das Uebel, weil es auf einer Verkennung der Grundlagen der menschlichen Gesellschaft beruht, — der Ungleichheit der Naturanlagen der Menschen und der natürlichen Trägheit der großen Mehrzahl derselben, welche nur arbeiten, wenn sie durch den Hunger dazu gezwungen sind. Denn würde der Staat durch die Gesetzgebung das Recht der Expropriation des städtischen Grundeigenthums aufstellen, so könnte er sich, weil er gerecht sein muß, nicht bloß auf die Fälle beschränken, wo es im Steigen begriffen ist, sondern, wie er hier der Miether, müßte er in anderen Städten, wo der Bodenpreis sinkt, sich der Vermiether annehmen und auch da expropriiren. Auf diese Weise müßte, um consequent zu sein, das gesammte städtische Areal expropriirt werden. Dieses Beispiel würde aber ein gefährliches Präjudiz schaffen und früher oder später zur Grundeigenthums-Gemeinschaft überhaupt führen.

Wir kennen ein leichteres, sicheres und nicht zu beanstandendes Mittel, jene Ungleichheit zu mildern. Das ist unser auch schon in der Abtheilung der Pflege der Finanzwirthschaft gemachter Vorschlag der Erhebung der Grundsteuer nach den Kaufpreisen. Bei der Veranlagung derselben nach dem Kataster, wo der Ertrag für einen vieljährigen Zeitraum festgesetzt wird, entgehen die Grundeigenthümer, welche den Vortheil einer bedeutenden Preissteigerung genießen, der Besteuerung für den oft kolossalen Zuwachs ihres Vermögens. Das ist es, was die Grundsteuer in Frankreich, so lange sie nicht durch eine Steuer auf das Einkommen aus dem Vermögen ergänzt wird, zu einer so schreienden Ungerechtigkeit macht, daß sie allein das Auflehnen der, zieht man die indirecten Auflagen, die Zölle und das hohe Octroi der Städte, in Betracht, verhältnißmäßig höher belasteten unteren Classen wenn nicht rechtfertigen, so doch erklären. Das ganze Steuersystem in Frankreich — der Umfang der indirecten Auflagen, die Abwesenheit der directen Einkommensteuer und die Erhebung der Grundsteuer nach dem Parzellen-Kataster auf einer Basis des geschätzten Ertrages, welche, seit Jahrzehnten festgesetzt, durch die neueren Verhältnisse völlig verrückt wird, ist eine Bevorzugung der reichen Classen und der Speculanten zum Nachtheil der unvermögenden Arbeiterclassen, welche, in Verbindung mit der brutalen Verschwendung, Zurschaustellung des Reichthums und der Sittenlosigkeit zahlreicher Tagdiebe, die gereizte Stimmung jener allein hinreichend erklärt.

Ueberhaupt bei der gegenwärtigen, in vielen Ländern bestehenden Umlegung der Grundsteuer nach dem auf viele Jahre hinaus geschätzten Ertrag des Bodens mittels des Katasters, ist es unausbleiblich, daß die Grundsteuer zu schreienden Ungerechtigkeiten führt, weil der Ertrag der Grundstücke als Pflanzland oder Bauplatz namentlich bei dem ungeheuren Umschwung, welchen die neuen Verkehrsmittel in Bezug auf die Bildung und Vergrößerung der Marktcentren, sowie der Concurrenz der Producte geschaffen haben, sehr schnellen und ungewöhnlichen Wechseln ausgesetzt ist. Ein Stück Land, welches vor wenigen Jahren noch fast werthlos war, kann heute seinen Eigenthümer zum reichen Manne machen, während manche reiche Landwirthe unter der Concurrenz des ungarischen Getreides, welches die Eisenbahnen zugänglich gemacht haben, den Werth seines Bodens täglich sinken sieht. Und doch hat der Erstere fast keine Grundsteuer zu entrichten, während der Zweite auch bei geschmälertem Ertrag und nicht selten auf dem Wege zur Liquidation die unveränderte Taxe entrichten muß. Ich kann daher nur die seit 15 Jahren verfochtene Ansicht wiederholen, daß die Grundsteuer nach den Kaufpreisen (bezw. Pachtpreisen) jährlich umgelegt werden sollte.

Bauplatzspeculanten, welche ihre Grundstücke in Erwartung höherer Preise unbesiedelt liegen lassen, würde die Lust bald vergehen, namentlich wenn man für unbebaute Plätze einen höheren Steuersatz annähme, als für angebaute. Zugleich würde Landwirthen in Gegenden, aus welchen der Verkehr sich gezogen, oder die unter der Concurrenz junger Länder leiden, eine Erleichterung zu Theil, — kurz in der Grundbesteuerung, welche auch nach einer neueren statistischen Untersuchung von Professor Birnbaum theilweise überbürdet ist, eine billigere Vertheilung eintreten.

Eine proportionelle Belastung des Grundbesitzes nach den Kaufpreisen durch eine Progressivsteuer, sowohl zu Gunsten des Staates wie der Gemeinde, ist deßhalb eine gerechte Forderung.

Wenn Proudhon aus jener falschen Theorie der Bodenrente, nach welcher sie Ertrag ohne Zuthun von Capital und Arbeit und folglich Monopol des Grundbesitzers sei, seinen Satz „das Grundeigenthum ist Diebstahl" folgerte, so schüttete er das Kind mit dem Bade aus. Nicht viel besser steht es mit seinem Vorschlag des unentgeltlichen Credits, zu dessen praktischer Ausführung er den Versuch einer Volksbank machte, die einen so unglücklichen Ausgang nahm, wie jener Gärtner, der den Ast, auf welchem er saß, hinter sich absägte; — denn ohne Gewinn gibt es kein Capital, weil das Capital aus dem Gewinn gebildet wird.

Proudhon's unentgeltlicher Credit würde die Ansammlung von Capital zerstören; er ist mit jenem Beispiel J. B. Say's über die englische Schaf- und Schweinezucht am besten illustrirt; denn wie der Züchter zwar Schweine mit sehr kleinen Beinen und Schafe mit Miniaturköpfen erzielen, aber niemals solche ohne Beine und Köpfe hervorbringen kann, also kann der Capitalgewinn zwar sehr herabgesetzt, aber niemals völlig aufgehoben werden.

Lassalle versuchte sein System auf das angeblich von Ricardo entdeckte „eherne Gesetz" aufzubauen, daß „der durchschnittliche Arbeitslohn sich nach dem nothwendigen Lebensbedarf richte".

Dieser Satz leidet an drei Capitalfehlern: 1) daß Ricardo ihn gar nicht in dieser Absolutheit hingestellt hat; 2) daß der durchschnittliche Arbeitslohn nur eine imaginäre Zahl ist, welche in Wirklichkeit nicht existirt; 3) daß auch der nothwendige Lebensbedarf sich nach den Einkünften, nicht der Lohn nach den Bedürfnissen richtet.

Der Lohn richtet sich vielmehr nach der Leistung, und dann erst nach Angebot und Nachfrage, welche letztere allerdings von den Bedürfnissen in langer Zeit mit regulirt wird; endlich auch nach Gewohnheit und Ehre, Annehmlichkeit oder Gefahr der Beschäftigung.

Lassalle's Kettenschluß: Die Verbesserung der Lage der Arbeiter verführt dieselben zu früherem Heirathen und größerer Vermehrung der Zahl ihrer Kinder, welche ihnen wieder so lange Concurrenz machen und den Lohn herabdrücken, bis ihre Zahl sich durch Noth und Krankheit so vermindert, daß der Mangel an Angebot den Lohn wieder steigen macht u. s. f. — ist nur ein Trugschluß, denn eine solche Bewegung würde nur je innerhalb eines Menschenalters d. h. so allmählich vor sich gehen, daß sie in der Zwischenzeit durch alle möglichen Conjuncturen, welche Vorrath und Aernten, Production und Handel, Verkehrsmittel und Erfindungen, Wissenschaft und Technik bewirkt haben können, — in ihren Wirkungen aufgehoben wird. Auch ist bei diesem Satze der solidarische Gang der Culturbewegung außer Acht gelassen, vermöge dessen das geistige und materielle Capital und folglich die Nahrungsmittel verhältnißmäßig zur Bevölkerung vermehrt werden oder werden können.

Bei einer Reihe von Beschäftigungen z. B. der Frauen ist der Lohn nicht einmal so hoch, daß der Lebensbedarf davon gedeckt werden könnte, bei vielen anderen übersteigt er weit das, was zur Erhaltung des Lebens erforderlich ist, denn sonst würde z. B. der Tabakconsum im Abnehmen statt im Zunehmen begriffen sein.

Lassalle gebrauchte seinen „ehernen“ Satz blos um zu dem negativen Resultate zu gelangen, daß die Arbeiter nicht im Stande seien, sich selbst zu helfen. Abgesehen von der demoralisirenden Wirkung, welche eine solche Lehre auf den Charakter und die Thatkraft der Arbeiter haben muß, ist der praktische Vorschlag Lassalle's, daß der Staat durch Capitalvorschuß zur Gründung von Productivgenossenschaften helfen müsse, nur als ein Agitationsmittel zu betrachten, an dessen Erfolg der Urheber selbst nicht glaubte. Der Vorschlag ist hohl aus folgenden Gründen:

1. Nur Geschäfte, bei welchen die Unternehmer die Gefahr des Verlustes selbst zu tragen haben, pflegen mit solcher Vorsicht, Umsicht, Fleiß, Aufbietung aller leiblichen Kräfte und geistigen Hülfsmittel geleitet zu werden, daß sie gedeihen. Anstalten hingegen, bei welchen die Unternehmer nicht Gefahr für ihr Capital laufen, — bei Productivgenossenschaften würde dies der Staat — pflegen nachlässig betrieben zu werden, häufig so geringen Ertrag abzuwerfen, daß die Theilhaber kaum schlechten Arbeitslohn beziehen, oder auch häufiger als andere Geschäfte zu Grunde gehen, wovon in Frankreich ein abschreckendes Beispiel gegeben worden ist.

2. Die Hauptsache kommt auf die geschickte Leitung an, zu welcher nicht immer die geeigneten Personen gefunden werden können.

3. Productivgenossenschaften lassen sich überhaupt nur auf eine bestimmte Gattung von Erwerbszweigen anwenden, während sie von einer großen Anzahl ihrer Natur nach ausgeschlossen bleiben müssen.

Mit einem größeren Aufwand von Ernst und Gelehrsamkeit hat Karl Marx sein System aufgebaut. Er fußt auf der Begriffsbestimmung, daß das Maß des Werthes die Arbeitszeit, und behauptet, daß das Capital die Frucht von nicht bezahlter Arbeit sei. Auch er schlägt ein praktisches Reformmittel vor, welches als noch ziemlich mäßig zu betrachten ist: einen vom Staate garantirten Normalarbeitstag.

Wie jene Definition und Behauptung irrig, so ist dieser Vorschlag unzweckmäßig und verwerflich. Wir suchen dies näher nachzuweisen.

Jene Begriffsbestimmung, welche Marx als Fundamental-Prämisse seines Systems aufstellt, könnte höchstens für die mechanische Handlangerarbeit richtig sein, denn jeder Lohnbetrag über den Lohn des ungelernten Tagelöhners hinaus für Verrichtungen, welche erlernte Geschicklichkeit erfordern, wird nicht mehr nach der Arbeitszeit bemessen, obgleich innerhalb derselben Beschäftigung die letztere zur Berechnung der Leistung in Anschlag gebracht wird. Wenn auch die Arbeitszeit des Maurergesellen eben so lange dauert, als die des Handlangers, so erhält er doch höheren Lohn als dieser, wegen seiner erworbenen technischen Fertigkeit. Die Arbeitszeit ist so wenig die wirkliche Grundlage des Werthes und folglich des Lohnes, daß man eher das scheinbare Paradoxon aufstellen könnte: die Arbeit sei um so besser bezahlt, je weniger Zeit sie erfordert. In Wahrheit ist aber nicht die verwendete Zeit die Grundlage des Lohnwerthes, sondern die Geschicklichkeit, — die Leistung, — wenn auch die Arbeitszeit wegen der nothwendigen Erfüllung der Aufträge ihre eigene wichtige Rolle spielt.

Die Grundlage des Werthes kann sie nicht sein, wegen des Umstandes, daß der Werth gar keinen absoluten Maßstab hat, sondern ein anderer in den Augen des Käufers, ein anderer in den Augen des Verkäufers ist, denn nur dem Umstande, daß der Verkäufer den Werth einer Sache oder einer Leistung geringer anschlägt, als der Käufer, ist es zu verdanken, daß eine Transaction zu Stande kommt.

Wir haben schon an anderer Stelle (Bd. I., 4. Aufl., S. 237—238) nachgewiesen, daß der Werth das Product eines Gedankenprocesses ist — *die Schätzung des Verhältnisses des Bedürfnisses zu den Hindernissen, welche dessen Befriedigung entgegenstehen*; und daß jene Bastiat'sche Definition des Verhältnisses zweier Dienstleistungen nicht der Werth, sondern schlechtweg der — *Preis* ist.

Marx' Begriffsbestimmung des Werthes als Arbeitszeit fällt, und mit ihr der auf diesen Prämissen gegründete sophistische Bau.

Wir wollen aber trotzdem auch die zweite Behauptung von Marx näher betrachten, daß das Capital die Frucht von nicht bezahlter Arbeit sei. Diese Frage läßt sich weder durch Deduction noch durch Algebra, sondern nur durch die Beobachtung der Vorgänge in der Wirklichkeit lösen.

Betrachten wir die Anfänge der Cultur-Entwicklung bei den Pfahlbauern der Vorzeit, wie bei den Wilden der Gegenwart, so finden wir, daß jeder Capitalbildung die Erwerbung einer Kenntniß oder Geschicklichkeit, die Ansammlung von Gedanken, d. h. geistigen Vorraths, vorhergegangen ist. Darunter ist in erster Linie zu begreifen das rohe Verständniß der einfachsten Naturerscheinungen, des Wachsthums, der Jahreszeiten, der Nothwendigkeit, für den Winter zu sorgen, der Krankheit und ihrer Heilung, der Herstellung der Werkzeuge, Geräthschaften, der Kleidung und Wohnung, so wie der Kunst des Fischens, Jagens, der Viehzucht und ihrer Producte, des Getreidebaues, des Brodbackens, des Gerbens, Spinnens, Webens u. s. w. Hand in Hand mit dem Erwerben dieser Kenntnisse wurden Vorräthe von Rohstoffen angesammelt, um dieselben mittels der erworbenen Kenntnisse und Geschicklichkeit zu brauchbareren, werthvolleren Producten umzuwandeln und dadurch den Capitalvorrath zu vermehren. Die *erste Capital-Ansammlung* geschieht also mit Hülfe und in Folge von vorher vermehrter Einsicht und Geschicklichkeit, also mittels vorher geschaffenen geistigen Capitals durch Mehrproduction.

Diese dergestalt gewonnene Mehrproduction begünstigt die Theilung der Arbeit, letztere die weitere Vermehrung der Kenntnisse und Geschicklichkeit, indem die Berufsarten sich scheiden und die geistig begabteren Menschen die Einsicht in die Kräfte und Gesetze der Natur vermehren und dadurch immer mehr Hülfsmittel zur Erweiterung der Gütererzeugung herbeischaffen. Durch Erfindungen und Entdeckungen werden immer mehr Quellen des Reichthums eröffnet, welche durch den Segen der Natur oft vermehrt, durch ihre verwüstenden Ereignisse aber auch oft zerstört, wobei letztere bei fortschreitender Cultur aber auf engere Gränzen eingeschränkt werden.

Dieser Proceß der Capitalbildung hat seinen Charakter in der Civilisation keineswegs verändert.

Am wenigsten Capital wird von denjenigen unabhängigen Classen gespart, welche zu ihren Verrichtungen am wenigsten Geschicklichkeit erfordern. Viele Dienstboten machen davon eine Ausnahme, weil ihr Lebensbedarf gesichert ist, und dieselben, meist ledig, Ueberschüsse ihres Lohnes zurücklegen können, — auch gehören sie zu den abhängigen Arbeitern; aber Besenbinder, Kesselflicker, Scherenschleifer, Holzhauer, ländliche Tagelöhner und Handlanger, kurz, alle rein mechanischen Arbeiter bringen es selten dazu, nur einen Sparpfennig zurückzulegen, weil sie nicht die Kenntnisse und Geschicklichkeit erworben haben, um einen Ueberschuß zu produciren, und ihr Erwerb kaum ausreicht, ihren nothdürftigen Unterhalt zu bestreiten. Dieselben Personen verdienen sofort mehr, sobald sie unter der Leitung eines gelehrten technischen Führers in einem größeren Unternehmen als abhängige Mitarbeiter angestellt sind. Dieser Mehrverdienst der mechanischen Handarbeiter bei größeren Unternehmungen und Anstalten, welcher statistisch so feststeht, daß wir es uns ersparen können, hier den Beweis zu führen, entspringt in erster Linie aus der Existenz der Unternehmung und ihres Leiters und des dazu erforderlichen Capitals. Erst in zweiter Linie aus vermehrter Anstrengung und Pünctlichkeit des Arbeiters. Die Hauptursache ist die Geschicklichkeit des Unternehmers, denn mittels dieser haben sich schon Tausende allein und mit Nichts anfangend zu großen Industriellen emporgeschwungen und dann Tausenden besseren Verdienst verschafft, als sie vorher hatten.

Nehmen wir auch eine Erwerbsart, zu welcher einige technische Geschicklichkeit erforderlich ist, die Weberei, so verdient darin doch der selbständige Handwerker weniger, als der im großen Etablissement beschäftigte Maschinenweber, weil dieser 2, 3 bis 4 Stühle auf einmal bedienen kann. Das Mehr-Verdienst ist die Folge der größeren Capital-Anlage und des geistigen Capitals der Erfindung, welcher die mechanische Weberei ihr Dasein verdankt.

Wie kann in solchen Fällen von nicht bezahltem Arbeitstheil die Rede sein, wenn der alleinstehende Arbeiter weniger verdient?

Nun noch eine andere Seite. Der höhere Ertrag und Gewinn, welcher von der großen Fabrik gegenüber dem kleinen selbständigen Gewerbsmann erzielt wird, hat seine Ursache in folgenden Umständen:

1) Größerer technischer und mercantiler Intelligenz des Leiters.
2) Größerem Capital zu billigerer Anschaffung des Rohstoffes.
3) Ausgiebigerem, Zeit und Arbeit sparendem Betrieb mittels Werkzeugmaschinen, Fabricationsmaschinen und Motoren.
4) Oekonomischer Ausnutzung der Abfälle.
5) Größerem kaufmännischem Credit.

Diesen Vortheilen ist der Mehrertrag der größeren Anstalten beizumessen, welcher einestheils zu besserer Bezahlung der Arbeiter und anderentheils zur Vermehrung des Capitalvorrathes verwendet wird.

Die 6000 Arbeiter Krupp's verdienen nicht bloß etwa ⅓ mehr, als jeder für sich als selbständiger Mann erübrigen könnte, sondern auch der Gesammtertrag der Anstalt ist höher, als wenn dieselbe in 100 kleinere Anstalten getheilt wäre, und zwar abgesehen von allen übrigen triftigen Gründen nur, weil nicht 100 eben so geniale Directoren zu finden sind, als die sind, welche an der Spitze jenes Etablissements stehen.

Solche von begabten Technikern geleitete Anstalten bringen noch den Vortheil mit sich, daß sie durch ihre Nachfrage und ihre bessere Zahlung der Arbeiter auch die Löhne der übrigen Arbeiter steigen machen. Deßhalb sind die Erwerbsgelegenheit und die Löhne in weniger gewerbreichen Ländern und Gegenden geringer und niedriger als in gewerbreicheren, höher in großen als in kleinen Städten.

Von einer Bildung des Capitals durch schlechte Bezahlung der Arbeiter kann also im Durchschnitt keine Rede sein.

Im großen Ganzen wird vielmehr die Capitalbildung am meisten gefördert:

1) Durch die exacten Wissenschaften und die Technik.
2) Durch Entdeckungen und Erfindungen.
3) Durch gute Ernten.
4) Durch Aufschließung neuer Kohlen-, Salz- und Minerallager.
5) Durch Verbesserung der Werkzeuge, Maschinen, Geräthschaften, Wohnungen, Verkehrsmittel.
6) Durch Aufschluß neuer Handelswege.
7) Durch Theilung der Arbeit.
8) Durch Verbesserung des Volksunterrichts, der technischen Lehranstalten.
9) Durch Sittlichkeit, Mäßigkeit und andere Tugenden.
10) Durch Geschicklichkeit.

11) Durch Sparsamkeit.

12) Durch guten Staatshaushalt und geringen Steuerdruck.

Auch der praktische Reformvorschlag eines **Normalarbeitstages** muß nach zwei Seiten hin Bedenken einflößen. Einerseits ist davon keine radicale Verbesserung der Lage der arbeitenden Classen zu erwarten, denn der Staat kann nicht zugleich auch die Höhe des Lohnes gesetzlich feststellen, weil er nicht für etwaige Verluste der Arbeitgeber einstehen kann. Mit einer Verminderung der Arbeitszeit ist den Arbeitnehmern folglich schlecht gedient, wenn zugleich auch der Lohn herabgesetzt würde. Andererseits kann dem Staat nicht das Recht zuerkannt werden, sich in die Verdienstverhältnisse der Bevölkerung einzumischen, weil er derselben nicht auch einen Normalverdienst garantiren kann. Nur in Ansehung der Kinder könnte ein Aufsichtsrecht des Staates zugestanden werden, vermöge dessen er im Interesse der allgemeinen Wehrhaftigkeit Maßregeln ergreift, welche eine physische oder geistige Verkümmerung des jungen Geschlechts verhindern, also z. B. die nöthige Zeit für den Schulunterricht wahren und verhüten, daß Kinder zu sehr ermüdet oder gar bei gesundheitswidrigen Beschäftigungen verwendet werden. Allein so sehr auch eine Ermäßigung der Arbeitszeit in Ansehung der Erwachsenen wünschenswerth ist, so würde doch eine Einmischung des Staates folgenschwere Consequenzen für die Freiheit und Erwerbsfähigkeit der Individuen nach sich ziehen.

In Beziehung auf die volljährigen Arbeiter ist es daher in jeder Hinsicht empfehlenswerth, die Verbesserung der Lage hinsichtlich der Arbeitszeit vom allgemeinen Culturfortschritt zu erwarten, von dem Wachsen des Capitals, der Erwerbsfähigkeit, der Erwerbsgelegenheit, der Einsicht der Fabricanten selbst, daß frische, nicht zu ermüdete Arbeiter bessere Leistungen in kürzerer Zeit sichern, was vielfach durch die Erfahrung bereits bestätigt ist.

Abgesehen davon, daß die Prämisse und die Schlußfolgerung von Karl Marx irrig und unpraktisch sind, würde die letztere auch schon aus dem Grunde auf unsicherer Basis beruhen, weil alle seine Vorstellungen und Schlüsse von der Beobachtung englischer Fabrikzustände ausgehen. Wie wenig diese aber maßgebend für continentale Verhältnisse sein können, geht schon aus dem Umstande hervor, daß englische Fabrikarbeiter selten Pflanzland nebenbei bebauen können, daß dort nicht Hausindustrie neben der Landwirthschaft betrieben werden kann, weil es in England und Wales nur ca. 30,000 Grundeigenthümer und 225,000 Pächter unter über 20 Millionen Einwohnern gibt, — während auf dem europäischen Continent mit Ausnahme von Italien und Mecklenburg das Grundeigenthum getheilt ist, ein freier Bauernstand besteht und die Fabrikarbeiter sehr häufig noch nebenbei Landwirthschaft, die Bauern nebenbei Hausindustrie treiben. Folgende Tabelle zeigt diesen auffallenden Gegensatz der britischen Latifundienwirthschaft zu den meisten anderen Ländern Europa's.

Von 100 der Gesammtbevölkerung.

	Grundeigenthümer.		Grundbesitzer mit Angehörigen, die Familie zu 5 Köpfen.	
1861 Frankreich	11,8 pCt.	mit Pächtern ohne Frauen	57,8	
1869 Ungarn	11,6 „	einschl. Pächtern, Bergbau und Hüttenwesen ..	58,6	
1869 Oesterreich	8,7 „		43,5	
1860 Schweiz	8 „	mit selbstst. Frauen bzw. Wittwen 2c.	40	
1866 Frankreich	7,17 „		35,86	
1861 Preußen	6 „		30	
1867 Großh. Weimar	5,9 „		29,5	
1861 England	0,152 „	einschl. Frauen	0,766	Latifundien-Wirthschaft.
1861 Schottland ...	0,091 „	einschl. Frauen, wahrscheinlich selbständiger .	0,466	

Während Proudhon und Lassalle ihre Systeme auf einige ungenaue Definitionen von Oekonomisten aufzubauen versucht, Karl Marx dagegen auf die ganz irrige Begriffsbestimmung, daß der Werth auf dem Maß der verbrauchten Arbeitszeit beruhe, finden wir eine logischere Rechtfertigung socialistischer Forderungen an den Staat, als bei jenen modernen Alchimisten, eigentlich bei einem Kritiker des Socialismus, — bei v. Scheel. In einer Besprechung des Schäffle'schen Buches „Capitalismus und Socialismus“ welches auch in den Fehler verfällt, die arbeitende Bevölkerung nicht in ihre Kategorien zu zerlegen und mit Hülfe dieser Analyse die Diagnose ihrer Leiden zu stellen, — formulirt v. Scheel beispielsweise, ohne seine eigene Ansicht damit zu identificiren, die sociale Frage, wie folgt:

„Welches sind die maßgebenden Charakterzüge der modernen volkswirthschaftlichen Gesellschaft? Das ist die Grundfrage, aus der sich dann alles Uebrige logisch ergeben muß. — Im Gegensatz zur vorhergehenden Periode, der mittelalterlichen, finden wir hier nicht mehr eine ständisch gegliederte Gesellschaft, sondern Staaten mit starker Centralgewalt, der alle Staatsmitglieder als Staatsbürger gleichmäßig unterworfen sind. Verwirklichung der Gleichheit vor dem Gesetz und der Freiheit jedes Einzelnen, soweit sie mit der Sicherheit und dem Wohl des Ganzen verträglich ist, gilt als der ausgesprochene Zweck der Staatsgemeinschaft. Dieses Streben erstreckt sich auch auf die wirthschaftlichen Verhältnisse, indem einem Jeden die Verwendung seiner Arbeitskraft und seines Vermögens, soweit er dabei nicht mit Recht und Sitte in Collision kommt, völlig frei gegeben sein soll. Bei der Organisation der Volkswirthschaft kommen also nicht mehr politische Herrschafts-Verhältnisse, sondern nur noch rein wirthschaftliche Gesichtspuncte in Betracht. Es handelt sich nur noch um die höchstmögliche Verwerthung von Arbeit und Capital, die durch die Rücksicht auf das eigene Interesse gebunden ist. Danach entsteht Theilung der Beschäftigungen, Anwendung des Capitals, Wiedervereinigung der Arbeitszweige, Alles nur nach dem Princip der niedrigsten Kostenberechnung und der höchsten Verwerthung auf dem Markt geordnet; Selbstinteresse und Concurrenz geben den Sporn zur höchsten Anspannung aller wirthschaftlichen Kräfte, und die Ausdehnung der wirthschaftlichen Thätigkeit des Volkes erscheint nur eingeengt 1) durch den Grad, in welchem man die Naturkräfte zu benutzen gelernt hat, und 2) durch die allgemeinen Gesetze, welche zur Aufrechterhaltung von Ordnung und Sicherheit vom Staat gegeben sind. Die wirthschaftlichen Kräfte können sich also ganz frei zu einem volkswirthschaftlichen Ganzen verbinden, zu einer Volkswirthschaft entwickeln. Nun beginnen aber auch die wirthschaftlichen Kräfte ihren Einfluß auf die Zusammensetzung der Gesellschaft zu äußern. Zwar sind theoretisch alle Mitglieder der Volkswirthschaft gleichgestellt, aber die Unterschiede von Besitz und Nichtbesitz sind geschichtlich mit in die neue Periode hinübergenommen; es ist Jedem erlaubt, zu arbeiten, wo, wie und womit er will, aber die Arbeit braucht Stoff, um etwas schaffen zu können, der Stoff unterliegt aber dem Eigenthumsrecht, wie es sich geschichtlich gemacht hat; und das Eigenthum wird nur erworben durch bestimmte Rechtsformen, die mit der Arbeit an sich nichts zu thun haben. Der Arbeiter wird für seine Leistung durch den Arbeitslohn ein- für allemal abgefunden, ohne in ein näheres Verhältniß zum Eigenthümer, als solchem, und zu dem Productionsgange, an dem er mitwirkte, zu treten. Somit ordnet sich unter dem Regime dieser modernen Volkswirthschaft die Gesellschaft nunmehr unter Beibehaltung der geschichtlich gegründeten Eigenthumsformen nach rein wirthschaftlichen Gesichtspunkten in die zwei großen Hauptklassen der Besitzenden und Nichtbesitzenden mit den verschiedensten Abstufungen und Schattirungen; und da die letzteren auf die ersteren angewiesen sind, um Existenzmittel von ihnen zu erlangen, so bildet sich ein wirthschaftliches Abhängigkeits-Verhältniß zwischen Besitzenden und Nichtbesitzenden, das aber ein rechtliches Abhängigkeits-Verhältniß weder zur Voraussetzung noch zur Folge hat. Da nun die volkswirthschaftliche Gesellschaft rein von wirthschaftlichen Rücksichten regiert wird, und ein Jeder so billig wie möglich zu produciren und dem Andern Concurrenz zu machen sucht, so treten zwei Erscheinungen besonders schroff hervor: 1) die großen Vermögen wachsen schneller und leichter wie die kleinen, und zum Theil auf Kosten derselben, weil sie sowohl billiger produciren, als auch die Chancen des Gewinns sich durch ihre ausgedehntere Herrschaft über wirthschaftliche Kräfte leichter aneignen können; und 2) die Besitzlosen sind nicht nur thatsächlich ebenso wie früher die Benutzung ihrer Kräfte an die Eigenthümer gegen geringe Entschädigung zu überlassen genöthigt, sondern sind unter dem System der Abfindung durch Arbeitslohn außerdem in eine unsichere Lebenslage gekommen; und dazu kommt, daß ihre factische Abhängigkeit mit ihrer rechtlichen Freiheit in einem gewissen Widerspruch steht. — Was folgt hieraus? Offenbar, daß im wirthschaftlichen Leben die Tendenz zur wachsenden Ungleichheit und Unfreiheit besteht, während im politischen Leben man immer mehr das Princip der Gleichheit und Freiheit zu verwirklichen strebt. Ist dies richtig, so besteht ein Widerspruch zwischen dem wirthschaftlichen und dem politischen Leben den Wirkungen nach, obgleich dem rechtlichen Princip nach in beiden dieselbe Tendenz: die der Freiheit und Gleichheit, herrscht, und zwar ist dieser Widerspruch ein eigenthümlicher des modernen Volkslebens, der in früheren Perioden nicht vorkommen konnte, weil damals die wirthschaftliche Gesellschaft von der politischen bedingt und beherrscht war. Sobald dieser Widerspruch zum Bewußtsein kommt, wird aus ihm ein Problem, eine Frage, und da es sich um einen gesellschaftlichen Widerspruch handelt, eine sociale Frage.

„Eine Frage kann immer mit mehr oder weniger guten Gründen bejaht oder verneint werden. So auch die sociale Frage. Verneinen kann man sie, wenn man sagt entweder: die jetzige Organisation der Gesellschaft ist die beste denkbare, denn sie verwirklicht die Idee der Freiheit, und etwaige einzelne Uebelstände sind einzeln zu heilen; oder: die Bedingungen von Glück und Wohlstand sind zwar in dieser Organisation noch nicht verwirklicht, dies liegt aber nur darin, daß das Princip der Freiheit und der freien Bewegung aller wirthschaftlichen Kräfte noch nicht vollständig durchgeführt ist; man gehe daher auf dem begonnenen Wege bis zu Ende. Ein dritter Gesichtspunkt, der praktisch durchschlagende: der Widerwille der jetzt bevorzugten Classen gegen eine Aenderung besteht wissenschaftlich nicht. Der erste der oben angeführten wissenschaftlichen Gesichtspunkte leugnet den Fortschritt, leugnet die geschichtlich erwiesene Vervollkommnungsfähigkeit der Gesellschaft; er scheint ebenso wie der zweite widerlegt, wenn man die Formulirung der socialen Frage, wie sie vorhin gegeben wurde, für richtig hält. In diesem Falle bejaht man also die Frage, und erkennt sie zugleich als lösungsbedürftig an. Zugleich scheint aber damit auch der Zweifel über das allgemeine Princip der Lösung, wenn auch durchaus nicht über die praktischen Mittel dazu, abgeschnitten. Es handelte sich um das Verhältniß der wirthschaftlichen zur politischen Gesellschaft, welches Ausdruck findet in der Rechtsverfassung. Dieser, als eigentlichem Object der Reform, ist daher eine Richtung zu geben, in welcher jener Widerspruch gehoben wird, ohne die Vortheile der jetzigen Organisation aufzugeben. Beherrscher der Rechtsverfassung ist aber der Staat und dieser daher das Werkzeug der Lösung, die er auf dem Wege der Gesetzgebung herbeizuführen hat."

In einer neueren Schrift von Professor v. Scheel, „die Theorie der socialen Frage", finden wir eine Stelle, in welcher der Verfasser diese Ansicht noch schärfer vertritt. Er sagt auf Seite 14: „Der größere Capitalist hat vor dem kleineren die Vortheile voraus, daß er erstens aus verschiedenen allgemein bekannten Gründen billiger produciren, zweitens durch seinen größeren Einfluß auf dem Markt seine Producte besser verwerthen und drittens von dem Geschäftsertrage einen kleineren Theil auf seine persönlichen Bedürfnisse, einen größeren auf die Fortsetzung und Erweiterung seines Geschäfts verwenden kann. Somit entwickelt der größere Besitz eine Ueberlegenheit über den kleineren und damit fördert die Volkswirthschaft, sich selbst überlassen, ein neues Element der Ungleichheit und Unfreiheit zu Tage. Alle diese Wirkungen machen sich in den verschiedenen Zweigen der Volkswirthschaft verschieden, aber sie machen sich geltend."

Für uns fällt in jener Formulirung der socialen Frage die erste und zweite negative Antwort dahin, die erste an und für sich Angesichts des Naturgesetzes des ewigen Wechsels, weil schon die Zeit fortwährend neue Leiden und Bedürfnisse gebiert, welche neue Hülfsmittel erfordern; und die zweite, weil mit der vollständigen Durchführung des Princips der Freiheit und der freien Bewegung aller wirthschaftlichen Kräfte die Aufgabe der Gesellschaft noch nicht erledigt ist, sondern weil sie auch noch positive Aufgaben, z. B. die Pflege der Erziehung, ins Auge zu fassen hat.

Treten wir aber der dritten, der bejahenden Antwort, näher, und setzen wir den Fall, es gelingt, die Form zu finden, in welcher der Staat durch seine Gesetzgebung den verlangten Zweck erreicht, d. h. verhindert, daß die großen Vermögen schneller wachsen, als die kleinen. Dann ist zweierlei denkbar: die kleinen wachsen nicht schneller als früher; es findet eine Verminderung der Capitalansammlung Statt und die Wirthschaft verschlechtert sich, weil die Productionsmittel im Verhältniß zur wachsenden Bevölkerung sich vermindern; oder die kleinen Vermögen wachsen schneller, denn früher, so daß die Capitalansammlung in eben so günstigem Verhältniß als vorher fortschreitet. Dann müßte mit der Reform der Gesetzgebung das Mittel gefunden worden sein, aus den kleinen Vermögen höhere Reinüberschüsse zu erzielen, als aus den großen, denn bei vielen Personen ist es schwieriger, die unproductive Verzehrung der Ueberschüsse einzuschränken, als bei wenigen Personen; oder es müßten im ganzen Lande sehr mäßige Sitten herrschen, welche die Sparsamkeit begünstigen. Wenn es möglich wäre, durch ein Staatsgesetz das Reineinkommen der kleinen Vermögen zu erhöhen, oder das Volk zu mäßigen Sitten bei hoher Productivität zu zwingen, dann wäre allerdings die sociale Frage leicht gelöst. Wir erlauben uns aber an dieser Möglichkeit zu zweifeln. Denn mittlere Zustände des Erwerbs und Mäßigkeit im Geaufſe ſind eben das Ziel der wahren Cultur, zu deſſen Erreichung alle Factoren der menſchlichen Bildungsentwicklung mitwirken müſſen, nicht bloß der Staat und die Gemeinde, ſondern auch die freie Geſellſchaft, die Sippe, die Familie und das Individuum.

Wir halten die Anſicht, daß das hauptſächlichſte dauernde Hinderniß des Emporkommens der arbeitenden Claſſen — Abhängigkeit der Arbeiter vom Capitaliſten, — und die Meinung, daß die großen Vermögen ſich raſcher vermehrten, als die kleinen, nicht für abſolut erweisbar.

Was den erſten Punct betrifft, ſo kann er von drei Seiten betrachtet werden: von der rein volkswirthſchaftlichen, von der politiſchen und von der privatwirthſchaftlichen. In volkswirthſchaftlicher Hinſicht ſind die Capitaliſten von den Arbeitern gerade ſo abhängig, wie dieſe von jenen. Denn, da das Capital zu Grunde geht, wenn es nicht durch Reproduction erneuert wird, — ſo muß es, je mehr es wächſt, deſto mehr Arbeiter ſuchen und ihnen günſtigere Bedingungen ſtellen. Eine Macht aber, welche im Verhältniß zu ihrer Vermehrung von den Arbeitern abhängiger wird, kann keine Herrſchaft über dieſelben ausüben. Die Behauptung von der Herrſchaft des Capitals über die Arbeiter iſt daher nach den Geſetzen der Logik nicht ſtichhaltig.

In politiſcher Hinſicht iſt die Abhängigkeit der Arbeiter vom Arbeitsherrn durch die Aufhebung der Sclaverei, der Hörigkeit, des Zunftweſens, durch die Abſchaffung des Verbots der Coalitionen zum Zweck von Lohnerhöhungen, durch die Einführung der Gewerbefreiheit und Niederlaſſungsfreiheit aufgehoben.

Nur in privatwirthſchaftlicher Beziehung mögen die Arbeitgeber unter Umſtänden den Vortheil vorausbaben, daß ſie im Fall einer Geſchäftsſtockung länger zuwarten können, als die Arbeiter, — mag dieſe Stockung von Markt-Conjuncturen herrühren, oder von Arbeitseinſtellung. Allein die Arbeiter haben es in der Hand, ſich durch Anlegung eines Sparpfennigs oder durch ſolidariſches Zuſammenhalten und gegenſeitiges Unterſtützen über weite Kreiſe hin, wie es z. B. durch die Gewerkvereine in England und die internationale Arbeiter-Aſſociation geſchieht — und zur Zeit der Baumwollennoth während des nordamericaniſchen Bürgerkrieges in ſo großartiger Weiſe geſchehen iſt — von ſolchen Umſtänden zu emancipiren.

Wir fechten aber auch die abſolute Richtigkeit der zweiten Behauptung an, „daß die großen Vermögen ſchneller und leichter, wie die kleinen wachſen, zum Theil auf Koſten derſelben, weil ſie ſowohl billiger produciren, als auch die Chancen des Gewinnes ſich durch ihre ausgedehntere Herrſchaft über wirthſchaftliche Kräfte leichter aneignen können“.

Für jeden erfahrenen Geſchäftsmann iſt ein Beweis unſerer Behauptung gar nicht nöthig; wir motiviren ſie gleichwohl kurz mit folgenden Erfahrungsſätzen.

Wir setzen dabei als selbstverständlich voraus, daß die relative Vermögensvermehrung gemeint ist, nicht die absolute. Denn der erwähnte Vortheil des größeren Capitalisten, daß er einen kleineren Theil seines Geschäftsertrages zu seinen persönlichen Bedürfnissen brauche, bezieht sich eben so gut auf denjenigen Unternehmer, welcher mit dem größeren Capital einen verhältnißmäßig größeren Gewinn macht, als der kleine Capitalist, wie auf den großen Capitalisten, welcher einen absolut größeren aber relativ kleineren oder gleichen Gewinn zieht. Nur von dem ersteren aber kann die Rede sein, denn wollte man auch der Vermögensvermehrung des letzteren zu steuern suchen, so müßte man entweder die Gütergemeinschaft einführen oder ein Capitalmaximum feststellen; man würde dadurch die Capitalisten zwingen, die Ueberschüsse aufzuzehren, statt sie zu Capital zu sammeln, und dem Arbeiterstand die Grundlage der Verbesserung abschneiden.

Deßhalb kann man nur die verhältnißmäßige Ertragsvermehrung der größeren Geschäfte im Auge haben, wenn man ihr Bestehen als einen wirthschaftlichen Vorzug ihrer Besitzer vor den kleinen Leuten betrachten will.

Diese Behauptung nun, daß die größeren Geschäfte an und für sich verhältnißmäßig rentabler seien, als die kleinen, ist durch die geschäftliche Praxis durchaus nicht erwiesen. Sie sind es nur unter der Bedingung, daß sie ihren Betrieb zweckentsprechender einrichten und leiten, als die kleinen Geschäfte, d. h. alle geeigneten Mittel dazu ergreifen. Dann wäre erst zu beweisen, daß dieselben Mittel für die kleinen unzugänglich seien. Dieser Beweis nun dürfte kaum gelingen.

Der ersteren Behauptung stellen wir die aus der Beobachtung des Geschäftslebens und dem Studium der Statistik der Berufsarten gewonnene Wahrnehmung gegenüber, daß in allen Geschäften nur ein gewisses mittleres Maß des Umfanges und Betriebes den höchsten Reinertrag liefert. Unter und oberhalb dieses Maßes vermindert sich der Gewinn, im ersteren Falle, weil das Anlage-Capital und vielleicht auch sogar die Arbeitskraft nicht genügend ausgenutzt wird, und im letzteren, weil die Aufsicht zu schwierig wird und zu viel Zeit durch Transport verloren geht.

Wir müssen fast fürchten, einen Gemeinplatz auszusprechen, indem wir vielmehr die Behauptung aufstellen: je größer das Vermögen, desto langsamer und schwieriger wächst es. Um sich von der Richtigkeit dieser Behauptung zu überzeugen, braucht man bloß die verschiedenen großen Vermögensanlagen durchzugehen. In der Landwirthschaft ist es eine allbekannte Thatsache, daß das Grundeigenthum, je größer der Complex, desto schlechter rentirt, weil zuletzt nicht mehr die genügende Aufsicht möglich ist, und weil zu viel Zeit auf der Straße verloren geht. Ein Landgut, welches so groß wäre, daß der Pflug bis zu seiner Grenze einen halben Tag hin und einen halben Tag zurück brauchte, würde an seinen Extremitäten gar nicht zu Ackerland benutzt werden können. Es müßte zerlegt, oder zum Theil zu Wald und Weide gemacht werden, welche geringern Ertrag abwerfen, als kleine Höfe. Der höchste Reinertrag kann also nur bei einem gewissen beschränkten Maße, welches je nach der Entfernung vom Markte und den billigsten Verkehrswegen wechselt, erzielt werden.

Einer gesunden Staatswirthschaft kann aber nicht einmal sehr am höchsten Reinertrag gelegen sein, weil letzterer auch bei Latifundienwirthschaft möglich wäre, wo wenige Grundeigenthümer colossale Weiden mittels billiger Verkehrswege (Wasserstraßen und Eisenbahnen) ausbeuten und die Masse des Volkes aus Pächtern und Tagelöhnern besteht, wie in Irland, und wo die Bevölkerung physisch und moralisch geschwächt würde, — sondern am höchsten Rohertrag, welcher eine möglichst zahlreiche, „wehr-kräftige" Bevölkerung nährt. Der höchste Rohertrag ist aber nur bei einem mittleren Maß des landwirthschaftlichen Betriebes möglich. Dieses Maß ist freilich in Nähe des Marktes wegen Ueberfluß an Dünger und leichtem Absatz, wo Garten- und Milchwirthschaft getrieben wird, bedeutend geringer, als da, wo Getreidebau mit Viehzucht Hand in Hand gehen müssen, weil die Schwierigkeit des Verkehrs jene Production nicht erlaubt, welche Schwierigkeit übrigens wieder in dem geringeren Bodenwerth ihren Ausdruck findet.

Wie wir später bei der näheren Beleuchtung der landwirthschaftlichen Erwerbsverhältnisse sehen werden, stehen den kleinen Grundeigenthümern die Vortheile der großen ebenfalls zu Gebote. Dieselben bestehen nämlich:

1) im Hypothecarcredit;
2) im Personalcredit;
3) in der technischen Bildung;
4) in der Anwendung von landwirthschaftlichen Maschinen;
5) in wissenschaftlicher Düng-Methode;
6) in der Einführung von Landmeliorationen und besserer Culturen.

Ueberall ist in civilisirten Staaten die Gesetzgebung bedacht, die Organisation des Hypothecarcredits zu bessern.

Der Personalcredit ist durch Credit-Genossenschaften den ländlichen Bezirken vollständig zugänglich gemacht worden. Versicherungsgesellschaften, sowie die Ausdehnung der Geschäfte der Banken auf Waarenvorschüsse machen es den kleinen Bauern immer mehr möglich, mit dem Verkauf ihrer Aernte-vorräthe gute Markt-Conjuncturen abzuwarten.

Die technische Bildung wird durch zahlreiche Bildungsanstalten dem bemittelten Bauern, und durch Vereine und Zeitschriften wie durch das Beispiel mehr und mehr auch den kleinen Landwirthen zugänglich.

Für Landgüter, welche nicht groß genug sind, daß die Verwendung von Maschinen sich lohnt, kann entweder eine Genossenschaft oder die Gemeinde eintreten und Maschinen zu gemeinschaftlichem Gebrauch anschaffen, oder es können, wie es vielfach am Mittelrhein geschieht, Privatunternehmer, z. B. mit Aernte- und Dampfdreschmaschinen, auf den Höfen die betreffende Arbeit gegen

Lohn übernehmen. In einigen Gegenden Englands und Norddeutschlands geschieht dies auch mit Dampfpflügen.

Einführung von Bodenmeliorationen, von Entsumpfungsarbeiten, Flußregulirungen, Drainirungen, so wie von Neubrüchen und neuen Culturwerken geschieht weit öfter durch Vereine und Genossenschaften mit oder ohne Hülfe des Staates, als durch große Grundbesitzer.

Im Allgemeinen ist es ja als Thatsache angenommen, daß der große Grundbesitz in Europa nicht mehr als 2½—3 pCt. rentirt. Das ist mit dem Ertrag eines Gartens in Nähe einer Stadt, also mit dem Reineinkommen eines ganz kleinen Mannes, nicht zu vergleichen, wenn auch dessen Haupteinnahme auf Conto des Arbeitslohnes zu nehmen ist.

In den Verkehrs-Anstalten verringert sich der Gewinn mit der Ausdehnung des Unternehmens, weil, je umfangreicher das Unternehmen, desto weniger die rentablen Theile herausgesucht und allein ausgebeutet werden können, wie z. B. bei Eisenbahnen die guten den Ausfall der schlechten Abtheilungen decken müssen.

Im Handel haben stets die größten Capitalien und Capital-Vereinigungen die schlechtesten Geschäfte gemacht. Fast alle großen Handels-Gesellschaften, welche gerade das größte Vermögen repräsentirten, haben Bankerott gemacht. Die einzige niederländische Handels-Maatschappij hält sich unter dem Schutze außerordentlicher Privilegien, deren Vertheidiger wir nicht sein können.

Die Ursache liegt darin, daß die erfolgreiche Führung des Handels weniger von der Größe des Capitals, als von den geistigen Eigenschaften des leitenden Kopfes abhängt; und daß ein Geschäft selbst unter der Leitung des eminentesten Kaufmanns nicht gedeihen kann, wenn es so groß wird, daß er es nicht mehr zu übersehen vermag.

Eine scheinbare Ausnahme macht der Handel mit Werthpapieren; denn wir sehen da große Vermögen in kurzer Zeit gewinnen und die großen mit einer gewissen Stätigkeit wachsen. Die Ursache ist aber hier nicht die Größe der Capitalien, sondern die Versicherungsprämie und die Geschicklichkeit. Dem raschen Erwerb großer Capitalien steht nämlich eine entsprechende Gefahr des Verlustes gegenüber. Man kann jedem reich gewordenen Börsenmanne einen plötzlich arm gewordenen gegenüber stellen. Die sog. hohe Finanz aber verdient hauptsächlich permanent durch ihre geistige Fähigkeit.

Es bleibt uns noch die Industrie; und diese führt auf die Spur des obigen Irrthums. Sie zeigt uns, daß nicht das Capital es ist, was die wesentliche Ursache der großen Gewinnste ist, sondern das technische Genie. Dieses fängt mit einem Thaler in der Tasche an, um Millionen zu verdienen; während gleichzeitig so viele große Fabriken in Händen von Actien-Gesellschaften jährlich zu Grunde gehen, weil ihnen die erforderlichen begabten Leiter fehlen.

Gerade so ist es mit den meisten Productiv-Genossenschaften ergangen, und zwar aus denselben oder ähnlichen Gründen, obgleich vielen das erforderliche Capital vom Staate oder auf anderem Wege verschafft worden war; während man jeden Tag arme, aber geschickte Techniker mit Kaufleuten oder Capitalisten sich verbinden sieht, um mit kleinen Mitteln zu großen Unternehmungen empor zu wachsen. So haben die meisten Industrie-Größen, welche mit Millionen operiren, mit wenig oder nichts angefangen. Wir erinnern nur an die vor einigen Jahren bekannt gemachte Thatsache, daß von den 137 Kammgarnfabriken und Kattundruckereien von Bradford, einer der industriellsten Städte Englands, nur 3¼ pCt. unter günstigen Vermögens-Verhältnissen begonnen hatten, 36¾ pCt. von Leuten mit sehr beschränkten Mitteln, deren Väter noch meist vermögenslose Arbeiter gewesen, begründet worden waren, 54 pCt. aber von Personen, die früher Arbeiter ohne Vermögen waren, und 6 pCt. durch Verbindungen von mehreren Unternehmern, wovon der eine die technischen Kenntnisse und der andere das Capital beibrachte.

Außerdem können in der Industrie nur solche Geschäfte in sehr großem Umfange gedeihen, bei welchen die Arbeiter nahe bei einander sind und leicht überwacht werden können und deren Betrieb eine große Gleichförmigkeit darbietet, z. B. bei mechanischen Spinnereien, Webereien, Hochöfen, Hütten; oder wo die Aufsicht an der Masse der geförderten Arbeit geübt werden kann, wie bei Bergwerken, oder wo das Risico ganz oder zum Theil vom Arbeiter getragen wird, wie bei der Haus-Industrie, wo der Fabrikant mehr Großhändler ist. In allen diesen Geschäften zeigt der häufige Bankerott von großen Actien-Gesellschaften eine abschreckende Kehrseite, welche beweist, welch' großer Theil des Gewinnes der gut gedeihenden Etablissements auf Rechnung der geistigen Arbeit, d. h. der Geschicklichkeit, Umsicht und Rührigkeit des Leiters zu setzen ist.

Sind es ja auch die wissenschaftlichen und technischen Genies, welche durch ihr beharrliches Studiren und exactes Arbeiten zu den Erfindungen und Entdeckungen gelangen und durch sie zu jenen großen Arbeits-Anstalten (z. B. Eisenbahnen, Telegraphen), welche die Nachfrage nach Arbeitern plötzlich außerordentlich vermehren und dadurch das Loos der Arbeiter am meisten verbessern.

Im Uebrigen werfen Unternehmungen von ungewöhnlichem Umfange, wie z. B. Eisenbahnen, Canäle, Bergwerke, im Ganzen nur einen sehr bescheidenen Gewinn ab, mit dem der kleine Mann verhältnißmäßig sich nicht begnügen könnte, — und sind gut rentirende Anstalten in der Regel nur mittlerer Größe; sie bewegen sich nur innerhalb einer bestimmten Gränze, welche auch den kleinen Leuten mittels selbständigen Emporringens oder durch Association zugänglich ist. Die Vortheile des Großbetriebs innerhalb dieser Gränze bestehen nämlich in:

1) Theilung der Arbeit und besserem Haushalten mit der Zeit;
2) Gebrauch von Maschinen und Motoren;

3) Benutzung günstiger Markt-Conjuncturen beim Einkauf der Rohstoffe und beim Verkauf der angefertigten Waaren;
4) Geschicklichkeit der technischen und mercantilen Leiter;
5) kaufmännischem Credit;
6) großem und darum sparsamem Betrieb (Verwendung von Abfällen).

Die Theilung der Arbeit im Großbetrieb kann sowohl in großen Anstalten mit Maschinenbetrieb und Motoren, als durch Haus-Industrie und ohne große Maschinerie organisirt werden. Durch diese Arbeitstheilung wird eine große Geschicklichkeit der Arbeiter erzielt, so daß dieselben in einem gegebenen Zeitraum mehr und bessere Producte liefern. Als Beispiel der ersteren Art führen wir die Maschinen-Spinnereien und Webereien, als Beispiel der letzteren die Uhren-Industrie im Jura und im Schwarzwalde an.

Während der einzelne selbständige Uhrmacher, will er noch selbständig produciren, alle Uhrentheile selbst machen müßte, ist dieses Geschäft im Jura in über 100 Unterabtheilungen getheilt, wodurch die Arbeiter in den einzelnen Branchen eine erstaunliche Fertigkeit erlangen.

Zur Benutzung der günstigen Markt-Conjuncturen beim Kauf und Einkauf ist in erster Linie genügendes Capital und zur richtigen Behandlung dieses Geschäftes, so wie zur Production preiswürdiger, absatzfähiger Waare eine tüchtige kaufmännische und technische Leitung erforderlich.

Alle diese Mittel und Vortheile des Großbetriebs sind, wie wir gesehen haben, durch bloße individuelle Anstrengung zu erobern: durch Sparen und Erwerbung der nöthigen Kenntnisse und Geschicklichkeit, so wie mit Hülfe der Vereinigung vieler Personen zu einem Geschäft durch Vergesellschaftung. Einer solidarisch verbundenen Gesellschaft steht außer ihrem Capital noch ein größeres Creditcapital zu Gebote, als dem Einzelnen, weil die Gesammtbürgschaft eine bedeutend größere Gewähr gegen Krankheit, Tod oder ökonomischen Untergang bietet.

Den meisten dieser Fragen werden wir in der zweiten Abtheilung noch speciel näher treten.

* * *

Aus dem Vorstehenden geht bereits hervor, daß an eine erfolgreiche Forschung nach den Mitteln und Wegen zur Besserung der Lage der unbemittelten arbeitenden Classen gar nicht zu denken ist, ohne eine vorhergehende genaue Prüfung des Thatbestandes. Allein nicht bloß die modernen Alchymisten mit ihren Universalmitteln zur Verschönerung des Lebens der arbeitenden Classen haben die specielle Analyse und Diagnose des Zustandes dieser letzteren verschmäht, sondern auch die zwei Haupt-Richtungen der fachwissenschaftlichen Theorie haben dieselben, mit wenigen Ausnahmen, mehr oder weniger vernachlässigt. Die ältere sog. freihändlerische, mit dem Stichwort „Manchesterpartei" bezeichnete, vorzugsweise in der deutschen Presse und durch den Congreß deutscher Volkswirthe vertretene Richtung glaubt in der Regel den Geboten ihrer Lehre Genüge geleistet zu haben, wenn sie die Arbeit von allen ihren staatlichen Fesseln befreit, die freie Selbsthülfe und die unbeschränkte Concurrenz hergestellt hat. Sie will die Sorge dafür, daß die Gesetzgebung und die öffentliche Gerechtigkeit den auftauchenden Bedürfnissen des Arbeiterstandes nachfolge und sich ihnen anpasse, — den Bemühungen der Interessenten in allen Berufsarten ohne Einmischung der Regierung und der Staatsmittel überlassen.

Die neuere, besonders auf den deutschen Universitäten vertretene sog. realistische, von ihren Gegnern mit dem Spitznamen „Kathedersocialisten" belegte Richtung hat die Gefahren der Anwendung einer abstracten Lehre auf bestehende Verhältnisse ohne Sichtung der Grundlagen und historisch erwachsenen Umstände, auf welchen sie beruhen, eingesehen. Sie anerkennt zwar die Wohlthaten der Entfesselung der Arbeit, allein sie fühlt sich damit nicht zufriedengestellt, — sie geht weiter und verlangt nicht bloß die Selbsthülfe in der Freiheit, sondern auch die Betonung der ethischen Seite der volkswirthschaftlichen Arbeit, — das Zusammenwirken der Arbeiter, der Arbeitgeber und des Staates, um die Verbesserung der Zustände zu erreichen. Allein auch diese, von schablonenhaftem Vorgehen freiere Richtung hat es noch nicht unternommen, der Analyse und Diagnose der arbeitenden Classen und ihrer Uebel näher zu treten, — mit anderen Worten, die ganze Arbeit der Untersuchung der socialen Uebel und der Erforschung der anzuwendenden Heilmittel auf die Prüfung — der Statistik der Berufsarten zu basiren.

Um gerecht zu sein, darf nicht übergangen werden, daß bereits Einzelne unter ihnen theilweise diese Bahn betreten haben. So beschränkt Adolph Wagner in seiner „Rede über die sociale Frage" seine zum größten Theil sehr praktischen Reformvorschläge ausdrücklich auf die Fabrikarbeiter; — so beschäftigt sich von der Goltz speciel mit der ländlichen Arbeiterfrage; — so behandelt die Concordia mit Vorliebe die praktischen Reform-Einrichtungen zu Gunsten der Arbeiter in den großen Fabriken.

Unverkennbar hat die letztere, eigentlich auf den Fußstapfen der älteren deutschen Universitätslehrer, wie Hoffmann, Rau, Roscher, fortschreitende Richtung in jüngster Zeit in den obengenannten, so wie in Schäffle, Schönberg, Brentano, Rösler, Schmoller u. A. fleißige und geschickte Anwälte gefunden, deren Gedanken gewissenhafte Prüfung verdienen, wenn auch manche praktische Vorschläge, — wie Schönberg's Arbeitsämter, trotz ihrer trefflichen Motivirung, den Stempel der Uebereilung an sich tragen oder von zu geringer Beachtung des Geschäftslebens und Mangel an amtlich-statistischer Erfahrung herrühren. Denn diese Volkswirthe begnügen sich nicht mit Axiomen und für Naturgesetze ausgegebenen Sätzen, die doch nur für bestimmte Verhältnisse passen, sondern erklären die Arbeit der Forschung für permanent, wie es allein der Wissenschaft geziemt. Sie stehen in der richtigen Mitte zwischen den absoluten Freihändlern und den Socialisten, welche sich in den beiden Extremen der sog. Anarchisten und Communisten ausspitzen.

Sie erkennen mit Recht, was wir seit Jahren verfochten, daß man die Gesellschaft nicht stets auf einer tabula rasa wieder aufbauen kann, sobald einem Neuerer ein Reformgedanke einfällt, sondern, daß man mit gegebenen Zuständen, Gebrechen, Leidenschaften zu thun hat, deren Verbesserung das Zusammenwirken aller betheiligten Gewalten der Gesellschaft erheischt: der Arbeiter, der Arbeitgeber, der Gemeinde, der Corporation und des Staates.

Unserem Standpunct am nächsten steht Schönberg durch den Satz: „Die Lösung der socialen Frage ist die richtige Anwendung der zweckentsprechenden Mittel auf die concreten Verhältnisse.“ Wir würden nur sagen „relative“ Lösung, denn eine absolute Lösung der socialen Frage gibt es nicht.

Hingegen können wir uns, wie eben angedeutet, mit dem concreten Vorschlag der Gründung von Arbeitsämtern für das Deutsche Reich mit einer Dotation von 1 Million Thaler durchaus nicht befreunden, und zwar aus folgenden Gründen:

Die Arbeitsämter würden ihren Zweck einer genauen Informirung über die Arbeiterverhältnisse durchaus nicht erreichen; denn

1) liegt es in der Menschennatur, daß von außen gestellte Aufgaben nur dann gewissenhaft erfüllt werden, wenn sie genau präcisirt und vorgeschrieben sind. Die Mission der Arbeitsämter wäre aber eine so allgemeine, dem Ermessen der Amtmänner anheimgestellte, daß eine gründliche Informirung durch sie schon subjectiv unmöglich ist.

2) Die Erreichung des Zweckes ist aber auch materiel unmöglich, weil das Material in jeder Gemeinde aufgesucht werden müßte, was ohne die Mitwirkung der Gemeindebehörden nicht geschehen kann. Ist man aber einmal so weit, so ist es einleuchtend, daß die Gemeindebehörden nur zu Untersuchungen ad hoc, also zu bestimmten statistischen Erhebungen nach der Natur der Volkszählungen herangezogen werden können, bei denen ein bestimmtes Schema vorgelegt wird. Es folgt daraus, daß solche Untersuchungen also in ersprießlicher Weise nur auf dem bestimmten Wege der Organisation von National-Enquêten und statistischen Erhebungen mit bestimmten Formularen zu festgesetzten Zwecken und zwar weit billiger angestellt werden können.

Die nächsten Aufgaben in dieser Hinsicht wären eine bessere Einrichtung der Statistik der Berufsarten, eine gute Ackerbau- und Gewerbe-Statistik, so wie eine periodische Erhebung der Löhne, Lebensmittel-, Wohnungs- und Kleidungspreise.

Niemand, der mit statistischen Erhebungen vertraut ist, wird einen Augenblick zweifeln, daß jene Arbeitsämter nur Sinecuren würden, daß die dafür verlangte Million Thaler hinausgeworfen wäre.

Andererseits nähert sich hingegen das Hauptargument zur Begründung der Forderungen der realistischen Partei so sehr dem Fundamentalpunct, von welchem unserer Ueberzeugung nach jede Untersuchung uber die sociale Frage auszugehen hat, daß wir dasselbe an diesem Orte mit wenigen Worten berühren müssen.

Die Wortführer jener Richtung, namentlich wie schon oben erwähnt Scheel und A. Wagner, gehen von der Annahme, als einer Thatsache, aus, daß die vermögenden Classen oder Personen ihr Capital und Einkommen d. h. ihren Vorrath an Genußmitteln rascher und reichlicher vermehren können, als die unbemittelten oder armen Classen, — daß die großen Vermögen sich rascher vermehrten, als die kleinen. Diese Behauptung ist nur in absoluter Beziehung richtig; — in verhältnißmäßiger Rücksicht ist sie, wie oben nachgewiesen, nichts weniger als ein Axiom. Hingegen führt sie auf die richtige Spur.

Geht man nämlich auf den Urgrund zurück, aus welchem es überhaupt Unterschiede des Vermögens gibt, so stößt man auf die Thatsache — der Verschiedenheit der körperlichen und geistigen Anlagen der Menschen von Natur. Solche Verschiedenheit wird noch vermehrt durch die Verhältnisse der Geburt und der Erziehung.

Diese Ungleichheit der Menschen von Natur, Geburt und Erziehung ist die Hauptursache der Wahl des Berufs — und der Scheidung der Erwerbsarten; — und diese sind es erst, welche im Wesentlichen die Vermögensunterschiede schaffen und geschaffen haben. Die Uebelstände, welche aus dieser Verschiedenheit der Berufsarten für den Theil der Bevölkerung erwachsen, welchem die weniger lucrativen oder mühseligeren Beschäftigungen zufallen, sind — so weit sie von der Natur herrühren, unheilbar; die übrigen können durch menschliche Anstrengungen gemildert werden.

Um dieser Aufgabe sich aber widmen zu können, muß man die Verhältnisse der verschiedenen Berufsclassen kennen; — in erster Linie statistisch wissen, mit Wem man es zu thun hat.

Jeder Besserung der menschlichen Ernährungsverhältnisse muß eine Vermehrung der Production vorhergehen. Denn da schon gegenwärtig Alles, was man producirt, in kürzerer oder längerer Zeit verzehrt wird, verzehrt werden muß, damit wegen des Gesetzes des Stoffwechsels das Capital und die Arbeitskräfte, welche die Erzeugnisse hergestellt haben, reproducirt und erhalten werden, — so wären ohne Mehrproduction die Mittel zu einer Verbesserung der Lage der arbeitenden Classen nicht vorhanden. Denn die Reichen sind zu wenig zahlreich, als daß man den unbemittelten Arbeitern eine wesentliche Verbesserung schaffen könnte, wenn man ein unschädliches Mittel fände, um ihren Ueberfluß diesen zuzuwenden, und den Mittelclassen zu nehmen, um den unselbständigen, unbemittelten Arbeitern zu geben, würde nur eine Verschiebung, keine Besserung der gedrückten Zustände sein.

Da die Production und Mehrproduction aber durch Zusammenwirken von Capitalisten und Arbeitern, von Arbeitgebern und Arbeitnehmern, geschaffen wird, so ist es zum Behuf einer erfolgreichen Untersuchung der Mittel und Wege einer Verbesserung der Nahrungsverhältnisse nothwendig, neben den Berufsarten das Zahlenverhältniß der selbständigen und unselbständigen Berufsleute, so wie der nichterwerbenden Angehörigen zu kennen.

Wir schließen unsere kritische Rundschau und damit den negativen Theil unserer Betrachtung mit der These, daß es in socialer Hinsicht keine absolute Lösung gibt. Es bestehen für unsere gesellschaftliche Thätigkeit in der Gegenwart, um die es sich überhaupt nur handeln kann, nur theilweise Lösungen. Zur Verhütung und Heilung der Noth, der Armuth, zur Verbesserung der Lage der unvermögenden arbeitenden Classen müssen alle politischen und wirthschaftlichen, collectiven und individuellen Factoren zusammenwirken, aber vor allen Dingen, woran die Socialreformer fast nie denken, die Mitglieder dieser arbeitenden Classen selbst.

* * *

Die Frage über die Möglichkeit und Art der Besserung muß mit dem ersten Satz der Logik beginnen:

„Quis, quid, ubi, quibus auxiliis, cur, quo modo, quando?"

Das heißt jedem Heilungsversuch muß die Analyse der Personen vorausgehen, um die es sich handelt, und die Untersuchung der Leiden, über welche geklagt wird, ehe man nach Mitteln und Wegen zur Abhülfe forschen kann. Diese Analyse ist aber, wie schon oben erwähnt, von den Socialisten durchweg versäumt worden.

I. Im vorliegenden Falle wäre die Vorfrage zu entscheiden, ob man unter arbeitenden Classen nur solche verstehen will, welche gar kein Vermögen besitzen oder, da dies die Frage fast auf die Gränze der Armuth einschränken würde, nur die unselbständigen, nicht für eigene Rechnung und Gefahr beschäftigten Personen, — oder ob man die Gränze noch weiter ausdehnen will.

Wir glauben, uns für das letztere entscheiden zu müssen, weil das Loos der Arbeitgeber und Arbeitnehmer untrennbar verknüpft ist, weil auch die Arbeiter Noth leiden, wenn der Volksfleiß im Allgemeinen darniederliegt, weil der Lohn nur steigen kann, wenn die Gewerbe blühen, die Unternehmungen sich vermehren und die Nachfrage nach Arbeitern steigt, — weil mit der Verringerung des Gewinnes die Capitalansammlung sich vermindert, und damit auch die Mittel zu neuen Unternehmungen, welche mehr Arbeiter hätten anlocken können.

II. Bezüglich der Leiden und Uebelstände wären zunächst deren Ursachen zu ermitteln und zu classificiren; ob dieselben herrühren:

1) von ständigen Verhältnissen der Natur, des Volkes und Landes;
2) von Naturereignissen;
3) von politischen Ereignissen;

4) von wirthschaftlichen Ereignissen und Verhältnissen;
5) von der Gesetzgebung;
6) von Familienereignissen und Verhältnissen;
7) von falscher Wahl des Berufs;
8) von persönlichen Zufällen und Verhältnissen;
9) von öffentlichen und individuellen Sitten und Gewohnheiten.

III. Auch die Heilmittel sind zu unterscheiden, je nach dem sie:

A. 1) für Alle;
2) nur für einzelne Völker und Classen;
3) nur für einzelne Erwerbszweige;
4) nur für Individuen

sich eignen.

B. 1) durch das Individuum;
2) durch die Familie;
3) durch die Sippe;
4) durch die Gemeinde;
5) durch die Genossenschaft;
6) durch den Staat;
7) durch die allgemeine Gesellschaft, (Bettel, Auswanderung)

beschafft und angewendet werden sollen.

Die Verschiedenheit der leiblichen und geistigen Kräfte und Anlagen der Menschen, welche die Ursache der Theilung der Arbeit, der Scheidung zwischen arm und reich, schwach und mächtig, hat die Stufenleiter der Berufsarten hervorgerufen, welche sich mit dem Steigen der Cultur vervielfältigt. Die Statistik der Beschäftigungen ist leider noch in der Kindheit aus zwei Gründen: einerseits, weil das Material dieses Theils der Volkszählungen in allen Ländern, wo solche Erhebungen Statt finden, am mangelhaftesten zu sein pflegt, und andererseits, weil es häufig noch so unrationell verarbeitet wird, daß man gerade diejenigen Verhältnisse nicht ermittelt, deren Kenntniß am wichtigsten wäre.

Ein Beispiel des gerügten Mangels bietet England, das sonst in der Populations-Statistik Tüchtiges leistet. Da sind auch noch in der Bearbeitung der Zählung von 1861 die selbständig Beschäftigten nicht von den unselbständig Beschäftigten getrennt und die Familienangehörigen nicht einmal nach den Berufsarten ihrer Ernährer ausgeschieden, sondern in Bausch und Bogen angeführt. In Folge dessen ist gerade das Material desjenigen Landes, welches für die Beurtheilung der Arbeiterfrage am wichtigsten wäre, am wenigsten zu brauchen. Aehnlich ist in den Vereinigten Staaten verfahren.

Trotz solcher und ähnlicher Mängel der Statistik läßt sich der nachfolgende Thatbestand, für welchen wir den näheren Zahlen-Nachweis in einem späteren Abschnitt beibringen werden, aufstellen:

1) Wenn wir die Schweiz als Maßstab nehmen, welche wegen der Ver-

schiedenheit ihrer Bodenerhebung, ihres Klimas, ihrer Bevölkerung, Culturarten und Industrie, so wie durch ihren Welthandel am besten den Durchschnitt von Europa darstellt und daher überall bei der vergleichenden Statistik einen mittleren Standpunct einnimmt, so bestehen in den civilisirten Staaten, welche ein selbständiges, nöthigenfalls sich selbst genügendes Arbeitsgebiet darstellen, über 1000 verschiedene Berufsarten [1]). Nach einer entsprechenden Sichtung und Zusammenlegung der verwandten Zweige sind uns gegen 300 Arten übrig geblieben, die sich, in sieben Gruppen vereinigt, für die Schweiz und in sieben anderen Staaten ungefähr wie folgt zu einander verhalten.

Staaten.	Zählung vom Jahre	Landwirthschaft.	Industrie.	Handel.	Verkehr.	Persönliche Dienstleistungen.	Oeffentliche Verwaltung.	Rentner; ohne Beruf und Berufsangabe.
Frankreich	1866	53,0	29,1	[1])4,6	—	[2]) 6	6,7	5
Preußen	1867	46,1	27,0	8,3	2,2	6,4	3,7	6
Sachsen	1861	25,1	56,1	9,0	4,0	7,4	4,5	4,1
Baden	1864	50,4	38,4	6,7	[2])0,0	[2]) 0,4	5,0	2,7
Schweiz	—	44,6	34,3	5,8	1,0	6,1	2,0	8,0
Großbritannien (England, Schottland und Wales)	1861	21,3	51,6	[1])6,6	—	10,4	5,0	5,0
Vereinigte Staaten von Nordamerica	1860	50,8	29,1	5,6	2,0	7,1	6,0	0,3
Italien	1860	25,7	14,1	[1])2,6	—	8,1	7,3	37,6

1) Incl. Verkehr.
2) In den vorhergehenden Abtheilungen inbegriffen.

Nur die drei Zweige der Landwirthschaft, der Gewerbe und der Verwaltung bieten in ihren Angaben einige Sicherheit. Der Verkehr ist in Frankreich, England (und in Baden größtentheils) zum Handel geschlagen und die persönlichen Dienstleistungen sind bei Frankreich und Baden in den drei ersten Rubriken inbegriffen.

Wir sehen, daß Landwirthschaft und Gewerbe überall zusammen gegen ⁴/₅ der Gesammt-Bevölkerung umschließen. Die Ausnahme bei Italien kommt von den 37 pCt. Personen ohne Berufsangaben.

2) Die Fabrik-Industrie bildet selbst wieder nur einen kleinen Theil der Gewerbe; in der Schweiz, einschließlich der weiblichen Arbeiter, nur 6¹/₂ pCt. der Gesammt-Bevölkerung; in Baiern 5 pCt.

1) Dabei lassen wir die Theilung der Arbeit innerhalb eines und desselben Gewerbszweiges, wie z. B. bei der Uhrenfabrication, die allein wieder gegen 100 verschiedene Unterabtheilungen von Specialarbeitern einschließt, unbeachtet. In der Statistik von England und Wales haben wir deßhalb auf über 20 Millionen Einwohner gegen 1800 Berufszweige gezählt.

Leider ist dieses Verhältniß in den übrigen Ländern nicht ermittelt.

8) Die Hauptgruppen der Bevölkerung sind in den verschiedenen civilisirten Ländern so ungleich vertheilt, daß nicht der gleiche Maßstab der Beurtheilung an sie angelegt werden kann und daß man grobe Mißgriffe begehen würde, wenn man Maßregeln, welche man für das eine Land berechnet, ohne Weiteres auf andere anwenden wollte.

In den Industrieländern ist die landwirthschaftliche und gewerbliche Bevölkerung in fortwährendem entgegengesetzten Fluß begriffen, indem erstere sich vermindert, letztere sich vermehrt. Im Königreich Sachsen ist die landwirthschaftliche Bevölkerung von 32,2 pCt. im Jahre 1849 auf 21,5 pCt. 1861 gesunken und die gewerbliche von 51,3 pCt. 1849 auf 56,1 pCt. 1861 gestiegen.

In Großbritannien (England, Wales, Schottland) ging diese Bewegung auf sehr interessante Weise Hand in Hand mit der Vermehrung der Bevölkerung und der Waaren-Ein- und Ausfuhr bezw. Güter-Erzeugung.

Jahr.	Einfuhr.	Ausfuhr.	Total.	Bevölkerung.	Bevölkerung. Landwirthschaft.	Bevölkerung. Industrielle.	Bevölkerung. Uebrige Beschäftigungen.
	Pfd. St.	Pfd. St.	Pfd. St.		%	%	%
1811	26,510,186	32,890,712	59,400,898	12,596,803	35,0	44,0	21,0
1821	30,792,760	36,658,630	67,451,390	14,391,631	33,0	46,0	21,0
1831	49,713,889	37,164,372	86,878,261	16,539,318	30,0	48,0	22,0
1841	64,377,962	51,634,623	116,012,585	18,720,394	28,0	49,4	21,4
1851	110,484,997	74,448,722	184,933,719	20,959,477	26,0	51,0	22,0
1861	217,485,024	159,632,498	377,117,522	23,128,518	21,0	58,1	20,4

Aus dieser Bewegung erhellt mit mathematischer Sicherheit eine Vermehrung der Production und des Gewinnes der Landwirthschaft, denn der Ertrag der Landwirthschaft hat nicht entsprechend abgenommen, sondern er mußte vielmehr durch intensiveren Betrieb erhöht werden, weil sonst die Landwirthe nach der Aufhebung der hohen Zölle auf Getreide 1846 nicht mehr mit dem Ausland hätten concurriren können. Die abgegangenen Arbeitskräfte sind durch Maschinen, d. h. eine entsprechende Capitalerhöhung, ersetzt worden und haben ihrerseits in der Industrie eine Erhöhung der Production hervorgebracht. Da nun eine Verbesserung der Lage der arbeitenden Classen nur Statt finden kann, wenn vorher mehr Güter erzeugt worden sind, weil sonst kein Mehr zur Vertheilung vorhanden wäre, so ist eine solche Bewegung an und für sich ein günstiger Vorfall.

Wie groß die Schwankungen in dem Verhältniß der beiden Hauptgruppen der Berufsarten selbst innerhalb eines kleinen Landes sein können, beweist die Schweiz. Da vertheilt sich die gewerbliche und die von Landwirthschaft und persönlichen Dienstleistungen lebende Bevölkerung in den 25 Cantonen wie folgt:

	Von persönlichen Dienstleistungen und Landwirthschaft lebende Bevölkerung.	Von Gewerben lebende Personen.	Von den von Gewerben lebenden Personen fallen auf Fabrik- und Manufacturgewerbe.
	%	%	%
Genf	17	44	–
Baselstadt	22	50	
Appenzell A. Rh.	25	63	48
Glarus	29	56	36
Neuenburg	30	51	33
Basellandschaft	41	50	23
Zürich	44	43	22
St. Gallen	45	40	21
Zug	47	30	20
Thurgau	48	40	19
Solothurn	47	34	11
Schaffhausen	49	34	10
Bern	52	35	13
Appenzell J. Rh.	52	37	17
Aargau	53	30	12
Tessin	53	31	4
Unterwalden n. d. W.	55	27	10
Waadt	56	27	8
Luzern	57	28	6
Schwyz	57	28	9
Unterwalden ob. d. W.	64	26	8
Freiburg	66	23	5
Graubünden	67	19	4
Uri	68	16	3
Wallis	79	15	3
Durchschnittlich	50	34	16

Es waltet sonach in den Schweizer Cantonen im Raum dasselbe Wechselverhältniß zwischen der landwirthschaftlichen und gewerblichen Bevölkerung ob, wie in Großbritannien der Zeit nach.

Die 25 souverainen Cantone der Schweiz weisen die höchsten und niedrigsten Verhältnißzahlen, wenn man sie mit denen der übrigen Hauptländer von Europa vergleicht. In der Landwirthschaft stufen sich diese Cantone von

74 pCt. der Gesammtbevölkerung bis herab zu 22 und in den Cantonen Genf und Basel, weil da die Stadt vorherrschend, bis zu 8 und 7 pCt. ab; während die landwirthschaftliche Bevölkerung der Schweiz 44 pCt., im Königreich Sachsen 26 pCt., in Preußen 48 pCt., in den Vereinigten Staaten 60 pCt., in Baden 50½ pCt. und in Frankreich 53 pCt. der Gesammtbevölkerung ausmacht.

Die Industrie zeigt Schwankungen von 63 bis 12 pCt., während der Durchschnitt für die ganze Schweiz auf 34½ pCt. der Gesammtbevölkerung sich stellt, im Königreich Sachsen auf 56 pCt., in Preußen 27, in Belgien 34, in Baden 32, in Frankreich 29 pCt.

Die Fabrik-Industrie bietet in der Schweiz je nach den Cantonen noch größere Contraste dar. Von 32 pCt. der Gesammtbevölkerung, welche sie in Appenzell A. Rh. aufweist, sinkt sie bis 0,81 pCt. in Tessin.

4. In sämmtlichen statistisch bekannten Ländern mit Ausnahme von Oesterreich, Königreich Sachsen und wahrscheinlich Großbritannien ist die selbständige Bevölkerung nebst ihren Angehörigen zahlreicher, als die unselbständigen Arbeiter nebst ihren Familienangehörigen.

In Preußen erheben sich sämmtliche unselbständigen Arbeiter der großen und kleinen Gewerbe nur auf 25 pCt. der Arbeitnehmer, während die ländlichen Arbeiter 49 pCt. der Arbeitnehmer ausmachen. Auf eine Gesammtbevölkerung von ca. 24,000,000 gab es 1867 in Preußen 5,127,640 Arbeitgeber und deren Angehörige männlichen und 5,296,684 weiblichen Geschlechts; und 5,568,403 Arbeitnehmer männl. und 5,032,683 weibl. Geschlechts, einschließlich der Angehörigen, in Landwirthschaft, Industrie, Handel, Verkehr und persönlichen Dienstleistungen. Rechnet man die liberalen Berufsarten zu den Arbeitgebern, so befinden sich die unselbständigen Arbeiter auch in Preußen in der Minorität.

In noch viel höherem Maße findet dies in Frankreich Statt, wo 1866 auf 37 Millionen 22 Millionen selbständige und ihre Angehörigen und 15 Millionen unselbständige Arbeiter nebst ihren Angehörigen kamen. In der Schweiz kommen auf die Gesammtbevölkerung 20½ pCt. Selbständige einschl. der Rentiers und 29 pCt. unselbständige Arbeiter.

Dabei ist übrigens zu erwägen, daß ein großer Theil der unselbständigen Arbeiter im Alter von 15 bis 30 Jahren sich befindet, d. h. in einem Alter, wo sie entweder noch die Lehrzeit bestehen, oder noch keine Gelegenheit gehabt, sich selbständig zu etabliren, oder im Geschäfte des Vaters mitwirken. Leider hat die Statistik die genaue Ziffer dieses Bruchtheils der Bevölkerung noch nicht ermittelt. Wir glauben unter Zuratheziehung der Altersstatistik eher zu niedrig, als zu hoch zu gehen, wenn wir sie zu ⅓ der unselbständigen Arbeiter annehmen. Rechnen wir demnach alle diejenigen der letzteren ab, welche sich noch selbständig etabliren werden, so bildet die unselbständige und unvermögende Arbeiterbevölkerung je nach den verschiedenen Ländern und

Gegenden nur $^{1}/_{6}$ bis $^{1}/_{8}$ der Gesammtbevölkerung. In den Gewerben befindet sich davon nur ungefähr $^{1}/_{8}$ — $^{1}/_{6}$ und in den großen Gewerben überhaupt nur 5 — 10 pCt. der Gesammtbevölkerung, Großbritannien außer Acht gelassen, dessen Ziffern wir nicht genau kennen.

Daraus läßt sich der Werth der Großsprechereien der socialistischen und internationalen Agitatoren ermessen, welche, um sich größeres Gewicht zu verleihen, bemüht sind, die Täuschung zu verbreiten, als bildeten allein die Fabrikarbeiter die Majorität der Gesammtbevölkerung.

Die Grundursachen des Unterschiedes der Berufsarten, der verschiedenen Stände und der Lebenslage der Menschen lassen sich, wie oben angedeutet, in erster Linie zurückführen auf die Verschiedenheit der leiblichen und geistigen Anlagen und Kräfte von Natur.

Welche Stufenleiter vom körperlich Kleinsten zum Größten, vom Schwächsten zum Stärksten, vom Gebrechlichen zum Robusten, vom geistig am tiefsten zum Höchststehenden? Welche Abstufung der Temperamente! Welche Verschiedenheit der Leidenschaften, die daraus erwachsen! Ist nicht der Eine lebhaft, der Andere phlegmatisch, der Eine genügsam, der Andere ehrgeizig, der Eine friedlich, der Andere zornig, der Eine mäßig, der Andere gierig, der Eine nüchtern, der Andere leidenschaftlich?

Wie sehr werden aber alle diese Natureigenschaften entwickelt oder gemildert durch die Verhältnisse der Geburt oder Familie und durch die Erziehung?

Welcher für das ganze Leben folgenschwere Unterschied liegt hinsichtlich des Ursprungs eines Menschen darin, ob derselbe ehelich geboren ist oder unehelich, von reichen, gebildeten, rechtlichen, angesehenen, einflußreichen, . — oder von armen, rohen, gewissenlosen, verachteten, unsittlichen Eltern?

Welcher für die ganze Lebenslaufbahn folgenschwere Einfluß wird durch die Erziehung gegeben? Ob in einer rechtlichen Familie oder im Findelhaus, ob bei den Eltern oder beim Waisenvater, ob beim Vormund oder beim Wenigstnehmenden auf Gemeindekosten?

Welcher Contrast wird dann wieder entwickelt durch den verschiedenen Gehalt der Erziehung: ob eine Person nur die Bildung der Volksschule oder die technische oder vollkommene wissenschaftliche Ausbildung erhält?

Alle diese Fragen sind in der That nur zu stellen, um von jedem Leser selbst beantwortet zu werden.

Welche Rolle spielen auf dieser Basis die Bedürfnisse und die Art und Weise ihrer Befriedigung?

Während der gesunde, begabte, wohlerzogene Mensch durch redliche Arbeit die Mittel zur reichlichen Befriedigung aller seiner leiblichen und geistigen Bedürfnisse erwirbt, sich selbst fortbildet und noch eine glückliche Familie schafft, um dem Staate nützliche Bürger zu erziehen — greift der von Natur übel ausgestattete, schlechterzogene, verwahrloste Mensch, um seine Lüste zu befriedigen, zur Verschwendung, zum Betrug, Diebstahl, Raub und anderen Lastern, Vergehen und Verbrechen.

Allein nicht bloß die individuellen Factoren der natürlichen Anlagen der Geburt und der Erziehung sind maßgebend für die Laufbahn eines Menschen, sondern auch das Land und der Ort, das Volk, die Zeit, in welchem er geboren und erzogen worden ist.

Es ist so wenig gleichgültig, ob der Mensch im Gebirg oder im Flachlande aufwächst, ob er in einer sumpfigen oder in einer gesunden Gegend lebt, in einem cultivirten oder in einem wilden Lande, daß man sogar dem Klima einen Einfluß auf die Entwicklung ganzer Völker zuschreibt. Obgleich dieser Einfluß des Klima's von Buckle überschätzt worden sein mag, so viel ist dennoch gewiß, daß in den zu kalten und in den zu heißen Ländern die Volksentwicklung weniger reiche Blüthen treibt, als unter den gemäßigten Himmelsstrichen. Unmöglich können dieselben Mittel zur Linderung des Elends und der Armuth und zur Hebung der Lage der weniger gebildeten Classen ausreichen — in Neapel und in St. Petersburg. Die Leichtigkeit, mit welcher in dem größten Theil des Jahres der arme Mann in Italien sein Leben fristet, ist auch die Ursache, daß er weniger Lern- und Arbeitstrieb hat als der Bewohner des nördlichen Europa's, welchen die Sonne weniger begünstigt, und der einem ärmlichen Boden die nöthigen Früchte durch größere Anstrengung der geistigen und mechanischen Kräfte entringen muß.

Ferner ist es ein großer Vortheil für den Menschen, innerhalb einer gebildeten, reichen, industriel und wissenschaftlich aufblühenden Nation aufgewachsen zu sein, statt innerhalb eines armen, herabgekommenen, schwachen Volkes, wo wenig Erwerbsgelegenheit sich vorfindet und Eigenthum und Person in Unsicherheit vor inneren und äußeren Feinden schweben; unter einer guten, gerechten Gesetzgebung und Justiz, oder da, wo Privilegium und Willkür herrschten.

Endlich ist auch die Zeit von Einfluß auf das Gedeihen der arbeitenden Classen, weil ihre Lage sehr verschieden sein kann, ob sie in einer Epoche des Friedens, des wissenschaftlichen, wirthschaftlichen und moralischen Fortschrittes, oder in einer Zeit des Bürgerzwistes, des Krieges und des öffentlichen Verfalles leben, — in einer Zeit der Finsterniß oder Aufklärung, der Ausbeutung des Staates durch bevorrechtigte Classen oder der Gleichheit vor dem Gesetz, der Knechtschaft oder der Freiheit.

Neben diesen permanenten Ursachen, welche die menschlichen Zustände beinflussen, gibt es auch vorübergehende, welche größtentheils durch persönliche Anstrengung, durch nachbarliche oder genossenschaftliche Unterstützung, wie endlich durch Staatshülfe beherrscht, d. h. verhütet, geheilt oder doch gemildert werden können.

Die einflußreichste der Ursachen, die das Emporkommen der arbeitenden Classen hindert, welche mächtiger ist, als die Uebermacht des Capitals mit ihren eingebildeten Uebelständen, — das ist die noch unter der Mehrzahl aller Arbeiterclassen herrschende *Ungenauigkeit* der Arbeit. Die Genauigkeit ist es, welche den Mann der Wissenschaft und den ächten Techniker auszeichnet. Man verbanne jenen Fehler und die sociale Frage ist halb gelöst.

Zusammenfallend mit dieser Ursache ist die *Unpünctlichkeit* und *Ungeschicklichkeit*.

Diese drei Mißstände sind aber individuelle Fehler, welche durch Selbsterziehung beseitigt werden können. Leider sind sie noch so häufig, daß man im günstigen Fall unter zehn nur einen geschickten und zuverlässigen Arbeiter findet, mit Ausnahme derjenigen Industriezweige, welche ohne Genauigkeit nicht bestehen könnten, wie die Uhrmacherei, die Maschinenfabrication und die meisten Fabrikgewerbe, die aber in der Regel ihren Arbeiterstock erst erziehen müssen. Das Urübel der Ungenauigkeit ist so eingewurzelt, — denn eigentlich ist sie der Anfang aller Arbeit und die Exactität das Ziel, — daß sie sich bis in jeder Haushaltung beobachten läßt, wo ohne Aufsicht Alles in Verfall gerathen würde. Daher kann man auch in vielen Gewerbszweigen beobachten, daß geschickte Arbeiter besonders mit Stücklohn bei Herstellung desselben Artikels zuweilen vier Mal so viel verdienen, als der gewöhnliche Durchschnittsarbeiter. Auch schwanken die Löhne unter den Geschäftszweigen und innerhalb jedes einzelnen um's Doppelte und mehr, je nach der Ausbildung, welche zum Erlernen desselben erforderlich ist, und je nach der erworbenen Fertigkeit.

Andere selbstverschuldete Ursachen von Leiden der arbeitenden Classen, welche durch eigene Willenskraft und Anstrengung beseitigt werden können, sind *Trunkenheit*, *Spiel* und ähnliche Leidenschaften, Ausschweifungen und Laster, welche Geldverlust und Krankheit erzeugen.

Es ist sehr auffallend, daß keinem der Agitatoren gegen die Uebermacht des Capitals eingefallen ist, seine Bemühungen einmal auch gegen den „*blauen Montag*" zu richten. Lassalle und Marx würden durch eine solche Richtung ihrer Energie weit mehr wirkliche Erfolge erzielt haben. Die Sitte, am Sonntag so viel als möglich vom Verdienst der Woche zu verjubeln, statt in der Natur oder an einem guten Buche sich zu erholen, hindert weit mehr das Emporkommen der Lohnarbeiter, als die eingebildeten Nachtheile der großen Industrie.

Zu diesen Mißständen kommt Unreinlichkeit, schlechte Nahrung und Wohnung, welche Trägheit, Schwäche, Geistesstumpfheit und Krankheit erzeugen und auch die aufwachsende Generation hindern, sich aus dem Elend heraus zu arbeiten und auf eine höhere Erwerbsstufe zu schwingen.

Im Zusammenhang damit steht dann zu früher Geschlechtsumgang, dessen Folge *uneheliche Kinder*, welche die Pflanzschule der Laster, des Elends und der Verbrechen zu sein pflegen; — sodann zu *frühes Heirathen*, ehe ein Sparpfennig gesammelt oder der Verdienst so hoch ist, um eine Versicherungsprämie für den Fall der Krankheit, der Invalidität oder des Todes leisten zu können, und in Folge dessen zahlreiche Nachkommenschaft, mit deren Wachsthum die Mittel zum Emporkommen für den Einzelnen im Verhältniß der zunehmenden Zahl schwinden.

Andererseits kann auch die Gesetzgebung diese Uebelstände noch verschlimmern, statt verbessern, wenn sie die Heirathen durch Chicanen oder unerschwingliche Einkaufsgelder und Gebühren erschwert, welche die Sparpfennige der jungen Paare wegraffen oder sie in wilde Ehen treiben.

Eine dritte häufige Ursache des Elendes und der Ungleichheit unter den arbeitenden Classen sind *Krankheit* und *Unglücksfälle*, welche vorübergehende oder dauernde Arbeitsunfähigkeit nach sich ziehen.

Ist einmal eine Familie durch solche Ursachen heruntergekommen, so daß die Kinder keine ordentliche Erziehung mehr erhalten, dann ist es überaus schwer, sie wieder zu heben.

Ganz ebenso kann es indessen ergehen mit ganzen Gegenden, Classen und Völkern; und zwar nicht bloß aus individuellen, sondern auch aus volkswirthschaftlichen, politischen Ursachen und in Folge von Naturereignissen und schlechter Gesetzgebung.

Die Mehrzahl der Landbewohner Englands und Irlands, welche nie *Grundeigenthum* erwerben kann, weil $^{999}/_{1000}$ desselben in *festen Händen* sich befinden, welche auch zum größten Theil vom Pächterstande ausgeschlossen ist, weil die Pachtungen meist größere Complexe umfassen, ist gezwungen, Taglöhner zu bleiben, und diese haben als solche keinen Antrieb, sich emporzuschwingen. Da es viel schwieriger ist, bewegliches Capital in Gestalt von Werthpapieren zusammenzuhalten, als Grundstücke, dieser letztere Vermögenserwerb aber dort zum größten Theil verschlossen ist, und da überdies kein obligatorischer Volksunterricht besteht, so stehen die englischen und irischen Landarbeiter auf der tiefsten Stufe der Unwissenheit, des ökonomischen Verfalls und des Elends. Diese beiden staatswirthschaftlichen Mängel, des Latifundienbesitzes und des *mangelnden Volksunterrichts*, wirken bis auf die Fabrikarbeiter zurück, welche sich im Durchschnitt wenigstens doppelt so hoher Löhne erfreuen, als die des Continents, ohne daß Wohnung, Kleidung und Nahrung in demselben Verhältniß theurer sind.

Auch in Italien, wo ähnliche Grundbesitzverhältnisse bestehen, wie in Großbritannien und Irland, siecht das Landvolk in düsteren Verhältnissen dahin.

Neben solchen Uebeln der Gesetzgebung und nachlässiger, egoistischer oder einsichtsloser Staatswirthschaft pflegen die persönlichen Ursachen der Armuth: Unwissenheit, Trunkenheit, Laster, Verschwendung und leichtsinniges Heirathen dort in höherem Maße einherzugehen, wie in besser eingerichteten Staaten. Zuweilen ist aber schon der mangelnde Volksunterricht allein im Stande, die arbeitenden Classen einer Nation in Unwissenheit und Armuth, die Hand in Hand zu gehen pflegen, zu erhalten.

Solche Zustände sind eigentlich Ueberbleibsel früherer Zeiten, wo das Recht des Stärkeren die erste politische Maxime war, wo man dem Armen nahm und dem Reichen gab, und wo der Staat, statt die von Natur bestehende Ungleichheit durch seine Gesetzgebung zu mildern, wie schon bemerkt, die von Natur und Geburt reichlicher Ausgestatteten noch mit Privilegien überhäufte und die Armen in rechtloser Knechtschaft erhielt, wo es abgabenbedrückte Bürger und steuerfreie Ritter gab.

Es gibt auch ganze Gegenden, wo im Vergleich zu anderen die ärmeren arbeitenden Classen kränklich und schwächlich sind, weil sie sich mit zu schlechter Nahrung und Kleidung *begnügen* oder *begnügen müssen*. Im ersteren Fall ist es überlieferte Trägheit, Sorglosigkeit und Indolenz, welche den Fortschritt hemmt, im zweiten das wirkliche geistige und körperliche Unvermögen, welche den Aufschwung verhindern. Im einen wie im anderen Fall müssen bedeutungsvolle Anstöße von außen kommen, um eine solche Bevölkerung zur Thatkraft aufzurütteln: der Bau einer Eisenbahn, eine neue Erfindung, Entdeckung, eine radicale Verbesserung der Gesetzgebung oder ungewöhnlich günstige Aernten.

Zuweilen können ganze Länder und Gegenden von schweren *Mißärnten*, *Ueberschwemmungen*, *Erdbeben* heimgesucht werden, welche den Wohlstand zerstören.

Religiöse, bürgerliche *Unruhen* und *Kriege* können die unteren und mittleren Stände auf Jahrhunderte ruiniren, wovon uns Deutschland nach dem dreißigjährigen Kriege, so wie Spanien und dessen Colonieen in Südamerica den Beweis liefern.

In volks- und staatswirthschaftlicher Hinsicht hat irrationelle *Entwaldung* schon ganze Länder in Wüsteneien umgewandelt. Syrien, Spanien, Sicilien sind aus den fruchtbarsten Gefilden fast Einöden geworden — durch die Ausrottung der Wälder. Austrocknung und Ueberschwemmungen reichen sich dabei die Hand, die Aernten zu verderben, — denn die Wälder dienen nach festgestellten Erfahrungen als Wasserreservoirs, welche den Ueberfluß der atmosphärischen Niederschläge aufsammeln und allmählich über das Land vertheilen.

Handelskrisen können periodisch die Industrie zum Stocken bringen und die Arbeiter dadurch außer Beschäftigung setzen.

Es gibt Sitten und Gewohnheiten ganzer Länder und Classen, welche nicht wenig zur Zerrüttung der ökonomischen Verhältnisse beitragen: wir erinnern nur an die kostspieligen Sonntagsvergnügungen, an die Volksfeste, Kirchweihen und Messen.

Eine andere Hauptursache socialer Leiden sind *Irrthümer* in der *Wahl des Berufs*. Dieses Uebel ist durch die Einführung der Gewerbefreiheit vermindert worden, weil es jetzt leichter ist, von einem Beruf zum andern überzugehen, und weil das Vorurtheil zu schwinden beginnt, welches gewisse Classen ehrlicher Erwerbsarten mißachtete.

Persönliche Unglücksfälle in der Familie und im Geschäft, wie Tod, Krankheit, Gebrechen, Vermögensverlust, liegen zu nahe, um einer näheren Erläuterung zu bedürfen.

* * *

Nachdem wir gesehen, daß jeder Verbesserung der Lage der arbeitenden Classen eine Vermehrung der Production vorhergehen muß, wirft sich die Frage nach den Mitteln und Wegen auf, durch die eine gleichmäßigere Vertheilung der Güter bewerkstelligt werden kann? In erster Linie bietet sich uns hier eine gesetzliche Regelung dar. Dieser steht aber wieder dasselbe Hinderniß entgegen, welches die Ursache von Reich und Arm seit den Anfängen der Geschichte ist, d. h. die oben erwähnte Ungleichheit der natürlichen Anlagen. Lassen wir aber dieses als außerhalb des Bereiches der Macht der Menschen liegend bei Seite und forschen wir nun speciel nach diesen Wegen des socialen Heils, so müssen wir wiederholen, daß das Aufsuchen solcher Mittel die Aufgabe der gesammten menschlichen Culturthätigkeit in allen ihren Gestaltungen durch das Individuum, die Familie, die Sippe, die Gemeinde, die Provinz, den Staat und durch die Vergesellschaftung ist.

Es gibt permanente Uebel und Feinde der Menschen, welche immer bekämpft werden müssen; es gibt aber auch in jeder Periode frisch auftauchende, welche neue Fragen stellen.

Den permanenten Uebeln stehen auch permanente Heilmittel und zwar zunächst für Alle gegenüber.

Das oberste dieser Heilmittel ist die Solidarität des Gedankenschatzes der Menschheit, welcher sich mit der fortschreitenden Zeit unaufhörlich vermehrt. Dieser Schatz ist Gemeingut Aller; auch die Armen, auch die unbemittelten, arbeitenden Classen können daraus schöpfen in demselben progressivem Maßstab, in welchem das allgemeine geistige Capital sich vermehrt, und von welchem die Erfindungen und Entdeckungen den einflußreichsten Theil bilden.

Auch der geistige Fortschritt war indessen nicht möglich, ohne daß vorher die Mittel vorhanden waren, geistiges Capital zu schaffen und zu vermehren. Es war dazu die Theilung der Arbeit nöthig, es war erforderlich, daß die Einen Lebensmittel sammelten, damit die Denker ernährt werden konnten. Um Vorräthe zu sammeln, brauchte man Werkzeuge und Geräthschaften. Diese bildeten das erste materielle Capital. Je größer dieses Capital, um so mehr Befriedigungsmittel der physischen Bedürfnisse können erzeugt, um so mehr Denker ernährt, um so mehr die geistige und materielle Machtstufe der Menschen und Völker erhöht werden.

Ob dabei mehr Capital vom Einzelnen erspart wird, als von den Vielen, hat für das Endresultat nur wenig Bedeutung, denn in Folge des Naturgesetzes des Stoffwechsels muß das Capital, wenn es nicht wieder zu Grunde gehen soll, stets erneuert, zum Behuf der Wiedererzeugung aber müssen Arbeiter angestellt und ernährt werden. Da jede jüngere Arbeit mit besseren Kenntnissen und Erfahrungen betrieben wird, so muß sie höheren Ertrag liefern. Wenn dann in Folge des Anwachsens des Capitals der Zins fällt und in Folge der vermehrten Anlage das Werben um Arbeiter, dann steigt der Lohn und der Arbeiter hat indirecten Gewinn von der Vermehrung des Capitals, wenn sie auch nur in einzelnen Händen erfolgt, oder in stärkerem Maße darin fortschreitet. Denke man sich diese Vermehrung hinweg, so müssen die unselbständigen Arbeiter zuerst darunter leiden; denn eine Erhöhung des Zinsfußes hat Einschränkung von Unternehmungen, Entlassung von Arbeitern und Verminderung des Lohnes zur Folge.

Zugleich mit dem Anwachsen des Privatcapitals pflegt das öffentliche, geistige und materielle Capital vermehrt zu werden, in Beziehung auf welches Gütergemeinschaft herrscht, welche in fortschreitenden Ländern eine steigende Summe von Erwerbsmitteln, Lehrmitteln und Genüssen schafft. Es entstehen und werden vermehrt und verbessert die Verkehrsmittel, die Straßen, Wagen, Eisenbahnen, Maschinen, die Schiffe, Canäle, die Häfen und Flußcorrectionen, die Schulen, Bibliotheken, Museen und Mustersammlungen, die Beleuchtung, die Versorgung mit Brennstoff und Wasser, es schwinden die schroffen Preisunterschiede der Lebensmittel, durch die Ausgleichung der Vorräthe zwischen vielen Ländern und die Erleichterung der Zollschranken. Aller dieser und vieler anderer Wohlthaten werden sämmtliche Classen der Bevölkerung in steigendem Maße theilhaftig, selbst wenn die großen Vermögen sich rascher vermehren, als die kleinen.

Der gleiche Gang findet bei der Entwicklung des geistigen Capitals Statt, denn auch dieses vermehrt sich stärker zuerst in einzelnen Köpfen, kommt aber doch zuletzt Allen zu gut.

Diese Solidarität der Gedankenthätigkeit also, deren Früchte das geistige und materielle Capital, ist die oberste Triebkraft zur Verbesserung der Zustände der armen oder unbemittelten arbeitenden Classen, — weil jede Generation auf den Schultern der vorhergehenden steht. Da sie ihre Arbeit beginnt mit den Hülfsmitteln und Kenntnissen, d. h. mit dem materiellen und geistigen Capital, welche die früheren Geschlechter gesammelt, zu deren Aufspeicherung Jahrhunderte und Jahrtausende nothwendig gewesen waren, — so kann jede Generation sich in eine bessere Lebenslage versetzen, als die frühere war, wenn sie nicht durch Naturereignisse oder Menschengewalt (Krieg rc.) daran verhindert wird. Jede Generation kann auch unter derselben Voraussetzung (d. h. wenn das Volk nicht entartet oder von außerordentlichen Unglücksfällen betroffen wird) mit dem Gedankenschatz den Capitalvorrath vermehren, welcher zur Erhöhung der Unternehmungslust den Anstoß gibt, die Arbeitsgelegenheit vervielfältigt, die Nachfrage nach Arbeitern und folglich den Lohn erhöht und zugleich wieder die Gütererzeugung steigert. Durch Vermehrung der Producte und des Capitals muß auch die Consumtion erhöht werden, und damit das Capital erneuert und erhalten werde, Arbeiter besser damit ernährt werden; es muß also zur richtigeren Vertheilung der Erzeugnisse kommen, wenn nicht das Capital selbst Schaden leiden soll dadurch, daß es nicht genügend reproducirt wird. Mit der Fähigkeit, die Production der Mittel zur Befriedigung der Bedürfnisse zu vermehren, wächst zugleich auch die Einsicht und Erfahrung über die Mittel und Wege, welche dazu führen können, den vermeintlichen Uebelstand auszugleichen, daß die großen Vermögen rascher wachsen, als die kleinen. Diese Einsicht wird dann auch in die Gesetzgebung dringen und vom Staate dasjenige erlangen, was derselbe zu thun im Stande ist, ohne aus der Tasche der Reichen zu nehmen und in die der Armen zu schieben, z. B. die Erlangung der Verkehrsfreiheit und die Erleichterung oder völlige Befreiung des Gesellschaftswesens von staatlichen Hindernissen, wenn in der Genossenschaft das Mittel gefunden werden sollte, die Vortheile der großen Vermögen auch den kleinen zuzuwenden.

Uebrigens wird namentlich von den socialistischen Neuerern viel zu wenig beachtet, was vor unser Aller Augen ohne das mindeste Geräusch und mit dem glänzendsten Erfolg vor sich geht — nämlich die Wirksamkeit des Compagnie-Geschäftes. Dasselbe ist eine viel wichtigere Form des Collectiv-Unternehmens geworden, als die Genossenschaft, ebenso wichtig und verbreiteter, wie die Actien-Gesellschaft. Im Compagnie-Geschäft wird das Vermögen rascher vermehrt, als im Actien-Unternehmen, welches ja in der Regel ein viel größeres Capital repräsentirt, weil dort der persönlichen Tüchtigkeit mehr überlassen ist.

Bei der großen Industrie, welche den meisten socialistischen Theoretikern durch ihre in die Augen springenden Verhältnisse die Beispiele zu liefern pflegt, — ist ein größerer oder geringerer Theil des Vermögenszuwachses der Tüchtigkeit des Unternehmers, nämlich der geistigen Arbeit zuzuschreiben, von welcher das Gedeihen der Anstalt abhängt, ein anderer Theil dem großen Risico, beziehungsweise der großen zu berechnenden Versicherungsprämie. Wird die Gefahr glücklich bestanden, so ist dies hauptsächlich dem Führer zu verdanken; denn wie oft geht Alles zu Grunde, wo dieser fehlt. Das große Capital garantirt nicht vor der Gefahr, es verleitet eher dazu, sie weniger sorgsam ins Auge zu fassen.

So weit aber eine gewisse Ausdehnung des Capitals nothwendig ist, um billiger produciren zu können, d. h. um den Rohstoff im Großen kaufen und die neuesten Maschinen und Einrichtungen anschaffen zu können, kann dieses auf genossenschaftlichem Wege herbeigeschafft werden, ohne daß die Gesetzgebung dabei etwas in den Weg legt.

Außer jenem allgemeinen Entwicklungsgang der Cultur, welcher aus der Gedanken-Solidarität entspringt und auf dem der wahre Fortschritt gegründet ist, gibt es allgemeine Heilmittel der socialen Uebel und der Armuth, welche durch die Moral, die Hygiene, so wie durch den gesunden Menschenverstand gelehrt werden. Jedermann weiß, daß er durch Faulheit und Liederlichkeit verarmt und durch Fleiß, Sparsamkeit, Schonung der Gesundheit, Ehrlichkeit, Zuverlässigkeit emporkommt.

Zu der Vermehrung der öffentlichen Genußgüter, Erziehungs- und Productionsmittel, welche aus der Ansammlung des geistigen und materiellen Capitals hervorgeht (Verkehrsmittel, Schulen, Bibliotheken, Museen, Kunstsammlungen, Theater) haben in den mit dessen Hülfe aufstrebenden Ländern auch die Arbeitslöhne trotz der Vermehrung der Maschinen die Tendenz zu steigen, und sind in der That in den meisten Geschäften von der Landwirthschaft an seit dem letzten halben Jahrhundert um durchschnittlich 30 pCt. gestiegen, während die Getreidepreise seit dem vorigen Jahrhundert im hundertjährigen Durchschnitt im Allgemeinen kaum um 10 pCt. gewachsen, in einigen Ländern, wie England in Folge der Aufhebung der Korngesetze 1846 sogar gesunken, überall aber durch die Einführung der Eisenbahnen und Dampfschifffahrt über Europa und America hin gleichmäßiger geworden sind, so daß sie durch das Wegfallen der kolossalen Extreme, welche noch die Jahre 1817 — 19 aufweisen, in Wahrheit im Durchschnitt weniger Noth hervorrufen, was einer Verminderung des Preises gleichkommt.

Dieser verhältnißmäßigen Erleichterung des Getreidepreises gegenüber steht allerdings eine beträchtliche Vertheuerung des Fleisches. Dieselbe wird indessen zum Theil aufgehalten durch neue Erfindungen, gleich dem Fleischextract, den Fleischpräparaten, der condensirten Milch, welche es möglich machen, die Viehproducte aus dünnbevölkerten Ländern und Welttheilen dichtbevölkerten zuzuführen und so auf eine Ausgleichung auch dieser Preise hinzuwirken.

Abgesehen von den Wohlthaten der allgemeinen Culturentwicklung wirft sich uns die Frage auf:

Kann durch die Gesetzgebung des Staates verhindert werden, daß der Eine von Natur kräftiger in leiblicher Gesundheit und Gliederbau, reicher an geistigen Anlagen, fleißiger, sparsamer, mäßiger, gerechter, zufriedener als der Andere werde, kann die Gesetzgebung die Krankheit, die Schwäche, die Dummheit, Trägheit, Leidenschaft, Ausschweifung, Verschwendung, Laster und Verbrechen ausrotten? — dann kann sie auch die sociale Frage lösen.

Wäre diese Frage bejaht, so kämen wir zu der zweiten Frage, um welchem Preis diese Lösung erworben sei? und ob — wenn um den Preis der Freiheit — dieses Opfer nicht schwerer sei, als der Gewinn? Wir wären dann zu der Fabel vom Kettenhund und vom Wolf zurückgekehrt.

Steht es auch außer der Macht der Menschen, die von Natur bestehende Ungleichheit aufzuheben, um eine gleichmäßige Vertheilung der Güter und Producte zu erzielen, — so ist es doch möglich, dieselbe zu mildern. Da es nun in erster Linie Pflicht des Staates ist, den einzelnen Menschen denjenigen Rechtsschutz und diejenigen Wohlthaten zu gewähren, um derentwillen die Menschen sich zu Staats-Genossenschaften vereinigt haben, weil die Kräfte des Einzelnen nicht dazu ausreichen, und wofür der Staatsangehörige gehalten ist, nach seinen Kräften beizusteuern, — so kann auch dem Rechtsstaate die Aufgabe zugewiesen werden, unbeschadet seiner übrigen Pflichten auf eine Milderung der Folgen jener Ungleichheit hinzuwirken.

1) In erster Reihe würde also der Staat Sorge zu tragen haben, daß die natürliche Ungleichheit nicht durch gesetzliche Vorrechte noch vermehrt werde. Daraus folgt die Gerechtigkeit der Aufhebung aller Privilegien irgend welcher Art, welche einzelne Classen nur kraft des Staatsschutzes genießen, — also Aufhebung der Sclaverei und Hörigkeit, vollkommene Befreiung der Arbeiter von allen Fesseln, vollkommene Gleichheit aller Staatsangehörigen vor dem Gesetz, volle Freiheit der Vergesellschaftung.

2) Unentgeltliche Rechtspflege für die Armen.

3) Die Sorge des Staates für die Volksbildung; unentgeltlicher Unterricht für die Armen.

4) Die Gesundheitspflege.

5) Die Pflege des Verkehrs und der Industrie.

6) Die Armenpflege.

7) Die Besteuerung im Verhältniß zur Steuerkraft, d. h. zum Vermögen und Einkommen der Staatsangehörigen.

8) Ueberhaupt die gesammte Volkswirthschafts-Pflege.

Die Frage der gerechten Besteuerung als Mittel, die bestehende wirthschaftliche Ungleichheit der Menschen zu mildern, ist namentlich in der neuesten Zeit wieder vielfach Gegenstand der Untersuchung geworden — und zwar nicht bloß von Socialisten, sondern auch von ernsthaften Volkswirthen, welche nicht in die Klage von der Uebermacht des Capitals einstimmen.

Von der Gerechtigkeit einer besseren Umlegung der Grundsteuer nach den Kaufpreisen, wodurch die Bereicherung der Grundeigenthümer durch die Vermehrung des Wohlstandes der Bevölkerung in den gestiegenen Preisen der Grundstücke entsprechenden Steuern ihr Aequivalent bietet, haben wir schon gesprochen.

Auch ein System progressiver Einkommensteuern ist ein Mittel, durch welches der Staat die Ungleichheit der Natur mildern kann, namentlich, wenn er das Einkommen aus dem Vermögen stärker belastet, als das aus der Arbeit.

A. Wagner befürwortet ein System progressiver Erbschaftssteuern unter Aufhebung des Intestat-Erbrechtes entfernter Seitenverwandten zu Gunsten des Staates. Die progressive Erbschaftssteuer besteht schon in vielen Staaten.

In der Schweiz, wo in 16 Cantonen Erbschaftssteuern eingeführt sind, herrscht außerdem ein so großer Wohlthätigkeitssinn der Reichen, daß milde Stiftungen so zahlreich sind, wie im Mittelalter, und Kranken-, Erziehungs-, Bewahrungs-Anstalten und Armenfonds durch reiche Spenden von Lebenden und Erblassern dotirt werden.

Wir waren einer progressiven Erbschaftssteuer, welche einfach in den Staatssäckel zu fließen hätte und in der Ausgabe wieder figuriren würde, abgeneigt, weil und so weit sie das productiv angelegte Capital schmälern und dadurch indirect die Arbeitsgelegenheit vermindern könnte. Wir würden uns aber damit befreunden, unter der Bedingung, daß deren Ertrag gleich Stiftungen für öffentliche Zwecke bleibend angelegt würde, also z. B. zu Gunsten von Universitäts- und Volksschulfonds, Bibliotheken, Armenfonds, Spitälern und etwa zum Zweck der Einführung neuer bewährter Industriezweige u. dergl.

In der früheren Gesetzgebung waren die Arbeiter gegenüber den Arbeitgebern im Nachtheil, weil letztere kraft ihrer geringen Zahl leicht unter einander Verabredungen zur Bestimmung des Lohnsatzes treffen konnten, während solche Verabredungen den Arbeitern gesetzlich verboten waren. Seitdem nach dem Beispiel Englands in Frankreich, Oesterreich und Deutschland Coalitionen der Arbeiter erlaubt worden sind, können dieselben ungestraft den Versuch machen, durch massenhafte Arbeitseinstellungen oder Ausstände Lohnerhöhungen, Verminderung der Arbeitszeit oder andere Begünstigungen zu erzwingen. Eine Bedingung des Gelingens ist aber dabei, daß die Arbeiter zu solchen Maßregeln nicht eine Zeit der Arbeitsstockung heraussuchen, während welcher die Arbeitgeber froh sind, wenn die Arbeit eingestellt wird, weil sie mit Schaden produciren müßten, sondern eine Zeit des Aufschwungs. Freilich setzt die richtige Beurtheilung der Lage wieder einen Grad von Bildung voraus, welcher nicht immer bei den Arbeitern zu finden ist; weßwegen diese, namentlich, wenn sie von Agitatoren verführt sind, die Nebenzwecke verfolgen, oft ihren Zweck verfehlen und ihre Lage verschlimmern.

Solche Arbeitseinstellungen der Gehülfen sind auf den ersten Blick ganz den Verabredungen der Geschäftsherren als gleichberechtigt gegenüber zu stellen. Nähere Untersuchung jener wirthschaftlichen Vorgänge zeigt indessen, daß die Sache gar nicht so leicht abgemacht ist, als man anfänglich meint. Abgesehen davon, daß trotz aller Vorsichtsmaßregeln der Behörden doch nicht zu verhindern ist, daß bei Ausständen viele Arbeiter, welche sich mit ihren Meistern in der Güte vertragen möchten, durch Drohung und Gewalt von den Ausstehenden auch zum Feiern gezwungen werden, — zwingt häufig die Arbeitseinstellung in dem einen Gewerbszweig die verwandten Geschäftszweige auch zum Stillstand. Erst kürzlich waren in Liverpool 6000 Arbeiter genöthigt, zu feiern, weil 600 Kärcher sich weigerten, zu arbeiten.

Es ist deßhalb die Einrichtung gewerblicher Schiedsgerichte, in welchen Arbeiter und Arbeitgeber vertreten sind, zur friedlichen Beilegung von Streitigkeiten zwischen beiden zu empfehlen. Auch ist der Abschluß von Arbeitsverträgen angemessen, welche von den Arbeitern so gut, wie von den Arbeitgebern gehalten werden müssen.

Bei außerordentlichen Nothständen kann der Staat gezwungen sein, durch Anordnung öffentlicher Arbeiten zu helfen.

Unter einem ganzen Volke können sociale Uebel verschiedener Art ausbrechen, welche verschiedene Behandlung erfordern:

1) Es kann Hungersnoth durch eine Mißärnte eingetreten sein! Dann kann der Staat durch eine Anleihe und Ankauf von Getreide im Ausland helfen. Wenn aber ein Land durch Naturereignisse einen Theil seines jährlichen Bodenertrages einbüßte, dann müßte man entweder den Ausfall durch Mehrertrag der Industrie, des Handels, der Kunst decken oder zur Auswanderung schreiten.

2) Es kann in einem Lande Armuth durch Krieg und bürgerliche Unruhen entstanden sein. Diesem Uebel ist nur durch Entfernung der Ursache und dann mittels Sparsamkeit und Hebung der Production zu steuern.

3) Es können Uebelstände aus staatlichen Ursachen vorhanden sein, sei es, daß die Gesetzgebung nicht rasch genug mit den Anforderungen der Zeit fortschreitet oder daß Gesetze von positiv verderblicher Wirksamkeit bestehen. In diesen Fällen ist es Pflicht der Staatsmänner und aller guten Bürger, auf Reform zu dringen.

Eine Rolle des Staates ist die Mitwirkung bei der Armenpflege in so fern, als die Mittel der übrigen Instanzen der privaten und öffentlichen Wohlthätigkeit, — die Hülfe der Verwandten, der öffentlichen und gesellschaftlichen Mildthätigkeit der Stiftungen, der Gemeinde und Provinz nicht mehr ausreichen.

Eine dritte Aufgabe ist die Pflege der Gesundheit: Schutz gegen Unreinlichkeit der Wohnsitze, gegen Epidemieen, gegen gesundheitsschädliche Industrieen und schwindelhafte Ausbeutung (Fälschung der Lebensmittel rc.).

In diesen Fällen fordert es die Pflicht der Selbsterhaltung, daß der Staat in letzter Linie einstehe, weil durch das Zugrundegehen von Individuen das ganze Staatswesen geschwächt wird.

Heilmittel, die nur für einzelne Völker, Classen, Erwerbszweige und Individuen sich eignen, können erst angegeben werden, wenn vorher die Diagnose über das Uebel angestellt ist. Sie sind Sache der Erforschung der betreffenden Sachverständigen; wir können hier nur einige typische Beispiele hervorheben.

Die Uebelstände, welche von einzelnen Classen und Berufsarten empfunden werden, können nur nach einer genauen Untersuchung der Lage des betreffenden Zweiges und oft nur im einzelnen Fall abgestellt werden.

Ein Geschäftszweig kann vorübergehend darniederliegen oder für immer dahin siechen. In dem einen Fall müssen die Heilmittel natürlich ganz verschieden sein wie im anderen. Als in Folge des nordamerikanischen Bürgerkrieges die Roh-Baumwolle ausblieb, mußte der größere Theil der Spinnereien auf mehrere Jahre die Arbeit einstellen oder verringern. In diesem Falle konnte man voraussehen, daß die Ursache der Noth in einem kürzeren oder längeren Zeitraum schwinden würde; es konnten hier also Palliativmittel helfen, indem die Arbeiter zum Theil unterstützt, zum Theil in anderen Geschäftszweigen untergebracht wurden. In Deutschland und in der Schweiz wurden sie leicht von der Landwirthschaft aufgesogen; nur in England waren größere Anstrengungen zu machen; aber auch dort wurde das Uebel glücklich überstanden.

Anders ist es hingegen, wenn ein Geschäftszweig durch eine neue Erfindung oder durch die Einführung von Maschinen gänzlich verdrängt wird. Dann bleibt den betreffenden Gewerbetreibenden nichts übrig, als auf einen anderen Zweig sich zu werfen, ein anderes Geschäft zu erlernen, auszuwandern, reiner Handarbeiter zu werden oder der Armenpflege anheimzufallen. In diesem Falle befanden und befinden sich die Nagelschmiede in Folge der Erfindung und Einführung der Stifte- und Nagelmaschinen, die Spinnerinnen nach Erfindung der Woll-, Baumwolle- und Leinen-Spinnmaschinen; die Talglichtzieher und Verfertiger von Lichtscheeren nach Einführung des Gases, der Stearinkerzen und des Petroleums, ein Theil der Fuhrleute nach Einführung der Eisenbahnen.

Manchen Gewerben, welche in früheren Zeiten selbst producirt haben, ist die Verfertigung ihrer Waaren durch den Großbetrieb, die Theilung der Arbeit und Anwendung complicirter Maschinensätze entrissen worden. Sie haben aber nur eine kleine Wendung in ihrem Geschäfte gemacht, sie haben den Detailverkauf und die Reparatur übernommen und ernähren sich besser, als vorher. So ist es ergangen und geht es mit den kleinen Bierbrauern, den Uhrmachern, Schlossern, Messerschmieden, Hutmachern.

Indessen werfen wir der Reihe nach einen Blick auf die Haupterwerbsclassen. Ueberall begegnen wir da zwei Fragen: wie wird die Production des Geschäftes überhaupt gehoben, und wie wird der gebührende Antheil an der Verbesserung den unselbständigen und unbemittelten Arbeitern zugewendet? Selbstverständlich können letztere ohne erstere Voraussetzung ihre Lage nicht erleichtern, gleichwohl steht die Verbesserung der Production manchmal scheinbar oder für eine Uebergangsperiode im Widerspruch mit der Verbesserung der Löhne, z. B. bei der Einführung von Maschinen und zeitsparenden Arbeitsmethoden. Indessen einen Fortschritt in der Gütererzeugung, welcher mit dem gleichen Aufwand von Capital und Arbeit eine größere Menge von Erzeugnissen liefert, von sich weisen zu wollen, weil Einzelne momentan darunter leiden, würde widersinnig sein. Auf die Dauer hat jede Verbesserung der Production, wenn sie auch durch Einführung neuer Maschinen bewerkstelligt wurde, die Vermehrung der Arbeitsgelegenheit und Erhöhung der Löhne im Allgemeinen und zuweilen sogar in dem betreffenden Geschäftszweige zur Folge gehabt. Zu keiner Zeit waren im Durchschnitt Arbeiter so gesucht, als im letzten halben Jahrhundert, zu keiner Zeit stiegen die Löhne so rasch, und doch wurden zu keiner Zeit so viele Maschinen in allen Zweigen der Geschäftsthätigkeit eingeführt.

Wollten wir jeden Erwerbszweig bis ins Einzelne verfolgen, so würde jeder ein besonderes Buch erfordern. Wir können hier nur eine Rundschau auf das zu durchforschende Gebiet halten.

In Hinsicht auf den Ackerbau spielen in erster Linie die Eigenthumsverhältnisse eine große Rolle, dann das Klima, das Land und die Culturarten, die Steuerverhältnisse, die Verkehrsmittel, der Dichtigkeitsgrad der Bevölkerung, der Hypothekarcredit.

Um also eine Verbesserung der Lage der ländlichen Arbeiter mit Erfolg anzustreben, muß man zuvor untersucht haben, ob geschlossene Güter, Fideicommisse und Latifundien oder freie Theilbarkeit des Grundeigenthums, mittlere und kleine Güter, ob große Grundherren und Pächter oder freie Bauern, ob Dreifelder-Wirthschaft und andere alte Wirthschaftssysteme mit Allmenden oder Klee- und Hochcultur mit vollkommener Gemeinheitstheilung und Consolidation bestehen; ob mit den alten Werkzeugen gearbeitet wird oder mit neuen Maschinen; ob die Steuern mehr auf den Landwirthen, als auf Städten und Adel oder umgekehrt lasten, ob das Land kalt oder warm, gebirgig oder eben, ob es an schiffbaren Flüssen und am Meere liegt, von Eisenbahnen und guten Straßen durchzogen ist oder nicht, ob dicht oder dünn bevölkert, ob es reich an Capital und Credit oder arm, ob seine Hypothekargesetze und Anstalten genügend oder nicht. Dabei muß man in Erwägung ziehen, in welcher Entfernung vom Markte das betreffende landwirthschaftliche Geschäft sich befindet, und welche Art von Wirthschaft (nach den Principien des Thünen'schen Staates) für dieselbe sich eignet. Da nämlich die Landwirthschaft in unzertrennlicher Verbindung mit der Viehzucht steht, so hängt es von der Entfernung vom Markte ab, ob man Milch-, Butter-, Käse-Wirthschaft oder nur Aufzucht von Jungvieh betreibt.

Es muß in Betracht gezogen werden, ob die zu bebauende Grundfläche nicht zu groß ist, daß zu viel Zeit vom Hof zum Acker auf der Straße zugebracht wird.

Der große Umschwung der Verkehrsmittel bringt indessen solche Umwälzungen hervor, daß auch das Maß, welches man früher für die Entfernungen vom Markte angenommen hatte, bedeutend alterirt wird.

Wir machen uns durch ein Beispiel deutlicher. Wegen des starken Fremdenverkehrs und des Umstandes, daß gegen 150,000 Kühe in vier Sommermonaten auf den Alpenweiden genährt werden, und daß man daher für den Winter mehr Viehfutter erzeugen muß, nöthigt die Schweiz zu einer bedeutenden Getreide-Einfuhr, welche gegenwärtig 3 Millionen Centner übersteigt. Vor der Einführung der Eisenbahnen standen die inländischen Getreide-Producenten daher sehr gut, weil sie vor den ausländischen die ganze Fracht verdienten. Der Preis der Grundstücke stieg daher entsprechend. Jetzt, nachdem durch die Differentialsätze der Eisenbahnen ungarisches Getreide in Massen auf dem schweizerischen Markte concurrirt, fangen die Landwirthe an, einen harten Stand zu haben und müssen zu einträglicheren Wirthschaftsgattungen übergehen, wenn sie nicht wegen des unzulänglichen Ertrages eine Verringerung des Preises der Grundstücke bis zum vollständigen Ruin erfahren wollen. Da die Butterwirthschaft der gleichen Concurrenz ausgesetzt ist und in einem großen Theile des Landes Handelsgewächse wegen der Rauhheit des Klima's nicht gedeihen, so bleibt nur eine intensivere Verwerthung der Viehzucht mittels höherer Intelligenz übrig, d. h. die Verbesserung der Käse-Production und die Veredlung der Viehracen. Dies ist nun zum Theil in hohem Maße gelungen, indem das simmenthaler und schwyzer Rindvieh vielfach vom Auslande zur Nachzucht aufgekauft wird, und so zwei- bis dreifach höhere Preise erzielt werden.*)

In der Käse-Production ist eine bahnbrechende Anwendung der Genossenschaft eingeführt worden — durch die Käsereien. Die Güte der schweizer Käse wird dadurch bedingt, daß auf einmal ein Käse von 100—200 Pfund gemacht wird. Dies erfordert so viel Milch, daß nur ganz große Grundbesitzer selbst käsen können und die Käse-Fabrication früher auf die Zeit der Alpenweide beschränkt war, wo die Kühe einer ganzen Gemeinde unter der Aufsicht desselben Sennen weiden. Da fing man mit dem Entstehen der Eisenbahnen auf dem Continent an, ländliche Genossenschaften zu errichten, an welchen die Einwohner einer ganzen Gemeinde oder Thalschaft Theil nahmen, indem sie, bis auf die Besitzer einer einzigen Kuh herab, ihre Morgen- und Abendmilch zusammenschütten, unter der Aufsicht eines Sennen Käse machen lassen und entweder diesen oder nach gemeinschaftlichem Verkauf den Erlös nach dem Verhältniß der eingeschossenen Milch vertheilen. Auf solche Weise haben es die Käserei-Genossenschaften im Canton Bern dahin gebracht, so gutes Product im Winter zu liefern, wie die Alpenweiden, und in den Gegenden, wo nicht die Nähe der Stadt die Milchwirthschaft rentabler macht, ihrem Boden einen höheren Ertrag zu entlocken, als durch Getreidebau. Da der Käsepreis mehr nach den Fleischpreisen sich richtet, als nach dem Getreide, so ist trotz der Vermehrung der Production und der bedeutenden Concurrenz doch der Preis im Steigen begriffen und die Gefahr als abgewendet zu betrachten.

Hier hat allerdings die Genossenschaft geholfen; gleichwohl ist dieselbe nicht überall als Panacee zu betrachten. Im Staatsdienst und im Eisenbahn-

*) Im Jahr 1871 sind simmenthaler Kühe um den kolossalen Preis von fr. 1000—1100 verkauft worden.

wesen würde eine Productiv-Genossenschaft ganz unmöglich sein. In der Landwirthschaft wird in England auch der Pacht in einigen wenigen Fällen durch Genossenschaften mit Erfolg betrieben.

Uebrigens ist in vielen Gegenden Deutschlands und der Schweiz, wo der Güterschluß gesetzlich oder gewohnheitsmäßig herrscht, die Familie selbst eine Art Genossenschaft, indem nur ein Sohn das Gut erbt und die übrigen Geschwister als Knechte bleiben.

Eine ähnliche Krisis wie die schweizerische hatte die englische Landwirthschaft nach Aufhebung der Prohibitiv-Eingangszölle auf Getreide (1846) zu bestehen. Wie schon angedeutet, bestand sie dieselbe siegreich durch bedeutende Veredlung der Productions-Methode, durch Verbesserung des Bodens mittels Drainirung und Einführung von Guano, so wie durch ausgedehnte Anwendung neuer Arbeitsmaschinen.

Diese Andeutung gilt für die Landwirthe im Allgemeinen. Was nun die kleinen Grundbesitzer unter ihnen, ob sie Eigenthümer oder Pächter, so wie die ganz vermögenslosen Tagelöhner betrifft, so kann auch für sie keine Panacee angegeben werden, sondern ihre Lage ist nur zu verbessern unter Beachtung sämmtlicher zum Theil oben aufgeführter Verhältnisse.

Da alle Erwerbszweige außer den allgemeinen wieder je ihre besondern Verhältnisse haben, deren Studium vielfach in ganzen Bibliotheken niedergelegt ist, so können wir auch hier nur beispielsweise verfahren.

Bei den gänzlich vermögenslosen Leuten ist zu unterscheiden zwischen Tagelöhnern und Dienstboten, und bei den letzteren, ob sie überhaupt ohne Grundbesitz sind und auch von armen Eltern stammen, oder ob sie von ihren Eltern noch etwas zu erwarten haben und etwa nur zu ihrer Ausbildung dienen. Die letztern brauchen uns nicht zu beschäftigen, hinsichtlich der ersteren lassen sich täglich Beispiele beobachten, daß Dienstboten, welche mit nichts angefangen, aber gut gehaust haben, nach 10- bis 20-jähriger Dienstzeit heirathen, um mit ihrem beiderseits gesparten und zusammengeschossenen Capital einen Hof zu pachten, eine kleine Gastwirthschaft oder einen Handel anzufangen. Freilich gibt es auch eine große Zahl, welche, angesteckt durch die Genußsucht, die übrigens nicht bloß eine Tochter der Neuzeit, sondern schon im Mittelalter vielfache Verbote der Polizei hervorgerufen hat, ihren ganzen Verdienst verputzen und vertrinken. Solche Leute pflegen am meisten über die Ungleichheit der Glücksgüter zu klagen, ohne indessen die Anstrengung, Aufmerksamkeit und Pünctlichkeit auf ihre Arbeit anzuwenden, welche Jeder braucht, der vorwärts kommen will, gerade am meisten, wenn er großes Vermögen zu verwalten hat. Vermögenslose Tagelöhner können sich schwer mit eigener Hülfe aufschwingen. Doch hat man auch hier Beispiele, daß Leute sich durch Sparsamkeit und mit Hülfe eines kleinen gewerblichen oder commerciellen Nebenverdienstes emporgearbeitet haben oder doch ihre Kinder durch gute Erziehung auf eine höhere Erwerbsstufe gestellt haben, als sie selbst. Solchen Leuten sollten die Arbeitgeber an die Hand gehen, indem sie ihnen entweder Pflanzland in Pacht geben, auf welchem sie und die Familienglieder in den freien Stunden ihr Gemüse, ihre Kartoffeln und dgl. bauen und so einen kleinen Rückhalt für die Zeit der Arbeitslosigkeit haben; oder sie sollten ihnen behülflich sein, noch eine intermittirende Nebenbeschäftigung zu erlernen, z. B. Weben, Sticken, Holzschnitzen, Strohflechten oder irgend eine andere Hausindustrie, in welcher die Frau und die jüngeren Kinder noch einen mehr oder weniger reichlichen Zuschuß zu den Haushaltungskosten verdienen können.

Wir haben hier den Uebergangspunct zur Industrie gefunden. Es ist in Beziehung auf dieselbe der Großbetrieb und der Kleinbetrieb gesondert zu betrachten, und überdies jeder Geschäftszweig noch besonders zu untersuchen, auf welches letztere wir natürlich verzichten müssen. Der Kleinbetrieb zerfällt in solche Zweige, bei welchen Großbetrieb unmöglich ist, welche also keine Concurrenz von letzterem zu befürchten haben, und solche, wo dies vorkommt. Im ersteren Fall sind wieder solche Gewerbe zu unterscheiden, welche eine Capitalanlage erfordern und mit welchen etwa noch ein Verkaufsladen verbunden werden kann, und solche, zu deren Ergreifung wenig oder kein Capital erforderlich ist. In armen Gegenden werden natürlich letztere am stärksten übersetzt sein.

In Betreff der Gewerbe, welche die Concurrenz der Großindustrie zu fürchten haben, sind oben schon solche aufgeführt, welche daraus Vortheil gezogen haben, indem sie sich auf den Detailverkauf und die Reparatur werfen. Den anderen steht der Weg frei, durch Hinzuziehung der Kunst und des Kunstgeschmackes ein schöneres Product zu liefern und sich eine specielle Kundschaft zu schaffen, oder auch neue Geschmacksrichtungen zu befriedigen.

Was nun die vermögenslosen Arbeiter in Beziehung zu dem Handwerk angeht, so steht auch dem Aermsten diese Laufbahn frei, denn im Falle er das Lehrgeld nicht aufzutreiben vermag, kann es durch längere Lehrzeit erarbeitet werden. In den meisten Fällen aber folgt der Sohn dem Vater im Geschäft, und der Sohn ist nur Arbeiter im eigentlichen Sinn des Wortes, d. h. vermögensloser Proletarier in der Lehr- und Wanderzeit. Vermögens- und Elternlose aber können sich durch tüchtige Aufführung in allen den Ländern, wo jetzt die Gewerbefreiheit eingeführt ist, ohne unüberwindliche Schwierigkeit eine selbständige Stellung im Handwerk erwerben, wofern sie deren Verantwortlichkeit der Sorgenfreiheit des Gehülfen vorziehen.

Der Großbetrieb selbst zerfällt wieder in Fabrik- und in Hausindustrie. In beiden liefert die Schweiz erfreuliche Beispiele sowohl vom Standpunct der Arbeitgeber als der Arbeiter, welche auf einander angewiesen sind. Die große Zerstückelung des Grundeigenthums wirkte hier bei Zeiten dahin, daß die vermehrte Bevölkerung durch besondere Industrie-Erzeugnisse einen Zuschußverdienst aus dem Auslande sich verschaffte; zugleich aber schützt der Besitz eines Häuschens und eines kleinen Grundstückes in Zeiten der Geschäftsstille vor Noth. Die Löhne, oft nur als Zuschuß betrachtet, stehen so niedrig, daß sie den Fabrikanten mit Hülfe der reichen Wasserkräfte in Stand setzen, auf überseeischen Märkten mit meerumflossenen Industriestaaten zu concurriren, obgleich sie für viele Rohstoffe und ihre Erzeugnisse höhere Fracht zu zahlen haben. Bei den Spinnereien, wo die Art des Betriebes zur Arbeit in großen Etablissements zwingt, sind die Arbeiter meist in der Umgegend ansässig; der Acker oder Garten wird von einem oder einigen Familiengliedern, der Frau mit Hülfe alter Eltern und Verwandten oder jüngerer Kinder, bestellt, während der Mann und größere Kinder in der Fabrik arbeiten. Die Uhrenindustrie und Seidenweberei werden meist durch Hausindustrie vertreten. Da arbeiten Alle abwechselnd im Feld und in der Werkstätte. Zeiten der Theuerung und der Geschäftsstockung werden da ohne Gefahr überstanden; und die Arbeiter haben nicht einmal nöthig, zu Kranken-, Invaliden- und anderen Unterstützungscassen zu greifen.

Dieses Beispiel stellt uns von vornherein auf den Standpunct, daß es Jedem einleuchtend sein muß, es sei unmöglich, die Verhältnisse der Fabrikarbeiter aus demselben Gesichtspuncte beurtheilen und reformiren zu wollen in Ländern mit freiem und geschlossenem Grundeigenthum. Und auch da, wo diese Verhältnisse gleich oder ähnlich sind, können wieder andere Factoren Unterschiede setzen; z. B. zwischen England und Italien, welche gleiche oder doch ähnliche Grundeigenthums-Verhältnisse, d. h. kein zerstückeltes Grundeigenthum, aber verschiedenes Klima haben.

In England hat man den Ehrgeiz des Grundbesitzes durch die Freehold-land und Building-societies zu wecken versucht, indem diese Gesellschaften hier und da auch dem unbemittelten Arbeiter die Möglichkeit geboten haben, mittels Ratenzahlungen, welche den Miethzins nicht sehr übersteigen, nach einer Reihe von Jahren ein kleines Häuschen und Gärtchen als Eigenthum zu erwerben, welche in der Art ausgeloost werden, daß der Letzte in 30 oder in 40 Jahren je nach der Prämie an die Reihe kommt. Dieses Reformmittel kann aber nicht allgemein Anwendung finden, weil die großen Grundherren sich nicht überall zum Verkaufe der erforderlichen Bodenfläche bestimmen lassen.

Der Staat ist deßhalb darauf verfallen, den Spartrieb dadurch anzuspornen, daß er die Post mit zur Sparcasse und Lebens-Versicherungsanstalt machte, welche an jedem Postamt Einzahlungen annimmt. Die Capitalansammlung unter den arbeitenden Classen Englands hat durch diese Anstalten, so wie durch die allgemeinen Sparcassen und andere Hülfscassen sehr große Dimensionen angenommen, — indessen bewirkt der schwere Mangel an Volksbildung und Erziehung, daß noch eine große Anzahl der Fabrikarbeiter ihren Verdienst am Sonntag in Winkelkneipen durchbringt und durch Rohheit und Schmutz an Leib und Seele so verkommt, daß sie in Fällen der Arbeitsstockung oder der Krankheit ohne Sparpfennig ins entsetzlichste Elend stürzt.

Es ist in England schon vorgekommen, daß Arbeiter so viel erspart hatten, daß sie eine Spinnerei pachten, oder daß andere sogar solche neu errichten, d. h. die Actien mittels ihrer Sparcapitalien decken konnten. Beide Fälle sind indessen immer noch nicht als endgültige Lösungen oder Panaceen zu betrachten, weil die Arbeiter als Eigenthümer auch das Risico zu tragen haben und bei schlechter Leitung Alles verlieren können. Wie viele Actienspinnereien haben nicht in Deutschland Bankerott gemacht. Auch eignen sich nicht alle Fabriken zu genossenschaftlichem Betrieb, wenn selbst die Schwierigkeit der Leitung und des Vertragens der Genossen nicht wäre.

Es lassen sich also für unseren Zweck, Specialuntersuchungen in Ehren, nur folgende allgemeine Regeln für die Besserung der Lage der Fabrikarbeiter aufstellen:

1) Schulbildung und Selbsterziehung zur Vermehrung der Geschicklichkeit und zur Lohnverbesserung;

2) Fleiß und Pünctlichkeit in der Arbeit;

3) Mäßigkeit in der Lebensweise zur Erhaltung der Gesundheit, und zur Zurücklegung eines Sparpfennigs zur Versicherung für Krankheit, Gebrechen, Erziehung der Kinder und für den Todesfall.

Wenn man sieht, wie in einer und derselben Fabrik vom Handlanger bis zum Zeichner ein Lohn- bezw. Gehaltabstand bis zum Fünfzigfachen bestehen kann, so wie daß Personen mit Nichts in der großen Industrie zu Millionären sich emporgeschwungen haben, wie auch minder Begabte durch Sparsamkeit ihre Kinder zu einträglichen Erwerbszweigen emporgehoben haben, so wird man auf andere Universalmittel verzichten und die Wahl der Wege und Mittel überhaupt dem Urtheil des Einzelnen überlassen, denn Panaceen haben gegenüber bestimmten Fällen keinen Sinn. Was hilft der Normalarbeitstag in einem Geschäftszweig, der momentan so darniederliegt, daß Arbeiter entlassen werden müssen; was helfen Productivgenossenschaften den Eisenbahnarbeitern? Vorschußvereine können selbständigen Handwerkern sehr von Nutzen sein, weil sie ihnen den kaufmännischen Credit zugänglich machen, allein Fabrikarbeitern nützen sie nichts; erstere mögen in gewissen Zweigen, in welchen kein zu großes Capital und keine ungewöhnlich intelligente Leitung erforderlich ist, ausführbar sein, — beide Institute aber unterscheidungslos für die Arbeiter im Allgemeinen zu empfehlen, ist völlig nutzlos.

Viel wirksamere Mittel zur Verbesserung der Lage der Arbeiter vieler Geschäftszweige sind Stücklohn und Gewinnantheil; der erstere hat sich schon allgemein Bahn gebrochen, der letztere findet nach und nach unter günstigen Umständen Eingang; allein auch diese Mittel sind keine Panaceen, denn für Eisenbahn-Bahnwärter ist ersterer unanwendbar und der letztere ist nur zu häufig illusorisch, weil in vielen Geschäften kein Reingewinn gemacht wird, weil, da den Arbeitern doch ein Antheil am Verlust nicht zugemuthet werden kann, der Gewinn dazu dient, die Verluste schlechter Jahre zu decken.

Was wir in den beiden zahlreichsten Erwerbszweigen angedeutet, findet auch mehr oder weniger auf Handel, Verkehr und die liberalen Berufsarten Anwendung.

Jeder Berufszweig erheischt sein Specialstudium, und so erfordert es auch die Frage, wie die Lage der darin beschäftigten Arbeitgeber und Arbeiter zu verbessern ist. Alle einzelnen Hülfs- und Heilmittel aufzuführen, kann nicht unsere Aufgabe, überhaupt nicht die Aufgabe eines einzigen Werkes sein.

Das allgemeine Ziel der Menschen ist neben der Gewinnung anständigen Unterhalts für sich und die Familie — die Freiheit der Arbeit — die Selbständigkeit. Dasselbe wird in den gegenwärtigen Zuständen und in den meisten Ländern im reifen Lebensalter von den meisten Menschen erreicht. Indessen gibt es Wirthschaftszweige, welche wegen der Großartigkeit ihres Umfangs ihre Arbeiter einer Oberleitung unterwerfen müssen. Den Beamten solcher Verwaltungen können weder Productivgenossenschaften, noch Vorschußvereine, weder Stücklohn noch Tantième, weder Normalarbeitstag noch unentgeltlicher Credit helfen: sie sind zur Erhaltung ihrer Familie auf gutes Haushalten, Ausbildung der Tüchtigkeit und Zuverlässigkeit im Beruf und daraus folgendes Avancement, kleine Nebenarbeiten, Pensionirung oder Alters- und Lebensversicherung, Hülfs- und Sparcassen so wie auf Consumvereine beschränkt.

Die übrigen unselbständigen Arbeiter können durch Sparsamkeit, Geschicklichkeit und genossenschaftliche Verbindung sich unabhängig machen, wenn sie die erforderliche Geschicklichkeit erworben haben.

Die Geschicklichkeit ist in der That das einzige Hülfsmittel zur Verbesserung der socialen Lage, welches gewissermaßen als Panacee zu betrachten wäre.

Andere Universalmittel gibt es nicht.

Sehen wir ab von jenen Berufsarten und Arbeitszweigen, in welchen wegen der Größe des erforderlichen Capitals selbständige Unternehmung nicht möglich ist, wie die Verkehrsanstalten, die Creditinstitute, Bergwerke und endlich die Staatsmaschine, so stellt sich als das sociale Ziel ein Zustand dar, in welchem die unselbständigen Gehülfen nur von der Jugend in ihren Lehr- und Wanderjahren, in denen sie zu ihrer Ausbildung geleitet werden müssen, so wie von Familienangehörigen gestellt werden und wo im Uebrigen Jeder seine geschäftliche Selbständigkeit erreicht mittels der Selbstveredlung, kraft der Ausbildung der Gesellschaft zum Rechtsstaat und mit Hülfe der genossenschaftlichen und gesellschaftlichen Einrichtungen so wie aller der Culturmittel, welche die fortschreitende Entwicklung der Wissenschaft entbindet.

Wirthschaftliche Entwicklung des Menschen.

Ueberblicken wir — indem wir die physiologische Frage der Veredlungs- oder Entwicklungsfähigkeit der Menschen ruhen lassen, — nur die psychische und materielle Lage, welche unser Geschlecht in den Jahrtausenden der Geschichte, wie in der Gegenwart einnimmt, — so stoßen wir auf eine Stufenleiter von immenser Ausdehnung und Mannigfaltigkeit. Vom Höhlenbewohner in Zeit und Raum bis zum Insassen eines Schlosses, vom Wilden zum Gelehrten auf der Sternwarte — welch' ein Contrast! Und doch hat es der letztere nur dem Schicksal zu verdanken, welches ihn in der Culturschichte eines gebildeten Volkes erleben ließ, — daß er nicht ein Wilder ist. Die ersten Bedingungen zur Erhebung des Menschen über die Thierwelt sind die Ansammlung von Capital, von stofflichem Capital in Gestalt von Vorräthen, Wohnungen und Werkzeugen, und von geistigem Capital. Die Rudimente dieser Bildungsmittel finden sich schon unter der Thierwelt: der Biber baut sich sein Haus, die Spinne webt, die Wespe macht Papier, die Biene und Ameise sammeln Vorräthe für den Winter, und viele Thiergattungen bedienen sich mehrerer Laute zum Ausdruck ihrer Gedanken und Gefühle. Anfangs umfaßte das stoffliche und geistige Capital nur die nothwendigsten Dinge des täglichen Lebens; es kann aber zu einer Bedeutung anwachsen, daß der gebildete Mensch sich vom wilden mehr unterscheidet als dieser vom höchst entwickelten Thier. Vom Eskimo, dessen Sprache nur einige hundert Wörter umfaßt und der nur bis 10 zählen kann, zum Gelehrten, der mittels der Spectralanalyse die stoffliche Beschaffenheit der fernen Gestirne ermittelt — welch' ein Abstand!

Die Hülfsmittel dieser ungeheuren Entwicklung waren die Ausbildung der Sprache, die daraus entsprungene Gedankensolidarität der Menschen und die Theilung der Arbeit.

Die wilden Volksstämme leben meist nur von Jagd und Fischfang; ihr Capital besteht in einer Hütte, in Speer, Bogen und Pfeil, einigen Stein- und Hirschhorn- oder Knochen-Werkzeugen und Geräthschaften. In der ältesten Zeit hing ihre Existenz noch ab von Salzquellen oder Salzlecken, — stritten ja einst zwei germanische Volksstämme am Main einen Kampf um Leben und Tod für den Besitz von Salzquellen. In neuerer Zeit tauschen sich die Wilden das nöthige Salz, Werkzeuge und Waffen gegen Pelzwerk aus. Die Solinger, Remscheider und Sheffielder Waffen und Werkzeuge sind bis unter die Indianer America's und Australiens so wie unter alle Volksstämme Africa's verbreitet. Auf der Insel Murano bei Venedig werden eigroße Glasperlen als Kopfschmuck für africanische und indische Häuptlinge verfertigt. Auch die Wilden leben also schon in einer gewissen Solidarität mit den civilisirten Völkern.

Auf einer vorgeschrittenen Entwicklungsstufe befinden sich die Hirten- und Nomaden-Stämme; sie hatten schon die Umsicht und Entsagung, größeres Capital in Gestalt von Viehherden anzusammeln. Bei den Wilden aber, so wie bei den Nomaden besteht noch wenig oder keine Theilung der Arbeit. Nur innerhalb der Familie ist dieselbe vertheilt. Bei den Wilden ist der Mann der Jäger, die Frau das Lastthier; beim Nomaden besorgt der Mann die Heerde, die Frau den Herd und die Erzeugung der Kleidung. Beide nehmen noch einen ungeheuren Raum von Land ein, um sich kümmerlich zu nähren, müssen häufig ihren Standpunct wechseln und werden durch Mißernten und Seuchen oft decimirt.

Erst nachdem durch irgend einen innern oder äußern Anstoß der Mensch zur Pflege des Ackerbaues übergeht, beginnt die Theilung der Arbeit und mit ihr die gesicherte Entwicklung. Jetzt werden regelmäßig für längere Zeit Vorräthe gesammelt und in so reichlichem Maße, daß Einzelne, welche ein besonderes Geschick zu Specialverrichtungen zeigen, sich weiter dafür ausbilden und endlich ganz darauf verlegen. In der frühesten Zeit und beim rohesten Indianerstamm macht sich Jeder seine Stein- und Knochen-Werkzeuge selbst, in einem fortgeschritteneren Zustande, wie in den Pfahlbauten, finden wir bereits Werkstätten von Steinwerkzeugmachern.

Schon mit der ersten Theilung der Arbeit beginnen Beobachtung und Gedanke sich schärfer auf einen Gegenstand zu richten; erst dadurch aber werden Entdeckungen und Erfindungen möglich, welche die Haupt-Vehikel menschlichen Fortschrittes sind. Mit der Erfindung und Verbesserung der Werkzeuge und Maschinen wird nicht bloß die Arbeit fortschreitend ausgiebiger, sondern die Werkzeuge selbst kosten in der fortschreitenden Entwicklung immer weniger, weil mit ausgiebigeren Werkzeugen hervorgebracht. Nur die Uebergangsperiode der Zeit der Neuheit einer Erfindung bildet eine Ausnahme.

Der Preis oder Tauschwerth eines Steinbeils wird nur kurze Zeit nach der Erfindung der Bronze billiger gewesen sein, als ein Bronzebeil. Inmitten der Bronze-Periode war der Tauschwerth oder der Aufwand an Arbeit, Dienstleistung, beziehungsweise ersparter Arbeit für ein Beil gewiß geringer als in der Steinperiode vor Erfindung der Bronze. Ebenso war es mit dem Eisen gegenüber der Bronze. Heute sind die eisernen Werkzeuge so billig, daß bronzene sogar jetzt, wegen des hohen Preises des Materials, noch theurer sein würden. Welch' ungeheurer Fortschritt zu Gunsten der arbeitenden Classen liegt nicht allein in dieser Entwicklung, — in dem unumstößlichen Satze, daß die *Werkzeuge um so billiger werden, je wirksamer und dauerhafter sie werden.*

Je mehr die arbeitenden Classen aber in Stand gesetzt werden, bessere und billigere Werkzeuge sich anzuschaffen, um so mehr können sie verdienen, um so mehr steigt die Production bei Aufwendung von gleicher Mühe, also der Ueberschuß über die zur Erhaltung der Arbeiter erforderlichen Lebensmittel; desto leichter wird die Ansammlung von neuem Capital. Da nun aber Capital, wegen des Naturgesetzes des ewigen Stoffwechsels, um in seinem eisernen Bestand erhalten zu werden, immer reproducirt, d. h. zur Hervorbringung neuer Güter angelegt werden muß, so erhöht es durch seine Vermehrung die Nachfrage nach Arbeitern. Sobald die Herstellung der bis dahin erzeugten nothwendigen Lebensmittel gesättigt ist, so entstehen aus derselben Ursache einerseits neue Genuß- und Productionsmittel und andererseits neue Bedürfnisse, welche eine *Vervielfältigung* und *Veredlung* der *Berufsarten* hervorrufen, wodurch *neue* und *vermehrte Arbeitsgelegenheit* geboten und endlich der Lohn durch die erhöhte Nachfrage nach Arbeitern so wie durch vermehrte Geschicklichkeit verbessert — die Stellung der Arbeiter gesicherter wird.

Neben dem stets vermehrten Vorrath besserer und billigerer *Werkzeuge* und *Arbeitsstoffe* und der *Vermehrung* und *Veredlung* der *Erwerbsarten* erweitert sich der eiserne Stock von *Verkehrsmitteln*. Die Erhöhung des stofflichen Capitals setzt die Gesellschaft immer mehr in Stand, Subsistenzmittel für geistige Arbeiter, für die Erziehung des jungen Geschlechts, für Wissenschaft und Technik überzusparen und mit deren Hülfe das geistige Capital von Einsicht in die Gesetze der Natur, von technischen Kenntnissen, von Entdeckungen und Erfindungen zu vermehren.

Jede Generation, deren Erziehung vollendet, steht somit auf den Schultern ihrer Vorfahren, und fängt ihre Culturarbeit mit denjenigen Kenntnissen, derjenigen Geschicklichkeit und mit demjenigen eisernen Stock an materiellem und geistigem Capital an, zu dessen Ansammlung die Arbeit von Hunderten von Menschengeschlechtern in vielen Jahrtausenden vorausgegangen war. *Jedes Geschlecht* ist dadurch *in Stand gesetzt*, mit *höherer Potenz zu arbeiten* und folglich zahlreichere materielle und geistige Genußmittel sich zu verschaffen, als das vorhergegangene; — vorausgesetzt, daß die reine Wirkung der natürlichen Cultur-Entwicklung nicht durch andere Ursachen: zerstörende Natur-Ereignisse oder durch Unwissenheit, Leidenschaften und Thorheiten der Menschen und ihrer Obrigkeit selbst, gehindert wird.

Hand in Hand mit der Vermehrung des Capitals in Gestalt von Werkzeugen, Maschinen, Verkehrsmitteln und Gebäuden wächst auch dessen *Dauer-*

haftigkeit, welche einer Ersparung gleichkommt, woraus wieder eine Vermehrung der Capital-Ansammlung folgt. Den Uebergang von steinernen zu bronzenen, eisernen und stählernen Werkzeugen haben wir schon hervorgehoben. Ebenso werden aus den Höhlen, Zelten, Hütten der Urmenschen, Wilden und Nomaden Holzhäuser und Steinhäuser. Oft trifft man noch heute Dächer von Rinde, Stroh, Schindeln, Ziegeln, Schiefer, Asphalt und Zink, — kurz, die Bedachungen von drei Jahrtausenden neben einander. Aus dem Saumpfad werden Fahrwege, Steinstraßen, Eisenbahnen, — aus den Flößen, Nachen und Holzschiffen eiserne Dampfschiffe, — zu den Flüssen gesellen sich Canäle.

Durch die Erfindung der arbeitsparenden Spinn- und Webmaschinen wird ein Theil der Kleidung fortwährend billiger, wo dieser Preisrichtung nicht durch die Beschränktheit des Rohstoffes ein Ziel gesetzt ist.

Ein Theil der Nahrung, insbesondere die animalische — Fleisch, Milch, Butter, Eier — wird zwar theurer, allein durch die Vermehrung der Communicationsmittel wird deren Vorrath über größere Räume vertheilt und der Preis dadurch in längerer Zeit doch ausgeglichen. Es gibt keine so niedrigen Getreidepreise mehr, wie in früheren Jahrhunderten, aber auch keine so hohen, keinen solchen Mangel mehr, daß ein großer Theil der Bevölkerung Hungers stirbt, wie dies aus jedem Jahrhundert des Mittelalters gemeldet wird. Der Durchschnitt der Getreidepreise hat sich höher gestellt[1]) — das Maximum entfernt sich aber vom niedrigsten Preis höchstens noch um das Doppelte, nicht mehr um das Fünfundzwanzigfache. Die Löhne dagegen sind so gestiegen, daß einer von Dr. Straßburger angestellten Untersuchung zufolge jetzt ein Handlanger um den heute verdienten Lohn gegen doppelt so viel Getreide kaufen kann, als ein solcher vor 100 Jahren. Die Löhne der geschickten Arbeiter sind aber noch viel mehr gestiegen. Die Arbeiter unserer dichtbevölkerten Länder und unserer großen Städte, wie sehr sie auch über ihr Loos klagen mögen, sind keinen solchen Nothfällen ausgesetzt, wie die uncultivirten Volksstämme America's, Africa's und Australiens, welche zwar oft in solchem Ueberfluß leben, daß sie Lebensmittel zu Grunde gehen lassen müssen, oft aber auch solchen Mangel leiden, daß sie vom Hunger decimirt werden. Die Ernährung erfolgt also leichter, denn in früheren Zeiten.

Trotz der vortrefflichen Geschichte der Preise von Tooke und New-March ist eine erschöpfende Geschichte und Statistik der Preise noch eine Aufgabe der Zukunft. Es wäre sehr wünschenswerth, daß irgend ein Fonds für diesen Zweck gestiftet oder von einer Regierung ausgesetzt werde; denn eine genaue Zusammenstellung dieses Materials würde die wichtigsten Aufschlüsse über die Ernährungsweise der Bevölkerung geben. Doch müßte dazu auch stets der

1) Dies gilt nur vom europäischen Continent, denn in England sind seit Aufhebung der Getreide-Prohibitivzölle (1846) die Kornpreise beträchtlich gesunken.

Geldwerth auf den heutigen Maßstab berechnet und die Maße und Gewichte auf eine Einheit gebracht werden. Namentlich sind die Preise aus dem 16. und 17. Jahrhundert nur mit Vorsicht aufzunehmen, weil während derselben die in Folge der Entdeckung der Edelmetallschätze America's eingetretene Münz-Revolution sich vollzog. Es ist daher am besten, bei Berechnungen der Verhältnisse der Löhne und Preise nur die letzten 100 Jahre zu berücksichtigen, in welchen die Verhältnisse keine unverhältnißmäßige Umwandlung erfahren haben. Laspeyres berechnet (s. Zeitschr. f. d. g. Staatswirthschaft, 28. Jahrg., 1. Heft, S. 78) nach einer 300 Jahre umfassenden Liste der Preise verschiedener Getreidesorten zu Arnheim für die letzten drei Jahrhunderte folgende Durchschnittspreise:

(Preis in fl. Rhein. u. Decimalen; Maß: Muid = 1,[illegible] Hectoliter.)

Jahre.	Weizen.	Roggen.	Gerste.	Hafer.	Buchweizen.
1571—1670	7,[illegible]	3,[illegible]	4,[illegible]	3,[illegible]	4,[illegible]
1671—1770	7,[illegible]	5,[illegible]	4,[illegible]	3,[illegible]	3,[illegible]
1771—1869	11,[illegible]	8,[illegible]	6,[illegible]	4,[illegible]	6,[illegible]

Für die Jahrzehente des letzten Jahrhunderts 1771 — 1869 berechnet Laspeyres nach dem Arnheimer Markte folgende Durchschnittspreise:

(Preis in fl. Rhein. u. Decimalen; Maß: Muid = 1,[illegible] Hectoliter.)

Jahre.	Weizen.	Roggen.	Gerste.	Hafer.	Buchweizen.
1771—1780	8,[illegible]	7,41	4,[illegible]	3,[illegible]	4,[illegible]
1781—1790	9,[illegible]	7,[illegible]	5,[illegible]	3,[illegible]	6,[illegible]
1791—1800	12,[illegible]	8,[illegible]	5,[illegible]	4,[illegible]	6,[illegible]
1801—1810	15,[illegible]	11,[illegible]	8,[illegible]	4,[illegible]	9,[illegible]
1811—1820	16,[illegible]	11,[illegible]	7,[illegible]	5,[illegible]	8,[illegible]
1821—1830	8,[illegible]	5,[illegible]	4,[illegible]	3,[illegible]	4,[illegible]
1831—1840	9,[illegible]	6,[illegible]	4,[illegible]	3,[illegible]	5,[illegible]
1841—1850	11,[illegible]	7,[illegible]	5,[illegible]	3,[illegible]	7,[illegible]
1851—1860	14,[illegible]	9,[illegible]	7,[illegible]	4,[illegible]	8,[illegible]
1861—1869	13,[illegible]	9,[illegible]	7,[illegible]	5,[illegible]	8,[illegible]

Vergleichen wir mit diesen Durchschnittspreisen von Jahrhunderten und Jahrzehenden die laufenden Preise, so finden wir weit größere Schwankungen von einem Jahre, von einem Monat, die größten von einer Jahreszeit (Winter) zur anderen (Sommer), von denen eine graphische Karte der Getreidepreise ein frappantes Bild gewährt. Wir verzeichnen nachstehend zum Behuf dieses Vergleiches die Marktpreise von Dinkel in Basel vom Jan. 1846 bis Dec. 1865:

(In Zoll-Doppel-Centnern und Franken.)

Jahr.	Monat.	Fr.	Monat.	Fr.	Monat.	Fr.
1845	Januar	34	Mai	27	September	33
„	Februar	25	Juni	27	October	35
„	März	28	Juli	30	November	36
„	April	66	August	32	December	34
1846	Januar	54	Mai	34	September	43
„	Februar	55	Juni	37	October	45
„	März	34	Juli	36	November	46
„	April	33	August	39	December	47
1847	Januar	56	Mai	61	September	34
„	Februar	60	Juni	45	October	35
„	März	62	Juli	39	November	32
„	April	66	August	35	December	30
1848	Januar	27	Mai	24	September	29
„	Februar	26	Juni	22	October	22
„	März	25	Juli	22	November	21
„	April	24	August	29	December	20
1849	Januar	19	Mai	22	September	20
„	Februar	21	Juni	23	October	19
„	März	21	Juli	24	November	19
„	April	22	August	23	December	19
1850	Januar	19	Mai	22	September	23
„	Februar	20	Juni	21	October	24
„	März	20	Juli	20	November	23
„	April	19	August	21	December	22
1851	Januar	21	Mai	21	September	26
„	Februar	20	Juni	22	October	27
„	März	29	Juli	23	November	28
„	April	22	August	24	December	27
1852	Januar	28	Mai	31	September	23
„	Februar	29	Juni	30	October	29
„	März	30	Juli	29	November	28
„	April	31	August	32	December	29
1853	Januar	28	Mai	31	September	41
„	Februar	28	Juni	33	October	47
„	März	29	Juli	36	November	50
„	April	30	August	39	December	45
1854	Januar	47	Mai	48	September	43
„	Februar	46	Juni	53	October	43
„	März	46	Juli	43	November	44
„	April	46	August	40	December	45

Jahr.	Monat.	Fr.	Monat.	Fr.	Monat.	Fr.
1855	Januar	45	Mai	42	September	45
"	Februar	42	Juni	43	October	45
"	März	41	Juli	43	November	45
"	April	40	August	44	December	40
1856	Januar	41	Mai	40	September	38
"	Februar	39	Juni	44	October	38
"	März	39	Juli	45	November	37
"	April	38	August	40	December	36
1857	Januar	35	Mai	37	September	25
"	Februar	35	Juni	37	October	25
"	März	36	Juli	34	November	25
"	April	37	August	29	December	24
1858	Januar	23	Mai	22	September	22
"	Februar	22	Juni	25	October	22
"	März	23	Juli	25	November	23
"	April	23	August	24	December	29
1859	Januar	21	Mai	25	September	26
"	Februar	31	Juni	25	October	26
"	März	31	Juli	24	November	28
"	April	34	August	25	December	27
1860	Januar	30	Mai	32	September	33
"	Februar	29	Juni	33	October	34
"	März	31	Juli	33	November	34
"	April	32	August	33	December	34
1861	Januar	34	Mai	34	September	34
"	Februar	33	Juni	34	October	34
"	März	33	Juli	33	November	34
"	April	33	August	33	December	33
1862	Januar	33	Mai	31	September	30
"	Februar	32	Juni	31	October	30
"	März	32	Juli	32	November	30
"	April	32	August	30	December	29
1863	Januar	29	Mai	30	September	27
"	Februar	29	Juni	31	October	28
"	März	29	Juli	31	November	25
"	April	29	August	28	December	25
1864	Januar	25	Mai	26	September	24
"	Februar	25	Juni	26	October	23
"	März	25	Juli	27	November	23
"	April	24	August	24	December	21
1865	Januar	21	Mai	22	September	21
"	Februar	21	Juni	22	October	21
"	März	22	Juli	22	November	21
"	April	23	August	22	December	21

Die animalischen Nahrungsmittel haben eine bedeutendere Preiserhöhung seit einem Jahrhundert, und insbesondere in den letzten 80 Jahren erfahren, als die Brodfrüchte, allein auch beim Fleisch kommen die stärksten Schwankungen in kurzen Perioden vor, je nachdem in Folge des Ausfalls der Futterernten mehr oder weniger junges Vieh aufgezogen wird. Die Fleischpreise scheinen mehr Hand in Hand mit dem industriellen Aufschwung zu gehen, in Folge erhöhter Zahlungsfähigkeit der Bevölkerung. Indessen bringt die Cultur mit den höheren Viehpreisen, welche übrigens ihrerseits die Landwirthschaft wieder consumtions- und zahlungsfähiger machen, auch besondere Remedien. Eines, welches leider nur langsam sich einbürgert, ist die Differenzirung der Fleischpreise, die Ausschlachtung und der Preisansatz je nach der Güte des Stückes. Da bei dieser Verkaufsmethode die guten Theile sehr hohe Preise lösen, so können die weniger schmackhaften, obwohl ebenso nahrhaften Partieen bedeutend unter dem Durchschnitt abgegeben werden.

Aus dieser Thatsache, daß die Getreidepreise in den kurzen Perioden von Jahr zu Jahr und von Jahreszeit zu Jahreszeit stärkeren Schwankungen ausgesetzt sind, als in den langen Epochen, und daß sie im Durchschnitt in den letzten drei Decennien nur um 1/10 höher waren, als im Durchschnitt des ganzen verflossenen Jahrhunderts, berechtigt uns zu der Schlußfolgerung, daß die Arbeiter in Hinsicht auf die Beschaffung des Brodes eher einer Erleichterung, als einer Erschwerung entgegengehen, weil die Preise in den langen Perioden nur langsam und weniger steigen, als die Löhne, und weil die drückenden Schwankungen in den kurzen Perioden durch die Erleichterung des Transportes mittels der Zufuhren aus Ländern verschiedener klimatischer Bedingungen in steigendem Maße ausgeglichen werden. Wer überdies die schroffen Schwankungen der kurzen Perioden überstanden, braucht sich vor den geringen und allmählichen in langen Perioden nicht mehr zu fürchten.

Eine Folge davon ist, daß in den Städten, wo diese Art der Ausschlachtung eingeführt ist, die weniger Bemittelten bei weit höheren Durchschnittspreisen als in anderen Ländern, wo diese Einrichtung nicht besteht, doch billigeres Fleisch zu essen bekommen. In London erhalten die Arbeiter auf diese Weise oft billigeres Fleisch, als in den Ostländern Europa's.

Eine andere Schranke der Preiserhöhung des Fleisches bringt der Import von animalischen Conserven aus America und Australien mit sich.

In der Kleidung mag das Steigen der Preise des Schuhwerks, in Folge der Erhöhung der Lederpreise und Löhne, durch die Ermäßigung der Preise der Zeuge, in Folge der Einführung der Spinn-, Web- und Nähmaschinen, ausgeglichen werden.

In derselben Zeit, in welcher die Brodfrüchte um 10 pCt., die ani-

---

1) Wir lassen zum weiteren Beleg der oben aufgeführten Zahlen noch einige stati-

malischen Lebensmittel um durchschnittlich 80 pCt. [*]) gestiegen, haben sich die Löhne je nach den verschiedenen Erwerbsarten und je nach der Geschicklichkeit innerhalb desselben Gewerbes um 25 — 100 pCt. gehoben, wovon wir an späterer Stelle nähere Nachweise bringen werden.

---

stische Notizen folgen. Dem amtlichen französischen Werke von 1863 über die „Preise und Löhne zu verschiedenen Epochen“ entnehmen wir folgende Total-Angaben:

Preise von Nahrungsmitteln.

Jahr.	Per Hectoliter Weizen Fr.	Cts.	Jahr.	Per Hectoliter Weizen Fr.	Cts.	Jahr.	Per Hectoliter Weizen Fr.	Cts.
1797	19	44	1820	19	13	(?) 1843	20	46
1798	17	07	1821	17	79	1844	19	75
1799	16	20	1822	15	49	1845	19	75
1800	20	34	1823	17	52	1846	24	05
1801	22	40	1824	16	22	1847	29	01
1802	24	38	1825	15	74	1848	16	65
1803	24	55	1826	15	85	1849	15	37
1804	19	19	1827	18	21	1850	14	32
1805	19	64	1828	22	03	1851	14	48
1806	19	33	1829	22	59	1852	17	23
1807	18	88	1830	22	39	1853	22	39
1808	16	54	1831	22	10	1854	28	82
1809	14	86	1832	21	85	1855	29	32
1810	19	41	1833	16	62	1856	30	75
1811	26	13	1834	15	25	1857	24	37
1812	34	34	1835	15	25	1858	16	75
1813	22	51	1836	17	32	1859	16	74
1814	17	73	1837	18	53	1860	20	24
1815	19	53	1838	19	51	1861	24	55
1816	28	31	1839	22	14	1862	23	24
1817	36	16	1840	21	84	1863	19	78
1818	24	65	1841	18	54			
1819	18	42	1842	19	55			

Anm.: Die vorstehend fett bezeichneten dieser 66 Jahre, während welcher der Preis des Weizens Fr. 20 überschritten hatte, waren Jahre verhältnißmäßiger Theurung.

In 10jährigen Perioden.

1797—1800	18	77	1821—1830	18	88	1851—1860	22	11
1801—1810	19	87	1831—1840	18	94	1861—1863	22	52
1811—1820	24	69	1841—1850	19	75			

Die Miethen pflegen allerdings in Folge der Erhöhung des Werthes der Bauplätze und der Aufbesserung der Löhne der Bauhandwerker zu steigen; allein die gemeinnützigen Baugesellschaften können durch Schmälerung des Gewinnes der Bauunternehmer einen wohlthätigen Damm entgegensetzen und durch Annuitäten dem Arbeiter sogar zu einem Besitzthum verhelfen, während er nicht viel höhere Jahresraten zahlt, als sonst seine Miethe betrug.

Zu den obengenannten sich mit der Zeit bessernden Chancen des Erfolgs kommt die vermehrte Gelegenheit zur Ausbildung der körperlichen und geistigen Kraft und Geschicklichkeit sowohl durch die rationeller und systematischer werdenden nationalen Leibesübungen an sich, als auch durch die besser werdende technische und gewerbliche Ausbildung.

Gustav Jäger berechnet in seinen sehr beachtenswerthen Untersuchungen „über die menschliche Arbeitskraft und die militärische Trainirung“[1]), daß die körperliche Trainirung die physische Arbeitskraft, was die Ausdauer betrifft, auf den siebenfachen Betrag zu heben vermag, und daß zahlreiche Anhaltspuncte aus der täglichen Erfahrung und einige Experimental-Ergebnisse vorliegen, welche darauf hinweisen, daß sie auch die seelische Arbeitskraft steigert. Endlich steigern sie auch die Dauer des arbeitsfähigen Lebensalters und heben den Gesundheitszustand.

Wenn diese Ansicht auch nur in geringerem Maße zutreffen sollte, so ist sie doch gleich einer in der Natur des Menschen noch ungehobenen Goldgrube zu betrachten.

Ueberblicken wir die Entwicklung der Aufklärung der Menschen, so enthüllt sich uns dasselbe Schauspiel, welches die Geschichte bietet, auch nach dem Raum über die Erde, so wie sogar innerhalb eines und desselben Landes. Die Natur und deren Ereignisse, welche den Urmenschen umgaben, erregten das dringende Bedürfniß, die Ursache dieser Erscheinungen sich zu erklären. So lange aber die Wahrheit unbekannt war, welche nur durch mühsames Experimentiren und lange Arbeit gefunden wird, nahm der Mensch seine Einbildungskraft zu Hülfe, bevölkerte die Natur mit den Gebilden seiner Phantasie und durchtränkte die Familie und das Volksleben mit einer Last von Aberglauben und Vorurtheil, welche nur langsam und allmählich dem Lichte der Wissenschaft weichen. So finden wir am Anfang der Culturentwicklung den Wahn, am Ende derselben die Wissenschaft. Diese geschichtliche, geistige Bewegung läßt sich durch zwei zu einem länglichen Quadrat zusammengelegte Dreiecke versinnbildlichen, wovon die schwarze Hälfte Aberglauben und Vorurtheil, die weiße die wissenschaftliche Einsicht darstellt:

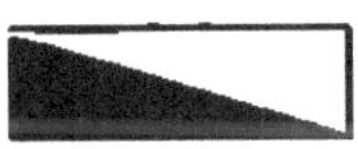

1) Siehe „Deutsche Zeitung“, Wien, 17. Februar 1872.

Noch heute ist das Gebiet der wissenschaftlichen Einsicht selbst in den civilisirtesten Ländern auf eine Minorität der Bevölkerung beschränkt. Obgleich allgemeine wissenschaftliche Wahrheiten, z. B. die Fundamentalsätze der Astronomie, Physik und Chemie, allmählich durch den Unterricht auch in die tiefen Schichten dringen, so gibt es doch immer noch selbst innerhalb der Culturvölker Individuen, welche in Kenntnissen auf dem Standpunct der Wilden stehen. Im großen Ganzen aber nimmt das Licht auch unter den Massen zu. Mit der Vermehrung des Lichts muß aber nothwendig auch die Einsicht über die Mittel zur Verbesserung der Lage der armen, arbeitenden Classen steigen.

Hand in Hand mit der Aufklärung vermehrt sich der *sittliche Gehalt* der Menschen; und wäre diese Entwicklung bloß eine Folge tieferer Einsicht über den eigenen Vortheil. Dieses Anwachsen des sittlichen Gehaltes der Menschen ist die wesentliche Triebfeder der humanistischen Entwicklung, welche unser Geschlecht aus thierischen in gesittete Zustände, aus der Knechtung des Unwissenden und Schwachen zur Freiheit emporgeführt hat — und noch führt — von der Menschenfresserei, Sclaverei, Hörigkeit, vom Lebens-, Zunft- und Privilegienwesen bevorrechteter Stände zur Gleichheit aller Angehörigen civilisirter Staaten vor dem Gesetz!

Durch die verhältnißmäßige Vermehrung des geistigen Capitals vermöge der Gedankensolidarität der Menschen in Zeit und Raum, im naturgemäßen Fortschritt der Cultur, — vermöge der Erweiterung der Kenntnisse in die Kräfte und Gesetze der Natur und deren Anwendung, der Verbesserung der Werkzeuge und Maschinen, der Ausdehnung der Entdeckungen und Erfindungen, der öffentlichen Bildungsanstalten und Verkehrsmittel wird die gleiche Arbeitskraft in Stand gesetzt, immer mehr und schönere Producte zu erzeugen, — es liegt folglich in der Macht der Menschen — unter sonst gleichen Bedingungen und Voraussetzungen verhältnißmäßig immer mehr Capital zu sparen, zur Befruchtung und Bewässerung der Arbeitskraft der sich vermehrenden Bevölkerung eine verhältnißmäßig steigende Quote von Erwerbsstamm und Productionsmitteln zur Verfügung zu stellen, und in Folge dessen auch den Lohn und die übrigen Arbeitsbedingungen verhältnißmäßig günstiger zu stellen.

Es sind in zweiter Linie nur die Hindernisse und feindlichen Natur- und Menschen-Ereignisse zu verhüten und zu beseitigen oder zu vermindern, welche die Capitalansammlung stören und in

Dritter Linie die Mittel und Wege zu finden, durch welche eine möglichst *gerechte* Vertheilung der vermehrten Güter unter den arbeitenden Menschen erzielt wird.

Die Thatsachen dieser in großen Zügen angedeuteten Culturentwicklung zu sammeln und zusammenzustellen, überschreitet die Gränzen, welche der vorliegenden Arbeit gesetzt sind; sie wären die Aufgabe einer umfassenden Culturgeschichte, welche ihren Griffel noch nicht gefunden hat.[1])

Wir glauben demnach von den nachfolgenden Grundsätzen, als erwiesenen Lehrsätzen, ausgehen zu dürfen:

1) Die Culturentwicklung weist nach Zeit und Raum dieselbe Abstufung auf.

2) Wirthschaftlich ist die fortschreitende Entwicklung gesichert durch die Gedankensolidarität und die Theilung der Arbeit der Menschen.

3) Auf der Basis dieser beiden Factoren kann das geistige und materielle Capital unter normalen Verhältnissen fortwährend wachsen, also die Nachfrage nach Arbeitern sich vermehren.

4) Es muß eben so nothwendig bei normalen Menschen und gesitteten Völkern die wissenschaftliche Aufklärung und die sittliche Kraft steigen, wie die technische Kenntniß und Geschicklichkeit. Daraus folgt mit Nothwendigkeit eine Erhöhung der Löhne.

5) Die Werkzeuge und Geräthschaften sind um so billiger, je wirksamer und dauerhafter sie werden.

6) Jede Generation arbeitet mit höherer Potenz.

7) Die Nahrung wird verhältnißmäßig leichter zugänglich wegen der Verbesserung der Communicationsmittel, der Ausgleichung und Ständigkeit der Preise und der Erhöhung der Löhne.

8) Die Lage der arbeitenden Classen verbessert sich also im naturgemäßen Verlauf der Wirthschaft.

---

1) Beachtenswerthe Streiflichter über einzelne Entwicklungsperioden finden sich bei Roscher (S. 10), Buckle, Helmers, Draper, Laspeyres, G. Th. Richter, Langen u. A.

Hindernisse der wirthschaftlichen Entwicklung.

Die im vorigen Abschnitte bezeichneten Grundlagen der wirthschaftlichen Entwicklung bürgen für die stete Verbesserung der Lage der arbeitenden Classen, und es würde diesem gewährleisteten Fortschritte gegenüber die Aufgabe der Volkswirthschaft beziehungsweise die sogenannte Lösung der socialen Frage nur darin bestehen, daß auch noch auf eine gerechte *Vertheilung* der sich fortwährend relativ vermehrenden Güter hingewirkt werde.

Allein jene der Culturentwicklung so günstigen Umstände können nicht immer zur Geltung gelangen, weil eine Menge *Hindernisse* durch die Natur und die Menschen selbst in den Weg geworfen wird.

Schon der Vergleich der historischen Entwicklung der civilisirten Völker und ihres heutigen Culturstandes mit den noch rohen Naturstämmen Africa's, Australiens und America's, ja mit vielen Stämmen Asiens, so wie sogar der Gebildeten innerhalb der civilisirten Länder mit den untersten ungebildeten Classen gibt uns genug Stoff zum Nachdenken über die Ursachen, welche deren Aufkommen verhindern.

Eine der Hauptursachen ist ohne Zweifel die *Verschiedenheit* der **natürlichen Begabung** der Racen und Individuen. Allein *geringe Naturanlage* kann nicht das alleinige entscheidende Hemmniß sein, welches hindert, daß viele rohe Volksstämme wenigstens die Durchschnittsbildung der Völker des Abendlandes sich aneignen; denn die Neger in Nordamerica beweisen das Gegentheil, da aus ihren Reihen Advocaten, Aerzte, Künstler und Gelehrte hervorgehen. Die Völker des Kaukasus, welche physiologisch eben so edel und eben so alt, wie ihre europäischen Vettern, verharren seit Jahrtausenden in geistigem und ökonomischem Stillstand, und Persien ist ganz in Verfall gesunken; ja unter den civilisirten Völkern selbst sind manche gänzlich untergegangen. Wir wollen es dahin gestellt sein lassen, ob diejenigen Recht haben, welche behaupten, daß das Leben der Völker ein organisches, wie das der Individuen, sei und daß sie nur einen begränzten Zeitraum zu bestehen hätten; — solche Fragen der Völkerphysiologie und Völkerpsychologie würden uns hier zu weit führen; denn bei ihnen haben auch Politik und Religion eine Hauptrolle zu spielen, während wir es nur mit der wirthschaftlichen Entwicklung der arbeitenden Classen im Allgemeinen zu thun haben.

Zu jenem Hinderniß der wirthschaftlichen Entwicklung, welches die geringere Begabung darstellt, gesellen sich noch viele andere bleibende oder vorübergehende von der Natur herrührende Störungen und Hemmungen, welche theils ganze Welttheile und Völker, theils nur einzelne Landstriche und Individuen heimsuchen, als da sind: Mißärnten, Ueberschwemmungen, Feuersbrünste, Erdbeben, vulcanische Eruptionen, Epidemieen, Viehseuchen, Verschlechterung des Bodens und des Klima's.

Zu den von den Menschen geschaffenen Hindernissen der Cultur gehören in erster Linie der Krieg. Durch diesen sind ganze Völker schon auf Jahrtausende zurückgeworfen, ja vernichtet worden; von ihm haben die arbeitenden Classen am ärgsten zu leiden, die längsten Nachwehen zu tragen, und zwar nicht bloß die des besiegten Volkes, sondern auch des Siegers und der unbetheiligten Nachbarn, — weil, zumal bei der jetzigen Ausdehnung des Handelsverkehrs, die Interessen der Industrie über einen großen Theil der ganzen Erde solidarisch verbunden sind.

In die gleiche Kategorie sind bürgerliche Unruhen und politischer Verfall zu zählen, als dessen Symptom das Ueberhandnehmen des Räuberwesens, reißender Thiere und anderer Ursachen der Unsicherheit der Person und des Eigenthums erscheinen.

Sodann folgen despotische, verschwenderische, unredliche Regierungen und schlechte Gesetze, welche, statt die Rechte der Person und des Eigenthums zu sichern, die Mehrzahl einer Minderzahl opfern; überhaupt jede Ausbeutung des Volkes durch bevorrechtete Stände, seien diese eine Adels- oder Priester-Kaste, Grundbesitzer oder Gewerbtreibende.

Ein anderer wesentlicher Hemmschuh ist der Mangel an genügendem Volksunterricht, — die Grundlage der technischen Ausbildung, von welcher die Geschicklichkeit der Arbeiter abhängt. Die Geschicklichkeit aber ist das fast Jedem zugängliche Mittel, seine Lage in mehr oder weniger ausgedehntem Maßstabe zu verbessern.

Andere Hindernisse sind unwirthschaftliche Volkssitten, Zügellosigkeit, Trägheit und Immoralität unter den arbeitenden Classen.

Wenn für die Beseitigung aller dieser Hindernisse des Fortschrittes gesorgt ist, dann kommen die Uebelstände an die Reihe, welche je in den einzelnen Berufsarten und Erwerbszweigen sich vorfinden, und auf die zum Theil allgemeine Hülfsmittel, zum Theil aber nur specielle für den einzelnen Geschäftszweig oder nur für den besonderen Fall geeignete Heilmethoden anwendbar sind.

Die Hindernisse des wirthschaftlichen Fortschrittes und der Besserung der Lage der arbeitenden Classen sind also in folgenden Verhältnissen und Ereignissen zu suchen:

Ursachen, welche liegen:

A. In der Natur.

I. Aeußere Erscheinungen.
  1. Dauernde Verschlechterungen
    a. des Klima's;
    b. des Bodens
      durch Entwaldung und Austrocknung,
        „ Ueberschwemmungen,
        „ Erdbeben,
        „ vulcanische Eruptionen,
        „ Bergstürze,
        „ Aenderungen der Flußbette,
        „ Bergwerkseinstürze.
  2. In vorübergehenden Aenderungen:
    a. Beschädigungen von Früchten, Gebäuden, Schiff und Geschirr
      durch Ueberschwemmungen und Schiffbruch,
        „ zufälligen Einsturz,
        „ Erdbeben,
        „ Feuer,
        „ Explosionen und andere Unfälle;
    b. Viehseuchen;
    c. Mißärnten
      durch schlechte Witterung, Hagelschlag;
    d. Heuschreckenschwärme;
    e. Trauben-, Seiden-, Kartoffelkrankheit;
    f. Borkkäfer, Engerlinge, Maikäfer.
II. Innere Erscheinungen, d. h. Erscheinungen betr. die Natur der Menschen.
  1. Unglücksfälle
    a. durch zufälligen Tod;
    b. durch zufällige Verkrüppelung.
  2. Dauernde Mängel:
    a. geringe leibliche Begabung:
      Körperschwäche,
      schlechte Gesundheit,
      Gebrechen;
    b. geringe geistige Begabung:
      Cretinismus,
      Geisteskrankheit,
      Geistesschwäche.
  3. Vorübergehende Mängel:
    a. Krankheit, Epidemieen;
    b. Gebrechen;
    c. Verwundungen.

B. In menschlichen Verhältnissen.

Hindernisse, die liegen im

I. Individuum:
- a. Verfehlte Wahl des Berufs;
- b. Trägheit;
- c. Leichtsinn;
- d. Unzuverlässigkeit;
- e. Ungeschicklichkeit;
- f. Unwissenheit;
- g. Sittenlosigkeit;
- h. Unredlichkeit;
- i. Verbrechen.

II. Familie:
- a. Uneheliche Geburt;
- b. schlechte Erziehung;
- c. Mangel an Unterricht;
- d. Unreinlichkeit;
- e. zu frühes Heirathen;
- f. Geburt in einer armen oder sittenlosen Familie;
- g. Uneinigkeit.

III. Gemeinde:
- a. Mangel an Erwerbsmitteln;
- b. sittenlose Gesellschaft.

IV. Staat:
1. Verringerung an Capital und Menschen durch
   - a. Krieg;
   - b. Auswanderung;
   - c. Bürgerzwist.
2. Schwächung des Credits, der Capitalansammlung, der Arbeit, der Production durch
   - a. schlechte Verkehrsmittel;
   - b. Unsicherheit des Eigenthums und der Person;
   - c. Unfreiheit der Arbeit:
     Sclaverei,
     Zunftzwang,
     Hindernisse der Niederlassung und Verheirathung;
   - d. schleppenden schlechten Gerichtsgang;
   - e. Mangel an Creditinstituten;
   - f. unzweckmäßige Gesetzgebung, welche den Starken vor dem Schwachen bevorzugt, nicht codificirt ist und die Freiheit der Arbeit und des Verkehrs hindert;
   - g. unzweckmäßige Armenpflege;

h. schlechte und unökonomische Verwaltung;
i. drückende Steuern;
k. schwere Staatsschulden;
l. Verschlechterung der Umlaufsmittel.

V. Gesellschaft:
a. Großer Standesunterschied;
b. verschwenderische Sitten;
c. allgemeiner Verfall der Sitten;
d. Handelskrisen;
e. allgemeine Verdienstlosigkeit.

VI. Geschäftszweige:
Allgemeine geschäftliche Hindernisse:
a. solche, welche bloß die Arbeitgeber;
b. " " " " Arbeiter;
c. " " " " einzelnen Geschäftszweige betreffen.

Diese Hindernisse der wirthschaftlichen Entwicklung, welche mit den Ursachen der Armuth zusammenfallen, stellen in ihrer Gesammtheit eine so ungeheure Summe von Capital- und Arbeitsverlusten dar, daß der Ueberschuß der menschlichen Production über den Verbrauch ein sehr bedeutender sein muß; denn ohne diesen könnten wir unmöglich über die heutigen Culturmittel verfügen. Zugleich aber gewinnen wir schon durch einen flüchtigen Ueberblick jener Störungen die Ueberzeugung, daß die Auffindung der Mittel und Wege zu deren Verhütung und Heilung, an welcher übrigens Staat und Gesellschaft, sofern sie gesund sind, unaufhörlich arbeiten, identisch mit der Lösung der socialen Frage wäre, wenn sie nicht immer wiederkehrten und stets neue Aufgaben für die Thätigkeit des Menschen stellten. Wir werden nachstehend einen Blick auf die erheblichsten dieser Hindernisse und die Mittel zu ihrer Beseitigung werfen.

A. Ursachen, die in der Natur liegen.

1. Aeußere Störungen. Dauernde Verschlechterung des Klima's.

Wir sehen ab von Veränderungen der mittleren Wärmebeschaffenheit einzelner Gegenden und Zonen der Erde in langen kosmischen Perioden, sondern wollen nur bei den in der Gegenwart vorkommenden verweilen. In dieser Hinsicht kennen wir zweierlei Verschlechterungen des Klima's, die eine aus uns noch unbekannten Gründen, durch welche in gewissen Perioden eine Reihe von Jahren rauhe Witterung die Ernte beeinträchtigt, und die andere Verschlechterung des Bodens und Klima's, welche aus der unrationellen Verwüstung der Wälder entspringt.

Die erstere ist außer dem Bereich menschlicher Mittel, die zweite aber, lediglich eine Folge schlechter Wirthschaft, kann durch zweckmäßige Fürsorge der

Grundeigenthümer des Staates und seiner Gesetzgebung für die Pflege des Waldes getheilt werden.

Die neueren, durch besondere Instrumente vorgenommenen Messungen der in den Wäldern stattfindenden atmosphärischen Niederschläge haben nachgewiesen, daß je nach der Beschaffenheit der Wälder 20–80 pCt. der Niederschläge den Boden gar nicht erreichen und der Rest so langsam von Moos und Gräsern abläuft, daß er zum Theil abdampft, so daß kaum die Hälfte der Feuchtigkeit die Rinnsäle des Bodens erreicht und in die Bäche und Flüsse abgeführt wird.

Alexander v. Humboldt hat bei seinem Aufenthalt im Orinocco-Gebiet, wo zu jener Zeit ein zusammenhängender Urwaldcomplex von dem Umfang von ganz Deutschland sich befand, beobachtet, daß täglich Regen fiel unter einer Zone, welche dem Aequator beträchtlich näher liegt, als Syrien, Griechenland, Spanien, Sicilien und ein Theil Italiens und Südfrankreichs. Die letztgenannten Länder, welche zu Zeiten der Römer noch Kornkammern waren, haben einen großen Theil ihrer Fruchtbarkeit eingebüßt wegen der großen Trockenheit, welche sich seit unserer Zeitrechnung eingestellt hat und theilweise mit furchtbaren Ueberschwemmungen abwechselt, die nach jedem langen oder starken Regen eintreten und ungeheure Zerstörungen an Gebäuden, Land und Aernten machen. Diese klimatischen Gegensätze, mit dem Schaden an Ertrag und Capital, welchen sie verursachen, oft ganze Gegenden in Armuth und Noth stürzend, sind lediglich eine Folge der Ausrottung der Wälder in den Gebirgen und auf den Höhen der genannten Länder, denn während am Orinocco der Wald durch seine fortwährenden Ausdünstungen selbst die Ursache der täglichen atmosphärischen Niederschläge wird, welche, im Walde zurückgehalten, die Thäler vor Ueberschwemmung schützten, fließt in Italien und Spanien der Regen sofort zu Thal, schwemmt viel fruchtbare Erde mit sich fort und überfluthet und verheert, sobald er längere Zeit dauert oder stärker auftritt, das Tiefland, worauf wieder Monate lange Trockenheit den Boden vollkommen ausdörrt.

Deutschland befindet sich in dieser Hinsicht, Dank der Weisheit der Mehrzahl seiner Forst- und Finanz-Verwaltungen, in einer ausnahmsweise günstigen Stellung, da noch fast ⅓ seines Areals mit Wald bedeckt ist und fortwährend für Beholzung kahler Stellen und Gegenden gesorgt wird. Es hat auch weniger an Trockenheit und Ueberschwemmungen zu leiden, als die südlicheren Länder.

In diesem Falle ist durch Aufklärung allein nur schwer zu helfen, weil die Natur der Forstwirthschaft den Grundbesitzer anweist, den Betrieb für vieljährige (30–100) Perioden zu regeln, weil starker Holzbestand die Eigenthümer, seien es Private oder Gemeinden, gar leicht verführt, denselben zu benutzen, um sich aus augenblicklichen Verlegenheiten zu reißen. Kann ja sogar der Fiscus leider oft solcher Versuchung nicht widerstehen. Der Fall ist indessen vollkommen geeignet, die Sorge des Gesetzgebers in Anspruch zu nehmen; denn er hat einestheils die Zukunft des Landes ins Auge zu fassen, anderentheils die Individuen und Corporationen vor Beschädigung ihres Eigenthums zu schützen. Es kann nämlich durch Raubwirthschaft, d. h. unrationelles Abholzen von Berghöhen die an dem davor liegenden Berggelände liegende Cultur, z. B. eine Rebpflanzung, so verschlechtert werden, daß sie ihren Werth zum größten Theil verliert, sondern es können auch die tiefer im Thal gelegenen Grundbesitzer Verwüstungen von Land und Aernten durch Ueberschwemmungen ausgesetzt werden.

Deßhalb hat der Staat hier die Pflicht, durch die Gesetzgebung den rationellen, beziehungsweise wissenschaftlichen Betrieb der Forstwirthschaft zu garantiren und die Abholzung unter seine Aufsicht zu nehmen. Freilich sollte er selbst hinsichtlich seiner Domainen mit gutem Beispiel vorangehen.

Bodenrevolutionen.

Im Zusammenhang mit der Entholzung der Gebirge können die Flußbetten ganzer Thäler solche Veränderungen erleiden, daß viel Culturland nicht bloß vorübergehenden Ueberschwemmungen ausgesetzt ist, sondern durch Anschwemmung von Sand und Steinen auf die Dauer ruinirt wird. In der Schweiz geben die Cantone Graubünden, Tessin und Wallis, deren Gebirge zum größten Theil kahl geschlagen, den deutlichsten Beweis für die Gefahren, welche die Volkswirthschaft durch solche größtentheils in Folge von Waldverwüstung hervorgerufene periodische Ueberschwemmungen ausgesetzt ist. Da haben die wilden Gewässer in den Jahren 1834, 1839 und 1868 ganze Dörfer vernichtet und im letzteren Jahre allein einen Schaden angerichtet, welcher amtlich auf Fr. 14,000,000 geschätzt worden ist. Im St. Gallischen Vorderrhein hat durch die aus Graubünden periodisch herabkommenden Hochwasser außer jenen drei Jahren auch noch 1871 eine große Ueberschwemmung statt gefunden, — ja das Flußbett ist durch das Geschiebe so gehoben, daß ohne schleunige Vorkehrungen im größten Maßstab das ganze Rheinthal dieses Cantons in Gefahr ist, mit der Zeit verödet zu werden. Im Jahre 1868 haben Sammlungen im größten Maßstabe über die ganze Erde stattgefunden, um den Bedrängten zu Hülfe zu kommen; den angerichteten Schaden aber haben sie nicht zu ¼ gedeckt.

Aehnliche Ueberschwemmungen haben in Frankreich an der Rhone, in Deutschland an der Oder, in Italien am Po u. s. w. stattgefunden.

Durch Erdbeben, Vulcane Bergstürze, Bergwerkseinstürze sind ganze Städte und Dörfer untergegangen, wie in den Südamericanischen Republiken und selbst in Europa uns zahlreiche Beispiele vorliegen.

In solchen Fällen wird sogar Karl Marx nicht glauben, daß den auf diese Weise beschädigten arbeitenden Classen durch den Normalarbeitstag geholfen werden könne.

Vorübergehende Beschädigungen.

Welche kolossale Capitalien gehen jährlich durch Brand und Schiffbruch zu Grunde? Nach einer oberflächlichen Schätzung beträgt der gewöhnliche Brandschaden allein in Europa und America jährlich wenigstens Fr. 500,000,000. Dazu kommen aber noch außerordentliche Feuer-Katastrophen, wie der Brand von Glarus, von Hamburg, von Chicago, bei welchem letzteren allein der Schaden an Häusern und Mobilien auf wenigstens Fr. 1000,000,000 geschätzt wurde.

Der durch Schiffbruch verursachte Schaden ist durch die Errichtung von Leuchtthürmen, durch Legung von Bojen, durch die Gründung der Dampfschifffahrt und den Bau von eisernen Schiffen sehr vermindert worden; ganz zu verhüten sind solche Unglücksfälle, welche Menschen und Capital verwüsten, nicht. Was da zu Grunde geht, bleibt verloren; nur die üblen Folgen für Hinterbliebene und die Rheder lassen sich durch Lebens- und See-Versicherung aufheben oder mildern.

Die Feuersgefahr kann durch solideren und den Vorschriften der Feuerpolizei angemessenen Bau der Häuser, achtsame Reinigung der Kamine, Einrichtung von Wasserleitungen und Hydranten, Einführung von Blitzableitern und von Dampffeuerspritzen und gute Organisation der Feuerwehren so wie durch sorgsame Erziehung und Beaufsichtigung der Kinder und des Gesindes zur vorsichtigen Behandlung des Feuers sehr vermindert werden. Zu absoluter Vorsicht werden alle Menschen aber wohl nie gebracht werden. Brandschaden wird also immer bleiben und in seinen unmittelbaren Folgen für die Betheiligten durch Versicherungsanstalten abgewendet werden müssen. Die Frage, ob staatliche oder Privatanstalten oder ob beide neben einander bestehen sollen, ob freiwillige oder Zwangs-Versicherung, gehört, als in die Specialität der Sache eingehend, nicht hieher.

Nicht mit gleicher Regelmäßigkeit, aber eben so schädlich, wirken Mißärnten, sei es, daß sie durch Ungunst der Witterung, Hagelschlag oder durch Insecten und Pilzkrankheiten entstehen. In Perioden von zehn zu zehn Jahren haben Frankreich und England einen solchen Ausfall an ihren Aernten, daß sie 2 bis 300 Millionen Franken für Getreide ins Ausland schicken müssen; — und die Krankheit der Reben und Seidenwürmer hat in unseren Tagen jährlich um viele Millionen geschadet.

Diese Schäden können zum Theil durch technische und wissenschaftliche Mittel überhaupt gemildert werden, wie z. B. reichliche Düngung, Drainirung und Berieselung die Schäden zu kalter und nasser oder zu heißer und trockener Witterung verringert und die Chemie Mittel gegen die Traubenkrankheit liefert; zum Theil in individueller Beziehung durch Versicherung gegen Hagelschlag und Bodencreditanstalten ausgeglichen werden, durch deren Vorschüsse große einmalige Verluste getragen und auf viele Jahre repartirt werden können.

Die Seuchen sind eine große Gefahr für den Viehstand ganzer Länder und Welttheile, wenn diese nicht durch zweckmäßige Maßregeln abgewendet wird. In der zweiten Hälfte des 7. Jahrzehents unseres Jahrhunderts hatten die Niederlande einen Viehverlust durch Seuchen, der auf Fr. 15,000,000, und England, der auf Fr. 75,000,000 geschätzt wird, während Preußen durch rasche geeignete Repressivmaßregeln gleichzeitig den Verlust auf einige Hundert' tausend beschränkte.

Dazu kommen noch die Verheerungen, welche Krankheiten und Epidemieen unter den Menschen selbst anrichten. Durch sie wird, abgesehen von den durch sie verursachten Seelenleiden, stets ein bedeutendes Erziehungscapital vernichtet. Zwar könnten Manche glauben, es werde auch die Concurrenz der Arbeiter unter sich vermindert, welche Lasalle so sehr fürchtete, — allein wer steht dafür, daß nicht gerade die Intelligenz durch eine Epidemie decimirt wird, die Officiere, von welchen die Leitung der productiven Geschäfte abhängt und ohne welche die gewöhnlichen Arbeiter beschäftigungslos würden und sich nach anderer Gelegenheit umsehen müßten. Ist es ja doch außerdem ein schon an früherer Stelle nachgewiesener Erfahrungssatz, daß, je dichter die Bevölkerung, um so leichter und häufiger die Erwerbsgelegenheit, um so höher der Lohn. Deßwegen ziehen sich die müßigen Arbeiter in der Regel nach den Verkehrscentren, nach dicht bevölkerten Ländern und Gegenden und nach Hauptstädten.

II. Innere Störungen der wirthschaftlichen Entwicklung, welche in der Natur des Menschen liegen.

Es ist bei Betrachtung alles wirthschaftlichen Werthes von der Thatsache auszugehen, daß die Natur und die mittels ihrer Stoffe und Kräfte durch Capital und Arbeit hervorgebrachten Producte vor allen Dingen zur Erziehung des Menschen gedient haben, und daß jeder erwachsene Mensch ein für ihn verbrauchtes Erziehungscapital repräsentirt, welches nach einer Berechnung von Engel in Preußen 1000 Thaler auf den Kopf beträgt und für die Gesammtbevölkerung den Werth des Grundeigenthums übersteigt. Jedes Ereigniß und jede Maßregel, welche geeignet ist, das Leben des Menschen im Allgemeinen und im Besondern zu verkürzen oder zu verlängern, muß auch von unmittelbarem Einfluß auf den Stand der Wirthschaft sein.

Das vom Menschen dargestellte Erziehungscapital kann z. B. durch Epidemieen und Hungersnoth bedeutend decimirt, es kann aber auch durch eine Verlängerung des Durchschnittsalters der Menschen ansehnlich vergrößert werden.

Die Vermehrung der Einsicht der Menschen und die Verbesserung der Einrichtungen und Erziehung derselben, Zunahme in der Gesundheit der

Wohnung, der Reinlichkeit, der Heilwissenschaft und der Arzneimittel, Besserung der Nahrung u. s. w. können zusammenwirken, um die verderblichen Wirkungen von epidemischen, chronischen und acuten Krankheiten zu vermindern, das Durchschnittsalter der Menschen zu vermehren und dadurch auch das im Menschen dargestellte Capital zu erhöhen.

1. Körperliche Hindernisse.

Es fehlt uns eine statistische Schätzung der Summe von Armuth und Elend, welche durch Krankheit und zufälligen Tod der Ernährer über Familien verhängt wird. Gewiß ist sie nicht unbeträchtlich. In solchen Fällen muß, wo keine Ersparnisse, keine bemittelten Verwandten, keine Hülfscassen für den speciellen Erwerbszweig, zu dem der Beschädigte gehört, vorhanden sind, die gesetzliche und freiwillige Armenpflege eintreten.

Eine noch zahlreicher vorkommende Ursache des Zurückbleibens von Arbeitern in gedrückten Verhältnissen ist dauernde Körperschwäche, schlechte Gesundheit und Gebrechen. Solche Personen bewegen sich am nahesten an der Gränze der Armenpflege.

Auch vorübergehende Krankheiten, Epidemieen, Gebrechen und Verwundungen können die Sparpfennige armer Leute aufzehren und sie zu langer Noth und Entbehrung verurtheilen, bis sie die Gesundheit wiedererlangt und durch Arbeit sich in den normalen Ernährungsstand zurückversetzt haben.

In dieser Hinsicht kann, wenn die freiwillige und Gemeinde-Armenpflege nicht mehr ausreicht, die Nothwendigkeit einer vorübergehenden Hülfe an den Staat herantreten, um eine Verschlechterung des eisernen Arbeiterstockes zu verhüten. Denn geschieht nichts, so fällt eine steigende Armenunterstützung dem Gemeinwesen zur Last, welche bei rechtzeitiger Hülfe vermieden worden wäre.

2. Geistige Hindernisse.

Ist schon die Verschiedenheit der Leibeskraft der Menschen eine Hauptursache der Vielfältigkeit der Erwerbsarten, so bringt doch die von der Natur stammende Abstufung der geistigen Begabung eine noch viel größere Mannigfaltigkeit der Berufszweige und mit ihnen eine unübersehbare Stufenleiter der Höhe des Verdienstes, bezw. Einkommens hervor. Diese Verschiedenheit des Talentes, der geistigen Mittel macht sich überall geltend, ohne alle Ansehung der Erziehung.

Betrachten wir nur zunächst Autodidacten, welche ohne alle Familienbeziehungen, ohne ordentlichen Unterricht in- und außerhalb des Hauses sich selbst in der Schule des Lebens erzogen haben, so stufen dieselben sich ab vom Handlanger bis zum Millionär. Ein nahmhafter Theil der großen Industriellen, welche Tausende von Arbeitern beschäftigen, dem Volksverdienst neue Bahnen eröffnet und zur Besserung der Lage der Arbeiter wesentlich Anstoß gegeben haben, besteht aus solchen Autodidacten, welche von der Pike auf gedient haben.

In einer und derselben Fabrik verdient der Handlanger jährlich nicht viel über Fr. 800, der Zeichner Fr. 80,000.[1])

Diese Ursache solcher Erfolge ist die geistige Begabung, welche lediglich ein Geschenk der Natur.

Der Eine ist aufgeweckten, der Andere schläfrigen Geistes; der Eine scharfsinnig, der Andere schwer von Begriffen; der Eine gutmüthig, der Andere gewaltthätig und boshaft; der Eine voll schöpferischer Gedanken, der Andere mechanischen Kopfes; der Eine hat ein starkes, der Andere ein schwaches Gedächtniß; der Eine ist energischen, der Andere wankelmüthigen Charakters. Und so lassen sich noch zahllose Contraste der Verschiedenheit der geistigen Anlagen aufführen.

Dieser *Unterschied der geistigen Anlagen*, welche der Hauptgrund der Abstufung der Stellung der Menschen vom *Handlanger* bis zum *Genie* ist, muß als eine Thatsache hingenommen werden, welche der Mensch nicht ändern kann. Alles was er durch seine staatlichen und gesellschaftlichen Einrichtungen in dieser Hinsicht zu verbessern vermag, besteht darin, die zu schroffen Gegensätze zu mildern, d. h. darauf hinzuwirken, daß nicht öffentliche Gesetze und Einrichtungen bestehen, welche jene Ungleichheit der Natur noch vermehren, z. B. Ungleichheit der Arbeit, der Niederlassung u. s. w.; und daß der Staat für den *Volksunterricht*, Sicherheit der Person und des Eigenthums so wie für Verkehrsmittel sorge.

Im Uebrigen ist der Mensch in dieser Hinsicht auf seine eigene Bemühungen angewiesen, welche in manchen Beziehungen durch Cooperation mit Anderen verstärkt werden können.

Die Nachhülfe der Gesellschaft und des Staates so wie die eigenen Anstrengungen der Menschen mögen aber noch so ergiebig sein, so bleibt doch immer noch für alle Zeiten ein Theil der Bevölkerung mehr oder weniger hülflos oder zur Last der Anderen: die Cretinen, die Blödsinnigen, Irren, die Verbrecher, die Kinder, die Greise.

B. Hindernisse, die in menschlichen Verhältnissen liegen.

I. Individuum.

Welche Quelle des Unglücks, der Armuth, des Elends, der Unwissenheit, Unsittlichkeit, des Verbrechens *uneheliche Geburt* ist, ergibt sich schon aus der höheren Sterblichkeit unlegitimer Kinder. Ein verhältnißmäßig bedeutenderer Procentsatz der Sträflinge in den Zuchthäusern stammt von unehelich

1) In Mülhausen.

Geborenen sowie auch von Solchen, welche keine Schulbildung genossen haben, als von ehelich Geborenen und Unterrichteten. Daß bei den unehelich Gebornen die Erziehung und der Unterricht schon aus Armuth vernachlässigt werden, ist selbstverständlich. An gutem Beispiel können sich diese armen Kinder auch selten aufrichten, ob sie bei ihrer Mutter bleiben können oder bei armen Leuten untergebracht werden.

In die gleiche Kategorie gehören Kinder, welche von unreinlichen, unsittlichen, unredlichen, trägen, liederlichen oder ganz verbrecherischen Eltern erzogen werden. Von daher stammt nicht wenig von Generation zu Generation fortgepflanztes Elend. Da müssen viele Factoren zusammenwirken, um eine Besserung zu veranlassen: Gemeinde und Menschenfreunde, Schule und religiöse Erziehung, so wie der sittliche und materielle Aufschwung eines ganzen Volkes.

Die Hauptursache des Elends der arbeitenden Classen liegt aber jedenfalls in des Menschen Willen selbst und kann also von ihm entfernt werden; wir meinen die wirthschaftlichen Untugenden, welche wir nicht sämmtlich aufzählen können.

Jedermann weiß, daß sparsame, nüchterne, arbeitsame, zuverlässige, pünctliche und geschickte Arbeiter, außerordentliche Unfälle abgerechnet, nie Noth leiden, sondern in der Regel in sorgenfreie Stellungen sich emporarbeiten, selbst wenn sie ohne Vermögen angefangen haben. Es ist die Klage jedes Unternehmers, aus welchem Erwerbszweig es sei, ja bis zu den Hausfrauen hin, daß zuverlässige und geschickte Arbeiter männlichen und weiblichen Geschlechts zu den Ausnahmen gehören.

Ein Hauptnachtheil bei einem großen Theil der arbeitenden Classen ist der Mangel an streng sittlicher Erziehung, durch welche das Individuum die moralische Kraft erhält, seinen natürlichen Gelüsten und Leidenschaften zu widerstehen. Wie viele ruinirte Existenzen sind auf den Hang zu Spiel und Trunk, wie viele auf zu frühzeitige und maßlose Befriedigung des Geschlechtstriebes so wie auf unzeitiges Heirathen zu rechnen, wo die Betreffenden entweder noch nicht das erforderliche Alter erreicht oder noch nicht die materielle Stellung errungen haben, welche sie befähigt, kräftige Kinder ins Leben zu setzen und anständig zu erziehen. Solche Personen werden oft schon in jugendlichen Jahren von Entkräftung, Krankheit, Kummer und Nahrungssorgen so herabgestimmt, daß ihnen alle selbständige Kraft zum Emporkommen entweicht und sie schließlich der Armenpflege, dem Laster und Verbrechen verfallen.

II. Gemeinde.

Zwar nicht so verhängnißvoll, doch einflußreich genug auf das Schicksal ihrer Angehörigen ist der sittliche und ökonomische Zustand der Gemeinde. Es ist ein Unterschied zwischen der moralischen und materiellen Einwirkung einer wohlhabenden Gemeinde, welche sich ihrer Armen vorsorglich annimmt, trefflich für die Verkehrswege und die Schule sorgt und gar noch Gemeinde-einkünfte etwa in Gestalt von Holz vertheilt, und einem verkommenen Dorfe — zwischen einer Herrnhuter-Ortschaft und einem Nest von Schmugglern und Holzdieben.

Unter den Ausgaben, welche der Gemeinde zufallen, hat der größere Theil unmittelbar den Zweck, Eigenthum und Person vor Schaden zu bewahren, — also das materielle und geistige Capital zu sichern und zu vermehren. Die polizeilichen Anordnungen zur Sicherheit und Rettung vor Feuersgefahr, gute Einrichtungen zur Entfernung des Unraths und der Excremente, gute Versorgung mit Wasser verhüten Zerstörung von Eigenthum und Menschenleben; aufmerksame Sittenpolizei und gute Schulen haben eine wohlthätige, verschwenderische, gesundheit- und capitalschädliche Gewohnheiten der Bevölkerung entfernende und die Erwerbsfähigkeit steigernde Wirkung.

III. Der Staat.

Der antike und der Feudal-Staat waren auf die Ausbeutung der zahlreicheren arbeitenden Classen eingerichtet, welche als Sclaven oder Hörige von einer Minderzahl beherrscht wurden. Da haben, wie schon erwähnt, die von Natur und Geburt Begünstigten die Staatsgewalt dazu benützt, die minder reich ausgestattete Mehrheit noch mehr auszuziehen. Auch das Zunftwesen war noch eine Ausbeutung der Majorität durch die Minorität. Seitdem nun aber alle durch den Staat gewährleisteten Vorrechte und Fesseln gefallen und alle Staatsangehörigen vor dem Gesetze politisch gleichgestellt worden, seitdem der große Entwicklungsgang der civilisirten Völker von der Knechtschaft und Ungleichheit vor dem Gesetz zur Gleichheit und Freiheit vollzogen, — durch jene Jahrtausende andauernden Phasen, in welchen die arbeitenden Classen zuerst dem Vieh ihrer Herren gleichgestellt, dann an die Scholle gebunden, zuletzt freie Arbeiter wurden und jetzt endlich aus der Phase des Taglohnes in die des Stücklohnes und Gewinnantheils übergegangen sind, — hat der Staat gegenüber den arbeitenden Classen die meisten von ihm ausgegangenen Hindernisse weggeräumt. Noch sind aber deren genug übrig geblieben.

Die furchtbarsten Verheerungen in dem Wohlstande der Nationen und folglich rückwirkend unter den arbeitenden Classen richten Kriege und bürgerliche Unruhen an. Die Bartholomäusnacht in Frankreich kostete gegen 200,000 Männern aus der Blüthe der Nation das Leben. Eine gleiche Anzahl verfiel nach Carlisle in der französischen Revolution der Guillotine und allein über 2,000,000 Franzosen ließen in den Kriegen des ersten Napoleon ihr Leben. Im 30jährigen Kriege aber verlor Deutschland durch Feuer, Schwert, Hunger und Pest vielleicht 10 Millionen Menschen, ein Drittheil des Culturlandes und der Wohnstätten wurden verwüstet und zerstört, und es dauerte zwei Jahrhunderte, bis der Schaden ganz verschmerzt war. Auch die

Kriege des dritten Napoleon in der Krim, Italien, Mexiko und Frankreich kosteten gegen einer Million der arbeitsfähigsten Männer das Leben; also wenigstens 5 Milliarden Erziehungscapital und wenigstens eben so viel Geldeswerth an Waaren, um von dem sonstigen Schaden nicht zu sprechen, gingen in den letzten 20 Jahren verloren. Zehn verlorene Milliarden — sollen diese keinen Einfluß auf den Gang der Geschäfte und die Höhe des Arbeitslohnes geübt, — die Verbesserung der Lage der Arbeiter in Europa nicht sehr beeinträchtigt haben?

Welche Summe von Capital wurde bei der Commune-Revolution 1871 in Paris verwüstet? Noch größere Verluste hat der vierjährige Bürgerkrieg in Nordamerica der Volkswirthschaft zugefügt.

Eine Hauptaufgabe des Staates ist die Wahrung der Rechte, der Freiheit und Würde des Individuums, und der öffentlichen Sittlichkeit durch die Gesetzgebung. Oft kann die öffentliche Moral eines ganzen Volkes durch ein gutgemeintes aber verfehltes Gesetz schwer geschädigt werden. Als Beispiel führen wir das in der französischen Gesetzgebung geltende Princip: „Toute recherche de paternité est interdite", welchem gewissenhafte Untersuchungen zum Theil den tiefen sittlichen Verfall eines großen Theiles der französischen Jugend zuschreiben. Andererseits wird der Vorsprung, den die englischen, americanischen und französischen Gewerbe bis vor wenigen Jahren vor den deutschen hatten, dem in Deutschland bis dahin herrschenden Zunftzwang zugeschrieben, da derselbe die intelligentesten und geschicktesten Arbeiter aus dem Lande trieb, um die Industrie der Westländer zu bereichern.

Neben diesem Schutze der Person und ihrer Rechte hat der Staat aber auch die Befugniß und die Pflicht, für die Ausbildung seiner Angehörigen zu sorgen, einestheils um der allgemeinen Interessen des Staates willen, anderntheils wegen des socialen Zweckes der öffentlichen Wohlfahrt, ohne daß dabei mehr als unumgänglich erforderlich der Freiheit des Individuums zu nahe getreten, in das Privatgeschäft eingegriffen werden darf. Der Staat hat das Recht und die Pflicht, für die **Volkserziehung** Sorge zu tragen, damit er verständige, geschickte, steuerkräftige und wehrtüchtige Bürger erhält, mit deren Hülfe er die Staatszwecke leichter erreichen kann; er kann also gegenüber der Nachlässigkeit und dem Leichtsinn der unteren Classen den Schulzwang einführen; er muß, wo die Mittel der Gemeinde und der Privaten nicht ausreichen, die Primärschulen unterstützen, technische und wissenschaftliche Unterrichtsanstalten errichten, wissenschaftliche und Kunstsammlungen anlegen u. s. w.

Die erste Bedingung des Wohlbefindens der Menschen ist die **Sicherheit der Person und des Eigenthums**. An einen geregelten Fortschritt in den menschlichen Zuständen ist erst zu denken, wenn der Staat die Sorge für diese Sicherheit übernimmt. Unter der Herrschaft des Faustrechts, bei den Stammeskriegen der Wilden geht die persönliche Thätigkeit wie bei den

Thieren in der Sorge für die Sicherheit des eigenen Lebens auf. Erst wenn der Staat diese Sorge übernimmt, wenn in dieser Hinsicht eine Theilung der Arbeit eingetreten ist, gewinnt ein Theil der Bevölkerung die Sicherheit und die Zeit, den Arbeiten der Cultur sich zu widmen.

Da zu jeder Verbesserung menschlicher Zustände Vorräthe und Werkzeuge nothwendig sind, welche unter dem Collectivnamen — Capital — die Arbeiter nähren und bewaffnen, so mußte in derselben Weise, wie die Sicherung der Person, die Sicherung des Capitals für den, welcher es rechtmäßig erworben, eine der ersten Aufgaben der menschlichen Gesellschaft sein. Der Begriff des Eigenthumsrechtes war eines der ersten Förderungsmittel der Werthschaffung, der Verbesserung der Zustände der Menschen. Ohne das Eigenthumsrecht — kein Trieb zum Sparen, sondern augenblicklicher Genuß des Erworbenen, Stillstand auf der untersten Stufe! Mit dem Eigenthumsrecht, aus welchem das Erbrecht fließt, wie die Kinder aus den Lenden der Aeltern, — Trieb zum Sparen, zur Vermehrung der Vorräthe, Werkzeuge und Gerätschaften — des Capitals, und mit Hülfe dessen Vermehrung der Kenntnisse, der Geschicklichkeit, Erhöhung der Production in fortwährend gegenseitig potenzirter Steigerung.

In allen Ländern, wo die Sicherheit der Person und des Eigenthums Noth leidet, wird auch die Erwerbsfähigkeit und der materielle und geistige Fortschritt beeinträchtigt. Ziehen wir eine Parallele zwischen Europa, Asien und Africa, ja unter den verschiedenen Ländern Europa's selbst, so erweist sich diese Thatsache zur Evidenz. Welch raschen Aufschwung nehmen die germanischen Länder, seitdem das Faustrecht und das Räuberwesen ausgerottet, welcher Abstand zwischen Spanien und Deutschland! Am schlimmsten wirkt die Unsicherheit der Person und des Eigenthums, wenn sie von oben ausgeht, wie bei politischen und religiösen Verfolgungen, wovon uns die Inquisition in Spanien ein schreckliches Beispiel lieferte, oder bei Willkür der Verwaltung, wie die Pascha-Wirthschaft in der Türkei. Trotz der Ausbeutung der Gold- und Silbergruben America's sank Spanien im Laufe von einigen Jahrhunderten von einem reichen Lande von 24 Millionen Einwohnern zu einer entwaldeten dürren Einöde von 8 Millionen herab; und erst den Fortschritten der letzten 100 Jahre ist es zu verdanken, daß es wieder auf 16 Millionen Einwohner sich erhob. Das Siechthum der Türkei aber ist wegen der Unsicherheit der Steuererhebung sprüchwörtlich geworden.

In allen Staaten, wo die öffentliche Pflege dieser Verhältnisse vernachlässigt ist, bestehen eben so viele staatliche Hindernisse des wirthschaftlichen Fortschrittes.

Eine große Quelle von Verlust und von Elend ist schlechte Justiz, vor welcher der Arme aus verschiedenen Ursachen gar nicht zu seinem Rechte kommen kann. In Nordamerica z. B. bestehen wegen der Bestechlichkeit der Richter Zustände, welche die sprüchwörtliche türkische Justiz fast beneidenswerth erscheinen läßt. In England ist wegen der ungeheuren Menge nicht codificirter Gesetze der Proceßführung so schwierig und kostspielig, daß nur die Reichen ihr Recht verfechten können. Jede Partei braucht drei Advocaten: einen Instructor der Sache, welcher den Clienten vernimmt, den Thatbestand zu Papier bringt, die Acten sammelt, die Zeugen und Beweismittel beischafft und überhaupt die administrative Seite der Sache besorgt, dann einen Gesetzkundigen, welcher Rath ertheilt was in der Sache Rechtens ist, und einen Dritten, welcher das Plaidoyer vor Gericht hält.*) In Criminalsachen herrscht der Uebelstand, daß aus Mangel eines öffentlichen Anklägers (Staatsanwalt) eine Menge Verbrecher straflos umherwandelt, weil viele die Kosten der Anklage nicht tragen können oder wollen und weil viele Reiche sich mit den Beschädigten abfinden.

Eine kolossale Verschiedenheit des Rechtsverfahrens herrscht in der Schweiz je nach den Cantonen, von Appenzell i. Rh., wo es keine Advocaten und nur Volksrichter gibt, bis zu Bern, wo die Processe zeitraubender und kostspieliger sind, als in Preußen.

*) Für die Zeugen deutscher und schweizerischer Justizzustände, so reformbedürftig diese in anderer Hinsicht auch sein mögen, müssen solche Verhältnisse so unglaublich erscheinen, daß ich hier die getreue Schilderung eines Processes einschalten will, bei dem ich selbst eine Rolle als Zeuge gespielt. Der Vorstand des deutschen Nationalvereins hatte, im Hinblick auf die große Bedeutung, welche die londoner Industrie-Ausstellung von 1862 auch für die Entwicklung der deutschen Industrie und die Ausbildung der deutschen Arbeiter haben werde, 12 deutschen Arbeitern eine Summe von fl. 2400 angewiesen, um mit deren Hülfe diese Ausstellung zu besuchen. Mir war der ehrenvolle Auftrag zu Theil geworden, die geeignete Auswahl der durch freiwillige Beiträge von gewerblichen Vereinen und Privaten bis auf die Zahl von 20 angewachsenen Arbeiter zu treffen. Da ich ohnedies beschlossen hatte, die Ausstellung zu besuchen, so übernahm ich die Organisation der durch Freiwillige, die gleich mir für eigene Rechnung die Ausstellung besuchten, bis auf 65 Mann verstärkten Expedition. Der Zollverein-Commissär für Frankfurt hatte die Gefälligkeit, Kost und Wohnung in einem Gasthause in der Nähe des Ausstellungsgebäudes, welches ihm von einem Agenten empfohlen worden war, zu stipulirten Preisen zu bestellen. Die Abmachung bezog sich nur auf die Preise per Tag, ohne daß die Verbindlichkeit auf ein längeres Verweilen damit verknüpft war. Die Arbeiter fanden bald billigere und bessere Unterkunft und zogen nach und nach wieder aus der Gastwirthschaft, deren Besitzer auch eine Anzahl bei dem obengenannten Agenten einquartiert hatte. Einige Tage vor meiner Abreise von London, nachdem bereits sämmtliche Arbeiter abgereist waren, besuchte mich jener Agent und verlangte Entschädigung, weil die Beherbergung und Verköstigung einer Anzahl Arbeiter auf mehrere Wochen mit ihm ausgemacht worden, dieselben aber vor der versprochenen Zeit ausgezogen seien. Ich wies ihn ab, da mir von einer solchen angeblichen Vereinbarung nichts bekannt war. Ich war bereits nach Frankfurt zurückgekehrt, als der Frankfurter Zollvereins-Commissär, trotz seiner amtlichen Stellung, im Ausstellungsgebäude verhaftet und ins Gefängniß abgeführt wurde. Der Agent hatte beim Sheriff geschworen, daß der erstere ihm 180 Pfund Sterling schuldig sei. Erst nachdem diese Summe als Caution hinterlegt war, wurde der Zollvereins-Commissär wieder auf freien Fuß gesetzt. Der Agent war mit einer Klage auf Schadenersatz von 180 Pfund Sterling aufgetreten. Da die Caution sonst verfallen wäre, so war der Verklagte genöthigt, auf die Klage in London einzutreten. Er kehrte daher mit mir und noch zwei Arbeitern als Zeugen im November desselben Jahres nach London zurück, um vor Gericht zu erscheinen. Nachdem wir dort am ersten Tag den ersten Advocaten, den Sollicitor, besucht und dieser den ganzen Thatbestand mit unseren Zeugen-

Die Hindernisse, welche der Niederlassung und Verehelichung entgegenstehen, lassen sich nicht einseitig beurtheilen oder verurtheilen. Sie hängen in innigem Zusammenhang mit der Armenpflege. Der Gemeinde, welcher die obligatorische Armenpflege obliegt, sei es die Heimathsgemeinde oder unter gewissen Einschränkungen die Gemeinde des Wohnsitzes, muß natürlich ihrer Pflicht entsprechend auch ein gewisses Recht zustehen, sich gegen leichtsinniges Speculiren auf ihre Unterstützung zu schützen.

In Betreff der Niederlassung muß der Gemeinde bei voller Freizügigkeit das Recht zustehen, Personen, welche weder Vermögen haben, noch arbeiten wollen oder können, die Niederlassung zu verweigern und sie eventuel in ihre Heimathsgemeinde abzuschieben. Nur muß auch gesetzlich genau die Grenze bestimmt sein, an welcher die Gemeinde zu solchem Einschreiten berechtigt ist, weil gar leicht der Egoismus kleiner Kreise die Menschlichkeit außer Auge setzt.

Der Heimathsgemeinde muß das Recht zur Bewilligung der Ehe eingeräumt werden, wenn und so weit ihr die Pflicht der Unterstützung im Falle der Verarmung obliegt. Geht diese Pflicht auf die Wohnsitzgemeinde über, so sollte ihr natürlich auch dieses Recht nachfolgen. Die Heimathsgemeinde sollte das Recht haben, die Einwilligung zu leichtsinnigen Ehen, z. B. von arbeitsscheuen Leuten, von Bettlern und Vagabunden, zu verweigern. Sie soll auch das Recht auf eine mäßige Abgabe zu ihrem Armenfonds haben, denn durch die Ehe fällt ihr auch die Möglichkeit zu, im Verarmungsfalle

aussage zu Papier gebracht, hatte derselbe erst mit dem gesetzkundigen Anwalt und mit der Instruirung des Plaidoyers zu thun. So vergingen 14 Tage, welche wir für unsere Rechnung im theuren London verweilen mußten. Vor Gericht (in Westminster) erneuerte der Kläger seine maßlosen Ansprüche auf Entschädigung von 180 Pfund Sterling, weil ihm die Verköstigung und Beherbergung von 24 Arbeitern auf mehrere Wochen zugesagt und nicht gehalten worden war, und bekräftigte die angebliche Stipulation mit seinem Eide. Da indessen seine Aussage schon durch seine eigenen Zeugen und insbesondere den Wirth als gänzlich falsch erwiesen wurde, so kam es nicht einmal zur Vernehmung unserer Aussagen, als der Zeugen des Verklagten, und der Kläger wurde unter Verurtheilung in die Kosten abgewiesen. Wir liquidirten nun unsere Kosten, welche mit Einschluß der Defraiien von ca. fl. 800 für die Advocaten, etwas über fl. 3000 betrugen. Der Kläger versteckte sich und wurde, als ihn der Sheriff nach achttägigem Suchen endlich fand, ins Gefängniß gesteckt. Da erklärte er sich sofort für bankerott und mußte nach dem neuen Bankerottgesetz, welches die unmittelbare Rehabilitation ermöglicht, sofort auf freien Fuß gesetzt werden. Der siegreiche verklagte Zollvereins-Commissär hatte zwar noch die Macht, den Kläger wegen falschen Eides anzuklagen; und wahrscheinlich wäre derselbe, da der Meineid vor Gericht evident war, zur Deportation verurtheilt worden; allein dazu wäre noch ein weiterer mehrwöchentlicher oder mehrmonatlicher Aufenthalt in London für unsere Rechnung nothwendig gewesen, welcher ein halbes Vermögen aufgezehrt hätte. Wir hatten an unseren, glücklicher Weise später vom Nationalverein ersetzten, Auslagen von fl. 8000 genug und beschlossen, — die Engländer mit ihrem Meineidigen fertig werden zu lassen, wie sie es für gut fänden. Dies der nackte Sachverhalt. Es muß aber doch etwas faul sein im Staate Dänemark, wenn der Vertreter eines auswärtigen Staates während seiner amtlichen Function auf das Verlangen eines Strolches hin verhaftet wird, und offenkundige Meineidige auf freien Füßen gelassen werden können.

Frau und Kinder unterstützen zu müssen, während andererseits die Aussicht der Vermählung den Mann anspornt, seinen Fleiß, seine Geschicklichkeit, seine Mäßigkeit und Sparsamkeit zu verdoppeln und jene Ehesteuer leicht zu erübrigen. Andererseits sollten solche Lasten so mäßig angesetzt sein, daß sie nicht die erste Einrichtung mit Schulden beladen und überhaupt sollte das Einspruchsrecht nicht an so harte Bedingungen geknüpft sein, daß dadurch wilde Ehen begünstigt werden und wieder die Zahl der unehelichen Kinder übermäßig vermehrt wird, welche überall die Schule der Laster und Verbrechen zu bilden pflegen. Die Staatsgesetzgebung muß den Gemeinden hierin eine weise Mäßigung auferlegen, daß die Bedingungen nicht schwerer sind, als sie vom untersten Arbeiter, also vom Tagelöhner oder Dienstboten erfüllt werden können.

Dagegen schrankenlose Freiheit der Verehelichung zu gestatten wie in America, ist in Europa nicht rathsam, weil zu frühzeitige und leichtsinnige Ehen, wenn sie kinderreich werden, die Kraft und den Lebensmuth der Eltern lähmen, bei Krankheits- und anderen Unglücksfällen die Familie rasch ins tiefste Elend stürzen, so daß die Mittel fehlen, um die körperliche und geistige Gesundheit und Ausbildung der Kinder zu fördern, und diese Recruten des Proletariats werden. Weises Maß und die richtige Mitte sind allen radicalen und socialistischen Agitatoren zum Trotz auch hier das einzige Mittel, das zum Ziele führt.

Bei aller Vorsicht der Gesetzgebung bleibt leichtsinniger geschlechtlicher Lebenswandel und vorzeitige Ehen immer noch eine der Hauptquellen des socialen Uebels. Dauerhafte Hülfe ist nur von der allmählichen Zunahme des allgemeinen Wohlstandes, der Erwerbsfähigkeit und gewerblichen Thätigkeit zu erwarten, so wie in der Vermehrung der Bildung und der Ansprüche an ein besseres, gesittetes Dasein, in Folge welcher die Ehe erst eingegangen wird, wenn der Mann die Frau anständig ernähren und den Kindern eine gute Erziehung geben kann. Radical wird aber niemals Allen zu helfen sein, sondern das Uebel wird nur quantitativ vermindert werden können, weil es aller Volkserziehung nicht möglich sein wird, den Leichtsinn und den Geschlechtstrieb in die vorhandenen ökonomischen Schranken einzudämmen.

Die Nachtheile, welche der Capitalansammlung, der Verwerthung der Arbeit und überhaupt dem Culturfortschritt durch schlechte Gesetzgebung, schleppenden Gerichtsgang und Mangel an Creditinstituten zugefügt wurden, sind in den civilisirten Staaten zum großen Theil beseitigt. In Betreff der ersteren bestehen zwar z. B. in der Hypothekenordnung und Steuergesetzgebung noch viele Unregelmäßigkeiten und Unzuträglichkeiten. Noch in manchen Ländern sind die Reichen in der Besteuerung unbillig vor den Armen begünstigt, z. B. in Frankreich durch die Abwesenheit der directen Einkommensteuer.

Die Auswanderung wird vielfach als ein Mittel zur Verminderung des socialen Uebels angepriesen, allein für den Zeitpunct, in welchem sie geschieht, wirkt sie für den Mutterstaat nachtheilig, weil sie Arbeitskräfte und so viel Capital entzieht, daß jene Kräfte im Mutterlande hätten beschäftigt werden können. Im Anfang pflegen die Auswanderer nicht einmal ihr Loos zu verbessern. Das Lehrgeld, welches sie zu entrichten haben, führt sie häufig zur Reue über ihren Schritt. Auch herrscht in den Colonialländern allgemein die Ansicht, daß erst die zweite Generation den gesuchten Vortheil zieht, und daß nur Personen mit vielen Kindern allerdings wohl thun, auszuwandern, weil sie denselben eine unabhängige Zukunft sichern. Der Vortheil, welchen nach der älteren Ansicht Colonialländer den europäischen Stammländern gewähren sollen, wird in socialer Hinsicht wieder aufgewogen durch den Umstand, daß letztere hohe Zinsen zahlen können, dadurch ansehnliche Capitalien aus Europa für ihre Staats- und Eisenbahn-Bedürfnisse ziehen, und daß in Folge dessen das der europäischen Industrie verfügbare Capital geschmälert und der Arbeitslohn verhältnißmäßig gedrückt wird.

Eine wichtige und noch immer nicht endgültig gelöste Aufgabe ist — die *Armenpflege*. Die verschiedenen Staaten pflegen in Hinsicht auf die zu beobachtenden Principien zwischen Scylla und Charybdis hin- und herzuschwanken. Während in Nordamerica das Armenwesen nur auf der freiwilligen Wohlthätigkeit beruht, hatte England die obligatorische Armenpflege im freigebigsten Maßstabe geordnet. In jedem der beiden Staaten aber traten Mißstände der erschreckendsten Art unter der Herrschaft der entgegengesetzten Principien an Tag. In England nahm die Zahl der unverschämten Armen in einer Weise überhand, daß eine Reform im Sinne einer Verminderung der Armenunterstützung dringend geboten war. In Nordamerica kann die freiwillige Armenpflege dem entsetzlichsten Elend oft nicht steuern, obgleich die leichte Erwerbsfähigkeit und die gegen Europa dreifachen Löhne die Aufgabe sehr erleichtern. Im Canton Bern hat man der Reihe nach alle Systeme probirt und ist, nachdem der Sprung aus der obligatorischen in die freiwillige Armenpflege mißlungen war, bei einer glücklichen Mischung von beiden stehen geblieben; indem man die Armen in Notharme und Dürftige trennt und nur für erstere die obligatorische Armenpflege mit einer eventuellen Beihülfe des Staates bestehen läßt. Wo die Bevölkerung so demoralisirt ist, daß eine große Menge sich des Bettelns nicht schämt, da ist die moralische Kraft zur socialen Verbesserung in hohem Grade gelähmt.

Wie sehr schlechte *Verwaltung* die Einkünfte eines Landes schmälern und dadurch rückwirkend die Erwerbsfähigkeit beeinträchtigen kann, davon gibt ein Vergleich des französischen und deutschen Militärbudgets Zeugniß, wovon ersteres bei geringerer Leistung mehrere Hundert Millionen Franken höher gegriffen wird.

Die *Verkehrsmittel* sind so wichtig für die gedeihliche Entwicklung eines Landes, daß der Stand der Wirthschaft, beziehungsweise der Wohlhabenheit und Erwerbsfähigkeit eines Volkes an denselben, wie der Luftdruck am Barometer, gemessen werden kann. Länder ohne Verkehrswege bieten Zustände, wie bei den Wilden: aus Mangel an Absatzwegen in dem einen Jahre Ueberfluß, daß ein Theil der Aernte-Erträgnisse zu Grunde geht, in dem anderen wegen der mangelnden Zufuhr Hungersnoth, daß ein Theil der Bevölkerung dem Nahrungsmangel unterliegt, ein Schwanken um das 25fache des Preises, wie im Mittelalter. Durch die Einführung der Eisenbahnen und der Dampfschifffahrt gleichen sich in unserer Zeit Vorräthe und Preise der Lebensmittel über mehrere Welttheile hin aus, so daß die Höhe der Brodpreise in theuren Jahren früherer Jahrhunderte nie wieder erreicht wird und überhaupt Lebensgefahr aus Mangel an Nahrungsmitteln nur in seltenen Ausnahmefällen, bei großen Schichten der Bevölkerung, wie sie bis 1817 in Europa von Zeit zu Zeit eintrat und in uncultivirten Ländern heute noch eintritt, bei den civilisirten Völkern gar nicht mehr vorkommt. Außerdem bieten unsere vervollkommneten Verkehrsmittel allen Industrie-Erzeugnissen und Rohstoffen ein unendliches, erweitertes Absatzgebiet, so daß die Arbeit bis in die ärmsten Gegenden hin befruchtet und für Einöden eine Quelle des Wohlstandes wird. Endlich erleichtern sie den Transport der Arbeiter selbst aus den Gegenden, wo ihnen Beschäftigung fehlt, in solche, wo Hände gesucht werden.

Es ist Aufgabe des Staates, für die Verkehrs-Anstalten zu sorgen, so lange die Privat-Industrie sich dieses Feldes noch nicht bemächtigt hat; also die Gemeinden zum Bau von Vicinalwegen anzuhalten und ihnen im Brückenbau die Hand zu bieten, so wie selbst zur Anlage von Steinstraßen, Eisenbahnen, Canälen zu schreiten oder dieselben so wie Schifffahrts-Linien zu begünstigen.

Es kann im Interesse des Staates liegen, dem Volksfleiß durch Anlegung von Häfen, von technischen Versuchs-Anstalten zu Hülfe zu kommen; so wie im Interesse der allgemeinen Wirthschaft die Verwaltung von Forsten und Bergwerken selbst zu übernehmen.

Ferner liegt es im Interesse des Staates, die Tauschmittel und den Credit zu regeln, manche Industriezweige, z. B. die Viehzucht, durch Prämien aufzumuntern. Nur in außerordentlichen Fällen können Capital-Unterstützungen an intelligente Industrielle, z. B. zur Einführung neuer Industrieen gebilligt werden. Freilich darf in allen solchen Fällen nicht das Privat-Interesse Zweck der Förderung sein, sondern das öffentliche Interesse.

Auch die Zunft-Einrichtungen, welche ursprünglich einen organischen Fortschritt herbeiführten, waren zuletzt bei veränderten Verkehrs-Verhältnissen eine die rasche und reichere Entwicklung der Arbeit lähmende Fessel, namentlich, weil sie dem Uebergang von einem Gewerbe zum anderen, welcher durch den in unserem Jahrhundert beschleunigten Fluß der Erfindungen und Entdeckungen bedingt ist, hinderten.

Neben dem Schutze der Person ist der Staat verpflichtet, das Land zu erhalten, welches seine Angehörigen bewohnen — sei es durch Uferbauten und Flußregulirungen oder durch Dämme, Aufforstung, Entsumpfungs- und Drainirungsarbeiten u. dgl.

Kolossale Staatsschulden, welche eine enorme Zinsenlast auferlegen, repräsentiren ein in der Vergangenheit meist zu unproductiven, selten zu productiven Zwecken verbrauchtes Capital.

Die Verschlechterung der Umlaufsmittel ist eine der Calamitäten, welche die Arbeiter härter als andere Berufsclassen trifft. Es möge daher nachfolgende Abschweifung über diesen Gegenstand verstattet sein.

Zwei der merkwürdigsten völkerpsychologischen Erscheinungen sind einerseits die regelmäßig bei jeder staatlichen Finanznoth auftauchenden Vorschläge von Projectenmachern, welche als Nothanker die Ausmünzung des Werthes der Domainen in Papiergeld vorschlagen, ohne von dem Schicksal der französischen Assignaten gewitzigt zu sein, welche man noch heute in manchen Privatgemächern am Rheine die Tapeten vertreten sieht, — und andererseits die ans Wunderbare streifende Sicherheit, mit welcher die Geschäftswelt über solchen volkswirthschaftlichen Vergehen zu Gericht sitzt und in Gestalt von Gold- oder Silberagio ihre Bußen verhängt.

Freilich bietet der Papiergeldmarkt vielfache Erscheinungen, welche den Laien verwirren können. Wenn er sieht, wie zu dreien Malen die Bank von England die londoner Geschäftswelt vor dem vollständigen Zusammenbruch durch Suspension des Bankgesetzes zum Behuf vermehrter Ausgabe von ungedeckten Noten rettet, so darf man sich nicht zu sehr wundern, wenn er, ans Staatsruder gelangt, unter allen Umständen Geldverlegenheiten durch die Notenpresse zu beseitigen sucht. Das Mittel ist so verführerisch, daß die Staatsmänner fast aller civilisirten Reiche nicht haben widerstehen können, daß wir der Reihe nach Rußland, Oesterreich, Italien, die Vereinigten Staaten ihre Rettung im Zwangscours suchen und jetzt sogar das metallreiche Frankreich den schlüpfrigen Pfad der Valutaverschlechterung betreten sehen. So gewahren wir von den größeren Staaten nur zwei, Deutschland und England, ihre Umlaufsmittel in gesundem Stand erhalten, während einer der kleineren, die Schweiz, durch die Zersplitterung ihrer Notenquellen ihren Credit nicht einmal völlig ausnutzt.

Die seltenen gesunden Ausnahmen, welche wir wahrnehmen, müssen bei jedem Volkswirth das Bedauern erregen, daß noch in so wenig Staaten in financieller Hinsicht nach wissenschaftlichen Grundsätzen verfahren, und deßhalb nothwendig von einem Experiment in's andere verfallen wird. Denn nicht der sogenannte Praktiker ist sicher, die Wahrheit zu treffen, — er ist genöthigt, zu experimentiren, — sondern nur der mit der Wissenschaft ausgerüstete Staatsmann, weil diese auf der Erfahrung aller Zeiten und aller Völker beruht.

Indem wir der Sache näher treten, beginnen wir zunächst auf der Basis des Thatbestandes. In den Jahren 1866/68 war das Verhältniß des Noten- und Papiergeld-Umlaufes in den nachfolgenden Staaten per Kopf der Bevölkerung, wie folgt:

Schweiz	Fr.	7. 50	Cent.
Deutschland	"	17. 50	"
England (mit Wales)	"	29. 00	"
Italien	"	28. 00	"
Preußen	"	23. 00	"
Oesterreich	"	21. 60	"
Belgien	"	25. 70	"
Frankreich 1866	"	31. 90	"
" 1871/72	"	65. 00	"
Rußland	"	35. 80	"
Vereinigte Staaten (Nationalbanknoten)	"	14. 00	"
" " mit Staatspapiergeld (Greenbacks), Postnoten und kleinem Papiergeld	"	100. 00	"

Das Silber- und Goldagio stand während jener Jahre im ungefähren Durchschnitt in

Italien auf	12	pCt.
Oesterreich auf	25	"
Vereinigte Staaten auf	31	"

Zwangscours des Staatspapiergeldes oder der Banknoten besteht in Italien, Oesterreich, Rußland, in den Vereinigten Staaten und in Frankreich. Ueberall aber, wo Zwangscours besteht, verschwindet auch das Metallgeld aus dem Umlaufe, weil jene Maßregel eben in der Regel Folge einer Ueberemission von papierenen Circulationsmitteln oder Creditgeld ist.

Die Höhe der Ueberemission ist am Betrag des Edelmetallagio's zu berechnen. Ihre Gränze wechselt nach den verschiedenen Staaten, denn während Frankreich noch 1866 mit Fr. 31. 90 per Kopf an Notencirculation ohne Zwangscours und bei geregelter Einlösung mittelst baaren Geldes durch die Bank auskam, begann das Goldagio in Italien schon mit Fr. 20 Notenumlauf per Kopf; und während es in Oesterreich vielleicht einer Reduction des Papierumlaufes bis auf Fr. 18 per Kopf bedarf, um die Baarzahlungen wieder aufnehmen zu können, würde in den Vereinigten Staaten schon bei einer Herabminderung des Papierumlaufes auf Fr. 60 pro Kopf der Paricours wieder erreicht sein.

Wir stoßen hiermit auf den eigentlichen Nerv der Sache.

Aus den angeführten Thatsachen geht hervor, daß das Bedürfniß der verschiedenen Länder an Umlaufsmitteln ein verschiedenes ist.

In jedem Lande wird innerhalb eines gegebenen Zeitraums eine nach der Lage der Erwerbsthätigkeit sich richtende Anzahl von Tauschen zwischen Gütern oder zwischen Waaren und Dienstleistungen oder anderen Werthen gemacht, welche in erster Linie durch Gold- und Silbergeld so wie Scheidemünzen vermittelt werden. Die Gold- und Silbermünze kann zum Theil durch Banknoten ersetzt werden, unter der Bedingung, daß dieselben auf Verlangen stets von der Bank gegen baar wieder eingelöst werden. Diese Noten repräsentiren einen vom Publicum der Bank gewährten Credit. Ihnen ist Staatspapiergeld gleich zu achten, da bezüglich des letzteren die Annahme bei sämmtlichen Staatscassen die Umwechselung gegen baares Geld vertritt.

So lange nun eine Nationalbank oder ein System von Landesbanken ihre Noten regelmäßig auf Verlangen gegen baar einlöst, so lange zieht sich der größte Theil des durch die Noten verdrängten baaren Geldes in die Keller der Bank zurück. Nur ein kleiner Theil des baaren Geldes geht ins Ausland zur Ausgleichung der Differenzen der Handelsbilanz, denn in bei Weitem der Hauptsache geht der internationale Verkehr durch directen Waarentausch vor sich, dessen Werthe unter den Individuen durch Uebertragung und Compensation mittelst des Wechselverkehrs umgesetzt werden.

Wird hingegen allmählich die Notenausgabe sehr vermehrt, dann fangen die Noten an, so stark zur Bankcasse zurückzuströmen, daß diese den Druck empfindet, in Verlegenheit geräth und gezwungen wird, ihren Credit einzuschränken bezw. ihren Discontosatz zu erhöhen und mit ihrer Emission einzuhalten. Wird nun aber die Emission von Noten so weit getrieben, daß sie die ganze Höhe der ursprünglich zum Umsatz erforderlichen metallenen Umlaufsmittel erreicht, dann kann der Umlauf von Creditmitteln nur durch außerordentliche Staatsmaßregeln aufrecht erhalten werden, denn die Noten-Emissions-Anstalt ist zahlungsunfähig geworden. In der Regel ist es ja auch der Staat, der in Stunden der Noth die Bank zu Darlehen gezwungen hat und ihr dafür den Zwangscours einräumt.

Sobald der Zwangscours decretirt ist, beginnt natürlich die klingende Münze Agio gegen Papier zu erhalten, weil sie auch im Auslande verwendet werden kann. Da nun aber alle Zahlungen im Inlande in dem billigeren Papier gemacht werden dürfen, so hütet sich Jeder, seine Verbindlichkeiten in Münze abzutragen. Das Metallgeld verschwindet daher aus dem Verkehr, so daß zuletzt sogar die Scheidemünze absorbirt wird und der Staat oder das Staatsbank-Institut gezwungen wird, papierne Scheidemünze auszugeben, welche durch die allgemeine Vermehrung der Circulationsmittel das Agio noch mehr in die Höhe schnellt, so daß bloß noch Kupfer im innern Verkehr bleibt.

Ist dieser Zustand ein dauernder, dann tritt das Geld seine Wanderung ins Ausland an. Da nun keine wesentliche Aenderung in dem normalen internationalen durch Tausch und Wechsel-Compensation getragenen Verkehr hervorgebracht werden kann, und der ausströmende Geldbetrag die zur Ausgleichung der Differenzen der Handelsbilanz erforderliche Summe an Münze weit überschreitet, so wird er sein Aequivalent in Werthpapieren suchen müssen, d. h. er wird in Staatsobligationen oder industriellen Papieren des Auslandes oder in Anleihen, welche der eigene Staat im Auslande contrahirt hat, angelegt werden. Diesem Umstande werden wir zum Theil die Thatsache beizumessen haben, daß ein großer Theil der Titel der von Oesterreich und von Italien im Auslande contrahirten Anleihen nach wenigen Jahren in die emittirenden Staaten zurückgewandert sind. Weit entfernt also, daß, wie manche Laien und financielle Glücksspieler glauben, die Papieremission das Umlaufscapital des Landes vermehrt hätte, ist hierin nichts geändert, während hingegen sämmtliche Noten- oder Papiergeldinhaber Gläubiger der emittirenden Stelle, sei es der Bank oder des Staates, geworden sind, und die Emission gleich einer Zwangsanleihe wirkt.

Dies ist aber noch der geringere Nachtheil der Ueberemission.

Ein anderer Nachtheil besteht darin, daß sie verführerisch ist — ce n'est que le premier pas qui coûte, — daß die Regierung verlockt wird, neue Geldverlegenheiten maßlos mit neuen Papieremissionen abzuwenden, — und daß dann das Metallagio maßlos steigt und schwankt. Dieses Schwanken des Werthverhältnisses zwischen Edelmetall und Papier oder der Valuta ist der Hauptnachtheil der ausschließlichen Papiercirculation.

Von jetzt an wird der Preis aller Transactionen auf Zeit unsicher. Da man nicht weiß, ob nach Ablauf der gegebenen Frist das Agio noch mehr gestiegen sein wird, so muß der Verkäufer den Preis um den Betrag einer Prämie erhöhen für die Gefahr, daß die Valuta bis zum Fälligwerden der Zahlung noch mehr verschlechtert sein wird. Der Preis steigt also nicht bloß um den Betrag des Agio, sondern auch noch um den Betrag dieser Prämie. Aber nicht bloß Geschäfte, bei welcher zu einem künftigen Termin bezahlt wird, ziehen diese Prämie nach sich, sondern auch Baargeschäfte, weil der Verkäufer sich sichern muß, daß er nicht verliert, wenn er seine Einkäufe zur Erneuerung seines Lagers später zu höherem Preise, in Folge gestiegenen Agio's machen muß.

Dieses schwankende Verhältniß drückt dem ganzen Verkehr den Stempel der Unsicherheit auf. In allen Erwerbskreisen wird die Speculation und Spielsucht künstlich genährt, bei welcher den einzelnen glänzenden Erfolgen immer viel mehr Fälle von Ruin gegenüberstehen, da nur wenige begabte Köpfe die Speculation mit Erfolg betreiben können.

Dazu kommt noch ein vierter großer Uebelstand, daß in solchen unsicheren, speculationsschwangeren Verhältnissen die Reichen mehr Chance haben, zu gewinnen, die Armen, zu verlieren. Der große Kaufmann, der Börsenspeculant haben ihre Berechnungen Tag für Tag, man kann sagen, Stunde für Stunde dem Schwanken der Metallagio's, des Wechselcourses, der Valuta angepaßt, — allein es dauert in der Regel sehr lange, bis der kleine Krämer, von dem der Arbeiter, der Arme, abhängt, der Berechnung nachgefolgt ist. Ferner ist schon an anderer Stelle bitter gerügt worden, daß die Arbeitslöhne bei sich verschlechternder Valuta viel stabiler sind, als die Preise in den großen Geschäften, daß also der Arme alle Verschlechterungen viel länger und tiefer empfindet, als der Reiche.

Solche Zustände schwächen das Mark eines Landes, den moralischen Charakter dessen Volkes, und eine Regierung sollte in friedlichen Zeiten nie die Hand zu einem solchen Schritte bieten, noch selbst dazu schreiten, — denn was wir oben von Banknoten gesagt, bezieht sich auch auf Staatspapiergeld. Es gibt nur einen Fall, wo ein Staat entschuldigt werden kann, wenn er zu einer solchen Maßregel greift, den Fall, wo als oberstes Gesetz gilt: Noth kennt kein Gebot; — wo es gilt, den Staat vom Untergang zu retten, — also eigentlich nur bei einem Kriege. War eine solche Nothwendigkeit eingetreten, dann ist es Pflicht der Regierung, sobald der Friede wieder hergestellt ist, sich zur ersten Aufgabe die Einziehung einer solchen Summe von Noten oder Papiergeld zu machen, daß der Paricours wieder erreicht wird.

Die Einziehung eines angemessenen Theiles der papierenen Umlaufsmittel ist also das erste und beste Hülfsmittel der Wiederherstellung der Valuta.

Wo dasselbe außerhalb des Bereiches der Möglichkeit liegt, gibt es noch ein zweites, aber kein anderes mehr — d. i. die Emporrichtung des Erwerbsfleißes zum Behuf der Vermehrung der Umsätze, welche einen größeren Gebrauch von Umlaufsmitteln nach sich zieht. Die oberste Bedingung des sicheren aber langsamen Erfolges ist aber, daß der Vermehrung der Emission unwandelbar Einhalt gethan werde. Wird dies als unumstößlicher Grundsatz festgehalten, so läßt sich mit Bestimmtheit voraussehen, daß der Zeitpunct eintreten wird, wo das Gleichgewicht zwischen den Umlaufsmitteln und den Umsätzen hergestellt sein und der Papier- und Wechselcours wieder auf Pari sich erhebt. Jede gebaute Eisenbahn, jede errichtete Fabrik, jede neue Drainiranlage, jede reiche Aernte, jede sonstige Steigerung der Production bringen diesen Zeitpunct näher.

IV. Die Gesellschaft.

In gesellschaftlicher Hinsicht werden periodisch große Verluste durch die schon eben erwähnten Epidemieen erlitten. Mit den Menschen, welche der Cholera, den schwarzen Blattern, dem Nervenfieber oder einer anderen ansteckenden Krankheit erliegen, geht nicht bloß geistige und mechanische Arbeitskraft, sondern auch ein beträchtliches Erziehungs-Capital verloren. Durch die Fortschritte der Wissenschaft und gemeinschaftliche Vorsichts-Maßregeln der Staaten, so wie durch hygienische Reformen in der Canalisirung und der Entfernung der Excremente aus den Städten u. dergl. werden die üblen Wirkungen dieser natürlichen Feinde des Menschen vermindert. Das Unglück, welches einzelne Familien dennoch trifft, muß getragen sein, ob dieselben nun dem Fürstenstande oder der Arbeiterclasse angehören.

Obgleich Handelskrisen mehr nur eine schon vorhandene Deplacirung der Vermögen zu Tag bringen und liquidiren, als daß sie reelle Verluste an Capital brächten, so führt die mit ihnen verknüpfte ungleiche Vertheilung der Vorräthe doch eine zeitweise Stockung der Geschäfte und Verminderung der Arbeit, also entweder eine Entlassung von Arbeitern oder eine Verringerung des Verdienstes herbei. Auch gegen diese periodische Calamität gibt es kein Universalmittel — und die Arbeiter müssen leider oft mit für den Leichtsinn und die Habsucht der Speculanten büßen.

Ein großer Förderer der Capitalansammlung und der productiven Anstellung von Arbeitern ist der Mittelstand, während in Ländern, wo der Grundbesitz nur in wenigen Händen sich befindet, und die Bevölkerung durch eine schroffe Kluft in Arm und Reich gespalten wird, in der Regel ungemessene Verschwendung der Reichen mit Noth der Armen Hand in Hand geht, weil eben nicht genug Capital gespart wird, um die wachsende Bevölkerung ausreichend productiv zu beschäftigen. In solchen Ländern sehen wir auch gar häufig das Uebel noch durch eine fehlerhafte Erziehung sich vermehren. Die Kinder der Reichen werden da häufig statt zur Arbeit — zum Müßiggang erzogen und werden dadurch den ärmeren Classen ein Gegenstand der Verachtung, wie des Neides. Wir sehen solche Zustände vielfach in Frankreich, Rußland, Italien, England, während dagegen in Deutschland, Nordamerika und in der Schweiz, wo mit wenigen Ausnahmen der Mittelstand vorherrscht, keine solche verschwenderische Gewohnheiten bestehen. Wir sehen da die Söhne der Reichen studiren, im Staatsdienste, in der Wissenschaft, in der Industrie und Landwirthschaft sich bethätigen, gleich den Armen der Vertheidigung des Vaterlandes sich widmen und dadurch jenem Neide den Giftzahn ausbrechen, welcher z. B. in Italien und Frankreich die Stellung der Arbeiter gegenüber den Unternehmern und den reichen Classen zu einer so gehässigen macht.

Wo allgemeiner Verfall der Sitten eingetreten ist, wie in Griechenland, in Mexico und in den südamericanischen Republiken, da hört die Aufgabe des Volkswirthes auf und müßte zuerst die des Nürnberger Trichters beginnen.

V. Die einzelnen Geschäftszweige.

Die allgemeinen Störungen, mit welchen die einzelnen Geschäftszweige, und zwar sowohl die Arbeitgeber wie die Arbeiter, zu kämpfen haben, sind außer Handelskrisen hohe Besteuerung, Schwankungen in der Vorraths-Erneuerung des Rohstoffes und des Preises derselben, Concurrenz verwandter Productionen, neue Erfindungen, welche neue concurrirende Artikel schaffen, oder Wechsel der Mode und des Geschmackes, Arbeitseinstellungen. Gegen alle diese Zufälle läßt sich kein allgemeines Hülfsmittel aufführen. Sie sind einestheils beim einzelnen Fall, beim einzelnen Geschäft, oder doch beim Geschäftszweig zu untersuchen. Wir werden daher bei der zweiten Abtheilung unserer Aufgabe darauf zurückkommen.

Ueber die Mittel zu einer gleichmäßigeren Vertheilung des Ertrags der Production.

Nachdem wir nachgewiesen, daß im natürlichen Entwicklungsgange der Cultur und unter fortwährender Verhütung und Bekämpfung der oben erörterten Hindernisse kraft der Gedanken-Solidarität der Menschen das geistige Capital fortwährend wachsen müsse, und daß es deßhalb in der Macht der Menschen liegt, das materielle Capital, die Gütererzeugung und folglich die Production der Lebensmittel nicht bloß im Verhältniß der wachsenden Bevölkerung, sondern über dieses Verhältniß hinaus zu steigern, daß also eine *Verbesserung der Zustände* wenigstens bei den civilisirten Völkern im *naturgemäßen Gang der Dinge* liegt, entsteht nun die Frage: *Was ist zu thun, um auch die armen arbeitenden Classen dieser Verbesserung theilhaftig werden zu lassen?*

Die Mittel und Wege zu einer gleichmäßigeren Vertheilung der Producte unter den Menschen müssen zunächst eingetheilt werden nach den Factoren, welche dieselben aufzubringen und anzuwenden haben, nämlich:

1) Die Gesellschaft im Allgemeinen.
2) Der Staat.
3) Die Gemeinde.
4) Die Corporation.
5) Das Individuum.

1. Die Gesellschaft.

In erster Linie nehmen die ärmeren Classen in voller Gleichheit mit den Reichen und Gebildeten Theil an allen öffentlichen Gütern und Einrichtungen, welche mit der wachsenden Cultur entstehen und gestiftet werden, wie: Spitäler, Altersversorgungs-, Lebensversicherungs-, Bildungs-Anstalten, Bibliotheken, Museen, Galerien, Theater, Volksfeste, Straßen, Eisenbahnen, Telegraphen, Posten, Canäle, Schifffahrtslinien, Vereinswesen, Gesang, Musik und andere Vergnügungen; dann an neuen billigeren Kleidungs- und Nahrungsmitteln: Kunstwolle, Jute, Zucker, Kaffee, Thee, Kartoffeln, Fleisch-Extract; an der Ausgleichung der Getreide-Vorräthe und Preise über drei Welttheile; so wie an

Erfindungen und Entdeckungen, welche überdies neuen Aufschwung der Production und Erhöhung der Löhne zu bewirken pflegen; z. B. an der Entdeckung von America, der Erfindung der Buchdruckerkunst, der Auffindung der Goldlager in Californien und Australien; endlich nehmen sie Theil an allen Verbesserungen der Staatsverfassung, der Gesetzgebung und der Schulen u. s. w.

In zweiter Linie nehmen die arbeitenden Classen im engeren Sinne Theil an der Steigerung des Arbeits-Ertrages, welcher hervorgehen muß aus der größeren Beschäftigung von Arbeitskräften in Folge der Vermehrung des Capitalvorrathes im Allgemeinen.

3. Der Staat.

In einer Abwehr gegen Adolph Wagner sagt Alexander Meyer: „Die sittliche Verantwortlichkeit des Einzelnen erkennen wir im vollsten Maße an, dagegen läugnen wir allerdings die sittliche Verantwortlichkeit der Gesellschaft und des Staates für die Gestaltung der Wirthschaftsverhältnisse. Gesellschaft und Staat haben kein Herz, keine Nieren, kein Gewissen; sie haben keine Empfindung und können daher auch keine sittliche Verantwortlichkeit empfinden. Staat und Gesellschaft sind Abstractionen, keine Realitäten; ihnen eine Verantwortlichkeit zuschieben, heißt diese Verantwortlichkeit in das Nichts schieben. Das ist nicht mehr Ethik, sondern die Negation der Ethik. Das ethische Moment betont nur der, der die sittliche Verantwortlichkeit des Einzelnen betont."

Wir beginnen die Darlegung über die Aufgaben des Staates zur Milderung der natürlichen Ungleichheit der Menschen und einer gleichmäßigeren Vertheilung der Producte am geeignetsten mit der Widerlegung dieser Ansicht.

Wir erachten dieselbe für unhaltbar, selbst wenn wir den „Wirthschaftsverhältnissen" die engste Gränze des Privatgeschäfts ziehen.

Wir beginnen mit dem Hinweis, daß die ethischen Begriffe und Gefühle überall auf wirthschaftlichen Grundlagen beruhen und aus wirthschaftlichen Ursachen entstanden sind. Zergliedert man z. B. die Vorstellungen der Schamhaftigkeit und der geschlechtlichen Tugend, so finden wir, daß dieselben durchaus nicht von Natur gegeben, sondern ein Product der menschlichen Bildung sind und daß sie auf wirthschaftlichen Interessen beruhen. Warum ist es ein ethisches Gebot, daß das Weib schamhaft und keusch sein soll, und zwar in höherem Grade als der Mann? Weil sie Kinder in die Welt setzen kann, welche der Gesellschaft wirthschaftlich zur Last fallen können, wenn sie sich nicht gesetzlich durch die Ehe gesichert hat.

Der ethische Begriff der Redlichkeit und Rechtlichkeit beruht auf den Interessen des Eigenthums und der Production, sowie der der Ehre auf den Interessen der Wahrung der höheren Bildung, welche ebenfalls ein Interesse der wirthschaftlichen Cultur ist.

Ist die Identität der Interessen der Ethik und der Wirthschaft damit erwiesen, so fragt es sich nun, ob es nicht bloß ein wirthschaftliches Interesse des Einzelnen, sondern auch ein collectives Wirthschaftsinteresse aller Individuen gibt, welche zusammen eine Gesellschaft und einen Staat bilden.

Daß ein solches Collectiv-Interesse besteht, lehrt nicht bloß die Staatswissenschaft, sondern die Volkswirthschaftspolitik weiß dies auch speciel nach, und zwar von der Gemeinde an hinauf bis zum Staat.

In Feuers- und Wassersnoth haben die Gemeindegenossen ein wirthschaftliches Interesse und eine ethische Pflicht, einander zu helfen, und wenn der Einzelne seine Pflicht vergißt, so hat die Gemeinde das Recht, ihre Mitglieder zur Hülfeleistung zu zwingen. In der Feuerpolizei übt sie dieses Recht fast überall aus.

Wenn eine Viehseuche ausbricht, da ist der Einzelne zur Abwehr ohnmächtig. Soll nicht der Viehstand und das Vermögen eines ganzen Volkes dadurch decimirt und untergraben werden, so muß der Staat schleunige Gewaltmaßregeln anordnen, und der Einzelne, welcher zulassen mußte, daß sein Vieh zum Besten der Anderen getödtet wurde, hat Anspruch auf eine billige Entschädigung von Seiten der Gesammtheit.

Der Staat, als der Inbegriff aller Volksgenossen, hat in erster Reihe die Pflicht, **Land und Volk vor räuberischen Angriffen des Auslandes, so wie Eigenthum und Personen vor verbrecherischen Beschädigungen im Inlande zu schützen.** Zu dem Behufe hat er das Recht, die Hülfe der Staatsangehörigen in Anspruch zu nehmen. Um nun aber seine Pflicht erfolgreich zu erfüllen, müssen die Staatsangehörigen auch fähig sein, Hülfe zu leisten. Daraus folgt mit Nothwendigkeit, daß es dem Staate nicht gleichgültig sein kann, in welcher Beschaffenheit die körperlichen und geistigen Kräfte seiner Angehörigen, so wie ihre wirthschaftlichen Mittel und Vorräthe sich befinden.

Daraus folgt also eine wirthschaftliche und ethische Pflicht des Staates, für die körperliche und geistige Gesundheit und den äußerlichen Wohlstand seiner Angehörigen besorgt zu sein. Da der Staat der Inbegriff aller Einzelnen ist, so kann diese Pflicht und dieses Recht natürlich nicht darin bestehen, überall die wirthschaftliche Privatthätigkeit durch collective Hülfe zu ersetzen oder auch nur zu unterstützen, sondern die Individuen haben für ihre Privatwirthschaft alle ihre Kräfte einzusetzen, und der Staat tritt nur in folgenden Fällen ein:

1) Wo die wirthschaftliche Thätigkeit des Einzelnen die seinem Rechte durch die Rechte des Nebenmenschen gezogenen Gränzen überschreitet (z. B. Privatjustiz);

2) da, wo zur Erfüllung gemeinsamer Zwecke die Vereinigung vieler Kräfte nothwendig ist, (z. B. Gränzschutz);

3) und da, wo ein gemeinsamer Nutzen geschaffen werden kann dadurch daß überschüssige Kräfte eines Theils der Staatsangehörigen zu Gunsten des

Ganzen in Thätigkeit gesetzt werden (z. B. Staatsanlehen zu erhaltenden oder productiven Zwecken).

Daß der Staat auf diese Weise zugleich wirthschaftlich und ethisch handelt, scheint uns hiermit außer Zweifel zu liegen. Damit ist die oben citirte Ansicht widerlegt.

Die Schwierigkeit der Frage beginnt erst da, wo es darauf ankommt, die Gränze zu ziehen für die Einmischung des Staates in die Wirthschaft. Um diese zu finden, muß man zurückblicken auf die Ursache der Gründung des Staates. Dieselbe ist das Bedürfniß des Schutzes der Rechte und Interessen des Individuums, soweit dasselbe einzeln zu schwach ist, dieselben zu wahren. Indem der Staat zu diesem Zwecke die Kräfte seiner Angehörigen nöthig hat und gebraucht, muß er dabei unausgesetzt seinen Zweck im Auge haben. In so fern diese Kräfte ungleich sind, muß er um der Gerechtigkeit willen bei ihrem Gebrauche darauf sehen, daß er sie nicht zum Besten Einzelner oder einzelner Classen gebraucht, sondern

1) nur zum Besten des Ganzen, und

2) daß er sie nicht so stark ausbeutet, daß die Wohlthaten des Staates geringer erscheinen, als seine Lasten, und der Betroffene sich lieber zur Auswanderung entschließt.

Die Kräfte der Staatsangehörigen sind ungleich in physiologisch-individueller Beziehung, indem der Eine körperlich und geistig kräftiger und geschickter ist, als der Andere. Sie sind aber auch ungleich in wirthschaftlicher Beziehung, indem der Eine mehr Vorräthe (Vermögen, Capital) besitzt, als der Andere. Da nun z. B. bei Erfüllung der Wehrpflicht der höher Begabte so gut herangezogen wird, wie der geringer von Natur Ausgestattete, so folgt, daß auch bei den wirthschaftlichen Beiträgen nicht die absolute Gleichheit, wie durch die Kopfsteuer der Nomadenvölker, hergestellt zu werden braucht, sondern daß in der Besteuerung:

1) an und für sich Unterschiede je nach der Steuerkraft gemacht werden können, und

2) je nach den größeren oder geringeren Vortheilen, welchen der Staatsschutz dem Individuum gewährt.

Daraus folgt einerseits, daß jeder Staatsangehörige, weil er als solcher überhaupt Staatsschutz genießt, und sei es nur für seine Person, auch in irgend einer Weise in noch so geringem Betrag, und sei es nur durch seine Person (Wehrpflicht), zu den Staatslasten beitragen sollte, und daß daher diejenigen Steuergesetze, welche das Einkommen unter einer Minimaltaxe freilassen (im Canton Bern z. B. das Einkommen unter fr. 600), ungerecht und unzweckmäßig sind, — andererseits, daß diejenigen, welche aus irgend einer Ursache von der Abtragung der persönlichen (Wehr-) Pflicht an den Staat befreit sind, ein Aequivalent dafür leisten sollten, und endlich, daß die Staats-Angehörigen nach dem Verhältniß ihres Vermögens besteuert werden sollen.

Es bleibt nun hauptsächlich noch die Schwierigkeit, das richtige Maß zu treffen, in welchem die höheren Kräfte Einzelner und einzelner Classen von Staatsangehörigen zum Besten des Ganzen verwendet werden dürfen.

Diese Schwierigkeit ist sehr groß, weil dabei die Verwendung für einzelne Schichten und Classen der Bevölkerung in Frage kommt, welche doch im Princip abgelehnt worden ist. Wir wollen nur an das Armenwesen erinnern, für welches noch keine absolute Lösung gefunden worden ist.

Es wird in jedem einzelnen Falle zu entscheiden sein, ob eine Hülfe des Staates der Art wirken kann, daß sie indirect dem Ganzen nützt, — im Allgemeinen lassen sich nur folgende Haupt-Gesichtspuncte aufstellen:

I. Der Staat soll die Wehrfähigkeit der Bevölkerung im Auge behalten, damit dieselbe stets im Stande ist, die Unabhängigkeit gegenüber dem Auslande zu bewahren, und zwar:

1) durch die physische Gesundheit und Kraft.

Daraus folgt: a. wissenschaftliche Gesundheitspflege; b. polizeiliche Controle der Geheimmittel und der Nahrungsmittel; c. Einführung des Turnens in der Volksschule; d. Vorkehrungen gegen Epidemieen; e. Aufsicht über die rationelle Reinigung der Städte; f. Sorge für das Klima durch Bodenmeliorationen, Entsumpfungen u. dergl.; g. Erleichterung der auf den allgemeinen Nahrungsmitteln der arbeitenden Classen ruhenden Lasten; h. Verbot gesundheits- und lebensgefährdender Productions-Processe und Vorkehrungen; i. Beschränkung der Arbeitszeit der Kinder, nicht bloß in Fabriken.

2) Erhaltung der Wehrkraft durch wirthschaftlichen Wohlstand.

Die Mittel dazu sind: a. Bildung durch tüchtige Volksschulen; b. obligatorischer und unentgeltlicher Volks-Schulunterricht.

3) Pflege des Verkehrs: a. der Transportmittel; b. der Umsatzmittel: Münze, Papiergeld, Banken und anderer Creditanstalten.

II. Pflege der höheren Erziehung. Die Steigerung der wissenschaftlichen und technischen Productionskraft des Volkes durch Anlegung und Förderung von:

1) höheren wissenschaftlichen Lehranstalten: a. Ackerbauschulen; b. polytechnische Anstalten; c. Universitäten;

2) a. Bibliotheken; b. Museen; c. Kunstgalerieen; d. Mustersammlungen; e. wissenschaftlichen und technischen Versuchsanstalten.

III. Die Freiheit und Gleichheit aller Staatsbürger vor dem Gesetz; Abschaffung aller Vorrechte, aller Schranken der Freiheit der Arbeit und der Niederlassung, unter Bedingungen, welche den Rechten und Mitteln der Gemeindegenossen keine Kränkung zufügen, insbesondere mit Rücksicht auf die Armenpflege.

IV. Pflege der Production:
1) Gesetzgebung (Berggesetz);
2) Ausstellungen, Viehschauen, Wettrennen, Prämirung;
3) Einführung neuer Industrien, Bodemeliorationen, Staatsvorschüsse;
4) Stipendien an junge Talente.

V. Armenwesen.

VI. Steuerreform:
1) Progressiv-Besteuerung nach dem Einkommen: a. das Einkommen aus dem Vermögen höher, als das aus der Arbeit zu besteuern; b. geringstes Einkommen nicht freilassen; c. Nicht-Abzug der Haushaltungskosten;
2) Grundsteuer nach den Kauf- und Pacht- oder Miethpreisen;
3) progressive Erbschaftssteuer mit Ausschluß der entfernten Seitenverwandten zu Gunsten öffentlicher Stiftungen, z. B. zur Unterstützung junger Talente;
4) Abschaffung aller indirecten Staats- und Communalsteuern, welche auf den Nahrungsmitteln von allgemeiner Nothwendigkeit lasten, also der Mahl- und Schlachtsteuern und ähnlichen Accisen. Herabsetzung der Zölle auf allgemeine Nahrungsmittel, wie Kaffee, Thee, Zucker u. s. w.

VII. Bestreben des Staates, die Benutzung der öffentlichen Güter und Anstalten sämmtlichen Staatsangehörigen leichter zugänglich zu machen, selbst wenn dabei der Staat Opfer bringen müßte, bei welchen nach der angedeuteten Steuerreform die höheren und sichereren Einkommensquellen stärker besteuert würden. Hierher gehört z. B.:
1) die Unentgeltlichkeit der Primärschule, in dessen Folge Eltern von vielen Kindern durch die Zahl ihrer Kinder nicht eine höhere Unterrichtslast auferlegt wird, als anderen, was eine Forderung der Gerechtigkeit ist, weil die Wehrpflicht ihnen ohnedies ein schwereres Opfer aufbürdet;
2) Herabsetzung des Postporto's bis auf den Punct, daß dasselbe nur die Verwaltungskosten deckt;
3) möglichste Herabsetzung des Tarifs der Staatseisenbahnen. (Die Telegraphenanstalten mögen nach anderen Principien verwaltet werden, weil sie vorzugsweise ein Verkehrsmittel der wohlhabenden Classen sind.);
4) überhaupt die Ausführung von öffentlichen Verkehrsanstalten, so weit die Privat-Unternehmung sich nicht zu denselben herbeiläßt, z. B. der Bau von Canälen und Straßen;
5) die Unentgeltlichkeit der öffentlichen Straßen.

Wir müssen uns beschränken, alle diese Forderungen nur anzudeuten, denn jede einzelne derselben erfordert Behufs einer angemessenen Lösung und Einrichtung wieder eine eingehende Specialuntersuchung.

Nur bezüglich der Steuern wollen wir noch wiederholen, daß die Anlegung der Grundsteuer nach den Kaufpreisen dem Speculationswucher in den großen Städten eine Schranke entgegensetzen würde; daß die höhere Belastung des Einkommens aus dem Vermögen, als desjenigen aus der Arbeit der Gerechtigkeit entspricht, weil letzteres noch eine Versicherungsprämie gegen Arbeitsunfähigkeit und für den Todesfall zu decken hat; und daß auch die niedrigsten Einkommen, wenn auch nur in geringerem Maße, zur Steuer herangezogen werden sollten, um den weniger Bemittelten das Gefühl der Verantwortlichkeit und Gleichberechtigung am Staatswesen zu erhalten und zu stärken.

Wir müssen uns daher vom Standpunct der socialen Reform, der Gerechtigkeit und des Staatswohls entschieden gegen die in manchen Steuergesetzen bestehenden Bestimmungen erklären, wonach die Steuern aus dem Einkommen von der Arbeit oder vom Vermögen erst nach Abzug einer bestimmten Summe für den Unterhalt, also vom Rein-Einkommen erhoben werden. Im Canton Bern beträgt dieses steuerfreie Minimum z. B. fr. 600. Diese Bestimmung ist ungerecht, weil gerade oft solche Classen, welche etwas mehr Einkommen haben, als bloße Handlanger, aber dafür größere sociale Pflichten vermöge ihrer Stellung haben, von der Steuer noch hart getroffen werden, während Leute frei ausgehen, welche weniger Bedürfnisse zu bestreiten haben. Die Steuerfreiheit der Classen unter dem Minimum zwingt ja auch, die über dem Minimum stehenden höher zu belasten, um den Ausfall zu decken. So kann es kommen, daß ein armer Beamter mit 12 Kindern, der sich anständig kleiden muß, mit dem doppelten Einkommen als ein lediger Handlanger, viel übler steht. In dieser Hinsicht ist die preußische Classensteuer eine gerecht angelegte Abgabe, weil sie Alle heranzieht und auf die Größe der Familie Rücksicht nimmt.

Eine andere Frage ist die, ob vor der Besteuerung die Schulden vom Vermögen abgezogen werden sollen. Wegen der Leichtigkeit des Unterschleifes kann nur von den Hypothekenschulden die Rede sein. Allein auch hier kommt es nicht selten vor, daß Güter ohne Noth nur der Steuer zu Liebe mit Pfandschulden belastet werden. Anderseits ist es freilich schwer möglich, daß die Schuldner, wenn sie die Steuer selbst zu tragen hätten, sie auf die Gläubiger später abwälzen; es müßte denn der Zinsfuß dadurch ermäßigt werden.

Um der Gerechtigkeit willen, und weil die Ermittlung des Betrages des Einkommens aus dem Vermögen mit so vielen Schrauben umgeben werden kann, als da sind Fassion, Schätzung mehrerer Commissionen, Strafe bei der Entdeckung von Defraudation, namentlich im Erbfall, — würde man den Abzug der Schulden zugeben müssen.

3. Die Gemeinde.

Ein Theil der Aufgaben der Wirthschaftspolitik fällt der Gemeinde ganz oder in Gemeinschaft mit dem Staate zu; in ersterer Hinsicht führen wir die Feuerpolizei, die Canalisirung, in letzterer die Sittenpolizei, die Sanitätspflege, die Schule, das Armenwesen und den Straßenbau an.

4. Die Corporationen.

Die alten Gilden und Zünfte haben aufgehört und

„Neues Leben sprießt aus den Ruinen!".

Das Vereins- und Genossenschaftswesen hat ganz neue Bahnen erschlossen, mit denen wir uns später noch eingehend zu beschäftigen haben.

Hier sei nur einer gesetzlichen Reform erwähnt, durch welche in jüngster Zeit dem Arbeiter das Mittel geboten ist, sich einen größeren Antheil des Productes zuzueignen, — d. i. die Coalitionsfreiheit.

Bis vor wenigen Jahren besaßen in den meisten Staaten zwar die Arbeitgeber, aber nicht die Arbeiter dieses Recht. Seitdem ihnen dasselbe nach und nach in den Hauptindustrieländern eingeräumt worden ist, haben sie nicht versäumt, davon Gebrauch zu machen, und durch internationale Einigung es so ausgiebig als möglich zu machen.

Die internationale Arbeiter-Association, welche von London aus geleitet wird, hat sich zweierlei Aufgaben gestellt:

1) durch gemeinsame Verabredung und gegenseitige internationale Unterstützung umfassende Arbeitseinstellungen zu organisiren und so lange fortzusetzen, bis die betreffenden Arbeitgeber oder Unternehmer sich gezwungen sehen, die Forderungen auf Erhöhung des Lohnes oder Verringerung der Arbeitszeit oder auf beide Vergünstigungen zugleich zuzugestehen;

2) Propaganda für eine Umgestaltung der Eigenthumsverhältnisse mittels der Ergreifung der Staatsgewalt.

Der letztere Zweck ist eine Utopie, ein überspannter Fiebertraum, welcher der menschlichen Culturentwicklung ins Gesicht schlägt und sich auf nicht vorhandene Voraussetzungen stützt. Die Propaganda der internationalen Arbeiter-Association geht nämlich in dieser Hinsicht von der Voraussetzung aus, daß die abhängigen, unbemittelten Arbeiter überhaupt die Mehrheit der Bevölkerung bildeten. Dies ist aber nur für Großbritannien und Italien zutreffend. In allen übrigen Ländern bilden die selbständigen Berufsleute nebst ihren Angehörigen die Mehrzahl der Bevölkerung. Diese Majorität wird aber wahrscheinlich nicht vermindert durch Lehren, wie wir sie auf den Congressen zu Bern, Basel und Lausanne haben aussprechen hören, und welche zur Förderung der Aufhebung des Grundeigenthums und der Ehe sich verstiegen. Es ist ja daher auch eine beachtenswerthe Thatsache, daß die internationale Socialistenpropaganda gerade da am wenigsten Boden faßt, wo man sie am ungestörtesten gewähren läßt, oder in den Ländern, welche sie besonders zum

Schauplatz ihrer Thätigkeit wählen, wie England für die Wirksamkeit ihres Vorstandes und die Schweiz für ihre Jahresversammlungen.

Wie weit dieser internationale Verein seine Hände bei der Revolution der Commune in Paris mit im Spiel gehabt hat, läßt sich noch nicht ermessen, so viel ist aber jetzt schon als sicher anzunehmen, daß seine Ausdehnung und sein Einfluß außerordentlich überschätzt werden, weil ihm alle Kundgebungen und Vorfälle in Europa, welche mit seinen Tendenzen Verwandtschaft haben, in die Schuhe geschoben werden. Er ist nur wieder das s. g. rothe Gespenst in anderer Gestalt.

Sind wir demnach geneigt, die Bedeutung dieser Seite der socialistischen Propaganda für unpraktisch und ungefährlich oder höchstens verderblich für die Arbeiter selbst zu halten, namentlich den Einfluß des leitenden Vorstandes, schon wegen des Mangels an Mitteln, als sehr unbedeutend anzusehen, — so sind wir doch ganz anderer Ansicht hinsichtlich der ersten Aufgabe dieser internationalen Gesellschaft. Wir halten diese Seite ihres Wirkens nicht nur für ergiebig, sondern auch ersprießlich. Bei der größeren Leichtigkeit, welche die Unternehmer sowohl wegen ihrer geringeren Anzahl, als wegen der Beobachtung und Beeinflussung des Marktes haben, unter sich zur Regelung der Preise ihrer Producte und der Löhne gemeinsame Verabredungen zu treffen, waren die Arbeiter selbst von der Zeit an, wo ihnen gemeinsame Verabredungen in den Industrieländern erlaubt wurden, immer noch ihnen gegenüber im Nachtheil. Denn einerseits ist es schwerer, unter einer großen Anzahl von Personen Verabredungen zu treffen, und andererseits haben die Arbeiter in der Regel nicht genug Sparpfennige, um eine Arbeitseinstellung so lange auszuhalten, bis sie einen genügenden Druck zur Erreichung ihres Zweckes auf die betreffenden Unternehmer ausüben. In so fern nun die internationale Arbeitergesellschaft gemeinsame Verabredungen begünstigt, die gegenseitige Unterstützung ausstehender Arbeiter durch gemeinsame Zusammenschüsse vermittelt und — wofern wir ihre Thätigkeit nicht überschätzen — auch die Vornahme von Arbeitseinstellungen in ganzen Ländern planmäßig zu machen sucht, — kann sie wesentlich zu einer besseren Stellung der Arbeiter mittels Erhöhung des Lohnes und Verminderung der Arbeitszeit beitragen.

Die Erfahrung hat in vielen Fällen gelehrt, daß höhere Löhnung bessere Arbeit und kürzere Arbeitszeit intensivere Leistung zur Folge hat. Hoffentlich hat diese Bewegung auf Arbeiterkreise, welche sich bisher nicht durch ihre Rührigkeit ausgezeichnet haben, einen belebenden Einfluß. Die Trägheit z. B. der deutschen Maurer ist so sprichwörtlich geworden, daß sie durch zahlreiche Anekdoten verherrlicht wird. Wir waren daher nicht wenig erstaunt, neuerdings in Berlin ihre Forderungen bis auf 1⅓ Thaler täglich bei 10 Stunden Arbeitszeit steigen zu sehen, während sie noch vor 20 Jahren nicht die Hälfte davon verdienten, obgleich die Preise keinen wesentlichen Unterschied gegen damals aufweisen. Doch gönnen wir es ihnen, wenn sie dadurch zu besseren Leistungen aufgemuntert werden sollten.

Auf der anderen Seite ist nicht zu übersehen, daß diejenigen Unternehmer, welche ihre Arbeiter aus freien Stücken verbessern, zu den Ausnahmen gehören.

Die Freihandelspartei wirft freilich hier ein, es stehe gar nicht in der Macht der Arbeitgeber, den Lohn willkürlich zu erhöhen, sondern dieser gehorche dem Gesetz von Nachfrage und Angebot. Diese Ansicht hat wohl ihre Richtigkeit bezüglich der in langen Perioden sich vollziehenden wirthschaftlichen Aenderungen, — allein diese sind es nicht, welche den lebenden Menschen besonders fühlbar werden, — sondern gerade die Zeit des Ueberganges ist es, welche am meisten drückt.

Man weiß es ja, wie rasch der Kleinhandel, die Krämer, Bäcker, Metzger den Preiserhöhungen und wie langsam sie den Preisermäßigungen des großen Marktes folgen; wie bei Krämern einer und derselben Straße oft verschiedene Preise bestehen; wie sehr die Armen theurer einkaufen, weil sie in kleiner Quantität und schlechter Qualität kaufen.

Ueber österreichische Fabricanten ist die Klage laut geworden, daß sie sich bei der Ablöhnung ihrer Arbeiter rascher nach den Schwankungen der Valuta richten, wenn sie zu ihren Gunsten, als wenn sie zu ihrem Nachtheil vorkommen, d. h. rasch den Lohn herabsetzen, wenn das Silberagio fällt und ihn nur langsam erhöhen, wenn es steigt.

Ein höchst bedenklicher Fall ist dem Verfasser von einer großen Uhrenfabrik im französischen Jura mitgetheilt worden. Die Herren derselben sind nämlich Eigenthümer einer ganzen Thalschaft, deren Bewohner für sie mit Hülfe guter Werkzeugmaschinen rohe Uhrenbestandtheile z. B. Räderwerke, machen, welche an andere Fabriken bis in den schweizerischen Jura hin abgesetzt werden. Die Unternehmer üben sämmtliche Berufsarten, zu welchen Studium erforderlich ist, selbst aus. Der Pfarrer, der Friedensrichter, der Arzt sind Mitglieder der Familie. Die Arbeiter stehen fast in einer Art Hörigkeit, weil sie vielfach bei ihren Herren im Schuldbuch stehen, und weil sie auswandern müßten, wenn sie nicht für die Fabrikherren arbeiten wollten. Die einzigen Concurrenten dieser Fabrik befinden sich in Savoyen; dieselben sind indessen kleinere Geschäfte. Vor einigen Jahren nun beriefen die betreffenden Fabrikherren eine Conferenz mit ihren savoyischen Concurrenten und erklärten, daß sie den Preis ihrer Producte um 25 pCt. ermäßigen würden. Gleichzeitig aber eröffneten sie ihren Arbeitern, daß sie die Löhne um 33⅓ pCt. herabsetzten. Ihre Concurrenten, welche im Preisabschlag folgen mußten, aber den Lohn ihrer Arbeiter nicht ebenso in der Gewalt hatten, gingen zu Grunde. Diese rücksichtslose Handlungsweise sollte sich indessen unerwartet rächen. Ein großer Theil der tüchtigsten Arbeiter wanderte in den schweizerischen Jura aus, und die Fabricanten daselbst wurden in Stand gesetzt, sich auf Specialitäten zu werfen, welche in Spanien, Italien, Südamerika und China neue Absatzmärkte eröffneten. Der Absatz der Erstgenannten fing an zu stocken. Endlich vor kurzer Zeit mußten sie Familienrath abhalten, worin, nachdem 1½ Millionen verloren waren, beschlossen wurde, auf die alten Preise und Löhne zurückzukehren.

Diese Erfahrung zeigt uns einerseits, daß auch die reichsten Unternehmer auf die Dauer nach dem allgemeinen Stande der Wirthschaft sich richten müssen; daß aber in kurzen Perioden allerdings viele Leiden über die Arbeiter durch Verhältnisse wie üble Eigenschaften ihrer Arbeitgeber verhängt werden können, deren Milderung in der Gewalt menschlicher Factoren steht.

Wenn die Arbeiter daher geizigen, trägen oder strengen Herren gegenüber, welche nur durch starken Druck sich bewegen lassen, zeitig dem allgemeinen Stande der Wirthschaft und des Marktes nachzufolgen, durch gemeinsames Einstellen der Arbeit ihren Wunsch nach einer Verbesserung durchsetzen zu können glauben, so kann man es ihnen nur gönnen. Die neue Gesetzgebung hat in dieser Hinsicht daher eine Ungerechtigkeit gut gemacht, indem sie die Coalition den Arbeitern so gut wie den Unternehmern erlaubt.

Indessen sind dabei doch auch die Rechte solcher Personen zu schonen, welche von der Arbeitseinstellung betroffen werden, ohne daß sie etwas mit derselben zu thun haben oder zu thun haben wollen.

In erster Linie versteht es sich von selbst, daß die ausstehenden Arbeiter nicht diejenigen ihrer Kameraden, welche nicht mit die Arbeit einstellen wollen, durch Drohungen oder Gewalt zwingen dürfen, zu ihnen zu halten. Letztere muß der Staat schützen.

Sodann kommen aber auch noch andere Verhältnisse vor. Oft werden durch Einstellungen in einem Zweige Tausende in verwandten Zweigen zum Feiern gezwungen. Gegenüber solchen Fällen sollten allerdings gewisse Vorsichtsmaßregeln erlaubt sein, z. B. daß eine gewisse Kündigungsfrist bestünde, welche gesetzlich einzuhalten wäre, und daß auch der Bruch von Arbeitsverträgen gesetzlich verboten würde, — auf welche Modification der Gesetzgebung man neuerdings in Deutschland sinnt.

3. Das Individuum.

Am meisten liegt es endlich in der Hand der Menschen, als solche ihre Lage zu verbessern und dadurch zu einer gerechteren Vertheilung der Producte mitzuwirken.

Als Individuum finden wir die Menschen in dieser wirthschaftlichen Beziehung in dreierlei Gestalt:

1) als Arbeitgeber (selbständige Unternehmer, Producenten);
2) als Arbeitnehmer (unselbständige Arbeiter); und
3) als Consumenten (Publicum).

1) Die Arbeitgeber. Es darf nicht verkannt werden, daß die Beziehungen zwischen Herren und Knechten, Meistern und Gesellen, Arbeitgebern

und Arbeitnehmern zu den schwierigsten Verhältnissen gehören, bei welchen schwer bestimmte Grundsätze allgemein zur Anwendung gelangen — wegen der Charakterverschiedenheit der Menschen. Die Schwierigkeit besteht darin, das richtige Maß zwischen Strenge und Milde, zwischen Zucht und Freiheit zu finden.

Man muß dabei im Auge behalten, daß die Arbeits-Verhältnisse mit der Unfreiheit begonnen haben, und die wahre Freiheit erst durch die Bildung erlangt wird, welche die Rechtsgränze des Individuums genau respectirt und nach dem Gebot sich richtet:

„Was Du nicht willst, das man Dir thu',
Das füg' auch keinem Anderen zu!"

Der Zustand, in welchem der Freie unbedingter Herr des Sclaven war, wo er denselben wie sein Vieh verkaufen, schlagen, tödten konnte, hat Jahrtausende lang gedauert. Er liegt glücklicher Weise hinter uns. Allein nun hat sich die Gesellschaft auf der anderen Seite vor der Tendenz zu hüten, in das Gegentheil überzuschlagen und die von Natur gegebenen Unterschiede mit Gewalt gleich machen zu wollen. Auf diesem Bestreben beruhen mehr oder weniger die heutigen socialistischen und communistischen Bestrebungen, welche Namen sie sich auch geben und unter welchen Formen sie ihre Vorschläge verstecken. Diese Bestrebungen sind aber entweder unausführbar oder verderblich. Denn öffentliche Maßregeln, welche bezwecken, Leistungen, welche je nach den natürlichen Fähigkeiten der Arbeiter ungleich sein müssen, mit dem gleichen Antheil an den durch gemeinschaftliche Arbeit erzielten Früchten zu belohnen, begehen eine Ungerechtigkeit. Jede Ungerechtigkeit aber rächt sich durch Unzufriedenheit der Betroffenen und verminderte Arbeitslust. Daraus folgt aber in nothwendigem Causalnexus verringerte Ersparniß und Einbuße am Capital, — also ein Zurückgehen der Productionsmittel und folglich der Gütererzeugung — eine Verschlechterung der Wirthschaft. Die Geschichte beweist uns daher, daß alle derartigen Versuche mit dem Untergang der betreffenden Wirthschaften geendigt haben. Nur in den Klöstern hat sich die Gütergemeinschaft erhalten, allein deren Insassen führen ein durch die öffentliche Mildthätigkeit dotirtes, von Kirche und Staat privilegirtes Faulenzerleben, welches im Wirthschaftsleben des Volkes, das seine Producte erarbeiten muß, sich nicht anwenden läßt.

Es unterliegt also keinem Zweifel, daß der Zustand der privilegirten Ungleichheit der Stände des Alterthums und Mittelalters sich nicht ins Gegentheil umsetzen, nicht bis zur völligen Ausgleichung der von Natur gegebenen Unterschiede fortführen läßt.

Wir müssen uns mit einer Gesetzgebung begnügen, die Vorrechte, welche die Ungleichheiten der Natur noch vermehrt hatten, aufhebt.

Nun muß beachtet werden, daß durch die völlige Befreiung der Arbeiter von den Fesseln der Hörigkeit und des Zunftwesens einerseits denselben gewisse Vortheile entzogen worden sind, deren Abwesenheit eine empfindliche Lücke verursacht, und wofür Ersatz gesucht werden sollte, und daß andererseits die Herren, Meister oder Arbeitgeber von gewissen Pflichten und Lasten befreit worden sind, für welche die neue Wirthschaft keinen allgemeinen Ersatz bietet.

Zur Zeit der Unfreiheit der zahlreicheren Classen der Bevölkerung hatten in der Landwirthschaft die Grundherren in ihrem eigenen Interesse die Pflicht, in Nothfällen für den Lebensunterhalt ihrer Hörigen zu sorgen. Bei den damaligen mangelhaften Verbindungen wurde nach großen Mißwächsen allerdings zuweilen der Nothstand so groß, daß auch die Grundeigenthümer ihm nicht ganz steuern konnten und Hungersnoth eintrat, allein so viel sie vermochten, halfen sie, — das beweist u. A. auch die große Mißgunst, mit welcher das Volk den Kornwucher brandmarkte, wie z. B. die Sage, welche an der Ruine im Binger Loch haftet und den Bischof Hatto, der Getreide in der Noth zu lange gespeichert hatte, von Mäusen auffressen läßt.

Andererseits unterstützten die Zünfte allerwärts die wandernden nothleidenden Gehülfen durch Herberge und Zehrpfennig. Die letzteren waren in der Regel auch in Kost und Wohnung des Meisters und dadurch mehr, gleichwie gegenwärtig nur noch die Dienstboten, an eine gewisse Zucht und Hausordnung gehalten. Das Beispiel und die Erfahrung des Arbeitgebers hatten einen bildenden Einfluß, und im Fall der Noth stand der Herr dem Knecht, der Meister dem Gesellen mehr durch Rath und That bei.

Diese Hülfeleistung der Herren und Meister ist ganz oder zum größten Theil dahingefallen.

Die Arbeitgeber sollten nun in ihrem eigenen Interesse von ihrer Seite dahin wirken, daß überall die ausreichenden Ersatzmittel für alle diese intellectuellen und materiellen Vortheile gefunden werden. Es ist dies eben eine Aufgabe, bei welcher ethische und wirthschaftliche Pflichten in einander fließen.

Es liegt in der Natur der Sache, daß wir positive Reform-Vorschläge hier nur beispielsweise geben können, weil zu vielfache Verhältnisse in einander greifen, als daß man schablonenhaft rathen könnte. Lage, Klima, Geschäftszweig, politische, wirthschaftliche, sociale Zustände sind verschieden und erfordern verschiedene Mittel. Demnach wollen wir einige allgemeine und specielle Andeutungen geben.

A. Im Allgemeinen sollten die Arbeitgeber sich erinnern, daß eine gewisse Solidarität der Interessen zwischen ihnen und den Arbeitern besteht, daß ihr eigener Vortheil schlecht gefördert wird, wenn sie materiell, moralisch und geistig herabgekommene Arbeiter haben. Denn einerseits leidet die Qualität des Productes so wie die Promptheit der Ablieferung darunter, andererseits hat der Meister Aerger und Verluste, wenn er fortwährend zu tadeln oder mit Ausstand drohenden Leuten zu thun hat. Sie sollten sich daher an das frühere innigere Verhältniß, wo der Meister auch um das Seelenheil des Gesellen sich kümmerte, erinnern, aus der vom s. g. Manchesterthum betretenen Bahn, welche den Arbeiter als eine Maschine, „ohne Herz und Nieren“ betrachtet und ihn außer der Arbeitszeit sich selbst und dem Schnaps überläßt, umkehren, und an den öffentlichen Bestrebungen der Menschenfreunde zum Wohle der unbemittelten arbeitenden Classen Theil nehmen.

Wir rechnen dahin alle Bestrebungen

1. für die Bildung der Arbeiter und ihrer Kinder, also:
   a. die Sorge für den Besuch der Volksschule;
   b. Fabrikschulen;
   c. Anlegung von Bibliotheken und Lese-Gesellschaften;
   d. Gründung von Arbeiterbildungs- und Volksbildungs-Vereinen;
   e. Stiftung von technischen Schulen, Stipendien, Reiseunterstützungen zur Ansicht von Ausstellungen &c.;
2. für die Hülfe in der Noth:
   a. Anregung der Gründung von auf Gegenseitigkeit gegründeten Hülfscassen durch Beiträge in solche Cassen;
   b. Gründung von Zwangs-Hülfscassen in Fabriken, unter der Bedingung, daß die Arbeiter und der Principal eine Einlage machen;
3. Aufbesserung des Arbeitsertrages.
   a. Erhöhung des Lohnes.
   b. Gewährung von Gewinnantheil, welcher am besten verzinslich angelegt und erst ausbezahlt wird, wenn der Arbeiter die Fabrik verläßt.
   c. Theilnahme am Geschäft mit Gewinn und Verlust, diese nach freier Wahl der Arbeiter.

Die Arbeitgeber können die letzteren Zugeständnisse nur machen, indem sie entweder ihren eigenen Gewinn schmälern oder ihre Production erhöhen. Die Aussicht, daß letztere eine Folge der engeren Interessirung der Arbeiter am Geschäfte sein werde, mag allmählich viele Arbeitgeber zu einem solchen Schritte ermuthigen.

Die Gewährung von Gewinnantheil und eine uneigennützige Hereinziehung der Arbeiter durch die Eigenthümer ins Geschäft ist im Grunde nur einer Lohnerhöhung in anderer Form gleich zu achten.

Es ist zu wünschen, daß die Arbeitgeber immer mehr zu der Ueberzeugung kommen, daß nichts so sehr dazu beiträgt, die Güte, den Ruf und die Preise der Producte, so wie in Folge dessen den Preis der Erzeugnisse und den Absatz eines Geschäftes zu steigern, als wenn die Arbeiter so gut bezahlt werden, daß sie nicht bloß sich kräftig nähren und fortbilden, sondern auch ihren Kindern eine tüchtige Erziehung geben können. Solche Industriezweige werden für die Dauer auf solide Basis gegründet. Alle mit dem Weltmarkte verkehrenden Geschäfte halten in der Art auf gute Zahlung ihrer Arbeiter, wie wir im speciellen Theile näher nachweisen werden.

Daß der Lohnsatz noch einer bedeutenden Steigerung fähig ist, ohne daß dadurch der Preis der Producte erhöht oder der Gewinn der Unternehmer geschmälert zu werden braucht, wird durch zahlreiche Erscheinungen in den civilisirten Ländern zweier Erdtheile bewiesen. Die Löhne der gleichen Geschäftszweige sind höher in der Stadt als auf dem Lande, in der gewerbreicheren Gegend als in der mehr Landwirthschaft treibenden, in dem dichter als in dem dünner bevölkerten Lande, in der Großstadt als in dem Landstädtchen, in England höher als auf dem europäischen Continente, in den Vereinigten Staaten höher als in Großbritannien. Stellen wir von allen diesen Gegenden und Ländern eine Stufenleiter auf, so finden wir, daß die Löhne derselben Geschäftszweige wenigstens bis ums Vierfache von einander abweichen. Für die Arbeiter des europäischen Continents ist noch eine weite Aussicht für Verbesserung ihrer Lage offen, bis sie die nordamericanischen eingeholt haben, von denen oft Zahlen genannt werden, welche kaum glaubhaft erscheinen, und die wir, obgleich sie uns mehrmals von Freunden in den Vereinigten Staaten auf unsere Anfrage bestätigt wurden, aus Furcht vor einem Mißverständniß nicht anzuführen wagen.

Die Ursachen der Verschiedenheit der Lohnsätze in verschiedenen Gegenden und Ländern, ohne Beeinträchtigung des Gewinnes, sind so vielfach, daß wir nur einen Theil derselben hier anführen können:

a. Die Geschicklichkeit und Zuverlässigkeit, welche mehr und bessere Arbeit liefert.
b. Zeitersparniß.
c. Sparsame Behandlung des Rohmaterials, der Hülfsstoffe, Werkzeuge und Maschinen, der Abfälle ꝛc.
d. Gebrauch von Maschinen.
e. Zweckmäßiger und rechtzeitiger, d. h. wirthschaftlicher Ankauf des Materials.
f. Betrieb im Großen.
g. Höhere künstlerische und geschmackvolle Ausbildung der Producte.
h. Gesunde Absatzverhältnisse.

Den Unterschied, welchen Verschiedenheit in der Geschicklichkeit und Gebrauch von Maschinen in den Löhnen hervorbringen, kann man am besten beurtheilen bei dem Vergleich eines Handwebers mit Maschinenwebern, von welchen es manche dahin bringen, bis zu vier Stühlen zu gleicher Zeit zu bedienen.

In der Regel sind die Arbeiter anfänglich sehr mißtrauisch gegen Maschinen, und ein menschenfreundlicher, aber unklarer Oekonomist, Sismondi, den wir schon an anderer Stelle widerlegt, hat die Maschinen als die Unglücksraben der Arbeiter betrachtet. Allein die Erfahrung hat klar bewiesen, daß mit Ausnahme einer mehr oder weniger empfindlichen Uebergangsperiode, die Einführung neuer Maschinen immer die Folge gehabt hat, den betreffenden Erwerbszweig zu heben, die Zahl der darin beschäftigten Arbeiter zu vermehren und ihren Lohn zu erhöhen. Einen schlagenden Beweis dafür liefert die Einführung der Buchdruckerei und der Schnellpresse, der Spinnmaschine, der Dampfmaschine, der Eisenbahnen, der Dampfschifffahrt, der Nähmaschine, der landwirthschaftlichen Maschinen.

Allerdings kommt es vor, daß manche Arbeiter männlichen und weiblichen Geschlechts durch die Einführung von Maschinen und Einrichtungen ihre Beschäftigung verlieren, wie z. B. die Spinnerinnen, die Lichtscherenmacher, allein einestheils ist dies nicht zu ändern, anderentheils werden diese Leute meist erst durch die Noth gezwungen, einträglichere Arbeitszweige einzuführen. In der Schweiz z. B. befindet sich die Landbevölkerung aller derjenigen Cantons-Gegenden, wo irgend eine Hausindustrie, wie die Uhrmacherei, das Weißsticken, das Strohflechten, Holzschnitzen, Spitzenklöppeln, das Spinnrad verdrängt hat, weit besser als da, wo noch Garn, wenn auch nur für den eigenen Gebrauch, gesponnen wird.

Die Maschine ist also vielmehr das Mittel, den Menschen von der rein mechanischen Hantierung mehr und mehr zu erlösen und ihn auf eine höhere Stufe zu stellen.

Was an Material durch größere Geschicklichkeit und Aufmerksamkeit der Arbeiter erspart werden kann, ist ganz enorm. Wir machen nur auf die Resultate der Heizerschulen aufmerksam, welche ergeben haben, daß ein gut geschulter Heizer die Hälfte der Kohlen an der Dampfmaschine sparen kann. Es ist erwiesen, daß man an den deutschen Eisenbahnen allein Millionen sparen [1] würde, wenn sämmtliche Bahnen die bei einigen eingeführten verbesserten Vorkehrungen annehmen würden.

Welche bedeutende Summen werden durch die durch die neueren chemischen Forschungen vermittelte bessere Ausnutzung von Abfällen gewonnen, die früher weggeworfen wurden!

4. Gründung von Schiedsgerichten zur Ordnung von Streitigkeiten zwischen Arbeitern und Meistern oder deren Stellvertretern, so wie unter den Arbeitern selbst.

B. Im Speciellen können die Arbeitgeber je nach der Natur ihres Geschäftszweiges noch besondere Förderungsmittel der Arbeiter anwenden:

1. In der Landwirthschaft hat sich z. B. das Schaarenwandern, welches wegen der traurigen Grundeigenthumsverhältnisse in England besonders überhand genommen hat, als außerordentlich demoralisirend für die betreffende Bevölkerung und gefährlich für die Grundbesitzer erwiesen. Ferner wird in

1) Nach Perrot wurden bei einer einzigen Eisenbahn nach Einführung eines neuen Schmier-Apparates in 4 Jahren 100,000 Thaler erspart.

vielen Gegenden über Mangel an ländlichen Arbeitern geklagt, weil namentlich die Industrie der großen Städte viele derselben aufsaugt.

Die Grundeigenthümer und Pächter sollten daher dahin mitwirken, daß die Taglöhner entweder einen kleinen Grund sei es als Eigenthum erwerben oder pachten, oder als s. g. Pflanzland abwechselnd bebauen können. Letztere Sitte herrscht z. B. im Canton Bern. Der Grundbesitzer überläßt da dem Häusler oder Taglöhner ein Stück Feld, worauf dieser seine Kartoffeln u. dgl. baut, nur gegen die Bedingung der Düngung oder gegen eine bestimmte Arbeitsleistung (eine Art von freiwilliger Frohne) bei der Aernte.

Durch dieses freigebige Entgegenkommen der Grundbesitzer mit solchen Leistungen fesseln sie die Taglöhner an sich und können zugleich, indem sie ihre Autorität erhöhen, mehr auf deren moralisches Wohl bedacht sein. Die Arbeiter selbst aber haben einen gewissen Vorrath und Rückhalt für den Winter und die Zeit der Arbeitslosigkeit; sie leben weniger aus der Hand in den Mund. Sie sind weniger der Verführung unterworfen, ihren Verdienst am Sonntag durchzubringen, und mehr geneigt, sich nach und nach etwas zu erwerben, Schweine, Ziegen zu halten und allmählich zum Besitz einer Kuh sich emporzuschwingen.

2. Die Arbeitgeber sollten, ob sie nun zu den Landwirthen oder zu den Gewerbetreibenden gehören, die Verbindung der Bebauung eines kleinen Feldes mit irgend einer Hausindustrie oder einer Beschäftigung begünstigen, durch welche die freie Zeit ausgefüllt werden kann.

3. Die Fabricanten sollten auf jede Weise befördern, daß sich ihre Arbeiter in der Nähe fest ansiedeln und Grundeigenthum erwerben oder pachten, und überhaupt sollte die Hausindustrie nach Kräften gefördert werden, weil sie eine Art Versicherung zwischen dem kleinen landwirthschaftlichen und dem gewerblichen Erwerb für Zeiten der Theuerung, Arbeitslosigkeit und Noth herstellt.

Wir werden auf diesen Gegenstand im speciellen Theil näher zurückkommen.

II. Die Arbeiter.

Die ausgiebigsten Mittel zur Verbesserung der Lage und gleichmäßigeren Vertheilung der Producte liegen in der Hand der Individuen selbst. Sie bestehen:

a. in der Arbeitsamkeit;
b. in der Sparsamkeit und Mäßigkeit;
c. in der Redlichkeit;
d. im eifrigen Bestreben, sich eine höhere Bildung anzueignen;
e. in der Geschicklichkeit; und
f. in Zuverlässigkeit und Genauigkeit.

Die Arbeiter sollten sich namentlich vor folgenden Klippen hüten:

1. Die Hauptursache des socialen Uebels besteht überall in dem Um-

stande, daß die meisten Arbeiter unzuverlässig und ungenau in ihren Verrichtungen sind. Deshalb stoßen wir in einem und demselben Geschäftszweige auf so kolossale Abstände im Arbeitsvertrag oder Lohn, daß der Eine zuweilen das Doppelte bis zum Vierfachen mehr verdient als der Andere. Ueberall gehören die exacten Arbeiter zu den Ausnahmen: deßhalb war es schon ein gewerbliches Ereigniß, daß durch die Uhr und die Werkzeugmaschinen die exacte Arbeit in die Welt kam.

2. Eine zweite Ursache des socialen Elendes ist der Mangel an Selbstbeherrschung gegenüber leiblichen Gelüsten:

a. Die Unsitte des Sonntagsrausches und des blauen Montags verschuldet mehr Elend als der Staat;
b. Geschlechtliche Unenthaltsamkeit und leichtsinnige, vorzeitige Heirathen hindern den Arbeiter furchtbar am Emporkommen.

3. Es ist eine bedauernswerthe Erscheinung in der Culturgeschichte, daß Gesetzgeber und Menschenfreunde am wenigsten zu hören pflegen von jenen Zeiten, Gegenden und Schichten, wo das tiefste sociale Elend herrscht. Die Peitsche des Sclavenaufsehers macht die Klagen für weitere Kreise unhörbar. Man hat wenig oder nichts gehört von den Leibeigenen Rußlands, von den Häuslingen Mecklenburgs, von jenen Schullehrern Hannovers, die vor 1848 mit 7 Thaler Jahresgehalt und Reihetisch auskommen mußten. Erst wenn ein Land und eine Classe in bessere Umstände kommen, pflegen die Klagen laut zu werden mit einer solchen Regelmäßigkeit, daß man nahezu an der Heftigkeit der Klage auf die größere oder geringere Entfernung vom ursprünglichen Elende schließen kann.

Man macht nämlich in diesen Fällen sehr häufig die Wahrnehmung, daß Abenteurer sich, wie Geier auf das Aas, auf solche Gelegenheiten stürzen, um, ohne die geringste Absicht, für das wirkliche Wohl der Arbeiter zu sorgen, diese nur als Mittel benutzen, um Einfluß zu selbstsüchtigen Zwecken zu gewinnen. Leider glauben viele Arbeiter solchen Agitatoren lieber als ehrlichen, uneigennützigen Freunden. In solchen Fällen ist es wieder von Wichtigkeit, daß die Meister sich ihrer Arbeiter annehmen und dadurch ihr Vertrauen erwerben.

4. Ein Uebelstand, der bei der Lage der mittellosen arbeitenden Classen eben so schwer ins Gewicht fällt als er wenig beachtet und entfernt zu werden pflegt, ist die Thatsache, daß dieselben fast alle Waaren zur Befriedigung ihrer Bedürfnisse theurer einkaufen als die wohlhabenden Classen, und zwar aus folgenden Gründen:

a. weil sie meist von der Hand in den Mund leben und nicht gerade immer die Mittel in der Hand haben, um bei niedrigen Preisen ihren Bedarf, z. B. Wintervorräthe, einzukaufen;
b. weil sie meist in kleinen Quantitäten und bei Winkelkrämern kaufen, wobei die Preise oft doppelt so hoch sind als „in der rechten Schmiede“;

c. weil sie in geringster Qualität kaufen, was bei Nahrungsmitteln wenig kräftigend und gesund, bei Waaren auf die Dauer am wenigsten sparsam ist;
d. weil sie nicht ausreichend richtiges Urtheil über die Marktconjuncturen und Waarenkenntniß besitzen.

Diesem Uebelstande ist in vielen Gegenden durch die Errichtung von Consumvereinen abgeholfen worden. In England, wo wegen der argen Fälschung der Lebensmittel und der hohen Detailpreise die Noth am größten, war auch die Hülfe am nächsten. Dort, wie auch in der Schweiz, verkaufen die Consumvereine nicht mehr bloß an die Genossen, sondern auch an das Publicum. Diese Vereine haben aber nicht bloß jene gute Wirkung, sondern sie zwingen durch ihre Concurrenz auch die Krämer zu größerer Solidität.

III. Die Consumenten.

Von dem Publicum kann die Arbeiterbevölkerung in zweierlei Art Vortheile erlangen:

1. durch starke Nachfrage nach Producten, welche eine Vermehrung der Erzeugung, stärkere Beschäftigung von Arbeitern und logisch eine Erhöhung des Lohnes zur Folge hat; oder
2. durch eine Erhöhung der Preise der Producte, welche die Arbeitgeber in Stand setzt, die Arbeiter besser zu zahlen.

Uns will scheinen, als ob A. Wagner dieser Quelle der Aufbesserung mehr Gewicht beigelegt, als sie verdient, denn

a) ist die Besserung des Preises der Producte meist eine Folge des Steigens der Rohproducte und der Löhne selbst;
b) haben die Arbeiter als Consumenten selbst einen Theil der Preiserhöhung mit zu tragen;
c) vermindert Preiserhöhung den Consum, die Gewerbthätigkeit, die Beschäftigung der bei den betreffenden Gewerbszweigen verwendeten Arbeiter, welche gezwungen werden, in anderen Branchen Concurrenz zu machen und dadurch im Allgemeinen eine flaue Tendenz auf den Stand der Löhne auszuüben.

Am besten ist es also, wenn die Preise ein richtiges mittleres Maß einnehmen, welches weder nach der einen, noch nach der anderen Seite, der Production und der Consumtion, eine rasche, störende Aenderung oder gar Krisen hervorbringen. Von der starken Erhöhung der Preise, so weit sie nicht eine alleinige Folge der Erhöhung der Lohnsätze oder mit dieser in Verbindung steht, ist also eben so wenig eine Verbesserung zu erwarten als von einem ungewöhnlichen Sinken derselben.

Diese kurzen Andeutungen bezeichnen die Gränze, innerhalb welcher wir eine Milderung der natürlichen Ungleichheit der Menschen und eine gleichmäßigere Vertheilung der Producte in der Zukunft — und in Folge dessen die Erlangung besserer Bildungsmittel für die Arbeiter für möglich halten, um sich damit auf eine höhere gesellschaftliche Stufe aufzuschwingen.

Bevor wir nun einige jener Mittel näher betrachten, müssen wir einen Moment bei jenen verweilen, welche noch größere Opfer von Staat und Gesellschaft zu Gunsten der unselbständigen Arbeiter fordern.

Jede Untersuchung über diese Frage muß von dem Satze ausgehen, daß eine Hebung der Lage der arbeitenden Classen nur aus der allgemeinen Erhöhung des Wohlstandes aller Classen überhaupt, und daß diese nur aus einer Vermehrung des Capitals und der Arbeitsleistung hervorgehen könne. Denn die jetzt jährlich gewonnenen Producte werden so wie so verzehrt. — Sodann erst haben wir uns mit der Art der gerechten Vertheilung zu beschäftigen.

In dieser Richtung nun fallen von vornherein alle Bestrebungen welche mit einer Verminderung des Capitalvorrathes, beziehungsweise einer Beeinträchtigung des normalen Erneuerungs- und Vermehrungsprocesses desselben endigen würden. Dahin gehören alle communistischen Ziele, die Forderung der Aufhebung des Erbrechtes, die Declamationen gegen die Herrschaft des Capitals — welche in sich selbst zerfallen, weil ein Ding nicht herrschen kann, welches um so weniger Macht über die Arbeiter hat, je stärker es wird —, die Nationalwerkstätten, vom Staat dotirte Productivgenossenschaften u. s. w., weil alle diese Mittel in der Ausführung die Ansammlung des Capitals beeinträchtigen würden, indem durch sie der Sporn entfernt wird, welcher den Menschen zu den höchsten Anstrengungen treibt, der Trieb vermindert wird, den Nachkommen angenehme Verhältnisse zu bereiten, und weil sie ihn des geschäftlichen Risico's überhebt, welches den Menschen zwingt, seine Erfindungskraft anzustrengen, um seine Hülfsmittel zu vervielfältigen.

Wir begründen unsere Meinung näher an der Hand der Vorschläge desjenigen Socialisten, welcher seine Ansichten am meisten wissenschaftlich zu begründen versucht hat, an denen Karl von Marx.

Wir wollen nicht darauf zurückkommen, daß Marx von einer falschen Prämisse ausgeht, von der schon an früherer Stelle widerlegten irrigen Begriffsbestimmung, daß der Werth das Maß der Arbeitszeit sei — weshalb auch seine Schlußfolgerungen irrig sein müssen; wir wollen seine Behauptung, daß das Capital die Frucht nicht bezahlter Arbeit sei, prüfen; wir wollen untersuchen, aus welchen Bestandtheilen das Werthproduct des selbständigen Arbeiters besteht. Dasselbe ist zusammengesetzt aus:

1) der Arbeit;
2) dem Umlaufscapital, d. h. den Rohstoffen, Lebensmitteln und Kleidungsstücken;
3) der Amortisationsrate des stehenden, sich abnutzenden und daher der Erneuerung bedürftigen Capitals: der Werkzeuge, Geräthschaften, Maschinen, Gebäude;

4) der Versicherungsprämie für die Gefahr des Verlustes;

5) dem Gewinne.

Die Versicherungsprämie ist gewöhnlich stillschweigend im Gewinn enthalten, wo sie nicht bei besonderen Anstalten angelegt wird, wie gegen Feuersgefahr, Seegefahr &c.

Die Arbeit theilt sich in die mechanische Lohnarbeit und in das geistige Schaffen des Unternehmers, welches wieder eine technische und eine mercantile Seite darbietet.

Der selbständige Arbeiter erntet die Früchte seiner Bemühungen im Arbeitsertrag; der für Rechnung eines Anderen beschäftigte unselbständige Arbeiter wird durch Lohn abgefunden, der in bestimmtem Betrage festgesetzt ist, ohne Rücksicht auf den Gang der Geschäfte. Da letzterer die Gefahren des Geschäftes nicht mit trägt, so hat er auch dessen außerordentliche Gewinnste nicht mit zu theilen. Dagegen sollte der gewöhnliche Arbeitslohn nicht bloß so hoch sein, daß der Arbeiter so gut davon leben kann, um seine Kraft und Gesundheit zu erhalten und einen Sparpfennig für Zeiten der Krankheiten und eine Prämie für die Arbeitsunfähigkeit zurückzulegen, sondern auch, um sein Erziehungscapital zu amortisiren, sei es, daß er es spart oder in Gestalt von erzogenen Kindern anlegt. Ueberdies sollte sich der Fortschritt der Cultur auch beim Arbeiter noch darin äußern, daß seine Kinder besser erzogen, unterrichteter und geschickter werden als er selbst. Der Nachweis, wie dies zu bewerkstelligen, bildet die Aufgabe unserer Arbeit.

Der Arbeitsertrag des Unternehmers kommt zuletzt. Jene Positionen gehen, wie auf einander folgende Hypothekenrechte, eines dem anderen in der angeführten Reihenfolge vor.

Der Lohn der Arbeiter ist die erste unumgängliche, unabänderliche Ausgabe des Unternehmers. Sie muß gedeckt werden, selbst wenn er sein Vermögen darüber verlöre, bevor also an Amortisation oder Verzinsung, ja, nur an Wiedererstattung des aufgewandten Capitals, geschweige denn an eine Vergütung der geistigen und mechanischen Arbeit des Unternehmers selbst gedacht werden kann.

Gegenüber dieser Sicherheit des Arbeitslohnes, der meistens auch ein gesetzliches Pfandvorrecht genießt, hat der Unternehmer die Chancen des Verlustes und Gewinnes zu tragen und zu genießen. Je gefährlicher das Geschäft, je größer die Möglichkeit, das ganze Capital oder einen Theil desselben zu verlieren, desto höher muß die Versicherungsprämie berechnet werden. Was dann noch übrig bleibt, ist das Honorar für die geistige Arbeit des Unternehmers.

Die Höhe dieses Honorars wechselt nun wieder je nach der Seltenheit der erforderlichen Eigenschaften, nach dem geschäftlichen Risico und der persönlichen Gefahr, welche das betreffende Unternehmen mit sich bringt, nach dem Grade von Annehmlichkeit und Ehre, welche dasselbe einschließt. Eine große Rolle spielt dabei auch die Wahl des Berufs und die Umgebung, in welcher die Menschen erzogen werden.

Die geringen Gewinnste, welche in landwirthschaftlichen Unternehmungen gemacht zu werden pflegen, sind die Folge der großen Sicherheit der Anlage; und die oft kolossalen Vermögen, welche im Handel, an der Börse, in der Industrie und im Kunstberuf gewonnen werden, hangen zusammen mit den großen Gefahren, welchen das Capital ausgesetzt ist, so wie mit seltenen Eigenschaften: Scharfsinn, Berechnung, Urtheil, Geistesgegenwart und besondere natürliche Begabung.

Die Eigenschaften, welche zur gelehrten Laufbahn erforderlich sind, würden vollkommen genügen, um im Handel, an der Börse und in der Industrie große financielle Erfolge zu erzielen; allein die Annehmlichkeiten der wissenschaftlichen und künstlerischen Laufbahn, die innere Gemüthsbefriedigung, welche diese Arbeit mit sich bringt, bewirkt, daß mehr Personen sich der Wissenschaft und der Kunst widmen, als dem Börsengeschäft, bei welchem freilich auch der Zufall der Geburt und Erziehung an Börsen- und Handelsplätzen noch mitwirkt, welches aber seinen Bekennern im ewigen Rennen und Jagen nach Gewinn kein wahres Seelenglück gewährt. Der Unternehmergewinn zerfällt also in Capitalrente und Arbeitsertrag; der Gewinn des Speculanten fällt oft zum größeren Theil auf den letzteren, wegen der seltenen Eigenschaften, welche zu glücklicher Speculation erforderlich sind.

Würde der Irrthum der Ansicht von Marx nicht schon aus obiger Analyse des Unternehmer-Gewinnes erhellen, so tritt er noch deutlicher zu Tage, wenn man das Capital bis zu seinem ersten wirthschaftlichen Auftreten verfolgt.

Hans hat z. B. zuerst die Producte seines Gartens selbst auf den Markt getragen; als seine Erzeugnisse sich vermehrten, hat er einen Boten gedungen und ihm dafür bezahlt, daß er ihm einen zweiten Korb zu Markte bringen half. Später war die Last zu groß, und er miethete sich ein Pferd und einen Wagen. Der Bote war mit anderen Worten ein Arbeiter und bezog Lohn, das Pferd und der Wagen sind Capital und für ihren Gebrauch wird Zins bezahlt. Zuerst drosch Hans sein Getreide allein, dann nahm er Arbeiter dazu, denen er Lohn zahlte, dann schaffte er sich eine Dreschmaschine und einen Göpel an und drosch mit Pferden. Im ersten Falle versah er das Geschäft des Dreschens mit Arbeitern, im zweiten mit Capital.

Die Gleichheit der Berechtigung der Dienstleistungen der Arbeit und des Capitals auf eine der Leistung entsprechende Vergütung ist damit einleuchtend.

Was nun den Ursprung des Capitals betrifft, so kann dasselbe nur durch Ersparung mittels Minder-Consumtion oder Mehr-Production entstehen.

Die erstere ist für unseren Fall hinfällig, weil dadurch die Arbeitsgelegenheit geschmälert und folglich Arbeitsertrag und Lohn vermindert wird.

Die Production aber wird am wenigsten gefördert durch die rein mechanische Arbeit, am meisten durch die wissenschaftliche und technische Forschung. Die Geologen, welche die Steinkohlenlager gefunden, die technischen Genies, welche die Eisenbahnen und Werkzeugmaschinen construirt, die Spinn- und Webemaschinen erfunden, haben den Capitalvorrath mittels Ersparung an Zeit und Mühe stärker vermehrt als Millionen mechanischer Handlanger. Ohne die geistigen Leiter der größeren industriellen Anstalten, ohne die Ingenieure und andere Gelehrte würden die mechanischen Arbeiter gar nicht im Stande sein, die nöthige Beschäftigung zu bekommen, denn die Erhaltung großer industrieller Anstalten ist nur der Wirksamkeit der ersteren zu verdanken. Ohne die ganze wissenschaftliche und technische Ausbildung und Leitung der Industrie der civilisirten Völker würde gar nicht mehr dieselbe Zahl von Menschen leben können oder müßten doch viele Millionen aus Wohlstand ins tiefste Elend sinken.

Verfolgen wir die Geschichte der Menschheit bis ins graue Alterthum, so finden wir überall die erste Capitalansammlung Hand in Hand gehend mit irgend einem geistigen Fortschritte. Was war es anders, das dem Höhlenmenschen die Steinaxt statt des rohen Kieselsteines in die Hand drückte, als ein neuer Gedanke. Die ganze Reihenfolge der Entwicklung der Werkzeuge aus dem Steinzeitalter bis zur Maschine der Neuzeit zeigt einen großartigen, allerdings ohne Arbeit nicht zu vollziehenden, aber intellectuellen Proceß des Fortschrittes, gegen welchen die Idee, daß der Werth auf der Arbeitszeit beruhe, eine kindliche erscheint. In gleichem Verhältniß mit diesem geistigen Fortschritte ging die Capitalansammlung, aber durchaus nicht im Verhältniß mit der Menschenzahl, welche umgekehrt von den vorhandenen Productionsmitteln abhängt.

Da nun das gegenwärtige Capital schon in den bestehenden Verhältnissen regelmäßig reproducirt, erneuert werden muß, um in seinem eisernen Stock erhalten zu werden, und da die Reichen zu wenig zahlreich sind, um mit ihrem Ueberfluß auch sämmtliche Arbeiter wohlhabend zu machen, so bleibt zu deren Besserstellung nur Mehrproduction, da dieselbe im Wesentlichen von den geistigen Fortschritten herrührt, — nur Unternehmergewinn übrig. Dieser kann aber bloß dadurch zu Gunsten der Arbeiter geschöpft werden, daß dieselben entweder selbst Unternehmer oder Theilnehmer am Unternehmen werden, oder einen Theil der Mühe und Sorgen übernehmen — durch vermehrte Geschicklichkeit. Da zu selbständigen Unternehmungen Capital erforderlich ist, so spitzt sich die sociale Frage oder die Angelegenheit der Verbesserung der Lage der arbeitenden Classen auf die beiden Mittel der Vermehrung der Geschicklichkeit und des Sparens von Hülfsmitteln — oder mit Einem Worte auf die Ansammlung von geistigem und materiellem Capital zu.

Die Mittel und Wege, um zu derselben zu gelangen, so wie sie fruchtbringend anzuwenden, sind freilich so mannigfaltig wie die Wirthschaft selbst.

Wir müssen dieselben eintheilen in solche, welche

1. mehr oder weniger allgemeine Anwendung finden können, und
2. in solche, welche bei jeder Berufsart wieder eine besondere Diagnose voraussetzen.

Die Ermittlung der letzteren müssen wir auf die Statistik der Erwerbsarten basiren, welche wir später eingehend untersuchen werden.

Unter den Maßregeln zur Verbesserung der Lage der arbeitenden Classen, welche mehr oder weniger allgemeine Anwendung finden können, lassen sich im Wesentlichen folgende anzählen:

1. Sorgfältige Erziehung
   a. in der Familie;
   b. in der Kirche;
   c. im Staate.
2. Richtige Wahl des Berufes.
3. Organisation und Centralisation des Arbeitsmarktes.
4. Erhöhte Thätigkeit der Sanitäts- und Moralitätspolizei.
5. Entwicklung der Verkehrsmittel.
6. Freiheit der wirthschaftlichen Bewegung.
7. Selbständiger Geschäftsbetrieb:
   a. individueller;
   b. genossenschaftlicher.
8. Stückarbeit.
9. Betheiligung am Geschäft mit Gewinn und Verlust.
10. Tantième oder Antheil am Reinertrag.
11. Provision oder Antheil am Rohertrag.
12. Erwerb eigener Häuser und Gärten durch Baugesellschaften 2c.
13. Hülfscassen zur Unterstützung in Krankheit, Verunglückung, Alter, Sterbefall, bei Krisen und Arbeitseinstellung von Seite der Arbeitgeber oder Arbeiter.
14. Gewerkvereine. Arbeitseinstellung.
15. Schutz der Erfindungen.
16. Gute Organisation des Credites.
17. Gute Organisation des prophylaktischen und Noth-Armenwesens.

A. Allgemeine Maßregeln zur Hebung der Lage der arbeitenden Classen.

Wir können uns bei der Beurtheilung dieser Mittel zu einer gleichmäßigeren und gerechten Vertheilung des Mehrertrages der Production wieder nur auf allgemeine Gesichtspuncte einlassen, da jedes einzelne derselben Specialstudien erfordert und ohne Ausnahme auch stets vielfach Gegenstand von Specialuntersuchungen ist.

(Erziehung.) Das wichtigste aller allgemeinen socialen Verbesserungsmittel ist die Erziehung. In der Zucht, namentlich in der Kinderzucht, werden die Grundlagen des Glückes oder Elendes des ganzen Lebens gelegt. Die statistische Thatsache, daß unter den unehelich geborenen Kindern verhältnißmäßig mehr als doppelt so viele todt zur Welt kommen als von ehelichen, wirft einen Schatten über das ganze Leben solcher Kinder. Man kann daraus annehmen, daß auch die Zucht unehelicher Kinder entsprechend vernachlässigter ist als die von ehelichen, daß die Verbrecher sich in einem höheren Procentsatze aus unehelichen Kindern recrutiren, und daß daher aus diesem Grunde eine um so größere Summe von Elend in einem Lande vorkommen muß, je größer die Zahl der unehelichen Kinder ist. Die Ursache liegt darin, daß sie der Familie entbehren, in welcher die Grundlage zum Guten im Kinde gelegt werden muß. Wo die Familienzucht fehlt, da ist die Schule nur in beschränktem Maße im Stande, die fehlende Autorität zu ersetzen, und auch die Schule des Lebens ist nur bei wenigen gut angelegten Charakteren fähig, die Keime des Guten zu entwickeln, den Menschen zu einem rechtschaffenen, fleißigen, sparsamen, enthaltsamen, nüchternen, ordnungsliebenden, reinlichen, klugen und geschickten Mitgliede der Gesellschaft heranzubilden.

Nicht selten wird aber auch in der Familie selbst der Keim zum Unglück des reiferen Lebens gelegt, sei es, daß die Eltern böses Beispiel geben, oder zu Grunde gehen und die Kinder hülflos hinterlassen, oder daß Mißgriffe in der Erziehung gemacht, zu große Nachsicht oder zu große Strenge geübt wird, welche beide Extreme oft die gleichen üblen Folgen haben.

Das Gleiche läßt sich von der Schulzucht und von der Erziehung, welche das Staatsleben selbst, z. B. durch die Erfüllung der Militärpflicht, mit sich bringt, sagen. Despotismus und Zügellosigkeit pflegen auch hier ähnliche Folgen zu haben und namentlich unter den ärmeren Classen nicht selten Ausschweifungen zu erzeugen, welche die Hauptquellen des Elendes sind. Da der Staat für die Sicherheit der Person und des Eigenthums seiner Angehörigen sowohl im Innern als gegen außen zu wachen hat, da er in Folge dessen für eine zweckentsprechende Organisation der Wehrkraft so wie für die Verhütung, Unterdrückung und Bestrafung von Verbrechen im Innern zu sorgen hat, da er ferner fast überall in letzter Linie einstehen muß, wenn Familie, Verwandte, Gemeinde und Privatwohlthätigkeit nicht mehr zur Linderung der Armuth und Noth ausreichen, — so kann er auch das Recht in Anspruch nehmen, über die Erziehung der Kinder in Familie und Schule zu wachen. Daraus folgt das Recht und die Pflicht des Schulzwanges, welcher in Deutschland und in der Schweiz eingeführt ist mit Geld- und Gefängnißstrafen gegen zuwiderhandelnde Eltern, — ferner das Recht der Ueberwachung der Schule bezüglich der Lehrgegenstände und des Lehrerpersonals. Es folgt auch daraus, daß der Staat die Schulinspection gesetzlich nicht der Geistlichkeit anvertrauen darf, wenn auch eine beschränkte factische

Participation derselben angemessen erscheint; denn wenn die Geistlichkeit, statt Proselytenwerberei, Uebergriffe in die Machtsphäre des Staates und Erbschleicherei zu treiben, ihre Pflicht thut, so kann sie durch die Läuterung der Gewissen außerordentlich viel zur Besserung der ärmeren Classen beitragen, wie das reine Christenthum bewiesen hat.

Die Geistlichkeit sollte eigentlich die Lehre der Schule für die Erwachsenen fortsetzen. Leider entspricht sie in unserem Zeitalter nicht mehr diesem Zweck. Es mag einer fernen schönen Zukunft vorbehalten sein, daß sie im Allgemeinen, genährt und durchdrungen von den Errungenschaften und Ergebnissen der Wissenschaft, der Lehrer des Volkes wird, wie es jetzt nur in wenigen Ausnahmen vorkommt.

Bis dahin muß die Schule selbständig vorrücken, sich unausgesetzt von den Fortschritten der Wissenschaften erneuern und heben lassen. „Denn wie überall," heißt es treffend in einer berner Schulrede von A. Lüscher, „so ist auch im Schulleben ein Stillstand nicht denkbar, und wo ein solcher constatirt werden müßte, wäre gewiß auch zugleich ein Rückschritt nachzuweisen. Schulen dürfen als Hebel der sittlichen und geistigen Entwicklung des Menschengeschlechts nicht stabil bleiben; sie folgen dem Fortschritt der Bildung und Wissenschaft und tragen den Charakter ihres Zeitalters. Haben sie sich also den Bedürfnissen ihrer Zeit gemäß gestaltet, ihr Ziel festgesteckt und die Mittel dazu gefunden, so erfordert ihr Organismus eine gewisse Stetigkeit zu gedeihlicher, innerer Entwicklung."

In der Volksschule kann in geistiger wie in körperlicher Beziehung die Grundlage zum Emporblühen wie zum Hinsiechen der Bevölkerung gelegt werden. Wie unvollkommener geistiger Unterricht und Irrlehren zu Gunsten von privilegirten Ständen auf das ganze Leben hin einen nachtheiligen Einfluß ausüben können, so kann umgekehrt auch der Keim zu einem frischen Streben und befruchtenden Aufschwunge gelegt werden. In körperlicher Hinsicht ist die Gesundheitslehre erst in neuerer Zeit diesen Mißständen auf die Spur gekommen. Haben doch Untersuchungen ergeben, daß in einer einzigen Stunde ein mit Kindern besetztes Schulzimmer so viel Sauerstoff verloren hat, daß, wenn es nicht gelüftet wird, Ueblichkeit, Krankheit, ja der Tod eintreten kann. Wie viele schwächliche Existenzen sind aus diesen schlecht gelüfteten Schul- und Proletarierstuben hervorgegangen?

In dieser Beziehung ist durch Herstellung guter Schulgebäude Bedeutendes in der Schweiz, und in Preußen durch Einführung des obligatorischen Turnunterrichts geschehen. An den Turnunterricht reiht sich die militärische Instruction, welche beide die Arbeitsfähigkeit des größten Theils der männlichen Bevölkerung auf eine höhere Stufe bringen können.

In dieser Hinsicht sind, wie schon oben angedeutet, in neuer Zeit Forschungen gemacht worden, welche die höchste Beachtung verdienen.[1])

---

1) Professor Gustav Jäger hat das Resultat dieser Untersuchungen in einer in der „Deutschen Zeitung" veröffentlichten Abhandlung niedergelegt, der wir Folgendes entnehmen.

Untersucht man einen Menschen in dem Augenblicke, wo eingetretenes Schnaufferment ihn zur Arbeits-Einstellung zwingt, so bemerkt man außer einer höheren Körperwärme und Schweiß-Absonderung zweierlei Störungen seiner Maschine: einmal eine merkwürdige Unregelmäßigkeit des Herzschlags. Derselbe ist auf Augenblicke viel rascher als normal, dann sinkt die Pulszahl plötzlich tief unter das Normale, um wieder ebenso plötzlich über dasselbe hinaufzuschnellen, und so fort in der Weise, daß die Oscillation über und unter der Normalzahl immer geringer wird, bis der gewöhnliche, regelmäßige Pulsschlag wieder hergestellt ist.

Die zweite auffallende Störung des Maschinenganges zeigt die Athmung, nämlich denselben Wechsel zwischen hastigen, oberflächlichen Athemzügen und langsamem, tiefem Aufathmen.

Durch jene körperliche Schulung, welche man „Trainirung" nennt, werden nun diese Erscheinungen des Schnauffements in folgender Weise geändert: einmal tritt — gleiche Arbeitsleistung vorausgesetzt — das Schnauffement bei den trainirten Menschen viel später ein als bei den nicht trainirten, z. B. sogenannter Dauerlauf erschöpft den letzteren schon nach 900 Fuß vollständig; durch Trainirung wird dieser Zeitpunkt schon nach wenigen Monaten auf 6000 Fuß hinausgerückt, und wie die früher häufigeren Schnellläufer von Profession zeigten, kann er eigentlich in unbegränzte Entfernung verlegt, d. h. ganz beseitigt werden, so daß eine solche Arbeit durch das Schnauffement gar nicht mehr, sondern nur noch durch die Ermüdung unterbrochen wird. Bei einem derartig trainirten Menschen tritt zwar bei großer Arbeitsleistung auch eine leichte Steigerung der Körperwärme ein, allein sie bleibt auf einer gewissen Höhe stationär; die Athmungsgeschwindigkeit nimmt allenfalls zu, allein sie behält ein regelmäßiges Tempo, und das Gleiche gilt vom Herzschlag. Beendigt ein so trainirter Mensch seine Arbeit, so nimmt Puls- und Athmungs-Frequenz ganz allmählich ab, ohne jene Oscillationen unter und über der normalen Zahl zu zeigen, wie bei einem Nichttrainirten.

Um die körperliche Veränderung bei der Trainirung zu verstehen, ist es zuerst nöthig, sich klar zu werden über die Ursache der Zunahme der Körperwärme. Sie beruht darauf, daß mehr Wärme im Körper erzeugt wird, als durch Lunge und Haut abgegeben werden kann. Mithin ist es möglich, ihr auf zweierlei Weise entgegen zu treten; einmal durch Vermehrung der Wärmeverluste. Es ist bekannt, daß leichtere Bekleidung, kühle Temperatur, Genuß kühlender Getränke u. s. w. gegen eine beträchtliche Steigerung des Schnauffements wirksam sind. Allein sehr weit kommt man dabei nicht, auch läßt sich das nicht überall anwenden. Die Trainirung hilft dagegen radical, da sie die natürlichen Wärmeverluste, nämlich die durch Haut und Lunge, steigert, wie das unten gezeigt werden soll. Fürs Zweite kann der Ansammlung der Körperwärme dadurch begegnet werden, daß die Wärmebildung durch äußere Arbeit nicht über Gebühr gesteigert wird. Daß die Trainirung auch das leistet, soll sogleich gezeigt werden.

Im gewöhnlichen Zustande halten auch beim nichttrainirten Menschen Wärmebildung und Wärmeverlust sich das Gleichgewicht. Vermehrung der äußeren Arbeit verlangt nun genau so wie bei einer Maschine vermehrten Stoffumsatz, und da dieser eine Verbrennung ist, so wird in diesem Zustande nothwendig mehr Wärme gebildet als bei der Ruhe. Hierzu kommt aber jetzt als zweite Wärmequelle — wenn man sich so ausdrücken will — die innere Reibung. Das ist so zu verstehen: Unsere Arbeit stellt an die Athmungs-Organe und an die Herzpumpe höhere mechanische Anforderungen, und die Erfüllung derselben stößt bei dem Nichttrainirten auf Hindernisse.

Beim Athmungsgeschäft liegen folgende Hindernisse vor: Ungenügende Beweglichkeit des knöchernen Brustkorbes, zu geringe Elasticität des Lungengewebes, welches der Ausdehnung Widerstand leistet, Behinderung der Zwerchfell-Bewegung durch die Bauch-Eingeweide, endlich die Spannung derjenigen Rückenmuskeln, welche die Rippen niederhalten.

Unter allen Berufsarbeiten steht, wie Jäger glaubt, der *Seemannsberuf* und die *militärische Schulung* der systematischen Schulung am nächsten.

Ein weiteres Hinderniß bereitet die Blut-Circulation, wovon nachher. Das Vorhandensein dieser Hindernisse betheiligt sich in doppelter Weise an der Hervorrufung des Schnauffements: *Einmal* erzeugen sie innere Reibung und damit Reibungswärme nach dem Gesetz, daß jede Bewegungshemmung Wärme bildet, fürs *Zweite* bewirken sie Unfähigkeit, die in der Erwärmung der Athmungsluft und der Lungen-Ausdünstung liegende Abkühlung so zu steigern daß das Gleichgewicht erhalten bleibt. Außer dieser Benachtheiligung des Wärme-Haushaltes beeinträchtigen diese Hindernisse die äußere Arbeit auch noch dadurch, daß erstens der Mehraufwand von Muskelarbeit für die Athmung der äußeren Arbeit entzogen wird, und zweitens, daß die Sauerstoff-Zufuhr, welche die gesteigerten Arbeitsforderungen erheischt, nicht geleistet werden kann.

Bei der *Circulation* handelt es sich um Folgendes: Auch an sie stellt gesteigerte Arbeit die Anforderung größerer Schnelligkeit, welcher das Herz durch rascheren Schlag gerecht zu werden sucht. Wird nun schon dadurch die Verbrennungswärme und die Reibungswärme gesteigert, so kommt hierzu dreierlei: *Erstens* erhöht die mit der Arbeit verbundene Muskel-Zusammenziehung den Seitendruck auf die Blutgefäße, schafft also ein Circulations-Hinderniß. *Zweitens* vermehren die angestrengten Athmungs-Bewegungen den Druck, unter welchem die Bauch-Eingeweide und damit alle die im Bauche befindlichen und ihn durchziehenden Blutgefäße stehen. *Drittens* erfordert eine Beschleunigung des Körper-Kreislaufes auch eine solche des Lungen-Kreislaufes, und diese Blut-Congestion gegen die Lunge findet dieselben Hindernisse, welche die Athmung beeinträchtigen; da aber das Herz der mächtigere Theil ist, so schlägt dies zum Nachtheile der Luftfüllung aus. So wird die vermehrte Herzarbeit zum Athmungshinderniß, und der Athmungsdruck vermehrt umgekehrt den Seitendruck auf die Lungengefäße.

Diese Vermehrung der Circulations-Widerstände führt zur Erzeugung von sehr viel Reibungswärme und dann ist sie die Ursache der *Herzaufregung*, die sich in den oben beschriebenen Unregelmäßigkeiten des Herzschlages äußert.

Alle diese Hindernisse in Athmung und Kreislauf steigern sich bei der *Nahrungsaufnahme*. Indem diese den verfügbaren Bauchraum und mittelbar den verfügbaren Brustraum verkleinert, erhöht sie den Seitendruck auf Lunge und Blutgefäß-System. Deshalb tritt bekannter Maßen nach der Mahlzeit schon in der Ruhe eine kleine Gefäß-Aufregung (Verdauungsfieber) ein, und Arbeit bei gefülltem Magen ruft viel schneller das Schnauffement hervor.

Die Verminderung, resp. Beseitigung dieser inneren Hindernisse wird durch die Trainirung in folgender Weise bewerkstelligt: Das Wichtigste ist die Herbeiführung einer gewissen *Körperhaltung*, welche in einer Verstärkung der Kreuzbeuge und Verminderung der Rückenbiegung besteht und welche genau so ist, wie sie der vielfach verläumdete und verspottete preußische Gleichschritt anstrebt und zuwege bringt. Diese Haltung vergrößert den langen Bauchdurchmesser (Entfernung von Schambuge und Brustbeinende) um 4—5 Zoll, den Tiefendurchmesser des Brustraumes und oberen Bauchraumes um 1—1½ Zoll, den queren Durchmesser um 1½—2 Zoll. Das ist eine so enorme Vergrößerung des verfügbaren Körperhohlraumes, daß selbst die höchsten Anforderungen an die Athmungsthätigkeit ohne jede Erhöhung des Seitendruckes befriedigt werden können. Zugleich beseitigt die Verstärkung der Kreuzbeuge die Spannung der Rückenmuskeln, welche sich der Rippenhebung entgegenstellt, räumt also ein zweites Athmungshinderniß hinweg. Aus diesem Grunde stehe ich nicht an, den *Gleichschritt nicht bloß für eine große militärische*, sondern *auch für eine wichtige hygienische und national-ökonomische Erfindung zu erklären*.

Die *zweite* Wirkung der Trainirung ist die, daß der *Brustkorb* nicht nur weiter, sondern auch gelenkiger wird, wodurch er gesteigerte Anforderung an Ventilation ohne Anstrengung befriedigen kann. Hierfür sprechen folgende Zahlen: Der Umfangsunterschied der Brust zwischen tiefster Ausathmungsstellung und höchster Einathmungsstellung beträgt bei einem nichttrainirten Menschen 7—8 Centimeter, beim trainirten kann sie über 10 Cen-

Neben der Sorge für die Volksschule kann der Staat den ökonomischen Werth und die Leistungsfähigkeit seiner Bevölkerung sehr heben durch Pflege der technischen und wissenschaftlichen Lehr- und Bildungs-Anstalten; denn von ihnen gehen die industriellen Führer hervor, von welchen hauptsächlich die Vermehrung der Production und die reichlichere Vertheilung

timeter betragen. Die Wirkung der Trainirung auf das Gefäß-System besteht in Folgendem: Mit der Größenzunahme des Körperhöhlenraumes fällt der Seitendruck auf Lungen- und Bauchgefäße weg. Der Seitendruck auf die Blutgefäße, welche durch die Zusammenziehung der arbeitenden Stamm- und Gliedmaßen-Muskeln ausgeübt wird, ist durch zwei Umstände in Wegfall gerathen. Einmal ist das die Gefäßbündel umgebende Körperfett beseitigt und damit Raum für die Blutcirculation gewonnen, fürs Zweite bewirkt die Trainirung eine Erweiterung des Hautgefäßnetzes, besonders der Hautvenen. Dadurch kann das rücklaufende Blut dem Muskeldrucke sich entziehen und indessen die Hautvenen dasselbe aufnehmen, bleibt der zwischen den Muskeln verfügbare Circulationsraum dem Durchgange des arteriellen Blutes ohne jede Beeinträchtigung offen. Hiedurch ist aber nicht bloß der von der Arbeit erzeugte Seitendruck gehoben, sondern es kann sich jetzt auch das oberflächlicher laufende Blut leichter abkühlen, und zwar sowohl direct als deßhalb, weil die stärkere Erfüllung der Hautgefäße die Schweißbildung und die damit verbundenen Wärmeverluste vermehrt. Damit wird direct der Ansammlung, d. h. Steigerung der Körperwärme entgegengewirkt.

Das vorstehend Gesagte enthält nicht Alles, sondern nur das Wichtigste von den durch die Trainirung erzeugten Veränderungen der menschlichen Arbeitsmaschine — es wäre beispielsweise noch eine beträchtliche Steigerung der Muskelkraft da zu erwähnen — aber es genügt, um zu zeigen, daß sie durch die Steigerung der Ausdauer, selbst bei abnorm beschleunigter Arbeit, die Arbeitsfähigkeit ungemein erhöht. Es ist aber klar, daß sie noch in der Weise günstig wirken muß, daß sie die Dauer des arbeitsfähigen Lebensalters erhöht. Hier sind allerdings Experimente nicht leicht anzustellen, auch fehlen streng statistische Nachweise, allein mit höchster Wahrscheinlichkeit läßt sich sagen: Alle Momente, welche die Ausdauer bei der Arbeit erhöhen, müssen auch das arbeitsfähige Lebensalter verlängern, und zwar einfach dadurch:

Jede Verminderung der inneren Arbeit oder, wie wir sie nennen wollen, der Reibung, muß die Abnützung vermindern, und zwar bei der lebendigen so gut wie bei der leblosen Maschine, und damit steigt die Brauchbarkeitsdauer. Dies stimmt sehr gut damit überein, daß unter denjenigen Krankheiten, welche in vorgerücktem Lebensalter den Menschen zur Arbeitseinstellung zwingen, solche der Athmungs-, Kreislaufs- und Verdauungs-Organe die häufigsten sind. Zahlen lassen sich hier natürlich durchaus keine angeben, so wie es für die Ausdauer möglich ist, auch läßt sich mit Bestimmtheit sagen, daß es sich nur um Procente handeln wird, nicht aber um Vielfaches, wie bei der Ausdauer.

Der letzte Punkt ist das Verhältniß von Arbeitsmasse und Zeit, die ihren Ausdruck in der Arbeitsgeschwindigkeit findet. Hier läßt uns die exacte Forschung ungemein im Stich, und ich habe deswegen eine Reihe von Messungen vorgenommen, deren Endergebniß folgendes ist:

Es ergab sich, daß durch viermonatliche Trainirung die Zeit, welche die Verrichtung einer bestimmten willkürlichen Handlung in Anspruch nimmt, bedeutend gekürzt wird, und zwar gilt dies nicht bloß von physischen Handlungen, sondern auch von psychischen. Es zeigte sich, daß diese Abkürzung die enorme Höhe von 75 Procent der Anfangsgeschwindigkeit betragen kann, d. h., daß eine Handlung, die vor der Trainirung 100 Zeittheile in Anspruch nahm, nach derselben in 25 Zeittheilen, also mit der vierfachen Geschwindigkeit erfolgt.

Aber die Thatsache steht fest, daß einfache gymnastische Trainirung nicht bloß die physischen, sondern auch die psychischen Arbeitszeiten kürzt. Das Erstere ist eine nur zu häufige Erscheinung des täglichen Lebens, allein die Kürzung der seelischen Arbeitszeiten durch die Gymnastik ist so frappant und von so großer Wichtigkeit, daß sie die eingehendsten Experimente verdient.

des Mehrproductes an die Arbeiter durch Erhöhung von deren Geschick und Leistungen abhängt.

Neben der Geschicklichkeit, welche durch gute Schulbildung, technischen Unterricht und Energie in der Selbstübung zu erwerben ist — und solidarisch mit derselben anknüpft —, ist die Genauigkeit der Arbeit vielleicht das oberste Mittel, die Lage der arbeitenden Classen zu verbessern, das es gibt. — Es gibt mit einziger Ausnahme der Landwirthschaft kaum einen Zweig menschlicher Thätigkeit, in welchem nicht der Erfolg von der Genauigkeit der Arbeit abhinge: in den Gewerben, in der Großindustrie, im Handel, in Kunst und Wissenschaft, im Staatsdienst und vor allen Dingen im Militärdienst. Im Krieg kann das Leben von Tausenden von der genauen Ausführung eines Befehles abhangen.

Ist doch selbst was man Glück nennt, meist nur die Frucht von Genauigkeit, Fleiß und Geschicklichkeit — wir äußerten uns darüber an anderer Stelle.

Untersuche man doch, was im Ganzen, Großen das Glück oder richtiger gesagt die Verbesserung der Lage der Menschheit hauptsächlich fördert. Es ist die Wissenschaft mit ihren Entdeckungen und Erfindungen. Die wenigsten dieser letzteren sind einem günstigen Zufall zu verdanken, — und wo es der Fall war, da hatte man sich doch anhaltend mit dem Gegenstande beschäftigt. Unter den Glücksfällen, welche die Menschheit betroffen, gehören die Entdeckung von America, die Erfindung der Buchdruckerkunst und der Dampfmaschine zu den folgenreichsten. Ist man aber ohne Mühe auf diese günstigen Glücksfälle gekommen? Nehme man sich doch die Methode der Wissenschaft zu Herzen. Sie, welche die meisten Glücksfälle aufzuweisen, hat dieselben nur erhascht, weil sie nicht die Hände in den Schooß legt, sondern unaufhörlich mit Aufgebot aller geistigen Kräfte nach einem Gegenstande forscht, weil sie das höchste Maß von Scharfsinn, Beobachtung, Nachdenken, Fleiß und Ausdauer anwendet, um einen Gegenstand zu ergründen, weil ihr deßhalb eine ungeheuer größere Menge von Fällen, Situationen und Gesichtspuncten sich darbieten als dem Laien, — weil sie es mit allem, was sie thut, bis auf das Tüpfelchen genau nimmt, — nichts auf bloßen Glauben acceptirt, sondern alle Angaben, auf welche sie bauen muß, vorher streng prüft.

Da meinen viele Leute, die großen Geister, die Genies schüttelten ihre geistigen Erzeugnisse nur so aus dem Aermel; der Genius, der von oben komme, mache Alles ohne weitere Mühe. Allein, wenn man den Lebenslauf solcher Männer genauer untersucht, so findet man, daß es keinen Uhrmacher gibt, der an seinen Werken, keinen Maschinenbauer, der an seinen Constructionen so herumgefeilt hat wie Göthe an seinen Versen, Raphael und Titian an ihren Gemälden, der Alles so genau berechnen mußte wie Keppler, bis er die Gesetze der Bewegung des Weltbaues fand. Ja, es ist sehr fraglich, welche Eigenschaft an großen Geistesthaten mehr Antheil hat, der bloße erste geniale Schöpfungsgedanke oder die fleißige, genaue, pünctliche, gewissenhafte Ausarbeitung. Wir möchten daher vielmehr sagen — das Geheimniß des Glücks ist — die Genauigkeit der Arbeit.

Wem im Leben ist nicht ein ähnliches Beispiel aufgestoßen, wie es J. B. Say erzählt, wer sah nicht schon die bravsten, arbeitsamsten Leute an Sorglosigkeit, — die man dann Unglück nannte, — zu Grunde gehen, und dagegen rührige, umsichtige Personen aus Armuth zu Wohlstand emporsteigen, von denen man dann sagte, sie hätten Glück, während in Wahrheit die Pünctlichkeit und Genauigkeit, mit der sie Alles verrichteten, die Ursache ihres Fortkommens war. J. B. Say erzählt nämlich, in einem Hofe sei an der Thür, welche aus dem Hofraum hinten in den Wald führte, längere Zeit das Schloß in defectem Zustande gelassen worden, so daß oft Thiere hinausschlüpften und Unfug anstellten. Eines Tages entwich ein Schwein. Die Stallmagd und der Gärtner setzten ihm nach, um es einzufangen. Nachdem sie ein paar Stunden umhergejagt und mehr Zeit verloren, als die Reparatur des Schlosses gekostet haben würde, erhaschte es endlich die Magd, aber der Gärtner brach dabei das Bein. Zu Hause hatte inzwischen eine Kuh, welche die Magd in der Eile vergessen hatte anzubinden, einem Fohlen ein Bein entzweigetreten, daß es getödtet werden mußte. Die sechswöchentlichen Curkosten des Gärtners, der Arbeitsverlust und der Werth des Fohlens machte hundert Mal den Werth eines neuen Thürschlosses aus. Say fügt bei, daß diese und ähnliche Fahrlässigkeiten schuld an dem völligen Vermögensverfall und materiellen Untergang einer braven, arbeitsamen Familie gewesen sei.

Das große Loos, eine reiche Erbschaft kommen nicht selten in die Hände von Leuten, welche mit ihrem Reichthum gar nichts anzufangen wissen; entweder verstehen sie die Verwaltung nicht und vergeuden den Glücksfund sehr bald, oder sie sind damit nicht glücklicher, weil sie keinen Geschmack und keine Bildung besitzen. Neben einer gelungenen Speculation steht die Schattenseite des Unglücks im Falle des Mißlingens. Perioden des Speculationsfiebers haben daher stets mehr Unglück als Glück im Gefolge gehabt. Auch kenne ich mehr als einen hoffnungsvollen Mann, der über ein verfehltes Leben zu klagen hatte, weil er auf die Beerbung eines alten Verwandten gewartet und darüber versäumt hatte, sich durch eigene Kraft emporzuschwingen. Als seine Hoffnung getäuscht, war die beste Manneskraft dahin.

Allerdings gibt es auch ein „Glück“ — dieses wahre Glück besteht in guter Naturanlage und Erziehung. Das zufriedene Gemüth, welches die Bedingung alles wahren Glückes ist, erwirbt man sich durch die Arbeit. Alle sonstigen Eigenschaften, welche zum Glück verhelfen, erwirbt man sich selbst; — nicht der Zufall wirft sie in den Schooß, sondern Fleiß, Geschicklichkeit, Ordnung, Pünctlichkeit, Genauigkeit, Umsicht, Klugheit, Redlichkeit. Es ist dies der zweite Theil der Erziehung, die weit wichtigere Aufgabe der Selbsterziehung, mit welcher der Mensch, welcher seiner Würde bewußt ist, nie fertig wird. Dies ist die Ansicht aller bedeutenden Männer, welche sich über den Gegenstand ausgesprochen, u. a. von Gibbon und Walter Scott. Die Selbsterziehung, sagt Smiles, ist nothwendig für alle diejenigen, welche es zu etwas Ausgezeichnetem bringen wollen, sei es in Literatur, Kunst oder Wissenschaft; die Erziehung, welche man in der Schule erhält, ist eigentlich nur der Anfang. Das, was von Anderen in uns gebracht wird, ist viel weniger unser Eigenthum wie das, was wir durch eigene, fleißige und ausdauernde Thätigkeit erwerben. Die durch Arbeit erworbenen Kenntnisse gelangen eigentlich in unseren Besitz, werden völlig unser Eigenthum. Eine größere Lebhaftigkeit und Dauerhaftigkeit des Eindruckes wird gesichert, und auf diese Weise erworbene Kenntnisse bleiben viel besser erhalten, wie die durch alleinigen Unterricht empfangenen. Diese Art der Selbstbildung macht kräftiger. Die Lösung einer Aufgabe hilft zur Lösung einer anderen, und so werden Kenntnisse in Geschicklichkeit übertragen. Unsere eigene Anstrengung ist das allerwesentlichste Ding dabei, und keine Erleichterungen, keine Bücher, keine Lehrer, keine Anzahl von auswendig gelernten Lectionen können uns davon dispensiren. Der englische Arzt Arnold sagt: „Ich würde einen Knaben lieber nach van Diemensland senden, um sein Brod daselbst zu verdienen, als mit allem Luxus ausgestattet nach Oxford, ohne den inneren Reiz, sich anzustrengen."

Arbeit, Arbeit, Arbeit, das ist die Grundlage alles Glückes -- wohlgeordnete, pünctliche, genaue Arbeit. „Mäßige Arbeit", sagt Smiles, „ist eben so gesund wie angenehm für den menschlichen Körper, sie erzieht Körper wie Geist; und das ist der beste Zustand der Gesellschaft, in welcher der geistige Arbeiter noch Zeit hat zu leiblichen Anstrengungen und der mechanische Arbeiter noch Zeit zu geistiger Beschäftigung." Dazu gehört auch die Sorge für die leibliche und geistige Gesundheit, oder sie ist vielmehr damit innig verknüpft. Wie die körperliche Gymnastik den Leib bis ins höchste Alter kräftig und geschmeidig erhält, also erhält vernünftige geistige Beschäftigung den Geist bis ins höchste Alter im Besitz seiner Fähigkeiten. Wo dieses leibliche oder geistige Turnen fehlt, da treten im Alter körperliche und geistige Gebrechen zu Tage. Bauern und Frauen werden früher stumpfsinnig als Gelehrte, Künstler und Staatsmänner, weil sie ihren Geist weniger beschäftigen; Leute sitzender Lebensweise werden im Alter steif und gebrechlich. Während man also durch körperliche und geistige Arbeit Leib und Seele frisch erhält, fördert man zugleich das äußere Fortkommen und die innere Zufriedenheit. Der Maler Sir Josua Reynolds glaubte so stark an die Kraft des Fleißes, daß er behauptete, jeder Mann, der nur fleißig sei, könne es zu etwas Ausgezeichnetem bringen. Er hielt dafür, „daß auf der Straße, welche das Genie zu passiren habe, harte Arbeit liege und daß der Fortschritt eines Künstlers nur entsprechend seinem eigenen Bemühen sei. Auszeichnung kann man nur durch Arbeit erwerben. Habt ihr viel Talent, so wird Fleiß dasselbe vermehren, habt ihr weniger Fähigkeiten, so wird Fleiß den Mangel ersetzen. Nichts ist gut geleiteter Arbeit versagt, und nichts wird ohne sie erhalten". Dr. Roß sagt: „Der Genius wird durch seine Arbeiten erkannt; Genie ohne Arbeiten ist eine blinde Versicherung, ein stummes Orakel. Verdienstvolle Arbeiten sind die Resultate von Zeit und Mühe und können nicht durch einen bloßen Wunsch oder mit nur gutem Willen gethan werden. Jedes große Werk ist das Resultat viel vorbereitender Erziehung; Leichtigkeit erwirbt man durch Arbeit. Nichts scheint jedoch leicht, was im Anfang nicht schwierig war, nicht einmal das Gehen." Gründlichkeit und Concentration auf einen Gegenstand sind wesentliche Bedingungen des Gelingens. Bedeutende Männer hatten ihren Erfolg oft der Gewohnheit zuzuschreiben, daß sie sich je nur mit einem Gegenstande beschäftigten und nicht eher zu einem anderen übergingen, bis sie jenen vollendet. Wenn wir unsere Kräfte auf zu viele Dinge zugleich verwenden, verlieren wir die Zeit des Uebergehens von einem zum anderen, erlangen weniger Geschicklichkeit, bringen weniger und weniger gute Producte hervor. „Als ich die Rechte studirte, „sagt Lord Leonhards," suchte ich jedes Ding, das ich angriff, mir vollständig zu eigen zu machen und niemals ein zweites anzufangen, bis ich das erste ganz fertig hatte. Viele meiner Collegen lasen in einem Tage so viel als ich in einer Woche, aber nach Verlauf von 12 Monaten waren meine Kenntnisse noch so frisch wie an dem Tage, an welchem ich anfing, mir dieselben zu erwerben, während diejenigen meiner Collegen dem Gedächtniß entschwunden waren."

Nicht die Menge von Kenntnissen macht einen Mann gründlich, noch das viele Lesen weise, sondern das Zweckentsprechende des Studiums, das Wie des Studirens, das Concentriren der Aufmerksamkeit und der geistigen Kräfte auf einen Gegenstand. „Entschiedenheit und Raschheit", sagt Smiles, „sind bei der Selbstbildung so nöthig wie im Geschäft. Um diese Eigenschaften zu fördern, muß man die jungen Leute daran gewöhnen, sich auf sich selbst zu verlassen, indem man ihnen so viel Freiheit des Handelns läßt als nur möglich. All zu viele Führung hindert die Gewohnheit der Selbsthülfe. Wer Schwimmen lernen will, muß ins Wasser und da einmal die Schwimmblasen ablegen. Mangel an Selbstvertrauen ist vielleicht ein größeres Hinderniß bei der Verbesserung, als man gewöhnlich annimmt."

Auf der anderen Seite ist es wieder sehr gefährlich, die Selbständigkeit zu früh zu erreichen, ein selbständiges Geschäft anzufangen, bevor man die erforderliche Summe von Erfahrungen gemacht. Man ist dann genöthigt, diese Erfahrungen auf Kosten der eigenen Casse zu machen, zu großes Lehrgeld zu zahlen, in Schaden zu kommen und zu Grunde zu gehen, — während im Dienste eines Anderen die Erfahrungen auf Kosten des Principals gemacht werden. Aus diesem Grunde ist es unumgänglich, daß junge Leute erst die nöthigen Lehr- und Wanderjahre durchmachen, ehe sie sich selbständig etabliren, damit sie unter der Aufsicht erfahrener Männer zur Selbständigkeit reif werden. Nur wer selbst einen Blick ins Geschäftsleben geworfen hat, weiß, wie selten diese Reife ist, wie gering unter dem ungeheuren Angebot von Arbeitskräften die Zahl der Tauglichen ist, und wie thöricht leichtsinnig das Begehren derjenigen ist, welche den Fabrikarbeitern die Errichtung von Productivgenossenschaften mit Staatsunterstützung als absolut und allgemein durchführbar empfehlen. „Wenn wir die Eigenschaften in Betracht ziehen, welche zur Ausführung irgend eines wichtigen Unternehmens nöthig sind," sagt Smiles, „als: specielle Geschicklichkeit, Raschheit der Handlung bei unerwarteten Ereignissen, Organisationstalent für große Arbeiten mit oft vielen Arbeitern, großer Tact und eben so große Menschenkenntniß, beständige Selbstbildung und zunehmende Erfahrung in den praktischen Dingen des Lebens, so ist es klar, daß die Schule, in welcher der Geschäftsmann gebildet wird, nicht so klein ist, wie manche Schriftsteller uns glauben machen wollen." Helps sagt, vollendete Geschäftsleute seien eben so selten als große Dichter, seltener als wirkliche Heilige und Martyrer.

Um welche Riesenstufe wäre die Menschheit mit Einem Schlage vorgerückt, wenn alle Arbeiter solchen Nutzen aus ihrer Schul- und Selbsterziehung gezogen hätten, daß alle tüchtig wären! Das wäre die wahre Lösung der socialen Frage.

Oft ist falscher Stolz ein Hinderniß des Emporkommens. Manche wollen höher hinaus, als ihre Kräfte gestatten. Manche, die in einem Industriezweige glänzende Laufbahn gemacht hätten, sind zu stolz und werden lieber schlechte Gelehrte. Nehme man sich in solchen Fällen doch das Beispiel großer Männer zum Vorbild. Thales, einer der sieben Weisen Griechenlands, der erste uns bekannte Verkündiger einer Sonnenfinsterniß, Solon, der große Gesetzgeber Athens, Hyperates, der Mathematiker, waren Kaufleute. Plato bestritt seine Reisekosten nach Aegypten mit dem Gewinn aus Oelgeschäften, die er während dieser Reise machte. Spinoza ernährte sich während seiner tiefsinnigen Forschungen über den Urgrund der Dinge mit Brillengläserschleifen; Linné, der Reformator der Botanik, machte Schuhe; Shakespeare war Theaterdirektor, Milton zuerst Schulmeister, dann Secretär des Staatsraths, Isaak Newton Münzmeister, W. Scott Advocat, der Nationalökonom Ricardo Banquier, Baily, der große Astronom, Börsenmakler, der Chemiker Allen Seidenfabricant, Grote, der große Geschichtsschreiber Griechenlands, Banquier, der Nationalökonom Carey Buchhändler.

Ein anderer Stein des Anstoßes für das Emporkommen der Menschen liegt in der Eitelkeit, mit welcher sie die Ursache eines Mißerfolges zu allerletzt in sich suchen. „Diejenigen Leute", sagt Smiles, „denen Unternehmungen häufig mißlingen, sind gar zu leicht geneigt, sich mit dem Worte Unglück zu entschuldigen oder zu trösten; sie behaupten, Jedermann hätte die Hand bei ihrem Geschäfte im Spiel gehabt, nur sie selbst nicht; sie schieben daher alle Schuld ihres persönlichen Unglücks auf diesen nebelhaften »Jemand«, die auf ihr so greifbares »Ich«." Ein bedeutender englischer Schriftsteller veröffentlichte kürzlich ein Buch, in welchem er anführte, wie häufig ihm seine sehr zahlreichen geschäftlichen Unternehmungen mißlungen seien, naiver Weise zu derselben Zeit zugebend, daß er das Einmaleins nicht verstehe; trotzdem setzte er das Mißlingen seiner Unternehmungen nur auf den Geist seiner Zeit, welcher eine allzu große Ehrfurcht vor dem Mammon habe. Lamartine zögerte gleichfalls niemals, seine Verachtung der Arithmetik öffentlich auszusprechen; hätte er dieselbe jedoch weniger verachtet, so würde die Welt wahrscheinlich nicht das außergewöhnliche Schauspiel gesehen haben, daß seine immensen Schulden durch Collection und den Staat gedeckt werden mußten. Dann gibt es wieder Andere, die glauben, sie wären einmal zum Mißgeschick geboren; Alles gehe ihnen verkehrt, ohne daß von ihrer Seite irgend ein Fehler vorläge. Man hat gewiß schon von dem Manne gehört, der darin so weit ging, zu sagen, wenn er ein Hutmacher geworden wäre, so würden die Leute ohne Kopf auf die Welt kommen. Ein russisches Sprüchwort sagt jedoch: „Unglück liegt neben der Dummheit!" Es gibt Leute, welche fortwährend über ihr Unglück lamentiren, während gerade dieses Unglück nichts Anderes als die Frucht ihrer eigenen Nachlässigkeit, schlechten Verwaltung, Unvorsichtigkeit oder ihres Mangels an Fleiß ist. Der berühmte Dichter Dr. Johnson, der nach London mit einer Guinee in der Tasche kam und eines Tages einem Lord seinen Zustand als „ohne Mittagessen" schilderte, sagte trotzdem: „Alle Klagen, welche in der Welt gemacht werden (über das persönliche Fortkommen), sind ungerecht; ich habe niemals einen Mann gekannt, dessen Verdienst vernachlässigt worden wäre; es war jedes Mal sein eigener Fehler, wenn er keinen Erfolg hatte." Der americanische Schriftsteller Washington Irving schreibt: „Das Gerede, daß bescheidenes Verdienst nicht gelohnt würde, ist nicht selten ein Kunstgriff, den träge und unentschlossene Leute gebrauchen, um ihren Mangel an Erfolg vor das Publicum zu bringen. Bescheidenes Verdienst ist indessen gar zu oft unthätiges, vernachlässigtes oder ununterrichtetes Verdienst. Gut gereiftes und gut geschultes Talent ist immer sicher, einen guten Markt zu finden, vorausgesetzt, daß es sich selbst dazu bemüht; allein es darf nicht an der Scholle kleben und auf das Abholen warten. Es existirt ein großer Theil Redensarten über den Erfolg von eifrigen und sich vordrängenden Leuten, während Männer von Werth, die zurückgezogen leben, vernachlässigt würden. Allein in der Regel haben jene eifrigen Leute diejenigen werthvollen Eigenschaften der Raschheit und Thätigkeit, ohne welche das Capital ein rein unthätiges Eigenthum ist. Ein bellender Hund ist mehr als ein schlafender Löwe. „Aufmerksamkeit, Fleiß, Genauigkeit, Methode, Pünctlichkeit und rasches Arbeiten", sagt Smiles, „sind die hauptsächlichsten Eigenschaften, welche für die erfolgreiche Führung irgend eines Geschäftes unumgänglich nöthig sind. Auf den ersten Blick scheinen diese geringfügige Dinge zu sein, und doch sind sie von wesentlicher Wichtigkeit, wenn man wohlhabend, nützlich und glücklich sein will. Es ist wahr, es sind geringe Eigenschaften, allein das ganze menschliche Leben ist aus verhältnißmäßig geringfügigen Dingen zusammengesetzt. Nur die Wiederholung von kleinen Handlungen bildet die Summe des menschlichen Charakters so wie den von Nationen. Und wo Menschen und Nationen zu Grunde gegangen sind, da waren immer scheinbar geringfügige Dinge der Felsen, an dem sie scheiterten. Jedes menschliche Wesen hat Pflichten zu erfüllen und muß deßhalb die Fähigkeit ausbilden, dieses thun zu können, sei nun der Wirkungskreis ein Haushalt, ein Geschäft oder ein Staat. Wie wir weiter unten an den Beispielen großer Arbeiter in der Industrie nachweisen werden, ist für den Erfolg in irgend einem Beruf des menschlichen Lebens ausdauernder Fleiß nothwendig. Es ist das Resultat täglicher Erfahrung, daß der menschliche Fortschritt nur auf beständige Aufmerksamkeit, welche man der Detailarbeit widmet, basirt ist. *Genauigkeit* ist von gleicher Wirkung und ein untrügliches *Zeichen von guter Erziehung*; Genauigkeit in der Beobachtung, Genauigkeit in der Redeweise, Genauigkeit in Handelsgeschäften. Was im Geschäfte gethan wird, muß gut gethan werden; denn es ist besser, wenig und gut zu arbeiten, als das Zehnfache, was schlecht und halbgethan ist. Ein weiser Mann pflegte zu sagen: „Warte ein wenig, damit wir desto eher fertig werden." Man schenkt in der Regel der *Genauigkeit* zu wenig Aufmerksamkeit. In Geschäftsangelegenheiten ist oft die Art und Weise, in welcher man kleine Geschäfte besorgt, entscheidend für oder gegen den Geschäftsmann. Selbst wenn Einer tüchtig ist, Fähigkeiten besitzt, sich gut benimmt, in manchen Beziehungen aber nicht genau ist, so verdient er kein Zutrauen; man muß *seine Arbeit immer noch einmal durchgehen*, wodurch unzähliger Verdruß, Plage und Störung verursacht wird. *Methode* ist wesentlich bei Verrichtung einer Arbeit; sie befähigt, daß man in kürzerer Zeit mehr gute Arbeit liefern kann. „Was man unter Methode versteht," sagt R. Cecil, „läßt sich durch das Verpacken verschiedener Gegenstände in eine Kiste illustriren; ein guter Packer bringt in dieselbe Kiste noch halbmal so viel als ein schlechter." Ein guter Maschinenheizer spart, wie schon bemerkt, die Hälfte der Kohlen; daher die gute Wirkung der Schulen und Concurse mit Prämien von Heizern in Frankreich. Welches kolossale Capital kann jährlich allein durch solche Kohlenersparniß geschont werden.

Wichtige Geschäfte muß man selbst besorgen. Ein Sprüchwort sagt: „Wenn ihr verlangt, daß euer Geschäft gethan werde, so thut es selbst; wollt ihr, daß es nicht gethan werde, so schickt irgend Jemanden." Ein träger Edelmann hatte ein Gut, welches ihm 4000 Thlr. jährlich eintrug; er kam in Schulden, verkaufte die eine Hälfte des Gutes und überließ die andere einem industriellen Landwirth auf 20 Jahre in Pacht. Nachdem diese Zeit abgelaufen, kam der Pächter zum Eigenthümer und fragte ihn, ob er ihm sein Gut verkaufen wolle. „Wollen Sie es kaufen?" rief der Edelmann überrascht. „Jawohl," war die Antwort, „wenn wir über den Preis einig werden." „Das ist doch außerordentlich sonderbar," erwiederte der Gutsbesitzer, „bitte, sagen Sie mir, wie ist das möglich? Ich konnte nicht leben, als ich noch das ganze Gut hatte, und bezahlte kein Pachtgeld; und Sie bezahlen mir jährlich Pachtgeld und sind nach 20 Jahren im Stande, das Gut zu kaufen!" „Der Grund ist einfach", war die Antwort; „Sie saßen still und ruhig und sagten »Gehe«, ich stieg auf und sagte »Komm«, Sie lagen im Bette und genossen Ihr Vermögen; ich stieg Morgens früh auf und besorgte mein Geschäft." Walter Scott gab einem jungen Manne folgenden Rath: Ihr Motto muß sein — „heute arbeite", thue augenblicklich, was gethan werden muß, und halte deine Ruhestunden nach dem Geschäfte, niemals vor demselben. Wenn ein Regiment marschirt, so kommen manchmal die hinteren Leute in Unordnung, weil die Soldaten die Front nicht regelmäßig und ohne Hinderniß vorwärts marschiren. Dasselbe ist mit dem Geschäfte der Fall. Wenn das, was man zuerst zu thun hat, nicht augenblicklich, fest und regelmäßig befördert wird, so häufen sich die Geschäfte hinterdrein, bis sie so zu pressiren beginnen, daß kein Mensch mehr die Verwirrung vermeiden kann.

Wichtig ist die richtige Schätzung der Zeit und der Werth des raschen Handelns. Die Americaner nennen Zeit gleich Geld. Ein italienischer Denker nennt die Zeit sein Gut, welches nichts Werthvolles einträgt, wenn man es nicht bebaut, das jedoch stets die Mühe des fleißigen Arbeiters reichlich belohnt. Läßt man dieses Gut unbewirthschaftet und brach liegen, so wird es nur Unkraut und schädliche Gewächse aller Art hervorbringen. Einer der kleinen Vortheile der beständigen Beschäftigung ist der, daß man dadurch vor Unglück bewahrt bleibt; denn es ist sicher, ein müßiges Gehirn ist des Teufels Werkstätte und ein fauler Mann ist des Teufels Ruhekissen. Die Zeit ist auch noch mehr als Geld. Richtig angewendet ist sie Selbstcultur, Selbstverbesserung und Ausbildung des Charakters. Eine Stunde, die man täglich mit kleinlichen Dingen verliert oder die man müßig verbringt, würde, wenn man dieselbe auf die Selbstcultur anwenden wollte, in wenigen Jahren einen unwissenden Mann weise und, wenn man sie für nützliche Beschäftigungen verwendete, das Leben unendlich fruchtbarer machen.

Ein richtiger Begriff von dem Werth der Zeit führt auch zu dem Vortheil der Pünctlichkeit. „Pünctlichkeit", sagte Ludwig XIV., ein sonst wenig nachahmungswürdiges Vorbild, „ist die Höflichkeit der Könige." Sie ist eben so die Pflicht eines gebildeten Mannes, wie sie für den Geschäftsmann unbedingt nöthig ist. Durch nichts erwirbt sich ein Mann mehr Vertrauen, als wenn er pünctlich ist, und durch nichts geht das Vertrauen rascher verloren, als durch den Mangel an Pünctlichkeit. Derjenige, welcher seine Verabredungen hält und Niemanden warten läßt, zeigt, daß er auch Achtung vor der Zeit eines Anderen hat. Durch Pünctlichkeit drücken wir den persönlichen

Respect aus, welchen wir vor einem Manne haben, mit dem wir Geschäfte machen, — und er wird uns dafür erkenntlich sein. Pünctlichkeit ist gewisser Maßen Gewissenhaftigkeit, denn eine Verabredung ist ein Contract, entweder ausdrücklich bedungen oder stillschweigend angenommen; wer ihn nicht hält, bricht sein Wort; desgleichen macht er einen unerlaubten Gebrauch von der Zeit eines Anderen und verliert unvermeidlich an Charakter. Wir kommen natürlich zu dem Schluß, daß eine Persönlichkeit, welche nachlässig in Bezug auf die Zeit ist, auch nachlässig in Bezug auf das Geschäft sein muß, und daß man derselben deßhalb keine wichtigen Geschäfte anvertrauen kann. Als Washington's Secretär sich einst über sein Zuspätkommen mit dem Unrichtiggehen seiner Uhr entschuldigte, erwiederte ihm Washington: „Wenn das der Fall ist, so müssen Sie Sich entweder eine bessere Uhr oder ich muß mir einen anderen Secretär anschaffen." Ein pariser Astronom, ein erfinderischer Kopf, der sich aber kümmerlich behelfen muß, erzählte mir, daß er seine Laufbahn verfehlt habe, weil er drei Mal 5 Minuten zu spät zu einer Zusammenkunft mit einem berühmten englischen Astronomen gekommen, dem er warm empfohlen war und der bereit gewesen war, ihm eine Stellung zu verschaffen. In England, namentlich in London, ist man nämlich weit pünctlicher mit Einhalten der Zeit als in Paris, pünctlich auf die Minute, — weil der Verkehr in der ungeheuren Stadt sonst unmöglich wäre. Jeder, der nach London kommt, ist daher genöthigt, erst eine Lehrzeit durchzumachen, um Entfernungen und Zeit richtig bemessen zu können und zu rechter Zeit zur Stelle zu sein. Der englische Astronom wartete nie länger als 2 Minuten nach dem bestimmten Termin, der Pariser kam immer 8 Minuten später und bekam jenen nie zu Gesicht.

Außer den gewöhnlichen Eigenschaften, welche zum guten Arbeiter nöthig sind, sagt Smiles, wird von dem Geschäftsmann der höchsten Classe auch rasche Auffassung und Festigkeit in der Ausführung seiner Plane verlangt. Eben so wichtig ist der Tact. Obgleich diese Eigenschaften ein Geschenk der Natur sind, so lassen sie sich doch durch Beobachtung und Erfahrung sehr entwickeln. Leute, welche diese Eigenschaften haben, sehen rasch die richtige Art und Weise, wie gehandelt werden muß, ein, und führen, wenn sie sich entschieden haben, ihr Vorhaben rasch, sicher und mit Erfolg aus. Diese Eigenschaften sind ganz besonders werthvoll und ganz unentbehrlich für solche, welche die Arbeiten Anderer in großem Maßstabe leiten.

(Wahl des Berufes.) In zweiter Linie nach der allgemeinen Erziehung in der Familie und der Schulbildung steht die Wahl des Berufes, weil von ihr die technische Ausbildung und die Leistungskraft für die Lebenslaufbahn abhängt. Die Wahl des Berufes muß sich richten nach den materiellen Mitteln und den geistigen Anlagen des Menschen. Am leichtesten geht es, wenn die Kinder den Beruf des Vaters ergreifen, weil sie die erforderliche Fertigkeit gleichsam spielend erlernen und weil das nöthige Stamm- und Betriebscapital in der Regel nicht erst frisch gesammelt werden muß. Auch Geschäftsvortheile und Kundschaft sind meist schon vorhanden. Der Sohn steht da im wahren Sinne des Wortes auf den Schultern des Vaters, und deßhalb kommt es so häufig vor, daß die wichtigsten gewerblichen Fortschritte und Erfindungen von solchen in einer Industrie aufgewachsenen Söhnen gemacht werden. Trotz der großen Vorzüge dieser natürlichen Nachfolge muß doch wieder die Gefahr vermieden werden, in ägyptischen Kastengeist zu verfallen. Das Mittel dazu kann natürlich kein Eingriff des Staates in die väterliche Gewalt sein, welche besser durch Rath der Verwandten, Klugheit der Kinder und die öffentliche Meinung gemildert und vor despotischen Auswüchsen verhindert wird, — aber der Staat kann vorkommende Härten dadurch mildern, daß er alle Schranken der Arbeit aufhebt (z. B. den Zunftzwang) und den Uebergang aus einem Geschäft in das andere so erleichtert, daß der Sohn bei seiner Volljährigkeit eine Beschäftigung, welche ihm wider seine Neigung und sein Talent vom Vater aufgezwungen worden ist, verlassen und eine andere ergreifen kann, -- kurz daß der Staat volle Freiheit der wirthschaftlichen Bewegung einführt, alle Monopole und wirthschaftlichen Vorrechte aufhebt. Viele Sorgen und viele verfehlte Laufbahnen würden ferner erspart werden, wenn es gelänge, ein Mittel zu finden, durch welches den Eltern und Vormündern das Material geboten würde, um sich über den Stand der verschiedenen Erwerbszweige zu orientiren und ihren Kindern und Mündeln guten Rath für eine richtige Wahl zu ertheilen. Fast in allen Ländern herrscht in dieser Beziehung mehr oder weniger der Zufall. Jetzt, wo die reichen Verkehrsmittel die Geltung des Wortes A. Smith's, „daß der Mensch die am schwersten zu transportirende Waare sei", allmählich aufheben, könnte gewiß durch eine bessere Kenntniß der verschiedenen, je nach den Ländern auf die Zahl von 1000--2000 sich summirenden Erwerbszweige und ihrer Lage in verschiedenen Gegenden manche verfehlte Wahl abgewendet, manchem jungen Menschen eine glückliche Laufbahn eröffnet werden, der jetzt in ärmlichen oder kleinlichen Verhältnissen verkümmert. Schon vor 16 Jahren sprachen wir uns bei Gründung des „Arbeitgeber" darüber aus, und unsere Worte haben noch nichts an ihrer Wahrheit verloren:

„Es kann nämlich Niemandem die Schwierigkeit entgangen sein, welche bei der Mannigfaltigkeit unserer industriellen Erwerbszweige für die meisten Eltern besteht, ihren Kindern eine Berufsart auszuwählen, deren Erlernung geeignet ist, ihre Zukunft zu sichern. Ist es schon schwierig, die Anlagen des Knaben genau zu prüfen, mit Bestimmtheit kennen zu lernen, zu welchem Erwerbszweige solcher vermöge seines Talents und vermöge seiner Neigung sich am besten eignet, so ist es aber noch schwieriger, die richtige Auswahl zu treffen. Nicht allein, daß es den einzelnen Eltern selten möglich ist, sich über alle Beschäftigungsarten in Ackerbau, Gewerben, Fabriken, Handel,

Künsten und Wissenschaften genaue Kenntniß zu verschaffen, entgeht den meisten aus Mangel specielleren volkswirthschaftlichen Studiums auch das Urtheil über die Aussichten, welche der eine oder der andere zu wählende Erwerbszweig zu der Zeit haben wird, wann der Sohn ausgelernt hat. Ein Mißgriff in der Wahl des Erwerbszweiges verhängt oft tiefes Elend über Einzelne und über ganze Familien. Eine Witwe hat sich oft den Bissen vom Munde gespart, um den Sohn studiren zu lassen, und wann er ausstudirt hat, ist der erlernte Berufszweig so übersetzt, daß er noch zehn Jahre warten müßte, um etwas zu verdienen. Die Subsistenzmittel sind inzwischen geschwolzen und es bleibt zuweilen dem Jüngling nichts übrig, als einen niedrigeren Erwerbszweig zu ergreifen, den er auch ohne den oben genannten Aufwand hätte betreiben können. Wie viel unnütz vergeudetes Capital, wie viel verfehlte Carrièren, wie viel unglückliche Familien!

„Eine geordnete Uebersicht der Erwerbszweige, ihrer Gehalte und ihrer Löhne, und ein umsichtiges Urtheil über ihre Aussichten in die Zukunft, Aussichten, welche nur von dem Fachmanne richtig beurtheilt werden können, weil die Arbeitsverhältnisse in einer fortwährenden, durch Capitalschwankungen, Bevölkerungsveränderungen (Auswanderung, Epidemieen) und Erfindungen bewegten Umwandlung begriffen sind, — eine solche geordnete statistische Encyklopädie aller Erwerbszweige würde den Eltern eine richtige Auswahl möglich machen und dadurch viel Unglück verhindern.

„Es ist aber nicht allein wichtig, diejenigen, welche einen Erwerbszweig erlernen wollen, vor solchen Geschäften, die dem Untergang entgegengehen oder wahrscheinlicher Weise bald sehr übersetzt sein werden, zu warnen und ihnen solche zu empfehlen, welche möglicher Weise rentabel werden können, — sondern es ist auch von Wichtigkeit, denjenigen, welche ein Geschäft bereits erlernt haben, bald lohnende Beschäftigung zu ermitteln, — oder solchen, welche bei Erfindung neuer Maschinen und Productionsmethoden von einer Beschäftigung, die nicht mehr lohnt, zu einer anderen übergehen wollen, Aussichten auf eine andere Berufsart und deren leichte Erlernung zu eröffnen."

Betrachten wir z. B. eines der gelehrten Fächer, so kann man wahrlich den jungen Mann einen Hercules am Scheidewege nennen, der nach vollendeten Gymnasialstudien sich darüber entscheiden soll, ob er die Universität beziehe und sich durch das Studium des Cameralfachs, der Jurisprudenz, der Philologie, Mathematik, Theologie, für den Staatsdienst, zum Richter, Verwaltungsbeamten, zum Lehrer oder Prediger bestimme, oder ob er die weniger garantirte, aber mehr Aussichten auf eine baldige einträgliche und möglicherweise auch eine glänzende Stellung im Leben bietende Laufbahn der Industrie betrete und zum Kaufmann, zum Chemiker, Civilingenieur, Maschinenbauer sich ausbilde, oder einer Kunst, einem Fabrikunternehmen, oder endlich der Landwirthschaft sich widme.

Erst in neuester Zeit ist die Wahl zwischen beiden Carrièren zu einem

Gegenstande des Schwankens geworden. In der ganzen ersten Hälfte unseres Jahrhunderts bis in die jüngsten Tage hatte sich unserer Jugend in fast krankhafter Weise der Trieb bemächtigt, sich zu den gelehrten Fächern und in den Staatsdienst zu drängen, so daß diese dadurch so übersetzt sind, daß es immer sehr lange dauert, bis Jemand seinen anständigen Unterhalt findet, daß Viele, denen die Geduld oder das Geld ausgeht, verkommen und ihr Ziel gänzlich verfehlen.

Dieses krankhafte Drängen unserer intelligenten jüngeren Leute in den Staatsdienst hat seinen Grund neben der Gewohnheit, daß die Söhne gerne in die Fußstapfen der Väter treten, daß also Beamtensöhne wieder Beamten werden, in dem Wunsch nach Ehrenstellen, nach persönlicher Macht und Auszeichnung, und einer sichern Existenz. Der erstere Grund ist leichter begreiflich als der letztere. Zwar kann man es Niemandem verdenken, wenn er seine Lebensexistenz zu sichern sucht; allein es liegt einmal in der Natur, daß der Mensch mit dem gegenwärtigen Besitz selten zufriedengestellt ist, daß er dem ihm innewohnenden Triebe zum Fortschritt gehorchend, zu seinem Glück ein fortwährendes Streben nach Verbesserung seiner Lage in sich trägt. Kann er nun diesem Streben in sich und in seiner Carrière durch eigenen Willen und eigene Kraft Befriedigung schaffen, dann wirkt dieser Trieb äußerst segensreich, er spornt den Menschen an, seine Geistes- und Körperkräfte zur höchsten Vollendung zu bringen und möglichst Vollendetes zu Tage zu fördern; — ist ihm in diesem Streben aber eine äußere Schranke gesetzt, wie dies im Staatsdienste der Fall ist, hängt er darin eben von Anderen, ihm Vorgesetzten ab, dann geräth der sonst sehr nützliche Fortschrittstrieb leicht in falsche Bahnen, wenn nicht das Amt selbst in seinem Wirkungskreis eine große Befriedigung in sich trägt. Ein sehr ehrgeiziger, betriebsamer Mensch wird Intriguant, um seinen Vorgesetzten zu überflügeln oder zu stürzen, ein Anderer wird Schmeichler, um auf diesem Wege vorwärts zu kommen; wessen redlicher Natur aber endlich das Eine oder das Andere zuwider ist, oder wer nicht hoffen darf, anders als nach Anciennetät zu avanciren, der wirft sich, indem er nebenbei der wenig humanen Hoffnung auf den Tod seines Vorgängers sich hingibt, auf irgend ein Steckenpferd, welches den ihm innewohnenden Fortschrittstrieb absorbirt und seine Lebenskraft und Leidenschaft in eine unschuldige, aber auch unproductive Bahn lenkt. Gerade diese Gefahr, welcher die Vertreter dieses wichtigen Standes ausgesetzt sind, macht es nöthig, auf Mittel und Wege zu sinnen, um ihn möglichst wirkungskräftig und achtunggebietend hinzustellen: ein ehrenvollerer Beruf, als für den Dienst des Staates sich auszubilden und sein Leben dem Wirken für das Wohl des Vaterlandes zu weihen, läßt sich nicht denken; — allein um der Würde dieses Berufes willen muß man die Staatsbeamten über alle kleinlichen Nahrungssorgen hinwegsetzen, weil letztere sie gar leicht in den Augen der Welt bloßstellen und überhaupt das edlere Streben und die Spannkraft des Menschen lähmen. Eben deßhalb muß die pecuniäre Stellung der Beamten der Art sein, daß sie sich vor Gewerbetreibenden nichts zu vergeben brauchen; die pecuniäre Stellung kann aber nicht befriedigend sein, wenn zu viele Candidaten sich in den Staatsdienst drängen; sie kann sich nicht eher verbessern, als bis das Angebot von Arbeitskraft darin sich vermindert. Für das krankhafte Haschen nach einer sogenannten sicheren Existenz, welches sich des größten Theiles unserer gebildeten Bevölkerung bemächtigt hat, wird es uns schwer, eine Erklärung zu finden. Und gerade dieses krankhafte Vorurtheil ist es, welches den Unternehmungsgeist unserer Nation nicht wenig hemmt. In England, Belgien, Holland ist es nicht so; auch in Deutschland war es vor dem dreißigjährigen Kriege nicht so. Der Adel lag damals dem Kriegshandwerk ob, allein Staatsdienst gab es noch wenig; die intelligenten Kräfte der Städte mußten sich mehr dem Handel, den Künsten und den Gewerben widmen, und deßhalb nahm unsere Nation damals in industrieller Hinsicht eine weit ehrenvollere Stelle, die erste Stelle in der Welt ein. Seit einem Jahrhundert sind wir mit unserer Industrie neben anderen Ursachen auch aus dem Umstande zurückgeblieben, daß die intelligenten jungen Leute anfingen, sich der technischen Arbeit zu schämen, daß sie solche den weniger Begabten überließen und in den Staatsdienst sich drängten. Die schöne Triebkraft des Fortschrittes wurde in eine Bahn gelenkt, welche der Production nicht förderlich sein konnte. Statt danach zu streben, etwas Nützliches zu lernen und etwas Nützliches zu schaffen, suchte man nur wo möglich in einen über der Familie, in der man geboren und erzogen, stehenden Stand zu gelangen. Die Söhne der Handwerker wurden Beamte, die Söhne der Bauern wurden Handwerker, und das Ende vom Liede war, daß der Staatsdienst, daß die Gewerbe mit Proletariern überfüllt wurden, und daß es dem Landbau, dieser Grundsäule der Nationalindustrie, an intelligenten Kräften gebrach. Landwirthschaft und Gewerbe blühten nicht auf, wie sie hätten thun können, und der Staatsdienst litt an Ueberfüllung und wurde eben deßhalb schlechter besorgt, nach dem bekannten Sprichwort: Viele Köche verderben die Suppe. Es ist in neuerer Zeit besser geworden; die Erfahrung hat den Meisten die Augen geöffnet, und es bedarf nur einer kleinen Anleitung, um unser Erwerbsleben wieder in eine gesunde Bahn zu lenken. Dazu muß vor Allem dem Wahn über die sogenannte sichere Stellung oder Existenz der Krieg erklärt werden. Er lähmt den Unternehmungsgeist, diesen belebenden Athem der Industrie und liegt wie ein drückender Alp auf der Schaffungskraft der Bevölkerung. Was ist denn dieses „sichere Brod" anders, als das sichere Bewußtsein, sein ganzes Leben lang ein Auskommen mit Ach und Krach zu haben, einer sicheren Abhängigkeit unterworfen zu sein? — während ein halbwegs brauchbarer Commis, ein Handwerker, vollends aber ein selbständiger Geschäftsmann, der einst mit der Hälfte des Capitals angefangen hat, das für die Ausbildung eines Juristen oder Philologen angewendet wurde, mehr im Jahre einnimmt, als die meisten Justiz- und Verwaltungsbeamten der mittleren und unteren Grade. In der That, was sollte aus der Nation werden, wenn Jeder nur nach einer Sinecur strebte, die ihm bei mäßigem Hungerleiden das Leben fristet. Was sollte aus der Triebkraft zur Vervollkommnung unseres Geschlechts in Wissenschaft und Kunst, in Technik und Industrie, in allen leiblichen und geistigen Genüssen werden? Das sichere Brod hat Jemand, der etwas Tüchtiges gelernt hat, der sparsam, nüchtern, fleißig und Beherrscher seiner Leidenschaften, kurz, ein Mann von echtem Schrot und Korn ist. So lange man gesund ist, kann man arbeiten; so lange man arbeitet, hat man die sichere Existenz und kann noch einen Nothpfennig sparen; und gegen die unvorbereiteten Unglücksfälle sind die Versicherungsgesellschaften da, die noch einer bedeutenden Ausdehnung fähig sind. Wahrlich, wenn die jungen Leute genau berechneten, was ihnen die Erlangung dieses sicheren Brodes gekostet, so würden sie sich zweimal besinnen, ehe sie die Universität bezögen. Wie mancher verzweiflungsvolle Rechtspracticant würde mit tausend Freuden umsatteln, wenn er noch einmal die verschwundenen Capitalien und Kräfte zur Disposition hätte. Würde er etwa in der Nacht vor seinem Abgang auf die Universität die ersten zehn Jahre seines Staatsdienstes so lebhaft und deutlich geträumt haben, wie sie ihm nachher in quälender Erinnerung stehen, vielleicht ginge er am Morgen des Erwachens fröhlich als Schuster in die Lehre. Ueberblickt man dagegen die industrielle Carrière, so findet man zwar hie und da einen Verunglückten, doch deren gibt es in der gelehrten Carrière auch genug, und wer anders nimmt endlich die verunglückten Candidaten in den Schooß auf, als die Industrie? — allein im Allgemeinen beglückender Fortschritt, behagliche Unabhängigkeit, ein sicheres Auskommen im Alter, und genügende Mittel zur Versorgung der Kinder, wo nur irgend ein kleiner Theil des Fleißes und Talentes vereinigt sind, welche für den Staatsdienst erfordert werden; und dies zwar mit Hülfe eines geringeren Capitals, als ein Rechtscandidat aufwenden muß.

So manches industrielle Genie geht im Staatsdienst verloren, und Mancher, der im Bureau verknöchert und erdrückt ist von der Last der Acten und des tagtäglichen Einerlei, wäre in der frischen Luft der Industrie vielleicht Millionär geworden. Und welcher Vortheil für die Industrie des Landes selbst, wenn unsere Intelligenz nicht mehr an den Schreibtisch, sondern ins frische, kräftige Leben sich wirft; wenn das Talent und der Scharfsinn, welche jetzt oft nutzlos zum Chicaniren der Industriellen aufgeboten werden, zur Erfindung neuer Maschinen und Productionsmethoden sich anstrengen. Denn gerade was einen Verwaltungsbeamten oft unerträglich macht, das Chicaniren und Nachspüren in Kleinigkeiten, dieselbe Eigenschaft ist in einem Geschäfte oft unschätzbar; der Mann ist nur nicht an seinem Platze. Zu welcher Höhe müßten sich unsere feineren Gewerbe heben, wenn die Intelligenz mit ihrem Scharfsinn und ihrem Erfindungsgeist sich derselben bemächtigte, während sie sich jetzt mehr im alten hergebrachten Geleise fortschleppen. Dieselbe Intelligenz in einem Gewerbe zur Geltung gebracht, macht aus einem Jüngling einen eben so angesehenen, unter seinen Mitbürgern vielleicht in größerer Geltung stehenden, jedenfalls aber wohlhabenderen Mann, als die Staatscarrière.

Ueberhaupt Handel und Industrie machen — dadurch, daß die Unternehmer sich stets und überall im Leben umsehen, Augen und Ohr offen halten müssen, um sich vor Schaden zu wahren, weil sie sich mit allem Neuen bekannt machen, nach Erfindungen grübeln müssen u. s. w. — immer gewürfelter als eine Laufbahn, wo die Leute immer in denselben Geleisen gehen. Der Handelsstand ist daher meist sehr intelligent und aufgeklärt. Und wenn unsere Industrie, durch die Intelligenz gehoben, vorschreitet, so muß sie neue Märkte erobern, siegreich mit dem Auslande concurriren und so im Allgemeinen schon den Reichthum der Nation so vermehren, daß größere Capitalien für junge Leute, die ins praktische Leben treten wollen, zu Gebote stehen; die Nation wird im Allgemeinen erwerbstüchtiger, was auf jeden Einzelnen eine wohlthätige Rückwirkung äußert und schließlich auch wieder den Staatsdienst, schon aus mangelndem Angebot, zu größerer Geltung und besserer Bezahlung bringen muß.

Auch der Landbau, der nicht so viel Rührigkeit, rasches Urtheil und Kenntnisse erfordert, als Handel und Industrie, würde gewaltig gewinnen, wenn mehr intelligente junge Leute sich ihm widmeten. Mit dem Capital, welches das gelehrte Studium erfordert, können sie als Verwalter großer Güter oder als Pächter eine lucrativere Carrière machen denn im Staatsdienste, und allmählich so viel ersparen und erspeculiren, daß sie sich ein eigenes Gut kaufen, welches ein behagliches Auskommen gewährt.

Zum Zweck einer solchen ständigen Enquête über den Stand der Erwerbsarten, verbunden mit einer Centralisation aller Nachrichten aus dem Arbeitsmarkt, über Angebot und Nachfrage nach Arbeitern, so wie den Cours der Löhne, hatte ich 1866 den „Arbeitgeber" gegründet. Im Prospectus sprach ich mich folgender Maßen über diesen Plan aus:

(Centralisation des Arbeitsmarktes.) Die Chroniken des Mittelalters melden uns fast in jedem Jahrhundert ein oder mehrere Male, daß in dem einen Lande ein Zehntheil, ja ein Drittheil der Bevölkerung Hungers gestorben sei, während in einem entfernteren Lande Ueberfluß herrschte. Eine Ausgleichung konnte damals nur an den Ufern der Flüsse, an den Küsten der Meere Statt finden, weil in den Binnenländern gute Straßen fehlten, um große Massen von Getreide und sonstigen Lebensmitteln weit transportiren zu können. Aus demselben Grunde war der Handel mit Waaren überhaupt sehr schwer, so daß die Preise derselben an verschiedenen Orten einen außerordentlichen Abstand zeigten. Capital, welches nicht immer in Gestalt von Metallgeld, sondern öfter noch aus anderen Waaren besteht, konnte in der einen Gegend, namentlich in Seestädten, im Ueberfluß vorhanden sein, während es im Binnenlande fehlte. Die Arbeitskraft war zum größten Theil an die Scholle gebunden, und nur in den Gewerben fand durch das Wandern der Handwerksburschen eine verhältnißmäßige ausgleichende Vertheilung derselben Statt.

Die Erfindung der Dampfmaschine hat alle diese Verhältnisse gänzlich umgewandelt. Die Dampfschiffe und Eisenbahnen bewirken eine fast gleichmäßige Vertheilung der Lebensmittel und sonstigen Waaren wie des Capitals.

Nur der Mensch ist noch verhältnißmäßig „die am schwersten zu transportirende Waare“ geblieben.

Während der Kaufmann in München keinen Sack Getreide verkauft, ohne den Bericht des amsterdamer Marktes gelesen zu haben, während der Bäcker in London den Preis seines Brodes nach den Aernteaussichten in Nordamerica richtet, während dadurch sowohl einer Hungersnoth wie einer der Landwirthschaft verderblichen, zu großen Wohlfeilheit vorgebeugt wird, — findet man in den Arbeitsverhältnissen ganz kleiner Districte noch die schreiendste Ungleichheit, hungern in der einen Gegend Arbeiter, während in einem benachbarten Districte die Arbeitgeber den Launen der ersteren ausgesetzt sind und oft die gewinnreichsten Geschäfte nicht ausführen können, weil es ihnen an Arbeitern fehlt. Nagelschmiede verdienten noch vor nicht langer Zeit nur 35 Pfg. täglich, während Hüttenarbeiter noch um 1½ Mark und darüber gesucht wurden. Eine Spinnerin verdient täglich höchstens 15 Pfg., eine Weißstickerin im Canton Appenzell und St. Gallen recht gut 1 Mark. Der ländliche Tagelohn steigt in manchen Gegenden des Rheines und der Schweiz bis zu 2 Mark, und in anderen, namentlich Gebirgsgegenden, geht er bis auf ½ Mark und noch weiter herab.

Wie im Capitalmarkt fortwährend Veränderungen vorkommen, indem einmal da, einmal dort eine Aufstauung des Capitals eintritt; — wie der Markt des Getreides fortwährend schwankt, und die Vorräthe des einen Marktes in den anderen sich ergießen, je nach der Fruchtbarkeit der verschiedenen Gegenden und Jahre: — so herrschen nicht minder Schwankungen im Arbeitsmarkt, sei es durch die Einwirkung der Fluctuationen der beiden obengenannten Factoren selbst oder durch die Erfindung neuer Maschinen, neuer Productionsmethoden.

Der regelmäßige Zu- und Abfluß des Capital- und des Getreide-Marktes ist organisirt und regulirt — der der Arbeit keineswegs.

Während die Lebensmittel aus Gegenden, wo sie im Ueberfluß vorhanden sind, durch die Eisenbahnen rasch dahin befördert werden, wo daran Mangel ist; während so die Getreidepreise auf allen Märkten Europa's einem gleichen Niveau zustreben; während der Kornvorrath sich dadurch ganz richtig nach dem Bedürfniß vertheilt; während das Capital, wie das Wasser, wo es sich vorübergehend aufgestaut, durch die Banken und Börsen rasch wieder dahin abfließt, wo man es begehrt, und sich der Zins in allen civilisirten Ländern auszugleichen strebt; ist noch immer der Arbeitslohn in der einen Gegend permanent hoch, in der anderen in demselben Arbeitszweige und bei gleichem Verhältniß der Lebensmittelpreise niedrig; ist noch immer in der einen Gegend in einem und demselben Arbeitszweige Mangel an Arbeitern, in anderen Ueberfluß davon.

Man glaubt oft durch die Auswanderung einer Ueberfüllung von Arbeitern abzuhelfen; allein mit jener entgeht dem Lande mehr Capital als erforderlich gewesen wäre, um eine den Ausgewanderten gleiche Anzahl bei richtiger Vertheilung der Arbeits- und Capitalkräfte in der Heimath genügend zu beschäftigen und zu nähren.

Ließe sich da eine richtige Vertheilung der Arbeitskräfte bewerkstelligen oder nur begünstigen, so wäre ein doppelter Vortheil gewonnen:

1) Müßige Arbeiter, welche Capital in Gestalt von eigenen Ersparnissen, von Anlehen oder von Almosen unproductiv verzehren, erhielten productive Beschäftigung.
2) Viele Producenten würden mehr hervorbringen und dadurch wieder den arbeitbeschäftigenden Capitalstock vergrößern.

Um solche zweckmäßige Vertheilung der Arbeit aber zu bewerkstelligen, muß man die statistischen Verhältnisse des Arbeits- und des Arbeitervorraths kennen.

Ueber die Fluctuationen des Capitalmarktes geben die Bank- und Börsencours-Berichte Aufschluß, über die des Colonialwaarenmarktes die sorgfältigsten Markt- und Handelsberichte; beide bilden eine ständige Rubrik der Zeitungen: Ueber die Schwankungen des Arbeitsmarktes existiren keine solche Berichte, höchstens vereinzelte Angaben.

Die periodische statistische Zusammenstellung der Conjuncturen der Arbeit in allen ihren Nuancen vom einfachen Tagelöhner und Handwerker bis zum Künstler und Gelehrten hinauf, ihres Lohnes in verschiedenen Gegenden, die Beurtheilung ihrer Stellung in der Gegenwart, ihrer Aussichten auf die Zukunft stellt sich demnach als ein dringendes Bedürfniß heraus." —

Leider ist es nicht gelungen, diesem Unternehmen eine so allgemeine Verbreitung zu geben, daß der volle Zweck erreicht worden wäre. Nur für wenige industrielle Beschäftigungen ist der „Arbeitgeber" ein Centralorgan geworden. Wahrscheinlich ist das Unternehmen zu früh gekommen. Auch wir halten es nicht für ein Universalmittel, aber für eines von vielen Hülfsmitteln, welches geeigneter ist, zahlreiche beschäftigungslose oder schlecht bezahlte Arbeiter in Brod und bessere Lage zu bringen, als viele so gepriesene Panaceen. Wenn überdies „Schönberg" nicht Anstand genommen hat, die Gründung von Reichs-Arbeitsämtern mit einer Million Thaler Dotation zu verlangen, deren Unwirksamkeit sich aus den eben angegebenen Gründen mit Sicherheit voraussehen läßt, so kommt doch vielleicht noch der Tag, wo auch unsere

Idee einer Centralisation des deutschen Arbeitsmarktes die Form findet, in welcher sie zur praktischen Durchführung gelangt. Sollte der „Arbeitgeber" auch in der Zukunft nicht die erforderliche Unterstützung finden, um ein wirksames Centralorgan zu werden, so könnte es ein so verbreitetes Organ wie die Gartenlaube wenigstens für einen bestimmten Kreis von Berufsarten. Am vollkommensten aber könnte allerdings der Staat diese Centralisation des Arbeitsmarktes durchführen, und zwar mit kaum nennenswerthen Kosten, wenn die Anordnung getroffen würde, daß sämmtliche Amtsblätter die Arbeiter- und Stellengesuche unentgeltlich aufnehmen und der Reichsanzeiger das Angebot von und die Nachfrage nach Arbeitern aller Berufsarten in einer alphabetischen Zusammenstellung durch eine besondere Beilage veröffentlichte. Es würden dadurch nicht bloß viele zeitweise darbende Arbeiter untergebracht, viele Unternehmer aus Verlegenheiten gerissen und den Arbeitseinstellungen ihre für den Gewerbefleiß gefährliche Spitze abgebrochen, sondern auch dem frechen Treiben von Schwindlern, die durch lockende Versprechungen von guten Stellen in Zeitungsannoncen arglose Arbeitsuchende um ihre Sparpfennige betrügen, welches schon längst die Aufmerksamkeit der Polizei, des Richters und des Gesetzgebers hätte in Anspruch nehmen sollen, ein Ende gemacht.

(Stückarbeit.) Für diejenigen Arbeiter, welchen aus Gründen, die im Geschäfte liegen, selbständige Unternehmung versagt ist, — ist als eines der wirksamsten Mittel ihre Lage zu verbessern — die Stückarbeit zu betrachten. Dieselbe ist leider nicht überall durchführbar, allein wo sie eingeführt, hat sich das Verdienst der Arbeiter um wenigstens 60 pCt. erhöht, ja oft um 100 und 200 pCt. gesteigert. Ein Vergleich des Verdienstes der gleichen Arbeit im ständigen Tag- oder Wochenlohn und im Stücklohn würde ein sehr verdienstliches Werk sein. Durch die Accordarbeit wird der Arbeiter veranlaßt, seine Zeit vollkommen auszunutzen, seine Fertigkeit zu erhöhen, er lernt dem Geschäft neue Vortheile abgewinnen und wird sogar zur Anstrengung seiner Erfindungsgabe angespornt, welche, wenn ihm eine Erfindung gelingt, der Weg zu seinem Glücke sein kann; während bei der gewöhnlichen nach der Zeit bezahlten Arbeit so viel getrödelt und so wenig geleistet wird, daß der Unternehmer bei geringerer Zahlung doch schlechtere Rechnung macht.

(Erhöhte Thätigkeit der Sanitäts- und Moralitäts-Polizei.) Hinsichtlich der Polizei läßt sich nicht sagen, daß sie überall sämmtliche Pflichten umsichtig erfüllt. Wenn sie auch nicht mehr zu politischen Verfolgungen mißbraucht wird, so ist sie doch oft noch sehr mangelhaft in Beziehung auf den Präventivschutz der Sanitäts-, Moralitäts- und Rechtsverhältnisse.

Man kann sagen, daß es Aufgabe der Polizei ist, in diesen Beziehungen ihren Präventiv-Schutz eintreten zu lassen, überall da, wo das Publicum entweder physisch oder auch geistig nicht im Stande ist, sich selbst zu schützen.

Es wird vielfach geklagt, daß dieser physische Schutz, z. B. bei Schlägereien oder Beschädigung öffentlicher Anlagen und Gebäude, häufig zu spät komme: allein in geistiger Hinsicht ist ein großes Feld der frevelhaften Ausbeutung des Publicums überhaupt noch ungenügend überwacht, gerade in solchen Beziehungen, wo das Publicum nicht die Erfahrung oder wissenschaftliche Kenntniß haben kann, um die Verhältnisse selbst zu beurtheilen. Wir erinnern an die Verfälschung der Lebensmittel und an die Ausbeutung des Publicums durch Marktschreier und Industrielle, welche Universalmittel anpreisen, oder offene Stellen ausschreiben, Glückspiele oder Heirathen zu vermitteln suchen und den Inseratentheil der Zeitungen zu einem Schlupfwinkel schamlosen Betruges machen. Nur ein ganz kleiner Theil des Publicums kennt alle die Schliche, mit welchen diese neue Art von Raubrittern, Buschkleppern und Wegelagerern dem Publicum das Geld abschwindelt; es werden daher immer noch so Viele betrogen, daß ein zahlreicher Geschäftszweig von Gaunern daraus entstanden ist.[1])

In solchen Fällen nun, wo wissenschaftliche Kenntnisse und besondere Erfahrungen nothwendig sind, um sich gegen Betrug zu schützen, da sollte die Polizei mit den geeigneten Mitteln den Unerfahrenen zu Hülfe kommen, sei es, daß die Aufgabe der Sanitätsbehörden erweitert wird, sei es daß z. B., da es nicht wünschenswerth ist, daß man die Presse beschränke, und da von den meisten Zeitungsverlegern die Uneigennützigkeit nicht zu erwarten ist, daß sie solche Schwindelannoncen aus eigenem Antriebe zurückweisen, ihr das Recht und die Pflicht auferlegt werde, in die Zeitungen neben solche Anzeigen, nöthigenfalls für öffentliche Rechnung, Warnungen gegen dieselben einrücken zu lassen.

Wenn z. B. neben jeder Anzeige der Revalenta arabica eine Warnung der Polizeibehörde stände, daß dieser Wunderstoff Linsenmehl sei, so würde auch der Einfältigste im Publicum wissen, daß er damit nicht alle Krankheiten heilen kann.[2])

---

1) Ein ganz gewöhnlicher Kniff der Stellen-Bureaux ist es z. B., solche Stellen als vacant in den Zeitungen auszuschreiben, welche am schwersten zu haben oder zu welchen Leute ohne sachliche oder technische Vorbildung gebraucht werden können, auf erfolgte Anfrage ein lithographirtes Circular an den Frager zu senden, daß er auf Einsendung oder Zahlung der Nachnahme eines bestimmten Geldbetrages die Antwort erhalten werde, welche gewöhnlich in dem Bedauern besteht, daß die Stelle inzwischen bereits vergeben. Dieses Vorgehen ist mir aus vielen Fällen, welche mir mit Documenten mitgetheilt wurden, bekannt. Noch schwindelhafter mag von Heiraths-Bureaux u. dgl. verfahren werden.

2) Kürzlich ist über diesen öffentlichen Krebsschaden eine sehr zeitgemäße Untersuchung von Prof. Richter, „Das Geheimmittel-Unwesen“, erschienen, welches allgemeine Beachtung verdient. Die „Deutsche Zeitung“ vom 12. März 1872 sagt darüber:

Verfasser, welcher seit etwa 30 Jahren sich eine Sammlung der in deutschen Ländern vorkommenden Geheimmittel, welche als Heilmittel verkauft werden, angelegt, führt zuerst 330 der bis jetzt bekannten und entlarvten Geheimmittel an, worunter 136 giftig und gefährlich für Leben und Gesundheit der diese Mittel gebrauchenden Personen, 107 zwar minder bedenklich, doch nicht unschädlich und 307 großentheils ganz unwirksam. So-

Die Sache ist ernsthaft, denn nicht die Reichen und Gebildeten, sondern die armen arbeitenden Classen werden hauptsächlich durch solche Kniffe ausgebeutet.

dann wird die Betriebsweise dieser Geheimmittel besprochen. Diese geschieht mittels Betriebs im eigenen Hause, mittelst Hausirens und Commissionshandels bei Droguisten, Kaufleuten, Gewürzkrämern, Buchhändlern x. Eine große Verbreitung finden diese Mittel durch die Apotheken. „Leider", sagt der Verfasser, „hat eine große Anzahl dieser Herren noch unklare Begriffe von der ehrenhaften Stellung, welche dem Apothekerstand im Staatsleben gebührt; als einem Vertreter der Wissenschaft, als staatlich anerkanntem und zu strenger Realität verpflichteten Sachverständigen und Staats-Chemiker, welchem man das höchste Gut der Bevölkerung, ihr Leben und ihre Gesundheit, vertrauensvoll in die Hände gibt. Anstatt demgemäß alle und jede Gemeinschaft mit dem unreellen, betrügerischen und gemeinschädlichen Treiben der Geheimmittelkrämer von sich zu weisen, gehen viele Apotheker so weit, daß sie diesen Handel als Monopol für sich in Anspruch nehmen und die Geheimmittel öffentlich zum Verkauf ausstellen, also denselben gleichsam eine Garantie und Weihe geben, obschon sie wissen, daß damit fast ausnahmslos eine schlechte Waare für unverhältnißmäßig hohe Preise verkauft wird." Zur Verbreitung der Geheimmittel trägt nicht minder die Buchdruckerpresse bei und obenan die Tagespresse, ja, sogar Amts- und Regierungsblätter. Ja, manche Journale liefern sich geradezu durch Contracte in die Hände der Geheimmittel-Verkäufer. So nöthigte Du Barry die Redactionen, welche seine seitenlangen Anpreisungen der Revalenta (Revalesta, Revalescière) aufnahmen, zu dem Versprechen, keine Angriffe seiner Gegner abzudrucken.

Im dritten Capitel der citirten Schrift wird die Schädlichkeit und Verwerflichkeit der Geheimmittel erörtert. Hinsichtlich ihrer Wirksamkeit in gesundheitlicher Beziehung sind nach Berechnung des Verfassers 24.6 Procent derselben entschieden als an sich schädlich zu bezeichnen und ohne ausdrückliche ärztliche Anordnung an Niemand zu verabfolgen. Namentlich gilt dies von den zahlreichen bleihaltigen Mitteln, welche als Schminken und zum Färben der Haare verkauft zu werden pflegen, denn sie dringen bei längerem Gebrauche direct durch die Haut ins Blut, gelangen aber auch mittelst des Schweißes oder des Staubes in den Mund, in den Magen und die Athmungswerkzeuge und verursachen manchmal sehr heftige und räthselhafte Erkrankungen. Nicht minder gefährlich sind die drastischen Abführmittel, mit welchen Jahr aus Jahr ein Menschenleben hingeopfert werden. Richter führt als Beleg dafür einige Beispiele an.

Es ist begreiflich, daß Arzneien oft eine ganz verkehrte und meist schädliche Wirkung ausüben müssen, wenn man den Kranken vorher nicht untersucht hat und nicht weiß, was ihm fehlt. Die größten Aerzte würden in solcher Hinsicht Mißgriffe begehen, wenn sie auf bloße Angaben der Patienten, und ohne die letzteren selbst gesehen zu haben, denselben Heilmittel verordnen wollten. Bei den Geheimmittelkrämern aber ist dies die Regel; ihr Leichtsinn, ihre Gewissenlosigkeit in dieser Beziehung grenzen oft an — Mord. Manchmal werden ganz werthlose Stoffe (wie Kochsalz, Linsenmehl, Zucker u. s. w.) unter klingenden Namen zu enormen Preisen verkauft. Durchschnittlich beträgt der Profit 500 bis 1000 Procent. Mit Recht sagte daher Geh. Medicinal-Rath Dr. Merbach (Mitglied des königl. sächs. Landes-Medicinal-Collegiums) in einem ärztlichen Vereine: „Beim Geheimmittelhandel speculirt die niedrigste Gewinnsucht auf die Dummheit der Menschen und erreicht in der Regel ihren Zweck." Zum Schlusse stellt Verfasser zur erfolgreichen Bekämpfung des Geheimmittel-Unwesens mehrere Anträge:

1. An den Deutschen Reichstag ist das Gesuch zu stellen, daß in dem zu erwartenden Gesetze über den Gifthandel die sämmtlichen stark wirkenden Geheimmittel und vielleicht noch einige mehr den Giften gleichgestellt werden.

2. An die Regierungen ist das Gesuch zu stellen, daß alle polizeilichen und richterlichen Behörden, insbesondere aber die Staatsanwaltschaften und die Preß-Bureaux, Anweisung erhalten, auf das Treiben der Geheimmittelkrämer scharf aufzupassen.

3. Die Regierungen sind darauf aufmerksam zu machen, daß der Geheimmittelhandel ein betrügerisches, moralisch verwerfliches Gewerbe ist, welches ein freches Spiel mit Leben und Gesundheit der Mitmenschen treibt, das Volk durch Nährung des Aberglaubens

Auch die Aufgabe der Sanitätspolizei wird noch lässig erfüllt. Betrachten wir z. B. eine scheinbar sehr solide, allgemein verbreitete Production, so finden wir, daß bei der Bierbrauerei unter der Maske der Ehrbarkeit eine Anzahl von Personen mit der Gesundheit gerade der weniger bemittelten Classen ein frevelhaftes Spiel treibt. Ein Blick auf die Zolllisten der Schweiz z. B. zeigt seit 10 Jahren eine Abnahme der Hopfeneinfuhr, während gleichzeitig der Hopfenbau im Lande selbst nur wenig zugenommen, die Bierproduction aber sich kolossal vermehrt hat. Das Geheimniß liegt in massenhafter Benutzung von Hopfensurrogaten. In Berlin ist der Gebrauch von Hopfen- und Malzsurrogaten zu solchem Unfug gediehen, daß man nicht begreift, wie die Gesundheitspolizei ruhig zusehen kann. Der ekelhaft bittere Nachgeschmack, welchen die Mehrzahl der dort gebrauten Biere hat, und die Kopfschmerzen, welche es verursacht, sollten doch endlich zu einer Reform führen. In dieser Hinsicht kann die baierische Polizei, welcher es gelungen ist, diese Fälschun-

verdummt und dasselbe für eine vernunftgemäße Gesundheitspflege zur Verhütung von Krankheiten unzugänglich macht.

4. Die Regierungen sind aufzufordern, daß sie den bisher von Privatleuten ausgegangenen Bemühungen zur Entlarvung der Geheimmittel fördernd zur Seite treten und diese Mittel durch tüchtige Chemiker untersuchen lassen, das Ergebniß aber öffentlich und amtlich bekannt machen.

5. Die Regierungen sind darauf aufmerksam zu machen, daß das Annoncir-Verbot, welches gegen die Geheimmittel in vielen deutschen Staaten besteht, tagtäglich von den Geheimmittelkrämern auf verschiedene Weise umgangen wird.

6. Im Publikum müssen durch Wort und Schrift richtige Ansichten über das Wesen der Geheimmittel, über ihre Zusammensetzung und Wirkungsweise, über die directe und indirecte Schädlichkeit derselben, über die sittliche und volkswirthschaftliche Verwerflichkeit des Geheimmittelwesens verbreitet und muß darauf aufmerksam gemacht werden, daß der dadurch unterhaltene Aberglaube die Leute dumm und für eine vernünftige öffentliche und private Gesundheitspflege unempfänglich macht. Solche Belehrungen müssen nicht bloß von den Behörden und den Aerzten ausgehen, sondern von Jedem, welcher zur Heranbildung des Volkes geeignet und berufen ist (z. B. Volksrednern, Journalisten, Lehrern).

7. Es muß in allen Kreisen der bürgerlichen Gesellschaft die Ueberzeugung verbreitet werden, daß der Geheimmittelhandel ein schimpfliches Gewerbe ist.

8. Man muß die Corporationen der Apotheker, Buchhändler, Schriftsteller u. s. w. dahin vermögen, daß sie ebenfalls die Unehrenhaftigkeit des Geheimmittelkrams grundsätzlich anerkennen und zu dessen Unterstützung in keiner Weise ihre Beihülfe hergeben.

Wir glauben nicht, daß diese Maßregeln, welche hier vorgeschlagen werden, sofort zum Ziele führen. Wenn auch die Staatsanwaltschaften und Polizei-Bureaux noch so scharf auf das Treiben der Geheimmittelkrämer aufpassen, so sind sie doch nicht im Stande, diesem Treiben zu steuern; denn diese Krämer verstehen es gar wohl, es so einzurichten, daß man ihnen nicht zu Leibe kann; sagt doch der Verfasser selbst, daß das in vielen deutschen Staaten bestehende Annoncir-Verbot auf verschiedene Weise umgangen wird. Im Publikum durch Wort und Schrift richtige Ansichten über das Wesen der Geheimmittel zu verbreiten, wird auch wenig nützen, denn Vorurtheile lassen sich erfahrungsgemäß schwer bekämpfen, und gerade auf dem Gebiete der Gesundheitspflege läßt sich das Publikum leicht und gern irre führen; gerade auf diesem Gebiete ist es gesunden Vernunftsgründen schwer zugänglich. Es ist nur zu sehr bekannt, daß die große Masse einem „Dürckedaller“ mehr Glauben schenkt als dem rationellsten Arzte. Viel zweckmäßiger wäre es aber, wenn ein Gesetz geschaffen würde, welches das Ankündigen und Verkaufen von Geheimmitteln unbedingt verbietet, außer es würde die Bewilligung hierzu von der Landes-Sanitätsbehörde ertheilt.

zen gründlich zu verbannen, als Muster aufgestellt werden. Denn das große Publicum hat einmal nicht so ausgebildeten Geschmack, daß diesem allein die Wahrung der Gesundheit anvertraut werden könnte. Sollte es nicht Pflicht des Staates sein, die Gesundheit und den Geldbeutel seiner Angehörigen gegen solche gewissenlose Ausbeutereien zu schützen?

(Entwicklung der Verkehrsmittel.) Wir haben schon oben nachgewiesen, welchen großen Einfluß die großartige Entwicklung der Verkehrsmittel im zweiten und dritten Viertel unseres Jahrhunderts auf die Ausgleichung der Getreidepreise über drei Erdtheile ausgeübt hat. Ein Nothstand, wie zuletzt im Hungerjahr 1816—17, in welchem die Zufuhren zu spät eintrafen, kann sich nicht mehr wiederholen, weil die Witterungs- und die Ernteverhältnisse in den drei oder vier Continenten, welche durch Zufuhr sich aushelfen können, nicht gleichzeitig dieselben sind. Einen noch günstigeren Einfluß als diesen haben die neuen Verkehrsmittel der Dampfschifffahrt und der Eisenbahnen aber auf die rasche Vertheilung der Arbeitskräfte, Productionsmittel und Waaren — überhaupt auf die Entwicklung der Erwerbsfähigkeit gehabt, was sich nicht bloß in den gestiegenen Löhnen offenbart, sondern namentlich auch in der besseren Kleidung und Bildung der arbeitenden Classen.[1])

Noch bleibt aber genug zu thun übrig, um die Verkehrsmittel auf ihre volle Entwicklung zu bringen, wie sie unserem Zeitalter zu Gebote steht.

Die Binnenschifffahrt z. B. ist in Deutschland noch einer großen Ausdehnung fähig, sowohl durch Anlegung von Canälen wie durch Ausbaggerung von Flüssen und die Anlegung des Systems der Kettenschifffahrt, welches in neuester Zeit große Erfolge aufweiset und wodurch der Transport zu Berg bedeutend billiger wird. Für den Transport von solchen stark ins Gewicht fallenden Waaren, wie Kohlen, Holz, Torf, Erde, Steine, Mineralien, Metalle, Heu, Stroh, welche nicht leicht verderben können und nicht an eine bestimmte Zeit gebunden sind, ist die Erleichterung und Kostenermäßigung durch die Binnenschifffahrt von großer Bedeutung.

Auch die Eisenbahnen gehen einem großartigen Umschwung entgegen. Der von Anfang an geführte Streit zwischen den Gegnern und Anhängern des Staatsbaues, welcher in England zu Gunsten der ersteren, in Belgien, Baden, Würtemberg zu Gunsten der letzteren entschieden worden, scheint allmählich auf den Sieg des Staates hinzuführen, so daß, sobald die Concessionen der Eisenbahn-Gesellschaften erloschen sind, was bei den meisten in zwei Menschenaltern der Fall sein wird, die Eisenbahnen überall in Besitz und Betrieb des Staates übergehen werden. Die Gründe sind folgende:

1. Die Erfahrung hat gelehrt, daß der Staat bezüglich der Eisenbahnen rascher die Bedürfnisse und Wünsche des Publicums befriedigt hat,

---

1) Ein flüchtiges Bild dieses allgemeinen Fortschrittes findet man in der Einleitung zu meiner „Geschichte der Handelskrisen".

sowohl bezüglich a) der Ausstattung der Wagen, als b) der Anordnung der Züge (Eil-, Nacht-Züge) und c) des Tarifs — als Privat-Eisenbahn-Gesellschaften.

2. Der größere Umfang von Staatsbahnen erlaubt die Verwaltung und den Betrieb sparsamer einzurichten, — ein Vortheil, den auch die größeren Privatbahnen vor den kleineren voraus haben und der häufig zur Fusion kleiner Bahnen mit größeren führt.

3. Das System der Privat-Eisenbahnen hat den Nachtheil, daß Speculanten die guten Linien ausbeuten, daß diese hohe Dividenden abwerfen, daß aber keine Unternehmer sich für die Eisenbahnen zweiten und dritten Ranges finden, wenn nicht der Staat mit Zinsengarantie und die Gemeinden mit Subventionen beispringen. Die Folge davon ist, daß der Staat zu Gunsten der zuerst angelegten, günstig situirten Eisenbahngesellschaften ausgebeutet wird. Baut dagegen der Staat, dann kann er mit dem Ueberschuß der Bahnen ersten Ranges den Ausfall bei Bahnen zweiten und dritten Ranges decken.

Preußen hatte daher s. Z. mit Recht eine Eisenbahnsteuer auferlegt, mit deren Ertrag weniger einträgliche Linien subventionirt und Privatbahnen amortisirt werden.

Die längere Zeit aufgestellte Theorie von der Ueberlassung der Eisenbahnen an die freie Concurrenz war nur eine leere Phrase, weil dieselbe nach der Natur der Anlage unmöglich ist, weil der Staat schon durch das Expropriationsgesetz seine Hülfe gewähren muß, und weil volle Freiheit, ohne Vormundschaft des Staates bezüglich des Tarifs, der Ausrüstung des Betriebsmaterials und der Anordnung der Züge nur zur Ausbeutung des Publicums führen würde.

Einen sehr originellen und entwicklungsfähigen Gedanken hat Perrot durch den Vorschlag aufgeworfen: den Eisenbahnverkehr für Personen und Waaren nach dem Vorbild des Briefporto's zu reformiren, d. h. nur wenige Tarifclassen aufzustellen, die nach der Transportbehandlung und nach wenigen Raumbezirken abgetheilt würden. Ein solcher fruchtbarer Gedanke kann natürlich erst zur allgemeinen Durchführung gelangen, wenn die Eisenbahnen sämmtlich in Händen des Staates sind.

Ein mehr social-politischer Grund spricht auch für das System der Staatsbahnen, d. i. die Verhütung einer neuen Geldaristokratie, welche durch ihre kolossalen Einkünfte die höheren Staatsbeamten in eine schiefe Lage bringt, oder den Staatsdienst dadurch schädigt, daß alle tüchtigen Kräfte ihn mit dem Privatdienst vertauschen, da der erstere in vielen Ländern bezüglich der Besoldung zu langsam den wirthschaftlichen Bedürfnissen nachfolgt.

In der That würden durch den Uebergang der Eisenbahnen an den Staat nicht das Publicum, sondern nur die Directionen verlieren. Auf diese Quelle sind manche Vertheidigungsschriften zurückzuführen, die sich eine

Zeit lang den Nimbus tiefer volkswirthschaftlicher Weisheit zu geben wußten, während ihre Verfasser im entscheidenden Moment in der Gesetzgebung gegen ihre eigenen Principien stimmten.

(Freiheit der wirthschaftlichen Bewegung. Selbständiger Geschäftsbetrieb.) Der einzige radicale Weg, zu einem gerechten, gleichberechtigten Antheil an den Producten zu gelangen, ist der selbständige Geschäftsbetrieb.

Da, wo alle Monopole, politischen und wirthschaftlichen Vorrechte irgend welcher Art — Handelsprivilegien, Schutzzölle, Zunftschranken u. dgl. — aufgehoben sind, wo durch die Gesetzgebung der freien Organisation der Arbeit, des Credits und des Verkehrs keine Hindernisse mehr in den Weg gelegt werden, also Niederlassungs- und Verehelichungs-Freiheit innerhalb der vernünftigen und gerechten Schranken gegenüber der obligatorischen Armenpflege der Heimathsgemeinde oder des Wohnsitzes besteht, wo die Vereins- und Genossenschafts-Freiheit gesetzlich geordnet ist und die Ausübung des Credits und Handels einem Jeden individuel oder genossenschaftlich freisteht, — da erhält der selbständige Unternehmer die ganze Frucht seiner Bemühungen, jedoch hat er auch die Gefahr des Verlustes durch Conjuncturen aller Art zu tragen — seien es Kriege, Unruhen, Krisen, Naturereignisse, Schwankungen der Aernte, des Absatzes, des Zinsfußes, der Preise des Rohstoffes oder des Arbeitslohnes. Er kann mit eigenem oder mit fremdem Capital oder, wie es in der Regel der Fall sein wird, mit beiden, d. h. mit eigenem Capital und Credit arbeiten; im einen wie im anderen Falle muß er, bei Strafe des Bankerottes, mit allen seinen gesetzlichen und bürgerlichen Folgen, die Gefahr tragen, welcher das Capital ausgesetzt ist; er muß also je nach dem Risico des Geschäftes zu den landesüblichen Zinsen vom Gewinn oder Ueberschuß des Productes über das in Gestalt von Arbeitslohn, Rohstoffen, Maschinen-, Gebäude- und Werkzeug-Abnutzung, Feuer- und Transport-Versicherungsprämie und Zins des verbrauchten und reproducirten Capitals noch eine Versicherungsprämie abrechnen — für die Gefahr des geschäftlichen Verlustes. Erst vom Ueberschuß werden seine eigenen Bemühungen gedeckt, welcher, Zufälle abgerechnet, in der Regel im Verhältniß zu seinem Fleiße, seiner Umsicht, seiner Geschicklichkeit, seinen Talenten und der Seltenheit derselben steht, so wie im umgekehrten Verhältniß zur Ehre, Sicherheit, Annehmlichkeit der betreffenden Beschäftigung. Ein Schriftsteller z. B. wird in der Regel weniger Gewinn machen als ein Börsenspeculant, obgleich des letzteren Talent nicht seltener und seine Ausbildung nicht mühsamer ist; allein die Producte des Dichters tragen neben dem Gewinn zugleich Ehre, Ruhm und innere Befriedigung, während das Geschäft des Börsenspeculanten oft von Verwünschungen verfolgt wird.

Die Beschäftigung des Landwirthes ist weniger gewinnbringend, als die des Kaufmannes und Rheders; dafür ist er aber auch nicht von denselben Sorgen heimgesucht.

Die meisten unabhängigen Geschäftsleute, Bauern, Handwerker und Arbeiter führen einfach das Geschäft ihrer Eltern weiter. Eine geringere Anzahl von Anfängern ergreift andere Geschäfte, als das ihres Vaters, indem z. B. Söhne aus dem Stande der Landwirthe Handwerker, Kaufleute werden, oder in den geistlichen Stand treten, oder auch nach dem Militärdienst in den Staats- oder Eisenbahndienst übergehen, oder Söhne von Handwerkern und Kaufleuten studiren, Techniker oder Fabricanten werden. Selbst aus dem untersten Stande der Arbeiter, demjenigen der Dienstboten, welche keine technische Geschicklichkeit sich angeeignet haben (also nicht im Stande waren, zu Köchinnen oder Kutschern emporzusteigen), sehen wir je nach der Solidität der betreffenden Länder eine größere oder geringere Anzahl mittels consequent fortgesetzter Ersparnisse so viel erwerben, daß sie noch im kräftigen Lebensalter heirathen und sich selbständig etabliren, sei es als Wäscher, sei es in einer kleinen Wirthschaft, als Pächter, Hausirer oder in einem anderen kleinen Kram.

Die Erringung der Selbständigkeit ist an und für sich als ein Emportauchen aus dem Meere des socialen Elendes zu betrachten; denn in fast allen Geschäftszweigen sehen wir Personen, welche in ihrem selbständigen Betrieb Mißerfolg gehabt haben, wieder zur Stufe der abhängigen Arbeiter herabsteigen.

Die Behauptung der geschäftlichen Selbständigkeit kann in dreierlei Weise durchgeführt werden:

1. rein individuel;
2. individuel unter Mitwirkung genossenschaftlicher Hülfe, sei es in der Form von Consum-Vereinen, Hülfs-Vereinen aller Art, Rohstoff-, Magazin-, Verkaufs-, Maschinen-Vereinen; oder
3. genossenschaftlich
   a) durch Compagnie-Geschäft,
   b) durch Productiv-Association,
   c) durch eine Mischung beider.

Bei der Erringung der Selbständigkeit durch alleinige individuelle Kraft ist es, da das Gelingen des Unternehmens nicht immer gewiß ist und der Unternehmer der Gefahr der Arbeitsunfähigkeit und des vorzeitigen Todes unterliegen kann, bevor er ein eigenes Vermögen gesammelt, von höchster Wichtigkeit, daß er das Schicksal seiner Familie durch Lebensversicherung garantirt.

Die Lebensversicherung hat daher eine solche Bedeutung namentlich für die unvermögenden Classen gewonnen, daß wir es angezeigt halten, näher darauf einzugehen.

Es bestehen vier Arten der Organisation von Lebensversicherungen: 1) durch den Staat (an den Postbureaux in England), 2) durch reine Actien-Gesellschaften, 3) durch auf Gegenseitigkeit begründete und 4) durch gemischte Gesellschaften.

Die letztere Art der Vereinigung der Actien-Gesellschaft mit theilweiser Betheiligung der Versicherten ist in England sehr gebräuchlich; in der Schweiz ist die Rentenanstalt in Zürich danach eingerichtet.

Von auf Gegenseitigkeit begründeten Gesellschaften prosperirt die Gothaer Lebensversicherung am meisten.

Jedermann weiß, daß das Alter gebrechlich ist und daß unser Aller der Tod harrt; allein die Jugend ist leichtsinnig, und erst in den reiferen Jahren des Lebens tritt dieser Gedanke so ernst an den Menschen, daß er sich und die Seinigen vor den schmerzlichen Folgen dieser Naturordnung zu schützen sucht, indem er sich ein sorgenfreies Alter sichert und seine Angehörigen nach seinem Tode vor Mangel behütet. Wo kein Vermögen vorhanden, waren in früheren Jahrhunderten Greise und Waisen auf die Armenpflege angewiesen. Die Gründung der Lebensversicherung, durch welche auch der gänzlich Unbemittelte im Stande ist, durch jährliche Einzahlungen sich von einem gewissen Lebensjahre an eine Jahresrente bis zu seinem Tode oder ein Capital zu sichern, das seinen Erben ausgezahlt wird, selbst wenn er unmittelbar nach Zahlung der ersten Prämie stirbt, ist demnach nicht bloß eine wahre Erlösung des Menschen von den peinlichsten Gedanken und Sorgen, sondern ein Mittel, einen großen Theil derselben auf eine höhere ökonomische Stufe zu erheben. Denn Jeder weiß, daß er lebensmuthiger, thatkräftiger gedankenfreier und darum productiver an die Arbeit geht und wirksamer in sein Geschäft eingreift, wenn er seine Zukunft so wie die der Seinigen vor dem Schlimmsten gesichert weiß, als wenn der Kummer seine Denk- und Thatkraft lähmt. Da nun aber ein großer Theil der weniger bemittelten arbeitenden Classen den Leichtsinn der Jugend theilt und entweder gar nicht oder nur sehr spät an die Versicherung denkt, wo die Höhe der Jahresbeiträge bereits abschreckt, so wäre es eine Aufgabe der Jugenderziehung und der Volksaufklärung, die Wichtigkeit der Versicherung dringend einzuprägen.

Obgleich, wie wir oben gesehen haben, die ersten Keime der Lebensversicherung sich bis ins graue Mittelalter verfolgen lassen und regelrechte Rentenversicherungs-Anstalten in Gestalt von Tontinen schon im 17. Jahrhundert gegründet wurden, so datirt der Anfang und Aufschwung unserer heutigen Lebensversicherungs-Anstalten erst seit Ende des vorigen Jahrhunderts, d. h. seit Einführung der 80 Jahre lang in Vergessenheit gerathenen Halley'schen Sterblichkeitstabelle. Im Jahre 1692 hatte nämlich ein Geistlicher in Breslau, Dr. Kaspar Neumann, eine statistische Untersuchung über die Sterblichkeit in Breslau vom Jahr 1687 bis 1691 veröffentlicht. Auf Grund der vollständigen und zuverlässigen Todtenlisten des breslauer Sprengels hatte er 6869 Todesfälle nach Monaten, Alter und Geschlecht geordnet und sie mit den gleichzeitig vorkommenden Geburten verglichen, woraus hervorging, daß die Anzahl der letzteren ein geringes Uebergewicht über die Anzahl der Todesfälle hatte. Die Akademie der Wissenschaften zu London übergab Neumann's Schrift, welche großes Aufsehen unter den damaligen Gelehrten machte, dem berühmten Mathematiker Halley zur Prüfung. Dieser rechnete nun auf der Basis der Angabe Neumann's eine Mortalitätstabelle mit Bezeichnung der menschlichen Lebensdauer für die verschiedenen Altersstufen aus, welche heute noch bei den Berechnungen der meisten Gesellschaften als Grundlage dient, obgleich sie keineswegs als zuverlässig angesehen werden kann. Denn vier Jahre sind ein zu kurzer Zeitraum, um eine dauernde Grundlage bieten zu können. Man bediente sich ihrer eben in Ermangelung einer besseren. Dies ist die Achillesferse der Lebensversicherungs-Gesellschaften. Dieselben werden nicht eher auf eine sichere Basis der Berechnung des Risicos gelangen, als bis sie selbst eine hundertjährige Erfahrung hinter sich haben und bis in verschiedenen Ländern Mortalitätstafeln nach Art der von Hermann in Baiern construirten aufgestellt sein werden, in welcher die Bevölkerung oder eine bestimmte Anzahl derselben, und zwar dieselben Individuen von der Geburt bis zum Tode verfolgt und zugleich die Todesursachen, wenigstens so weit sie gewaltsamer Natur und so weit sie ansteckende Krankheiten sind, mit in Rechnung gezogen werden. Sämmtliche Berechnungen vollends, welche bisher über das Durchschnittsalter angestellt worden, sind werthlos, weil sie fast immer ohne Berücksichtigung der Todesursachen, deren Statistik noch im Argen liegt, vorgenommen wurden. Denn da das Durchschnittsalter dadurch ermittelt wird, daß man entweder die Gesammtsumme der Altersjahre der Gestorbenen mit der Zahl der Gestorbenen, oder daß man die Gesammtzahl der Altersjahre der Lebenden mit der Summe der Lebenden dividirt, oder daß man das Mittel von beiden nimmt, so kommen bei der ersten Berechnungsart bei jeder ungewöhnlich großen Anzahl von Sterbefällen unrichtige Verhältnisse heraus: sterben viele ältere Personen, so wird das Durchschnittsalter ungewöhnlich groß, sterben viele Kinder, sehr kurz; und bei der zweiten Berechnungsart wird das Durchschnittsalter desto größer, je weniger Kinder geboren werden, je weniger also ein Land im Aufschwung begriffen ist.

Die unzuverlässige Basis, auf welcher die Versicherungs-Gesellschaften also bis jetzt noch stehen, hat die Folge gehabt, daß manche englische Gesellschaften günstigere Bedingungen stellten, als sie halten konnten, und deßhalb ihre Zahlungen einstellen mußten. Man muß sich daher den zu niedrigen Prämien mancher englischen und deutschen Gesellschaften gegenüber vorsichtig verhalten.

Ein Blick auf die Dividenden der Versicherungs-Anstalten zeigt eine große Verschiedenheit in deren Lage. Während in England 60 Procent des in Disconto- und Noten-Banken angelegten Capitals über 10 Procent Dividende bezahlt, vertheilten von dem in der Lebensversicherung steckenden Capital nur 34 Procent mehr als 10 Procent Dividende. Es vertheilen nämlich:

8	englische Lebensversicherungs-Anstalten mehr als 20 pCt.	Dividende
4	" " zwischen 10 und 20 "	"
28	" " " 2½ und 10 "	"

Die Ursache dieser Erscheinung liegt darin, daß die englischen Gesellschaften die Versicherten mehr oder weniger am Gewinn Theil nehmen lassen.

Von 27 deutschen und schweizerischen Gesellschaften dagegen vertheilen 10 gar keine Dividende an die Versicherten, während 9 von 1—33 und sogar bis 58 Proc. der Prämien im Durchschnitt der letzten 10 Jahre bezahlt haben.

So wichtig die Lebensversicherung an sich, so ernst ist daher auch die Wahl der Gesellschaft. Denn man kann sich kaum einen unersetzlicheren Verlust denken, als die Zahlungseinstellung einer Gesellschaft, in welcher Jemand sein Leben versichert hat. Es ist in der Regel der Verlust der Ersparnisse von in Entbehrung viele Jahre lang hart arbeitenden Männern, welche im späteren Leben nicht wieder eingebracht werden können. Wenn ein Mann 30 Jahre lang Prämien in eine Anstalt gezahlt hat und dieselbe wird in seinem 60. Jahre zahlungsunfähig, so kann er nicht zu derselben Prämie wieder aufs Neue anfangen, denn vom 30. Jahr an zahlt er jährlich ungefähr 2½ Proc., vom 60. an 6½ Proc. Wahrscheinlich kann er aber gar nicht mehr anfangen. Sein Leben wird nicht mehr versichert.

Deßhalb stehen die auf Gegenseitigkeit beruhenden Gesellschaften auf sicherer Basis, weil die Mitglieder für Irrthum und Schaden einstehen.

Die gebräuchlichsten Arten der Lebensversicherung sind jetzt: mittels Einzahlung einer Jahres-Prämie

1) bei Erreichung eines bestimmten Alters ein Capital, oder
2) von einem bestimmten Lebensalter an eine Jahresrente ausgezahlt zu erhalten,
   a) in Gestalt einer gewöhnlichen Rente, oder
   b) einer Tontine, einer nach ihrem Erfinder Tonti benannten, mit dem Absterben der Mitglieder um deren Antheil steigenden Rente,
3) Auszahlung eines Capitals nach dem Tode des Versicherten an dessen Erben.

Die erste Art wird häufig zur Versicherung von Kindern gewählt, um denselben bei ihrer Volljährigkeit die Auszahlung eines Capitals zu sichern.

Die Versicherungs-Gesellschaften sollten, nach dem Vorbild der best eingerichteten Anstalten, möglichst freien Spielraum gewähren, und zwar:

1) Die Wahl des Ueberganges während der Versicherungszeit von einer Art der Versicherung in die andere. Denn es können Fälle vorkommen, wo Jemand auf ein nach seinem Tode an seine Erben

auszuzahlendes Capital sich hat versichern lassen; er verliert aber seine Erben oder er wird vor der Zeit arbeitsunfähig. In einem solchen Falle, sollte die Versicherung in eine Rente umgewandelt werden können. Oder es hat sich Jemand auf eine Rente eingekauft; er bleibt aber bis ins höchste Alter erwerbsfähig. In diesem Fall sollte er seine Police in Capitalversicherung verwandeln lassen können.

2) Vorschüsse auf Hinterlegung der Versicherungsurkunde oder Police.

3) Rückzahlung des eingezahlten Capitals für den Fall, daß der Versicherte unfähig wird, weiterzuzahlen, oder für den Fall der Auswanderung oder anderer dringender Umstände, mit mäßigem Abzug.

Auf diese Weise kommen die Gesellschaften allen Bedürfnissen entgegen und dehnen ihre Wirksamkeit in stets größeren Kreisen aus.

Welcher kolossalen Ausdehnung dieselbe fähig ist, zeigt ein Vergleich der Betheiligung der Gesammtbevölkerung der verschiedenen Länder in den darin befindlichen Versicherungs-Anstalten: [1])

	Zahl der Versicherungs-Anstalten.	Versichertes Capital. Franken.	Gesammt-Bevölkerung in Millionen.	Versichertes Capital per Kopf der Bevölkerung. Franken.
Großbritannien und Irland	170	11,250,000,000	30	376.00
Vereinigte Staaten von Nord-america	55	6,750,000,000	32	210.93
Frankreich	16	1,558,250,000	38	40.96
Deutschland, Schweiz, Deutsch-Oesterreich	64	1,511,500,000	60	25.15
Uebriges Europa	85	750,000,000	172	4.36
Uebrige Länder	30	937,500,000	1088	0.86
Ganze Erde	330	22,558,250,000	1350	10.72

Von 40 Franken per Kopf in Frankreich zu den 376 per Kopf in England ist noch ein weiter Spielraum.

Mit der Ausdehnung des Kreises der Versicherten und dem Anwachsen des versicherten Capitals wie der Prämien wächst zugleich das Selbstvertrauen, die Zuversicht, die Zufriedenheit, die Gedanken- und Thatkraft der Menschen. Es gehen weniger Kinder an mangelnden Erziehungsmitteln zu Grunde, es werden mehr junge Leute zu productiveren Beschäftigungsarten

1) Nach zum Theil officiellen Angaben, zum Theil Schätzungen von Karup.

emporgezogen, die, ohne daß ihr Vater versichert war, bei dessen frühem Tode in Verwahrlosung gefallen oder wenigstens auf der tiefsten Stufe der Handarbeit geblieben wären.

Auf dem Wege der Menschheit aus Nacht zum Lichte gibt es viele Triebfedern, keine aber ist so geeignet, die Verbrüderung der Menschen, die Solidarität ihrer Gedanken, ihrer Befürchtungen und ihrer Hoffnungen anschaulich zu machen, als die Versicherung.

Die Länge des Lebens ist unsicher, der Tod ist gewiß: Diese Wahrheit sollte an der Pforte jedes Hauses als Inschrift stehen, um den Vater zu mahnen, daß er sein Haus bestelle, so lange es Zeit ist.

Hat Jeder sein Haus bestellt, so ist das ganze Volk auf eine höhere Stufe der Erwerbsfähigkeit und Entwicklung gebracht und hilft rückwirkend den Einzelnen heben. —

Da die Geschäftsergebnisse und der Prämiensatz der deutschen Lebensversicherungs-Anstalten nur ausnahmsweise dem Publicum zu Gebote stehen, so glauben wir vielen Lesern einen Gefallen zu erweisen, wenn wir dieselben (nach dem Stande des Jahres 1868) hier mittheilen:

Geschäfts-Ergebnisse und Zustand deutscher, österreichischer und

Name der Anstalt.	Sitz derselben.	Jahr der Gründung.	Versicherungsbestand am Anfange des Jahres.		Neuer Zugang im Laufe des Jahres.		Versicherungsbestand am Ende des Jahres.		Einnahme an Prämien, Zinsen ꝛc.
			Pers.	Thlr.	Pers.	Thlr.	Pers.	Thlr.	Thlr.
1. Norddeutscher Bund.									
Lebensversicherungsbank für Deutschland	Gotha	1827	31079	58,431900	3094	5,853200	33105	60,455300	8,779355
Deutsche Lebensversicherungs-Gesellschaft	Lübeck	1828	[illegible]	18,967831	2775	2,469618	[illegible]	20,135568	739807
Leipziger Lebensversicherungs-Gesellschaft	Leipzig	1830	11105	10,945800	1880	2,600700	12462	11,894300	834980
Hannover'sche Lebensversicherungs-Anstalt	Hannover	1829	2620	2,581700	517	560800	[illegible]	2,771050	108148
Berlinische Lebensversicherungs-Gesellschaft	Berlin	1836	10709	13,317800	985	1,659757	11068	14,760757	703057
Allgemeine Versicherungs-Anstalt	Braunschweig	1842	1464	895215	79	47000	1500	920743	40108
Frankfurter Lebensversicherungs-Gesellschaft	Frankfurt a. M.	1844	5394	5,839476	560*	1,150000*	5500*	6,550000*	270000*
Lebens- und Pensions-Versicherungs-Gesellschaft „Janus"	Hamburg	1847	14535	11,986040	1500*	1,450000*	14600	12,686197	458093
Allgemeine Renten-, Capital- und Lebensversicherungsbank „Teutonia"	Leipzig	1852	11304	5,716011	10580	4,138[illegible]	19530	8,805001	300000*
Kölnische Lebensversicherungs-Gesellschaft „Concordia"	Köln	1853	18800*	[illegible]	1856	2,[illegible]	13200*	24,825637	930000*
Lebensversicherungs- und Sparbank	Schwerin	1853	1034	1,331900	474 Pol.	399900	1433	1,631900	50217
Lebens-, Pensions- u. Leibrenten-Versicherungs-Gesellschaft „Iduna"	Halle	1854	10776 Pol.	6,621856	2637 Pol.	1,635985	12214 Pol.	7,447881	119891
Magdeburger Lebensversicherungs-Gesellschaft	Magdeburg	1856	11400	9,823831	2960 Pol.	2,192466	13245	11,154873	383086
Versicherungs-Gesellschaft „Thuringia"	Erfurt	1854	9485 Pol.	9,709616	1443	1,411054	10074 Pol.	10,165791	314087
Lebensversicherungs-Actiengesellschaft „Germania"	Stettin	1857	67792	41,941309	17163 Pol.	9,408131	74696	46,094506	1,508331
Frankfurter Versicherungs-Gesellschaft „Providentia"	Frankfurt a. M.	1857	5491	5,843118	1412	1,465278	5877	6,401025	214428
Allgemeine Eisenbahn-Versicherungs-Gesellschaft	Berlin	1861	4932 Pol.	3,735064	1404 Pol.	1,338773	4938 Pol.	4,517039	152222
Preuß. Lebensversich.-Actien-Gesellschaft	Berlin	1863	1763 Pol.	1,478649	1789 Pol.	1,319810	2781 Pol.	2,617678	105591
Preußische Lebens- u. Garantie-Versicherungs-Actiengesellsch. „Friedrich Wilhelm"	Berlin	1866	7201 Pol.	9,511549	5000*	1,680943	4567 Pol.	6,278759	310000*
Lebensversicherungs-Actiengesellschaft „Nordstern"	Berlin	1867	2542	2,108907	1714 Pol.	1,576420	3841	3,340892	953301
Latus Summa I.			260818	227,435429	60138	48,190147	274978	265,552908	10,523486

schweizerischen Lebens-Versicherungs-Anstalten im Jahre 1868.

Ausgabe für zahlbare Sterbefälle. Vers.	Ausgabe für zahlbare Sterbefälle. Thlr.	Verwaltungsaufwand absolut. Thlr.	Verwaltungsaufwand in Procenten der Jahres-Einnahme.	Verwaltungsaufwand in pro mille der Versicherungs-Summe.	Geschäftsfonds im Ganzen Betrag. Thlr.	Geschäftsfonds im Ganzen in Proc. des Vers.-Best. a. Ende d. Js.	Geschäftsfonds Reserve und Prämien-Uebertrag. Thlr.	Geschäftsfonds Reiner Ueberschuß. Thlr.	Durchschnitt der Dividend. für die Versicherten während der letzten 10 Jahre in Procenten der Prämie.	Actien Capital Nominal. Thlr.	Actien Capital Baar eingezahlt. Thlr.
[illegible]	1,[illegible]	110301	5,05	2,31	15,500569	25,41	12,258558	2,811017	34,8	gegenseitig	
375	394825	81000*	10,95	1,07	2,678547	13,29	2,544231	132323	0,3 pCt der Versich.-Summe	810000	81000
233	277400	67960	10,70	4,38	2,705954	19,70	2,305443	395190	22,4	gegenseitig	
[illegible]	85600	19065	13,16	5,01	455190	18,13	303963	40027	?	gegenseitig	
[illegible]	338900	75710	10,77	5,13	3,[illegible]	[illegible]	3,339704	640441	16 1/5	1,000000	200000
29	15970	3147	6,10	2,66	259002	25,65	?	?	?	gegenseitig	
90*	61708	35923	13,05	5,38	1,151940†	17,43	1,104894†	50110†	10,8	1,711995	171429
210	196417	61354	18,70	4,85	1,580819	12,68	1,480756	40063	10 1/5	500000	50000
165	101970	60000†	29,07	—	1566047†	—	562540†	keiner	keine	582000	145500
192	657317	?	?	?	4,237[illegible]	17,63	3,175769†	1,022304†	keine	10,000000	2,000000
16	23900	?	?	?	227130	13,98	183665	39751	13 1/4	100000	100000
183	118850	800011	18,88	—	811151†	—	811506†	36021†	14a)	gegenseitig	

Lebensversicherungs-Anstalt d. Hypotheken- und Wechselbank....	München	1836	8261	2,873457	678	755371	8365	3,006114	110978
Lebensversicherungs- und Ersparnißbank..	Stuttgart	1854	6530	11,851989	2564	2,847659	10894	14,118759	600407
Allgemeine Renten-Anstalt pro 1867 ...	Darmstadt	1866	1656	[illegible]	94	51229	1864	[illegible]	[illegible]
Allgemeine Renten-Anstalt	Stuttgart	1841	1898 Pol.	1,070922	800 Pol.	520485	2012 Pol.	1,482353	50000*
Allgemeine Versorgungs-Anstalt	Karlsruhe	1864	785 Pol.	1,056709	1103 Pol.	1,047831	1718 Pol.	1,975601	57783
	Summa II.		13778	17,809978	4723	4,782866	18571	21,478863	[illegible]
33. Deutsch-Oesterreich.									
Allgemeine Wechselseitige Capitalien- und Rentenversicherungs-Anstalt „Janus" ...	Wien	1839	11156	3,501520	1066	855056	10419	4,3[illegible]	181567
Oesterreich. Versicherungs-Gesellschaft „Donau"	Wien	1858 1867	7106 Pol.	4,454[illegible]	851 Pol.	815585	6848 Pol.	4,487[illegible]	[illegible]
Der Anker", Lebens- und Rentenversicherungs-Gesellschaft ...	Wien	1858	10590	15,834704	2259 Pol.	2,166527	10583	14,220044	660000*
Lebensversicherungsbank „Patria"......	Wien	1860	1309 Pol.	804683	2240 Pol.	1,003550	2834	1,[illegible]	88985

Generali, Azienda und Riunione in Triest, so wie österr. Greshaam und Phönix in

schweizerischer Lebens-Versicherungs-Anstalten im Jahre 1868.

Ausgabe für zahlbare Sterbefälle.		Verwaltungsaufwand			Geschäftsfonds				Durchschnitt der Dividende für die Versicherten während der letzten 10 Jahre in Procenten der Prämie.	Actien-Capital	
		absolut.	in Procenten der Jahres-Einnahme.	in pro mille der Versicherungs-Summe.	im Ganzen		Reserve und Prämien-Uebertrag.	Reiner Ueberschuß		Nominal.	Baar eingezahlt.
					Betrag.	in Proc. der Vers.-Bet. a. Ende d. J.					
Pers.	Thlr.	Thlr.			Thlr.		Thlr.	Thlr.		Thlr.	Thlr.
77	59143	?	?	?	610898	20,30	523787	87004	keine	die Fonds der Hypothekenbank	
110	153114	?	?	?	1,933404	14,17	1,439563	493737	29,3	gegenseitig	
36	9838	?	?	?	155703	17,53	124385	31378	keine	die Fonds der Rentenanstalt	
10	17864	?	?	?	145473	9,81	118587	26885	16 b)	gegenseitig	
5	4814	?	?	?	99107	5,01	80893	17648	15 c) des Deckungscapitals	gegenseitig	
[illegible]	[illegible]				3,084081						
291	104918	?	?	?	726696	15,90	591739	134944	14½	gegenseitig	
171	50345	[illegible]	14,51	8,66	389618	8,80	356739	32853	keine	666666	666666
903	653881	?	?	?	1,237170	8,66	1,186449	50781	keine	666666	800000
18	10100	?	?	?	52874	3,85	46205	6769	keine	gegenseitig	
1000*	800000*	?	?	?	4,000000*	—	?	?	—	—	—
1683	1,368558				6,486482						

Prämien deutscher Lebens-Versicherungs-Anstalten

(In Preußisch Courant, den Thaler zu 30 Silber-

Beitrittsalter:	21	22	23	24	25	26	27	28
Gotha { Brutto	2. 4. 5.	2. 6.—.	2. 7. 6.	2. 9.—.	2.10. 8.	2.12. 3.	2.13.10.	2.15. 6.
Gotha { Netto (34,5 % Divid.)	1.12.—.	1.13. .	1.14. .	1.15.—.	1.16. 1.	1.17. 1.	1.18. 2.	1.19. 3.
Lübeck	1.17.10.	1.19.	1.20. 3.	1.21. 7.	1.23. .	1.24. 6.	1.26. .	1.27. 7.
Leipziger Lebens- { Brutto	2. 4. 5.	2. 6.	2. 7. 6.	2. 9. .	2.10. 8.	2.12. 3.	2.13.10.	2.15. 6.
Versich.-Gesellsch. { Netto (29,5 % Div.)	1.16. 1.	1.17. 3.	1.18. 4.	1.19. 5.	1.20. 7.	1.21. 9.	1.22.10.	1.24. 1.
Berlinische Lebens-Versich.-Gesellschaft	1.17.—.	1.18.	1.19. 3.	1.20. 8.	1.22. .	1.23. 6.	1.25. .	1.26. 9.
Frankfurt a. M.	1.18. 8.	1.19. 4.	1.20. 7.	1.21.11.	1.23. 1.	1.24. 9.	1.26. 3.	1.27.10.
Hamburg (Janus)	1.18. 9.	1.20. .	1.21. 3.	1.22. 9.	1.24. 3.	1.25. 9.	1.27. 8.	1.29. 2.
Leipzig (Teutonia)	1.18. 8.	1.20. 1.	1.21. 7.	1.23. 1.	1.24. 7.	1.26. 4.	1.28. .	1.29. 8.
Köln (Concordia)			—		1.23. 6.	1.24. 8.	1.26. 3.	1.28. .
Halle (Iduna [erst eine Divid.]) Brutto	1.28. 3.	1.29. 9.	2. 1. 3.	2. 2. 6.	2. 4. .	2. 5. 6.	2. 7. .	2. 8. 8.
Magdeburg	1.21. 5.	1.22. 9.	1.23. 9.	1.24.10.	1.26. .	1.27. 6.	1.28. 6.	1.29. 9.
Erfurt (Thuringia)	1.17. 9.	1.19.	1.20. 3.	1.21. 6.	1.22. 9.	1.24. .	1.25. 6.	1.27. .
Stettin (Germania)					1.21. 8.	1.23. .	1.24. 6.	1.26. .
Frankfurt a. M. (Providentia)	1.19. 9.	1.21.	1.22. 3.	1.23. 8.	1.24. 9.	1.26. .	1.27. 8.	1.29. 9.
Berlin (Allgem. Eisenb. Versich. Ges.)	1.19.	1.20.	1.21.	1.22. .	1.23. 6.	1.25. .	1.27. 6.	1.29.
Berlin (Preuß. Leb. Vers. Actien-Ges.)	1.20.	1.21.	1.22.	1.23. .	1.24.	1.25. .	1.26. .	1.28.
Berlin (Friedrich Wilhelm)	—	—	1.21. .	.	1.23. .	1.24. 3.	1.25. 9.	1.27.
Berlin (Nordstern)	1.19.	1.20.	1.21. 5.	1.22. 9.	1.23. 6.	1.25.—.	1.26. 6.	1.28. .
Mittlerer Durchschnitt	1.18.10.	1.20.	1.21. 2.	1.22. 5.	1.23. 9.	1.25. 1.	1.26. 6.	1.28.

Beitrittsalter:	41	42	43	44	45	46	47	48
Gotha { Brutto	3.11. 7.	3.17.10.	3.21. 3.	3.27.10.	4.—.10.	4. 3.—.	4. 7. 5.	4.12.—.
Gotha { Netto (34,5 % Divid.)	2. 8. 2.	2.10. 1.	2.12. 6.	2.11.10.	2.17. 6.	2.20. 2.	2.23. 1.	2.26. 1.
Lübeck	2.27.10.	3. 1. 3.	3. 1.11.	3. 8. 0.	3.12.11.	3.17. 3.	3.22. 5.	3.27. 4.
Leipziger Lebens- { Brutto	3.11. 7.	3.17.10.	3.21. 3.	3.24.10.	3.28.10.	4. 3.	4. 7. 5.	4.12.—.
Versich.-Gesellsch. { Netto (29,5 % Div.)	2.11.11.	2.17. 3.	2.19. 8.	2.22. 3.	2.25. 1.	2.28. 1.	3. 1. 3.	3. 4. 8.
Berlinische Lebens-Versich.-Gesellschaft	2.28. .	3. 1. 6.	3. 5. .	3. 8. 9.	3.12. 9.	3.17.—.	3.21. 6.	3.26.—.
Frankfurt a. M.	2.27.11.	3. 1. 1.	3. 4.11.	3. 8. 8.	3.12. 9.	3.17.—.	3.21. 7.	3.26. 4.
Hamburg (Janus)	2.27. 6.	3. 1. 3.	3. 5.—.	3. 9.—	3.13. 3.	3.17. 9.	3.22. 8.	3.28.—.
Leipzig (Teutonia)	2.27.10.	3. —.11.	3. 4. 2.	3. 7. 7.	3.11. 2.	3.15. .	3.19. 1.	3.23. 5.
Köln (Concordia)	2.27. 9.	3. 1. 3.	3. 4. 9.	3. 8. 8.	3.12. 8.	3.16. 9.	3.21. 3.	3.26.—.
Halle (Iduna [erst eine Divid.]) Brutto	3. 9. 6.	3.13. .	3.16. 3.	3.20. 6.	3.24. 8.	3.29.	4. 4. 3.	4. 8. 8.
Magdeburg	2.25. 6.	2.29.—.	3. 2. 6.	3. 6.—.	3.10. .	3.14. 6.	3.19.—.	3.23. 6.
Erfurt (Thuringia)	2.25. 6.	2.28. 9.	3. 2. 3.	3. 5. 9.	3. 9. 6.	3.13. 8.	3.18.—.	3.22. 6.
Stettin (Germania)	2.28. 3.	3. 1. 6.	3. 5.—.	3. 8. 9.	3.12. 8.	3.16. 9.	3.21.—.	3.25. 9.
Frankfurt a. M. (Providentia)	2.28.—.	3. 1. 3.	3. 4. 9.	3. 8. 6.	3.12. 3.	3.16. 3.	3.20. 6.	3.25. 3.
Berlin (Allgem. Eisenb.-Versich.-Ges.)	2.28. 6.	3. 1. 8.	3. 5.—.	3. 8. 6.	3.12. 6.	3.16. 6.	3.21.—.	3.26. 8.
Berlin (Preuß. Leb.-Vers.-Actien-Ges.)	2.28.—.	3. 1.	3. 5. .	3. 9.—.	3.13.—.	3.17.—.	3.22.—.	3.27. .
Berlin (Friedrich Wilhelm)	2.28.—	2.29. 6.	3. 3.—	3. 6. 9.	3.10. 6.	3.14. 9.	3.19. 3.	3.23. 9.
Berlin (Nordstern)	2.27. 6.	3.—. 9.	3. 4. 3.	3. 6. 3.	3.12. 3.	3.16. 6.	3.21.—.	3.25. 9.
Mittlerer Durchschnitt	2.28. 3.	2.29. 9.	3. 2.11.	3. 6. 8.	3.10. 4.	3.14. 4.	3.18. 9.	3.23. 8.

Für die reinen Actiengesellschaften sind oben die unveränderlichen Beiträge angegeben, welche die Versicherten während der ganzen Dauer ihrer Versicherung zu entrichten haben. Bei den gegenseitigen Anstalten haben die Versicherten während der ersten (gewöhnlich 5) Jahre eine Brutto-Prämie, hierauf aber in Folge des ihnen zufließenden Antheils am Gewinn (Dividende) eine ermäßigte Netto-Prämie zu entrichten, deren mittlerer Betrag nach dem Durch-

für eine lebenslängliche Versicherung von 100 Thlr.
groschen, den Silbergroschen zu 12 Pfennigen gerechnet.)

(Genossenschaftlicher Betrieb.) Es kann angenommen werden, daß die Reichen einen Vortheil vor den Armen dadurch voraus haben, daß sie ihre Lebens- und Productionsbedürfnisse mehr im Großen und zu günstiger Gelegenheit, demnach billiger einkaufen, daß sie günstigere Verkaufsconjuncturen abwarten können, daß sie im Falle der Krankheit und Arbeitsunfähigkeit eine Stütze, und daß im Falle ihres Ablebens ihre Kinder die Mittel zur Erziehung haben. Diese Vortheile können mehr oder weniger von den Armen ebenfalls erlangt werden, und zwar indem durch den Zusammenschluß der einzelnen weniger Bemittelten zu einer Gesellschaft das Capital auf die erforderliche Höhe gebracht und durch Credit noch erhöht wird. Denn eine Gesellschaft besitzt, wenn deren Mitglieder für einander haften, sei es unbedingt oder nur für eine bestimmte Summe, einen Credit, welcher dem Einzelnen vollkommen versagt ist. So kann daher durch Consumvereine für den billigen Ankauf der Lebensmittel, seien es Eßwaaren, Getränke oder Kleidungsstücke, gesorgt werden. Der arme Arbeiter kann durch Betheiligung an Hülfsvereinen, wie Kranken-, Sterbe-, Invaliden- und Altersversorgungs-Cassen, sich und seine Familie gegen die Wechselfälle des Lebens schützen, wenn er sich damit auch noch nicht allen Luxus der Reichen verschafft, der übrigens keineswegs eine Bürgschaft der Zufriedenheit ist, welche vielmehr mit redlicher Arbeit bei mäßigen Bedürfnissen sich vermählt. Allein auch in gewerblicher Hinsicht kann der ärmere Arbeiter sich die Vortheile des reichen Producenten verschaffen, ohne die geschäftliche Selbständigkeit einzubüßen, und das schöne Gleichniß jenes sterbenden Griechen, der seinen Söhnen das Bündel Pfeile zum Vorbilde gab, verwirklichen.

Durch Rohstoffvereine können sich einzelne selbständige Handwerksmeister das Material zu ihrer Production eben so gut und billig verschaffen, wie der reichste Fabricant. Wird ja von den Rohstoffvereinen deutscher Schuhmacher gerühmt, daß sie auf dem Ledermarkte allen anderen Kunden vorgezogen werden.

Durch Magazinvereine, sei es, daß deren Mitglieder sich streng an das Wort binden, d. h. nur ein gemeinschaftliches Verkaufsmagazin an ihrem Wohnsitz halten, oder Märkte und Messen beziehen lassen, oder sogar Exportgeschäfte machen, können Gewerbtreibende vollkommen die Vortheile reicher Fabricanten sich aneignen, indem sie dem Publicum reiche Auswahl bieten und dadurch die Kundschaft vermehren und vermöge des höheren Real- und Personal-Credits des Vereines ihren einzelnen Mitgliedern Vorschüsse gewähren können.

Mit diesen drei Vereinigungen können auch unbemittelte Arbeiter und Gewerbsleute viribus unitis Lebensmittel, Rohstoffe und Werkzeuge eben so gut und billig einkaufen, wie die reichsten Fabricanten.

Den letzteren bleibt, außer der Intelligenz der technischen und mercantilen Leitung, welche überall die Hauptsache bleibt, — nur noch der Vortheil der Production im Großen und der Anwendung von Werkzeugmaschinen und Motoren.

In sehr vielen Gewerken kann aber auch dieser letztere Vortheil von unbemittelten Leuten auf genossenschaftlichem Wege erlangt werden, und zwar in dreierlei Art, wovon jede gelungene Versuche aufweist:

1. durch gemeinschaftliche Motoren und getrennte Werkzeugmaschinen:
2. durch gemeinschaftliche Motoren und gemeinschaftliche Werkzeugmaschinen mit individueller Production, oder
3. durch gemeinschaftliche Motoren, Werkzeug- und Fabrications-Maschinen und Production mit unabhängigem Verschleiß der Producte durch die Einzelnen.

Von der ersten Einrichtung, unbemittelten Arbeitern oder Handwerkern die Vortheile von Motoren und Maschinen zu verschaffen, bestehen gelungene Versuche namentlich in Schaffhausen, Berlin und Nürnberg; in letzterer Stadt die s. g. Schwabenmühle, welche wir schon bei früheren Gelegenheiten geschildert haben, und in der eine Wasserkraft von ungefähr 260 Pferden an der Regnitz Werkzeugmaschinen in 46 Werkstätten treibt, welche an einzelne selbständige Handwerker aus 16 verschiedenen Gewerben vermiethet sind. In Schaffhausen ist eine Wasserkunst von 1200 Pferdekräften errichtet, welche auf eine kolossale Entfernung hin vom Rheine mittels Drahtseil-Transmission in die Stadt geleitet und dort zur Bewegung von Werkzeug- und Fabricationsmaschinen verwendet wird.

In Berlin wird namentlich von größeren Fabricanten Dampfkraft vermiethet, um in benachbarten Werkstätten Drehbänke, Schleifmühlen und andere Werkzeugmaschinen zu treiben.

Die gleiche Einrichtung besteht für gemeinschaftliche Benutzung von größeren Werkzeug- und Fabricationsmaschinen durch genossenschaftlich verbundene Handwerker, z. B. durch Schreiner, welche die Dampfkraft auf oben genannte Weise miethen und in eine Werkstätte leiten, wo sie gemeinschaftlich Säge- und Hobelmaschinen damit treiben und das verarbeitete Halbfabricat von gehobelten Brettern und Gesimsen je nach Bedürfniß übernehmen, um es dann in der Privatwerkstätte erst zu Möbeln, Fenstern, Thüren oder Bekleidungen zu verarbeiten.

Die dritte Art von Maschinen- und Fabrications-Vereinen ist durch die Innung der Tuchmacher in Breslau vertreten, welcher wir ebenfalls an früherer Stelle gedacht haben. Dieselben hatten schon 1816 aus gemeinschaftlichen Mitteln eine Tuchwalke errichtet, und als diese abgebrannt war, bauten sie 1841 eine vollständige Tuchfabrik mit allen neuesten Werkzeugmaschinen, im Werthe von ungefähr 120,000 Thalern, wovon sie nur 6000 Thaler baar und 16,000 Thaler durch Hypothecar-Anlehen besaßen, das Uebrige aber durch gemeinschaftlichen Personalcredit aufbrachten, welcher durch den Umstand ergiebiger ist, als der individuelle, weil der Einzelne aus irgend einer Ursache zahlungsunfähig werden oder sterben kann, während dieselben Ereignisse eine größere Anzahl von Personen fast nie auf einmal treffen. Die Gesellschaft gedieh so, daß sie 1863 bereits ein Vermögen von 200,000 Thalern besaß und 100,000 Thaler Dividende unter ihre 134 Mitglieder vertheilte, wovon 48 das Geschäft nicht mehr betreiben. Die Tuchmacher bedienen sich der Maschinen nur zur Production und verkaufen jeder sein Tuch für eigene Rechnung.[1])

Ein anderer Vortheil der reichen Producenten besteht in dem kaufmännischen Credit, welchen dieselben genießen. Dieser kann aber durch zweckmäßige gesellschaftliche Einrichtungen auch dem armen Gewerbsmanne zugänglich gemacht werden, — in Schottland durch den coulanten persönlichen Credit, den die 10 Banken und ihre 600 Filialen gegen Bürgschaft gewähren, in der Schweiz durch die Banken und Spar- und Leihcassen, in Deutschland durch die Vorschußvereine. Da die Zahl der letzteren bereits 8000 überschritten hat, so sei hier verstattet, zu den schon an früherer Stelle (B. II u. III) gemachten Bemerkungen unsere neueren Erfahrungen und Anschauungen zu vertreten.

Die Uebertragung der wirthschaftlichen Wohlthat des kaufmännischen Credits auf die weniger bemittelten Schichten der arbeitenden Classen — Flüssigmachung, Ausgleichung und Befruchtung der bisher in deren Besitz müßig ruhenden Geldsummen durch Organisation des persönlichen Credits, das ist die Aufgabe dieser neueren Volksbanken, bei deren Errichtung die größte Thätigkeit in Deutschland herrscht.

Wären die deutschen Banken und Bankhäuser weniger exclusiv gewesen und hätten sie so viele Filialen wie die schottischen Banken errichtet, bei denen auf je 6000 Seelen ein Bankcomptoir kommt, — hätten sie so freigebig persönlichen Credit gegen Bürgschaft oder Blancocredit auch bis zu kleinen Beträgen herab gegeben wie die schottischen Banken, so würde es zu der Gründung der deutschen Vorschußvereine gar nicht gekommen sein. Da unserem kleinen Verkehr jene liberale Bankpraxis mangelte, so befriedigten sie ein überaus lebhaft gefühltes Bedürfniß.

Der erste Schritt zur Befruchtung der müßigen Gelder der arbeitenden Classen wurde schon im vorigen Jahrhundert durch Gründung der Sparcassen gethan. Um den Sparern Zinsen zahlen zu können, mußten diese Cassen schon von vornherein die eingelegten Gelder wieder ausleihen. Das Natürlichste wäre nun gewesen, dieses müßige Geld Personen derselben Classen, welche es gespart haben, zur Befruchtung ihrer Arbeit zufließen zu lassen. So wäre der gerechteste Umsatz bewerkstelligt worden. Die Verwalter und Beaufsichtiger der Sparcassen glaubten und glauben indessen, das Hauptgewicht darauf legen zu müssen, daß die von den ärmeren Classen ersparten

1) S. Näheres in Engel's statistischer Zeitschrift, 1865.

Gelder vor allen Dingen sicher angelegt werden. Sie leihen dieselben daher in der Regel nur auf Hypothek oder auf Faustpfand oder an große Creditinstitute aus, welche durch den Umfang ihres Stammcapitals genügende Sicherheit zu bieten scheinen. So trugen gerade die von den ärmeren Classen gesparten Gelder wieder dazu bei, die Betriebsmittel der wohlhabenden Producenten zu vermehren, während sie kleinen Gewerbtreibenden fehlten. Um dieser Anomalie abzuhelfen, mußte ein Mittel gefunden werden, um die Ersparnisse der ärmeren Classen diesen selbst wieder zufließen zu machen, sie zugleich aber gegen die Gefahr des Verlustes sicher zu stellen. Es wurde im Wesentlichen versucht, diesen Zweck auf zweierlei Art zu erreichen, indem man die darleihenden Institute entweder mit einer Capitalgarantie umgab oder sie auf Personalgarantie gründete. In einigen Theilen Deutschlands entstanden sogenannte Hülfscassen, für welche wohlhabende Gönner der arbeitenden Classen Garantieactien übernahmen. Diese Institute waren indessen keiner Entwicklung fähig, weil sie auf den Grundsatz basirt wurden, daß Darlehen nur an solche Personen gegeben werden sollen, welche sich in Noth befinden. Damit war der Credit an der Wurzel abgeschnitten, denn der in Noth Befindliche ist als solcher creditlos. Diese Institute waren daher an der Wurzel faul und schadeten mehr, als sie nützten, weil jeder tüchtige Geschäfts- oder Handwerksmann sich schämen mußte, davon Gebrauch zu machen.

Ein anderer Weg, den man einschlug, war der, Gewerbe- oder Handwerkerbanken auf Actien zu gründen. Da diese aber nach der bestehenden Gesetzgebung die obrigkeitliche Concession nöthig hatten, und dieselbe oft schwer zu erlangen war, auch das Vertrauen der Capitalisten und Sparer nicht genügend ihnen sich zuwandte, wie überhaupt in Deutschland auffallend wenig Depositengelder bei Instituten angelegt werden, so fanden diese Anstalten wenig Eingang.

Der praktischste Versuch wurde in der Schweiz gemacht, indem man daselbst das Darlehensgeschäft für die weniger bemittelten Classen mit den Sparcassen vereinigte und dieselben mit der Garantie eines Actiencapitals umgab.

Die bedeutendsten Erscheinungen in dieser Richtung sind aber die deutschen Genossenschaften, weil sie den Keim einer großen Zukunft in sich bergen. Durch die politische Bewegung des Jahres 1848 angeregt, verdanken sie zwei außerordentlichen Umständen einen ungewöhnlichen Erfolg, — einerseits den Bemühungen des warmen Volksfreundes Schulze-Delitzsch u. A. und andererseits den Verfolgungen einer kurzsichtigen Polizei in Preußen und Hannover, welche bewirkten, daß die Förderung der Genossenschaften Anfangs als eine patriotische Pflicht erschien. Die deutschen Creditgenossenschaften oder Vorschußvereine sind einestheils nach dem Vorbilde der englischen Actiengesellschaften mit unbeschränkter Haftpflicht der Mitglieder, anderentheils der englischen Consum-

bereits gebildet. Von den ersteren unterscheiden sie sich dadurch, daß sie nicht mit dem Publicum, sondern nur unter den Genossen Darlehnsgeschäfte abschließen, wenn sie auch von ersterem Depositen aufnehmen; von den letzteren unterschieden sie sich Anfangs nur durch die Art des Geschäfts. Seitdem in Folge des Gesetzes von 1862 fast sämmtliche englischen Genossenschaften sich in Actiengesellschaften verwandelt haben und gleich diesen mit dem gesammten Publicum geschäftlich verkehren, ist diese früher bestandene Aehnlichkeit verschwunden.

Der wesentliche Unterschied zwischen anonymen Actiengesellschaften und den Genossenschaften, wie sie sich in Deutschland entwickelt haben und durch die norddeutsche Gesetzgebung sanctionirt worden sind, besteht darin, daß die Genossenschaften nicht wie Actiengesellschaften und sämmtliche Privatgeschäfte ihre Umsätze auf das ganze Publicum erstrecken, sondern daß sie ihre Vorschüsse auf den Kreis der Genossen beschränken; der zweite Unterschied besteht darin, daß die Mitglieder der Genossenschaft solidarisch — Einer für Alle und Alle für Einen — für die Schulden der Gesellschaft einstehen; während die Mitglieder einer anonymen Actiengesellschaft nur für den Betrag des von ihnen gezeichneten Stammcapital-Antheils garantiren. Der Unterschied, welcher von Schulze-Delitzsch in seiner neuesten Schrift hervorgehoben wird, daß bei den Actiengesellschaften sofort ein Capitalstamm vorhanden sei, welcher eine gewisse Garantie biete, während die Antheile der Mitglieder der Genossenschaften erst allmählich eingezahlt würden, besteht in Wirklichkeit nicht mehr, denn bei fast allen neuerdings gegründeten Actiengesellschaften pflegt die allmähliche Einzahlung des Stammcapitals bedungen zu werden; bei den Genossenschaften, wo die solidarische Haftpflicht eingeführt ist, pflegt die Verpflichtung für den Stammantheil, bevor derselbe voll eingezahlt ist, nicht ausgesprochen zu werden, weil sie in der größeren Verpflichtung der Solidarität inbegriffen ist. Uebrigens gibt es hier, gerade wie bei den Actiengesellschaften, Mitglieder, welche ihre Stammantheile sofort voll einzahlen.

Dagegen besteht ein wesentlicher Unterschied allerdings darin, daß das Mitglied der Actiengesellschaft die Verfügung über seinen gezeichneten Stammantheil verliert, so daß es sein Geld nur in der Weise zurückerhalten kann, daß es seine Actien an einen Dritten verkauft, — während das Mitglied einer Genossenschaft beim Austritt aus derselben seine Einzahlung, vorbehaltlich einer bestimmten Liquidationsfrist, zurückerhält, daß also die Zahl der Mitglieder der ersteren unveränderlich, der letzteren beweglich ist. In der Praxis freilich verschwindet dieser principielle Unterschied, denn die Actien von Gesellschaften, welche gute Geschäfte machen, sind rascher verkäuflich, als die Liquidation des Stammantheils eines scheidenden Genossen erledigt wird; ein Actionär hingegen, welcher seine Actie wegen schlechter Geschäfte der Gesellschaft nicht verkaufen kann, ist immer noch beneidenswerth gegen den Genossen, welcher für die Schulden haften muß, die sein Verein über das Stammcapital hinaus gemacht hat. Ein anderer wesentlicher Unterschied zwischen der anonymen Actiengesellschaft und der Genossenschaft besteht nicht. In der Schweiz und in Ländern, wo das Interesse der Regierung mit dem des Volkes identisch ist, hat man vielfach versucht, die Vortheile und Nachtheile der beiden Arten von Gesellschaften gegen einander abzuwägen. Wenn man sich darüber wundert, daß dies bisher in Deutschland so wenig geschehen ist, so muß daran erinnert werden, daß nach der bestandenen Gesetzgebung nur Commanditgesellschaften mit solidarisch verantwortlichen Firmenträgern einer obrigkeitlichen Bewilligung nicht bedurften, während alle übrigen Gesellschaften, welche auf die Rechte einer juristischen Person Anspruch machen wollten, die Concession der Regierung nöthig hatten. Da diese nun meistens für Arbeitergesellschaften schwer zu erlangen war, weil man einestheils in den maßgebenden Kreisen überall politische Hintergedanken witterte und weil anderentheils jene bei den letzteren nicht so großen Einflusses sich erfreuten, wie die reichen, zudringlichen Gründer von Actiengesellschaften, so mußten die Schöpfer von Genossenschaften sich entschließen, das Gesetz zu umgehen und deßhalb derjenigen Bedingung sich unterziehen, durch welche allein die Concession entbehrlich wurde, — der solidarischen Haftpflicht. Diese Bedingung war eine Bürde, welche überall schwer empfunden wurde, und namentlich anfangs das Haupthinderniß gegen die Einführung der Genossenschaften bildete, so daß ein Jahrzehent nach der ersten Errichtung verging, bis sie in weiteren Kreisen Eingang fanden; — nachdem man einerseits die Erfahrung gemacht hatte, daß die unbeschränkte Haftpflicht die befürchteten Gefahren nicht in sich birgt und in der Praxis mehr zu einer Formalität herabsinkt, — und nachdem andererseits wegen der schon erwähnten polizeilichen Verfolgung die Theilnahme an den Genossenschaften bei Vielen zu einer Ehrensache wurde.

Da in den letzten zehn Jahren über 3000 Genossenschaften mit unbeschränkter Haftpflicht in Deutschland gegründet wurden, diesem großen Erfolge aber das fast gänzliche Verlassen der solidarischen Haftbarkeit in England in Folge des Gesetzes über die Actiengesellschaften von 1862 gegenübersteht, so halten wir es für am Platze, die Vortheile und Nachtheile der beiden Gesellschaften gegen einander abzuwägen.

Das Verhältniß der anonymen Actiengesellschaften zu den Genossenschaften mit unbeschränkter Haftpflicht muß nach zwei Seiten hin ins Auge gefaßt werden: nach dem Interesse der Schuldner und nach dem der Gläubiger d. h. der Mitglieder und des Publicums. Vom Standpuncte der Gläubiger sollte man auf den ersten Blick annehmen, daß die unbeschränkte Haftpflicht der Mitglieder ohne allen Zweifel den Vorzug verdiene vor einer Gesellschaft, welche nur mit ihrem Stammcapital für ihre Schulden einsteht; allein in der Erfahrung hat sich diese theoretische Annahme doch nicht so ohne Weiteres bewährt, weil eben selten Theorieen rein zur Anwendung kommen, sondern mit den sie umgebenden Umständen zu rechnen haben. Es ist nämlich in England die

Erfahrung gemacht worden, daß durchaus nicht die meisten Bankerotte unter den anonymen Actiengesellschaften mit beschränkter Haftbarkeit ausgebrochen sind, sondern unter den unbeschränkt haftenden Geschäften, seien es anonyme Actiengesellschaften, oder Compagniefirmen. Als Grund für diese seltsame Erscheinung werden folgende Thatsachen angeführt. Bei den unbeschränkt haftenden Geschäften werden die Gläubiger in blindes Vertrauen eingelullt, so daß sie allmählich versäumen, die Solidität der Geschäftsführung hinreichend zu prüfen und über die Direction der Gesellschaften eine schützende Controle auszuüben. Die Leiter einer unbeschränkt haftenden Gesellschaft, welche nur einen Bruchtheil der Verantwortlichkeit tragen, lassen sich im blinden Vertrauen zu dem unbeschränkten Credit, welchen die Solidarität ihrem Geschäfte verschafft, gern zu leichtsinnigem, die eigenen Kräfte weit überschreitenden Creditiren, zu verwegenen Speculationen hinreißen, welche in England schon öfters kolossale Fallimente hervorgerufen haben, bei denen in manchen Fällen die Passiven das Vermögen um das Zehnfache überstiegen, viele Actionäre, darunter Witwen und Waisen, zu Grunde gerichtet wurden, während nicht einmal sämmtliche Schulden gedeckt werden konnten. Die Anhänger der Gesellschaften mit beschränkter Haftpflicht führen dagegen zu deren Gunsten an, daß in der Regel eine strengere gesetzliche Controle eingeführt sei, wodurch diese Art von Gesellschaften zu öfterer und gewissenhafterer Darlegung ihrer Geschäftsresultate angehalten würden. Durch diese vorsorglichere Vorkehrung der Gesetzgebung seien auch die Gläubiger und das Publikum leichter im Stande, ein scharfes Auge auf die Solidität der Geschäftsführung zu werfen. Die Verwaltungsbehörden solcher Gesellschaften seien dadurch gezwungen, nur solide Geschäfte zu machen, und da bei soliden Geschäften die Activen durch die Passiven gedeckt werden, so biete das Stammcapital einen für fast alle Fälle ausreichenden Garantiefonds.

Die Anhänger der beschränkten Haftbarkeit der Actionäre oder Genossen hofften, daß durch die Einführung ihres Princips die Vorsicht des creditgebenden Publicums vermehrt, die Sorglosigkeit der Actionäre aber überhaupt nicht erhöht werden könne.

Die Folge eines Jahre lang andauernden Streites beider Parteien war, daß endlich 1856 die letztere den Sieg davon trug, und daß das Princip der beschränkten Haftpflicht, welches bis dahin nur kraft besonderer Regierungsconcession bei geschäftlichen Gesellschaften angewendet werden konnte, in die Gesetzgebung in der Art aufgenommen wurde, daß fortan Gesellschaften mit beschränkter Haftpflicht auch ohne Concession, und nur unter Erfüllung gewisser gesetzlicher Bedingungen errichtet werden konnten. Durch ein neues Gesetz von 1861/62 wurden diese Bedingungen noch mehr vereinfacht. Die Wirkung dieses Gesetzes war so außerordentlich, daß die alten Gesellschaften mit unbeschränkter Haftpflicht sich in Masse beeilten, von den Vergünstigungen desselben Gebrauch zu machen. Als ich im Sommer 1864 die Pioniere zu

Rochdale besuchte, hatten sie ihre Genossenschaft in eine einfache Actiengesellschaft mit beschränkter Haftpflicht umgewandelt, welche auch an das Publikum verkaufte, und welche Spezereiläden, Bäckerei, Schlachthaus, Tuchladen, eine Schneider- und Schuhmacher-Werkstätte umfaßte. In gleicher Weise war eine Mühle und eine Baumwollspinnerei mit Actien zu 1, beziehungsweise 2 Pfd. St. gegründet worden.

Prof. Leone Levi hat im Märzheft 1870 des Journals der Londoner statistischen Gesellschaft die Wirkung der Gesetze von 1856 und 1861 zusammengestellt, welche so auffallend ist, daß die Ziffern hier angeführt zu werden verdienen.

Jahr.	Gesammtzahl der neu gegründeten Gesellschaften.	Nominal-Capital. Pf. St.	Beschränkte Haftpflicht. Zahl der neu gegründeten Gesellschaften	Beschränkte Haftpflicht. Nominal-Capital. Pf. St.	Unbeschränkte Haftpflicht. Zahl der neuen Gesellschaften.	Unbeschränkte Haftpflicht. Nominal-Capital. Pf. St.
1856	227	14,720,485	222	14,657,485	5	63,000
1857	392	20,869,230	386	20,801,030	6	68,200
1858	301	29,287,374	298	29,227,374	3	60,000
1859	326	13,516,960	320	13,417,960	6	99,000
1860	405	17,818,510	401	17,752,735	4	65,775
1861	479	24,613,684	474	24,543,684	5	70,000
1862	508	68,093,103	500	68,043,103	8	50,000
1863	760	137,254,138	748	135,194,138	12	2,060,000
1864	975	235,762,912	970	234,454,412	5	1,308,500
1865	1014	203,723,578	1002	201,583,867	12	2,139,711
1866	754	74,643,985	745	73,309,980	9	1,334,005
1867	469	88,543,948	455	87,462,148	14	1,081,800
1868	446	33,657,483	437	32,571,983	9	1,085,500
	7056	893,169,201	6960	883,173,857	96	9,331,344

Der kolossale Unternehmungsgeist, welcher sich, indessen nur zum Theil, durch jene Gesetze genährt, Bahn brach, mußte natürlich auch zu großen Auswüchsen und Mißbräuchen führen, welche viele Liquidationen zur Folge hatten, von denen die Gesellschaften mit unbeschränkter Haft auch nicht verschont blieben und die einer neuen Reform wichen, welche in dem Gesetze von 1867 Ausdruck fand, durch das unsere reine Commanditgesellschaft in England sanctionirt wurde, in welcher solidarisch verantwortliche Firmenträger sich mit beschränkt im Betrage ihrer Stammantheile haftenden stillen Theilhabern umgeben. Leone Levi gibt dieser Form der geschäftlichen Gesellschaft den Vorzug vor der Actiengesellschaft und Genossenschaft mit unbeschränkter und beschränkter Haftpflicht, welche neben der ersteren fortbestehen.

Um auf die österreichische Gesetzgebung gegen die Ausnahme der beschränkten Haftpflicht einzuwirken, hat Schulze-Delitzsch in der „Deutschen Zeitung" die Nachricht veröffentlicht, daß von 1375, in den Jahren 1869 und 1870 in England und Wales registrirten Genossenschaften mit beschränkter Haftpflicht 406 wieder aufgelöst worden seien.

Dieser Umstand beweist so wenig die Unsolidität der Gesellschaften mit beschränkter Haftpflicht an und für sich, wie die vorher angeführte starke Vermehrung derselben seit den neuen Gesetzen deren Solidität oder größere Zweckmäßigkeit erhärtet. In den Annalen der Handelsgeschichte Englands finden wir die Thatsache verzeichnet, daß dort überhaupt stets ein kleinerer Bruchtheil der projectirten Gesellschaften im Leben sich erhielt, als in einem anderen Lande Europa's, weil dort eben auch die Projecte stets viel zahlreicher waren, als anderswo, und zwar geschah dies auch vor den Gesetzen von 1856 und 1862.

In der schon erwähnten statistischen Denkschrift von Leone Levi[1], worin die Bewegung der Gesellschaften tabellarisch verzeichnet ist, finden wir S. 26, daß von 1844 bis 1856, also vor Erlaß des Gesetzes über die Gesellschaften mit beschränkter Haftpflicht, 4049 Gesellschaften (Joint Stock Compagnies — wir wiederholen hier, daß es Genossenschaften im deutschen Sinne, die nur mit ihren Mitgliedern Geschäfte machen, in England nicht mehr gibt) provisorisch angemeldet wurden. Von diesen wurden 3084 oder 76 pCt. wieder verlassen und nur 965 definitiv registrirt.

Von 1856 bis 1868 wurden 7056 Gesellschaften vorläufig registrirt und nur 1245 oder 18 pCt. wieder verlassen, 5811 aber definitiv registrirt. Daß davon später eine größere Zahl sich nicht hielt, ist natürlich und beweist nichts gegen die Einrichtung der beschränkten Haftpflicht.

Einen noch genaueren Einblick in die Sache gewähren, trotz der vielfach fehlenden Ausweise, die nachfolgenden Ziffern, bei welchen wir nur die Totalzahlen bringen, bezüglich der Classification der Gesellschaften nach ihrer Bestimmung auf die Quelle verweisend:

1) Journal of the Statistical Society of London, March 1870, S. 1—46.

	Registrirt.	Verlassen.	Durch das Gericht liquidirt.	Freiwillig liquidirt.	In fortwährender Liquidation begriffen.	Durch Versammlungsbeschluß beendigt.	Unbekannt und ohne Nachricht.
Gesellschaften, welche unter dem Gesetze von 1856 als solche mit beschränkter Haftpflicht registrirt sind	2215	721	117	490	[illegible]	37	271
Gesellschaften, welche unter dem Gesetze von 1856 als solche mit unbeschränkter Haftpflicht registrirt worden sind	54	7		—	1	4	22
Gesellschaften, welche vor dem Gesetze von 1856 schon bestanden haben und sich unter diesem in solche mit beschränkter Haftpflicht verwandelten	251	19	7	38	11	14	142
Gesellschaften, welche vor 1856 bestanden und nachher unbeschränkte Haftpflicht behielten	390	41	13	30	6	22	267
Gesellschaften, welche nach dem Gesetze von 1868 als solche mit beschränkter Haftpflicht gebildet u. registrirt wurden	4115	509	305	161	[illegible]	18	3024
Gesellschaften, welche nach dem Gesetze von 1868 mit unbeschränkter Haftpflicht gebildet wurden...	61		2	5	3	–	47
Gesellschaften, welche vor 1868 bestanden und nachher sich als solche mit beschränkt. Haftpflicht eintragen ließen	56	—	2	3	5	3	45
Gesellschaften, welche vor 1868 bestanden und sich nachher als solche mit unbeschränkter Haftpflicht eintragen ließen....	124	12		17	5	—	81

Ich will aus diesen Zahlen nicht den Schluß ziehen, daß die Gesellschaften mit beschränkter Haftpflicht vor denen mit unbeschränkter den Vorzug verdienen. Allein so viel wird daraus doch hervorgehen, daß

1) die unbedingte und ungeprüfte Verurtheilung der ersteren, welche in dem norddeutschen Gesetze ihren Ausdruck gefunden hat, durch die Erfahrung nicht gerechtfertigt werden kann;
2) daß keine Erfahrungen darüber vorliegen, welche den Satz umstoßen könnten, daß Gesellschaften mit beschränkter Haftpflicht zahlungsfähiger Mitglieder vor Gesellschaften mit unbeschränkter Haftpflicht nichtzahlungsfähiger Mitglieder den Vorzug verdienen;
3) daß keine Erfahrungen vorliegen, welche ein gesetzliches Verbot der Genossenschaften mit beschränkter Haftpflicht und die daraus folgende

Beeinträchtigung der Armen gegenüber den Bemittelten und Reichen zu rechtfertigen vermögen;

4) daß das Gedeihen der Gesellschaften der einen wie der anderen Art von Umständen abhängt, welche außerhalb der Frage der Haftpflicht liegen;

5) daß der Gesetzgeber aus der bisherigen Erfahrung nicht das Recht schöpfen kann, eine Vormundschaft über die weniger bemittelten Classen dadurch auszuüben, daß er ihnen die Gründung von Genossenschaften mit beschränkter Haftpflicht, unter Erfüllung gewisser gesetzlicher Bedingungen, verbietet.

Die solidarische Haftpflicht ist aber nicht einmal ein so absolutes Mittel zur Creditfähigkeit, wie sie namentlich von dem verdienstvollen Gründer der deutschen Genossenschaften hingestellt zu werden pflegt. Noch viel weniger ist sie das einzige Mittel. Man pflegt nicht genug hervorzuheben, daß die unbeschränkte Haftpflicht von Personen an und für sich keine Garantie der Creditfähigkeit ist, sondern nur die Haftpflicht zahlungsfähiger Personen. Aus diesem Grunde kann es dem Gläubiger durchaus nicht genügen, als Sicherheit für sein dargeliehenes Capital die solidarische Bürgschaft eines beliebigen Vereins zu erhalten; er muß vorher prüfen, ob dessen Mitglieder zahlungsfähig oder wenigstens vertrauenswürdig sind. Damit sind wir aber bei derselben Aufgabe angelangt, welche in Beziehung auf Gesellschaften mit beschränkter Haftbarkeit zu besorgen ist, d. h. bei der Prüfung vor Bewilligung eines Darlehens, ob die Gesellschaft zahlungsfähig, bzw. creditwürdig ist, und bei der Controle, welche während der Dauer des Darlehens darüber anzustellen ist, ob sie es bleibt. Daraus geht nun klar hervor, daß die Creditfähigkeit weniger von einer allgemeinen Schablone abhängt, sondern mehr von der Zusammensetzung einer Gesellschaft und der Art und Weise ihrer Geschäftsführung. Es ist klar, daß die Garantie zahlungsfähiger Personen, welche z. B. für das Doppelte oder Fünffache des Stammcapitals einstehen, oder die nichts als ihr Actiencapital einsetzen, weit vorzuziehen ist der unbeschränkten Haftpflicht von Personen, welche zahlungsunfähig sind. Wir gehen noch weiter und sagen: eine Genossenschaft ohne alle andere Haftpflicht, als ihr Gesellschaftscapital, die aber eine solide kaufmännische Geschäftsführung und redliche, tüchtige, besonnene Vorsteher hat, ist hinsichtlich der Sicherheit der Gläubiger einem Verein mit unbeschränkter Haftpflicht vorzuziehen, dessen Geschäfte leichtsinnig und unordentlich oder riskirt geführt werden.

Da also dem Capitalisten mit der absoluten, ungeprüften, solidarischen Garantie beliebiger Personen gar nicht gedient ist, sondern da derselbe bei jedem Creditbegehren die erforderliche Qualität des Schuldners, so wie die Solidität der Geschäftsführung prüfen muß, so besteht gar kein so wesentlicher Unterschied in der Praxis zwischen Gesellschaften mit beschränkter und unbeschränkter Haftpflicht; denn so gut der Capitalist bei ersteren während der

Dauer des Darlehens darauf Acht geben muß, daß die Solidität der Geschäftsführung erhalten bleibe, eben so muß er bei den letzteren controlliren, ob die Mitglieder zahlungsfähig bleiben. Es ist sonach vom Standpuncte des Gesetzes aus viel wichtiger, daß sichere Garantieen für die Beaufsichtigung einer Gesellschaft und der Geschäftsführung gegeben werden, als wenn eine noch so bedingungslose Verantwortlichkeit ausgesprochen wird.

Diese aus dem inneren Getriebe des Geschäftslebens großer Handelsstädte geschöpfte Wahrnehmung wird durch ein besonders für diesen Fall passendes Beispiel bestätigt, — nämlich durch die zu dem gleichen Zwecke wie die deutschen Vorschuß-Vereine in der Schweiz bestehenden Volksbanken. Diese Creditanstalten für die arbeitenden Classen verrathen schon an dem in der Regel gebräuchlichen Titel von „Spar- und Leihcassen" ihren Ursprung. Dieselben haben sich, wie bereits erwähnt, seit dem neuen Bunde aus den Sparcassen in der Weise entwickelt, daß sie in Actiengesellschaften umgewandelt wurden, welchen kein amtliches Hinderniß im Wege stand, da die Concessionen von Seiten der schweizerischen Regierungen ohne einen Einwand ertheilt zu werden pflegen. Es fehlte also hier schon das erste Motiv, welches die Gründung der deutschen Vereine veranlaßte — das Uebelwollen der Regierungen. Hinsichtlich der Höhe des Gesellschaftscapitals stehen die schweizerischen Spar- und Leihcassen ganz in der Classe der deutschen Vorschuß-Vereine, je nach Bedeutung des Geschäftsitzes. Der Nominalbetrag der Gesellschaftsantheile oder der Actien aber weist eine Stufenleiter auf, welche wenigstens in Deutschland, weder bei den Actiengesellschaften noch Genossenschaften ihres Gleichen hat.

Da ist z. B.:

	mit einem Sicherheitsfonds von	in Actien, jede zu
die Ersparnißcasse der Stadt Luzern	240,000 Fr.	6000 Fr.
„ Leihcasse der Stadt Zürich	100,000 „	1000 „
„ Leihcasse in Uster	50,000 „	500 „
„ Leihcasse in Winterthur	100,000 „	250 „
„ Spar- und Leihcasse in Zofingen ...	200,000 „	200 „
„ Leihcasse im Wahlkreise Schösslisland	25,000 „	100 „
„ Banc du travail in Neufchatel	100,000 „	50 „

Es wird wenig Vorschuß-Vereine in Deutschland geben, deren Stammantheile nur 50 Fr. Nominalwerth haben, während es in England bereits anonyme Gesellschaften mit Actien zu 25 Franken gibt.

Trotzdem nun das Stamm- und Garantiecapital der schweizerischen Spar- und Leihcassen so gering ist, die Actionäre nur bis zum Betrage des gezeichneten Capitals garantiren und keinerlei weitergehende Haftpflicht übernehmen, genießen diese Creditanstalten der arbeitenden Classen absolut und relativ größeren Credit als die deutschen Vorschuß-Vereine. Trotz vielseitiger Bemühungen war es daher nicht möglich, Genossenschaften mit solidarischer Haftpflicht in der Schweiz einzuführen, weil alle Anstrengungen an der im Mangel an Nothwendigkeit und Bedürfniß der Solidarhaft begründeten Renitenz des Publicums scheiterten. Der einzigen Volksbank in Bern gelang es, die Garantie ihrer Mitglieder für das Fünffache ihres Actiencapitals durchzusetzen.

Um die Erfolge der Spar- und Leihcassen richtig zu beurtheilen, müssen auch die Betriebsergebnisse der schweizerischen Banken ins Auge gefaßt werden. In der Schweiz bestehen 48 Banken mit einem eingezahlten Actiencapital von im Ganzen 163,000,000 Fr., welches sich in einer Stufenleiter zwischen einer und 16 Millionen vertheilt. Diese Banken reichen durch ihre coulante Geschäftsführung und Creditgewährung in viel tiefere Kreise, namentlich auch der ländlichen Bevölkerung, hinab und haben unverhältnißmäßig mehr Depositen als die deutschen Banken, denn während die Zollvereinsbanken mit Ausschluß der Hypothekenbanken 491,221,800 Fr. Stammcapital besitzen, was auf den Kopf der Bevölkerung des Zollvereins 12,9 Fr. ausmacht und 132,357,000 Fr. Depositen, welche per Kopf 3,4 Fr. betragen, haben 38 schweizerische Banken, ausschließlich der Hypothekenbanken, 134,839,162 Fr. Stammcapital oder 53,5 Fr. auf den Kopf der Bevölkerung und 232,631,530 Fr. Depositen oder 92,2 Fr. auf den Kopf der Bevölkerung[1]).

Bezüglich des numerischen Verhältnisses der schweizerischen Spar- und Leihcassen zu den deutschen Vorschuß-Vereinen mögen sich diejenigen, deren Bilanzen beiderseitig nicht zur Kenntniß gelangt sind, compensiren; dagegen rechnen wir zu den deutschen auch die deutsch-österreichischen Vorschuß-Vereine.

Vergleichen wir nun die Bilanzen von 666 deutschen Vorschuß-Vereinen (mit 256,837 Mitgliedern) aus dem Jahre 1868 und von 43 schweizerischen Spar- und Leihcassen aus den Geschäftsjahren 1865 und 1866 (spätere waren mir noch nicht zugänglich), so finden wir bei den deutschen Vorschuß-Vereinen das Stammcapital einschließlich des Reservefonds mit 38,867,968 Fr. oder circa 1 Fr. per Kopf der Bevölkerung des Zollvereins, die Depositen zu 126,408,888 Fr. oder 3,3 Fr. per Kopf und das Verhältniß des Stammcapitals zu den Depositen wie 1 zu 3,2. Bei 43 schweizerischen Spar- und Leihcassen finden wir Stammcapital einschließlich Reservefonds zu 8,370,200 Fr. oder 3,3 Fr. per Kopf der schweizerischen Bevölkerung, Depositen zu 27,078,918 Fr. oder 10,7 Fr. per Kopf und das Verhältniß des Stammcapitals zu den Depositen genau so wie bei den Vorschuß-Vereinen, nämlich

1) Die tabellarische Zusammenstellung der Bilanzen der schweizerischen Spar- und Leihcassen findet man in dem 3. Bande, die über die deutschen Genossenschaften in den „Jahresberichten über die Genossenschaften von Schulze-Delitzsch"

1 zu 3,2. Vergleicht man die correspondirenden Jahre, so stellt sich das Verhältniß noch mehr zu Gunsten der schweizerischen Anstalten heraus.

Wir entnehmen aus dieser Thatsache, daß die unbeschränkte Haftpflicht den deutschen Genossenschaften auch nicht einen Pfennig mehr Depositen zugeführt hat, als den schweizerischen Spar- und Leihcassen ohne dieselbe anvertraut zu werden pflegen, daß sie dadurch nicht creditfähiger geworden sind als die letzteren, deren Haftpflicht sich nur auf den Betrag der gezeichneten Actien oder Stammantheile beschränkt. Uebrigens ist ein analoger Fall bei allen Sparcassen zu beobachten. Dieselben arbeiten in der Regel ohne jeden Fonds; sie müssen, um Zinsen für die Spareinlagen zahlen zu können, die letzteren wieder ausleihen, sie fungiren also ähnlich wie die obigen Anstalten, und zwar ohne alle Haftpflicht.

Eine Einrichtung unterscheidet freilich im Wesentlichen auch die kleine Actiengesellschaft von der Genossenschaft, das ist die, daß die Zahl der Mitglieder der letzteren wandelbar ist, vermehrt oder vermindert werden kann, während die Stammantheile einer Actiengesellschaft nicht zurückgezahlt werden, und der Actionär, welcher gezeichnet hat, den vollen Betrag der Actien in den gegebenen Fristen einzahlen muß, widrigenfalls er die schon gemachten Einzahlungen verliert. Es fragt sich nun: Wie soll bei einer Genossenschaft beschränkter Haftpflicht der Gläubiger gegen die Verminderung des Stammcapitals durch Austritt der Genossen geschützt werden? Schafft man die Beweglichkeit der Mitgliederzahl ab, so wird der ganze Charakter geändert, aus der Genossenschaft wird eine Actiengesellschaft. Sehen wir uns nach einem anderen Mittel um, so muß uns gleich in erster Linie der Gedanke aufstoßen, daß bei der Genossenschaft mit unbeschränkter Haftbarkeit der Gläubiger ja ganz derselben Gefahr ausgesetzt ist, denn auch bei ihr können die zahlungsfähigen Mitglieder plötzlich austreten und die Sicherung der Gläubiger Zahlungsunfähigen überlassen. Auch bei ihnen muß es daher eine Bestimmung geben, welche die Gläubiger schützt. Es ist deßhalb im Gesetze des Norddeutschen Bundes und in den anderen ihm nachgebildeten Gesetzen bestimmt, daß der austretende Genosse noch eine bestimmte Zeit nach Austritt für die Schulden der Gesellschaft mit einstehen muß. Die gewöhnliche Civilverjährung, welche je nach den verschiedenen Gesetzgebungen 30, 20 oder auch nur 10 Jahre beträgt, kann hierbei nicht Anwendung finden, weil die Gründung der Gesellschaft bei einer solchen Bedingung zu sehr erschwert wäre. Im norddeutschen und sächsischen Gesetze ist diese Verjährungsfrist auf zwei Jahre, im französischen auf fünf Jahre festgesetzt. Da die Creditgenossenschaften nur Geschäfte machen, bei denen eine normale Zeitdauer von drei Monaten in der Regel nicht überschritten wird, und wenn auch Creditverlängerungen eintreten, solche doch nicht mehr als ein halbes Jahr umfassen sollen, nach Verlauf eines Jahres aber alle Geschäfte liquidirt sein müssen, so halten wir eine zweijährige Verjährungsfrist für die Genossenschaften eines solchen Geschäftszweiges vollkommen ausreichend. Die Gläubiger haben die doppelte Zeit zur Verfügung, um sich über die Zahlungsfähigkeit der Mitglieder des Vereins zu erkundigen, bevor deren Haftpflicht erlischt. Da das wichtigste Moment der Sicherung der Gläubiger beim Personalcredit die Prüfung der Creditfähigkeit der Schuldner ist, so reicht die zweijährige Verjährungsfrist auch für Genossenschaften mit beschränkter Haftbarkeit aus.

Eine andere Einrichtung, welche die Actiengesellschaft wesentlich von der Genossenschaft, wie man sie bis jetzt in Deutschland kennt, unterscheidet, ist der Verkehr mit dem gesammten Publicum in allen Geschäften, während die Genossenschaften ihren Credit nur an ihre Mitglieder bewilligen, wenn sie auch selbst vom Publicum sich crediliren lassen. In Deutschland haben auch die Consumvereine diesen Charakter, in England haben sich die Cooperativ-Gesellschaften diese Einschränkung nur kurze Zeit, in der Schweiz nie gefallen lassen. Da verkehren die Consumvereine und die wenigen Creditgenossenschaften mit beschränkter Haftbarkeit, welche bestehen, mit dem gesammten Publicum wie jedes andere Geschäft. Ein Nachtheil oder eine Gefahr für die Gläubiger ist bis jetzt noch nicht zu Tage getreten; andererseits ist es einleuchtend, daß dadurch der Geschäftsumsatz und folglich die financielle Lage sich nur verbessern kann. Auch gegen Befreiung der Genossenschaft nach dieser Seite hin ist vom Standpuncte der Gläubiger aus kein Einwand zu erheben.

Diese Erörterung führt uns mit logischer Nothwendigkeit zu dem Schlusse, daß die gesetzliche Erlaubniß für die Gründung von Genossenschaften mit beschränkter Haftpflicht und die Ausdehnung ihrer Geschäftsthätigkeit auf das ganze Publicum eine Erweiterung der Freiheit ist, die einen wesentlichen wirthschaftlichen Fortschritt in sich schließt, weil sie ein die genossenschaftliche Bewegung wesentlich aufhaltendes Hinderniß beseitigt. Wir können daher in den neuen, 1868 im Königreich Sachsen und 1870 in Belgien erlassenen Gesetzen, welche diese Erleichterung sanctioniren, nur einen Fortschritt erblicken gegenüber dem norddeutschen Gesetze, welches die solidarische Haftpflicht mit doctrinärer Strenge ausschließlich festhält, da der Reichstag durch die hohe Autorität seines Berichterstatters sich überhoben glaubte, den Gegenstand selbständig und nach allen Seiten zu prüfen. Für unsere Ansicht spricht nicht bloß die Gesetzgebung in Sachsen und Belgien, die Erfahrung in der Schweiz und England, sondern auch eine eminente wissenschaftliche Autorität, — der deutsche Juristentag, welcher sich 1869 im Congreß zu Heidelberg gegen die ausschließliche Solidarität erklärt hat. Nachdem sein Berichterstatter zugegeben hatte, daß das Gesetz das Recht habe, an Privilegien, die es ertheilt, besondere Bedingungen zu knüpfen, und daß es nicht a priori Formen von Gesellschaften verbannen kann, welche sich nach dem gemeinen Recht bilden möchten oder in der Zukunft entstehen könnten, stellte er den Ansichten von Schulze-Delitzsch die Natur der menschlichen Verantwortlichkeit selbst entgegen. Die absolute Verantwortlichkeit sei ein natürliches und moralisches Princip nur für die individuellen Handlungen, nicht für die Handlungen Dritter, mit denen man sich in Thätigkeit setzt, um ein gemeinsames Ziel zu erreichen. Das Princip der absoluten Verantwortlichkeit ist nur so weit gerechtfertigt, als die individuelle Handlung oder wenigstens eine individuelle Aufsicht sich erstreckt. Wenn diese Handlung oder diese Aufsicht durch die Umstände ausgeschlossen sind, so ist es weder unmoralisch, noch gegen die Natur, daß diese Verantwortlichkeit beschränkt werde. Nach dem gemeinen Recht ist im Falle einer gewöhnlichen Obligation im Princip ein Jeder nur für seine eigenen Thaten und Handlungen verantwortlich, und wenn man in den Handelsbeziehungen das Princip der Solidarität eingeführt hat, so ist dies eine Ausnahme, welche nur durch Gründe der Nützlichkeit gerechtfertigt ist. So steht nach dem römischen Recht der Familienvater für die Handlungen und Geschäftsabschlüsse seines Kindes oder Sclaven, die mit einem selbständigen Eigenthum (Peculium) begabt sind und für ihre eigene Rechnung verkehren, nur bis zum Belauf seines Vermögens ein. Der Rheder ist für die Handlungen des Capitäns und der Mannschaft, welche nicht ausdrücklich ausgemacht, nur mit seinem schwimmenden Vermögen verantwortlich. Der Commanditgenosse ist nur verantwortlich für das Capital, welches er der Commanditgesellschaft bzw. dem Firmaträger anvertraut hat; endlich in der anonymen Gesellschaft stehen alle Actionäre nur für den Betrag ihrer Actien ein. Ueberall ist ein Theil der Verantwortlichkeit dem Griffe des Gläubigers entzogen. Da hingegen, wo die Möglichkeit einer persönlichen Thätigkeit, einer Aufsicht, einer Leitung besteht, ist kein Grund vorhanden, sich vom Princip der unbeschränkten Verantwortlichkeit selbst für die Handlungen Dritter, die in unserem Auftrage handeln, zu entfernen. So ist die unbeschränkte Verantwortlichkeit ganz natürlich und berechtigt in dem Compagniegeschäft, weil die Zahl der Compagnons verhältnißmäßig beschränkt ist, weil der Bestand der Gesellschaft sich eng an ihre Persönlichkeiten anschließt, weil das Geschäft nach dem Tode oder dem Austritt eines der Theilhaber sich auflöst, weil Alle das Recht der Geschäftsführung haben und weil die Beschlüsse nothwendig einstimmig gefaßt werden müssen.

Allein so verhält es sich nicht mit den Genossenschaften. Sie sind zwar auch Personenvereine, aber die Individualität der Genossen bildet nicht das Hauptelement der Association. Die Genossen sind nicht der Zahl nach beschränkt; sie wechseln leicht; ihr Austritt berührt den Bestand der Gesellschaft nicht; endlich kann ihre Zahl so groß werden, daß nicht jedes Mitglied mehr die gemeinsamen Geschäfte führen, noch selbst eine directe Aufsicht auf dieselben ausüben kann. In diesem Falle entspricht das Princip der unbeschränkten Verantwortlichkeit nicht mehr der Natur der Sache; deßhalb ist auch sogar in dem norddeutschen Gesetze die innere Organisation der Genossenschaften nicht nach derjenigen der Compagniegeschäfte mit Collectivnamen gebildet, sondern nach der Actiengesellschaft. Die Genossen haben einen Verwaltungsrath, einen Aufsichtsrath, Generalversammlungen; die Majorität und nicht Einstimmigkeit ist für die Beschlüsse erforderlich; endlich kann sich nicht jeder Genosse als solcher in die Geschäftsverwaltung einmischen und die Vertheilung des Verlustes und Gewinnes geschieht nach den Gesellschaftsantheilen, nur das Stimmrecht wird nach Köpfen ausgeübt.

Es ist klar, daß bei Gesellschaften dieser Art das Princip der unbeschränkten Verantwortlichkeit der Genossen, vom juristischen Standpuncte aus geprüft, kein ursprüngliches Princip mehr ist, welches aus der inneren Organisation hervorgeht, sondern ein Aushülfsmittel, dessen man sich bedient, um den Credit der Gesellschaft zu stärken und außerdem einen moralisirenden Zweck zu erreichen. Die absolute Verantwortlichkeit der Genossen ist hier für dieselben nicht mehr eine ursprüngliche Verpflichtung, welche zum Bestande der Gesellschaft unerläßlich ist, sondern eine ergänzende Bürgschaft, welche sie der Gesellschaft bewilligen. Darin beruht aber auch die schwache Seite der Einrichtung. Die Ungeschicklichkeit und der Leichtsinn eines Geschäftsführers können das ganze Vermögen der solidarischen Genossen in Gefahr bringen. Gesetzt, ein Geschäftsführer kauft statt 10 Ballen 1000 Ballen Kaffee und zahlt mit Tratten der Gesellschaft, so ist jeder Genosse gegenwärtig und zukünftig zu Grunde gerichtet, ohne nur zur rechten Zeit dazwischen treten zu können, um das Unglück zu verhüten. Warum soll es in solchen Fällen den Genossen nicht erlaubt sein ihr Risico zu beschränken? Warum soll die ganze Persönlichkeit verantwortlich sein, in ihrer Natur nach so beschränkten Geschäften, wie die eines Consumvereins, einer Association zum Ankauf von Rohstoffen oder eines Vorschußvereins? Die wirthschaftlichen Gesetze sind auch auf die Verantwortlichkeit anwendbar; einem beschränkten Zwecke sollen auch beschränkte Mittel entsprechen dürfen; so wie in den Actiengesellschaften die großen Capitalisten ihr Risico beschränken können, so sollten auch in den Genossenschaften die Unbemitteltsten, Aermsten der Genossen sagen können: Um mein Brod und meine Rohstoffe billiger zu kaufen, um meine Werkzeuge durch ein Anleben verbessern zu können, bin ich bereit, einen Theil meiner Ersparnisse festzulegen oder die Ersparnisse, welche ich noch machen kann, darzubieten, indem ich in die Gesellschaft eintrete; mag der Gläubiger prüfen, wie viel unter solchen Umständen meine Zahlungsfähigkeit gilt!

Indem der Juristentag in solcher Weise die beschränkte Verantwortlichkeit rechtfertigte, knüpfte er daran die Bedingung, daß bei Beginn einer Gesellschaft und ihrer Geschäfte sofort ein Theil des Stammcapitals eingezahlt werden müsse. Wir halten auch dies für keine unerläßliche Bedingung. Die Hauptsache scheint uns auch in dieser Beziehung, daß der Gläubiger leichter im Stande ist, die Zahlungsfähigkeit einer Genossenschaft zu prüfen, als das Mitglied einer solidarischen Association vermag, die Geschäftsführung derselben zu controliren, denn es kann in die Geschäftsführung sich nicht einmischen und hat nirgends außer in der Generalversammlung Gelegenheit, seine Meinung zur Geltung zu bringen; wie es aber in den Generalversammlungen zuzugehen pflegt, ist bekannt. Ist jenes nun aber der Fall, so ist die sofortige Einzahlung eines Theiles des Stammcapitals bei Gründung der Genossenschaft oder bei Beginn der Geschäfte keine principiel nothwendige Bedingung, sondern nur eine Frage der Nützlichkeit. Eine junge Genossenschaft wird, wenn nicht ihre Mitglieder ungewöhnliches persönliches Vertrauen genießen, von selbst die Erfahrung machen, daß sie erst Credit erhält, nachdem sie einen Stammfonds gesammelt hat; und hier stoßen wir auch auf den einzigen wirthschaftlichen Grund, welcher wünschenswerth machen kann, daß die unbeschränkte Haftpflicht in dieser oder jener Genossenschaft eingeführt werde, das ist, wenn es der Genossenschaft nicht gelingt, auf andere Art Credit zu erhalten. Die Genossenschaft zu zwingen, ohne daß die Noth dazu drängt, wie es im norddeutschen Gesetze geschieht, ist eine nutzlose Härte. Wir sagen mit Vorbedacht: eine nutzlose Härte, weil sich aus dem Vorbemerkten recht gut eine Einrichtung der Genossenschaft mit beschränkter Haftpflicht denken läßt, welche den Gläubiger so gut sicher stellt und den Credit eben so befestigt wie bei den solidarischen Vereinen. Die Grundbedingung dieser Einrichtung ist die möglichst leichte Beaufsichtigung und Prüfung der Geschäftsführung der Genossenschaft und des wechselnden Bestandes ihrer Mitglieder und zu dem Ende öffentliche Rechenschaft in kurzen Perioden.

Der Gesetzgeber hat in erster Linie das Eigenthum zu schützen und erst in zweiter Linie die Förderung des Credits ins Auge zu fassen. Fragt er nun: was verlangt der Capitalist, wenn er Credit gewähren soll, so ist die Antwort unter allen Umständen folgende:

1) Sicherheit, das Capital nicht zu verlieren;
2) über dasselbe ohne Hinderniß verfügen zu können;
3) regelmäßige Zinszahlung.

Diese Bedingungen werden nicht an und für sich durch die unbeschränkte Haftpflicht erfüllt, denn es gibt, wie bemerkt, auch zahlungsunfähige Genossen. Diese Bedingungen werden vielmehr erfüllt durch solide, kaufmännische Geschäftsführung, welche nicht Darleben an leichtsinnige Schuldenmacher gibt, genaue Erkundigung über die Creditwürdigkeit der Darlehensuchenden einzieht, die genügende Sicherheit gegen gute Faustpfänder und Bürgen beischt, Wechselreiterei abschneidet und auf strenges Einhalten der bedungenen Termine sieht. Ein Creditgeschäft, welches streng solche Geschäftsführung einhält, ist sicher, daß die Capitalien, welche es borgt, stets durch die bewilligten Darlehen gedeckt werden. Deßhalb nimmt man an, daß eine gut geleitete Bank ihre Depositen durch die gemachten Darleben (Lombard oder Wechsel) deckt und daß ihr Stammcapital nur als Garantiefonds dient. Dieser Garantiefonds muß natürlich je nach dem Umfange der Geschäfte sich richten; denn es ist begreiflich, daß eine Genossenschaft von hundert Personen, die nur je 10 Thlr. eingezahlt haben, selbst wenn sie sich solidarisch verpflichten, nicht die Geschäfte der preußischen Bank betreiben kann, es müßten denn zufällig Rothschilde unter ihnen sein, was bei Genossenschaften nicht vorzukommen pflegt. Bei solider kaufmännischer Geschäftsführung werden unverschuldete Verluste aus dem Gewinn und der Reserve gedeckt, und es kommt nie vor, daß das Stammcapital wegen solcher angegriffen werden muß. Auch bei Genossenschaften sollte daher das Capital der gezeichneten Stammantheile, für welche die Genossen unter allen Umständen einstehen — ohne solidarische Haftpflicht —, vollkommen als Garantiefonds ausreichen, selbst wenn die Stammantheile noch gar nicht eingezahlt sind. Will eine Genossenschaft umfangreiche Geschäfte machen, so muß sie entweder viele Mitglieder haben oder die Stammantheile müssen hoch gegriffen werden, ob die Haftpflicht beschränkt oder unbeschränkt ist. Alles kommt demnach auf die Art der Geschäftsführung an und da die größere Sicherheit, die im günstigen Falle eine Genossenschaft mit solidarischer Haftpflicht vor einer solchen mit beschränkter voraus haben könnte, leicht durch den Reiz zu leichtsinnigem Creditiren wieder aufgewogen werden kann, da der Capitalist es ebenso leicht in der Hand hat, ehe er ein Capital herleiht, über die Solidität der Geschäftsführung einer Genossenschaft sich zu erkundigen, als das Mitglied der Genossenschaft selbst, so sind wir der Ueberzeugung, daß die solidarische Genossenschaft in der Praxis nicht einmal in Rücksicht der Sicherheit der Gläubiger einen Vorzug darbietet, während sie die Mitglieder bei leichtsinniger Geschäftsführung entschieden in Gefahr bringen kann. Die Geschäftsführung von Credit-Instituten wird am geordnetsten, wenn sie genügend controlirt ist, und zwar nicht bloß durch die gewöhnlich in den Statuten festgesetzte Ueberwachung von Seiten der Verwaltungsräthe und Rechnungsrevisoren, sondern durch das Publicum selbst, indem gesetzlich öffentliche Rechnungsablage in kurzen Perioden angeordnet und den Gläubigern leicht Gelegenheit geboten wird, jederzeit den Personenstand der Mitglieder einer Genossenschaft kennen zu lernen. Wenn man dabei nun in Erwägung zieht, daß nach einer 20jährigen Erfahrung die Genossen deutscher Associationen bis jetzt nur in zwei Fällen zur Zahlung über ihren Stammantheil hinaus genöthigt wurden, und daß in diesen Fällen die Vermuthung nahe liegt, daß die Geschäftsführer gerade durch die Solidarität zu leichtsinnigem Creditiren sich hatten verleiten lassen; — daß das sparende, capitaldarleihende Publicum leicht durch ein Stichwort, wie die unbeschränkte Haftpflicht, verleitet wird, unvorsichtig zu sein; — daß es besser ist, wenn dasselbe vielmehr stete Vorsicht übt, um sowohl sich selbst als die Verwaltung von Genossenschaften vor leichtsinnigem Creditiren zu behüten; — daß es Mittel gibt, welche die Gläubiger eben so gut sichern können, auch bei nur beschränkter Haftpflicht; daß in gewissen Ländern und Gegenden (z. B. in der Schweiz) das Publicum mit der Solidarhaft absolut nicht zu befreunden ist und man eher auf die Gründung von Genossenschaften verzichten muß; — daß es eine Bedrückung der ärmeren Classen ist, denselben ohne Noth härtere Bedingungen zu ihren Credit-Operationen aufzuerlegen, als den reichen in ihren Actiengesellschaften, — so scheint uns die beschränkte Haftpflicht der Genossen nicht bloß zulässig, sondern eine Erleichterung der Credit-Organisation zu sein.

Als Bedingungen, welche bei Gründung der Genossenschaft mit beschränkter Haftpflicht zur Sicherung der Gläubiger ausreichen würden, können folgende bezeichnet werden:

1) Oeffentliche Bezeichnung der Genossenschaft als eine mit beschränkter Haftpflicht im Titel; —
2) Niederlegung des Verzeichnisses der Mitglieder, nebst genauer Angabe von deren Stand und Adresse, bei Gericht;
3) monatliche oder vierteljährige Revision des Namenregisters, d. h. Streichung der ausgetretenen und Eintragung der neu aufgenommenen Mitglieder;
4) wöchentliche oder monatliche Veröffentlichung des Standes der Bilanz durch Abdruck in den Zeitungen oder, wenn dies zu kostspielig, durch Anschlag im Geschäftslocal;
5) öffentliche Rechnungsablage am Ende des Geschäftsjahres, wobei die Gläubiger das Recht haben, eine Verification der Bücher durch das Gericht zu verlangen. Rechtswidrige Handlungen, welche sich dabei vorfinden, verfallen ohnedies dem gemeinen bürgerlichen Gesetze.

Diese Bedingungen reichen vollkommen aus, den Gläubiger sicher zu stellen, sie sind aber fast sämmtlich in dem neuen sächsischen Gesetze vorbehalten; es ist darin sogar vorgeschrieben, daß der Wechsel der Mitglieder mit rother Tinte am Rande verzeichnet werden soll.

Unseres Erachtens ist daher durch das sächsische Gesetz ein volkswirthschaftlicher Fortschritt erreicht worden; und statt die Autorität des Norddeutschen Bundes gegen dasselbe ins Feld zu führen, sollte man vielmehr das norddeutsche Gesetz so bald als möglich nach dem Vorbilde des sächsischen reformiren.

Die Genossenschaften mit beschränkter Haftpflicht sind besonders für Consumvereine und für Maschinenvereine vorzuziehen, weil sie ihrer Natur nach nur auf einem beschränktem Anlagecapitale beruhen, und durch die Beschränkung der Haftpflicht auf den Umfang des Geschäftes die meisten der Bedenken entfernt werden, welche der Gründung solcher Gesellschaften entgegenzustehen pflegen. —

Von dieser Abschweifung kommen wir auf unseren allgemeinen Gegenstand zurück. Die beiden Vortheile, welche den reichen Producenten noch übrig bleiben, sind — die großen Betriebsmittel und die geschickte technische und mercantile Leitung, welche sie besitzen oder durch Anstellung geeigneter Kräfte erlangen können.

Um dieser selben Vortheile theilhaftig zu werden, bleibt den unbemittelten Unternehmern nichts übrig, als viele Kräfte zu einem Collectivbetriebe zu vereinigen, wofern nicht das Unternehmen, wofür die betreffenden ausgebildet sind, überhaupt für den selbständigen Betrieb zu umfassend ist, wie der Staats- und Eisenbahndienst, Bergwerke u. dgl.

Wir sehen diese geschäftliche Vergesellschaftung in mannigfacher Form ins Leben treten, je nach der Art und dem in ihrer Natur liegenden Umfange der Gewerbe. In erster Linie stoßen wir aller Orten auf das von den socialen Agitatoren fast völlig ignorirte Compagniegeschäft. Darin schließt sich in Gestalt von zwei und mehr Personen Capital, mercantile oder technische Geschicklichkeit in verschiedener Gruppirung zusammen, um die selbständige Productivkraft zu erlangen, welche der Einzelne nicht besäße, sondern im Lohne und Dienste Anderer stehen müßte.

Solche Gesellschaftsgeschäfte eignen sich für die meisten Erwerbszweige, — ja, in der Schweiz und Nordamerica sind sie bis auf die liberalen Berufsarten, auf den Stand der Aerzte und Advocaten, ausgedehnt worden. Einmal finden wir da zwei oder mehrere Kaufleute, die durch Zusammenschuß ihr Capital auf die geeignete Höhe bringen, um das Geschäft mit Vortheil betreiben zu können; bald einen armen Kaufmann und einen reichen Privatmann verbunden, bald einen Kaufmann und einen Gewerbetreibenden oder mehrere Gewerbetreibende zusammen.

Einen Schritt weiter kommen wir zur Productiv-Genossenschaft mit unbeschränkter Haftpflicht, die sich im Grunde von dem Compagniegeschäft nur durch die größere Zahl der Mitglieder unterscheidet, denn die Einrichtung, nur mit Genossen Geschäfte zu treiben, wie es die deutschen Vorschuß- und Consumvereine mit wenigen Ausnahmen machen, besteht nicht durchgängig. Solcher Genossenschaften für die Betreibung selbständiger gewerblicher Geschäfte, zur pachtweisen Uebernahme von Bauernhöfen, Mühlen, Spinnereien, zum Betriebe von Maschinenbau-Anstalten und anderen Fabriken bestehen bereits in nicht geringer Zahl und mit gutem Erfolge in Deutschland, England und Frankreich, und wir werden bei den einzelnen Fächern darauf speciel zurückkommen: es lassen sich darunter aufzählen: Tischler, Maurer, Steinmetze, Baugewerbe, Weber, Tuchmacher, mechanische Spinnereien; ferner Schneider, Schuhmacher, Buchdrucker, Cigarrenmacher, Metallarbeiter, Buchbinder und Lederarbeiter, Bäckereien, Uhrmacher, Posamentierer, Vergolder, Baugenossenschaften.

Solche Genossenschaften können wieder der Commanditgesellschaft sich nähern, d. h. eine Commandit-Genossenschaft bilden in der Art, daß die Genossen als solidarisch verantwortliche Geschäftsinhaber sich mit einer Anzahl stiller Theilhaber umgeben.

Die Genossenschaft mit beschränkter Haftbarkeit bildet den Uebergang zur reinen Commandit-Gesellschaft und zur anonymen Actiengesellschaft, mittels welcher der Unternehmungsgeist von der Betreibung kleiner Gewerbecassen, Steinbrüche, Gasthöfe, Badecur-Anstalten, mechanischer Fabriken aufsteigt zu dem kolossalen Betriebe von Banken, Dampfschiffslinien, Bergwerken, Canälen, Eisenbahnen, welche mit Millionen arbeiten, die nur aus kleinen Antheilen zusammengesetzt sind, deren Ersparung auch dem unbemittelten Dienstboten, Tagelöhner und Fabrikarbeiter möglich ist.

(Geschäftsantheil mit Gewinn und Verlust.) In neuerer Zeit sind große Hoffnungen auf die Betheiligung der unselbständig beschäftigten Arbeiter am Gewinn und Verlust so wie nur am Reingewinn (Tantième) gesetzt worden. Von manchen Anhängern dieser Einrichtungen wurde sogar der Fehler der Socialisten nachgeahmt, dieselben sofort für Universalmittel auszugeben. Es bedarf indessen keines ausführlichen Beweises, daß einzelne Beispiele von gutem oder schlechtem Erfolge solcher Einrichtungen weder einen Schluß auf die allgemeine Anwendbarkeit noch die unbedingte Verwerflichkeit derselben rechtfertigen. Thornton hat diesen Einrichtungen den dritten Theil seines Werkes „die Arbeit“ zugewendet und im 4. Buche desselben insbesondere der industriellen Theilhaberschaft (industrial Partnership) ein ganzes Capitel gewidmet, und Engel hat in einem öffentlichen Vortrage zu Berlin, welchem der Deutsche Kronprinz und viele Mitglieder des Reichstages beiwohnten, in seiner gütlich sanguinischen Art die sociale Frage für gelöst erklärt. Müssen wir auch diese Erwartung für zu überschwänglich halten, so können wir doch wieder nicht denjenigen beistimmen, welche wie Prince-Smith und andere Gegner Engel's das Kind mit dem Bade ausschütten und solche Bestrebungen des Heranziehens der Arbeiter als Theilhaber des Geschäftes unbedingt und allgemein für Börsenschwindel erklären.

Wir müssen deshalb näher auf die Sache eingehen.

Thornton, dessen Buch 1868 (in erster Auflage) erschienen, führt zuerst den alten, vielbesprochenen Versuch des pariser Zimmermalers Leclaire an, welchem J. St. Mill eine so weitverbreitete Reputation verschafft hat, der aber in nichts als in der Bewilligung eines Gewinnantheils bestand, welchen Leclaire 1842 im eignen Interesse einführte, weil er nicht im Stande war, seine Arbeiter genügend zu überwachen. Vom Reingewinne wurden zuerst 5 pCt. für das verwandte Capital, sodann 6000 Franken Gehalt für Leclaire als Meister abgezogen und der Rest an denjenigen Theil der Arbeiter nach dem Maßstabe ihrer Ablohnung bezahlt, welche zur Participation aufgenommen wurden, und zwar letzteres ganz nach Gutdünken des Geschäftsinhabers. In dieser Hinsicht hat mein Freund Fisch in Brugg noch liberaler verfahren, indem er sämmtliche Arbeiter seiner Buchdruckerei am Reingewinne participiren läßt, natürlich vorausgesetzt, daß sie ein ganzes Jahr in der Officin beschäftigt waren, und indem er sein Directorgehalt nur auf 6000 Fr.

angesetzt hat. Leclaire, in dessen Geschäftszweig bekanntlich eine große Trödelei zu herrschen pflegt, machte natürlich die Erfahrung, daß nach der Einführung des Gewinnantheils weit ökonomischer gearbeitet wurde. In der That vermehrte sich der Verdienst der betheiligten Arbeiter allmählich um $^1/_6$. Das Verhältniß erweist sich als ein dauerhaftes, so daß das Geschäft den Zusammenbruch von über 100 Productivgenossenschaften, welche 1848 gegründet worden, überdauerte und 1857 noch in Blüthe stand. In diesem Jahre gestand Leclaire Villaumé, daß seine Einkünfte sich vermehrt, während die Sorge und Last der Leitung sich vermindert hätten. In den letzteren Jahren hat derselbe im Einzelnen der Einrichtung einige Veränderungen angebracht. Er hat noch zwei Theilhaber ins Geschäft aufgenommen, einen Herrn Defournaux und als dritten sämmtliche ca. 200 Arbeiter als Genossenschaft. Jeder dieser drei Partner hat ein Capital von 100,000 Fr. in das Geschäft geschossen. Nach Zahlung der Auslagen und Löhne und nach Entrichtung von 5 pCt. Zinsen für das Capital erhalten Leclaire und Defournaux als Geschäftsführer jeder 6000 Fr. Gehalt, sodann die Hälfte des Reingewinnes zu gleichen Theilen; die andere Hälfte erhält die Association der Arbeiter, und zwar $^1/_4$ davon als Association und $^3/_4$ die einzelnen Arbeiter. Dabei behält sich Leclaire aber immer noch vor, diejenigen auszuwählen, die an der letzteren Quote participiren sollen, wobei Ueberschüsse, welche aus Entziehung des Gewinnantheiles entspringen, an die Genossenschaft fallen. Beim Bergbau und Hüttenwesen waren übrigens schon in früherer Zeit in Deutschland und England Fälle von solcher Betheiligung vorgekommen. So macht Babbage in seinem Werke über die Oekonomie des Maschinenwesens und der Fabrikindustrie auf das Verfahren in den Bergwerken von Cornwallis, in den Bleigruben von Flintshire und Yorkshire und in einigen Kupferminen von Cumberland aufmerksam. Das Erz wird da gewonnen und gereinigt durch Gruppen von verbündeten Unternehmern, welche für gemeinschaftliche Rechnung für die Ausbeutung einer Erzader Verträge gegen einen bestimmten Antheil an dem Erlös des Pfundes Erz abschließen. Da der Verdienst dieser Gesellschaften von dem Reichthum der Ader und von der Menge verkäuflichen Metalles, welches gewonnen wird, abhängt, so werden die Mitglieder natürlich sehr scharfsichtig in der Entdeckung von Erzschichten und der Schätzung ihrer Ergiebigkeit. Eifrig bemächtigen sie sich jeder Verbesserung, durch welche es billiger zu Markt gebracht werden kann.

Mill erwähnt amerikanische China-Segler, auf welchen die Mannschaft einen Antheil am Gewinne der Reise habe; englische Walfischfänger, welche bei der Ablohnung ihrer Leute ein ähnliches Princip verfolgen; die Meerfischer an der Südküste von England, bei welchen die Eigenthümer der Boote und Netze die eine Hälfte, die Bootsleute die andere Hälfte des Fanges vertheilen. Dazu führt Thornton an, daß es griechische Rheder gibt, bei welchen die ganze Mannschaft vom Capitän bis zum Schiffsjungen am Schiffe, in welchem er segelt, betheiligt ist und keine Löhnung, sondern nur Gewinnantheil erhält. Oft sind sie sogar Eigner der ganzen Fracht. Nach Mill erzählt Mackmiding ein anderes Beispiel von chinesischen Krämern. Vor 1848 seien in den Philippinen außerhalb der Mauern von Manilla keine chinesischen Läden gewesen. Zehn Jahre später hätten chinesische Einwanderer die Spanier und Mestizen aus dem besten Theile des Handels in Manufacturwaaren in allen 24 Inseln dieser Gruppe verdrängt. In den chinesischen Läden nämlich vergütet der Eigenthümer die ganze Thätigkeit seiner Angestellten dadurch, daß er jedem derselben einen Gewinnantheil gibt oder sie sogar als stille Theilhaber aufnimmt. Sogar den Knechten und Ausläufern wird oft ein Gewinnantheil statt des Lohnes gegeben.

Ein anderes Beispiel erwähnt Billiaume von der Buchdruckerei von Dupont in Paris. Seit März 1847 vertheilte dieser unter seine 300 Arbeiter den zehnten Theil des Reingewinnes. Durchschnittlich war jedes Mannes Antheil seinem 14tägigen Lohne gleich; derselbe wird aber nicht ausbezahlt, bis der Betreffende austritt. Bis dahin wird er, Zins auf Zins, aufgespart und wächst, wenn der Arbeiter lange genug bleibt, zu einem kleinen Vermögen an. Dabei haben Dupont und seine Associés zugestanden, daß ihr eigener Reingewinn höher ist als vorher.

Gisquet, der Eigenthümer einer großen Oelmühle zu St. Denis, fing an, seinen 100 Arbeitern 5 pCt. seines Reingewinnes zu geben. Vorher waren manche seiner Leute wöchentlich öfters betrunken, und alle Ermahnungen und Vorkehrungen waren vergeblich gewesen. Jetzt übt die Strafe der Entlassung wegen Trunkenheit während der Woche eine solche Wirkung aus, daß solche Fälle, da ihr durchschnittlicher Gewinnantheil auf den Betrag eines sechswöchentlichen Lohnes sich erhebt, während der Arbeitstage nicht mehr vorkommen.

In Guise hat der Besitzer einer Eisengießerei, Godin Lemaire, den Capitalwerth seines Eigenthumes in Actien von 25 Fr. getheilt, deren Erwerbung er seinen 900 Arbeitern zugänglich macht. Alles kommt dabei freilich darauf an, wie hoch er den Capitalwerth angesetzt hat, denn unter Umständen könnte er dabei ein recht gutes, die Arbeiter aber ein schlechtes Geschäft machen.

Dieses Beispiel ist es nun, welches in neuerer Zeit in Deutschland und besonders in England Nachahmung fand. In erster Reihe pflegen die Besitzer eines Kohlenbergwerkes bei Normanton in Yorkshire, Heinrich Briggs, Sohn u. Comp., angeführt zu werden. Vom Beginne dieses Geschäftes 1852 bis 1864 soll, wie Thornton erzählt, das Verhältniß der Eigenthümer zu ihren Arbeitern ein höchst unbefriedigendes gewesen sein, so daß es bis zu anonymen Todesdrohungen kam. Während dieser Zeit fanden zwei vollständige Arbeitseinstellungen Statt, wovon die eine 1853 fünf Monate, die andere 1858 fünfunddreißig Wochen dauerte. In beiden diesen Fällen wurde das

Betragen der Bergleute durch den Erfolg gerechtfertigt, weil sie im ersteren eine Lohnerhöhung von 30 pCt. durchsetzten und im zweiten eine Reduction von 15 pCt. um die Hälfte ermäßigten. Im Allgemeinen genügten ihnen aber doch auch frivole Vorwände zum Ausstande. Einmal stellten sie 6 Wochen die Arbeit ein, weil von ihnen verlangt worden war, die großen Kohlen von den kleinen zu trennen, — und ein anderes Mal, weil die Unternehmer verlangten, daß der Kohlenuntergrund gesiebt werde. Noch störender waren die kürzeren Stockungen, welche in den Zwischenräumen während der Ausstände Statt fanden. Kaum verging eine Woche, ohne daß die Leute unter dem oder jenem kindischen Vorwande die Arbeit verließen. Zuweilen bildeten sie sich ein, die Kohlen würden zu ihrem Nachtheil nicht genau gewogen, obgleich sie den Wieger selbst ausgesucht hatten; zuweilen machten sie einen Feiertag, weil sie einen Declamator anhören wollten, der gegen Kohlenkönige und Tyrannen donnerte. Was den Arbeitern zur Belustigung, das gereichte den Eigenthümern zum Verderben, denn die Pumpwerke mußten umsonst in Gang gehalten werden. Nach der Berechnung der Herren Briggs u. Comp. kostete ihnen jeder solche „blaue Montag" nicht unter 120 - 150 Pfd. Sterl. Dazu mußte oft die Hülfe der Polizei zum Schutze der „schwarzen Schafe", d. h. der ordentlichen Arbeiter, welche an dem gemeinsamen Unfug nicht Theil nehmen wollten, angerufen werden. Einige Rädelsführer sind von den Assisen zu 9 Monaten Gefängniß verurtheilt worden. Dieser Zustand herrscht noch in manchen Gruben von West-Yorkshire. Im Jahre 1865 ver-verwandelten die Herren Briggs u. Comp. ihr Geschäft in eine Actiengesellschaft mit beschränkter Haft, welcher sie ihre drei Gruben verschrieben. Zwei Drittel der Actien behielten sie in eigener Hand, das andere Drittheil der Actien im Nominalbetrage von 10 Pfd. St. boten sie dem Publicum und speciel ihren eigenen Angestellten an. In den Statuten wurde festgesetzt, daß nach angemessener Dotirung des Reservefonds und der erforderlichen Abschreibungen für die Abnutzung des Betriebsmaterials der Ueberschuß des Reingewinnes über 10 pCt. zur Hälfte an die Angestellten und Arbeiter der Gesellschaft im Verhältniß zu ihrem Verdienste in dem betreffenden Jahre vertheilt werden solle. Die Gründer erheben keinen Anspruch auf den Ruf der Uneigennützigkeit für die Einführung dieses Systems, sie gestehen vielmehr ein, daß sie es nur in geschäftlichem Interesse adoptirt haben, daß sie aber glauben, daß der Erfolg für beide Theile nützlich sein werde, denn seit dem Bestehen ihres Unternehmens hatten sie nur in einem einzigen Jahre 10 pCt., in zwei Jahren nur 5 pCt. Reingewinn gemacht. Die Gründer konnten bei der neuen Einrichtung daher nur gewinnen, da sie nicht bloß den Reingewinn bis zu 10 pCt., sondern auch noch die Hälfte des Ueberschusses darüber erhielten. Der Plan war darauf berechnet, durch die Betheiligung der vorgesetzten Angestellten, der Agenten und Werkmeister der Gruben am Capital und der Arbeiter am Gewinn das allgemeine Interesse zu erhöhen und dadurch ein Zusammenwirken zu sparsamerer und ausgiebigerer Production hervorzurufen, welches ganz in der Gewalt des Personals lag. Von den Kosten der Kohlengewinnung bestanden 70 pCt. in Arbeitslohn. Die Arbeit aber konnte weit einträglicher gemacht werden, wenn sie mit wenigen Unterbrechungen und mit mehr Aufmerksamkeit gemacht wurde. Weitere 15 pCt. der Productionskosten bestanden in der Anschaffung von Betriebsmaterial: Holz, Eisen, Oel u. s. w., mit dem bis dahin sehr verschwenderisch umgegangen und an dem beträchtlich gespart werden konnte. Allerdings erübrigten die Arbeiter in dem Ueberschuß vom Reingewinne über 10 pCt. die Hälfte auch für die Actionäre, wenn dieser Ueberschuß eine Frucht ihrer Spar- und Aufmerksamkeit war, — allein sie participiren auch, wenn andererseits der Ueberschuß aus anderen Ursachen, z. B. einer Preissteigerung der Kohlen oder einer Verbesserung der Maschinerie, entspringt.

Die Resultate waren in den ersten drei Jahren günstig. Freilich sind drei Jahre eine zu kurze Zeit, um über den Erfolg eines Unternehmens endgültig zu urtheilen; denn wie Prince-Smith (XV. Bd. der Vierteljahrschrift f. Volksw.) mit klarem Blick in das Getriebe der Agiotage hervorhebt, hatten die Gründer, um die Actien unterzubringen, ein Interesse daran, hohe Dividenden herauszurechnen, also die Abschreibungen geringer zu machen, als es auf die Dauer mit der Sicherheit des Geschäftes verträglich, was sich ein paar Jahre wohl ohne Aufsehen fortsetzen läßt. Mit diesem Vorbehalt, den uns das durch den zu plötzlichen Umschwung gerechtfertigte Mißtrauen dictirt, verzeichnen wir die von der Gesellschaft angekündigten Erfolge. Nach Schluß der ersten 12 Monate vom 1. Juli 1865 bis 1. Juli 1866 nach der Einführung der neuen Geschäftsordnung ergaben sich 14 pCt., wovon statutengemäß die Actionäre 12 pCt. und die Arbeiter 2 pCt. erhielten; das zweite Jahr ergab 16 pCt., wovon 13 für die ersteren und 3 pCt. für die letzteren, das dritte 17 pCt., also 14 pCt. Dividende und 3 pCt. Gewinnantheil für die Arbeiter. Der Totalbetrag des Gewinnantheils der Arbeiter war in den drei Jahren 1865/66, 1866/67 und 1867/68 1,800, 2,700 und 3,150 Pfund Sterling, welche im Verhältniß zu den ausgezahlten Löhnen vertheilt wurden, und zwar für die drei Jahre in folgenden Durchschnitten: 3 Pfd. Sterling 9 Shilling 2 Pence; 3, 3, 2; 2, 3, 7¼. Der stärkste Gewinnantheil im ersten Jahre betrug 10, 18, 10½ für einen Grubenarbeiter, dessen Verdienst 109, 6, 9½ oder 2188 Mark 60 Pfg. oder 2736 Fr., also eine ganz respectable Summe betragen hatte. Im zweiten Jahre war der höchste Gewinnantheil, den ein Bergmann erhielt, 9, 17, 10, bei 108, 16, 5½ Verdienst; und im dritten 11, 9, 5 zu 106, 4, 11.

Im October 1865 betrug die Zahl der Actien 9,767, wovon den Gründern bezw. früheren Eigenthümern 6,398, 146 Bergleuten 192, und 22 Angestellten und Commis 262, der Rest aber Kunden und anderen Zeichnern gehörte. Der Nominalpreis der Actie von 10 ℓ auf 14 £. 10 S. gestiegen. —

Dies ist freilich immer noch ein recht schlechter Cours für 14 pCt. Dividende und ein Beweis, daß die Capitalisten der Dauerhaftigkeit dieses Erfolges noch nicht sicher sind. Thornton zählt zu diesen materiellen Erfolgen auch noch eine moralische Besserung auf, welche gleichmäßig von den Arbeitgebern, dem Geistlichen, dem Schullehrer, dem Gastwirth und Polizeidiener wahrgenommen werde. Früher hätte man sich bezüglich der Arbeiter nicht auf zwei nach einander folgende Tage verlassen können, in den drei genannten Jahren hätten sie aber nicht mehr als ein halbes Dutzend eigenmächtige Feiertage gemacht, und nicht einen 1867/68. Einmal hatten die Leute einen Feiertag ausgemacht, um eine öffentliche Versammlung zu besuchen, als eine starke Bestellung von Kohlen kam, unter der Bedingung, daß sie an demselben Tage ausgeführt würde. Der Director stellte den Leuten ziemlich schüchtern den Antrag, den Feiertag aufzugeben. Früher wäre die bloße Willensäußerung des Verwalters als genügender Grund angesehen worden, um das Gegentheil zu thun, so eingewurzelt war der Glaube, daß für sie nachtheilig sei, was gut für den Herrn; diesmal willigten sie in den Antrag. Ein anderes Mal wurden 40 Mann für einen Monat aus einem Schacht in einen anderen geschickt, um eine bestimmte Arbeit zu verrichten, an die sie nicht gewohnt waren und bei der sie ihren gewöhnlichen Lohnsatz nicht erreichen konnten. Dieselben gingen sehr ungern, und in den Vorjahren würden sie sich schlechtweg geweigert haben, allein jetzt gingen sie mit Ausnahme von 2 oder 3, nachdem ihnen die Nothwendigkeit der Anordnung aus einander gesetzt war, ohne Murren. Bei einer anderen Gelegenheit hatten die Arbeiter eines Schachtes einen Vorschuß ohne die üblichen Gründe verlangt; die Directoren appellirten an die Arbeiter der anderen Gruben und diese vereinigten sich mit ihnen gegen die ersteren und erklärten das Verlangen für unbillig. Früher brachen Leute, welche ein Stück Schiene zu legen hatten, eine ganze Schiene entzwei, um die richtige Länge zu erhalten und wenn sie nicht die richtige Länge trafen, so versteckten sie die Stücke im Schutt und zerbrachen eine neue Schiene. Jetzt kommt nichts dieser Art mehr vor, weil Jeder begreift, daß die Verwüstung von Eisenmaterial auch seinen Gewinnantheil schmälern würde. Ein neuer Pfarrer, der nach Normanton gekommen war, hatte sofort den großen Unterschied zwischen den Leuten der Briggs'schen Gesellschaft und denen einer benachbarten Firma beobachtet und die ersteren viel gesetzter und besser gefunden. Der Gewinnantheil, welcher nach Ende des Jahres auf einmal ausbezahlt wird, hat durch die Höhe des Betrages eher zu nützlicher Verwendung, als zum Verbrauch gereizt, so daß schon nach dem ersten Jahre drei unter nahezu 1000 Arbeitern von ihren eigenen Kameraden ausgestoßen wurden, weil sie ihren Gewinnantheil vertrunken hatten. Geld, das früher durchgebracht wurde, wird jetzt schon lieber für die Erziehung der Kinder verwendet, deren Zahl in den Schulen sich in der letzten Zeit vergrößert hat, oder zur Bereicherung des Hausrathes, unter dem Pianos bereits eine ganz gewöhnliche

Erscheinung sind. (Uns scheint diese plötzliche Wendung zum Besseren in drei Jahren doch etwas zu wunderbar, als daß wir Thornton's Beobachtungen sämmtlich auf die Ursache der Einführung des Gewinnantheils zurückführen könnten.) Eine ungeheure Veränderung hat in dem Benehmen der Leute gegen ihre Arbeitgeber Statt gefunden. „Sie pflegten uns anzuschreien," sagte Archibald Briggs, „jetzt sprechen sie." Wer immer, fügt Thornton hinzu, gleich mir mit Archibald Briggs eine der Kohlengruben besichtigt hat, hinab bis zum Schacht, durch den Hof und in die Wohnhäuser, muß bemerkt haben, wie herzlich „Mister Archie" von Allen, denen er begegnete, begrüßt worden ist, und bedarf keines weiteren Beweises, daß er mit seinen Arbeitern im besten Einvernehmen steht. „Unser Dorf," sagte Currer Briggs, „ist aus einem Wespennest von Streit und Uebelwollen zwischen Arbeitgebern und Arbeitern in einen Musterort von Frieden und Eintracht verwandelt worden." „Wer immer neuerdings den Ort besucht hat," fügt Thornton hinzu, „kann für die Richtigkeit des letzten Theiles dieser Schilderung einstehen."

Während noch 1860 auf dem Congreß deutscher Volkswirthe zu Köln die Redacteure des Morning Star und des Standard nichts von der genossenschaftlichen Bewegung in England wußten, und fürchteten, V. A. Huber sei in Betreff der Pioniere von Rochdale mystificirt worden, während noch mehrere Jahre darauf die großen englischen Zeitungen dieselbe ignorirten und erst der britische Congreß für die Beförderung der Socialwissenschaften den Gegenstand auf die Tagesordnung setzte und die Entwicklung des Cooperativsystems an's Licht zog, tagte schon im Juni 1869 ein Cooperativ-Congreß in London, auf welchem ein Bericht von Archibald Briggs verlesen wurde, in welchem er folgende Verbesserung der in Geltung befindlichen, oben geschilderten Organisation empfahl:

1) Es sollen Super-Dividenden oder Reingewinn, welcher nach Abzug von den Capitalzinsen von 10 pCt. übrig bleibt, anstatt zu gleichen Theilen zwischen Capital und Arbeit, im Verhältniß zum Antheil an der Production, vertheilt werden. Wenn z. B. das angelegte Capital 10,000 Pfd. Sterling, die gesammten Löhne 4000 Pfd. St., der gesammte Reingewinn 1480 Pfd. St. und der zu vertheilende Ueberschuß nach Abzug von 1000 Pfd. St. Capitalzinsen 480 Pfd. Sterling betragen, so würde die Arbeit statt 240 nur $^2/_7$ oder 180 Pfd. St. und das Capital $^5/_7$ oder 300 Pfd. St. erhalten. Dies sei eine billige Bedingung, wenn der Plan auf Geschäfte anwendbar sein soll, in welchen die Capitalanlage viel größer ist, als der Betrag der Löhne; denn es würde keinen Sinn haben, dasselbe Verhältniß des Gewinnantheils zu beobachten, ob die Arbeiter fünf oder hundert an der Zahl sind.

2) Die Löhne sollten, statt mit denen der Nachbarschaft zu schwanken, auf eine Reihe von Jahren zu einem Durchschnittssatz festgestellt werden. Dies würde Vortheil für die Capitalisten wie für die Arbeiter haben. So wären beide gegen schwere Schwankungen gesichert; die Arbeit, in Betreff ihres

Ertrages mehr auf ihre eigene Ausgiebigkeit angewiesen, würde zu größerer Productivität angespornt und folglich der zu vertheilende Reingewinn größer werden.

3) Ein Theil des Reingewinnes sollte, nach dem Ermessen der Arbeitgeber, zur Gründung und Speisung eines Reservefonds der Arbeit, neben dem des Capitals verwendet werden, welcher zur Aushülfe in unvorhergesehenen Conjuncturen oder zur Ausdehnung des Geschäftes dienen sollte. Jedoch sollte dazu jedesmal die Zustimmung der Mehrheit der Arbeiter eingeholt werden, weil nichts dieselben so sehr verstimme, als wenn über Geld, an dem sie einen Anspruch haben, ohne ihre Zustimmung verfügt werde. Diese Bemerkung findet auch Anwendung auf den Vorschlag, einen Theil des Gewinnantheils der Arbeiter zurückzubehalten, um daraus Capitalantheile am Geschäft zu machen.

4) Wenn in einem Jahre der Gewinn nicht ausreicht, um die Capitalzinsen zu zahlen, so sollte der Ausfall aus dem Reingewinn nachfolgender Jahre gedeckt werden; denn es ist nur billig, daß die Arbeiter, wenn sie die guten Jahre genießen, auch am Verlust der schlechten Jahre durch Schmälerung des Gewinnantheils tragen helfen. Zu dem Ende könnte auch der Reservefonds bis zu einem gewissen Grade angezapft werden.

Thornton führt noch einige andere Geschäfte an, welche Gewinnantheil eingeführt oder ihren Arbeitern angeboten haben. So hat z. B. die Puddelstahlfabrik Fox, Hard u. Comp. ihren 400 Hüttenleuten angeboten, Ersparnisse derselben in ihrem Geschäfte anzulegen, zu 5 % zu verzinsen und auch noch die Hälfte des Reingewinnes über 10 % an sie zu vertheilen, unter der Bedingung, daß Verlust aus dem Reingewinne künftiger Jahre gedeckt wird und daß die Arbeiter nicht Mitglieder eines Gewerkvereins (Trade-Union) sind. Bis jetzt haben aber die Arbeiter noch keinen Gebrauch von diesem Anerbieten gemacht.

Die Buchhändler W. H. Smith u. Sohn am Strand in London haben bei ihren Verkaufsläden in den Eisenbahnstationen den Commis einen Antheil am Rohertrag, d. h. eine Provision an allen verkauften Büchern zugestanden. In Folge dessen hat sich der Ertrag in dem einen Laden von 38 auf 62 Shilling wöchentlich, in dem anderen von 53 auf 77 und in einem dritten von 26 auf 41 Shilling erhoben. Einige dieser Commis haben dasselbe Princip sogar auf die Jungen ausgedehnt, welche sie zum Vertrieb der Bücher und Zeitungen an den Eisenbahnzügen verwenden. Die Herren Smith fanden diese Einrichtung so vortheilhaft, daß sie den mit größerer Verantwortlichkeit betrauten Commis in ihren Filialgeschäften zu Dublin, Manchester, Liverpool, Birmingham und Torquay auch noch Antheil am Reingewinn gaben.

Die drei Brüder Crosley, Eigenthümer der großen Teppichfabrik John Crosley und Söhne in Halifax, werden sehr wegen ihrer Wohlthätigkeit und Fürsorge für die Arbeiter gerühmt. Nachdem sie einen schönen Arbeiterpark, ein prächtiges Waisenhaus, zwei lange Reihen von Armenhäusern und eine kleine Vorstadt von bequemen Arbeiterwohnungen erbaut, entschlossen sie sich, ihre bedeutende Fabrik in eine Actiengesellschaft umzuwandeln, um ihren Arbeitern Gelegenheit zu geben, sich durch Uebernahme von Actien zu betheiligen. Das eingezahlte Capital besteht aus 1,100,000 Pfd. Sterling in Actien zu 10 Pfd. Sterling, wovon 80,000 von den Crossleys behalten worden sind, und der Rest von 1130 Actionären übernommen wurde. Der ursprüngliche Zweck der Bildung der Gesellschaft war, die Mitwirkung von Leuten zu gewinnen, welche mit dem Geschäfte in Verbindung standen; aber auch Angestellte wurden eingeladen, Actionäre zu werden, und ihnen dazu noch besondere Erleichterungen geboten. Es wurde ihnen das Capital zum Ankauf der betreffenden Actien zu 5 % vorgestreckt, unter der Bedingung, daß Capital und Zinsen aus dem künftigen Reingewinne zurückgezahlt d. h. nichts von diesem vertheilt werden soll, bis sie abgezahlt sind. Da der Reingewinn nie unter 15 %, in einem Jahre aber auch schon 20 % betrug, so ist dieses Zugeständniß nicht illusorisch. Ungefähr 10,000 Actien, welche ein Capital von 100,000 Pfd. Sterling repräsentiren, sind unter solchen Bedingungen von ungefähr 150 Angestellten der Fabrik genommen worden. Die Gesammtzahl der Arbeiter der Fabrik beträgt circa 5000; jene 150 sind allerdings nur ein kleiner Bruchtheil; allein es sind nur Werkmeister und Vorarbeiter dabei. Die Directoren können die gute Wirkung dieser Betheiligung nicht genug loben, denn sie hätten dadurch alle Theile der Fabrik mit energischen Kräften belebt, welche ihnen in Förderung der Interessen des Geschäftes zur Seite stehen. Ein Vormann, der Thornton durch einige Spinn- und Webfäle führte, konnte nicht genug die Vortheile des neuen Systems rühmen. Nicht bloß, daß die Production besser überwacht wird, sogar zur Ausdehnung der Kundschaft helfen die Angestellten der Fabrik mit.

Auf Anregung Engel's ist die Theilhaberschaft am Geschäft auch in der Maschinenfabrik von Borchardt in Berlin durchgeführt worden, und zwar bis jetzt mit gutem Erfolg. Auch sind hier und da in Deutschland und Frankreich ähnliche Versuche gemacht worden.

Die Hauptschwierigkeit einer unabhängigen Betheiligung der Arbeiter an den Geschäften ihrer Arbeitgeber besteht in der Frage, ob und wie sie auch am Verluste Theil nehmen können. Auch in Nordamerica, wo über das Verhältniß zwischen beiden Kategorieen schon am meisten Erörterungen gepflogen worden, wird diese Schwierigkeit als Haupthinderniß einer Verständigung betrachtet. Aus England schreibt man der „Deutschen Zeitung" darüber:

„Es ist bemerkenswerth, daß seit einiger Zeit mehrere der großen americanischen Firmen sich an hervorragende Arbeiterführer in England mit dem Ersuchen gewendet haben, ihnen praktische Rathschläge zu geben, auf welche Weise sie ihre Arbeiter an dem Gewinne ihrer Fabriken Theil nehmen lassen können. So schrieben vor zwei Jahren die Herren Brewster u. Comp. in New-York an Thomas Hughes, der sich im Unterhause durch die Vertretung der Arbeiter-Interessen eine hervorragende Stellung verschafft hat, um seine Ansicht über industrielle Associationen dieser Art kennen zu lernen. Dieselbe Firma, welche das größte Importgeschäft von Wagen in America besitzt, theilte nachträglich Bright, Mill, Ludlow, Potter u. s. w. ihren Wunsch mit, den von ihr beschäftigten Arbeitern einen Gewinnantheil zu geben, und ersuchte sie, ihre Rathschläge einem aus Mitgliedern ihrer Firma und aus Arbeitern zusammengesetzten Comite nach New-York zu senden. Das Comite schickte hierauf ein förmliches Statut nach London, welches den Plan einer Betheiligung der Arbeiter des Hauses Brewster an deren Geschäft enthielt. Dieser Plan enthielt mehrere Artikel, gegen welche sich die englischen Führer der Arbeiterpartei einstimmig aussprachen, und da dieselben trotz dieser Kritik von dem Comite in New-York beibehalten wurden, so ist es interessant, den Unterschied zwischen der englischen und americanischen Auffassung darzustellen.

„Die meisten englischen Organisationen dieser Art gehen von dem Gesichtspuncte aus, daß das Capital seine Interessen und der Director (welcher meistens der Capitalist des Unternehmens selber ist) sein Gehalt bekommen müsse, bevor die Arbeit irgend einen Antheil an dem Gewinne erhalten kann. Die americanischen Arbeiter bestehen aber darauf, daß die Arbeit zuerst ihren Antheil an dem Gewinne erhalten soll, bevor das Capital und die Direction oder Verwaltung irgend einen Theil an dem Gewinne beziehen, so daß im Falle eines Verlustes die Arbeiter nicht leiden würden. Die radicalen Mitglieder des Unterhauses haben diesen Plan getadelt; derselbe wurde jedoch von der Firma Brewster im Jahre 1870 auf Antrag des Comite's ihrer Arbeiter angenommen. Dieser Plan ist seitdem von derselben beibehalten worden, und die neuesten Berichte, die vor einigen Wochen hier angelangt sind, bieten deshalb ein ungewöhnliches Interesse dar.

„Die Herren Brewster hatten den Antrag gestellt, jeden ihrer Arbeiter individuel als Associe anzunehmen, so lange derselbe in ihren Diensten stehe und nicht mit Zustimmung des Comite's aus denselben entlassen werden sollte. Dieser Antrag wurde von ihnen zu einer Zeit gestellt, in welcher ihr Geschäft sehr blühend war und sie durch keine Arbeitseinstellung oder Forderung einer Zulage zu irgend einer Veränderung genöthigt worden waren. Sie hatten sehr zahlreiche Bestellungen und besorgten, daß durch einen Strike eine große Störung in ihrer Fabrik eintreten könnte, und sie machten daher ihren Arbeitern den Antrag, ein Comite zu ernennen, mit dem sie über die Grundlage einer Participation der Arbeiter an ihrem Gewinne unterhandeln könnten. Fast alle Mitglieder des Comite's fanden jedoch den Antrag der Herren Brewster und Compagnie, ihren Arbeitern 10 Percent des Gewinnes abzutreten, zu gering. Die Herren Brewster wiesen ihnen nach, daß ihr Capital 300,000 Dollars betrage, und daß sie bereit seien, ihnen jährlich den ganzen Profit eines Zehntels dieses Capitals, als ihren Antheil an dem Gewinne abzutreten. Den Büchern zufolge waren sie im Stande, zu berechnen, daß dies ungefähr einer Erhöhung des Arbeitslohnes um 4 Percent gleichkommen werde. Die Arbeiter entschlossen sich daher, diesem Antrage beizutreten, und erwählten ein permanentes Comite, dem eine sehr große Gewalt eingeräumt wurde, ohne daß dieselbe bisher auf irgend eine Weise mißbraucht worden ist. Diese Gewalt erstreckt sich sowohl auf die Arbeiter als auf die Meister. In Bezug auf die ersteren hat das Comite eine so strenge Disciplin eingeführt und alle Arbeiter so stricten Reglements unterworfen, wie kein Meister gewagt haben würde, dieselben vorzuschlagen. Nie waren Reinlichkeit, gute Ordnung und Activität in dem Etablissement so groß gewesen, als seit der Entstehung der neuen Association. Auch die Harmonie zwischen den Arbeitern und den Meistern war eine größere gewesen, obschon das Comite die Macht besaß, dieselbe zu stören. Das Statut gab demselben nämlich die Macht, eine Erhöhung des Arbeitslohnes zu votiren. Der Präsident des Comite's, stets ein Mitglied der Firma, hat ein absolutes Veto gegen einen solchen oder irgend einen anderen Beschluß des Comite's. Sollte jedoch das Comite hierauf denselben Beschluß mit einer Majorität von zwei Dritteln erneuern, so wird derselbe zum Gesetz erhoben trotz des Widerstandes des Präsidenten. Während der ganzen Dauer der Association wurde die Frage des Arbeitslohnes kein einziges Mal vom Comite berührt. Die Arbeiter, welche den höchsten Arbeitslohn in dem Gewerbe erhielten, erwiederten das Vertrauen damit, daß sie das Huhn nicht tödteten, welches die Eier legt."

Die Neuerung der pecuniären Betheiligung der Arbeiter an den Geschäften, wie oben angedeutet von Engel lebhaft befürwortet, ist von Prince-Smith[1]) scharf verurtheilt worden. Letzterer fürchtet, daß die Geschäftseigenthümer sich zu einer Umwandlung ihrer Unternehmung in eine Actiengesellschaft, bezw. zur Aufnahme von Arbeitern als Geschäftstheilhaber oder Actionäre nur verstehen würden, wenn sie in financieller Verlegenheit sich befänden. Der Capitalwerth des Etablissements würde dann, wie häufig bei Verwandlung von Privatfabriken in Actiengesellschaften, sehr hoch geschätzt, und die Arbeiter oft nicht einmal selbst zur Theilnahme aufgefordert, sondern als Agenten zur Unterbringung der Actien beim Privatpublicum benützt, — durch den Genuß von Agio zur Börsenspeculation gereizt und zur redlichen Arbeit verdorben. Um die Actien unterzubringen, würden in den ersten Jahren kolossale Dividenden vertheilt und der Reservefonds desto schlechter bedacht. Die Ein-

1) Dr. Engel „die Industrie der großen Städte", eine social-statistische Betrachtung; Separatabdruck aus der Preuß. statist. Zeitschrift. — Faucher's Vierteljahrschrift für Volkswirthschaft und Culturgeschichte, XX. Band S. 139 u. ff.

richtung sei noch nicht alt genug, um beurtheilen zu können, ob sie sich später auch bei schlechten Conjuncturen bewähren würde. Wenn die Arbeiter ihre Ersparnisse gegen hohe Zinsen unsicher anlegen wollten, so gebe es dazu genug andere industrielle und Staatspapiere.

Diese geäußerten Bedenken sind allerdings im einzelnen Falle beachtenswerth, allein ihretwillen die ganze Einrichtung zu verwerfen, heißt, wie schon oben bemerkt, das Kind mit dem Bade ausschütten. Es ist viel wahrscheinlicher, daß Actionären aus dem Privatpublicum ein industrielles Etablissement zu theuer von den Gründern aufgehängt werde, als den Arbeitern, welche darin beschäftigt und besser im Stande sind, die Solidität desselben zu beurtheilen.

Große Vorsicht ist, wie bei allen Unternehmungen, wobei eigene Gefahr zu tragen, nothwendig; allein um dieser Gefahr willen ist die Sache an sich nicht verwerflich, da wenigstens bei redlichem Willen das Verhältniß der Arbeiter zu den Arbeitgebern ohne Zweifel gebessert werden kann, wenn man sie auch nicht als Universalmittel für die Lösung der socialen Frage überhaupt betrachten kann.

Der Gedanke, sämmtliche Arbeiter am Schicksal des Unternehmens, in welchem sie beschäftigt sind, zu betheiligen, d. h. sie am Gewinn und Verlust participiren zu lassen, dadurch, daß man sie als stille Theilhaber mit Capitalbetheiligung, sei diese auch noch so klein, aufnimmt, hat allerdings etwas Erhebendes, weil, wenn der Plan gelingt, der Arbeiter auf eine höhere Stufe der Verantwortlichkeit gehoben wird, welche ihn zwingt, seine Geschicklichkeit und sein Urtheil besser auszubilden, aufmerksamer und fleißiger zu arbeiten. Allein andererseits ist auch nicht zu übersehen, daß es nichts Traurigeres geben kann, als wenn ein Arbeiter den Nothpfennig, welchen er in vielen Jahren sich vom Munde abgespart hat, durch die schlechte Führung oder das Unglück eines Geschäftes verliert.

Da nun überhaupt Maßregeln, welche eine allgemeine Verbesserung der Lage von breiten Schichten der Bevölkerung erwirken sollen, nicht nach einigen gelungenen Experimenten und vereinzelten Versuchen beurtheilt werden können, sondern allgemein anwendbar sein müssen, so kann die industrielle Theilhaberschaft für die untersten Schichten der Arbeiter nicht empfohlen werden; sondern nur von denjenigen Classen an, wo bereits eine gewisse gewerbliche Geschicklichkeit vorhanden ist und die betreffenden Leute durch den Verlust ihrer Ersparnisse nicht sofort ins Elend geschleudert werden; also z. B. zunächst nur für Commis, Werkmeister u. dgl.

(**Gewinnantheil**) Allgemeine Anwendung erlaubt dagegen der **Gewinnantheil**. Die Bedeutung dieser Einrichtung liegt schon im Namen; es geht daraus hervor, daß am Ende eines Geschäftsabschnittes eine Extravergütung an die Arbeiter nur vertheilt werden kann, wenn ein Ueberschuß vorhanden ist. Hat das Geschäft ein oder mehrere Jahre mit Schaden gearbeitet, so ist es ebenso natürlich, daß der Verlust zuerst aus dem späteren

Reingewinn wieder ersetzt wird. Es gibt viele Geschäfte, bei denen ohne Reingewinn gearbeitet wird, d. h. bei denen über die landläufigen Capitalzinsen und die Löhne mit Einschluß des Gehaltes des Geschäftsleiters kein Ueberschuß herauskommt. Bei denjenigen Geschäften, welche Reingewinn machen, ist in der Regel die Unternehmungslust so stark, daß die Nachfrage nach Arbeitern steigt und der Lohn dadurch von selbst eine Höhe erreicht, welche keine große Vermehrung der Einkünfte der Arbeiter mehr zuläßt.

Die Möglichkeit der allgemeinen Einführung eines Gewinnantheils hängt also davon ab, daß Durchschnittslöhne festgesetzt werden, welche noch einen Ueberschuß am Gewinne zulassen, daß also einerseits die Arbeiter ein billiges Maß ihrer Forderungen in der Gegenwart beobachten, um für ihre Enthaltsamkeit in der Zukunft entschädigt zu werden, — und daß andererseits die Arbeitgeber immer mehr zu der Einsicht gelangen, daß es in ihrem Vortheil liegt, ihre Arbeiter durch gute Behandlung und Bezahlung dauernd an sich zu fesseln. Meist machen sich die Arbeiter übertriebene Vorstellungen von dem in dem Unternehmen, bei welchem sie beschäftigt sind, gemachten Reingewinn. Da kann es nicht schaden, daß sie durch Antheil am Reingewinn und durch Einsicht in die Bücher mittels selbstgewählter Vertrauensmänner von ihren Illusionen geheilt werden. Sie werden oft zufriedener an die Arbeit gehen.

Eine den auf einer noch niedrigen Stufe der wirthschaftlichen Entwicklung stehenden Völkern und Volksclassen eigenthümliche Eigenschaft ist die Sorglosigkeit bezüglich ihrer Zukunft. Noch lebt die überwiegende Mehrzahl der Menschheit, insbesondere die meisten Nationen und Volksstämme Asiens und Africa's, die Wilden America's und Australien's so wie ein Theil der Lohnarbeiter Europa's mehr oder weniger von der Hand in den Mund. Die Vorsicht, Vorräthe für die Zukunft zu sammeln, ist nur einer klügeren Minderheit eigen; von dieser Vorsicht hängt aber auch das Loos der nichtsparenden Lohnarbeiter ab. Pflicht der Unternehmer und Arbeitgeber ist es, durch Rath, Beispiel und thatsächliche Reizmittel die Arbeiter auf bessere Bahn zu leiten. Eine Handhabe dazu bietet — der Gewinnantheil — dadurch, daß der Arbeitgeber denselben nicht auszahlt, sondern im Interesse der Arbeiter für deren Rechnung aufspart und erst bei Austritt aus dem Geschäft oder bei besonderen Bedürfnissen und Nothfällen, z. B. Erziehung der Kinder, Verheirathung, Krankheit, verabfolgt. Es mag sich auch empfehlen, daß der Unternehmer eine Hülfscasse zur Unterstützung im Falle der Krankheit, vorübergehender, oder dauernder Arbeitsunfähigkeit, oder Arbeitslosigkeit, oder des Todes für die Hinterlassenen errichtet und mit eigenen Beiträgen so wie mit einem Theile des den Arbeitern zugefallenen Gewinnantheiles ausstattet. In dieser Hinsicht sind bereits zahlreiche gelungene Versuche gemacht worden.

(Provision.) Ein zweckmäßiger Ersatz für Gewinnantheil und Stücklohn ist eine Provision am Rohertrag oder Rohumsatz. Diese Einrichtung ist beim Post- und beim Telegraphenwesen in der Schweiz, Baiern und einigen anderen Ländern eingeführt und hat sich gut bewährt. Die Beamten erhalten bei letzterem einen Antheil an jedem Telegramm, bei ersterem eine Provision, welche nach der Stückzahl der beförderten Briefe und Packete bemessen wird.

(Baugesellschaften.) Als ein weit besseres Mittel, die arbeitenden Classen zum Ansammeln von Capital zu reizen denn die Sparcassen, welche wegen der Unbequemlichkeiten und Hindernisse, die sie beim Einzahlen und Auszahlen der Spareinlagen oft in den Weg legen, nicht so stark gebraucht werden, als wünschenswerth — sind die Bauunternehmungen von Arbeiterhäusern. Dieselben sind zuerst in England aufgetaucht, haben aber auch auf dem europäischen und americanischen Continent vielfach Eingang gefunden. Dieselben sind von vier verschiedenen Gesichtspuncten zu betrachten: von ihrer sanitarischen Seite, vom Standpuncte des Eigenthums, der Sitte und der financiellen Einrichtung.

Betrachtet man die Arbeiterwohnungen in Mülhausen, Amsterdam, Paris, Berlin und namentlich in verschiedenen Theilen Englands, seien sie Casernen- oder Einzel- (Ein-Familien-) Bau, so fällt auf den ersten Blick die große Reinlichkeit so wie die Bequemlichkeit dieser Wohnungen in Beziehung auf die Wasserzufuhr, die Beleuchtung, die Waschvorkehrungen, so wie die Nähe der Schule auf, mit welcher diese neuen Arbeiterwohnungen sich von den schmutzigen, kleinen Hütten der ländlichen, Ackerbau oder Hausindustrie treibenden Arbeiter[1]) in den Dörfern, oder gar von den finsteren, stinkenden Arbeiterquartieren der älteren Städte und Stadtviertel unterscheiden.

Vergleichen wir dagegen z. B. die Arbeiter-Casernen in Amsterdam, so glaubt man in einen fürstlichen Palast zu treten. Im Angesicht des Meeres, welches stets frische Luft zuführt, um welche die Millionäre an den Grachten (Canälen) der inneren Stadt die Arbeiter beneiden können, stehen diese dreistöckigen Arbeiterschlösser in einiger Entfernung von den engen Quartieren der Stadt. Die Treppen sind so zahlreich angebracht, daß sie bis zum dritten Stockwerk die einzelnen Wohnungen abscheiden und den Inhabern directen Zugang von außen gewähren. Die meisten dieser Wohnungen bestehen aus zwei großen, hellen Zimmern, welche mit laufendem Wasser und Gas versehen sind und jede eine eigene Küche und einen eigenen Abtritt besitzt, und kosten jährlich nur 160 bis 200 Franken Miethe. Dazu befindet sich im Gebäudecomplex ausschließlich für den Gebrauch der Kinder der Hausgenossen eine Schule, eine Turnanstalt und ein Fröbel'scher Kindergarten.

1) In meiner Nähe auf dem Lande wohnt eine Weberswittwe, welche das Geschäft ihres Mannes fortsetzt, einen arbeitsunfähigen Vater und drei unmündige Kinder zu ernähren hat, während ihr 18jähriger Sohn sich bereits verheirathet hat und als Geselle in ihrer Werkstatt arbeitet. Sie hat ein Häuschen um 400 Fr. gemiethet, in welchem sie für sich und die Webstühle nur zwei Räume vorbehalten hat und die übrigen zwei Räume an eine Witwe mit zwei Kindern, vier Nähmädchen und vier Webergesellen vermiethet hat.

Vom Standpuncte des Eigenthums können die Arbeiterhäuser oder Wohnungen entweder dem Arbeiter nur vermiethet oder gegen Ratenzahlungen käuflich abgetreten werden. Da, wo wegen Schwierigkeit oder hohen Preises des Bodens der Casernenbau vorgezogen werden muß, hat natürlicherweise die Vermiethung Platz zu greifen, während bei dem Einzelbau vom Arbeiter durch Ratenzahlungen das Eigenthum in einer Reihe (gewöhnlich 20) Jahren errungen werden kann, wobei die Ausfertigung des Kaufbriefes durch das Loos erfolgt, je nach dem Fortschritt der durch die Raten ermöglichten allmählichen Rückzahlung des Gesammtcapitals. In den englischen Baugesellschaften (Benefit Building und den Free-hold-Land-Societies), welche eine solche wichtige Stellung erobert haben, daß das Parlament zu ihren Gunsten ein besonderes Gesetz (1836) erließ, leisten die Arbeiter oft nicht größere Capital-Ratenabzahlungen als anderswo die Miethe betragen würde.

Vom Standpuncte der Sitte zerfallen die Arbeiterwohnungen wieder in große und kleine Gebäude, welche letztere in der Regel nur einstöckig sind und entweder nur für eine Familie reichen oder, wie in Mülhausen, je zwei oder vier mit dem Rücken zusammenstoßen.

Vom Standpuncte der financiellen Einrichtung werden die Arbeiterwohnungen entweder durch Baugesellschaften oder durch die Arbeitgeber selbst (Mülhausen) hergestellt.

Da diese Einrichtung nicht allgemeine Anwendung finden kann, sondern in der Regel nur auf Fabrikarbeiter, so werden wir bei der Betrachtung der speciellen Berufsarten darauf zurückkommen, — gerade so wie bezüglich der Hülfscassen-, Gewerkvereine, der Arbeitseinstellungen, des Schutzes der Erfindungen.

Von welcher Bedeutung die Organisation des Credits für die Production und das Loos der arbeitenden Classen ist, brauchen wir hier nicht eingehender zu wiederholen. Durch den Credit werden müßige Vorräthe müßigen Händen zugeführt, die Production belebt und erhöht, und auch dem Unbemittelten die Werkzeuge zugeführt, durch welche er seine Kenntnisse und Kräfte gewinnbringend ausnutzen kann. Der Credit ist eine der wirthschaftlichen Mächte, welche dessen Besitzern heute eben so große Vortheile vor anderen bietet, als die Privilegien der Feudalzeit. Lange Zeit war der Real- und Personalcredit ein ausschließliches Vorrecht der Grundeigenthümer, der wohlhabenden Kaufleute und Fabrikanten. Es ist ein Verdienst des neueren Bankwesens so wie der Gewerbe-, der Volksbanken und Creditgenossenschaften, den Personalcredit mittels der Bürgschaft auch auf die unbemittelten Gewerbe und Ackerbau treibenden Classen ausgedehnt zu haben.

Wir können hier nur noch auf die betreffenden Specialarbeiten verweisen.[1])

---

1) S. insbesondere das „Bankwesen", 3. Band dieses Werkes.

Es sei uns nur noch vergönnt, auf den inneren Causalnexus des Credits mit dem **Armenwesen** hinzuweisen, welches wie jener Gegenstand besonderer Untersuchungen ist.

Wir halten es nämlich für ein mit der verhältnißmäßigen Lösung der socialen Frage zusammenhängendes ideales Ziel, daß die Armenpflege in einer, wenn auch fernen Zukunft, nur noch auf die Verwandten beschränkt ist, und die öffentliche Armenpflege eine wesentlich prophylaktische durch eine besondere Einrichtung von **Credit** werden könnte.

Wir stehen jetzt schon zwei Thatsachen gegenüber:

1) daß Niemand verhungert, welcher die öffentliche Armenpflege in Anspruch nimmt; daß dieselbe jährlich eine große, in manchen Ländern kolossale Summe repräsentirt, — in England und Wales z. B. 5 bis 6 Millionen Pfd. Sterling (125—150,000,000 Fr.);
2) daß in manchen Gegenden z. B. in einigen Cantonen der Schweiz Armenvorschüsse zurückerstattet werden müssen, wenn der Unterstützte zu Vermögen kommt oder bevor er heirathen darf.

In Erwägung nun, daß die nothleidenden Menschen in den civilisirten Staaten — einzelne Unglücksfälle abgerechnet, welche in der Regel auf verschämte Arme treffen — dennoch erhalten werden, daß also fast die gleiche Ausgabe gemacht wird, ob sie arbeiten oder nicht;

in Erwägung, daß der Staat in ungewöhnlichen Nothständen außerordentliche öffentliche Arbeiten verrichten läßt;

in fernerer Erwägung, daß die meisten Armen nur vorübergehend Noth leiden und nachher wieder arbeits- und verdienstfähig werden; —

halten wir dafür, daß uns als Ideal ein Zustand vorschweben sollte, wo es keinen Bettel mehr gibt, und wo die öffentliche Armenpflege ersetzt ist durch Fürsorge für die Arbeitsunfähigen in öffentlichen Anstalten, und bezüglich der arbeitsfähigen Armen durch ein System von **Credit** und von öffentlichen Arbeiten.

Da jetzt die Armenunterstützung meist ganz hergeschenkt wird, so könnten solche öffentliche Hülfscreditcassen recht gut auch große Verluste ertragen. Dieselben hätten aber den Vortheil, daß sie den Unterstützten nicht erniedrigen. Dadurch würden nicht bloß die Fälle des Untergangs verschämter Armen verschwinden, sondern die armen Classen überhaupt auf eine höhere Stufe moralischer Würde gestellt.

Wir geben zu, daß zur Erreichung dieses Zustandes noch eine größere Entwicklung und Ausbildung unserer Erwerbsverhältnisse vorausgehen muß, — allein dessen ungeachtet schwebt er uns vor als ein erreichbares **Ideal**.

Ergebnisse.

Um eine Uebersicht über die Aufgabe zu erhalten, welche wir uns gestellt hatten, führen wir in ununterbrochener Reihe die Thesen auf, welche wir als erwiesen annehmen zu können glauben.

I. Die geschichtliche Entwicklung des Menschengeschlechts hob vom Zustand äußerster Entbehrung, Hülflosigkeit, Unwissenheit, Unfreiheit an, um mit Hülfe der auf der Gedankensolidarität Aller ruhenden Bildung allmählich zu gesitteteren, wohlhabenderen, freieren Zuständen emporzusteigen.

II. Der jetzige Zustand ist noch weit entfernt, für alle Classen zufriedenstellend zu sein; allein er ist besser als der in einer der vorhergegangenen Perioden, — die Menschheit als Ganzes gerechnet — und abgesehen von theilweisem und vorübergehendem Aufblühen und Verfall einzelner Völker und Landstriche.

III. Das Eigenthum und der Schutz der Eigenthumsrechte haben wesentlich dazu beigetragen, die Menschen zu bewegen, Vorräthe und Gütererzeugungsmittel aufzusparen, um mit Hülfe derselben die Production materieller Subsistenzmittel und die Sammlung von Geistesschätzen zu erhöhen, die Theilung der Arbeit zu vervielfältigen und durch tieferes Eindringen in die Gesetze der Natur, durch Vervollkommnung der Werkzeuge und aller Mittel der Gütererzeugung, des Transports, der Geschicklichkeit und der Kenntnisse eine steigende Menge von Mitteln zur Befriedigung der menschlichen Bedürfnisse hervorzubringen, welche das Wohlbefinden im Ganzen, abgesehen von der Frage der richtigen Vertheilung, vermehren müssen.

IV. Gütergemeinschaft hat sich in Hinsicht auf materielle Genußmittel nur innerhalb der Familie bewährt; allgemeiner Communismus herrscht unangefochten und segenbringend nur in Ansehung des allgemeinen Gedanken- und Bildungsschatzes.

V. Die meisten Menschen sind von Geburt aus ungleich, sowohl in geistigen und körperlichen Anlagen und Kräften, wie auch in Hinsicht auf die Mittel der Erziehung und die Wahl des Berufes durch die Lebensstellung der Eltern.

VI. Unter den civilisirten Nationen des Alterthums und des Mittelalters, und bis in die jüngste Zeit selbst unter Völkern des Abendlandes, wurde diese Ungleichheit der Menschen, statt eines Versuches, sie zu mildern, vom Staate noch durch die Gesetzgebung vermehrt; — indem einzelne bevorrechtete Classen die anderen nicht bloß politisch beherrschten, sondern auch ökonomisch ausbeuteten.

VII. Die Gleichheit aller Menschen vor dem Gesetz, welche nunmehr in den civilisirten Staaten des Abendlandes ganz oder nahezu erreicht, ist als eine der folgenreichsten Errungenschaften und Wendepuncte in der Geschichte der Menschheit zu betrachten.

VIII. Durch die Gleichheit und Freiheit aller Menschen erhält die Frage der Ernährung und Erziehung größere Wichtigkeit und Empfindlichkeit. Im Zustand der Sclaverei, Leibeigenschaft, Hörigkeit war der Grundherr im eigenen Interesse Vormund und Pfleger der zu seinem Eigenthum gehörigen Personen, er mußte sie vor dem äußersten Mangel in seinem eigenen Interesse schützen. Die Frage der öffentlichen Armenpflege war daher damals von geringerer Bedeutung. Als mit der Ausbreitung des Christenthums die Leibeigenschaft allmählich aufgehoben wurde, nahm im Wesentlichen die Kirche sich der Armenpflege an. Mit der Säcularisation der Mehrzahl der geistlichen Güter trat die Armenpflege an die Gemeinde und den Staat heran; sowohl die Verhütung der Armuth wie deren Milderung sind wichtigere öffentliche Aufgaben geworden.

IX. Es entsteht die Frage, kann und darf der Staat noch mehr thun, als alle seine Angehörigen hinsichtlich des Schutzes der Eigenthumsrechte, der Sicherheit und Freiheit der Person mit gleichem Maße zu messen. Darf sich die Pflege der Nationalinteressen und der Staats- und Volkswirthschaft so weit erstrecken, daß er zu Gunsten einzelner Volksclassen über die Erfüllung obiger Pflichten hinaus materielle Opfer bringt? Dürfen die Staatsmittel, welche (mit Ausnahme der Domainen) ja am Ende nichts sind als die Mittel der steuerpflichtigen Staatsangehörigen, gesetzlich zum Besten einer besonderen Classe von Staatsbürgern verwendet werden. Kann es Fälle geben, in welchen ein solcher Communismus im Interesse des Staates liegt? Wir beantworten diese Frage mit Ja unter der Voraussetzung, daß eine solche Verwendung mittelbar auch Allen Nutzen bringt, z. B. der Aufwand für Volkserziehung, für Erhaltung des Lebens von Hungersnoth bedrohter Menschen, Maßregeln gegen Epidemieen u. dgl.

In Fällen, wo kein solcher allgemeiner Nutzen daraus entspringt und wo die Mittel der zahlungsfähigen Steuerpflichtigen nur verwendet würden, um einer Classe der Bevölkerung besondere Vortheile zuzuwenden, antworten wir mit — Nein.

Die Geschichte aller Zeiten und Völker hat bewiesen, daß solche Verwendung von öffentlichen Mitteln im Privatinteresse einzelner Volksclassen nur dazu geführt hat, diese träge und productionsunfähiger zu machen und den allgemeinen Zustand zu verschlimmern; — sei es daß wirkliche Gütergemeinschaft eingeführt wurde, wie in Sparta, auf Creta, in Mülhausen und Münster, oder daß der Adel mit Staatsdomainen und Vorrechten beschenkt wurde, oder daß die Armenunterstützung in ungemessener Weise bewilligt wurde, wie in dem ersten Drittel des Jahrhunderts in England; sei es daß Staatswerkstätten und Staatsvorschüsse für gewisse Kategorieen von Arbeitern bewilligt wurden wie in Paris.

Der Staat hat dagegen das Recht und die Pflicht, Maßregeln zum Schutze der Gesundheit der Bevölkerung, der Moralität, der Erhaltung der Wehrkraft des Landes zu ergreifen; er kann deßhalb die Anwendung von Schutzmaßregeln gegen lebens- und gesundheitsgefährliche Proceduren in den Gewerben, gegen übertriebenes Ermüden jugendlicher Arbeiter oder gegen Vernachlässigung des Schulunterrichts vorschreiben, weil ihm an der Erhaltung eines gesunden und gebildeten Geschlechtes gelegen sein muß; er kann durch Vermehrung der allgemeinen Unterrichts- und Bildungsmittel auf Kosten der Steuerpflichtigen auch die Armen unterstützen und im Fall großer Noth in letzter Instanz eintreten, — zum Wohlleben einer Classe der Bevölkerung auf Kosten der anderen hat er nicht beizutragen.

Sollte der Staat aus Rücksichten auf die Wehrhaftigkeit der Bevölkerung sich für berechtigt halten, die Arbeitszeit für die Kinder festzusetzen, so sollte diese Maßregel aber nicht bloß, wie bisher, auf die großen Fabrikanstalten beschränkt, sondern auch auf kleine Werkstätten ausgedehnt werden, wo jugendliche Arbeiter oft viel mehr angestrengt und an ihrer Gesundheit geschädigt werden, z. B. bei der Handweberei auf dem Lande. Einen Normalarbeitstag auch für Erwachsene gesetzlich festzusetzen, hat der Staat nicht das Recht. Denn da der Lohn nicht auch durch Gesetz bestimmt werden kann, so fragt es sich, ob nicht die Arbeiter selbst dadurch eine empfindliche Einbuße erlitten. Es wäre wünschenswerth, daß die Berufsarbeitszeit auf ein sehr geringes Maß herabgedrückt würde, damit den Leuten noch Muße zur Selbstausbildung bleibe; allein man muß in dieser Hinsicht den Hauptersatz von dem allmählichen Wachsthum des materiellen und geistigen Capitals erwarten — von der steigenden Möglichkeit, durch wachsende Geschicklichkeit, Ausdauer und Aufmerksamkeit der Arbeiter, so wie vollkommenere Werkzeuge und Maschinen in kürzerer Zeit eben so viel oder mehr hervorzubringen.

Neuerdings ist die sociale Frage auch dahin gestellt worden, daß sie die Ungleichheit der Erwerbsfähigkeit großer Capitalisten und armer Arbeiter sei; — daß es sich darum handle, ob der Staat durch die Gesetzgebung in irgend einer Weise verhindern könnte und sollte, daß Einzelne mit großen Mitteln ihr Vermögen rascher ins Ungeheure vermehren, während unbemittelte Arbeiter trotz alles Fleißes ein kümmerliches Dasein führen.

Andererseits ist man noch einen Schritt weiter gegangen und hat behauptet, der Gewinn des Capitals in der Hand des Unternehmers sei nichtbezahlter Arbeitslohn und eigentlich ein Raub an den Arbeitern.

Freilich ist man bis jetzt von diesen Seiten schuldig geblieben, die Mittel anzugeben, mit welchen der Staat jener Ungleichheit oder dieser Ungerechtigkeit vorbeugen könnte; allein gesetzt, er besäße diese Mittel, so würde er bei einem gesetzlichen Einschreiten gegen diese erstere Ungleichheit den Zustand der Arbeiter nur verschlimmern. Dieser Zustand wird gerade dadurch am meisten verbessert, daß Einzelne durch hervorragende Eigenschaften gewerbliche Anstalten und ganze Industriezweige zu außerordentlicher Blüthe bringen. Durch besseres, schöneres oder billigeres Product den Absatz vergrößernd und rückwirkend die Fabrikation ausdehnend, sparen sie den gemachten Gewinn zu Capitalien an, welche, in ihren eigenen oder in fremden Händen zu neuer productiver Anlage verwendet, um Arbeiter werben, und durch die vermehrte Nachfrage mit absoluter Nothwendigkeit den Lohn steigern müssen.

Könnte und würde man durch die Gesetzgebung solches Uebersparen von Capital in einzelnen Händen verhindern, so würde man die Lohnerhöhung hindern. Würde man das Uebersparte in viele Hände zu vertheilen suchen, so würde man die productive Anlage und die Nachfrage nach Arbeitern und folglich wieder den Lohn schmälern, weil es schwerer ist, Capital aus vielen Händen zu sammeln, weil namentlich bei der Vertheilung sehr kleiner Gewinnbeträge in die Hände Vieler der Reiz zum unproductiven Verbrauch vorherrschend ist.

X. Die Grundlage und der Ausgangspunct aller volkswirthschaftlichen Bestrebungen zur Verbesserung der Ernährungsverhältnisse der Bevölkerung ist der Dualismus der menschlichen Natur:

1) Jene Ungleichheit der Menschen von Natur und Geburt;
2) die Solidarität des Gedankencapitals der Cultur.

Folgen jener Ungleichheit sind:

a. Die Theilung der Arbeit;
b. die Scheidung der Berufsarten;
c. Arm und Reich.

Folgen der Solidarität der Cultur sind:

a. Die Gemeinschaft des Gedankencapitals;
b. die Unmöglichkeit von Universalheilmitteln für sociale Uebel.

Folgen beider Regeln:

Daß das gleiche Mittel nur selten für Alle anwendbar ist.

Alle Vorschläge zu socialen Verbesserungen müssen der Culturschichte der allgemeinen wissenschaftlichen Bildung entspringen.

XI. Die Mittel zur Abhülfe der Noth sind der Inhalt der ganzen Staats-, Gesellschafts- und Privatwirthschaft und theilen sich in
a. allgemeine für Alle wirksame und in
b. specielle für die Berufsart und das Individuum.

XII. Letztere können nur mit Hülfe der Berufsstatistik ermittelt und angewendet werden. Von ihnen handelt die zweite Abtheilung unserer Untersuchung.

Die Mittel zur Verbesserung der Lage der arbeitenden Classen, welche Allen ohne Unterscheidung der Berufsarten nützen, sind theils allgemeine Culturmittel, theils gesetzliche Vorkehrungen des Staates, theils volkswirthschaftliche Einrichtungen des Staates und der Gemeinde. Um sie sicher zu ermitteln, muß man auf die Grundlagen der wirthschaftlichen Entwicklung zurückgehen.

XIII. Die erwähnte Grundursache des Unterschiedes der Berufsarten, der Stände, von Reich und Arm, die Verschiedenheit der Anlagen und Kräfte der Menschen von Natur kann nicht aufgehoben, sondern nur gemildert werden.

XIV. Die Wege zu dieser annähernden Ausgleichung der bestehenden schroffen Classenunterschiede sind die Vermehrung der Production und die billigere Vertheilung der Erzeugnisse.

XV. Dazu wirken die Gesellschaft, der Staat, die Gemeinde, die Corporationen und das Individuum, und zwar erhaltend und mehrend.

XVI. Ohne Erhaltung und Vermehrung der Production würden gar nicht die Mittel zu einer Verbesserung der Lage der ärmeren Classen verfügbar sein, weil die gegenwärtig vorhandenen Producte ohnehin schon jetzt in kürzeren oder längeren Perioden verzehrt werden, verzehrt werden müssen, um vor dem Untergang bewahrt zu werden. Denn kraft des Naturgesetzes des Stoffwechsels behalten alle Stoffe und Organismen der Erde, die Menschen inbegriffen, ihre Form nur eine bestimmte Zeit und müssen periodisch erneuert werden, um sich in ihrem eisernen Bestande und damit den eisernen Bestand des materiellen und geistigen Capitals zu erhalten.

Mit den gegenwärtig erzielten Producten könnte durch eine billigere Vertheilung der Erzeugnisse noch nicht das Ziel erreicht werden, alle Menschen wohlhabend zu machen, denn die Zahl der Reichen ist zu gering, um mit ihrem Ueberschuß die Armen sämmtlich auf das Durchschnittsniveau zu erheben.

Zur Vermehrung der Gütererzeugung sind zwei Wege gegeben: Der Weg der Erhaltung durch Abwehr gegen zerstörende Naturereignisse und gegen Fehler der Menschen und ihrer Gesetze und Einrichtungen, so wie die Bahn des Fortschrittes durch die Vermehrung der Bildung, der wissenschaftlichen Einsicht, der persönlichen Tüchtigkeit nach allen möglichen Richtungen, wofür ein Feld unendlicher Entwicklung vor uns liegt.

XVII. Jedoch kann schon jetzt mit dem Werke begonnen werden, die zu schroffen Gegensätze von Reich und Arm, welche einander bedingen, auszugleichen, um die mit dem Fortschritte der Cultur sich vermehrenden Producte gerechter vertheilen zu helfen.

XVIII. Die unabweisliche Bedingung jedes Mittels, welches zu diesem Zwecke der gerechteren Vertheilung führen soll, ist, daß der Production nicht Eintrag geschieht, weil sonst die Quelle zur Besserung versiegen würde.

XIX. Deßhalb sind alle communistischen Maßregeln zu verwerfen, weil sie den Arbeits- und Spartrieb der Menschen schwächen.

XX. Die Production wird vermehrt

a. durch die Gesellschaft, vermöge des eisernen geistigen Capitals und der Solidarität der Wissenschaft.

Der Umstand, daß die lebende Generation je auf dem Gedankengebirge zu bauen beginnt, welches von den Geschlechtern der verflossenen Jahrtausende aufgeführt worden, bewirkt, daß jedes nachgeborene Geschlecht seinen Blick weiter richten, größere Gebiete übersehen, wirksamer schaffen, ergiebiger erzeugen, mehr produciren kann, als die Vorfahren. Außer der Vermehrung des allgemeinen Schatzes von wissenschaftlichen, technischen und künstlerischen Kenntnissen und Fertigkeiten, wolle man nur der neuen Entdeckungen und Erfindungen gedenken und des mächtigen Impulses, welchen dieselben der Productivität der Menschen zu geben pflegen.

b. Der Staat fördert die Production durch den Schutz der

Rechte der Person und des Eigenthums gegen äußere und innere Feinde; — durch die Pflege des Verkehrs, durch die Gesundheits- und allgemeine Wirthschaftspflege, durch die Befreiung der Person und des Eigenthums von allen histori- schen oder durch außerordentliche Naturereignisse sie einengen- den Hindernissen; durch Aufmunterung der Talente.

c. Die Gemeinde fördert die Production durch Beseitigung oder Milderung der Hindernisse, welche der Niederlassung entgegen- stehen, durch gute Feuer- und Sittenpolizei.

d. Die Corporation ist eines der mächtigsten Vehikel der Produc- tion geworden durch die Actiengesellschaft und die Genossen- schaft zu mannigfachen Zwecken der Bildung und des Er- werbs.

e. Das Individuum aber ist und bleibt stets der stärkste Factor der Gütererzeugung, — sei es als Unternehmer und Arbeit- geber oder als Arbeiter und Arbeitnehmer.

XXI. Nicht minder sind alle diese Factoren bei einer gerechteren Ein- richtung der Vertheilung der Erzeugnisse in Anspruch zu nehmen:

a. Die Gesellschaft wirkt in ihrer natürlichen Entwicklung da- hin, daß den ärmeren arbeitenden Classen ein normal wach- sender Antheil an den Früchten der allgemeinen Wirthschaft zu Theil wird:

1) Dadurch, daß die wissenschaftlichen und künstlerischen Kenntnisse, welche Gemeingut sind, wachsen;

2) dadurch, daß die Werkzeuge billiger, dauerhafter und wirk- samer werden;

3) dadurch, daß die Vermehrung der Verkehrsmittel eine Aus- gleichung der Getreidepreise erwirkt;

4) dadurch, daß das materielle und moralische Capital wächst und eine bessere Bezahlung und Behandlung der Arbeiter in Lohn und Arbeitszeit herbeiführt; — denn mit wach- sendem Capital steigt die Nachfrage nach Arbeitern und durch sie der Lohn; — mit steigender Bildung nimmt die Erkenntniß überhand, daß man mit gut bezahlten, nicht überarbeiteten Leuten weiter kommt, als mit schlechtem Lohn und zu langer Arbeitszeit; und endlich wirkt auch die Verfeinerung und Veredlung des öffentlichen Ge- wissens und der Stärkung des Unabhängigkeitsgefühls des Volkes zu einer besseren Behandlung der weniger bemit- telten Classen.

b. Der Staat kann noch wirksamer eingreifen zu einer Ausgleichung der schroffen Unterschiede:

1) Durch eine energische Pflege des Volksunterrichts. Dahin gehört in erster Linie der gesetzliche Zwang zum Besuch der Primarschule, weil erfahrungsgemäß ein Theil der ärmeren Classen zu leichtsinnig oder zu habgierig ist, um ihre Kinder ohne solchen Zwang regelmäßig und lange genug in die Schule zu schicken. In England, Frankreich, Italien können Millionen Menschen über dem schulpflichtigen Alter aus Mangel an diesem Zwang weder lesen noch schreiben;

   in zweiter Linie die Unentgeltlichkeit des Primarschulunterrichts. Kinderreiche Familien tragen schon dadurch einen schwereren Antheil an der Staatslast, daß sie ein stärkeres Contingent zum Heere liefern. Es ist deßhalb nur eine Forderung der ausgleichenden Gerechtigkeit, daß sie nicht auch noch in höherem Maße zu den Kosten des Volksunterrichts beitragen;

   in dritter Linie: Staatsunterstützungen zur Ausbildung talentvoller Kinder armer Eltern in höheren Unterrichtsanstalten;

   in vierter Linie die angemessene Dotirung höherer Unterrichtsanstalten, so wie von Bibliotheken, Museen, Versuchsanstalten, Mustersammlungen;

   in fünfter Reihe durch die sorgsame Ueberwachung der Ausbildung der weltlichen und geistlichen Lehrer;

   in sechster Reihe — durch die Pflege der Kunst und des Geschmackes, — z. B. durch Anlegung von polytechnischen Kunst- und Mustersammlungen, mittels Unterstützung und Aufmunterung von Theater, Gesang, Musik, Volksfesten.

2) Pflege der Production; insbesondere materielle Unterstützung zur Einführung neuer Arbeitszweige und insbesondere Hausindustrieen.

3) Gerechte und zweckmäßige Umlegung der Steuern.

   Darunter verstehen wir die Umlegung der Grundsteuer nach den Kaufpreisen, so wie der Einkommensteuer nach einer in stärkerem Verhältniß, als das Einkommen wachsenden Proportion; wobei das Einkommen vom Vermögen höher zu belasten ist als das von der Arbeit, und kein Einkommen steuerfrei bleibt, auch die Haushaltungskosten nicht abgezogen werden.

Wir gestehen die Billigkeit einer progressiven Erbschaftssteuer unter Ausschluß der entfernten Verwandtschaftsgrade zu Gunsten von öffentlichen Stiftungszwecken zu.

Endlich fordern wir die Abschaffung der indirecten Abgaben von allen Lebensmitteln des allgemeinen Verbrauchs.

4) Erleichterung der Verkehrseinrichtungen des Staats in der Art, daß die vom ganzen Publicum gebrauchten Anstalten nicht als Einnahmequelle betrachtet werden.

So sollten die öffentlichen Straßen dem Publicum ganz unentgeltlich überlassen werden.

Die Posttarife sollten so niedrig gehalten werden, daß nur die Verwaltungskosten herauskommen.

Bei den Staatseisenbahnen sollten die Transportkosten der Güter allgemeinen Verbrauchs auf das Aeußerste ermäßigt, die Taxe der untersten Personenclasse verhältnißmäßig bedeutend niedriger gehalten werden, als jetzt.

c. Die Gemeinde wirkt im Allgemeinen von selbst im Sinne einer Ausgleichung, indem sie ihre Pflichten getreu erfüllt, von welchen manche mit denen des Staates identisch sind, z. B. die Polizei, die Schule, das Verkehrswesen, das Armenwesen. Gerade durch die Armenpflege verhütet die Gemeinde die äußersten Consequenzen der schroffen gesellschaftlichen Gegensätze, — und durch die allmähliche Ersetzung der Unterstützung durch Vorschüsse wirkt sie auch auf eine moralische Hebung der untersten Classen.

d. Die Corporation hilft in vielfacher Gestalt die bestehenden Ungleichheiten mildern. Als Gesellschaft zur Versicherung gegen die Gefahren, welchen das Eigenthum und die Person ausgesetzt ist, — als Bildungsanstalt — als Mittel der Hülfe in der Noth, — so wie endlich als Weg zur Selbständigkeit zu gelangen — wirkt sie Großes.

e. Die Hauptarbeit zum wirthschaftlichen Fortschritt und zu einer Ausgleichung der wirthschaftlichen Gegensätze bleibt aber immer noch in der Hand des Individuums, — sei es als Arbeiter oder als Arbeitgeber.

Da aber die Berufsarten, welche die Folge der Ungleichheit der Menschen von Natur, Familie und Erziehung, mannigfach abgestuft sind, und da nicht jeder Beruf und nicht jede Lebensstellung an den gleichen Uebeln leidet, so ist zur Aufsuchung von Heilmitteln für dieselben ein vorhergehendes Studium der Statistik der Berufsarten erforderlich.

Die Erkenntniß, daß es keine wirksamen Universalmittel gibt, und daß eine zweckentsprechende Thätigkeit für die Besserung der Lage der arbeitenden Classen und namentlich auch ein vorsichtigeres Verfahren bei der Wahl des Berufes von dem Studium der Statistik der Berufsarten ausgehen muß, würde eine neue Wendung in der socialen Arbeit anregen, derselben eine Menge vergebliche Anstrengungen sparen und sie in erfolgreichere Bahn lenken.

Zweite Abtheilung.

Specielle Verhältnisse.

Statistik der Berufsarten.

Unter den Aufschlüssen, welche durch die periodischen Volkszählungen gewonnen werden, ist das Material zur Statistik der Berufsarten bis jetzt am mangelhaftesten verarbeitet, am wenigsten beachtet und verwerthet worden. Die gewerbreicheren Staaten haben zwar schon seit vielen Jahren von Zeit zu Zeit statistische Uebersichten der Berufsarten im Allgemeinen wie der Gewerbe im Besonderen aufgestellt, allein überall ist dieser Theil des Materials der Volkszählungen als der unvollständigste befunden und noch ist bisher in den verschiedenen Ländern nicht nach einem gemeinsamen Plane gearbeitet worden, so daß die Statistik der Berufsarten zu einer internationalen Vergleichung, welche erst der Beobachtung der Zustände annähernde Sicherheit verleiht, nur schwer sich darbietet.

Der internationale statistische Congreß hat sich zwar gleich bei seiner Gründung in Brüssel (1853) mit der Berufsstatistik und insbesondere mit der Gewerbestatistik beschäftigt und Betreffs der ersteren festgestellt, daß bei jeder Volkszählung auch der Stand und Beruf jedes Individuums ermittelt werden solle; und in seiner Session zu London (1860) gefordert, daß bei der Bearbeitung der Statistik der Berufsarten das Alter von 5 zu 5 Jahren verzeichnet werden solle. Allein er hat keinen genauen allgemeinen Plan weder für die Erhebung noch die Verarbeitung des Materials aufgestellt.

Mit der Gewerbe- und Arbeiterstatistik im Besonderen haben sich die Sessionen des Congresses zu Paris (1855) und Wien (1857) eingehender beschäftigt und den Rahmen für die Classification der Gewerbe und der wirthschaftlichen Stellung der in ihnen beschäftigten Personen aufzustellen versucht, allein auch bei diesem besonderen Theile der Berufsstatistik fehlt bis jetzt die Erhebung und Bearbeitung nach einem gemeinsamen Plane, so daß Engel noch in seiner im Auftrag der Zollvereins-Commission 1870 verfaßten gründlichen Denkschrift über die Reform der Gewerbestatistik zu dem Schlusse gelangt:

1) Das gesammte vorhandene gewerbestatistische Material ist wegen der Verschiedenheit der Eintheilung und der Charakteristik der Gewerbe, so wie wegen der Unvollkommenheit der Methoden der Aufnahmen, Verarbeitung und Darstellung unbrauchbar zur Herstellung einer internationalen vergleichenden Statistik.

2) Eine Gewerbestatistik der Neuzeit muß, gleichviel für welches Land sie unternommen wird, sowohl hinsichtlich der Unterscheidung der einzelnen Gewerbe und der Zusammenfassung der letzteren zu Classen und Gruppen, als auch hinsichtlich der Charakteristik der Gewerbe, den Bedürfnissen des praktischen Lebens eben so sehr wie denen der technischen und ökonomischen Wissenschaften zu entsprechen suchen.

3) Die Gewerbestatistik darf nirgends als eine lediglich administrative, sondern sie muß als eine öffentliche Angelegenheit angesehen und behandelt werden.

In dem Bericht der Commission für die weitere Ausbildung der Statistik des Zollvereins, betreffend die Gewerbestatistik, sind dann sowohl die Erhebungs- oder Aufnahme- als die Concentrations- und Bearbeitungsformulare in einer so erschöpfenden Weise aufgestellt, daß sie für alle Arbeiten ähnlicher Art in der Zukunft zur Grundlage dienen und durch ihre Ausfüllung das vollständigste Material für die Beurtheilung der Lage der Industrie geben können.

Die Zollvereins-Commission hat den Antrag gestellt, daß die Aufnahme einer solchen ausführlichen Gewerbestatistik auf Grund dieser eingehenden Formulare in jedem Jahre nach der jedesmaligen Volkszählung stattfinden solle, — allein es wird noch eine Reihe von Jahren vergehen, bis diese Arbeiten in den Hauptländern nach der neuen Methode durchgeführt sein werden. Andererseits behandeln sie auch nur einen, obwohl den größten Theil der Berufsarten. Die Erhebung der letzteren bleibt demnach durch die Reform der Gewerbestatistik unberührt und diese wird auch in Zukunft nur als eine Ergänzung der Statistik der Berufsarten betrachtet werden können.

Auch Engel erklärt in seinem erwähnten Berichte „die sorgfältige Ausbildung der Berufsstatistik deßhalb von großer Wichtigkeit und gebieterischer Nothwendigkeit. Hält sich die Berufsstatistik in ihren richtigen Gränzen, so ist sie ein außerordentlich werthvolles statistisches Document; denn sie registrirt Thätigkeiten, die eine Gewerbestatistik niemals erfassen kann. Indem sie gestattet, das ganze Volk sowohl von der Seite der Production, als auch von der Seite der Consumtion zu betrachten, ermöglicht sie die Aufstellung und Ziehung einer Bilanz zwischen den Haupt-Productions- und Haupt-Consumtionszweigen und liefert gleichzeitig die Unterlagen zur Bestimmung des Mittelmaßes der Production und der Consumtion der Bevölkerung des Staates und seiner einzelnen Landestheile“.

Indessen liegt die Statistik der Berufsarten, wie im Eingang bemerkt, noch im Argen, sowohl bezüglich der Vollständigkeit und Zuverlässigkeit des Materials, wie der Brauchbarkeit der Ausarbeitung.

Wegen dieser mangelhaften Beschaffenheit dieses Theiles der Statistik läßt sich ein allgemeiner vergleichender Ueberblick, wie über die anderen Zweige der Populationsstatistik, noch gar nicht mit Zuverlässigkeit gewinnen. Nur in wenigen Staaten und Bevölkerungsmittelpuncten sind bis jetzt Werke dieser Art veröffentlicht worden und nur wenige der letzteren sind zweckentsprechend. Am systematischsten ist bis jetzt noch in dieser Hinsicht in Frankreich gearbeitet worden, und die Statistik der Industrie der Stadt Paris ist vielleicht die einzige, die den Anforderungen, welche die Wirthschaftslehre und Socialwissenschaft bis jetzt stellen, entspricht. Die Schwierigkeiten, mit welchen zu kämpfen ist, sind, wie im Eingang angedeutet, folgende:

1) Unter allen Rubriken der Volkszählungstabellen pflegen die der Berufsarten am lückenhaftesten und ungenauesten ausgefüllt, bzw. beantwortet zu werden.

In der Statistik von Italien aus dem Jahre 1860 liegt z. B. die Ungenauigkeit des Materials in der Bearbeitung auf der Hand. Wir finden da nämlich im Hauptzusammenzug folgende Classen, welche einzig nach Geschlecht, Heimath und Aufenthalt unterschieden sind.

	Im Ganzen.	Männlich.	Weiblich.
Landwirthschaft	7,708681	[illegible]	[illegible]
Industrie:			
Bergbau	66561	53757	8794
Gewerbe	3,078745	1,378046	1,698740
Handel	634433	542000	[illegible]
Liberale Berufsarten	534486	407723	126763
Geistlichkeit	166414	127753	41662
Staatsdienst, Verwaltung	130597	124246	6351
Innere und äußere Sicherheit	240044	240003	41
Rentiers u. Grundbesitzer (Possidenti)	604437	347030	257407
Gesinde	473574	160077	313497
Arme	305343	126346	179097
Ohne Beruf	7,850574	2,520275	5,330299
	21,777334	10,897236	10,880098

Bei jedem Volkszählungsmaterial pflegen von einer Anzahl von Personen die Berufsangaben überhaupt zu fehlen, abgesehen von den Frauen, Kindern und anderen Familienangehörigen ohne Erwerb. In der Schweiz, wo das Material sehr gut ausgefüllt wurde, beliefen sich die Personen ohne Berufsangabe 1860 auf 98,050. Es ist also anzunehmen, daß der letzte Posten der Personen ohne Beruf in Italien wenigstens 850,574 Personen ohne Berufsangaben enthält. Die übrigen 7 Millionen nun sollen Weiber, Kinder und Familienangehörige ohne Erwerb sein oder circa 33 % der Gesammtbevölkerung. Die um fast 3 Millionen höhere Ziffer der Berufslosen weiblichen Geschlechts deutet an, daß diese Ziffer Ehefrauen enthält. Allein da die Zahl der Kinder nur noch 4,000,000 oder 18,1 % der Gesammtbevölkerung betragen würde, während die Zahl der Kinder von 1—15 Jahren in den übrigen Ländern bedeutend höher, in Schottland (1861) 30 %, in der Schweiz (1860) 30,1 % und in dem kinderarmen Frankreich (1851) immer noch 29,1 % der Gesammtbevölkerung ausmacht, — so kann diese Zahl nicht richtig sein, — und da ferner in der Schweiz z. B., wo die Ziffer der Selbsterwerbenden gewiß höher ist als in Italien, die Zahl der Angehörigen ohne Beruf 46,8 % beträgt, so ist mit Sicherheit anzunehmen, daß in den vorhergehenden Posten der Landwirthschaft, Industrie und der besitzenden Classe Italiens noch eine große Anzahl von Angehörigen ohne Erwerb enthalten ist.

Selbst im Mutterlande der Statistik, in Preußen, ist die Mangelhaftigkeit des Materials 1840 noch so weit gegangen, daß von 2,840,706 erwachsenen Einwohnern oder 17 % einer Gesammtbevölkerung von 16,331,187 deren Lebensstellung nicht angegeben werden konnte.

2) Eine andere Schwierigkeit ist der Mangel eines gemeinsamen, internationalen Schema's für die Bearbeitung des Materials.

Die Annahme eines solchen Schema's und die daraus folgende Aussicht, durch homogene Arbeiten verschiedener Länder einen klaren Ueberblick der einschlägigen Verhältnisse zu erlangen, würde allein schon solche Vortheile bieten, daß man gewiß allseitig mehr Anstrengungen machen würde, um das Material bei künftigen Volkszählungen in größerer Vollständigkeit zu erstellen.

Der internationale statistische Congreß hat zwar, wie oben angedeutet, schon in seiner Session zu Wien ein Schema aufgestellt, allein dasselbe bezog sich nur auf eine einzige Classe, die der industriellen Erwerbsarten, und war so detaillirt gehalten, daß es keine allgemeine Anwendung gefunden hat.

Diese Ursachen haben zur Folge gehabt, daß die Bearbeitungen nicht nur zahlreichere Ungenauigkeiten aufweisen, als die über die anderen Theile der Volkszählungen, sondern daß auch die Publication keines Staates die gleiche Eintheilung hat als die eines anderen.

Während Italien seine Gesammtbevölkerung nur in Bausch und Bogen in 14 große Berufs-Kategorieen theilt, ohne auch nur die Selbsterwerbenden sicher auszuscheiden, — geben Großbritannien und Holland die *Selbsterwerbenden* und *Angehörigen* nach ihrem *Alter*, erstere von 5 zu 5 Jahren, letztere bis zum 10., vom 10.–11., 12.–16. und über 16 Jahre an. Dagegen wurden (nach beifolgender Tabelle) *selbständige* und *unselbständige* Geschäftsleute und Arbeiter unterschieden nur in der Bevölkerungs-Statistik von Thüringen, Preußen, Oldenburg, Oesterreich, Ungarn, *Frankreich*, Belgien und unter Vorbehalt in der Schweiz.

Abtheilung der Bevölkerung nach Berufsarten.

	Nach Berufsarten ohne Unterschied.	Geschäftsverwaltende.	Selbständige.	Pächter.	Beamte.	Unselbständige.	Gehülfen.	Ständige Arbeiter.	Tagelöhner.	Dienstboten.	Lehrlinge.	Nichtselbstverwerbende Angehörige.	Angehörige der Selbständigen.	Angehörige der Unselbständigen.	Geschlecht der Selbständigen.	Geschlecht der Unselbständigen.	Geschlecht der Angehörigen.	Alter der Berufsarten u. s. w.
Baiern	—	ja	ja	—	—	—	ja	—	—	—	ja	—		—			—	—
Thüringen	—	.	.	ja	—	—	.	—	—	ja	-	ja	—			—	—	
Preußen	—	.	.	.	ja	—	.	ja	ja	.	ja	.	ja	ja	ja		—	
Oldenburg	—	.	.	—	—	—	.	—	—	—	—	.		—	.	—		
Oesterreich	—	.	.	ja	ja	—	.	ja	ja	—	—	.		—	—	—		
Ungarn	—	.	.	.	.	—	.	.	.	—	—	.				—		
Frankreich	—	.	.	.	.	—	.	.	.	ja	—		ja	ja	ja		—	
England	ja	.	—	—	—	—	—	—	—	—	—	ja		—		—	—	ja, von 5 zu 5 Jahren.
Norwegen 1)	—	.	ja	—	—	—	ja	—	—	—								—
Italien	ja	—	—	—	—	—	—	—	—	—	—			—	—	—	—	—
Vereinigte Staaten	—	—	—	—	—	—	—	ja	—	—		—		—	ja		—	
Belgien	—	ja	ja	—	—	—	ja	.	—	—				—	.		—	ja, bis 9, von 9—13, 13—16 u. über 16 Jahre.
Paris	—	.	.	—	—	—	.	.	—	ja	—				.			ja, Kinder
Schweiz	—	.	.	—	—	—	.	.	—	.	—	ja	—	—	—	-	—	0.
Basel-Stadt 2)	—	.	.	—	—	—	.	.	ja	.	—		ja	ja	—	-		
Holland	ja	—	—	—	—	—	—	—	—	—	—		—	—	ja		—	ja, bis 10, von 10—13, 13—16 u. über 16 Jahre.
Hannover	—	—	ja	—	—	—	ja	—	—	—		—		—	—		—	—

1) Norwegen unterscheidet noch Zunft-Angehörige und Freimeister der Handwerke, die nicht Bürger sind.
2) Basel-Stadt unterscheidet noch Cantonsbürger, andere Schweizer und Ausländer.

Abtheilung der Bevölkerung nach Berufsarten.

	Jahr.	Bevölkerung.	Nach Berufsarten oder Unterschied.	Selbsterwerbende.	Selbständige.	Pächter.	Beamte.	Unselbständige.	Gehülfen.	Ständige Arbeiter.	Tagelöhner.	Dienstboten.	Nicht selbsterwerbende Angehörige.
Baiern (Gewerbe)	1851	4,559837	—	—	341640	—	—	596231	—	—	—	—	—
Thüringen-Weimar	1867	283044	—	—	77464 = 27.3%	—	—	51128 = 18%	35849	—	—	15579	154453 = 54.6%
Preußen	1861	18,491220	—	—	2,495015 = 13.4%	—	135779	4,007811 = 21.6%	—	—	—	—	11,253841 = 60.5%
„	1867	23,970941	—	—	2,831683 = 14.2%	—	—	—	—	—	—	—	—
Oldenburg	1861	—	—	—	104212 = 51%	—	—	—	23717 = 10.7%	—	24621 = 11.8%	—	—
Hannover (Gewerbe)	1861	1,888070	—	—	104815	—	—	—	105285	—	—	—	—
Oesterreich	1869	20,394980	—	—	3,243778 = 15.9%	—	833863	8,616659 = 42.3%	—	4,464181	4,102531	—	—
Ungarn ohne Siebenbürgen	1870	11,117625	—	—	1,794580 = 16.1%	—	—	3,605866 = 32.4%	—	—	—	—	5,718549 = 51.39%
England	1861	20,066227	9,308888	—	1,888704 = 6.6%	—	—	8,020284 = 39.9%	—	—	—	—	10,754258 = 53.6%
Frankreich	1861	37,386313	—	—	—	—	—	—	—	—	—	—	—
„	1866	38,067183	—	—	9,480595	—	1,189073	7,196293 = 19.1%	—	5,686063	—	2,504120	—
Paris	1856	1,825274	—	—	101171	—	—	416811	—	—	—	—	—
Schweiz	1860	2,510494	—	1,235740	616658 = 20.5%	—	—	780085 = 28.6%	—	—	—	—	1,176688 = 44.8%
Belgien (Industrie)	1851	—	—	114771	—	—	—	316649	—	—	—	—	—

Um diese Zahlen richtig zu verstehen, muß man in Betracht ziehen, daß unter den unselbständigen Arbeitern sich auch alle Lehrlinge und alle Söhne oder Töchter und Hausfrauen befinden, welche in dem Geschäfte des Vaters, bezw. Ehemanns als Gehülfen mitwirken, die also in einer großen Anzahl von Familien in guter Lage sich befinden. Man muß ferner beachten, daß in allen statistischen Erhebungen, wo die Angehörigen der selbständigen und der unselbständigen Arbeiter besonders angegeben werden, die der ersteren zahlreicher sind, was auch natürlich ist, da sie mehr Mittel haben, Kinder aufzuziehen und daß unter den unselbständigen Arbeitern sich außer den Lehrlingen noch eine Menge lediger junger Leute befindet, welche wohlhabenden Familien angehören. Bei der Bearbeitung der Berufsstatistik pflegte man bisher die im Geschäfte als Gehülfen dienenden Familienangehörigen nicht besonders aufzuführen, sondern unter die unselbständigen Arbeiter aufzunehmen, so daß deren Zahl nicht genau angegeben werden kann. Wie bedeutend aber dieselbe so wie die Zahl derjenigen unselbständigen Arbeiter sein muß, welche mit dem Mannesalter in bessere Verhältnisse kommen, davon kann man sich einen annähernden Begriff machen, wenn man einen Blick auf die Altersstatistik wirft.

In der Schweiz gab es 1860 von einer Bevölkerung von 2,510,494 Einwohnern ledige Personen männlichen Geschlechtes im Alter von

15	Jahren	23,280
16	„	25,326
17	„	23,730
18	„	3,2881
19	„	25,227
20	„	23,023
21	„	24,660
22	„	21,303
23	„	20,862
24	„	18,614
25	„	18,174
26	„	17,136
27	„	15,156
28	„	12,608
29	„	11,696
30	„	9,655
31	„	11,864
32	„	8,242
40	„	4,138.

Die in außergewöhnlichem Verhältniß Statt findende Verminderung der ledigen männlichen Personen nach dem 27. Lebensjahre, welche das Hauptcontingent der unselbständigen Arbeiter bilden, gibt einen Fingerzeig über die große Zahl der Personen, welche mit der eingetretenen Volljährigkeit nach und nach in bessere Verhältnisse übergehen; denn Heirathen im Elend gehören in unseren civilisirten Ländern doch zweifellos zu den Ausnahmen. Erwägen wir nun, daß Lehrlinge so wie alle in der berufsmäßigen Beschäftigung des Familienhauptes mithelfenden Söhne, welche später das Geschäft des Vaters übernehmen oder in dasselbe eintreten, mit unter den unselbständigen Arbeitern aufgezählt werden, so wird es klar, daß selbst in solchen Ländern, wo die statistische Zahl der Unselbständigen etwas überwiegt, doch in Wirklichkeit die unselbständigen Arbeiter in der Minderzahl sich befinden. Aehnliche Verhältnisse finden bei dem weiblichen Geschlechte Statt, bei welchem die Verminderung der Ledigen nur etwas früher beginnt. In den anderen Ländern besteht annähernd dieselbe Proportion.

Selbst in den Mittelpunkten der Industrie (Großbritannien immer ausgenommen, dessen Verhältnisse in dieser Hinsicht nicht genau ermittelt sind) ist der Contrast zwischen den abhängigen und unabhängigen Erwerbsleuten nicht so groß, wie man anzunehmen pflegt. Ein Vergleich dieser Kategorieen unter den Gewerbetreibenden der vier nachfolgenden, zur Hälfte überwiegend ackerbautreibenden, zur Hälfte industriellen Länder, bezw. Centren gibt folgendes Resultat.

Industrie.

	Selbständig.		Unselbständig.
Bayern 1861	1	:	1,35
Hannover 1861	1	:	0,97
Paris 1860	1	:	4,11
Belgien 1846	1	:	2,74

Untersuchen wir nun, welche Eintheilung und Rubricirung der Berufsarten die geeignetste ist, um, ohne sich im Detail zu verlieren, diejenigen Gesichtspuncten zu gewinnen, welche das meiste Licht über die wirthschaftliche und sociale Lage der Bevölkerung verbreiten, so bieten sich uns im Wesentlichen zwei Hauptanordnungen dar:

1) die Classificirung der Berufsarten, und
2) die Beleuchtung gewisser Lebensverhältnisse derselben.

In ersterer Hinsicht kann man im Allgemeinen annehmen, daß diejenigen Classen der Berufsarten auseinander gehalten zu werden verdienen, welchen principiel unterscheidende Eigenschaften innewohnen:

a. in Bezug auf die Erlernung derselben;
b. in Bezug auf die geschäftliche Bedeutung;
c. in Bezug auf die Arbeitsorganisation.

Man wird also in erster Hinsicht ausscheiden müssen diejenigen Berufsarten, welche selbständige, wissenschaftliche, technische oder künstlerische Vorbildung erfordern; sodann in zweiter Beziehung solche, welche in der Ausübung ihres Geschäftes sich mit besonderer Deutlichkeit abgrenzen, z. B. die

Landwirthschaft, und in dritter Linie z. B. die Production in geschlossenen großen Etablissementen vom Kleinbetrieb und der Hausindustrie unterscheiden, wobei nur auf die Hauptbeschäftigung Rücksicht genommen wird.

Wir erhalten dadurch folgende Haupt-Kategorieen, deren weitere Specification bei den Gewerben einer besonderen Arbeit vorbehalten werden mag:

1) Die liberalen Berufsarten,
 a. den Staatsdienst mit Militair;
 b. den Kirchendienst;
 c. den höheren Unterricht;
 d. die Heilkunde;
 e. das Bauwesen;
 f. den Gemeinde- und Corporations-Verwaltungsdienst;
 g. den Volksschulunterricht;
 h. Wissenschaft;
 i. Kunst.
2) Die Urproduction,
 a. die Landwirthschaft und Viehzucht;
 b. den Gartenbau und Weinbau;
 c. Forstwirthschaft;
 d. Jagd und Fischfang;
 e. Bergbau rc.
3) Die Industrie,
 a. die Kleingewerbe;
 b. die Großgewerbe:
  α. mit Fabrikbetrieb;
  β. mit Hausindustrie.
4) Handel,
 a. Großhandel;
 b. Kleinhandel.
5) Gemischte Gewerbe,
 a. Gewerbe, getrieben neben Landwirthschaft;
 b. Gewerbe, gemischt mit Detailhandel;
 c. Wirthschaft.
6) Verkehr,
 a. Transportwesen:
  α. Fuhrwerk;
  β. Eisenbahnen;
  γ. Schifffahrt.
 b. Umsatz.
  α. Bankwesen;
  β. Geldmaklerwesen.

7) Persönliche Dienstleistungen,
   a. Taglöhner;
   b. Dienstboten.
8) Personen ohne Berufsarbeit,
   a. pensionirte Beamten;
   b. Rentiers;
   c. ganz unterstützte Arme;
   d. Personen in Krankenanstalten;
   e. Personen in Erziehungsinstituten;
   f. Personen in Gefängnissen;
   g. Bettler und Vagabunden;
   h. ohne Berufsangabe.

Treten wir dem zweiten Gesichtspuncte der Eintheilung der Berufsarten näher, — der Rubricirung nach gewissen Lebensverhältnissen, so bieten sich uns folgende 4 Haupt-Kategorieen dar:

1) a. Die Selbsterwerbenden und b. deren Angehörige.
2) a. Die selbständig Beschäftigten und b. die unselbständig Beschäftigten; mit besonderer Auszählung von deren Angehörigen so wie mit Ausscheidung der im geschäftlichen Erwerb verwendeten Familienangehörigen.
3) Die selbständig und unselbständig Beschäftigten unter Ausscheidung der beiden Geschlechter.
4) Dieselben unter Ausscheidung gewisser Alters-Kategorieen.

1) Die Trennung der Selbsterwerbenden von den von denselben ernährten Frauen, Kindern und anderen arbeitsunfähigen Verwandten ist sowohl in rein volkswirthschaftlicher als in physiologischer Hinsicht von Bedeutung; mag man nun mit den Einen auf einen behaglichen Zustand schließen wollen, wenn ein Erwerbender wenige nicht Erwerbende zu ernähren hat oder mag man mit den Anderen eine höhere industrielle Kraft annehmen wollen, wenn ein Selbsterwerbender viele Familienangehörige zu ernähren vermag; — oder mag man der Ansicht hinneigen, daß aus der bloßen Thatsache kein absoluter Schluß auf den wirthschaftlichen Zustand gezogen werden kann, weil auch wieder andere Verhältnisse zu berücksichtigen sind; denn aus dem Umstande der Ernährung vieler Kinder kann noch nicht geschlossen werden, daß sie auch gut erzogen werden. Man wird aus dieser und der nachfolgenden Unterscheidung wenigstens annähernd darüber Aufschluß erhalten, ob die weit verbreitete Ansicht wahr ist, daß die ärmeren Classen mehr Kinder haben.

2) Die Ausscheidung der selbständig von den unselbständig Beschäftigten ist für den oben genannten Zweck vom obersten Bedeutung; denn einerseits ist die Selbständigkeit der erste Beweis des Beginns einer besseren Lebensstellung weil dieselbe in der Regel ohne, wenn auch geringes Capital nicht errungen

werden kann; andererseits ist das Vorhandensein vieler selbständiger Personen in einem Lande ein Zeichen von glücklichen, mittleren, freien Zuständen; drittens kann nur durch eine solche Erhebung ermittelt werden, ob und wo die Behauptung der socialistischen Agitatoren Platz greift, daß die Lohnarbeiter die Mehrzahl der Bevölkerung bilden.

3) Die Kenntniß des Zahlenverhältnisses, in welchem das weibliche Geschlecht an der volkswirthschaftlichen Arbeit über die Haushaltung und Kindererziehung hinaus sich betheiligt, ist die Basis, von welcher aus erst die Verbesserung der Lage unbemittelter Frauen, welche die Stütze ihrer Verwandten verloren haben, angestrebt werden kann. Stellt die Statistik heraus, daß die Frauen bereits in viel größerer Anzahl, als man zu glauben pflegt, in fast sämmtlichen Arbeitsgebieten betheiligt sind, dann werden die letzten Schranken der Gesetzgebung fallen und die gewohnheitsmäßigen Vorurtheile der männlichen Arbeiter mehr und mehr schwinden.

4) Die Unterscheidung der Berufsarten nach gewissen Alters-Kategorieen gibt in erster Linie Aufschluß über die Zahl der arbeitenden Kinder, welche in verschiedenen Ländern und auch in der Schweiz zu gesetzgeberischen Zwecken durch besondere Erhebung ermittelt werden mußte. In zweiter Linie zeigt sie das Verhältniß, in welchem die verschiedenen Berufsarten mit dem Alter verhältnißmäßig weniger besetzt erscheinen, sei es, daß sie durch den Tod gelichtet werden oder durch Uebergang zu anderen Beschäftigungsarten.

In dritter Linie gewährt die Kenntniß von der verschiedenen Besetzung der Berufsarten nach den Altersclassen auch Anhaltspuncte für eine richtige Wahl des Berufs, in welcher jetzt noch oft folgenschwerere Mißgriffe, welche dem ganzen Leben eine entscheidende Richtung geben, begangen zu werden pflegen, als man im Allgemeinen ahnt.

I.

Selbständige.						Unselbständige.											
Eigenthümer, Meister, Etablissements.		Pächter, Directoren, Beamte, Verwalter, Ingenieure.		Angehörige.		Im Geschäfte des Haushaltungsvorstandes mithelfende Familienglieder.		Lehrlinge.		Gehülfen und Taglöhner.		Dienstboten.		Angehörige.			
Männl.	Weibl.	Männl.	Weibl.	Männl.	Weibl.	Männl.	Weibl.	Männl.	Weibl.	Männl.	Weibl.	Männl.	Weibl.	Männl.	Weibl.		

II. Alter.

Unter 10 Jahren.		Von 10–15 Jahren.		Von 15–18 Jahren.		Von 18–30 Jahren.		Von 30–50 Jahren.		Ueber 50 Jahre.	
Männlich.	Weiblich.	Männlich.	Weiblich.	Männlich.	Weiblich.	Männlich.	Weiblich.	Männlich.	Weiblich.	Männlich.	Weiblich.

III. a. Nebenbeschäftigung. b. Hauseigenthümer. c. Grundeigenthümer.

Die unter III. aufgeführten Verhältnisse der Nebengewerbe und des Haus- und Grundeigenthums pflegen jetzt bei den Volkszählungen noch gar nicht ermittelt zu werden. Bezüglich derselben müßten erst bei künftigen Aufnahmen die Zählungslisten oder Zählkarten entsprechend erweitert werden.

Die Ausdehnung, welche man dann der Beleuchtung dieser drei Kategorieen bei der Ausarbeitung zu geben hätte, durch Formular-Modelle schon hier anschaulich zu machen, kann nicht unsere Aufgabe sein.

Diese Frage müßte vielmehr Sache einer besonderen Untersuchung sein, weil die Classification in Verbindung mit den Hauptgewerben besondere Schwierigkeiten darbietet.

In Erwartung eines vollkommeneren Materials und einer systematischeren Bearbeitung der Statistik der Berufsarten, — müssen wir für den vorgenommenen Zweck uns mit den vorhandenen Aufstellungen begnügen. Gewähren dieselben auch nicht alle Aufschlüsse, welche unter obiger Bedingung erreichbar wären, so geben sie uns doch einen tieferen Einblick, als die meisten Bestrebungen auf diesem Gebiete ohne eine Beachtung der Statistik erlangen konnten.

Der Raum gestattet uns nicht, bei jedem Lande in die Details der Classification der Berufsarten einzugehen. Wir müssen uns mit den Zusammenzügen begnügen, welche überdies noch vielfache Lücken darbieten. Als Typus wollen wir aber doch die Special-Classification wenigstens eines Landes, Englands, geben, weil dieses, obwohl dessen Statistik bezüglich der Unterscheidung der selbständigen und unselbständigen Arbeiter mangelhaft ist, doch andererseits das Alter der Berufsleute gibt.

Die nachfolgenden Tabellen geben daher, wenn auch kein genaues Bild vergleichender Statistik, so doch wenigstens nach einigen Ländern das statistische Material in seinen meisten Beziehungen, um einstweilen der Beobachtung der Classen und Kategorieen der Berufsarten zur Grundlage zu dienen.

Bezüglich der detaillirten Tafeln der Berufsarten in England und Wales vom Jahr 1861 ist zu bemerken, daß manche synonymen und manche sonderbaren Benennungen von den Einzeichnungen im Orginalmaterial herrühren, welches dem statistischen Amte als Grundlage dient, und welche dieses nicht ändern darf.

Tabellen

zur Statistik der Berufsarten.

I. Statistische Uebersicht der Berufs-

bei einer Gesammtbevölkerung von 23,970,941:

Verhältnisse der einzelnen

Arbeits- und Dienstverhältniß. Berufsclassen.	Alte Landestheile.							
	Oestliche Provinzen.				Westliche Provinzen.			
	Absolute Zahl		Procent		Absolute Zahl		Procent	
	männl.	weibl.	männl.	weibl.	männl.	weibl.	männl.	weibl.
I. Gesammtbevölkerung.								
A. Landwirthschaft u. dergl.	3,587,684	3,817,569	50.74	51.93	969,907	1,013,825	37.08	38.98
B. Forstwirthschaft und Jagd	41,665	41,565	0.59	0.57	5,748	7,520	0.21	0.29
C. Fischerei	22,243	21,628	0.31	0.29	1,606	970	0.05	0.04
D. Bergbau und Hüttenbetrieb	121,999	108,288	1.72	1.47	183,474	148,345	6.94	5.51
E. Groß- und kleine Industrie	1,584,162	1,345,212	22.40	18.30	832,281	685,140	31.65	29.54
F. Handel	238,007	219,856	3.36	2.99	109,289	105,358	4.13	4.08
G. 1. Landverkehr	119,650	109,762	1.60	1.40	68,040	57,474	2.57	2.23
2. Wasserverkehr	54,650	46,616	0.77	0.63	10,513	9,081	0.40	0.35
3. Erquickung u. Beherbergung	105,558	113,858	1.49	1.55	52,367	55,964	1.98	2.17
H. Persönliche Dienstleistung	492,403	815,937	6.94	11.10	187,981	280,799	7.10	10.88
I. Gesundheitspflege, Krankendienst	20,467	26,540	0.29	0.36	7,823	11,845	0.30	0.46
K. Erziehung und Unterricht	68,485	71,604	0.97	0.97	19,359	21,236	0.73	0.82
L. Künste, Literatur, Presse	19,163	14,702	0.27	0.20	6,998	4,734	0.23	0.18
M. Kirche, Gottesdienst u. dergl.	26,668	20,003	0.38	0.29	11,948	9,048	0.45	0.35
N. Königliche Hausverwaltung	1,437	1,700	0.02	0.02	46	57	0.002	0.002
O. Staatsverwaltung	41,229	42,017	0.58	0.57	10,126	9,716	0.38	0.37
P. Justiz	31,535	28,528	0.44	0.39	9,170	8,015	0.35	0.31
Q. Armee	165,960	81,281	2.34	0.89	46,039	5,094	1.74	0.20
R. Kriegsflotte	653	599	0.01	0.01	28	2	0.001	0.00
S. Gemeindeverwaltung u. dgl.	40,974	41,238	0.58	0.56	17,091	14,685	0.65	0.66
T. Personen ohne Beruf	228,864	323,943	3.23	4.41	52,125	69,858	1.98	2.70
U. Personen ohne Berufsangabe	57,341	109,836	0.81	1.49	33,206	66,632	1.22	2.58
Summe	7,090,323	7,351,855	100.00	100.00	2,648,274	2,581,180	100.00	100.00

…en in Preußen im Jahre 1867
…nl. 11,870,433, weibl. 12,100,508.
…nalkategorieen unter sich.

Alte Landestheile. Summe.				Neue Landestheile.				Der Staat.			
Absolute Zahl		Procent		Absolute Zahl		Procent		Absolute Zahl		Procent	
…nl.	weibl.	männl.	weibl.	männl.	weibl.	männl.	weibl.	männl.	weibl.	männl.	weibl.
…79,891	4,831,392	47.02	48.61	1,051,743	1,064,414	49.40	50.03	5,611,634	5,915,806	47.27	48.88
…49,955	49,065	0.50	0.49	15,071	14,763	0.71	0.68	65,027	63,828	0.55	0.53
…22,149	27,500	0.24	0.28	3,727	3,669	0.17	0.17	29,876	26,867	0.25	0.22
…05,673	50,733	3.14	0.52	38,471	33,407	1.80	1.54	344,144	84,140	2.90	0.53
…17,005	2,030,352	24.92	20.44	537,740	443,148	25.23	20.45	2,954,745	2,473,494	24.89	20.44
…47,276	325,302	3.57	3.27	82,884	75,650	3.89	3.16	430,160	400,334	3.62	3.31
…87,890	167,839	1.93	1.68	42,058	36,438	1.97	1.70	229,748	204,077	1.94	1.69
…65,163	55,676	0.67	0.56	20,870	19,307	0.97	0.89	85,033	74,983	0.72	0.62
…51,925	169,799	1.62	1.71	34,782	36,745	1.63	1.70	192,707	206,544	1.62	1.71
…80,334	1,096,796	6.99	11.04	111,707	204,355	5.24	9.61	792,041	1,305,151	6.67	10.79
…27,220	38,385	0.29	0.39	8,717	12,364	0.41	0.57	36,037	50,749	0.31	0.42
…87,854	92,840	0.90	0.93	23,311	22,466	1.09	1.04	111,165	115,306	0.94	0.95
…25,181	19,463	0.26	0.20	8,756	7,368	0.41	0.34	33,937	26,731	0.30	0.22
…38,414	38,050	0.40	0.38	8,900	9,000	0.42	0.46	47,314	47,850	0.40	0.40
…1,643	1,757	0.02	0.02	304	430	0.01	0.02	1,947	2,187	0.02	0.02
…51,355	51,933	0.53	0.52	15,965	15,904	0.75	0.73	67,320	67,837	0.57	0.56
…40,714	36,837	0.42	0.37	7,415	7,178	0.35	0.34	48,129	44,015	0.41	0.36
…11,956	86,415	2.15	0.87	48,196	5,114	2.26	0.24	260,152	91,529	2.19	0.76
…678	401	0.01	0.004	2,099	304	0.10	0.01	2,777	705	0.02	0.01
…57,865	57,925	0.60	0.58	16,030	15,520	0.75	0.72	73,895	73,445	0.62	0.61
…81,389	383,601	2.89	3.86	53,018	74,865	2.49	3.45	334,407	458,466	2.82	3.87
…89,547	176,463	0.92	1.78	20,027	40,508	0.94	1.87	109,574	216,971	0.92	1.79
…38,796	9,933,045	100.00	100.00	2,131,637	2,167,463	100.00	100.00	11,870,433	12,100,508	100.00	100.00

Verhältnisse der einzelnen

Arbeits- und Dienstverhältniß. Berufsklassen.	Alte Landestheile.							
	Oestliche Provinzen.				Westliche Provinzen.			
	Absolute Zahl		Procent		Absolute Zahl		Procent	
	männl.	weibl.	männl.	weibl.	männl.	weibl.	männl.	weibl.
II. Arbeitgeber und deren Angehörige.								
A. Landwirthschaft u. dergl.	1,681,760	1,737,168	58.18	57.10	630,949	614,640	79.75	60.07
B. Forstwirthschaft und Jagd	25,097	25,994	0.87	0.86	5,490	5,322	0.45	0.43
D. Bergbau und Hüttenbetrieb	6,447	6,363	0.22	0.21	6,395	5,760	0.52	0.47
E. Große und kleine Industrie	810,068	843,864	27.99	27.86	424,313	410,119	34.65	33.41
F. Handel	178,237	201,920	6.16	6.27	84,320	91,320	6.87	7.47
G. 1. Landverkehr	75,272	75,097	2.63	2.46	44,225	40,349	3.66	3.29
2. Wasserverkehr	17,077	16,281	0.60	0.54	2,875	2,456	0.22	0.20
3. Erquickung u. Beherbergung	88,010	103,467	3.04	3.39	47,305	53,266	3.87	4.34
H. Persönliche Dienstleistung	11,106	17,210	0.38	0.57	2,291	4,075	0.18	0.33
Summa	2,893,813	3,028,489	100.00	100.00	1,218,083	1,227,470	100.00	100.00
III. Arbeitnehmer u. deren Angehörige.								
A. Landwirthschaft u. dergl.	1,915,896	2,060,856	55.18	57.91	371,258	[illegible]	30.74	35.33
B. Forstwirthschaft und Jagd	16,368	16,371	0.48	0.45	2,803	2,280	0.23	0.20
D. Bergbau und Hüttenbetrieb	115,552	102,005	3.33	2.94	177,279	150,365	14.69	17.09
E. Große und kleine Industrie	784,094	501,328	22.60	16.20	408,308	275,081	33.84	[illegible]
F. Handel	59,770	18,080	1.72	0.50	21,940	18,719	2.07	1.81
G. 1. Landverkehr	43,878	34,645	1.29	0.97	[illegible]	17,125	1.97	1.52
2. Wasserverkehr	37,578	30,984	1.08	0.84	1,830	8,543	0.65	0.50
3. Erquickung u. Beherbergung	17,548	11,868	0.51	0.32	4,881	2,708	0.40	[illegible]
H. Persönliche Dienstleistung	461,297	[illegible]	12.66	[illegible]	163,710	[illegible]	15.29	34.50

Berufskategorieen nach [illegible].

Alte Landestheile. Summe.				Neue Landestheile.				Der Staat.			
Absolute Zahl		Procent		Absolute Zahl		Procent		Absolute Zahl		Procent	
männl.	weibl.	männl.	weibl.	männl.	weibl.	männl.	weibl.	männl.	weibl.	männl.	weibl.
2,292,759	2,351,781	55.63	55.83	668,158	663,815	55.00	54.12	2,845,890	2,815,546	55.50	55.06
30,577	31,220	0.74	0.73	7,036	7,263	0.70	0.70	37,613	38,509	0.72	0.73
12,842	12,143	0.31	0.29	2,615	2,641	0.25	0.25	15,557	14,784	0.30	0.28
1,224,401	1,254,008	29.25	29.48	316,853	324,651	31.20	31.16	1,540,254	1,578,654	30.18	29.81
282,547	289,555	6.87	6.80	61,156	68,009	6.10	6.53	343,715	351,503	6.61	6.63
120,127	115,446	2.92	2.71	26,959	26,337	2.67	2.53	147,086	141,675	2.87	2.68
19,757	18,843	0.48	0.44	9,127	10,167	0.90	0.98	28,874	28,030	0.56	0.55
135,515	155,725	3.29	3.65	29,921	34,084	2.97	3.27	165,436	189,807	3.22	3.58
13,327	21,205	0.32	0.50	2,118	4,529	0.21	0.43	15,445	25,613	0.30	0.49
4,121,908	4,256,929	100.00	100.00	1,005,734	1,041,786	100.00	100.00	5,127,640	5,298,684	100.00	100.00
2,297,153	2,479,861	48.83	52.51	478,381	530,588	52.63	57.12	2,765,744	3,009,260	49.49	53.27
19,576	17,852	0.41	0.38	8,038	7,470	0.89	0.81	27,614	25,322	0.48	0.45
292,831	238,580	6.26	5.05	36,636	30,744	3.95	3.36	329,767	269,354	5.88	4.76
1,192,602	778,049	25.49	16.44	223,883	116,431	24.67	13.07	1,416,485	894,840	25.45	15.83
84,718	31,749	1.81	0.67	21,725	7,024	2.39	0.77	106,443	38,772	1.90	0.68
67,435	51,793	1.44	1.10	15,187	10,311	1.67	1.15	82,622	62,104	1.48	1.10
45,411	36,227	0.97	0.76	11,546	9,120	1.27	1.00	56,959	45,347	1.02	0.84
22,410	14,076	0.48	0.30	4,861	2,661	0.53	0.29	27,271	16,737	0.49	0.30
667,007	1,076,411	14.26	22.77	109,589	202,871	12.05	22.32	776,596	1,279,282	13.99	22.72
4,678,009	4,728,415	100.00	100.00	908,421	910,283	100.00	100.00	5,582,403	5,632,683	100.00	100.00

Verhältnisse der einzelnen

Arbeits- und Dienstverhältniß. Berufsklassen.	Alle Landestheile.							
	Östliche Provinzen.				Westliche Provinzen.			
	Absolute Zahl		Procent		Absolute Zahl		Procent	
	männl.	weibl.	männl.	weibl.	männl.	weibl.	männl.	weibl.
IV. Selbstthätige überhaupt.								
A. Landwirthschaft u. dergl.	1,763,184	854,817	45.61	52.67	479,567	199,550	33.23	41.83
B. Forstwirthschaft und Jagd	21,430	679	0.55	0.05	4,115	76	0.29	0.02
C. Fischerei	10,693	896	0.28	0.06	494	18	0.03	0.003
D. Bergbau und Hüttenbetrieb	66,737	3,961	1.76	0.24	105,778	1,107	7.33	0.23
E. Große und kleine Industrie	969,690	105,185	25.12	6.48	491,209	58,879	34.03	12.35
F. Handel	143,161	18,420	3.71	1.13	60,071	11,013	4.16	2.31
G. 1. Landverkehr	67,274	1,867	1.74	0.11	37,160	686	2.57	0.13
2. Wasserverkehr	30,042	689	0.78	0.04	5,765	167	0.40	0.04
3. Erquickung u. Beherbergung	52,180	11,194	1.35	0.69	23,173	4,568	1.61	0.96
H. Persönliche Dienstleistung	279,161	397,948	7.65	24.50	103,331	125,295	7.16	26.13
I. Gesundheitspflege, Krankendienst	10,950	8,114	0.28	0.50	3,678	4,618	0.26	0.97
K. Erziehung und Unterricht	34,270	8,461	0.89	0.52	10,425	3,674	0.72	0.77
L. Künste, Literatur, Presse	12,694	1,604	0.33	0.10	3,719	424	0.26	0.09
M. Kirche, Gottesdienst u. dergl.	15,243	878	0.39	0.05	8,116	321	0.55	0.07
N. Königliche Hausverwaltung	1,089	217	0.03	0.01	97	5	0.007	0.001
O. Staatsverwaltung	23,125	116	0.60	0.01	5,355	11	0.37	0.002
P. Justiz	19,101	17	0.49	0.001	5,605	1	0.39	0.000
Q. Armee	157,293	9	4.07	0.001	43,781	4	3.03	0.001
R. Kriegsflotte	469	—	0.01	—	23	—	0.002	—
S. Gemeindeverwaltung u. dgl.	20,850	139	0.54	0.01	8,617	58	0.60	0.01
T. Personen ohne Beruf	157,937	163,768	4.09	10.08	34,221	37,727	2.37	7.92
U. Personen ohne Berufsangabe	19,648	45,871	0.51	2.78	8,761	28,048	0.61	5.86
Summe	3,860,373	1,624,458	100.00	100.00	1,443,331	476,843	100.00	100.00

…r.	Neue Landestheile.				Der Staat.			
	Absolute Zahl		Procent		Absolute Zahl		Procent	
…ibl.	männl.	weibl.	männl.	weibl.	männl.	weibl.	männl.	weibl.
.17	549,145	269,267	44.62	54.34	2,781,886	1,323,470	42.61	50.97
.05	8,481	79	0.69	0.02	34,044	1,054	0.52	0.04
.06	2,053	161	0.17	0.03	13,350	1,161	0.20	0.04
.04	23,182	716	1.89	0.14	195,675	8,804	3.00	0.[illegible]
.81	331,345	33,623	27.04	6.80	1,792,153	197,750	27.45	7.62
.40	50,289	7,446	4.14	1.50	253,671	36,679	3.89	1.42
.11	24,893	713	2.03	0.14	125,216	3,065	1.92	0.12
.04	11,572	987	0.94	0.20	47,570	1,843	0.73	0.07
.75	17,705	4,498	1.45	0.89	93,059	20,178	1.43	0.78
.94	61,927	118,157	5.29	23.84	440,304	642,100	6.71	24.73
.61	4,936	4,218	0.40	0.85	19,870	16,948	0.30	0.65
.56	13,210	2,517	1.08	0.51	57,775	14,649	0.88	0.56
.10	5,431	629	0.44	0.13	21,827	2,667	0.39	0.10
.06	5,163	290	0.42	0.06	28,844	1,489	0.44	0.06
.01	171	22	0.01	0.004	1,287	344	0.02	0.01
.01	8,983	18	0.73	0.003	38,223	144	0.59	0.01
.001	4,417	1	0.36	0.000	29,025	10	0.44	0.00
.001	46,139	5	3.77	0.001	247,163	17	3.79	0.00
—	2,005	2	0.17	0.000	2,490	3	0.04	0.00
.01	8,396	126	0.68	0.03	37,673	323	0.58	0.01
.59	37,602	36,379	3.07	7.33	228,764	237,515	3.52	9.16
.49	5,283	15,745	0.43	3.16	33,891	88,796	0.52	3.43
.00	1,225,297	495,557	100.00	100.00	6,525,941	[illegible]	100.00	100.00

Verhältnisse der einzeln

Erwerbs- und Dienstverhältniß. Berufsclassen.	Alle Landestheile.							
	Oestliche Provinzen.				Westliche Provinzen.			
	Absolute Zahl		Procent		Absolute Zahl		Procent	
	männl.	weibl.	männl.	weibl.	männl.	weibl.	männl.	weibl.
V. Angehörige.								
A. Landwirthschaft u. dergl.	1,844,500	[illegible]	57.10	51.73	[illegible]	[illegible]	41.72	[illegible]
B. Forstwirthschaft und Jagd	20,[illegible]	40,[illegible]	0.63	0.71	4,185	7,444	0.35	0.35
C. Fischerei	11,420	20,540	0.35	0.36	512	858	0.04	0.05
D. Bergbau und Hüttenbetrieb	55,[illegible]	104,407	1.71	[illegible]	77,[illegible]	141,[illegible]	6.44	6.71
E. Große und kleine Industrie	624,583	1,240,017	19.34	21.65	341,818	[illegible]	[illegible]	[illegible]
F. Handel	94,846	201,574	[illegible]	3.52	49,348	[illegible]	4.10	4.46
G. 1. Landverkehr	59,374	107,858	1.83	1.88	30,970	56,909	2.57	2.70
2. Wasserverkehr	24,405	45,[illegible]	0.76	0.80	4,757	[illegible]	0.40	0.42
3. Erquickung u. Beherbergung	53,379	102,641	1.65	1.79	29,104	51,468	2.42	2.44
H. Persönliche Dienstleistung	[illegible]	418,049	[illegible]	7.30	44,610	154,804	7.02	7.36
I. Gesundheitspflege, Krankendienst	9,107	18,496	0.28	0.32	3,845	7,[illegible]	0.32	0.34
K. Erziehung und Unterricht	34,075	63,142	1.06	1.10	8,934	17,[illegible]	0.74	0.83
L. Künste, Literatur, Presse	6,485	18,105	0.20	0.23	2,275	[illegible]	0.19	0.21
M. Kirche, Gottesdienst u. dergl.	11,425	28,184	0.35	0.49	3,[illegible]	8,727	0.29	0.41
N. Königliche Hausverwaltung	548	1,489	0.02	0.03	19	58	0.002	0.002
O. Staatsverwaltung	17,341	42,102	0.54	0.74	4,772	9,705	0.40	0.46
P. Justiz	12,494	[illegible]	0.39	0.50	3,876	8,014	0.31	0.38
Q. Armee	8,657	21,312	0.27	0.37	2,316	5,092	0.19	0.24
R. Kriegsflotte	192	299	0.006	0.01	—	2	—	0.00
S. Gemeindeverwaltung u. dgl.	20,214	41,069	0.63	0.72	8,474	15,637	0.70	0.79
T. Personen ohne Beruf	70,987	180,181	2.20	3.30	18,104	31,[illegible]	1.50	1.58
U. Personen ohne Berufsangabe	37,453	64,835	1.16	1.13	23,445	38,596	1.96	1.83

...rufskategorien [illegible] sich.

Alte Landestheile.				Neue Landestheile.				Der Staat.			
Summe.											
Absolute Zahl		Procent		Absolute Zahl		Procent		Absolute Zahl		Procent	
männl.	weibl.	männl.	weibl.	männl.	weibl.	männl.	weibl.	männl.	weibl.	männl.	weibl.
,347,150	8,777,179	53.88	46.85	[illegible],588	615,151	53.24	46.76	8,879,748	4,[illegible]	53.[illegible]	46.33
34,990	46,180	0.55	0.81	6,583	14,654	0.78	0.88	40,[illegible]	62,784	0.58	0.86
11,938	21,588	0.17	0.[illegible]	1,694	3,508	0.19	0.21	13,630	25,108	0.20	0.[illegible]
183,160	245,646	3.00	4.16	15,808	32,791	1.80	1.89	168,468	278,386	2.78	3.83
968,185	1,868,285	15.79	23.88	206,401	409,459	21.77	24.49	1,172,586	2,278,744	31.85	23.95
144,094	295,863	2.35	3.78	32,795	67,593	3.55	4.04	176,889	363,456	2.80	3.83
83,298	164,087	1.35	2.11	17,226	36,185	1.90	2.16	100,520	200,282	1.66	2.11
79,165	64,280	0.86	0.70	9,798	15,880	1.00	1.10	38,963	78,140	0.72	0.77
82,572	154,047	1.86	1.97	17,077	32,819	1.89	1.83	99,649	186,866	1.87	1.94
304,852	578,838	8.07	7.31	46,885	90,196	5.17	5.39	351,737	669,034	6.58	6.98
17,858	25,455	0.29	0.33	3,811	8,158	0.42	0.49	16,785	33,807	0.31	0.36
49,060	80,704	0.97	1.08	10,401	19,353	1.15	1.19	59,419	100,057	1.00	1.08
8,758	17,435	0.20	0.22	3,332	6,629	0.37	0.40	12,090	24,064	0.22	0.25
14,953	38,851	0.24	0.47	3,717	8,590	0.41	0.57	18,670	46,441	0.35	0.49
567	1,535	0.01	0.02	133	408	0.01	0.02	700	1,943	0.01	0.02
22,114	51,807	0.50	0.56	6,983	16,088	0.77	0.96	29,097	67,895	0.54	0.71
16,108	36,819	0.36	0.47	2,998	7,177	0.33	0.43	19,106	43,996	0.33	0.45
10,975	26,403	0.25	0.34	2,039	5,109	0.22	0.31	13,014	31,512	0.24	0.33
198	401	0.004	0.001	84	302	0.01	0.02	287	703	0.005	0.01
38,685	67,796	0.65	0.73	7,634	15,886	0.84	0.93	36,322	78,118	0.63	0.77
88,031	183,110	2.01	2.45	16,407	38,538	1.70	2.30	104,438	230,648	1.98	2.45
60,920	103,215	1.27	1.38	14,745	24,761	1.63	1.46	75,663	127,976	1.42	1.36

	Eigenthümer.	Pächter.	Frau Kinder Angehö
Landwirthschaft:			
als Hauptgewerbe	761,739	30,848	3,469,
„ Nebengewerbe	360,507	30,437	1,501,
Industrie:	Meister.		
Handwerker	534,556	—	—
	Geschäftsinhaber. Anstalten.	Meister (Weber u. Müller).	
Fabriken und vorzugsweise für den Großhandel beschäftigte Gewerbsanstalten	82,819		—
Mühlen	30,379		—
	47,840	139,619	—
Fabriken mit 50 Arbeitern und mehr	2,070		—
Handel:			
Kaufleute ohne Laden	14,447	—	—
„ mit „	81,698	—	—
Hausirer	—	44,441	—
Bankiers	648	—	—
Makler im Großhandel	615	—	—
„ „ Kleinhandel	8,405*	—	—
Agenten	9,182	—	—
Schifffahrt, Verkehr:			
Seeschifffahrt	—	—	—
Flußschifffahrt	9,019	—	—
Eisenbahnen	—	—	—
Fuhrwerke	9,848	—	—
Wirthschaften:			
Gasthöfe	31,590	—	—
Speisewirthe	2,731	—	—
Schenkwirthe	37,317	—	—
Literarische Gewerbe:			
Schriftgießereien	23	—	—
Buchdruckereien	777	—	—
Kupfer- und Steindruckereien	526	—	—
Landkartenanstalten	8	—	—
Buchhandlungen	836	—	—
Leihbibliotheken	717	—	—
Antiquare	144	—	—
Gesundheitspflege:			
Aerzte und 11,489 Hebammen	16,616	—	—
Apotheker	1,371	—	—
Todtenbestattung	—	24,112	—
Unterricht	—	60,226	—
Kunst und Wissenschaft	7,603	—	—
Geistlichkeit	16,621	—	—
Staats- und Gemeindeverwaltung	43,807	—	—
Justiz	18,015	—	—
Persönliche Dienstleistungen	—	—	—
Militär	—	—	—
Personen ohne Beruf, aus eigenen Mitteln lebend	160,561	—	—
Personen ohne Beruf und ohne eigene Mittel	—	—	—
Summa...	2,190,749	305,164	4,970,
Selbständig...	2,495,915		
Selbständig mit Commis...		2,631,690	

Selbständige Personen	2,495,915
Directoren, Commis	135,776
Unselbständige Arbeiter	4,007,311
Familienangeh. d. Landwirthsch.	4,970,874
Uebrige	4,983,167
Zu übertragen	16,593,045

Uebertr
Militär ...
Angehörige und Diener ..
Ohne Beruf und Mittel .
Summ

1,491,820.

Wirthschafterinnen.	Knechte und Jungen.	Mägde.	Tagelöhner männliche.	Tagelöhner weibliche.	Selbstthätige.	Angehörige.	Gesammtzahl.
13,745	558,635	500,520	571,957	565,705	3,479,056	4,970,674	8,299,780
—	—	—	—	—	—	—	—
—	Gehülfen u. Lehrlinge 558,301	—	—	—	1,092,872	—	—
—	—	—	—	—	—	—	—
—	*) i. d. Kast.	—	männl. u. weibl.	—	—	—	—
—	189,834 184,661*)	59,848	461,551 60,525	24,096	764,252 338,576 3,195,807	—	—
—	—	—	—	—	—	—	—
—	—	—	—	—	—	—	—
—	—	—	—	—	—	—	—
—	—	—	—	—	—	—	—
—	—	—	—	—	1,008,676	—	—
—	—	—	—	—	—	—	—
—	—	—	—	—	—	—	—
—	11,891	—	—	—	—	—	—
—	28,816	—	—	—	—	—	—
—	—	—	—	—	—	—	—
—	8,798	—	—	—	—	—	—
					384,450		
—	4,183	3,700	—	—	—	—	—
—	885	—	—	—	—	—	—
—	6,290	—	—	—	—	—	—
—	285	81	—	—	—	—	—
—	5,115	322	—	—	—	—	—
—	2,348	317	—	—	—	—	—
—	28	—	—	—	—	—	—
—	—	—	—	—	—	—	—
—	—	—	—	—	—	—	—
—	—	—	—	—	—	—	—
—	Lehrlinge	—	—	—	—	—	—
—	751	—	—	—	—	—	—
—	—	—	—	—	—	—	—
—	—	—	—	—	—	—	—
—	—	—	—	—	—	—	—
—	—	—	—	—	—	—	—
—	—	—	—	—	—	—	—
—	—	—	—	—	—	—	—
—	—	—	256,141	—	—	—	—
—	—	—	—	—	322,019	46,848	—
—	—	—	—	—	—	—	—
—	—	—	—	—	—	830,003	—
13,745	1,487,519	557,828	1,262,155	589,801	7,874,125	6,347,020	8,299,780

6,639,404
„ 2,631,695
Unselbständige... 4,007,811

Schüler, männlich	1,611,941	Personen von 15—30 Jahren:	
„ weiblich	1,484,605	Männlich	2,143,548
Summe..	3,096,546	Weiblich	2,605,386

Fabrikarbeiter innerhalb der Fabrik 356,433 davon weibl. 58,848.
„ außerhalb „ „ 555,173 „ „ 24,096.
Summe 911,616 = 4¹/₂ % der Gesammtbevölkerung.

Frankreich 1861:

I. Acker-

Familienhäupter für Ackerbau		Kinder und andere Verwandte, welche mit dem Familienhaupt leben und keine anderen bekannten Subsistenzmittel als die seinigen besitzen	
männlich.	weiblich.	männlich.	weiblich.
4,311,179	3,655,631	4,401,333	5,185,993

II. In-

	Familienhäupter		Kinder und andere Angehörige ohne eigene Subsistenzmittel		Dienstboten	
	männl.	weibl.	männl.	weibl.	männl.	weibl.
I. Gewebe	150,011	155,644	151,083	167,893	10,360	10,163
II. Minen und Steinbrüche	34,182	27,743	36,331	38,682	2,685	2,124
III. Metallfabrication	4,571	2,705	1,757	3,377	876	1,166
IV. Fabrication von Metallgegenständen	43,313	34,187	46,738	54,300	3,880	5,999
V. Leder-Industrie	8,537	6,208	8,083	9,731	1,854	3,166
VI. Holz-Industrie	50,925	39,080	43,838	49,066	1,158	8,453
VII. Töpfer-Industrie	17,639	12,281	19,364	21,433	Arbeiter 3,480	2,816
VIII. Chemische u. verwandte Producte	4,194	5,139	6,878	4,406	890	1,763
IX. Bau-Gewerbe	349,383	233,309	323,757	363,757	Arbeiter 12,885	17,862
X. Beleuchtungs-Gewerbe	4,883	3,888	4,518	5,879	717	1,364
XI. Hausgeräthschaften-Gewerbe	13,006	10,844	11,158	13,847	842	1,925
XII. Kleider- und Putzmacherei	240,884	382,805	224,277	292,474	8,417	23,319
XIII. Nahrungs-Gewerbe	322,679	265,641	309,477	367,350	17,491	22,139
XIV. Transport-Gewerbe	211,646	161,647	194,256	210,856	12,819	14,356
XV. Gewerbe, welche in Beziehung zu Wissenschaft, Literatur und Kunst stehen	7,878	6,505	6,406	7,445	850	2,783
XVI. Luxus- und Vergnügungs-Gewerbe	13,175	9,743	9,834	12,032	779	8,227
XVII. Kriegs-Industrie	7,783	8,181	5,024	6,350	80	174
XVIII. Verschiedene andere Industriezweige	5,337	5,845	3,844	4,371	369	469
Summa	1,555,308	1,283,553	1,414,806	1,693,114	153,834	166,12[illegible]

37,886,218.

...bau.

Dienstboten		Arbeiter und ländliche Knechte, welche das Jahr über im Hof beschäftigt werden und da wohnen.		Zusammen		Total.
männlich.	weiblich.	männlich.	weiblich.	männlich.	weiblich.	
585,804	590,318	670,522	552,874	9,910,839	9,954,655	19,878,493

2,349,418.

...dustrie.

Arbeiter sammt Angehörigen und Dienstboten		Angestellte, Familienhäupter und Angehörige		Angestellte, Dienstboten		Zusammen		Total.
männl.	weibl.	männl.	weibl.	männl.	weibl.	männl.	weibl.	
531,671	869,911	20,649	17,176	1,973	2,357	874,516	1,073,167	1,948,[illegible]
126,083	98,701	4,001	3,971	820	842	203,251	165,985	369,236
60,810	48,965	3,263	3,846	489	444	74,914	61,980	136,894
150,268	100,833	6,079	8,339	578	740	257,984	199,516	457,499
37,470	35,808	697	518	82	43	58,489	48,494	102,983
49,253	29,463	675	811	67	63	146,284	117,414	263,698
69,502	53,079	1,636	1,392	163	146	118,860	91,707	208,578
21,291	16,384	1,417	980	184	193	32,572	29,777	59,349
500,555	606,875	6,694	6,837	700	1,163	1,199,064	981,898	2,180,962
14,180	10,913	3,035	1,817	43	194	20,035	28,472	48,397
42,865	51,789	1,341	903	87	120	80,249	57,748	135,997
379,153	525,197	4,077	4,808	283	592	757,770	1,172,865	1,930,635
183,723	77,060	7,712	4,344	863	696	656,678	607,570	1,264,248
188,543	117,640	26,626	20,840	2,150	2,164	691,120	526,222	1,197,348
44,396	37,556	2,026	2,296	156	228	62,812	56,905	119,717
48,899	39,403	1,784	1,275	48	58	74,527	65,770	140,297
15,972	19,884	1,164	1,874	34	31	29,397	25,258	54,656
16,090	14,565	4,716	3,729	64	99	30,415	27,804	58,219
2,331,187	2,236,061	97,783	75,850	7,873	11,450	5,534,880	5,475,149	11,009,037

III. Han

	Patrone, Meister.			
	Familienhäupter		Kinder u. and. Verw. ohne eig. Mittel, welche i. der Familie wohnen	
	männl.	weibl.	männl.	weibl.
1. In Verbindung mit dem Baugewerbe	6,067	6,028	7,775	9,050
2. " " " " Hausgeräthe (ameublem.)	3,704	3,207	3,623	4,081
3. " " " Kleidung und Putz	68,861	65,004	59,631	75,983
4. " " " Nahrung	157,982	155,519	136,848	167,242
5. " " " Heizung und Beleuchtung	15,645	12,089	13,840	16,173
6. " " " Transport	20,234	19,106	20,511	22,210
7. " " " Gegenständen bezügl. Kunst, Literatur und Wissenschaft	5,210	4,451	3,898	4,580
8. " " " Luxusgegenständen	27,626	20,847	21,308	27,708
9. " " " verschiedenen Gegenständen	18,184	12,234	9,367	10,921
Summa	330,111	304,655	279,849	338,687
IV. u. V. Verschiedene				
IV. In Verbindung mit Ackerbau, Industrie und Handel	26,060	18,658	18,643	21,390
V. In Verbindung mit verschiedenen anderen Professionen	43,887	52,718	25,947	31,075
Summa	69,947	71,377	44,590	52,465
VI. u. VII. Liberale				
1. Juristen	40,660	35,415	25,094	32,574
2. Mediciner	26,306	30,225	19,051	24,994
3. Unterricht	50,465	48,419	28,900	39,183
4. Wissenschaft, Literatur, Kunst	20,580	12,984	8,724	10,800
5. Oeffentlicher Sicherheitsdienst	434,260	40,850	47,346	55,605
6. Regierung und öffentliche Verwaltung	118,088	68,579	62,175	80,823
7. VII. Geistliche der verschiedenen Culte	65,491	70,298	5,191	15,494
Summa	752,842	330,441	196,411	258,447
VIII. Personen ohne Beruf				
	852,169	981,607	238,476	432,165
	2,008,089	1,648,080	844,906	1,089,780

del.

Dienstboten männl.	Dienstboten weibl.	Angestellte: Commis, Reisende, Cassirer, Secretäre, Schreiber, Gehülfen rc. — Familienhäupter und Kinder männl.	Familienhäupter und Kinder weibl.	Dienstboten männl.	Dienstboten weibl.	Total der von dieser Profession lebenden Personen männl.	weibl.	Zusammen.
1,018	2,833	4,133	2,919	84	94	21,677	20,923	41,600
276	1,197	2,215	1,853	10	57	9,634	10,495	20,329
4,643	19,560	40,661	31,892	202	1,133	174,217	192,872	367,089
14,558	32,678	30,472	18,311	576	1,201	339,833	374,951	714,784
2,760	3,550	5,605	5,571	84	65	37,909	34,759	72,668
2,606	1,886	4,445	4,325	62	50	58,160	47,556	105,716
342	1,770	3,483	3,245	74	90	12,893	13,238	26,231
752	6,142	3,643	2,979	46	111	53,575	63,780	117,355
770	2,617	13,617	7,900	90	324	37,028	34,056	71,084
26,447	72,182	104,658	75,896	1,244	3,155	745,319	782,457	1,527,676
Professionen.								
4,073	11,868	29,351	16,125	316	1,691	78,443	69,733	148,176
4,350	7,189	3,674	4,272	90	210	77,957	95,404	173,361
8,423	18,997	33,025	20,397	406	1,901	156,400	165,137	321,537
Berufsarten.								
6,458	27,807	10,511	6,056	578	787	89,231	92,639	181,870
5,322	17,554	5,780	1,503	101	122	57,162	74,438	131,600
4,181	10,210	9,423	6,496	280	389	90,319	99,695	190,014
787	5,150	2,418	1,021	16	107	32,533	30,069	62,597
600	8,500	2,226	743	27	55	484,859	100,602	585,461
6,877	23,914	23,156	19,181	399	1,333	306,626	191,763	498,457
6,631	35,540	1,865	4,578	116	345	78,584	124,893	204,477
30,866	121,084	56,240	39,517	1,517	3,207	1,040,165	714,271	1,754,476
ohne Berufsangabe.								
70,942	210,992	7,881	11,883	1,610	3,123	1,259,764	1,639,150	2,898,914
136,656	433,715	207,822	147,273	4,777	11,385	3,202,568	3,311,235	6,513,803

Frankreich 1866: 38,047,[illegible]:

	Zahl der Geschäfte.	Unternehmer				Ingenieure, Directoren, Agenten, Angestellte, Verwalter u. das Jahr hindurch angestellte Arbeiter u. Gehülfen			
		selbstthätige.		Familienangehörige		selbstthätige		Familienangehörige.	
		männl.	weibl.	männl.	weibl.	männl.	weibl.	männl.	weibl.
1. Landwirthschaft	3,258,705	5,002,942	673,248	3,237,373	5,603,695	131,947	156,036	231,871	348,918
2. Industrie	1,450,165	1,337,062	234,502	1,175,368	2,110,495	94,021	31,267	45,704	87,940
3. Handel	392,191	311,501	127,068	195,565	483,747	103,580	36,089	31,712	63,173
4. Professionen bzgl. d. Ackerbaues, Industrie u. Handels	—	64,492	2,748	46,485	94,207	97,194	6,003	52,451	111,593
5. Verschiedene Professionen	—	79,173	17,573	19,028	38,124	25,710	19,691	10,890	58,108
6. Liberale Berufsarten u. Rentner	—	1,156,047	537,430	431,070	879,575	66,511	90,111	90,174	41,654
7. Ohne Beruf oder Berufsangabe ...	—	52,868	54,707	13,255	91,356	—	—	—	—
Gesammtzahl ..	—	6,893,236	1,567,356	5,177,720	9,202,838	618,943	359,779	383,293	871,826

darunter 685,495 Ausländer.

Tagelöhner und ländliche Arbeiter				Dienstboten		Gesammtzahl		Zusammen.
selbstthätige		Familienangehörige						
männl.	weibl.	männl.	weibl.	männl.	weibl.	männl.	weibl.	
1,199,785	728,261	1,006,455	1,881,151	641,780	661,489	8,737,335	9,860,880	18,598,115
1,987,880	1,010,495	801,109	1,534,691	103,077	189,985	5,674,818	5,394,278	10,069,091
—	—	—	—	38,314	74,808	737,675	779,483	1,517,158
816,025	9,628	116,880	[illegible]	11,108	24,827	687,491	458,296	1,095,767
—	—	—	—	6,196	7,454	89,885	108,754	198,639
—	—	—	—	106,237	353,806	1,763,089	1,835,908	3,597,896
		Ohne Bericht						
—	—	343,005	189,754	119	432	288,077	276,264	564,341
3,337,480	1,748,567	2,038,525	3,566,188	882,759	1,311,471	18,539,258	18,444,828	36,976,085

Schweiz 1860:

Section.	Hauptgruppen der Beschäftigungsarten.	Erwerbende Selbständig Beschäftigte männlich.	 Selbständig Beschäftigte weiblich.
I.	**Urproduction.**		
	A. Bergbau, Steinbrüche, Torfstich u. Salinen	1,661	—
	B. Landwirthschaft, Viehzucht, Seiden- und Bienenzucht	106,592	13,018
	C. Forstwirthschaft	2,376	14
	D. Jagd und Fischerei	1,143	6
	Total I.	111,762	13,038
II.	**Industrie.**		
	A. Lebensmittel	13,887	445
	B. Kleidung und Putz	30,198	37,290
	C. Bau und Einrichtung von Wohnungen	50,606	610
	D. Typographische und bezügliche Gewerbe	1,843	4
	E. Fabrik- und Manufacturgewerbe zu verschiedenen Zwecken:		
	1. Spinnerei, Weberei, Zwirnerei und Stickerei	18,053	10,331
	2. Chemische Gewerbe	2,835	68
	3. Maschinen- und Werkzeugfabrication	25,013	859
	4. Uebrige Gewerbe	2,047	4
	Summa E	48,008	11,412
	Total II.	143,844	49,469
III.	**Handel.**		
	A. Lebensmittel	11,881	1,116
	B. Kleidung und Putz	463	86
	C. Bau- und Einrichtungsmaterialien	1,799	74
	D. Papier, Bücher, Kunstsachen u. Musikalien	866	16
	E. Edelmetall, Geld- u. Werthpapiere (incl. Versicherungswesen)	995	—
	F. Nicht näher bezeichnete Geschäfte	12,513	3,370
	Total III.	27,501	4,664
IV.	**Verkehr.**		
	A. Straßenwesen	1,477	—
	B. Eisenbahnen	43	—
	C. Posten und Telegraphen	140	7
	D. Uebrige Verkehrsgewerbe	4,941	102
	Total IV.	6,600	109
V.	**Oeffentliche Verwaltung, Wissenschaften, Künste.**		
	A. Oeffentliche Verwaltung und Justiz	6,489	34
	B. Medicin und Heilwesen	2,847	1,886
	C. Cultus und Unterricht	11,347	4,316
	D. Uebrige Wissenschaften	241	—
	E. Künste	3,806	92
	Total V.	26,712	6,330
VI.	**Persönliche Dienstleistungen**	147	504
	Total I—VI.	395,656	74,503
VII.	**Personen ohne Beruf resp. Berufsangaben.**		
	A. Von Renten lebend	7,811	9,954
	B. In Erziehungs- und Unterrichtsanstalten	—	—
	C. In Versorgungs- und Krankenanstalten	—	—
	D. In Gefangenschaft	—	—
	E. Uebrige Personen ohne Berufsangaben	—	—
	Total VII.	7,811	9,954
	Gesammtbevölkerung.	404,467	84,457
		488,924	

2,510,494.

Personen. Unselbständig Beschäftigte männlich.	Personen. Unselbständig Beschäftigte weiblich.	Total Schweiz. Erwerbende Personen.	Total Schweiz. Angehörige ohne Erwerb.	Total Schweiz. Total.
—	—	3,454	4,780	8,234
—	—	500,653	594,794	1,095,447
—	—	2,914	4,866	7,780
—	—	1,343	1,942	3,285
—	—	508,374	606,387	1,114,746
—	—	29,451	37,717	67,168
—	—	106,548	72,243	178,791
—	—	100,998	139,341	240,339
—	—	4,428	4,681	9,109
—	—	112,448	55,746	168,194
—	—	10,976	11,823	22,799
—	—	81,093	48,371	129,464
—	—	31,731	17,469	49,200
95,719	67,598	216,448	153,429	369,896
163,348		457,893	407,410	865,303
—	—	22,756	30,879	53,635
—	—	929	1,184	2,113
—	—	1,768	3,245	5,013
—	—	616	794	1,410
—	—	1,213	1,791	3,004
—	—	30,139	36,208	66,347
—	—	57,480	74,323	131,743
—	—	3,334	4,472	7,806
—	—	5,108	6,495	11,603
—	—	1,079	3,254	4,333
—	—	8,012	12,817	20,829
—	—	16,533	28,438	44,971
—	—	11,804	20,184	31,988
—	—	5,736	7,812	13,548
—	—	17,194	21,023	38,217

Schweiz.

	Männl.	Proc.	Weibl.	Proc.	Zusammen.	Proc.
Gesammtbevölkerung	1,236,363	—	1,274,131	—	2,510,494	—
Ledige von 15–60 Jahren	290,964	11.5	273,850	10.0	564,814	22.5
Familienangehörige	—	—	—	—	1,176,696	46.8
Uebrige	—	—	—	—	87,949	3.4
Kinder bis 15 Jahre	369,153	—	371,743	—	740,896	29.5
Selbstthätige	—	—	—	—	1,255,748	49.9
Meister, Selbständige	404,487	16.1	64,457		468,944	19.4
Unselbständige	447,257	17.8	298,487	11.9	745,894	29.7

Selbständige:
Meister .... 404,487 16.1 %
Meisterinnen .... 84,457 3.6 %
Rentiers .... 26,729 1.0 % 515,853 20.5 %

Unselbständige Arbeiter:
Fabrikarbeiter männl. 88,719 3.9 % *)
" weibl. 62,396 2.4 % 151,115 — 6.4 %
Persönliche Dienstleistungen .... 159,093 6.3 %
Uebrige Gehülfen, Lehrlinge und Arbeiterinnen, Taglöhner etc. .... 399,888 — 15.9 % 710,096 — 28.6 %
Uebrige ohne Beruf.

Familienangehörige:
Weiber, Greise, Gebrechliche .... 403,954.
Kinder unter 15 Jahren .... 740,896.
Blinde .... 1,670.
Taubstumme .... 6,231.
Geisteskranke .... 8,021. 15,921. 1,176,696.

In Erziehungsanstalten .... 9,191.
" Versorgungs- u. Kranken-Anstalten .... 11,865.
" Gefängnissen .... 2,579.
Ohne Berufsangabe (Arme und Vagabunden) .... 47,356. 71,391 — 2.8 %

Total .... 2,510,494.

*) Im J. 1870: 70,333 männl., 67,515 weibl.

	Selbstthätige.	Proc.	Angehörige ohne Erwerb.	Total.
Landwirthschaft	500,853	19.9	594,794	1,095,647
Industrie, mit Bergbau, Jagd, Fischerei, Manufactur und Fabriken:				
Fabrikanten, Meister u. Directoren .... 42,606.				
Fabricantinnen, Meisterinnen 11,412.				
Fabrikarbeiter, männl. .... 88,719.				
" weibl. .... 62,396.				
214,336.				
Gewerbe:				
Meister .... 101,824.				
Meisterinnen .... 58,456.				
Gehülfen .... 107,862.	482,890	19.4	414,182	876,322
Persönliche Dienstleistungen	160,417	6.3	5,675	159,093
Handel	57,490	2.3	74,248	131,748
Liberale Berufsarten	43,035	1.7	61,335	104,370
Verkehr	16,533	0.7	28,438	44,971
Uebrige	—	—	—	88,050
				2,510,494

Schweiz 1880.

Kantone.	Im Ganzen.	Selbständige Berufsleute.	Procent.	Familienglieder ohne Beruf von selbständigen Berufsleuten.	Procent.	Angestellte oder Arbeiter (inklusive Dienstboten).	Procent.	Familienglieder ohne Beruf von Arbeitern und Angestellten.	Procent.
Zürich	294,867	52,678	18.4	101,958	35.8	91,748	32.2	38,468	13.6
Bern	506,561	85,752	16.5	230,068	45.4	115,318	22.7	67,509	13.3
Luzern	132,337	29,286	22.1	58,310	44.0	37,888	28.1	7,455	5.6
Uri	16,105	4,641	28.8	8,261	51.3	2,827	17.5	374	2.3
Schwyz	47,707	9,626	20.1	24,131	50.5	10,614	22.2	3,256	6.8
Unterwalden ob dem Wald	14,413	3,658	25.1	7,069	49.0	2,686	18.6	600	4.1
" nid dem Wald	11,700	2,502	21.3	5,567	47.9	2,674	22.8	958	8.1
Glarus [1])	35,150	4,744	13.4	9,038	25.7	12,472	35.4	8,696	25.3
Zug	20,993	3,590	17.1	8,170	38.9	6,887	32.8	2,348	11.2
Freiburg	110,817	24,385	21.9	56,100	50.6	21,638	19.6	8,637	7.8
Solothurn	74,718	13,768	18.4	31,671	42.1	17,326	23.2	11,852	15.9
Basel-Stadt	47,760	7,041	14.6	10,782	22.6	19,433	41.1	9,394	19.7
" -Land	54,135	9,560	17.6	23,391	43.2	13,534	25.0	7,648	14.1
Schaffhausen [2])	37,721	7,548	20.0	17,435	46.2	8,237	21.8	4,503	11.9
Appenzell A. Rhoden	48,784	7,441	15.2	13,546	27.8	19,446	39.8	8,300	17.0
" I. "	11,914	2,111	17.7	3,666	30.8	4,619	38.7	1,518	12.7
St. Gallen	201,086	33,250	16.4	73,603	36.5	54,816	28.6	27,487	14.4
Graubünden	91,704	26,589	28.9	46,031	50.3	11,767	12.8	5,437	5.9
Aargau	198,474	36,118	19.3	83,929	42.2	53,557	26.9	22,919	11.5
Thurgau	93,808	18,307	19.5	39,233	42.0	25,352	27.1	10,136	11.2
Tessin	119,569	42,790	35.7	39,508	33.0	21,940	18.3	15,333	12.8
Waadt [2])	231,506	47,064	20.4	94,406	40.8	60,904	26.3	28,479	12.5
Wallis [2])	97,081	19,670	20.4	38,815	40.8	25,539	26.3	12,107	12.5
Neuenburg	97,866	19,706	20.2	33,658	34.4	31,762	32.6	12,316	12.7
Genf	94,116	19,431	20.6	28,550	30.3	29,777	31.6	16,358	17.4
	2,610,345	515,169	20.4	1,069,689	40.8	702,501	26.3	333,033	12.8

1) Ausgerundet.
2) Proportional berechnet.

Baiern 1861: 4,689837.

	Meister oder Eigenthümer.	Gehülfen und Lehrlinge.	Einwohner auf 1 Meister oder Eigenthümer.	Einwohner auf 1 Gehülfen u. Lehrling.	Gesammtzahl.	Einwohner auf 1 Meister und Gehülfen.
Gewerbetreibende	157433	173122	30	87	333657	14
Fabriken	185	m. 58156 w. 16303	45	31 (Fabriken und Handwerker zusammen)	—	—
Handwerker	24000	24540	98		—	—
Handel	33918	7930	112		—	—
Schiffahrt, See-	—	397	—	—	—	—
„ Fluß-	578	2569	—	—	—	—
Eisenbahnen	—	—	—	—	—	—
Fuhrwerk	2365	2087	—	—	—	—
Wirthschaften:						
Gasthöfe	11261	m. 2475 w. 6451			—	—
Speisewirthschaften	1179	818	auf 1 Wirthschaft 211		—	—
Schenkwirthe	2626	3973			—	—
Schriftgießereien	6	m. 21 w. 7	—	—	—	—
Buchdruckereien	139	m. 1048 w. 110	—	—	—	—
Direct.- u. Aufsichts-Pers.	164	—	—	—	—	—
Stahlstich-Druckereien	205	m. 468 w. 57	—	—	—	—
Direct.- u. Aufsichts-Pers.	159	—	—	—	—	—
Landkarten-Druckereien	2	2	—	—	—	—
Direct.- u. Aufsichts-Pers.	1	—	—	—	—	—
Buchhandlungen	153	288	—	—	—	—
Antiquare	63	16	—	—	—	—
Leihbibliotheken	71	51	—	—	—	—
	241640	386221				

Militär .... 108434.
Weiber u. Kinder .... 6062.
Kinder unter 14 Jahren männl. 642023.
„ „ „ „ weibl.. 658680.

Männer über 14 Jahre ..... 1,671905.
Weiber .... 1,718120.
Familien .... 1,131054.

Hannover 1861: 1.888070.

	Meister oder Eigenthümer.	Gehülfen und Lehrlinge.	Zusammen.	Procent d. Gesammtbevölkerung.
Gewerbe	68122	54127	122249	6.5 % (Gehülf. 3 %)
Fabriken	7141	35160	—	—
Directions-Personal	6868	—	—	kaum 2 %
Handel	19945	5163	—	—
Schiffahrt	—	5457	—	—
Fuhrwerk	1633	1548	—	—
Gast- und Schenkwirthschaften	8034	—	—	—
Schriftgießereien	6	62	—	—
Buchdruckereien	85	m. 578, w. 69	—	—
Direction und Aufsicht	182	—	—	—
Buch- und Kunsthandlungen	65	99	—	—
Antiquare	17	4	—	—
	104815	102285		

Paris 1860: 1,696,14

	Anstalten bezw. Meister.	Umfang der gemachten Geschäfte.	Durchschnitt der Geschäfte.	Verhältniß zum Ganzen. %	Betrag der Miethen.
1. Nahrungsgewerbe	29,089	1,067,804,387	,485	32.29	35,232,9
2. Baugewerbe	5,378	315,708,477	58,695	9.36	5,489,1
3. Ameublementsgewerbe	7,376	199,825,948	27,037	5.93	6,590,0
4. Kleidungsgewerbe	23,840	454,538,168	19,098	13.48	16,840,8
5. Garn- und Gewebegewerbe	2,836	119,989,751	42,313	3.56	2,914,5
6. Stahl-, Eisen-, Kupfer- u. s. w. Gewerbe	3,440	163,858,478	47,631	4.87	4,130,6
7. Gold-, Silber-, Platin- rc. Gewerbe	3,189	183,330,353	57,387	5.45	3,782,441
8. Chemische und Töpfergewerbe	2,712	193,814,349	71,208	5.75	4,635,371
9. Druckerei-, Stich- rc. Gewerbe	2,750	94,166,529	34,180	2.79	2,816,4
10. Präcisions-Instrumente	2,347	68,040,253	29,390	1.99	2,014,034
Leder	685	100,881,795	147,273	3.	997,736
Wagenbau- und Sattler-Arbeiten und Militär-Ausrüstung	1,738	93,849,195	53,998	2.78	2,773,132
Stuhl-, Holzgeräthschaften (Boissellerie)	1,368	27,075,323	19,792	0.80	819,144
Pariser Artikel	5,160	127,546,540	24,814	3.78	4,371,879
Nicht gruppirte Industrien	9,402	141,180,294	15,018	4.19	15,402,567
Summa	101,171	3,369,092,949	33,301	100.00	107,390,710

7,492 Meister beschäftigten mehr als 10 – 7.40 % Arbeiter.
31,480 " " " " 2 bis 10 – 31.10 % "
62,199 " " 0 bis 1 61.50 % "

101,171

1866: 1,825,274.

Verhältniß zu den Geschäften %	Verhältniß zu der Gesammtsumme der Arbeiter %	Zahl der Arbeiter: Total	männl.	weibl.	Kinder	Arbeiter, welche wohnen: beim Patron	%	in ihren eigenen Möbeln	%	in Chambre garni	%
3.34	33.80	36,839	29,842	7,610	1,407	23,590	63	10,995	29	3,092	8
1.74	5.12	71,218	70,116	85	1,091	135	—	41,117	59	29,026	41
3.80	6.14	37,951	30,254	8,471	4,226	127	—	29,486	83	6,768	17
8.53	14.94	78,377	27,074	47,380	3,923	2,815	4	67,704	84	9,145	12
2.43	2.72	26,810	9,592	15,327	1,891	231	1	22,563	86	3,333	13
2.52	3.85	[illegible]	26,136	1,052	1,850	350	1	21,331	77	6,049	22
1.52	2.50	16,731	11,395	3,580	3,756	77	—	[illegible]	82	1,142	8
2.39	4.31	14,397	10,263	3,189	945	1,080	8	11,139	78	1,966	14
2.99	2.02	19,507	13,191	4,825	2,091	89	—	16,930	88	2,105	12
2.05	1.87	11,828	10,005	783	1,040	40	—	9,353	87	1,485	13
0.95	0.93	6,597	5,774	694	129	60	1	4,833	74	1,642	25
2.96	2.58	18,584	15,908	1,752	924	38	—	13,694	77	4,117	23
3.31	0.85	4,390	3,176	824	390	265	6	3,193	78	871	16
3.50	4.26	25,698	10,742	12,010	2,357	1,809	7	10,519	83	2,866	10
4.58	14.42	14,971	12,074	2,869	81	5,690	38	6,542	44	2,787	18
3.18	100.00	416,811	285,861	105,410	25,540	36,176	9	286,284	72	74,609	19

Dauer der Arbeit.

In 6,929 Geschäften wird während weniger als 12 Stunden gearbeitet.
„ 37,081 „ „ „ „ „ 12 „ „
„ 37,216 „ „ „ mehr „ 12 „ „
„ 19,965 „ „ ohne bestimmte Zeit gearbeitet.

101,171

30,856 haben morte saison = 36 %
64,815 „ keine „ = 64 %

Paris 1860: 1,696,141

	Arbeiter, welche lesen und schreiben.	%	nur lesen.	%	weder lesen noch schreiben.	%	lesen und schreiben: Männer. %	Weiber. %	Knaben. %	Mädchen. %
1. Nahrungsgewerbe	34,913	93	469	1	2,255	6	95	83	100	100
2. Baugewerbe	30,508	72	413	1	10,295	27	73	60	84	—
3. Unterhaltungsgewerbe	32,904	93	892	1	2,174	6	94	61	87	—
4. Kleidungsgewerbe	67,553	90	1,480	2	3,685	8	91	89	100	100
5. Garn- und Gewebegewerbe	21,411	83	695	2	3,933	16	87	79	90	80
6. Stahl-, Eisen-, Kupfer- u. s. w. Gewerbe	21,725	89	255	1	2,731	10	89	81	100	100
7. Gold-, Silber-, Platin- rc. Gewerbe	14,501	96	62	—	479	4	97	85	84	100
8. Chemische und Töpfergewerbe	12,316	87	240	2	1,619	11	89	85	80	26
9. Druckerei-, Stich- rc. Gewerbe	14,141	96	107	—	576	3	98	91	96	91
10. Präcisions-Instrumente	10,121	91	114	1	590	5	94	94	100	100
Leder	5,222	89	164	2	1,151	18	78	92	100	100
Wagenbau- und Sattler-Arbeiten u. Militär-Ausrüstung	16,356	81	141	1	2,952	18	83	69	100	100
Stock-, Holzgeräthschaften (Boisselerie)	8,660	89	46	1	413	10	90	90	50	100
Pariser Artikel	22,027	94	79	—	1,408	6	91	93	100	100
Nicht gruppirte Industrien	31,630	79	255	1	8,104	20	78	79	60	100
Summa	341,521	87	4,738	1	47,760	12	87	87	80	73

Betragen gut 90 %
" zweifelhaft 5 "
" schlecht 5 "

Motoren:

1,189 stehende Dampfmaschinen von 9,783 Pferdekräften
11 Locomobilen " 55 "
8 Wasserkraft " 77 "
501 Göpel " 501 "

1,709 Motoren von 10,416 Pferdekräften.

[illegible] 1,825,274.

Löhne.

Zahl der Arbeiter, welche täglich weniger verdienen als:

	Männer.	Frs.	Cts.
Section	1,580	1	—
	7,648	1	—
	3,269	1	25
	5,461	1	50
	1,828	1	75
	5,562	2	—
	1,010	2	25
	6,465	2	50
	2,901	2	75
	26,[illegible]7	3	—
	64,030	—	—
. Section	7,063	2	25
	26,771	3	50
	5,820	3	75
	44,083	4	—
	5,627	4	25
	35,513	4	50
	4,429	4	75
	52,929	5	—
	1,193	5	25
	9,331	5	50
	493	5	75
	10,580	6	—
	211,621	—	—
II. Section	3,211	6	50
	5,164	7	—
	814	7	50
	2,711	8	—
	675	9	—
	1,561	10	—
	221	11	—
	230	12	—
	216	15	—
	57	20	—
	15,038	—	—

Frauen.	Frs.	Cts.
1,170	0	50
2,429	0	75
6,505	1	—
7,093	1	—
17,203	—	—
16,722	1	50
7,644	1	75
21,611	2	—
7,723	2	25
17,673	2	50
2,035	2	75
7,587	3	—
611	3	25
2,250	3	50
1,281	4	—
85,340	—	—
276	4	50
270	5	—
146	6	—
75	7 bis 10 Frs.	
767	—	—

5,709 Kinder ohne Lehre 1 Fr. — Ct.
19,712 Lehrlinge 2 „ 50 „

25,040 Kinder.

(Sie haben meist Kost, Wohnung und Wäsche im Hause.)

England und Wales.
Beschäftigungen der männlichen und weiblichen Personen mit specieller Bezeichnung

Classen, Abtheilungen und Unterabtheilungen.		Ge- Personen.
Alle Personen		20,066,224
Personen mit angegebenen Beschäftigungen und Berufsarten		19,915,334
Classen.		
Classe I. Liberale Berufsarten		481,957
„ II. Familienangehörige		11,426,726
„ III. Handel		623,710
„ IV. Ackerbau		2,010,454
„ V. Industrie		4,833,896
„ VI. Ohne Beruf oder specielle Berufsangabe		544,094
Abtheilungen.		
I. Liberale Berufsarten	1. Personen, bei der Staats- oder Localregierung des Landes angestellt	67,850
	2. Personen, die zur Vertheidigung des Landes dienen	131,944
	3. Personen den gelehrten Berufsarten angehörend, Literatur, Kunst und Wissenschaft und was unmittelbar zu diesen gehört	282,163
II. Familienangehörige	4. Personen, die den häuslichen Pflichten und Beschäftigungen obliegen, Frauen, Mütter, Hausfrauen, Kinder, Verwandte (die unter keiner anderen Rubrik stehen)	10,058,958
	5. Persönliche Dienstleistungen	1,367,768
III. Handel	6. Personen, welche kaufen oder verkaufen, Geld, Häuser und Waaren anderer Art halten oder verleihen	183,643
	7. Personen, die beim Transport von Menschen, Thieren, Waaren oder Briefen beschäftigt sind	440,067
IV. Ackerbau	8. Ackerbau	1,950,110
	9. Viehzucht	60,344
V. Industrie	10. Mechanische Gewerbe	863,269
	11. Weberei	2,231,617
	12. Eßwaaren und Getränke	130,930
	13. Producte aus thierischen Stoffen	66,091
	14. „ „ Pflanzenstoffen	144,184
	15. „ „ Mineralstoffen	1,018,997
VI. Ohne Beruf oder specielle Berufsangabe.	16. Arbeiter und Andere ohne genaue Angabe des Berufszweiges	356,403
	17. Rentner, die bei keiner Berufsart angegeben sind	110,899
	18. Von der Gemeinde Erhaltene, ohne specielle Beschäftigung, d. h. Arme, Vagabunden, Gefangene und Zigeuner	77,893
	Ohne Berufsangabe	150,890

Volkszählung von 1861.
derer unter zwanzig Jahren und derer von zwanzig Jahren und darüber.

...mischtes Alter.		Unter zwanzig Jahren.		Zwanzig Jahre und darüber.	
Männlich.	Weiblich.	Männlich.	Weiblich.	Männlich.	Weiblich.
9,776,259	10,289,965	4,543,686	4,536,980	5,232,573	5,752,985
9,724,817	10,190,317	4,542,300	4,521,821	5,182,517	5,668,696
885,845	96,619	461,38	16,879	339,207	79,740
3,473,916	7,952,804	3,290,319	4,032,347	183,597	3,920,457
585,420	34,290	116,616	4,536	468,804	32,754
1,631,852	376,802	341,003	60,261	1,290,850	316,541
3,962,510	1,565,889	632,085	401,479	3,330,425	1,164,410
385,974	158,189	62,450	9,186	323,524	148,704
83,456	3,914	3,788	194	79,658	3,720
131,941	—	19,202	—	112,739	—
169,965	92,698	23,150	16,678	146,815	76,020
3,263,133	6,795,805	3,250,245	3,648,376	12,888	3,147,429
310,759	1,156,999	39,474	363,971	171,309	778,088
154,234	89,409	23,414	1,864	130,820	87,545
431,180	8,881	93,848	2,672	337,864	6,209
1,545,067	878,443	329,686	60,185	1,215,039	318,258
85,965	339	12,044	78	73,921	263
393,278	40,067	155,848	10,862	187,830	49,205
890,422	1,341,194	216,411	350,852	674,034	990,341
347,614	82,606	55,398	5,504	292,206	77,102
49,257	4,835	8,538	3,539	40,719	4,796
125,810	18,874	20,962	6,544	104,848	12,330
936,684	36,918	228,265	25,077	708,419	31,236
942,522	18,280	58,508	4,997	884,014	8,282
82,870	67,429	331	789	82,539	66,641
20,582	57,411	3,411	3,541	16,971	53,870
51,443	99,448	3,380	12,159	48,060	87,289

England und Wales. Beschäftigungen der Ber…

Beschäftigungen.	Jeden Alters.	Unter 20 Jahren.	Ueber 20 Jahr.	Unter 5 Jahren	5—	10—	15—
Total der Personen männlichen Geschlechts	9,776,259	4,545,686	5,230,573	1,294,907	1,173,860	1,059,889	957,830
I. Personen, welche in der Staats- und den Localregierungen beschäftigt sind.							
1. Staatsregierung.							
Die königliche Familie	6	4	2	—	1	1	2
Peers (Mitglieder des Oberhauses)	232	2	230	—	—	1	1
Mitglieder des Unterhauses	252	—	252	—	—	—	—
Hofbeamte der Königin (ohne die Dienerschaft)	89	—	89	—	—	—	—
Civilbeamte	6,996	448	6,548	—	—	41	407
Postbeamte	12,309	964	11,345	—	—	112	878
Steuerbeamte	4,571	74	4,497	—	—	6	68
Mautbeamte	5,638	89	5,549	—	—	7	82
Bedienstete und Arbeiter im Dienste der Regierung	2,429	284	2,145	—	—	91	193
Werkmeister und Tagelöhner in den Dockyards (Schiffswerften)	13,995	1,525	12,470	—	3	349	1,173
Andere Regierungsbeamte	29	—	29	—	—	—	—
2. Localregierung.							
Magistratspersonen	2,520	—	2,520	—	—	—	—
Sheriffsbeamte und Schreiber	299	4	295	—	—	—	4
Polizei	21,938	127	21,811	—	—	1	126
Gefängnißbeamte	2,612	21	2,591	—	—	1	20
Staats-, Bezirks- und Gemeindebeamte	6,133	124	6,009	—	—	17	107
Bürgermeister, Aldermen, Municipalbeamte	560	18	542	—	—	1	17
Ausrufer	181	3	178	—	—	—	3
Feuerwehr	834	57	777	—	—	2	55
Andere Grafschafts- und Localbeamte	244	5	239	—	—	1	4
3. Regierung für Ostindien und die Colonieen.							
Ostindischer und Colonialdienst	1,205	4	1,201	—	—	—	4
II. Personal der Landesvertheidigung.							
1. Armee (im Inlande befindliche).							

männlichen Geschlechts in den verschiedenen Altersperioden am 3. April 1861.

der Personen.

25—	30—	35—	40—	45—	50—	55—	60—	65—	70—	75—	80—	85—	90—	95—	100 und höh.
734,387	661,690	590,780	551,058	453,310	391,196	279,000	265,535	175,338	128,428	71,780	34,256	10,539	2,191	399	53
—	—	—	8	—	—	—	—	—	—	—	—	—	—	—	—
8	13	26	34	16	75	36	35	24	19	7	7	1	—	—	—
91	25	24	87	48	33	23	29	17	4	1	—	—	—	—	—
4	7	4	7	11	10	14	19	5	8	7	—	1	—	—	1
924	747	632	661	616	465	399	352	322	291	155	59	34	6	1	—
1,489	1,317	1,276	1,303	1,139	894	737	649	545	234	134	48	15	1	—	—
605	557	406	515	511	444	338	324	224	278	161	61	22	2	—	—
701	619	716	750	615	489	348	349	312	151	118	63	15	3	—	—
279	259	231	270	223	162	173	118	53	40	17	10	7	—	—	—
2,091	1,898	1,455	1,463	1,093	731	419	360	311	289	206	70	24	6	—	—
—	1	3	1	6	1	8	7	2	2	3	1	1	—	—	—
74	118	96	150	257	345	321	340	275	224	104	44	16	4	—	—
23	70	148	31	40	84	42	15	15	7	12	2	—	—	—	—
5,411	4,561	3,189	2,131	1,194	803	543	293	127	42	22	6	—	—	—	—
273	618	470	419	363	235	134	102	33	27	22	4	1	1	—	—
439	546	627	767	719	725	853	549	397	279	98	41	6	1	—	—
44	33	50	62	87	63	60	58	34	28	21	8	2	—	—	—
5	7	16	14	21	21	17	28	18	18	9	6	—	—	—	—
187	146	97	58	61	34	16	13	8	3	8	3	—	—	—	—
10	26	25	17	24	82	25	27	18	15	8	1	2	—	—	—
66	103	104	88	97	151	181	136	105	94	42	24	8	1	1	—
934	719	607	481	389	359	274	189	173	165	80	33	8	2	—	—
132	320	315	268	245	411	348	349	379	370	164	99	29	3	1	—
15,000	1,545	4,478	1,856	481	937	180	62	78	59	15	24	7	4	1	—
349	301	569	1,398	1,228	1,355	1,018	1,029	1,360	1268	948	473	161	86	4	8
14	9	15	9	6	5	4	2	1	1	2	1	—	—	—	—
238	260	263	435	339	164	76	41	87	25	25	10	2	—	—	—
4	2	5	4	3	2	2	2	—	—	—	—	—	—	—	—
50	60	54	37	16	12	14	3	2	3	—	1	1	—	—	—
894	507	340	253	254	171	137	145	189	185	59	23	10	2	—	—
23	55	63	77	100	108	107	224	299	271	135	59	14	4	1	—

England und Wales. Beschäftigungen der Personen

Beschäftigungen.	Jeden Alters.	Unter 20 Jahren.	Ueber 20 Jahre.	Alter: Unter 5 Jahren.	5—	10—	15—	20—
Seeleute (M. M.), Kriegsmarine	17,798	5,189	12,509	—		408	4,791	4,489
Königliche Seetruppen (Offiziere und Gemeine)	8,731	1,604	7,127	—		51	1,553	2,930
Greenwich-Pensionäre	6,095	13	6,082		—	—	13	48
Beamte der Marinespitäler	45	1	44	—	—	—	1	6
Marine-Agenten	26	4	22		—	1	3	3
Riemenmacher	3,839	18	3,821	—	—	1	17	38
Andere, die mit der Marine zu schaffen haben	19	7	12	—	—	—	7	4
III. Personen der gelehrten Stände: Literatur, Kunst und Wissenschaft, mit ihren Untergeordneten.								
1. Geistliche, Pfarrer und Kirchenbeamte.								
Geistliche	19,195	—	19,195	—	—	—	—	807
Protestantische Pfarrer	7,840	—	7,840	—	—	—	—	447
Missionare, Bibelleser, herumziehende Prediger	1,916	20	1,896	—	—	2	18	207
Katholische Priester	1,216	—	1,216	—	—	—	—	48
Priester anderer Religionen	105	—	105	—	—		—	11
Studenten der Theologie	745	240	505	—	—	4	236	235
Beamte religiöser Gesellschaften, geistliche Agenten	82	7	75	—	—	1	6	6
Kirchenbeamte, Sacristane etc.	637	44	593	—	3	24	7	19
Pfarrschreiber, Kirchenschreiber	2,148	18	2,129	—	—	—	18	67
Chorsänger	172	111	61	—	17	90	4	5
Kirchendiener, Küster, Todtengräber	1,087	13	1,074		—	2	11	91
Diener des Kirchhofs	266	12	254		—	4	8	10
Andere Religionslehrer und Kirchenbeamte	96		96		—	—	—	7
2. Advocaten, Gerichtspersonen.								
Ober- und Unterrichter	60	—	60	—	—	—	—	—
Advocaten, Procuratoren, Sachwalter, Anwälte	3,071	—	3,071	—	—	—	—	84
Sachwalter, Rechtsconsulenten	11,386	—	11,386	—	—	—	—	549
Parlamentsagenten	70	3	67	—	—	—	3	6
Studenten der Rechte	706	219	487	—	—	10	209	208
Gerichtsbeamte	1,896	87	1,809	—	—	11	76	185
Gerichtsschreiber	16,605	5,606	10,999	—	—	929	4,677	2,346
Gerichtsbuchhandlungen	1,170	288	882	—	—	40	242	182
Andere die mit dem Gesetze zu thun haben	4	—	4		—	—	—	—
3. Sanitätspersonal.								
Aerzte	2,385	—	2,385	—	—	—	—	64
Wundärzte und arzneidispensirende Aerzte	12,030	—	12,030	—	—	—	—	718
Studenten der Medizin, Assistenten	3,566	1,290	2,276	—	—	58	1,224	1,002
Zahnärzte	1,567	236	1,331	—	—	27	209	241
Apotheker und Droguisten	16,028	5,398	11,630	—	—	364	3,094	2,719
Schröpfer, Bader	10	—	10	—	—	—	—	1
Beamte medicinischer Gesellschaften, Agenten, Schreiber	21	1	20	—	—	1	—	3
Hühneraugen-Operateure	56	1	55	—	—	—	1	1
Professoren der Hydropathie, der Homöopathie	27	2	25	—	—	—	2	2

2,092	2,348	2,475	2,414	2,018	1,850	1,[illegible]	1,478	[illegible]	582	319	130	55	12	9	—
[illegible]	825	[illegible]	954	932	756	[illegible]	565	[illegible]	262	145	[illegible]	10	4	—	—
[illegible]	807	284	246	234	163	125	97	54	24	1	4	—	—	—	—
125	203	204	180	125	116	86	63	22	9	9	1	—	—	—	—
18	70	11	11	18	4	5	5	3		2	1	—	—	—	—
120	82	17	4	3	—	1		—	—	—	—	—	—	—	—
6	11	18	8	10	10	7	1	1	1	1	2	—	—	-	—
[illegible]	45	48	63	64	60	61	71	47	32	25	6	3	—	—	—
56	60	104	153	165	257	259	261	247	226	162	65	19	7	—	—
8	10	13	10	5	5	2	3	—	1	2	1	—	1	—	—
45	75	99	105	102	119	139	113	107	79	42	28	5	—	—	—
17	25	31	50	28	31	31	81	20	8	3	—	—	—	—	—
16	7	15	10	18	11	8	3	1	5	—	2	—	—	—	—
-	—	8	8	3	8	10	10	15	1	6	6	—	—	—	—
296	467	474	456	342	306	255	212	88	67	30	12	6	1	1	—
1,[illegible]	1,601	1,804	1,406	1327	1,254	1,060	677	449	259	116	54	17	3	3	—
5	7	9	12	8	9	3	6	2	—	—	—	—	—	—	—
133	45	10	7	—	—	—	—	—	—	—	—	—	—	—	—
159	278	191	210	194	202	169	137	88	65	25	11	3	—	—	—
1,918	1,[illegible]	1,185	899	665	508	395	277	153	61	30	8	8	—	—	—
122	137	113	103	78	74	60	35	24	7	6	9	—	—	—	—
—	1	—	—	1	1	1	—	—	—	—	—	—	—	—	—
186	284	292	343	367	270	193	149	102	77	44	13	9	2	1	—
1,378	1,378	1,374	1,549	1,529	1,518	983	768	547	270	178	78	23	7	—	—
450	163	52	63	54	30	19	10	2	1	1	1	—	—	—	—
205	152	143	175	134	88	51	44	30	9	11	2	—	—	—	—
2,[illegible]	1,752	1,458	1,[illegible]	1,076	791	488	386	195	111	46	17	7	2	—	—
1	2	1	1	—	3	—	1	1	—	—	—	—	—	—	—
2	1	2	1	7	1	2	—	—	1	—	—	—	—	—	—
3	6	6	8	7	6	4	1	8	3	2	—	—	—	—	—
3	4	4	6	3	3	1	—	—	—	—	—	—	—	—	—

England und Wales. Beschäftigungen

Beschäftigungen.	Jeden Alters.	Unter 20 Jahren.	Ueber 20 Jahre.	Unter 5 Jahren.	5—	10—
Thier-Arzneiverkäufer, Kräuter-Doctoren	92	3	89	—	—	—
Andere die mit der Arznei zu thun haben	215	17	198	—	—	3
4. Autoren und literarische Personen.						
Autoren, Verleger, Schriftsteller	1,528	48	1,480	—	—	—
Berichterstatter und Stenographen	636	65	571	—	—	—
Literarische, Privat-Secretäre	107	6	101	—	—	—
Universitätsgraduirte	951	27	924	—	—	—
Uebersetzer, Dolmetscher	168	5	163	—	—	—
Andere die mit der Literatur beschäftigt sind	5	—	5	—	—	—
5. Künstler.						
Künstler, Maler	4,637	304	4,333	—	—	41
Bildhauer	612	66	546	—	—	9
Kupferstecher, Graveure	4,467	750	3,717	—	—	110
Photographen	2,366	274	2,092	—	—	43
Andere die mit den bildenden Künsten beschäftigt sind	36	2	34		—	—
6. Musiker, Musiklehrer.						
Musikanten, Sänger	7,648	1,031	6,617	—	34	291
Musiklehrer	2,453	114	2,339	—	—	—
Andere die mit Musik zu thun haben	170	30	186	—	1	11
7. Schauspieler rc.						
Schauspieler	1,311	73	1,238	—	5	9
Theaterpersonal	185	13	172	—	—	1
Opern- u. Theater-Agenten	10	1	9	—	—	—
Ballettänzer	11	3	8	—	—	1
Meßschaubuden-Besitzer und Diener	507	78	429	—	4	21
Taschenspieler, Gaukler, Seiltänzer	41	6	35	—	—	3
Bauchredner	14	—	14	—	—	—
Kunstreiter	125	35	90	—	5	14
Billardbesitzer, Marqueurs	501	183	318	—	—	89
Ballspiel-, Racket-, Kegelspiel-Besitzer, Marqueurs	32	9	23	—	—	5
Crickeeters (Schlagballspieler)	103	8	95	—	—	—
Faustkämpfer	18	—	18	—	—	—
Andere die mit Schaubuden rc. zu thun haben	77	7	70	—	1	1
8. Lehrer.						
Universitäts-Vorsteher u. Professoren	147	—	147	—	—	—
Schullehrer	18,170	679	17,491	—	—	—
Sprachlehrer	1,210	31	1,179	—	—	—
Professoren der Mathematik	466	11	455	—	—	—
Oberlehrer	8,683	6,612	2,071	—	—	1,228
Tanz- und Turnlehrer	431	19	412	—	—	4
Professoren und Vorleser der Wissenschaften und Künste	264	3	261	—	—	—
Zeichnenlehrer	167	9	158	—	—	—
Schreiblehrer	75	2	73	—	—	—
Geographie- und Schifffahrtslehrer	40	3	37		—	—

…nnlichen Geschlechts in den verschiedenen Altersperioden.

…er Personen.

25—	30—	35—	40—	45—	50—	55—	60—	65—	70—	75—	80—	85—	90—	95—	100 und höh.
7	9	10	10	7	11	13	10	4	3	1	1	—	—	—	—
20	29	25	33	25	28	17	11	8	2	1	1	1	—	—	—
166	229	194	213	162	152	98	65	50	19	11	3	—	—	—	—
117	100	71	58	49	33	15	12	5	1	8	—	—	—	—	—
21	12	12	10	7	6	5	5	3	1	—	1	—	—	—	—
177	97	62	55	30	21	10	10	10	9	4	1	—	—	—	—
19	21	25	17	21	15	8	10	10	5	1	1	—	1	—	—
—	1	1	—	—	—	—	—	2	1	—	—	—	—	—	—
591	561	558	558	475	404	253	224	125	59	44	20	6	—	—	—
80	78	60	63	42	45	31	25	10	6	3	4	1	—	—	—
515	491	410	410	353	271	202	132	79	54	26	10	2	1	1	—
458	161	304	229	131	72	41	21	5	3	2	6	1	—	—	—
2	8	4	4	2	5	1	2	2	—	1	—	—	—	—	—
1,288	1,078	831	667	486	376	232	206	131	87	48	24	5	1	—	—
259	301	310	276	219	178	107	96	61	31	19	7	2	—	—	—
33	26	12	14	10	7	8	2	3	1	—	1	—	—	—	—
242	219	153	123	94	60	58	32	11	16	4	1	—	—	—	—
83	32	18	15	20	26	15	10	1	3	1	1	—	—	—	—
—	2	2	2	—	2	—	—	—	—		—	—	—	—	—
2	1	—	2		—	—	2		—		—	—	—	—	—
51	67	61	48	31	31	15	14	12	5	2	—	—	—	—	—
8	7	5	5	4	1	1	1	—	—	—	—	—	—	—	—
3	3	3	2	1	1	—	—	—	1	—	—	—	—	—	—
16	20	11	7	4	6	3	2	1	—		—	—	—	—	—
68	53	36	29	26	18	12	10	8	—	—	2	—	—	—	—
4	6	1	2	3	—	2	—	—	—	—	—	—	—	—	—
20	25	13	7	6	3	1	1	—	1	—	—	—	—	—	—
2	3	8	3	—	—	—	1	—	—	—	—	—	—	—	—
10	10	6	7	8	8	2	3	6	—	2	—	—	—	—	—
32	19	16	10	7	10	7	7	10	4	3	1		—	—	—
2,874	2,163	1,932	1,672	1,451	1,218	1,021	673	531	283	187	61	30	8	8	—
103	211	205	169	141	118	87	91	37	22	11	7	3	—	—	—
83	66	58	53	35	26	21	19	12	7	1	1	1	—	—	—
304	239	181	167	122	122	64	78	63	23	14	7	1	—	—	—
51	65	55	82	65	33	63	21	12	6	2	1	2	—	—	—
28	41	38	41	40	10	17	19	6	5	—	—	—	—	—	—
16	18	38	20	21	9	13	8	10	2	1	—	—	—	—	—
1	6	7	10	5	8	10	10	7	4	4	—	1	—	—	—
2	8	4	4	2	2	2	6	—	1	—	1	—	—	—	—

Schule, Universitäts-Secretäre, Beamte, Agenten	44	2	42	—
Lehrer für Blinde und Taubstumme	23	4	19	—
Andere im Lehramt Beschäftigte	29	8	21	—
3. Wissenschaftliche Personen.				
Civil-Ingenieure	3,329	430	2,899	—
Secretäre, Beamte literarischer und wissenschaftlicher Gesellschaften	46	—	46	—
Astronomen, Sternwarte-Assistenten	35	7	28	—
Museum-Aufseher	69	1	68	—
Analytische Chemiker	58	5	53	—
Naturforscher	177	13	164	—
Botaniker	157	9	148	—
Geologen	25	1	24	—
Mineralogen	12	—	12	—
Phrenologen	24	—	24	—
Andere wissenschaftliche Personen	127	8	119	—
IV. Kinder, Verwandte und Schüler.				
1. Kinder und Verwandte (nur als solche angegeben).				
Sohn, Enkel, Bruder, Neffe	1,710,395	1,701,969	8,426	1,133,165
2. Schüler.				
Schüler	1,553,738	1,549,876	3,862	271,750
V. Gewerbe, die mit persönlichen Dienstleistungen zusammenhangen.				
1. Wohnung und Nahrung.				
Wirthshaus-, Hotel-Besitzer	21,333	170	21,163	—
Schenkwirthe, licensirte Speisewirthe	31,402	218	31,184	—
Bierverkäufer	41,751	78	41,673	—
Logir- und Kosthaus-Besitzer	3,443	14	3,429	—
Kaffee- und Speisehaus-Besitzer	2,545	42	2,503	—
Clubbeamte, Directoren, Secretäre	69	1	68	—
Versammlungs- und andere öffentliche Säle, Aufseher	55	5	50	—
Garköche	1,248	110	1,138	—
Bad-Besitzer, Badediener	458	21	437	—
Dienstboten-Büreau	27	—	27	—
Beamte bei milden Stiftungen	702	50	652	—
Besitzer, Beamte von Irrenhäusern	219	3	216	—
Officiers-Wirthe, Officiers-Restaurants	65	3	62	—
Andere die mit Wohnung und Nahrung beschäftigt sind	9	2	7	—
2. Aufwärter (Dienstboten etc.)				
Dienstboten	62,076	21,358	40,718	—
Kutscher	11,897	194	11,703	—

274	176	103	92	30	41	14	6	1	—		—
7	5	2	4	3	1	—	—	—	—	—	—
—	3	3	1	—	—	1	1	—	—	—	—
6	7	2	6	4	2	3	—	—	—	—	—
2	5	—	2	—	—	—	—	—	—	—	—
27	19	9	4	5	4	1	—	—	—	—	—
26	14	10	11	5	4	2	1	—	1	—	—
4	8	3	1	3	—	—	—	—	—	—	—
4		1	1	1	—	—	—	—	—	—	—
3	—	2	2	2	—	—	—	—	—	—	—
10	9	2	10	3	2	3	—	—	—	—	—
85	25	9	6	2	-	-	—	—	—	—	—
	—		—	—	—	-	—	—	—	—	—
2,944	2,618	1,999	1,579	948	600	300	185	83	7	—	—
4,216	3,541	2,698	2,029	1,294	845	469	152	80	6	1	—
1,497	1,316	979	852	479	300	144	87	7	1	1	—
456	444	325	252	231	156	79	42	9	1	1	—
345	226	197	145	67	37	7	4	—	—	—	—
12	8	5	3	3	—	—	—	—	—	—	—
9	5	4	9	2	2	—	—	—	—	—	—
85	62	51	33	24	14	5	4	—	—	—	—
56	37	33	22	9	9	4	—	1	—	—	—
8	8	8	7	4	—	—	1	—	—	—	—
70	60	40	37	26	22	5	2	1	1	—	—
15	17	11	4	6	3	1	1	—	—	—	—
4	6	4	1	1	—	1	—	—	—	—	—
1	—	—	1	—	—	—	—	—	—	—	—
8,792	2,244	1,546	1,250	840	562	317	188	41	4	2	—
1,147	985	527	290	191	79	39	17	8	—	1	—

England und Wales. Beschäftigungen der Personen

Beschäftigungen.	Jeden Alters.	Unter 20 Jahren.	Ueber 20 Jahre.	Unter 5 Jahren.	5—	10—	15—	20—
								Alter
Reitknechte	21,396	6,178	15,218	—	—	1,118	[illegible]	[illegible]
Gärtner	14,621	1,492	13,129	—	4	224	1,264	[illegible]
Wirthshaus-, Clubhaus-, Speisehausdiener	24,453	7,379	17,074		10	1,310	6,059	[illegible]
Universitätsdiener	654	48	606		—	5	43	64
Spital-, Irrenhauswärter	1,651	58	1,593		—	7	51	[illegible]
Hausknechte, Portiers (doch nicht solche, die zu Regierungsgebäuden gehören)	185	43	142	—	—	26	17	—
Park- und Thorhüter	572	18	554	—	—	9	9	[illegible]
Andere Aufwärter	42	2	40	—	—	—	2	4
VI. Personen, welche Geld, Häuser und Waaren verschiedener Art kaufen, verkaufen, halten oder verleihen.								
1. Kaufleute.								
Capitalisten	464	—	464	—	—	—	—	13
Kaufleute	12,944	373	12,571	—	—	—	373	904
Banquiers	1,363	24	1,339	—	—	—	24	65
Bankbeamte, Agenten	[illegible]	8	633	—	—	—	8	21
Leihanstalt-Directoren, Secretaire &c.	71	5	66	—	—	—	5	4
Oeffentliche Notare	54	4	50	—		—	4	4
Schreiber	34	2	32			—	2	1
Wechsel-Discontirer, Geldmakler, Geldverleiher	26	—	26			—	—	1
Versicherungswesen-Agenten, Beamte	2,716	352	2,364		—	50	312	626
Actuare	101	1	100		—	—	1	5
Obligationen-, Actien-Händler, Makler	1,658	34	1,624	—	—	—	34	146
Rheder, Schiff-Agenten	2,563	253	2,310	—	—	—	253	343
Assecuranten	121	—	121	—	—	—	—	14
Schiffsmakler	2,884	211	2,673	—	—	—	211	348
Agenten, Sensale	6,695	217	6,478	—	—	—	217	671
Kohlen-Agenten, Sensale	1,926	51	1,875	—	—	—	51	116
Eisenhändler, Agenten	772	38	734	—	—	—	38	78
Händler	1,347	140	1,207	—	—	—	140	267
Beamte von Handelsgesellschaften	134	3	131	—	—	—	3	9
Auctionatoren, Schätzer	3,542	208	3,334	—	—	—	208	387
Buchhalter	6,239	474	5,765	—	—	44	430	691
Handels-Commis	55,657	16,236	39,421	—	—	2,091	14,145	[illegible]
Durchschnitts-Berechner	24	1	23	—	—	—	1	2
Handels-Reisende	10,754	344	10,410	—	—	34	310	[illegible]
Andere die im Handel beschäftigt sind	42	1	41	—	—	—	1	18
2. Andere dem Handel Angehörende.								
Pfandleiher	4,726	1,485	3,241	—	—	295	1,190	[illegible]
Schiffsverproviantirer	3,656	234	3,422	—	—	61	173	[illegible]
Verkäufer, Hausirer, Höcker	12,549	1,160	11,389	—	6	217	937	[illegible]
Laden-Besitzer (wo der Zweig nicht angegeben ist)	4,556	166	4,390	—	—	—	166	[illegible]
Mode- und Luxus-Artikel-Importeure und Händler	301	43	258	—	—	4	39	[illegible]
Bazarbuden-Besitzer	62	14	48	—	—	4	10	[illegible]
Zeitungsverkäufer, Hausirer	13,704	1,833	11,871	—	19	260	954	[illegible]
Andere Verkäufer	30	—	30	—	—	—	—	

…männlichen Geschlechts in den verschiedenen Altersperioden.

…der Personen.

[illegible]	30—	35—	40—	45—	50—	55—	60—	65—	70—	75—	80—	85—	90—	95—	100 und höh.
2,709	1,665	1,047	842	665	431	303	231	131	76	26	6	1	8	—	—
1,881	1,852	1,511	1,501	1,298	1,065	814	655	420	255	123	51	11	1	—	—
2,297	2,217	1,594	1,200	915	678	402	333	181	112	47	18	4		—	—
87	69	54	52	63	51	39	30	17	6	4	2	—	—	—	—
308	253	213	152	125	121	[illegible]	43	41	14	7	1	—	—	—	—
6	11	16	20	10	25	11	11	6	2	5	—	1	—	—	—
29	33	41	55	41	60	59	55	66	56	30	14	3	1	—	—
2	4	4	4	2	5	2	3	3	—	—	—	—	—	—	—
79	77	37	58	70	51	53	52	41	26	17	6	1	1	—	—
1,341	1,605	1,617	1,650	1,399	1,189	920	766	474	329	138	52	31	6	—	—
164	136	111	159	112	110	123	115	34	81	27	14	4	2	—	—
48	73	78	73	61	52	36	33	23	26	7	1	—	—	—	—
8	4	10	11	6	10	3	6	[illegible]	1	—	—	—	—	—	—
37	3	2	8	4	7	1	6	[illegible]	2	2	2	—	—	—	—
6	3	2	5	5	4	2	2	1			—	—	—	—	—
7	8	3	4	3	2	1	3		—	—	—	—	—	—	—
339	324	317	269	208	175	153	93	23	31	12	2	1	—	—	—
6	8	15	13	14	8	10	7	1	4	—	1	—	—	—	—
190	245	221	208	151	133	117	97	56	33	19	3	2	—	—	—
360	355	317	201	175	151	110	121	65	30	14	3	2	—	—	—
17	18	9	11	12	11	10	5	1	2	4	1	—	—	—	—
335	366	350	337	238	219	120	107	82	66	27	4	1	2	—	—
1003	1,102	1,106	1,147	911	861	637	559	332	146	23	24	5	—	—	—
380	308	257	272	241	205	158	135	52	37	23	7	3	—	—	—
180	79	129	87	81	86	43	42	25	10	6	4	1	—	—	—
156	171	131	87	75	52	32	19	18	10	1	1	—	—	—	—
14	18	21	17	19	16	9	5	3	2	1	1	—	—	—	—
804	572	282	431	398	107	316	208	127	71	33	11	4	—	—	—
740	709	693	675	537	517	467	387	233	131	47	16	5	—	—	—
7,609	5,208	3,036	2,734	2,196	1,706	1,333	1,032	361	328	183	43	15	2	2	—
3	2	2	6	2	1	1	—	—	1	—	—	—	—	—	—
1,871	1,651	1,452	1,246	894	754	469	322	149	78	40	16	3	—	—	—
4	1	1	6	4	7	2	3	2	—	—	—	—	—	—	—
409	398	361	331	258	217	149	113	59	33	18	12	2	—	—	—
675	447	433	473	387	321	223	225	130	65	32	7	4	1	—	1
1,430	1,623	1,485	1,407	1,183	1,039	696	653	316	225	91	36	13	5	—	—
[illegible]	415	437	610	466	458	438	456	186	221	110	67	11	—	1	—
63	43	42	26	18	13	13	6	3	1	—	—	—	—	—	—
9	9	1	5	11	8	5	2	—	—	—	—	—	—	—	—
1,306	1,876	1,536	1,632	1,206	1,125	797	657	405	342	176	73	35	6	3	2
—	2	5	2	3	3	2	3	4	1	2	1	—	—	—	—

VII. Personen, welche mit dem Transport von Menschen, Thieren, Waaren und Nachrichten beschäftigt sind.	
1. Führer auf Eisenbahnen.	
Locomotivführer, Heizer	10,414
Eisenbahnbeamte, Schreiber, Stationschefs	14,547
Eisenbahngesellschafts-Diener, Träger	36,787
Eisenbahn-Polizei	1,444
Eisenbahn-Agenten	844
Andere bei der Eisenbahn Beschäftigte	9
2. Fuhrleute auf d. Landstraße.	
Brückengeld-Erheber, Contrahenten, Agenten	3,263
Postwagen-, Omnibus- und Fiaker-Besitzer	3,926
Miethstall-Besitzer	892
Kutscher (nicht in Privathäusern)	17,251
Fiakerkutscher	9,765
Fuhrleute, Lastträger, Kärrner	67,070
Wassermänner am Fiakerstand	148
Omnibus-Aufseher	34
Krankenstuhl-Besitzer, Führer	642
Esel-Besitzer, Führer	87
Andere die auf dem Transporte auf Landstraßen zu thun haben	40
3. Führer auf Canälen und Flüssen.	
Schifffahrtsdienst der Canäle und des Binnenlandes	4,163
Boot- und Kahn-Besitzer	187
Schiffer und Wassermänner ..	61,271
Andere die auf Canälen und Flüssen zu thun haben	40
4. Führer auf Flüssen und Landseen.	
Schiffsbesitzer	1,568
Seeleute (der Handelsmarine)	94,665
Steuermänner	3,960
Schiffer auf Landseen	1,975
Hafen- und Dockdienst	33,456
Strandwächter	187
Leuchtthurm-Wächter, Leuchtthurm-Gelderheber	158
Quaimeister	1,447
Schiffs-Inspectoren u. Untersucher	56
Schiffs-Lohnmeister	74
Dampfschifffahrtsdienst	3,568
Schiffsverwalter (Proviantmeister)	1,474
Stauer, Güterpacker	552
Arbeiter auf den Schiffswerften	102

[illegible] männlichen Geschlechts in den verschiedenen Altersperioden.

der Personen.

[illegible]	[illegible]	35—	40—	45—	50—	55—	60—	65—	70—	75—	80—	85—	90—	95—	100 und höh.
[illegible]	1,808	1,394	[illegible]	487	248	124	74	39	9	6	2	1	—	—	—
[illegible]	1,711	1,439	1,153	764	467	373	164	74	69	6	5	—	—	—	—
[illegible]	4,892	3,353	2,559	1,719	1,018	577	365	161	92	34	[illegible]	1	—	—	—
[illegible]	967	608	155	101	66	36	39	7	3	1	2	—	—	—	—
80	45	31	40	38	24	11	3	4	—	1	—	1	—	—	—
1	1	5		—	1	—	—	—	—	—	—	—	—	—	—
[illegible]	[illegible]	[illegible]	[illegible]	799	351	354	837	[illegible]	199	100	87	8	1	—	—
844	470	467	580	397	396	319	169	78	37	21	4	5	—	—	—
69	84	103	145	103	109	79	41	39	20	8	4	1	—	1	—
2,866	2,097	2,199	2,372	[illegible]	1,330	687	650	369	231	116	76	11	2	1	—
1,854	1,431	1,268	1,182	884	650	402	254	99	51	18	8	1	1	—	—
[illegible]	6,451	7,355	6,410	5,197	4,111	2,991	2,371	1,175	708	327	131	35	7	1	—
1	9	18	31	24	29	11	14	5	1	—	—	—	—	—	—
2	—	8	6	7	6	5	2	1	1	—	—	—	—	—	—
[illegible]	67	43	68	67	78	51	56	35	15	6	2	1	—	—	—
3	4	8	1	5	7	4	2	1	—	—	1	—	—	—	—
6	1	4	[illegible]		—	4	2	2	1	—	—	—	—	—	—
347	441	887	436	341	657	274	211	157	91	44	22	2	1	—	—
2	16	9	22	9	15	13	11	12	5	2	—	1	—	—	—
[illegible]	[illegible]	3,066	[illegible]	2,319	2,013	[illegible]	[illegible]	602	534	313	158	80	5	1	—
3	6	9	1	1	1	2	6	3	3	—	—	—	—	—	—
66	110	169	164	[illegible]	[illegible]	196	164	131	69	35	15	6	1	—	—
[illegible]	[illegible]	9,097	7,346	5,183	3,943	2,643	2,445	[illegible]	1,255	730	332	97	22	6	1
346	[illegible]	[illegible]	345	310	305	[illegible]	[illegible]	[illegible]	77	56	23	12	2	—	—
127	118	135	148	112	100	97	83	54	32	27	5	1	—	—	—
[illegible]	4,841	3,790	4,097	2,810	2,344	1,884	[illegible]	480	270	141	37	7	4	—	1
16	9	13	22	13	11	9	8	5	1	4	1	—	—	—	—
15	16	14	16	20	19	12	10	9	6	4	2	2	—	—	—
152	165	161	135	160	169	85	84	48	31	11	10	1	—	—	—
1	6	6	—	10	5	2	4	6	1	1	—	—	—	—	—
9	10	12	9	4	9	11	3	2	—	1	1	—	—	—	—
640	635	524	[illegible]	272	154	52	45	16	11	3	1	—	—	—	—
196	311	179	125	73	37	29	20	10	3	—	—	—	1	—	—
61	60	83	87	66	46	25	13	8	3	1	—	—	—	—	—
47	94	12	17	6	6	1	8	5	2	—	—	—	—	—	—

England und Wales. Beschäftigungen der Personen

Beschäftigungen.	Jeden Alters.	Unter 20 Jahren.	Ueber 20 Jahre.	Unter 5 Jahren.	5–	10–	15–	20–
								Alter
Schiffstaglöhner, Schiffswachen	300	3	297	—	—	—	3	[illegible]
Hafenmeister, Strandaufseher	23	—	23	—	—	—	—	—
Taucher	33		33	—	—	—	—	1
Ballastmeister, Agent, Heber	488	51	437	—	—	14	37	38
Matrosengesellschafts-Agenten, Matrosenhaus-Beamten	17		17			—	—	1
Andere die mit Seen und Flüssen zu thun haben	50	1	49				1	
5. Beim Lagern Beschäftigte.								
Colonialwaarenhändler	17,580	3,024	13,566	—	16	419	2,989	8,027
Waarenaufseher, Magazintaglöhner	740	48	692		-	9	39	58
Messer (im Allgemeinen angegeben)	334	10	321		—	1	9	16
Kornmesser	195	3	193	—	—	1	2	10
Kohlenmesser	171	1	170	—	—	—	1	7
Fruchtmesser	13	-	13	-	—	—	—	-
Packer	1,118	137	975		1	29	107	165
Andere beim Lagern Beschäftigte	10	5	5	—	—	1	4	1
6. Boten und Träger.								
Boten, Lastträger, Laufburschen	74,592	12,271	58,318	—	118	27,017	14,515	5,023
Baumwollenträger	1,977	90	1,881	—	—	1	85	251
Couriere	141	1	140	—	—	—	1	0
Führer	20	1	19	—	—	1		2
Telegraphendienst	2,399	1,356	1,044	—	—	683	564	424
Andere mit Botschaften Beschäftigte	11	11	10	—		1		—
VIII. Personen, die Grund besitzen oder daran arbeiten, und Korn, Früchte, Gras und Thiere produciren.								
1. Felder und Weiden.								
Grundbesitzer	15,131	65	15,066	—		—	65	409
Pächter, Viehzüchter	225,957	938	225,019	—		—	938	4,581
Pächters-„Söhne", „Enkel", „Brüder", „Neffen"	92,821	32,277	60,044	—			32,277	25,236
Verwalter, Schaffner	15,698	142	15,556	—		—	142	765
Landwirthschaftliche Tagelöhner	914,301	188,983	725,318	—	6,800	81,434	100553	90,333
Schäfer	25,559	4,900	20,659	—	207	2,040	2,653	1,893
Knechte	158,401	94,938	63,418		477	27,853	64,608	32,482
Landaufseher, Landgutsagent	4,702	511	4,191		—	45	446	604
Landwirthschaftliche Studenten	490	327	168	—	—	12	310	145
Hopfenzüchter	33	2	31	—	—	1	1	[illegible]
Weidenruthenzüchter, Verkäufer	35	7	28	—	.	1	6	[illegible]
Kardenzüchter, Händler	81	7	74	-	—	3	4	10
Landwirthschaftliche Geräthe Besitzer	236	2	234		—	—	2	21
Arbeiter an landwirthschaftlichen Maschinen	1,205	66	1,139		—	7	59	177
Land-Drainagedienst (nicht in Städten)	1,761	135	1,626		—	25	110	254
Colonial-Pflanzer	91	5	86	—	—	—	5	[illegible]
Andere die mit Landwirthschaft sich beschäftigen	73	9	64	—	—	1	8	[illegible]

männlichen Geschlechts in den verschiedenen Altersperioden.

der Personen.

25—	30—	35—	40—	45—	50—	55—	60—	65—	70—	75—	80—	85—	90	95—	100 und höh.
11	[illegible]	81	31	81	15	32	47	30	19	[illegible]	1		—		—
3	3	2	2		3	6	1	1	1	1	—			—	—
5	4	7	8	5	—	1	—	—	—	—	—				—
43	57	61	58	64	48	31	22	8	5	2	—	—	—		—
1	1	1	5	3	2	1	3	1		—		1			—
1	13	2	16	6	2	8	4	1	5	—					
2,[illegible]	2,[illegible]	1,540	1,404	1,150	824	545	420	305	112	50	17	2			—
[illegible]	77	55	80	81	67	56	10	21	13	1	1	1			—
27	88	41	30	41	11	30	25	18	10	7	3				—
10	20	25	28	23	18	12	15	7	4	2	1	—		—	—
8	13	23	21	18	25	18	25	6	7	2	1	—		—	—
—	1	1	7	4	—	—	4	—	1	—	—	—	—	—	—
[illegible]	163	107	103	65	59	43	37	16	11	5	1	—		—	—
1	3				1	—					—	—	—	—	—
4,[illegible]	4,119	3,[illegible]	3,174	3,007	2,[illegible]	1,[illegible]	1,[illegible]	[illegible]	[illegible]	[illegible]	[illegible]	16	3	1	
207	[illegible]	[illegible]	[illegible]	165	175	100	[illegible]	[illegible]	12	2	2	—	—	—	—
8	15	[illegible]	[illegible]	10	12	8	10	4	3	1	1	—	—	—	—
1	1	2	2	—	8	2	2	1	—	—	—		—	—	—
[illegible]	133	90	71	31	[illegible]	15	8	6	1	2	—	—	—	—	
—	1	2	—	1		1	2	3	—	—	—	—	—	—	—
573	738	859	1,207	1,365	1,553	1,474	1,810	1,571	1,508	911	[illegible]	172	31	[illegible]	1
11,078	17,949	[illegible],157	25,479	[illegible],145	25,[illegible]	23,911	[illegible]	17,357	10,444	[illegible]	1,[illegible]	1378	[illegible]	68	1
14,[illegible]	6,274	4,948	3,0[illegible]	1,776	[illegible]	587	338	188	121	60	34	11	3	—	—
1,[illegible]	1,[illegible]	2,114	2,[illegible]	2,[illegible]	1,755	1,460	1,185	[illegible]	353	147	60	20	4	—	—
67,[illegible]	[illegible],406	77,176	74,908	65,[illegible]	59,[illegible]	61,492	49,845	35,103	[illegible]	[illegible]	6,776	1995	379	79	11
2,[illegible]	2,370	2,554	2,548	2,[illegible]	2,001	1,515	1,358	[illegible]	607	340	170	51	11	3	—
11,1[illegible]	5,168	3,[illegible]	2,811	[illegible]	2,0[illegible]	1,[illegible]	1,477	723	450	172	63	15	4	2	—
37[illegible]	411	475	453	413	417	389	338	250	157	75	37	9	4	—	—
14	3	8	1	—	—	—	—	—	—	—	—	—	—	—	—
2	7	5	4	1	1	3	2	3	8	1	—	—	—	—	—
2	—	3	4	5	2	4	3	3	1	—	—	—	—	—	—
7	10	4	11	10	5	3	8	4	2	—	—	—	—	—	—
61	32	32	33	27	18	17	9	6	7	1	—	—	—	—	—
[illegible]	311	172	142	83	52	86	14	6	4	1	1	—	—	—	—
302	290	219	168	124	89	69	65	25	14	11	3	3	—	—	—
11	7	10	13	10	9	7	5	5	1	2	—	—	—	—	—
4	6	9	8	6	5	7	3	5	2	1	—	—	—	—	—

England und Wales. Beschäftigungen der Personen

Beschäftigungen.	Jeden Alters.	Unter 20 Jahren.	Ueber 20 Jahre.	Unter 5 Jahren.	5—	10—	15—	20—
							Alter	
2. Wälder.								
Förster	8,207	393	7,814	—	7	270	716	758
Andere die mit Baumzucht beschäftigt sind	10	2	8	—	—	—	2	1
3. Gärten.								
Gärtner (nicht in Privatgärten dienende)	78,760	7,808	68,853	—	23	1,808	6,083	6,879
Kunstgärtner	2,838	387	2,451	—	2	100	285	879
Brunnenkresszüchter	56	7	48	—	—	2	5	6
Andere die mit der Kunstgärtnerei beschäftigt sind	22	1	21	—	—	—	1	2
IX. Personen, die sich mit Thieren beschäftigen.								
Pferdebesitzer, Züchter, Händler	1,284	48	1,236	—	—	2	44	109
Bereiter	1,488	92	1,394	—	—	8	84	111
Reitmeister	111	2	109	—	—	—	2	13
Pferdevermiether, Stallknechte	36,585	6,763	29,822	—	17	1,444	5,302	5,082
Pferdescheerer	185	5	180	—	—	—	5	9
Jäger, Stockmeister, Hundejungen	454	40	414	—	—	8	32	48
Thierärzte, Rossärzte	6,774	642	6,132	—	—	81	561	858
Verschneider, Castrirer	445	29	416	—	—	1	28	41
Schinder	123	16	107	—	—	1	15	17
Rindvieh-, Schafhändler	4,895	206	4,689	—	—	23	183	896
Treiber	3,125	448	2,677	—	3	123	322	319
Schweinehändler	1,328	65	1,263	—	—	8	56	111
Wildhändler	8,948	446	94,02	—	—	65	391	760
Hundehändler, Trainirer	82	7	75	—	—	2	6	10
Kaninchenfänger, Tödter	65	15	50	—	—	3	12	8
Thier- und Vogelhändler	333	65	268	—	13	29	23	34
Beamte an Menagerien, Zoologischen Gärten	58	2	56	—	—	1	1	3
Fischzüchter	21	2	19	—	—	—	2	2
Insectentödter, Rattenfänger	1,758	134	1,622	—	—	32	104	90
Fischereileute	16,972	3,025	13,947	—	12	702	2,311	2,081
Andere die mit Thieren zu thun haben	77	14	63	—	1	3	10	[illegible]
X. Combinirte mechanische und Kunstgewerbe								
1. Bücher.								
Buchhändler, Verleger	7,202	1,018	6,180	—	3	168	843	822
Buchbinder	6,556	1,506	5,050	—	3	332	1,171	1,025
Drucker	30,171	9,721	20,450	—	25	2,745	6,951	5,004
Bücheragenten, Commissionäre, Hausirer	78	4	74	—	—	1	3	9
Zeitungsagenten, Verkäufer, Lesezimmerbesitzer	2,405	561	1,844	—	5	271	285	219
Zeitungsredacteure, Verleger, Herausgeber	106	—	106	—	—	—	—	2
Bibliothecare	415	92	323	—	—	14	78	36
Andere mit Büchern Beschäftigte	20	2	18	—	—	—	2	—
2. Musicalische Instrumente.								
Musik-Instrumentenmacher, Verkäufer	5,079	886	4,193	—	—	135	751	848
Clavier- und andere Instrumenten-Stimmer	553	74	479	—	—	9	65	84
Musikalienstecher, Drucker	100	23	77	—	1	5	17	21

79	71	83	22	16	8	—	1	—	—
98	95	48	43	15	4	3	1	—	—
6	2	—	2	—	—	—	—	—	—
1,450	1,314	457	571	170	60	18	—	—	—
8	6	1	—	—		—	—	—	—
24	17	18	7	5	6	3	—	—	—
[illegible]	[illegible]	272	171	75	30	7	2	—	—
37	41	16	10	8	—	8	—	—	—
9	5	6	1	1	—	—	—	—	—
[illegible]	210	155	110	45	27	8	2	—	—
197	180	101	[illegible]	28	14	3	1	—	—
201	84	77	25	17	7	1	—	—	—
583	416	240	184	[illegible]	64	14	6	1	—
6	12	6	8	3	—	1	—	—	—
4	3	1	2	—	—	—	—	—	—
30	[illegible]	[illegible]	12	6	2	2	—	1	—
3	2	1	—	—	—	—	—	—	—
2	—	—	—	—	1	—	—	—	—
161	143	118	111	52	52	5	4	—	—
[illegible]	807	594	465	[illegible]	188	81	13	6	1
3	1	6	3	1	1	—	—	—	—
371	317	182	131	68	39	4	—	1	—
[illegible]	212	181	64	91	15	3	—	—	—
731	537	345	195	64	71	6	3	—	—
6	3	3	2	—	—	—	—	—	—
189	201	69	55	14	4	—	—	—	—
4	5	4	—	1	—	1	—	—	—
84	81	71	8	4	3	1	—	—	—
—	—	1	—	—	—	—	—	—	—
181	144	70	40	[illegible]	10	3	—	—	—
20	25	6	9	3	—	—	—	—	—
1	2	3	3	1	—	—	—	—	—

England und Wales. Beschäftigungen der Personen

Beschäftigungen.	Jeden Alters.	Unter 20 Jahren.	Ueber 20 Jahre.	Unter 5 Jahren.	5—	10—	15—	20—
				Alter				
Musikalienverleger, Händler	546	73	473	—	—	[illegible]	64	64
Saitenmacher	63	10	53	—	1	4	5	[illegible]
Andere die mit musikalischen Instrumenten zu thun haben	24	7	17	—	—	1	6	[illegible]
3. Stiche, Zeichnungen und Gemälde.								
Lithographen, lithographische Drucker	2,907	689	2,218	—	1	123	565	636
Kupferstich-, Stahlstich-Drucker	681	67	614	—	—	8	59	72
Landschaftsmaler	230	48	182	—	—	11	37	32
Landkarten- und [illegible]	338	44	294	—	—	6	38	37
Ornamentmaler, Färber und Graveure	614	149	465	—	2	39	108	404
[illegible]macher u. [illegible]	206	35	171	—	1	5	29	31
[illegible]fabrikanten, Händler	123	24	99	—	—	1	23	17
[illegible], Händler	300	22	278	—	—	1	21	26
Globusfabrikanten	18	1	17	—	—	—	1	2
Landkartenmacher, Verleger	23	3	20	—	—	—	3	5
Buchstaben-, Marken- und Stempel-Schneider	159	29	130	—	—	7	22	34
Wappenmaler	59	3	56	—	—	—	3	7
Siegelgraveure	44	6	38	—	—	2	4	8
Emailleure	65	14	51	—	—	3	11	[illegible]
Steindrucker	20	1	19	—	—	1	—	1
Andere mit diesen Gewerben Beschäftigte	48	11	37	—	—	—	11	13
4. Schnitzereien.								
Holzschnitzer	[illegible]	306	1,486	—	2	65	[illegible]	[illegible]
Figurenschnitzer	340	54	286	—	1	18	35	55
Modelleure	553	107	446	—	—	17	90	77
Wachsmodellirer, Arbeiter	15	1	14	—	—	1	—	2
Jet- (Pechkohle) Schnitzer, Arbeiter	416	133	283	—	—	54	79	106
Künstliche Zierrath-Verfertiger	28	1	27	—	—	—	1	2
Künstliche Blumenmacher	761	111	650	—	1	42	68	96
Haararbeiter	42	9	33	—	—	3	6	5
Thier-, Vögel-Ausstopfer, Conservatoren	120	13	107	—	—	2	11	7
Andere in diesem Gewerbe Beschäftigte	46	11	35	—	—	4	7	8
5. Mit Sport und Spielen verwandte Gewerbe.								
Spielzeugfabricant, Händler	1,171	149	1,022	—	4	49	96	118
Bogenmacher	54	7	47	—	—	1	6	8
Billardtisch-, Bagatelleverfertiger	63	5	58	—	—	1	4	5
Schach- und Damenbrettmacher	20	3	17	—	—	—	3	3
Ball- und Schlagbrettmacher	309	61	248	—	—	10	51	52
Vogelbauermacher	103	15	88	—	—	5	10	15
Angelruthen- u. Pfeilmacher	575	148	427	—	6	60	82	72
Angelhakenmacher	87	31	56	—	3	15	13	27
Andere die hiermit beschäftigt sind	45	6	39	—	—	4	2	[illegible]
6. Zeichnungen, Medaillen, Stempel.								
Musterzeichner	1,340	241	1,099	—	—	37	204	217
Zeichner, Entwerfer	610	205	405	—	—	42	163	125

30	18	4	4	—	1	—	—	—	
32	79	17	10	4	8	—	—	—	—
18	8	2	2	—		—	—	—	—
22	16	7	8	1	—	—	—	—	—
10	7	3	3	1	1	—	—	—	—
6	—	2	—	—	—	—	—	—	—
4	6	1	1	1	—	—	—	—	—
14	22	14	4	8	1	—	—	—	—
3	—	1	—	—	—	—	—	—	—
1	1	—	1	—	—	—	—	—	—
5	2	2	2	1	—	—	—	—	—
7	8	4	3	—	—	—	—	—	—
5	2	1	—	—	—	—	—	—	—
5	2	1	1	—	—	—	—	—	—
—	1	—	—	—	—	—	—	—	—
—	—	—		—	—	—	—	—	—
45	25	14	4	3	1	—	—	—	—
19	8	4	1	—	—	—	—	—	—
30	21	9	8	4	—	1	—	—	—
—	—	1	1	—	—	—	—	—	—
8	1	1	1	—	—	—	—	—	—
—	1	1	—	—	—	—	—	—	—
32	13	12	4	—	—	—	1	—	—
2	—	—	—	1	—	—	—	—	—
11	6	8	—	1	—	—	—	—	—
3	2	—	1	—		—	—	—	—
82	58	18	12	6	4	—	—	—	—
5	1	—	1	—	—	—	—	—	—
3	2	8	—	—	—	1	—	1	—
1	—	—	1	—	—	—	—	—	—
17	7	8	—	—	—	—	—	—	—
8	4	8	8	1	—	—	—	—	—
34	20	7	10	2	—	1	—	—	—
—	1	8	—	4	—	—	—	—	—
8	8	1	—	—	—	—	—	—	—
37	22	13	7	2	—	—	—	—	—
7	6	8	8	1	—	—	—	—	—

England und Wales. Beschäftigungen der Personen

Beschäftigungen.	Jeden Alters.	Unter 20 Jahren.	Ueber 20 Jahr.	Alter: Unter 5 Jahren.	5—	10—	15—	20—
Medaillenmacher	19	1	18	—	—	—	1	[illegible]
Formmacher, Stempelmacher	567	151	416	—	1	30	120	[illegible]
[illegible]	18	3	15	—	—	—	3	[illegible]
Andere die hiermit zu thun haben	14	—	14	—	—	—	—	
7. Uhren und physikalische Instrumente.								
Taschen-, Pendeluhrenmacher und Fabrikanten	20,221	5,520	14,701	—	3	545	[illegible]	[illegible]
Physikalische Instrumentenmacher	1,125	119	1,006	—	—	43	176	[illegible]
Optiker, Brillenmacher	2,003	376	1,627	—	1	74	301	[illegible]
Waagemaschinen-, Waagen-, Maß- und Gewichtmacher	1,511	326	1,185		3	62	261	211
Andere die hiermit zu thun haben	28	1	27		—	—	1	[illegible]
8. Chirurgische Instrumente.								
Chirurgische Instrumentenverfertiger	650	127	523	—	—	25	101	84
Chirurgische Apparatemacher	27	—	20	—	—	—	—	[illegible]
Künstliche Zähnemacher	38	7	31	—	—	1	6	10
Bruchbänder- und Bandagemacher	71	10	61	—		3	7	4
Andere die mit chirurgischen Instrumenten zu thun haben	13	2	11	—	—	1	1	[illegible]
9. Waffen.								
Gewehrfabrikanten	11,5[illegible]	3,[illegible]	8,[illegible]	—	31	[illegible]	[illegible]	2,01[illegible]
Waffenschmiede	59	5	54	—	—	1	4	15
Schwertfeger	391	67	324			12	54	79
Bajonnetten- u. Lanzenmacher	80	24	64	.	1	7	16	10
Pulverfabrikanten, Arbeiter, Zündkapselmacher	640	95	545	—	1	31	63	[illegible]
Munitions-, Patronenmacher	58	51	7	—	—	37	14	1
Schrot-, Kugelmacher	68	18	50	—	—	8	10	[illegible]
Pulverhorn-, Kugelbeutelmacher	133	26	107	—	1	8	16	[illegible]
Andere die mit Waffen beschäftigt sind	30	3	27	—	1	—	2	[illegible]
10. Maschinen und Handwerkszeug.								
Locomotiv- und Maschinenmacher, Agenten, Verkäufer	60,807	13,511	48,296	—	14	1,991	10,506	11,[illegible]
Nähmaschinenmacher	119	27	92	—		5	22	[illegible]
Waschmaschinenmacher	6	—	6	—	—	—	—	—
Mangelmacher	12	1	11	—	—	—	1	[illegible]
Feuerspritzen-, Schlauch- und Feuereimermacher	57	4	53	—	—	—	4	[illegible]
Bratspießwendermacher	63	10	53	—	—	1	9	[illegible]
Mühlenmacher	202	45	157	—	1	12	32	[illegible]
[illegible]	2,564	1,031	1,533	—	9	395	627	[illegible]
Hammermacher	116	30	86	—	.	9	11	[illegible]
Gasmesser-, Meteren-, Gasometermacher	312	39	273	—	—	7	32	[illegible]
Nadelfabriken	2,334	690	1,644	—	60	316	314	[illegible]
Scheerenmacher	1,170	340	830	—	—	71	169	[illegible]
Fingerhutmacher	95	34	61	—	2	17	15	[illegible]
Schafscheerenmacher	202	50	152	—	1	9	40	[illegible]
Stahlfedermacher	160	47	113	—	2	21	24	[illegible]
Tintenfaßmacher	30	5	25	—	—	1	4	[illegible]
Bleistiftmacher	156	36	120	—	—	12	24	[illegible]

2	—	1	—	—	1	1	—	—	—	—	—	—	—
58	41	34	30	18	15	5	5	—	—	—	—	—	—
5	—	5	—	—	—	5	1	—	—	—	—	—	—
6	4	.	2	1	2	—	—	—	—	—	—	—	—
1,952	1,806	1,405	1,111	775	702	497	384	166	66	22	9	—	—
110	89	64	54	51	38	34	11	4	—	—	—	—	—
199	171	145	124	77	65	43	21	13	2	—	1	1	—
145	144	109	94	84	44	31	9	8	4	—	—	—	—
5	2	3	1	1	—	—	—	—	—	—	—	—	—
66	52	43	37	28	13	9	4	5	1	—	—	—	—
4	4	—	1	—	1	—	1	—	—	—	—	—	—
7	6	4	2	—	—	—	—	—	—	—	—	—	—
11	5	6	4	7	1	1	3	1	—	1	—	—	—
3		3	—	1	1	—	—	—	—	—	—	—	—
880	719	638	409	278	206	193	122	60	21	5	1	—	—
9	—	2	3	1	—	—	2	—	—	—	—	—	—
37	25	24	10	4	8	7	4	4	1	—	—	—	—
8	7	5	2	4	2	—	1	1	1	—	—	—	—
77	56	57	39	43	20	7	5	4	1	—	—	—	—
1	1	1	1	—	—	—	—	—	—	—	—	—	—
4	4	6	1	3	5	—	—	—	—	—	—	—	—
14	9	6	5	8	4	1	1	—	1	—	—	—	—
6	—	6	—	—	—	—	—	1	—	—	—	—	—
6,041	4,793	3,367	2,364	1,509	910	454	237	108	45	8	3	—	—
12	8	7	1	1	1	1	—	—	—	—	—	—	—
1	1	—	1	—	—	1	—	—	—	—	—	—	—
1	1	1	—	2	—	—	1	—	—	—	—	—	—
4	3	7	7	4	1	3	—	—	—	—	—	—	—
5	4	3	8	—	2	1	4	—	—	—	—	—	—
25	17	10	11	8	11	5	1	1	—	—	—	—	—
177	179	101	77	40	16	10	3	—	—	—	—	—	—
15	10	7	9	4	4	—	1	—	1	—	—	—	—
33	26	15	20	7	5	4	—	1	—	—	—	—	—
294	202	158	108	31	62	41	27	19	11	1	—	—	—
109	118	68	56	51	27	30	18	7	4	2	—	—	—
6	6	6	5	2	4	1	1	1	—	—	—	—	—
19	9	11	7	5	4	—	1	1	—	—	—	—	—
25	15	18	7	5	2	—	1	—	—	—	—	—	—
8	1	4	1	2	1	—	—	—	—	—	—	—	—
15	18	10	3	5	9	5	5	1	—	—	—	—	—

England und Wales. Beschäftigungen der Personen

Beschäftigungen	Jeden Alters.	Unter 20 Jahren.	Ueber 20 Jahre.	Alter: Unter 5 Jahren.	5—	10—	15—	20—
Werkzeugmacher, Händler	5,847	1,199	4,648	—	3	292	904	891
Ambosmacher	182	28	154	—	—	9	19	27
Feilenmacher	7,646	2,110	5,536	—	26	701	1,383	1,271
Sägeschmied	1,886	315	1,571	—	—	58	257	344
Messerschmied	5,646	1,305	4,341	—	13	375	917	849
Klingenmacher, Schmiede	1,984	429	1,555	—	1	198	230	334
Messermacher	5,330	1,326	4,004	—	16	442	868	818
Gabelmacher und Schleifer	616	151	465	—	1	51	99	91
Werkzeugschleifer	71	12	59	—	—	3	9	5
Rasirmessermacher	1,059	210	849	—	—	54	156	144
Ahlmacher	354	66	288	—	1	24	41	58
Bohrermacher	76	19	57	—	1	6	12	11
Korkziehermacher	77	19	58	—	—	9	10	10
Sensen- und Sichelmacher	293	136	157	—	3	31	102	106
Schaufel- und Spatenmacher	1,225	333	892	—	1	109	223	169
Brodschiebermacher	15	1	14	—	—	—	1	
Sieb- und Kornsiebmacher	324	73	251	—	—	24	49	48
Blasbalgmacher	258	71	187	—	6	21	44	59
Ösen- und Häkelmacher	239	120	119	—	41	61	18	21
Hemelmacher	159	68	91	—	1	27	40	31
Rahmenmacher (Baumwollindustrie)	216	57	159	—	—	15	42	31
Rahmenschmied	619	136	483	—	—	30	106	118
Spulenmacher, Drechsler	2,174	842	1,332	—	35	382	425	314
[illegible]schneider	436	29	407	—	—	4	25	1
Blattbinder	675	148	527		2	50	96	96
Weberdistelschneider	988	236	752	—	—	65	171	145
Spindelflügelmacher (Spinnmaschine)	393	135	258			50	85	81
Kämmmaschinenmacher	273	69	204	—	3	27	39	40
Webkammmacher	109	32	77	—		10	22	18
Weberschiffchenmacher	536	126	410	—	2	42	82	80
Kammacher (für Fabriken)	75	13	62	—	1	2	10	19
Kammwalzenmacher	38	9	29	—	—	2	7	5
Walzenmacher und Decker	891	215	676	—	3	75	137	135
Zahnräderwerkmacher	30	5	25	—		1	4	5
Stahlspielwaarenmacher und Putzer	557	115	442	—	—	35	80	77
Sägstiel- u. Rahmenmacher	75	10	65	—	—	—	10	10
Waagschalenmacher	88	3	85	—	—	—	3	6
Glaserdiamantenmacher	12	—	12	—	—	—	—	2
Hut-, Hauben- und Perrückenstockmacher	40	5	35			—	5	4
Andere, welche Werkzeuge fertigen	340	95	245	—	2	40	53	39
11. Wagen.								
Wagner, Chaisenfabrikanten	18,652	3,381	15,271	—		453	2,928	2,815
Wagen- u. Kutschenhändler	19	—	19	—	—	—	—	[illegible]
Eisenbahnwaggonmacher	774	137	637	—		40	97	119
Eisenbahnwaggon-Springfedern- und Stößermacher	99	17	82	—		3	14	[illegible]
Eisenbahnwaggonrädermacher	54	14	40	—	—	7	7	[illegible]
Schwengelstangenmacher	221	51	170	—	—	4	47	[illegible]
Kinder- und Krankenwagenmacher	59	6	53	—	—	—	6	[illegible]
Andere die mit Wagen zu thun haben	17	1	16	—	—	1	—	[illegible]
12. Geschirr.								
Sattler, Geschirrfabrikanten	17,050	3,289	13,761	—	6	564	2,719	[illegible]
Peitschenmacher	1,059	223	836	—	6	54	163	[illegible]

790	648	571	504	350	293	189	128	81	51	29	5	1	—	—	—
29	15	18	27	14	7	5	9	1	1	1	—	—	—	—	—
979	742	641	575	378	329	212	140	99	41	24	8	1	—	—	—
273	173	184	173	119	86	73	48	34	24	8	5	1	—	—	—
847	481	554	555	403	479	293	215	111	83	43	22	3	—	1	—
290	203	200	291	130	77	60	43	12	18	5		—	—	—	—
860	816	564	453	330	236	200	169	94	52	19	7	—	—	—	—
91	56	69	61	43	84	21	19	13	1	3	—	—		—	—
9	8	5	8	8	6	3	8	8	1	1	1	—	—	—	—
114	111	107	130	63	45	48	32	14	11	6	—	1	—	—	—
49	34	25	29	24	16	17	16	7	8	2	1	—	—	—	—
10	7	5	9	1	2	8	2	4	2	2	—	—	—	—	—
4	7	7	6	4	4	6	3	5	2	—		—	—	—	—
107	124	97	83	58	47	42	42	23	14	9	5	—	—	—	—
148	194	118	61	70	63	40	20	10	14	9	4	—	—	—	—
—	4	1	2	8	1	—	1	—	4	—	1	—	—	—	—
97	34	81	16	24	31	18	17	15	6	0	7	—	—	—	—
29	23	26	31	15	26	7	10	8	5	1	—	—	—	—	—
16	17	18	5	11	11	9	4	7	3	3	—	—	—	—	—
21	14	9	11	5	—	1	—	—	—	—	—	—	—	—	—
22	12	17	27	11	7	11	8	7	3	2	1	—	—	—	—
58	64	39	48	35	47	23	20	14	11	6	8	—	—	—	—
260	206	120	115	97	78	43	20	13	18	11	2		—	—	—
98	48	45	57	57	31	29	34	11	11	9	6	2	—	—	—
75	70	58	49	34	49	31	29	18	11	6	3	1	—	—	—
100	81	60	91	53	70	53	44	33	27	10	7	8	1	—	—
39	56	30	25	10	10	8	5	1	—	—	—	—	—	—	—
30	35	34	24	11	6	8	6	4	3	—	—	—	—	—	—
19	16	6	7	16	6	4	8	2	1	1	—	—	—	—	—
65	66	30	66	26	34	15	9	7	6	6	1	—	—	—	—
6	10	4	4	2	4	7	2	1	1	—	—	—	—	—	—
9	7	1	2	1	3	1	—	1	—	—	—	—	—	—	—
97	92	74	71	67	62	42	26	16	4	7	3	—	—	—	—
4	1	2	2	8	3	3	—	1	1	—	1	—	—	—	—
63	40	44	45	45	24	31	27	14	9	8	—	—	—	—	—
17	10	7	4	6	5	1	2	2	1	1	—	—	—	—	—
3	3	0	3	1	1	3	—	—	—	—	—	—	—	—	—
1	2	1	1	1	—	3	1	—	—	—	—	—	—	—	—
6	8	4	3	4	4	3	3	—	—	—	—	—	—	—	—
26	41	22	34	19	17	10	9	12	4	1	1	—	—	—	—
2,215	1,981	1,913	1,707	1,536	1,316	733	578	309	174	71	25	9	1	—	—
4	1	3	3	1	1	1	8	1	—	—	—	—	—	—	—
129	106	89	73	53	30	12	12	4	1	—	—	—	—	—	—
81	15	16	4	8		1	1	—	—	—	—	—	—	—	—
9	7	6	5	...	...	1	—	—	—	—	—	—	—	—	—
31	23	24	25	11	9	4	5	3	1	—	—	—	—	—	—
2	6	10	12	5	1	5	4	—	2	—	—	—	—	—	—
2	3	1	—	3	5	—	—	—	—	—	—	—	—	—	—
1,759	1,480	1,525	1,497	1,347	1,141	733	390	491	311	156	69	20	6	2	—
98	91	101	110	84	72	45	42	29	19	5	8	—	—	—	—

England und Wales. Beschäftigungen der ...

Beschäftigungen.	Jeden Alters.	Unter 20 Jahren.	Ueber 20 Jahre.	Unter 5 Jahren.	5—	10—	15—
13. Schiffe.							
Schiffbaumeister	31,278	5,618	25,660	—	9	876	4,734
Schiffsarchitekten	47	..	47		..	—	—
Schiffsschmiede	704	132	572		..	23	109
Takelmeister	1,563	137	1,426		..	36	101
Schiffsleichterzieher	490	63	427		..	9	54
Ruder- und Mastmacher	1,952	434	1,518		—	68	349
Boot- und Kahnmacher	3,515	782	2,733		1	147	634
Segelmacher	4,124	1,059	3,065		8	258	801
Andere, die für Schiffe arbeiten	32	4	28		—	8	9
14. Häuser und Bauten.							
Hauseigenthümer	11,402	25	11,377			—	25
Hausagenten, Zinseinnehmer	1,794	81	1,713			9	72
Architekten	3,840	692	3,148		-	55	643
Aufseher	1,843	826	1,017		—	16	208
Baumeister	15,658	1,285	14,373	-	—	160	1,125
Zimmerleute (auch Lehrlinge)	177,818	27,038	150,780	..	17	3,389	23,695
Rolleaumacher (jeden Zweiges)	641	93	548	—	—	10	77
Maurer	79,483	11,001	68,482	—	85	2,128	8,848
Marmorschneider	2,052	371	1,681	—	1	63	307
Steinmetzen, Steinsetzer	84,103	12,314	71,789	—	41	2,918	9,652
Schieferdecker, Ziegler	5,268	716	4,552	—	1	145	581
Gypser	18,532	3,078	15,454	—	4	704	2,370
Karnieß- und Friesenfabrikanten	14	5	9	—	—	1	4
Schablonenmacher	12	2	10	—	—	—	2
Tapezierer	2,360	405	1,955	—	2	94	302
Anstreicher, Bleigießer, Glaser	74,172	12,272	61,900	—	17	1,941	10,311
Schildermaler und Maler	88	10	78		.	8	8
Treppenmacher	15	1	14			..	1
Treibhausmacher	26	1	25			—	1
Badeapparatmacher	13	—	13		-		—
Ofenmacher	40	2	38		—		
Baumaterial- rc. Händler						1	1
Contrahent für Mühlen, Docks	44	2	42	-		—	2
u. andere öffentliche Arbeiten	62	—	62	—	—	—	—
Wasserbautenmacher	471	48	423	—	—	7	41
Andere, die an Häusern und Bauten arbeiten	138	27	111	—	1	9	17
15. Möbel.							
Kunsttischler, Tapezierer	85,038	6,563	78,475		7	914	5,649
Sargmacher	1,156	88	1,068		—	6	57
Stuhlfabrication	6,824	1,446	5,378	..	31	411	1,004
Bilderrahmenmacher	1,847	826	1,021	—	1	43	198
Schnitzer und Vergolder	5,835	1,815	4,020	—	3	203	1,049
Spiegelmacher	574	97	477	—	—	16	81
Bettstellen-, Matratzen-, Bettfedernmacher	1,617	376	1,241		8	111	183
Möbelhändler	3,263	162	3,101		..	26	136
Tischdeckenmacher (alle Zweige)	137	12	125	—		5	7
Toiletten- und Schreibzeugmacher	168	31	137	—	—	9	29
Silberschrankmacher	37	6	31	—	—	1	5
Bank-Schnitzer und Arbeiter	37	7	30	—	—	2	5
Zierrathschnitzer	47	12	35	—	—	2	10
Marqueterie- und Fourniermacher	57	10	47	..	..	2	6
Tunbridgewaarenmacher	39	4	35	-		—	4
Gartenstühlenhändler	49	3	46	-	—	—	3
Thürschonermacher	15	6	9	—	—	2	4
Andere, die in diesen Artikeln arbeiten	60	7	53	—	—	3	4

männlichen Geschlechts in den verschiedenen Altersperioden.

der Personen.

25—	30—	35—	40—	45—	50—	55—	60—	65—	70—	75—	80—	85—	90—	95—	100 und drb.
4,181	3,354	3,293	2,539	1,641	1,481	876	965	753	517	344	125	30	6	—	—
14	3	3	4	3	3	3	2	1	1	—	—	—	—	—	—
166	90	63	49	49	48	23	13	5	7		—	—	—	—	—
129	194	231	207	195	114	76	77	8	24	8	6	—	1	—	—
64	57	66	47	35	39	17	21	3	9	3	2	—	—	—	—
253	185	160	139	195	73	78	73	54	41	25	5	2	1	—	—
322	331	305	306	240	191	159	171	100	75	67	16	7	1	—	—
457	375	346	270	226	189	151	153	105	86	44	13	1	1	—	—
18	6	8	1	—	4	3	—	—	—	—	1	—	1	—	—
234	326	516	730	978	1,212	1,181	1,671	1,469	1,221	807	415	156	60	2	1
129	123	136	189	205	203	212	221	122	84	33	6	2	1	—	—
504	476	365	290	226	219	140	95	78	59	19	9	5	—	—	—
167	170	174	182	145	164	146	114	67	51	24	15	5	—	—	—
1,878	1,440	1,716	1,236	1,651	1,556	1,173	965	676	454	231	97	31	5	—	—
22,099	18,189	16,357	14,665	12,776	11,902	8,167	6,627	4,201	3,791	2,016	907	291	50	2	1
94	68	73	64	66	38	33	17	16	12	3	1	1	—	—	—
10,457	9,734	9,038	7,365	6,674	6,196	5,643	3,313	1,944	1,316	612	224	78	18	1	—
218	237	193	176	149	114	70	56	23	16	7	6	—	—	—	—
10,480	9,467	8,605	7,700	8,341	5,468	4,085	3,179	2,025	1,388	659	308	67	14	2	—
629	554	562	453	397	405	293	248	169	103	45	21	6	—	—	—
2,575	2,209	1,775	1,546	1,305	1,256	833	657	374	234	91	39	14	4	—	—
1	1	—	1	1	1	—	—	—	—	—	—	—	—	—	—
2	—	1	1	2	1	—	1	1	—	—	—	—	—	—	—
324	311	291	235	134	101	64	69	25	17	5	—	1	—	—	—
10,893	9,181	7,977	7,033	5,437	4,172	2,621	1,904	1,011	564	256	63	19	3	—	—
14	13	8	4	10	2	3	6	—	1	—	—	—	—	—	—
2	2	1	1	—	4	—	—	—	—	—	—	—	—	—	—
5	4	1	3	3	1	1	2	—	—	—	—	—	—	—	—
—	2	2	2	3	—	1	1	—	—	—	—	—	—	—	—
6	8	5	4	5	3	1	3	1	—	—	—	—	—	—	—
6	6	6	5	4	5	5	1	2	—	—	1	—	—	—	—
2	5	18	9	7	7	6	3	5	—	—	—	—	—	—	—
42	35	43	39	34	39	43	27	26	18	9	7	—	—	—	—
18	24	11	9	11	12	4	6	2	1	—	—	—	—	—	—
4,377	3,539	3,205	2,893	2,439	2,057	1,577	1,078	713	474	201	90	20	2	1	—
109	194	184	145	105	105	85	99	41	31	8	8	—	—	—	—
841	789	619	654	447	363	236	126	143	116	40	17	8	2	1	—
172	165	153	111	69	56	23	23	16	6	8	—	—	—	—	—
715	657	468	344	306	235	174	164	60	45	20	9	1	1	—	—
102	80	54	41	41	31	6	19	3	4	4	—	—	—	—	—
217	163	163	153	119	72	36	41	18	13	2	2	2	—	—	—
877	869	425	417	403	348	289	218	106	70	23	7	2	—	—	—
12	21	16	17	18	19	8	5	1	1	—	—	—	—	—	—
20	15	17	14	14	10	9	7	1	1	2	1	—	—	—	—
9	7	4	8	—	2	1	1	4	2	—	—	—	—	—	—
8	5	6	5	3	4	1	1	—	—	—	—	—	—	—	—
12	4	2	—	1	1	1	—	—	—	—	—	—	—	—	—
12	7	6	5	4	7	2	1	—	—	—	—	—	—	—	—
6	2	7	5	3	3	1	2	2	1	2	2	—	—	—	—
2	5	8	4	6	10	3	4	1	—	—	1	—	—	—	—
1	2	—	2	1	—	—	—	—	—	—	—	—	—	—	—
6	11	11	7	4	2	1	4	—	—	—	—	—	—	—	—

England und Wales. Beschäftigungen der Personen

Beschäftigungen.	Jeden Alters.	Unter 20 Jahren.	Ueber 20 Jahre.	Alter: Unter 5 Jahren.	5—	10—	15—	20—
16. Werkzeug.								
Rädermacher	29,987	5,352	24,635	—	7	600	4,745	4,808
Mühlenmacher	8,218	1,228	6,990	—	1	149	1,064	1,214
Landwirthschaftliche Geräthe und Maschinenmacher	1,024	195	829	—	1	30	164	119
Pumpen- u. Brunnenmacher	293	38	255	—	—	8	20	19
Andere, die mit Werkzeugen handeln oder dieselben fertigen	4	—	4	—	—	—	—	—
17. Chemische Präparate.								
Chemische Fabriken	7,505	960	6,545	—	6	251	703	1,005
Droguerienwaaren-Mahler und Verpacker	30	2	28	—	—	—	2	4
Delicatessenhändler	594	79	515	—	—	8	71	73
Oblatenmacher	10	—	10	—	—	—	—	1
Stärkemehlfabrication	414	100	314	—	1	35	64	47
Schuhwichsemacher, Händler	410	53	357	—	1	23	29	11
Farbenfabrication	1,110	186	924	—	3	52	131	134
Farbeholzzerschneider, Müller	215	23	192	—	1	8	14	20
Färber, Fleckausmacher	7,006	1,304	5,702	—	15	367	924	953
Lohpresser (Blühpresser)	69	11	58	—	—	2	9	10
Schwefelfabrication	14	1	13	—	—	—	1	1
Streichzündhölzchenmacher	17	5	12	—	—	3	2	—
Salpeterfabrication	12	1	11	—	—	1	—	4
Feuerwerker, Pulverhändler	92	11	81	—	—	2	9	5
Tinte-, Druckerschwärzemacher	188	22	166	—	1	6	16	29
Zündhölzchenmacher, Verkäufer	343	210	133	—	17	124	69	79
Asphaltfabrication	105	11	94	—	—	4	7	8
Schmelztiegelfabrication	74	20	54	—	1	8	11	5
Andere, die in chemischen Artikeln arbeiten	35	2	33	—	—	2	—	2
XI. Gewebe und Kleidung.								
1. Woll- und Kammgarn.								
Wollhändler	2,277	232	2,045	—	—	26	206	256
Filzfabrication	362	74	288	—	—	30	44	41
Wollgarnfabrication, Händler	118	27	91	—	1	13	13	20
Garnhändler	42	4	38	—	—	—	4	10
[illegible]	62	5	57	—	—	2	3	4
Stricker	16	10	6	—	5	5	—	1
Wollentuchfabrication	81,204	20,109	61,095	—	737	7,439	11,933	9,840
Wollzeughändler	107	12	95	—	—	—	12	14
Wollenzeugdrucker	149	44	105	—	16	17	12	20
Scherwollenfabrication	140	19	121	—	1	7	11	18
Wollabfallhändler	63	5	58	—	—	—	5	7
Wollen-Lumpenhändler	193	6	187	—	—	2	4	21
Tuchhändler	665	98	567	—	—	8	90	93
Tuchbereiter	1,263	118	1,145	—	—	19	99	140
Walker	1,001	175	826	—	2	59	114	140
Wollenfärber	1,787	254	1,533	—	2	80	172	213
Kammgarnfabrication	30,384	12,207	18,177	—	1,540	6,446	4,219	2,7[illegible]
Kammgarnhändler	20	—	20	—	—	—	—	2
Kammgarnverfertiger	24	—	24	—	—	—	—	—
Mungofabrikanten	29	3	26	—	—	—	3	4
Wollzeugfabrication	2,455	497	1,958	—	9	140	248	374
Wollenzeughändler	1,420	367	1,053	—	—	69	275	223
Flaggentuchfabrication	10	1	9	—	—	—	1	—
[illegible]händler, Arbeiter	63	9	54	—	—	—	8	3
Linsey-Weber	306	58	248	—	1	18	22	15
Flanellfabrication	724	85	639	—	1	25	58	50

2,868	2,641	2,575	2,148	1,913	1,381	1,707	[illegible]	712	378	190	62	15	—	—
831	[illegible]	783	836	559	355	795	208	131	77	85	10	2	—	—
131	183	61	92	58	48	35	18	11	6	3	3	—	—	—
25	31	59	28	18	18	20	16	4	8	6	1	—	—	—
	—	1	—	—	1	1	—	—	—	—	1	—	—	—
1,065	919	788	681	[illegible]	804	210	81	48	23	13	—	—	—	—
3	6	5	2	1	1	3	—	—	1	1	—	—	—	—
59	70	67	59	43	29	16	15	9	5	2	—	1	—	—
2	1	2	1	—	—	1	—	—	—	—	—	—	—	—
36	41	35	37	26	14	12	1	3	3	—	—	—	—	—
30	31	34	29	35	32	45	40	28	9	7	—	—	—	—
108	118	120	108	80	50	36	24	15	6	8	—	—	—	—
31	29	16	24	17	17	6	4	—	1	—	—	—	—	—
718	834	833	515	432	370	287	138	123	62	25	3	1	—	—
2	1	5	5	7	5	5	1	—	1	—	2	—	—	—
3	2	1		—	[illegible]	2	—	—	—	—	—	—	—	—
1	—	3	1	1	2	—	—	—	1	—	—	—	—	—
—	3	—	—	—	—	5	—	—	—	—	—	—	—	—
11	10	18	11	5	6	6	1	—	2	—	—	—	—	—
19	13	18	20	23	12	4	6	7	1	—	—	—	—	—
21	19	6	10	4	2	7	5	2	2	4	1	—	—	—
19	11	17	15	11	4	4	1	—	—	—	—	—	—	—
10	10	5	4	3	2	1	—	1	—	—	—	—	—	—
2	—	4	—	6	2	2	8	—	1	—	1	—	—	—
286	780	254	210	148	133	114	81	70	36	14	6	1	—	—
32	24	26	29	24	19	16	14	14	11	3	—	—	—	—
6	14	12	7	8	8	4	—	3	2	—	—	—	—	—
7	8	1	1	2	2	—	1	—	—	—	—	—	—	—
4	8	9	5	9	4	1	1	2		—	—	—	—	—
—	—	—	—	—	—	—	1	1	1	1	—	—	—	—
7,148	6,653	6,186	5,585	4,838	4,115	3,306	2,278	1,568	893	387	75	18	1	1
12	21	9	7	3	1	6	4	—	—	—	—	—	—	—
23	17	8	8	1	3	3	2	—	—	—	—	—	—	—
20	9	10	11	10	11	6	4	1	1	—	—	—	—	—
8	7	10	8	4	8	5	3	1	1	—	—	—	—	—
35	25	29	18	14	8	2	3	—	1	—	—	—	—	—
59	68	59	50	38	33	20	8	5	4	3	—	—	—	—
184	127	116	80	83	86	63	53	60	39	23	7	2	—	—
114	88	78	60	62	58	35	27	31	18	5	3	1	—	—
214	171	170	158	116	88	74	40	10	6	1	5	—	—	—
2,814	2,108	2,010	1,491	1,347	1,135	952	631	481	303	83	23	5	—	—
3	3	1	3	1	2	1	—	—	1	—	—	—	—	—
5	3	4	4	—	1	4	—	—	—	—	—	—	—	—
3	8	1	8	1	2	2	—	—	—	—	-	—	—	—
275	229	188	185	150	97	67	33	22	16	1	1	—	—	—
168	122	97	12	42	23	3	3	8	-	—	—	—	—	—
1	1	—	1	8	1	1	1	1	—	—	—	—	—	—
4	4	7	7	6	5	6	8	2	—	8	[illegible]	—	—	—
25	24	34	27	27	15	17	15	19	3	8	2	—	—	—
63	46	78	48	62	40	57	86	27	10	8	1	—	—	—

England und Wales. Beschäfti

Beschäftigungen.	Jeden Alters.	Unter 20 Jahren.	Ueber 20 Jahre.	Unter 5 Jahren.	5–
Serge-, Boy-, Moireenfabrication	58	5	53		—
Wolldeckenfabrication	1,556	206	1,350		1
Teppichfabrication	6,021	1,519	4,502		38
Teppichhändler	125	17	108		
Mohair-, Angolafabrication	92	25	67	—	2
Alpacafabrication	56	19	37	..	2
Angorafabrication	34	4	30		
Moirefabrication	18	1	17		—
Wollenschnürfabrication	13	2	11		—
Andere, die in Wolle und Kammgarn arbeiten	71	9	62		2
2. Seide.					
Seide-, Atlasfabrication	35,115	8,073	27,042		[illegible]
Seidenhändler	514	120	394		..
Seidenfärber, Drucker	2,618	427	2,191		7
Seidengarnverkäufer	984	168	816		1
Bandfabrication	4,377	901	3,476	—	38
Bandhändler	118	25	93	—	1
Seidenstrumpffabrication	387	86	301		4
Modeartikelfabrication (Seide)	170	23	147	—	—
Kurzwaarenfabrication (Seide)	259	40	219	—	2
Bortenfabrication	123	75	48	—	3
Webstuhldreher (bei Seidefabrication)	408	212	196	—	25
Andere die in Seide handeln oder arbeiten	52	22	30	—	
3. Baumwolle und Flachs.					
Flachsleinenfabrication	9,291	2,122	7,169		107
Flachshändler, Agenten	39	1	38		
Flachsleinenfärber	10	4	6		1
Flachsleinenbleicher	29	4	25	—	1
Wergfabrication	25	13	12	—	—
Leinwandhändler, Agenten	126	6	120	—	-
Garnfabrication	873	159	714	..	7
Leinenbandfabrication, Händler	554	138	416	—	2
Spitzenfabrication	8,890	2,198	6,692	—	70
Spitzenhändler, Agenten	458	55	403	..	—
Baumwollenfabrication	197,510	[illegible]	185,348		4,115
Baumwollenhändler	299	95	204	-	1
Baumwollen-Cattunhändler	749	68	681	—	—
Baumwollen-Gedruckte-Cattunverkäufer, Händler	19	1	18	—	—
Cattunglanderirer	55	5	50	—	—
Baumwollenabfallhändler	65	6	59	..	—
Abfallhändler	468	30	438	—	2
Kerzen- und Lampendochtmacher	28	1	27	—	—
Fustfabrication	125	24	101	—	—
Scherbaumwollenhändler	11	1	10	—	—
Steppdeckenmacher	58	10	48	—	—
Bettdeckenmacher	65	2	63	—	1
Wattenmacher	212	28	184	—	2
Barchentfabrication	53	9	44	—	—
Barchentfärber	2,725	819	1,906	—	57
Gingamfabrication	780	45	735	—	1
Musselinfabrication	87	19	68	—	—
Musselinagenten, Händler	193	25	168	—	—
Cattundrucker	29	2	27	—	—
Cattunfärber	10,096	2,762	7,334	—	179
Baumwollebandmacher, Händler	4,717	1,274	3,443	—	40

männlichen Geschlechts in den verschiedenen Altersperioden.

der Personen.

25—	30—	35—	40—	45—	50—	55—	60—	65—	70—	75—	80—	85—	90—	95—	100 und höh.
4	3	8	5	8	6	4	8	3	—	3	3	1	1	—	—
158	150	171	128	160	114	99	85	48	35	17	6	1	—	—	—
761	716	679	590	408	305	216	170	155	94	44	11	2	—	—	—
17	16	15	14	7	5	3	6	1	2	1	—	—	—	—	—
7	8	5	5	7	7	8	5	—	1	—	—	—	—	—	—
13	9	4	3	—	2	3	—	—	—	—	—	—	—	—	—
2	1	2	4	3	3	—	3	1	3	1	—	—	—	—	—
3	2	1	1	2	2	1	1	2	1	—	—	—	—	—	—
2	1	—	—	2	1	1	1	—	—	—	—	—	—	—	—
9	3	5	9	6	9	8	5	3	2	2	—	1	—	—	—
3,178	3,081	3,150	2,987	2,605	2,774	2,131	1,540	978	710	310	112	31	6	1	—
75	54	53	40	21	19	17	9	5	4	1	1	—	—	—	—
341	307	272	249	220	169	118	93	50	26	11	4	1	—	—	—
122	106	96	83	88	54	39	26	15	9	2	3	—	1	—	—
485	471	341	304	369	295	241	181	96	81	43	25	8	2	—	—
22	13	8	8	5	1	2	3	—	2	—	—	—	—	—	—
62	54	38	26	17	24	9	6	1	2	3	—	1	—	—	—
26	21	20	13	11	10	10	6	3	2	4	—	—	—	—	—
34	24	31	20	24	24	19	13	2	1	—	—	—	—	—	—
12	10	4	4	4	1	2	—	—	—	—	—	—	—	—	—
10	11	12	14	18	17	13	4	5	5	1	1	—	—	—	—
6	6	7	5	3	3	1	3	1	1	—	—	—	—	—	—
744	749	793	768	668	715	538	455	361	256	171	69	19	6	—	—
4	4	6	7	2	3	3	2	4	2	1	—	—	—	—	—
1	—	—	2	—	1	1	1	1	—	—	—	—	—	—	—
1	1	1	3	4	2	2	2	2	2	—	—	—	—	—	—
2	—	2	2	1	2	—	2	—	—	—	—	—	—	—	—
26	21	14	8	11	8	10	3	1	—	—	—	—	—	—	—
35	35	28	25	17	10	5	7	3	2	2	—	—	—	—	—
46	42	42	40	39	36	37	32	23	9	5	4	—	—	—	—
1,073	853	769	729	718	576	368	284	161	79	44	15	9	—	—	—
73	48	41	47	25	19	14	17	3	7	1	5	—	—	—	—
20,322	16,831	16,087	12,960	9,745	7,926	5,457	4,213	2,785	1,696	851	407	85	14	4	2
41	58	19	20	18	16	6	7	4	2	1	1	—	—	—	—
119	100	94	77	65	40	37	21	12	7	2	1	—	—	—	—
6	1	5	—	—	—	—	1	—	—	—	—	—	—	—	—
10	4	6	6	3	3	1	1	2	1	—	—	—	—	—	—
3	6	0	11	9	8	1	5	—	2	—	—	—	—	—	—
44	56	51	54	47	52	29	29	11	8	2	—	—	—	—	—
			3	1	3	4	1	1	—	—	—	—	—	—	—
1	4	8													
21	9	15	7	9	14	7	4	—	—	—	—	—	—	—	—
2	3	3	—	—	2	—	—	—	—	—	—	—	—	—	—
8	0	4	6	3	8	3	4	3	1	—	—	—	—	—	—
3	7	8	7	5	13	8	7	1	5	—	—	—	—	—	—
19	27	18	25	24	24	10	8	4	4	1	—	—	—	—	—
9	6	7	2	3	3	1	—	—	1	—	—	—	—	—	—
256	240	224	255	162	157	135	98	46	35	5	7	—	1	—	—
30	25	27	48	28	27	10	16	4	—	1	1	—	—	—	—
17	10	4	6	6	2	4	2	3	1	—	—	—	—	—	—
26	21	20	15	13	11	7	8	3	5	1	2	—	—	—	—
5	5	2	3	—	1	—	—	—	—	—	—	—	—	—	—
923	866	995	935	834	805	600	354	186	149	75	37	12	—	—	—
548	466	414	374	293	257	156	118	60	39	8	3	2	—	—	—

England und Wales. Beschäftigungen der Personen

Beschäftigungen.	Jeden Alters.	Unter 20 Jahren.	Ueber 20 Jahre.	Alter: Unter 5 Jahren.	5—	10—	15—	20—
Baumwollenbandmacher, Spinner	108	38	70	—	8	19	11	1
Damastfabrication	95	13	82	—	1	2	10	8
Baumwollensammetfabrication	47	7	40	—		1	6	6
Baumwollkrazenmacher	19	6	13	—		3	3	1
Andere, die in Baumwolle und Flachs handeln und arbeiten	97	26	71		2	10	11	7
4. Gemischte Stoffe.								
Packer und Presser	2,067	319	1,755	—	1	61	257	298
Weber	2,106	263	1,943	—	4	71	188	165
Manchester-Kaufleute	3,286	983	2,303	—	—	106	858	706
Schnittwaarenhändler	45,360	11,976	33,184	—	6	1,465	10,506	9,858
Gürtel-, Gewebemacher	161	36	125	—	—	15	21	17
Elastikmacher	566	169	397	—	—	32	137	110
Franzen-, Quastenfabrication	276	56	220	—	2	20	34	36
Lacetmacher	216	84	132	—	—	30	52	33
Besatzmacher, Händler	518	105	413	—	1	32	72	58
Wagenbortenmacher, Händler	167	18	149	—	—	0	18	17
Sticker	65	12	53	—	—	1	11	5
Crêpefabrication	149	11	138	—	1	7	6	10
Plüschfabrication	150	8	142	—	—	3	5	11
Bleicher	1,718	486	1,233	—	13	216	256	230
Spinner	185	89	74	—	15	58	22	14
Trub- (Tuch) fabrication	22	2	20	—	—	—	2	—
Bombasin-Weber	12	—	12	—	—	—	—	—
Andere, die hierin handeln und arbeiten	79	18	61	—	—	15	3	1
5. Kleidung.								
Friseure, Perrückenmacher	10,658	1,538	9,118	—	3	326	1,202	1,306
Hutfabrication	10,730	1,215	9,515	—	5	249	961	935
Strohflechterei	2,168	1,561	607	—	667	673	221	127
Strohgeflechthändler	239	20	219	—	—	3	17	12
Strohhutmacher	1,687	277	1,410	—	4	64	209	271
Hutmacher, Händler	53	8	45	—	—	4	4	14
Hauben-, Mützenmacher	778	108	669	—	2	36	68	100
Kleider-, Mäntelmacher	19	—	19	—	—	—	—	3
Shawlfabrication	110	18	92	—	1	2	15	13
Shawlhändler	27	1	26	—	—	—	1	2
Pelzhändler	1,058	146	912	—	—	30	116	116
Schneider	108,004	14,792	94,212	—	34	3,503	11,255	13,720
Kleiderhändler	3,200	255	2,945	—	—	41	214	302
Knopfmacher, Händler	3,819	705	3,056	—	59	231	375	316
Armee- u. Marine-Lieferanten	52	1	51	—	—	—	1	4
Uniformmacher	492	121	371	—	—	37	84	80
Theatergarderobeverfertiger	29	3	26	—	—	—	3	1
Putzhändler	803	113	690	—	—	25	88	100
Kragenmacher	478	97	381	—	1	23	73	69
Mascheinmacher	21	5	16	—	—	2	3	4
Kinderwäschemacher	13	1	12	—	—	—	1	3
Corsetmacher	884	111	773	—	1	20	90	86
Crinolinenmacher	129	80	49	—	1	51	28	8
Schnittwaarenmacher	293	74	219	—	2	23	49	61
Strumpffabrication	34,418	4,224	30,192	—	267	1,704	2,253	2,245
Strumpfwaarenhändler	4,327	823	3,504	—	2	115	706	611
Handschuhmacher, Händler	9,029	568	8,461	—	23	177	368	439
Wollenhandschuhmacher	84	23	61	—	4	18	6	11
Seidenhandschuhmacher	453	25	428	—	—	10	15	34
Tuchhandschuhmacher	31	8	23	—	—	3	5	3
Baumwollen- u. Leinenhandschuhmacher	184	14	170	—	—	3	11	12

männlichen Geschlechts in den verschiedenen Altersperioden.

der Personen.

25—	30—	35—	40—	45—	50—	55—	60—	65—	70—	75—	80—	85—	90—	95—	100 und höh.
5	12	7	7	11	10	6	8	—	2	—	—	—	—	—	—
14	15	17	10	5	7	5	3	1	7	—	—	—	—	—	—
7	5	9	8	3	4	2	1	—	—	—	—	—	—	—	—
3	3	3	1	8	—	—	—	—	—	—	—	—	—	—	—
9	11	7	5	3	4	2	11	8	4	2	—	—	—	—	—
371	297	249	187	116	78	41	57	171	8	5	2	—	—	—	—
174	180	166	137	163	156	159	177	110	164	88	79	17	4	8	—
490	438	279	183	113	77	45	46	16	17	4	—	—	—	—	—
6,294	4,577	3,490	2,813	2,089	1,607	1,109	789	478	221	149	58	21	5	—	—
16	21	17	17	12	12	9	6	3	1	1	1	—	—	—	—
73	66	49	44	29	12	9	6	6	1	—	—	—	—	—	—
91	37	28	29	34	24	14	6	7	8	3	1	1	—	—	—
21	24	14	18	6	7	4	4	2	—	—	—	—	—	—	—
57	73	68	30	35	22	16	7	8	11	4	8	—	—	1	—
17	22	18	10	13	13	8	6	2	3	1	1	—	—	—	—
10	6	5	10	6	6	4	8	—	1	1	1	—	—	—	—
20	4	13	18	20	13	11	12	1	4	2	1	—	—	—	—
12	10	13	9	12	18	21	10	2	7	5	1	1	—	—	—
189	148	125	128	100	86	67	57	20	20	13	6	2	—	—	—
13	6	15	6	3	3	—	4	8	8	1	—	—	—	—	—
2	2	2	1	2	3	2	2	—	4	—	1	—	—	—	—
—	—	—	—	—	—	—	1	—	8	—	8	—	—	—	—
11	7	9	7	8	4	5	6	—	1	1	—	—	—	—	—
1,215	1,179	1,095	1,104	1,067	785	580	375	228	187	74	35	7	—	2	—
971	1,057	863	1,115	1,020	1,010	786	620	497	285	182	79	18	—	1	—
101	83	49	51	36	24	20	21	16	6	8	1	—	—	—	—
36	27	25	39	28	24	10	12	3	6	8	1	—	—	—	—
282	235	217	149	108	49	48	25	15	12	6	2	—	—	—	—
13	9	9	3	1	1	—	—	—	—	—	—	—	—	—	—
80	96	67	65	89	87	26	33	7	8	4	8	—	—	—	—
4	1	—	2	4	1	—	1	2	—	1	—	—	—	—	—
16	8	18	14	11	7	1	4	6	8	—	—	1	—	—	—
7	7	6	6	—	—	—	—	—	—	—	—	—	—	—	—
117	100	116	183	105	24	48	43	28	18	6	1	—	—	—	—
11,[illegible]	11,857	11,[illegible]	12,110	10,028	8,850	6,109	4,419	2,976	1,[illegible]	1,047	487	128	24	8	—
354	288	356	274	220	241	104	173	97	58	20	15	3	—	—	—
274	237	263	272	153	145	101	78	64	31	4	4	8	1	1	—
8	7	11	4	2	7	3	1	—	8	—	—	—	—	—	—
64	53	48	49	20	18	18	10	8	1	4	1	1	—	—	—
5	8	3	6	—	4	8	—	1	1	—	—	—	—	—	—
119	107	107	97	52	51	27	22	5	8	6	—	1	—	—	—
74	67	51	86	23	29	14	7	5	2	6	—	—	—	—	—
3	4	3	1	1	—	—	—	—	—	—	—	—	—	—	—
—	2	2	8	1	1	1	—	—	—	—	—	—	—	—	—
82	86	70	102	68	76	49	42	27	18	12	3	5	—	—	—
12	13	9	6	5	6	1	—	—	—	—	—	—	—	—	—
26	28	24	22	18	22	20	8	3	5	1	—	—	—	—	—
2,160	2,818	2,396	2,189	1,761	1,590	1,364	1,409	1,190	879	478	197	58	7	2	—
558	478	416	401	274	252	160	136	27	65	39	18	4	—	—	—
530	285	227	234	250	234	176	156	65	78	50	16	10	4	—	—
6	9	12	7	5	5	—	6	1	1	—	—	—	—	—	—
47	57	40	69	65	39	34	30	16	4	2	1	—	—	—	—
8	3	1	2	1	1	1	—	—	—	—	—	—	—	—	—
71	83	94	80	12	16	6	4	10	1	2	—	—	—	—	—

England und Wales. Beschäftigungen der Personen

Beschäftigungen.	Jeden Alters.	Unter 20 Jahren.	Ueber 20 Jahre.	Unter 5 Jahren.	5—	10—	15—	20—
								Alter
Schuh- und Stiefelmacher, Fabrication	211,223	35,687	175,536		210	9,709	20,945	24,511
Schuhleisten- und Schuhspitzmacher	81	33	48	—	—	11	21	12
Schuhbänder-, Corsetbändermacher	90	52	38	—	1	31	20	5
Flickschuhmacher	180	42	138	—	—	8	34	36
Stiefelstepper	480	435	45	—	7	206	220	17
Hölzerne Ueberschuhmacher	4,880	1,449	3,431	—	7	681	1,081	141
Regen-, Sonnen-, Schirm- u. Stockmacher	2,811	794	2,017	—	22	201	303	304
Mangler	1,165	148	1,019	—	—	38	113	70
Andere die mit Kleidung beschäftigt sind	160	15	115	—	—	4	9	19
8. Hanf u. s. w.								
Mattenmacher	1,298	328	970	—	12	124	102	151
Fegewischmacher	55	12	43	—	1	4	7	7
Cocosfasermattenmacher	230	100	130	—	14	48	38	22
Hanffabrication	583	167	416	—	24	83	58	51
[illegible]fabrication	36	7	29	—	—	6	1	4
Strickseilmacher	11,762	3,797	7,965	—	273	1,551	1,495	1,814
Netzmacher	167	29	138	-	2	9	18	13
Canvasmacher, Händler	452	44	408	—	1	22	21	38
Segeltuchfabrication	490	74	416	—	2	18	34	28
Sackmacher, Händler	785	125	660	—	3	55	65	64
Zeltmacher	54	4	50	-	—	2	2	11
Presenningmacher	225	71	154	-	—	34	37	27
Wachstuchfabrication	624	149	475	-	—	41	108	115
Wergarbeiter, Händler	35	17	18	-	3	12	2	—
Andere die in Hanf etc. handeln und arbeiten	76	25	51	-	—	9	16	6
XII. Speise und Getränk.								
1. Animalische Nahrung.								
Kuhbesitzer, Milchhändler	13,041	2,182	11,859	--	24	686	1,580	1,199
Käse- und Butterhändler	5,983	640	5,343	—	1	109	536	571
Metzger, Fleischer	65,506	12,357	53,200	—	12	2,301	10,070	9,770
Victualienhändler, Commissionäre	7,542	574	6,968	—	—	91	483	554
Geflügelhändler	2,120	178	1,942	...	2	42	234	251
Eierhändler	262	25	237	—	—	5	20	31
Milchhändler	9,158	1,048	8,110	—	6	285	801	915
Fischräucher	101	14	87	—	—	4	10	12
Austern-, Schellfischhändler	222	13	209	—	—	1	12	12
Andere die mit animalischer Nahrung handeln	18	1	17	—	—	—	1	..
1. Vegetabilien.								
Kornhändler	9,902	757	9,145	—	—	44	660	961
Müller	31,689	3,243	28,446	—	14	1,237	43,02	4,071
Mehlhändler	1,538	110	1,428	—	—	13	97	137
Bäcker	47,940	9,954	37,996	—	21	2,275	7,656	6,789
Zuckerbäcker	8,396	1,480	6,916	—	3	291	1,188	1,017
Gemüse- und Obsthändler	12,649	1,250	11,390	—	10	290	950	959
Kräuterhändler	305	12	293	—	—	4	8	7
Früchte- und Blumenverkäufer	847	165	682	—	5	51	108	64
Brunnenkressesammler, Verkäufer	89	13	76	—	1	8	4	14
Kartoffelhändler	1,345	100	1,245	—	—	25	76	129
Samen-, Malzmehlverkäufer	1,458	210	1,243	—	—	33	177	160
Andere die in Vegetabilien arbeiten und handeln	27	3	24	—	—	1	2	—

männlichen Geschlechts in den verschiedenen Altersperioden.

der Personen.

25–	30–	35–	40–	45–	50–	55–	60–	65–	70–	75–	80–	85–	90–	95–	100 und höh.
23,094	21,846	19,384	20,584	16,608	14,874	11,096	9,571	6,317	4,057	2,318	1,020	291	58	10	4
4	4	8	6	5	7			1	1	–	—	—	—	—	—
5	5	5	3	2	4	1	2	—	1			1		—	—
18	20	11	12	11	5	4	7	6	2	1		1	—	—	—
7	3	2	4	4	3	2	—	1	1	1		—	—	—	—
630	181	317	361	290	241	165	139	78	37	21	13	1	1	—	—
281	277	225	274	191	159	109	123	60	42	18	8	2	—	—	—
56	77	50	117	123	123	110	66	13	60	20	11	1	—	—	—
10	17	8	13	20	9	6	4	2	1	3	2	—	1	—	—
124	125	97	105	99	85	58	51	66	21	18	6	—	6	—	—
1	5	2	1	3	6	3	1	2	3	—	2	—	—	—	—
27	20	18	16	9	8	3	3	1	—	—	—	—	—	—	—
65	59	49	47	30	37	22	19	14	14	9	1	2	—	—	—
3	1	6	5	2	3	2	—	5	—	—	—	—	—	—	—
1,019	1,068	881	850	679	575	474	496	302	215	143	53	14	2	—	—
10	9	15	18	10	9	12	10	9	13	1	8	2	—	—	—
35	43	38	60	39	68	34	60	36	20	8	3	2	—	—	—
38	34	40	41	54	63	38	25	28	16	11	8	5	—	—	—
53	54	79	95	86	58	47	69	45	22	18	6	2	—	—	—
7	5	8	5	6	3	—	2	2	—	—	—	—	—	—	—
28	26	27	14	12	9	5	4	2	2	—	—	—	—	—	—
114	175	92	80	44	31	28	19	7	16	7	1	1	—	—	—
3	2	5	1	—	1	—	3	2	1	—	—	—	—	—	—
8	10	7	4	2	5	—	5	2	—	1	—	—	—	—	—
1,270	1,348	1,374	1,403	1,103	1,088	913	818	547	344	176	65	17	2	—	—
490	470	377	389	289	230	168	147	84	51	27	8	8	1	—	—
8,038	6,873	5,849	5,608	4,503	3,930	2,050	2,507	1,590	1,071	328	864	63	20	1	—
697	906	496	947	781	769	664	487	314	138	58	19	4	2	—	—
938	227	208	231	177	166	196	136	80	48	33	8	4	1	—	—
80	25	33	25	81	24	21	15	8	7	1	—	—	—	—	—
994	1,139	1,070	1,069	851	715	443	396	228	165	62	35	9	—	1	—
18	16	15	16	4	—	2	3	1	—	—	—	—	—	—	—
18	25	28	45	13	15	10	10	11	9	5	2	1	—	—	—
2	4	2		2	3	—	1	1	—	1	—	1	—	—	—
1,072	1,161	1,250	1,025	858	725	540	471	269	186	80	27	5	8	2	—
3,280	3,030	3,081	2,741	2,272	1,879	1,636	1,287	795	543	276	119	33	8	1	1
179	147	183	174	151	117	118	114	71	15	28	8	5	—	—	—
5,087	4,947	4,203	4,153	3,257	2,785	2,135	1,739	1,097	687	330	126	85	7	1	—
1,103	929	877	803	609	490	388	306	129	161	60	15	5	—	2	—
1,318	1,801	1,346	1,381	1,276	1,064	781	630	324	231	85	33	8	4	1	—
18	34	37	43	41	27	19	24	18	15	9	3	—	—	—	—
78	100	75	88	63	78	40	45	22	11	6	1	2	—	—	—
6	8	9	10	4	8	5	8	4	1	1	1	1	—	—	—
165	178	186	183	128	86	67	83	35	31	4	1	1	—	—	—
180	124	117	183	189	99	72	74	84	34	16	7	—	—	—	—
5	4	1	5	4	2	1	2	—	1	—	—	1	—	—	—

England und Wales. Beschäftigungen der Personen

Beschäftigungen.	Jeden Alters.	Unter 20 Jahren.	Ueber 20 Jahr.	Unter 5 Jahren.	5—	10—	15—	20—
3. Getränke u. Stimulanzien.								
Hopfenhändler	546	40	506	—	—	3	37	47
Malzer	10,581	611	9,970	—	—	68	543	1,000
Hefenmacher, Händler	502	18	484	—	—	3	15	24
Brauer, und solche, die bei der Brauerei beschäftigt sind	20,033	1,305	18,728	—	—	162	1,163	2,145
Porter-, Bier-, Cider-, Sprossenbierhändler, Agenten	673	61	612	—	—	10	51	62
Wein- und geistige Getränkehändler	7,156	106	7,050	—	—	21	657	[illegible]
Destillateure	743	46	697	—	—	5	41	68
Liqueurmacher	43	2	41	—	—	—	2	6
Weinfabrication	11	—	11	—	—	—	—	—
Kellermeister	1,769	226	1,543	—	—	31	105	190
Essigmacher, Händler	133	8	125	—	—	—	8	10
Sauce-, Pickle- und Catsupmacher, Händler	117	20	97	—	—	1	16	18
Ingwerbier-, Sodawasser-, Mineralwasserfabrication	1,277	176	1,101	—	—	36	140	130
Zucker-Raffineure	2,790	164	2,626	—	1	21	150	521
Kaffeeröster, Händler	378	78	300	—	—	3	63	27
Spezereihändler, Theeverkäufer	73,729	13,714	60,015	—	12	2,404	11,298	9,119
Chocolade-, Cacaofabrication	106	13	93	—	—	1	12	17
Cichorienhändler	18	1	17	—	—	—	1	2
Gewürzhändler	52	6	46	—	—	1	5	8
Senffabrication	205	32	173	—		16	16	20
Tabak-, Cigarren-, Schnupftabakfabrication	3,968	1,039	[illegible]	—	14	360	658	659
Tabakshändler	3,649	499	3,150	—	10	150	330	465
Parfümeure	569	85	484	—	—	9	76	75
Andere, die in Getränken und Stimulanzien handeln und arbeiten	34	2	32				2	3
XIII. Animalische Stoffe.								
1. Fett, Gedärme, Bein, Horn.								
Elfenbein, Fischbein	31	7	24			3	1	3
Darmsaitenmacher, Haartuchspinner	18	—	18	—			—	2
Wagenschmiermacher	570	42	528			8	34	77
Düngerfabrication	1,612	246	1,366			55	188	190
Seifensieder	4,467	777	3,690	—	7	252	518	663
Wachsbleicher, Händler	121	8	113	—	—	2	6	15
Leimmacher, Händler	321	63	258	—	—	28	35	56
Gelatine-, Wasserglas-, Hausenblasenmacher, Händler	86	21	65	—	—	15	16	11
Katzenfleischhändler	78	8	70	—	1	3	6	9
Beinsammler, Händler	111	14	97	—	—	—	14	16
Beinschnitzer, Arbeiter	409	101	308	—	7	45	51	60
Beinsieder, Calcinirer	205	20	185	—	—	8	18	[illegible]
Elfenbeinschnitzer, Arbeiter	998	235	763	—	3	60	152	151
Peitschenmacher	380	92	288	—	2	29	61	47
Hornarbeiter, Händler	202	32	170	—	—	14	18	22
Schildpattarbeiter, Händler	72	13	59	—	—	6	7	7
Muschelarbeiter, Händler	49	5	44	—	—	1	4	6
Kammmacher	1,279	142	1,137	—	1	11	90	100
Fischbeinarbeiter, Händler	79	11	68	—	—	—	11	3
Schwammhändler	65	4	61	—	—	1	3	[illegible]
Andere, die in diesen Artikeln handeln und arbeiten	25	—	25	—	—	—	—	2

männlichen Geschlechts in den verschiedenen Altersperioden.

der Personen.

25—	30—	35—	40—	45—	50—	55—	60—	65—	70—	75—	80—	85—	90—	95—	100 und höh.
57	77	56	65	56	46	45	25	15	8	5	1	—	—	—	—
1,296	1,777	1,056	1,103	994	948	759	624	179	226	163	80	21	2	—	—
80	68	63	65	60	53	50	58	28	15	12	2	—	—	—	—
2,506	2,616	2,404	2,329	1,919	1,599	1,319	941	496	321	192	59	14	6	—	—
87	91	61	76	72	46	39	26	22	15	3	1	2	—	—	—
926	875	697	819	651	576	481	333	193	135	65	23	8	—	—	—
115	97	77	93	70	51	44	38	10	9	5	2	—	—	—	—
3	5	9	7	3	3	3	1	1	1	1	—	—	—	—	—
2	2	1	3	—	1	—	2	—	—	—	—	—	—	—	—
290	313	204	176	118	98	73	37	24	6	4	2	—	—	—	—
14	16	20	12	13	11	11	5	6	3	1	—	—	—	—	—
13	18	9	9	7	6	8	3	2	1	1	—	—	—	—	—
140	158	153	149	125	112	61	41	17	15	5	3	—	—	—	—
535	473	341	261	156	120	73	68	24	10	12	7	2	—	—	—
33	39	39	38	30	25	12	9	7	4	5		—	—	—	—
7,889	7,298	6,970	6,639	5,490	4,706	3,613	3,250	2,182	1,352	706	258	60	10	1	—
18	6	13	15	5	9	3	2	1	1	1	—	1	—	—	—
8	3	3	3	1	1	2	—	—	—	—	—	—	—	—	—
4	6	3	7	5	4	2	2	1	4	—	—	—	—	—	—
27	31	21	22	25	11	6	5	3	1	1	1	—	—	—	—
600	607	614	540	135	95	68	49	23	17	6	1	2	—	—	—
686	500	455	365	299	297	144	134	77	38	14	4	1	—	—	—
63	62	61	60	44	50	30	18	6	7	3	5	1	—	—	—
5	2	7	7	5	5	2	—	—	3	—	—	—	—	—	—

51	1	3	1	5	4	1	—	—	—	—	—	—	—	—	—
1	1	3	2	—	3	1	—	—	—	—	—	—	—	—	—
65	60	77	72	62	38	28	20	10	9	1	2	—	—	—	—
199	187	190	148	131	110	78	60	40	13	11	6	—	1	—	—
651	666	458	473	376	319	233	196	120	69	35	16	7	1	—	—
21	11	15	13	11	10	10	8	4	—	—	2	—	—	—	—
24	41	35	31	27	16	20	12	10	3	2	1	—	—	—	—
13	14	6	5	6	5	2	1	—	1	—	1	—	—	—	—
12	11	12	8	7	5	4	—	2	—	—	—	—	—	—	—
6	10	9	16	6	11	9	7	—	1	2	—	—	—	—	—
51	43	38	47	31	17	14	7	3	3	—	—	1	—	—	—
21	37	24	21	13	19	10	6	3	—	—	1	—	—	—	—
146	116	79	69	65	46	32	25	16	9	5	—	—	—	—	—
35	47	46	39	32	21	13	4	7	2	—	2	—	—	—	—
23	24	16	21	12	16	7	11	6	5	7	—	—	—	—	—
9	11	11	4	5	5	2	4	1	—	—	—	—	—	—	—
61	7	10	5	3	2	3	2	1	1	—	—	—	—	—	—
134	125	105	135	144	117	77	50	42	23	10	7	1	2	—	—
10	6	12	11	10	6	5	2	2	1	—	—	—	—	—	—
—	6	10	9	8	3	5	6	4	—	1	—	—	—	—	—
4	4	1	—	4	2	—	1	4	—	—	—	—	—	—	—

England und Wales. Beschäftigungen der Be…

Beschäftigungen.	Jeden Alters.	Unter 20 Jahren.	Ueber 20 Jahre.	Unter 5 Jahren.	5—	10—	15—
2. Felle, Federn, Gänsekiele.							
Fell-, Hauthändler	73	5	68	—	—	—	5
Hasenfellverkäufer	1,878	262	1,616	—	2	59	201
Kürschner	1,685	276	1,409	—	—	63	212
Gerber	8,354	1,100	7,254	—	8	278	276
Lederarbeiter	12,820	2,147	10,673	—	5	785	1,257
Lederfärber	175	25	150	—	—	7	18
Russisch- und Spanisch-Leder-fabrication	75	4	71	—	—	—	4
Lederlackirer und Emailleure	52	4	48	—	—	—	4
Lederbossirer und Vergolder	7	—	7	—	—	—	—
Lederspitzen-Schneider	25	8	17	—	—	1	7
(Millband) Mühlsteinmacher	34	9	25	—	—	1	8
Strupfen-, Gürtel-, Riemenmacher	117	21	96	—	—	6	13
Lederabfallhändler	14	1	13	—	—	1	—
Lagusleder-fabrication	31	3	28	—	—	2	1
Lederkoffer-, Portemanteau-, Reisesack-, Koffermacher	1,559	284	1,275	—	—	42	248
Taschenbuch-, Cartonnagemacher 2c.	782	163	619	—	1	35	127
Pergament-, Velinfabrication	379	83	296	—	2	29	62
Gänsekielmacher, Händler	85	8	77	—	2	1	5
Federnbereiter, Händler	170	23	147	—		8	18
Andere, die in diesen Artikeln handeln und arbeiten	26	1	25	—	—	1	—
3. Haar.							
Haar-, Borstenfabrication	1,109	375	734	—	33	178	162
Haarhändler	84	3	81	—	—	1	2
Haarpinselmacher	19	4	15	—	—	—	4
Bürsten-, Besenmacher, Händler	8,510	1,870	6,640	—	17	492	1,271
Andere, die in Haar arbeiten	29	8	21	—	—	2	6
XIV. Vegetabilische Producte.							
1. Harze und Gummi.							
Pech-, Theer-, Siegellackmacher	89	5	84	—	—	2	8
Oelraffinerie	1,713	427	1,286	—	—	64	243
Oel- und Farbenmacher	2,838	860	1,978	—	—	48	301
Oeltuchmacher	125	42	83	—	—	9	23
Oelmüller	93	15	78	—	—	2	15
Wachsleinwandmacher	80	19	61	—	—	5	16
Ledertuchmacher	90	5	85	—	—	1	4
Lackmacher	225	23	202	—	—	5	17
Polirer	4,572	935	3,637	—	5	270	710
Lackirer	1,437	250	1,187	—	1	74	170
Gummifabrication	30	11	19	—	—	6	5
Kautschukfabrication	717	194	523	—	—	64	150
Waterproof-Artikelmacher	230	28	202	—	—	8	27
Gutta-Percha-fabrication	180	19	161	—	—	7	18
Andere, die hierin arbeiten und handeln	18	7	11	—	—	3	6
2. Holz.							
Bauholzhändler	6,155	570	5,585	—	—	80	490
Bauholz-Ueberseher, Schätzer, Messer	63	2	61	—	—	1	1
Holzhauer, Hacker	444	131	313	—	8	50	65
Holzhändler	3,992	721	3,271	—	21	307	255
Säger	33,625	2,761	30,864	—	17	504	2,980

7	10	8	15	4	2	3	5	2	1	2		—	—		—
198	208	185	145	170	150	108	92	66	52	33	9	2	1		-
217	188	181	130	110	96	111	79	46	41	7	6	8	—	1	—
274	299	835	821	708	560	411	278	216	134	87	51	15	3	1	—
1,594	1,282	1,166	1,198	1,005	864	653	516	296	169	137	59	7	8	—	—
25	20	14	15	23	9	7	8	5	2	2	—	—		—	
12	12	10	9	9	3	2	5	—	1	—	—	—	—	—	—
9	10	8	6	8	1	1	1	1	—	—	—	—	—	—	—
1	1	1	—	2	—	1	—	—	—	—	—	—	—	—	—
8	3	1	2	2	1	—	—	1	—	—	1	—	—	—	—
5	6	2	4		1	1	1	—	—	—	—	—	—	—	
19	11	17	14	10	9	6	8	4	1	—	—	—	—	—	—
1	8	8	3	1	2	1	1	—	—	—	—	—	—	—	
4	7	3	3	2	1	1	—	—	—	—	—	—	—	—	—
203	175	138	130	100	101	90	67	31	25	4	1	2	—		
122	94	85	51	39	26	27	17	5	7	6	1	—	1	—	—
25	33	41	31	23	23	17	18	11	6	8	2		—	—	—
3	7	5	8	5	10	11	9	3	5	2	—	—	—	—	—
30	18	23	28	7	13	10	9	—	2	—	1	1	—	—	—
8	4	4	3	2	2	2	—	—	—	—	—	—	—	—	—
116	104	94	61	60	47	32	22	15	8	7	3	—	—	—	—
8	4	5	6	5	8	2	3	1	—	—	—	—	—	—	—
3	1	2	2	—	3	1	1	—	—	—	—	—	—	—	—
956	921	719	737	585	464	380	315	162	169	63	25	19	2	—	—
2	—	2	3	1	3	1	2	1	—	—	—	—	—	—	—
4	6	4	7	8	2	—	2	—	—	—	—	—	—	—	—
235	168	181	144	109	72	59	43	21	11	3	1	—	—	—	—
201	252	290	215	168	135	123	80	44	84	8	4	1	—	—	—
20	11	14	6	9	2	2	2	1	—	—	—	—	—	—	—
10	12	6	11	4	7	2	6	—	1	2	1	—	—	—	—
4	13	9	5	2	1	2	1	2	—	—	—	—	—	—	—
4	8	1	4	4	2	—	—	—	—	—	—	—	—	—	—
21	30	26	29	19	21	12	6	9	2	2	—	—	—	—	—
712	629	525	391	241	163	99	58	23	14	6	1	2	—	—	—
201	190	161	117	106	87	47	28	61	17	5	4	1	—	—	—
6	3	3	4	1	1	—	—	—	—	—	—	—	—	—	—
104	62	48	57	44	29	19	14	4	2	—	—	—	—	—	—
42	36	24	17	20	11	8	6	4	—	—	—	—	—	—	—
28	23	18	18	10	5	10	5	3	—	—	—	—	—	—	—
—	—	1	2	3	1	—	1	—	—	—	—	—	—	—	—
640	744	694	745	605	422	367	283	177	169	65	25	11	—	1	—
6	9	7	8	7	4	2	3	1	1	2	1	1	—	—	—
48	62	82	84	68	52	28	16	10	7	4	8	2	—	—	—
274	251	286	252	215	190	146	164	83	44	35	11	5	1	—	—
2,900	3,210	2,834	3,491	2,996	2,271	1,848	1,432	850	480	297	189	58	8	2	—

England und Wales. Beschäftigungen der Personen

Beschäftigungen.	Jeden Alters.	Unter 20 Jahren.	Ueber 20 Jahre.	Unter 5 Jahren.	5—	10—	15—	20—
							Alter	
Sägspänehändler	74	13	61	—	—	6	7	4
Zaun- und Stakelmacher	949	133	816	—	4	57	69	35
Lattenmacher	1,780	387	1,413	—	2	80	245	222
Drechsler	7,628	1,785	5,843	—	81	367	1,337	1,145
Holzschraubenmacher	46	7	39	—	—	4	3	6
Kistenmacher	1,448	399	1,049	—	9	120	270	204
Packkistenmacher	1,083	251	832	—	—	38	213	209
Hutschachtel-, Zündhölzchenschachtelmacher	73	28	45	—	8	10	18	8
Kleiderbügelmacher	79	18	61	—	3	7	8	12
Böttcher	17,720	3,062	14,658	—	5	430	2,627	2,557
Weinküfer, Faßhändler	685	69	619	—	—	11	58	69
Reifmacher	1,255	268	987	—	2	59	207	170
Hölzerne Schüssel- und Löffelmacher	24	—	24	—	—	—	—	5
Schuhleistenmacher	505	72	433	—	—	9	63	68
Sattelbaummacher	233	44	189	—	—	9	35	45
Leitermacher	20	1	19	—	—	—	1	—
Schrank-, Pressenmacher	31	6	25	—	—	—	6	9
Mausefallenmacher	30	15	15	—	—	12	3	—
Korbmacher	787	164	623	—	3	55	106	110
Birkenbesenmacher	94	9	85	—	—	1	8	3
Handwerkszeugstielmacher	31	7	24	—	—	—	7	3
Andere die in Holz arbeiten und handeln	188	36	152		—	13	23	19
3. Rinde.								
Baumrindenarbeiter, Händler	32	7	25	—	—	6	1	1
Korkmacher, Händler	17	—	17	—	—	—	—	2
Korkschneider	2,177	513	1,664	—	1	130	382	378
Andere die in Baumrinde arbeiten und handeln	10	1	9		—	—	1	1
4. Rohr, Binsen und Stroh.								
Weidenschneider, Händler, Färber	101	25	76	—	1	6	18	7
Korbmacher	8,125	1,513	6,612	—	11	425	1,077	878
Rohrarbeiter, Händler	297	62	235	—	—	21	41	38
Binsen, Schilfgrasarbeiter, Händler	63	9	54	—	—	3	6	4
Heu- und Strohhändler	1,716	112	1,604	—	2	31	79	147
Spreuschneider	355	25	330	—	—	6	19	29
Strohdecker	5,355	674	4,681	—	6	206	462	378
Bienenkorbmacher	22	1	21	—	—	1	—	—
Andere, die in Rohr rc. handeln und arbeiten	24	9	15	—	—	8	1	1
5. Papier.								
Lumpensammler, Händler	2,269	268	2,001	—	6	81	173	150
Papierfabrication	7,746	2,079	5,667	—	76	892	1,111	967
Papierhändler	109	9	100	—	—	1	8	4
Musterkartenmacher	341	102	239	—	1	14	87	79
Spielkartenmacher	9	1	8	—	—	—	1	1
Kartenmacher, -schneider, -drucker, -bohrer	227	63	164	—	—	18	45	35
Schreibmaterialienhändler	5,315	1,089	4,226	—	1	253	835	665
Liniirer	564	268	296	—	7	148	115	70
Umschlagmacher	179	133	46	—	—	70	63	71
Zettelvertheiler, Aufkleber	565	32	533	—	—	5	27	44
Papierschachtelmacher	96	31	65	—	5	11	15	14
Papierlackmacher	88	21	67	—	1	12	8	11
Ansichtspapierhändler	13	2	11	—	—	—	2	2
Papierpolirer	74	23	51	—	—	8	15	14
Papiermachéfabrication	96	16	80	—	—	6	10	11

...männlichen Geschlechts in den verschiedenen Altersperioden.

der Personen.

25—	30—	35—	40—	45—	50—	55—	60—	65—	70—	75—	80—	85—	90—	95—	100 und drüb.
9	8	4	5	3	11	3	8	2	1	1	1	—	—	—	—
103	90	91	95	88	82	54	57	40	30	12	10	3	1	—	—
197	187	133	113	133	128	90	71	54	43	18	9	8	1	—	—
934	784	667	618	501	388	286	239	141	112	70	10	11	—	—	—
7	3	6	6	3	5	2	1	1	—	1	—	—	—	—	—
199	163	125	99	83	63	38	30	25	9	6	4	2	—	—	—
163	135	96	94	41	31	32	21	12	1	1	1	—	—	—	—
3	4	8	10	3	3	1	2	1	—	—	—	—	—	—	—
5	10	3	4	6	4	5	3	3	1	2	—	1	—	—	—
1,990	1,689	1,548	1,637	1,343	1,103	790	798	508	383	161	95	28	4	1	—
98	96	68	100	71	47	21	20	17	5	6	1	1	—	—	—
128	107	102	103	82	61	66	63	37	32	27	7	2	—	—	—
3	4	3	—	2	3	1	1	—	1	1	—	—	—	—	—
69	69	45	53	48	30	21	12	9	8	3	1	1	—	—	—
27	19	27	22	16	9	6	5	6	2	3	1	1	—	—	—
4	3	3	1	2	1	2	1	1	1	—	—	—	—	—	—
4	4	2	4	1	—	—	1	—	—	—	—	—	—	—	—
—	2	1	3	3	3	1	—	1	1	—	—	—	—	—	—
82	76	72	76	53	59	33	35	17	14	5	4	—	—	—	—
6	9	6	9	9	12	2	8	7	8	4	1	—	—	—	—
8	3	1	2	9	2	—	—	3	—	—	—	—	—	—	—
29	29	12	11	11	15	8	9	2	4	2	1	1	—	—	—
2	5	4	—	5	1	1	1	2	2	—	1	—	—	—	—
8	5	2	—	8	1	4	—	—	1	—	—	—	—	—	—
250	209	179	209	123	104	88	57	60	18	12	7	1	—	—	—
2	4	1	—	—	—	—	1	—	—	—	—	—	—	—	—
7	8	3	3	7	9	10	7	8	—	—	—	1	—	—	—
882	763	648	727	608	586	445	408	298	229	118	46	85	3	1	—
31	39	37	29	17	20	11	13	1	6	1	—	—	—	—	—
8	4	9	4	6	9	6	2	8	2	1	—	—	—	—	—
164	175	216	189	179	168	180	109	53	46	18	5	4	1	—	—
27	25	29	43	37	38	31	31	23	17	6	4	—	1	—	—
304	304	388	447	480	454	437	498	331	256	178	77	22	4	2	—
1	2	11	4	1	4	2	2	—	2	8	—	—	—	—	—
2	3	—	2	1	—	2	1	—	1	—	—	—	—	—	—
192	238	224	244	194	209	110	194	84	70	33	18	6	1	1	—
791	708	683	516	462	380	348	225	126	143	78	39	10	5	2	—
18	15	11	14	18	13	5	4	5	—	—	1	—	—	—	—
41	37	28	23	12	9	5	4	2	1	1	—	—	—	—	—
—	3	1	—	1	1	1	—	—	—	—	—	—	—	—	—
20	20	20	22	16	14	9	1	5	—	2	—	—	—	—	—
675	618	502	438	330	264	234	168	91	58	32	17	3	—	1	—
58	57	33	31	16	10	14	4	8	1	—	—	—	—	—	—
11	4	3	3	—	1	2	1	—	—	—	—	—	—	—	—
43	63	67	71	70	63	68	47	21	11	4	2	—	—	—	—
8	8	8	2	9	4	7	4	2	1	—	—	—	—	—	—
12	7	9	8	7	2	8	2	3	—	—	1	—	—	—	—
3	—	—	—	4	1	—	—	—	—	—	—	—	—	—	—
10	7	7	7	2	1	8	—	—	—	—	—	—	—	—	—
11	18	7	17	4	8	3	8	3	1	—	—	—	—	—	—

England und Wales. Beschäftigungen der Person[…]

Beschäftigungen.	Jeden Alters.	Unter 20 Jahren.	Ueber 20 Jahre.	Unter 5 Jahren.	5—	10—	15—	Alter […] 20—
Papierfärber	1,556	588	968		31	327	230	148
Andere, die in Papier handeln und arbeiten	26	9	17		1		8	3
XV. Mineralische Producte.								
1. Bergwerke.								
Kohlenbergwerkbesitzer	934	10	924		—		10	41
Kohlenbergwerkdirectoren, Einnehmer, Beamte	552	60	492		—	7	53	64
Kohlenbergwerkinspectoren	181	6	175	-	—	—	6	18
Kohlenbergwerker	246,613	73,546	173,067	—	835	30,701	42,010	30,270
Braunkohlenbergwerker	134	4	130	—	—	—	4	23
Kupferbergwerkbesitzer	12	—	12	—	—	—	...	1
Kupferbergwerker	17,787	5,799	11,988	—	120	2,090	3,519	2,812
Zinnbergwerker	14,314	5,080	9,234	—	134	1,848	3,100	2,261
Bleibergwerkbesitzer	14		14	—	—		—	—
Bleibergwerkagenten	31		31	—	—	—		4
Bleibergleute	18,552	4,329	14,223	—	57	1,475	2,797	2,696
Braunsteinbergwerker	38	12	26	—	1	5	6	4
Eisenbergwerkbesitzer	10	—	10	—	—	—	—	—
Eisenbergleute	20,426	4,452	15,974	—	26	1,586	2,840	3,340
Bergwerkbesitzer (nicht näher bezeichnet)	105	—	105	—	—	—	—	8
Bergwerkgesellschaftsagenten u. Secretäre	2,502	202	2,300	—	1	26	175	266
Bergleute (nicht näher bezeichnet)	7,508	1,950	5,558		42	773	1,135	1,104
Bergwerkcontrahenten	38	—	38		—	—	..	1
Chartermeister	99	—	99	—		—		2
Schwefelbergwerker	23	4	19		—	1	3	4
Alaunbergwerker	146	32	114		—	16	16	18
Zinkblendebergwerker	61	22	39		1	8	13	11
Andere die mit Bergwerken zu thun haben	134	8	126	—	—	4	4	16
2. Kohlen.								
Kohlenhändler	11,553	843	10,710	—	6	187	650	791
Kohlen[illegible]	96	—	96	—		—	—	—
Kohlenschiffer	91	1	90	—		—	1	5
Kohlenträger, Tagelöhner	13,647	1,998	11,649	—	49	770	1,179	1,831
Brennmaterialfabrication	39	7	32	·	—	3	4	2
Coaksbrenner, Händler	2,977	305	2,672	—	2	109	194	321
Torf-, Rasenschneider, Händler	198	31	167	—	—	13	18	26
[illegible]	25	7	18	—	1	3	3	—
Holzkohlenbrenner, Händler	438	44	394	—	—	16	28	51
Kaminkehrer	5,844	1,503	4,341	—	47	569	887	713
Gasfabrication	8,663	597	8,066	—	1	103	493	840
Gasingenieure	83	5	78	—	—	1	4	10
Andere, die in Kohle handeln und arbeiten	46	5	41	—	—	1	4	3
3. Stein, Lehm.								
Steinbruchbesitzer, Agenten	105	4	101		—		4	8
Steinbrucharbeiter (nicht näher bezeichnet)	1,199	191	1,008	—	1	50	140	144
Steinbrecher	20,939	2,697	18,242	—	28	641	2,028	2,465
Steingräber	82	15	67	—	—	2	13	11
Strandarbeiter	19	—	19	—	—	—	—	1
Steinagenten, Händler	4,679	627	4,052	—	12	152	464	515
Schieferbruchbesitzer	4	—	4	—	—	—	—	—
Schieferbrucharbeiter	9,340	2,335	7,005	—	60	769	1,506	1,462
Schieferfabricanten, Händler	381	83	298	—	—	28	55	64
Mühlsteinmacher	147	15	132	—	—	—	15	22

männlichen Geschlechts in den verschiedenen Altersperioden.

der Personen.

25—	30—	35—	40—	45—	50—	55—	60—	65—	70—	75—	80—	85—	90—	95—	100 und höh.
140	173	135	[illegible]	95	70	38	25	18	8	5	3	—	—	—	—
3	1	1	1	1	1	—	6	—	.			—	—	—	—
75	71	[illegible]	119	[illegible]	104	[illegible]	75	44	28	11	3	2	—	—	—
58	62	62	45	48	47	36	14	12	10	4	—	—	—	—	—
11	20	24	27	17	23	20	13	5	3	1	—	—	—	—	—
31,504	28,770	20,963	16,344	12,634	9,890	6,510	4,707	2,060	1,597	711	311	62	14	1	—
29	21	16	13	9	8	3	2	—	—	—	—	—	—	—	—
—	—	3	—	1	2	3	1	1	—	—	—	—	—	—	—
1,943	1,543	1,434	1,205	984	776	539	365	234	81	53	9	2	—	—	—
1,462	1,072	991	878	749	609	163	338	168	97	33	13	3	2	—	—
—	—	—	3	1	4	2	1	1	1	1	—	—	—	—	—
1	1	4	8	2	5	5	—	5	—	—	—	—	—	—	—
2,406	2,094	1,793	1,428	1,190	964	677	469	253	156	64	25	6	—	—	—
2	3	3	1	5	7	5	—	1	—	—	—	—	—	—	—
1	—	1	1	1	—	1	1	1	—	—	—	—	—	—	—
5,072	3,602	2,063	1,604	1,183	923	644	349	170	78	33	11	—	—	—	—
6	9	14	11	17	16	7	13	8	3	1	1	—	—	—	—
256	265	302	294	252	226	163	190	76	45	21	10	—	—	—	—
996	805	[illegible]	547	477	399	263	180	123	63	26	11	3	—	—	—
8	6	5	3	4	6	4	3	—	1	—	—	—	—	—	—
10	16	16	8	14	11	7	6	4	4	1	—	—	—	—	—
6	2	3	—	1	5	—	1	—	—	—	—	—	—	—	—
9	14	13	14	12	9	11	6	9	3	1	—	—	—	—	—
10	10	9	2	1	2	—	—	1	—	—	—	—	—	—	—
23	30	15	12	15	6	6	2	4	1	1	—	—	1	—	—
958	1,161	1,237	1,284	1,180	1,155	979	897	562	380	162	53	12	4	—	—
—	4	5	3	5	3	6	2	1	1	1	—	—	—	—	—
1	1	—	4	4	3	1	1	—	—	—	—	—	—	—	—
1,481	1,635	1,866	1,456	1,280	962	744	679	850	240	101	26	7	1	1	—
5	8	2	8	—	4	2	1	1	—	1	—	—	—	—	—
441	476	420	394	256	175	97	63	35	19	7	3	—	—	—	—
14	18	12	22	20	19	8	14	8	7	3	1	—	—	—	—
—	2	1	5	—	1	—	3	—	—	—	—	—	—	—	—
61	60	48	58	33	25	23	19	13	15	3	2	—	—	—	—
585	677	685	676	357	294	158	126	67	57	23	10	6	1	—	—
1,383	1,417	1,369	1,109	787	568	336	257	117	60	30	9	—	1	1	—
18	10	14	15	7	4	3	1	5	—	—	—	—	—	—	—
3	8	10	6	5	2	2	2	—	2	—	—	1	—	—	—
11	12	18	17	10	10	13	8	1	2	1	—	—	—	—	—
187	122	176	134	99	92	53	46	21	15	6	6	2	1	—	—
2,704	2,616	2,402	2,163	1,610	1,495	[illegible]	705	397	250	100	23	14	—	1	—
2	9	11	8	5	6	5	2	1	1	1	—	—	—	—	—
—	1	—	5	4	1	5	—	2	—	—	—	—	—	—	—
614	542	506	430	370	325	267	109	107	72	29	11	3	1	—	—
—	—	—	—	1	2	1	2	—	—	—	—	—	—	—	—
1,078	874	671	705	645	601	406	290	158	86	47	17	7	—	—	—
44	29	40	27	27	21	17	15	6	6	2	—	—	—	—	—
28	23	16	7	6	6	4	1	2	1	—	—	—	—	—	—

England und Wales. Beschäftigungen der Personen

Beschäftigungen.	Jeden Alters.	Unter 20 Jahren.	Ueber 20 Jahre.	Alter: Unter 5 Jahren.	5—	10—	15—	20—
Schleifsteinmacher	124	45	79	—	[illegible]	28	23	19
Sandfabrication	403	74	329	—	4	33	37	3[illegible]
Feuersteinhändler	24	3	21	—	—	1	1	2
Gewehrfeuersteinmacher	37	9	28	—	—	3	4	3
Schwerspathfabrication	24	3	21	—	—	1	2	1
Kalksteine-, Kalkarbeiter, Brenner	5,507	7[illegible]	4,781	—	11	245	470	547
Koprolithgraber, Händler	139	45	94	—	1	9	33	32
Kalkhändler	401	27	374	—	—	2	25	21
Kreidemühler, Graber, Händler	379	60	309	—	—	25	55	45
Marmorhändler	16	—	16	—	—	—	—	3
Feldspathbauer	53	11	42	—	—	3	8	4
Frauenglas- (selenite) künstliche Steinfabrication	44	4	40	—	—	—	4	6
Gyps- u. Mörtelfabrication, Händler	1,069	149	920	—	—	41	106	122
Bolithengraber	76	18	58	—	—	7	11	12
Lehmhändler, Agenten	59	—	60	—	—	—	—	7
Lehmarbeiter	2,665	713	1,952	—	10	263	440	358
Backsteinmacher, Händler	37,768	8,772	28,996	—	278	3,543	4,853	5,055
Walkererdefabrication und Handel	27	2	25	—	—	·	2	9
Eisenbahncontrahenten	549	17	532	—	—	1	16	32
Eisenbahnarbeiter	87,769	2,629	85,140	—	8	502	2,119	4,843
Wegemeisterarbeiter	9,450	282	9,176	—	—	24	259	900
Gräber	5,780	501	5,279	—	—	69	459	1,237
Straßenunternehmer, Inspectoren, Aufseher	1,022	23	999	—	—	1	22	36
Straßenarbeiter	9,473	577	8,896	—	15	214	348	400
Straßenkehrer	54	6	48	—	—	1	5	3
Kiesgeschäft	12	1	11	—	—	1	—	—
Kiesgräber	146	19	127	—	—	10	9	13
Straßenfeger, Schmutzkärrner	1,374	88	1,286	—	6	41	47	58
Schlackensammler, Auslese	918	48	870	—	—	16	22	86
Pflasterarbeiter	333	28	305	—	—	3	25	54
Andere, die in Stein u. Lehm arbeiten und handeln	79	16	63	—	1	5	10	3
4. Thongeschirr.								
Thongeschirrfabrication	26,139	8,463	17,676	—	496	3,136	4,332	3,756
Gelbermacher	23	4	19	—	—	2	2	2
Tabakspfeifenmacher	2,787	462	2,325	—	19	158	192	340
Thonwaarengeschäft	3,623	644	2,979	—	1	61	282	375
Porcellan- und Thongeschirrflicker	64	3	61	—	—	1	2	5
Mosaik-, Kachel- und Ziegelmacher	53	10	43	—	—	4	6	10
Klinkerabschleifer	171	19	152	—	1	10	8	20
Fabrication des parischen Marmors	80	32	48	—	1	15	16	12
Fabrication gebrannter Thonerde	28	4	24	—	1	—	6	3
Andere, die in Thon arbeiten und handeln	14	3	11	—	—	—	2	1
5. Glas.								
Glasfabrication	13,808	3,954	9,853	—	55	1,569	2,330	2,107
Glasflaschenhändler	221	35	186	—	—	—	26	16
Glasagenten, Factors	16	2	14	—	—	—	2	4
Schmelz- und Perlenmacher	25	7	22	—	—	2	5	4
Verfertiger von Zierathen aus schwarzem Glas	85	12	73	—	—	4	6	2
Glas- u. Sandpapiergeschäft	84	20	64	—	—	11	9	10

579	633	579	571	484	433	385	335	162	113	45	19	11	8	—	1
70	11	9	10	4	1	—	6	1	1	—	—	—	—	—	—
67	52	63	51	53	30	27	25	9	11	4	9	—	—	—	—
64	61	57	75	82	80	9	10	3	1	1	1	—	—	—	—
8	3	—	8	3	8	1	—	—	—	—	—	—	—	—	—
8	9	3	3	7	6	8	8	3	—	1	—	—	—	—	—
8	3	2	3	3	3	3	2	3	1	—	—	—	—	—	—
136	156	101	109	103	54	43	28	16	7	7	1	—	—	—	—
9	7	7	4	7	2	1	3	4	1	1	—	—	—	—	—
10	3	6	7	3	11	4	3	2	3	—	—	—	—	—	—
201	274	237	179	173	190	108	99	67	81	10	1	1	—	—	—
6,090	4,394	3,610	3,166	2,558	1,351	1,387	1,083	624	366	168	79	23	4	1	—
6	—	2	3	1	5	1	—	—	—	—	—	—	—	—	—
48	66	97	98	96	54	25	21	6	12	8	—	—	—	—	—
4,664	4,331	3,390	3,005	1,998	1,390	714	467	193	74	31	9	1	—	1	—
1,910	1,650	1,038	815	658	358	195	97	38	11	7	3	—	—	—	—
2,458	1,412	1,130	1,109	701	479	371	208	77	46	10	6	8	—	—	—
88	91	141	130	133	104	130	113	58	40	18	9	1	—	1	—
479	555	619	720	758	897	982	1,118	943	810	431	151	83	4	1	—
2	1	2	3	3	7	3	6	6	5	9	6	1	—	—	—
—	1	3		1	3	8	1	—	—	—	—	—	—	—	—
24	11	18	17	13	7	11	6	5	4	8	—	—	—	—	—
97	125	139	167	159	139	129	131	43	58	24	5	—	—	—	—
36	89	59	42	79	45	31	19	3	4	2	—	1	—	—	—
56	52	31	37	28	23	12	9	1	—	1	—	—	—	—	—
14	4	5	8	8	4	1	3	7	1	1	—	—	—	—	—
3,051	2,571	2,119	1,659	1,398	1,096	777	472	241	117	70	28	19	3	1	—
—	3	3	4	1	2	1	1	1	1	—	—	—	—	—	—
346	398	385	517	238	171	109	78	54	33	13	8	5	1	1	—
385	447	431	493	350	308	158	173	109	49	30	14	3	7	—	—
10	9	9	10	8	5	2	8	1	—	—	—	—	—	—	—
10	3	6	9	1	—	—	1	2	1	—	—	—	—	—	—
24	21	27	10	14	17	5	6	2	—	—	—	—	—	—	—
13	8	7	3	1	2	8	—	1	—	—	—	—	—	—	—
4	6	3	2	3	1	—	1	1	—	—	—	—	—	—	—
6	—	—	—	1	1	1	1	—	—	—	—	—	—	—	—
1,717	1,455	1,298	951	898	694	390	283	150	95	39	17	3	—	—	—
35	34	17	19	17	16	15	16	8	4	—	—	1	—	—	—
1	1	1	3	1	2	—	—	1	—	—	—	—	—	—	—
1	2	2	3	3	8	2	1	—	—	—	—	—	—	—	—
6	3	1	2	2	1	3	—	—	—	—	—	—	—	—	—
5	5	1	2	4	6	3	2	—	—	1	—	—	—	—	—

England und Wales. Beschäftigungen der Personen

Beschäftigungen.	Jeden Alters.	Unter 20 Jahren.	Ueber 20 Jahre.	Alter: Unter 5 Jahren.	5—	10—	15—	20—
Andere, die in Glas arbeiten und handeln	35	2	33	—	—	—	2	2
6. Salz.								
Salzproduction	2,016	260	1,756	—	6	89	166	252
Salzagenten, Händler	388	35	353	—	2	14	19	22
7. Wasser.								
Wasserwerksdienst	1,506	81	1,425	—	—	9	72	145
Brunnengräber	523	33	490	—	—	5	28	65
Wasserträger, Händler	77	18	59	—	—	8	10	7
Eisfabrikanten, Händler	23	—	23				—	5
Andere, die mit Wasser beschäftigt sind	18	2	16				2	—
8. Gold, Silber u. Edelsteine.								
Diamantschneider, Händler	84	16	68	—	—	1	15	12
Perlenschneider, Händler	250	59	191	—	3	23	33	31
Steinschneider	321	94	227	—	1	34	59	40
Münzgraveure	92	11	81	—	—	3	8	10
Goldschmiede, Silberschmiede, Juweliere	14,193	3,564	10,629	—	34	972	2,558	3,24[illegible]
Goldschläger	790	217	573	—	—	54	163	141
Gold- und Silberbortengeschäft	183	57	126	—	1	18	38	[illegible]
Gold- und Silberdrahtmacher	65	18	47	—	—	7	11	16
Uhrkettenmacher	298	101	197	—	1	37	63	50
Wasservergolder	27	5	22			1	4	1
Bleistifthaltermacher	113	49	64		2	27	20	9
Gold- und Silbertressenweber	41	11	30	—	—	3	8	7
Plattirte Waarengeschäfte	1,904	457	1,447	—	4	146	307	296
Elektroplattirte Waaren	154	27	127			5	22	17
Andere, die in Gold, Silber etc. arbeiten und handeln	83	19	64			5	14	15
9. Kupfer.								
Kupferfabrication	3,857	795	3,062		10	293	492	554
Dachkupferarbeiter	18	3	15			—	3	1
Kupferschmiede	1,882	408	1,474			71	337	304
Andere, die in Kupfer arbeiten und handeln	25	7	18		—	2	5	3
10. Zinn und Quecksilber.								
Zinnfabrication	3,908	1,531	1,755		92	783	656	487
Zinnarbeiter, Kesselflicker, Klempner	7,780	1,966	5,754		17	543	1,408	1,15[illegible]
Weißblecharbeiter	7,278	1,596	5,682		11	415	1,170	1,14[illegible]
Staniolarbeiter, Händler	81	33	48			16	17	6
Spiegelmacher	69	7	62		—	—	7	7
Andere, die in Zinn u. Quecksilber arbeiten und handeln	20	6	14		1	3	2	3
11. Zink.								
Zinkgeschäft	743	164	579		—	40	124	12[illegible]
12. Blei und Antimonium.								
Bleifabrication	2,797	789	2,008		15	396	378	[illegible]
Bleihändler	15	3	12		—	—	3	[illegible]
Zinnlampenmacher	318	[illegible]	[illegible]		—	6	22	56
Schriftgießer	863	229	634		1	101	127	106
Andere, die in Blei und Antimonium arbeiten u. handeln	89	5	84	—	—	3	2	6

männlichen Geschlechts in den verschiedenen Altersperioden.

der Personen.

25—	30—	35—	40—	45—	50—	55—	60—	65—	70—	75—	80—	85—	90—	95—	100 und höh.
4	9	4	3	1	5	1	—	1	—	—	—	—	—	—	—
267	248	239	175	161	153	119	72	36	18	18	9	1	—	—	—
78	47	36	38	38	38	33	26	19	23	13	3	—	—	—	—
197	191	212	208	171	115	75	55	32	20	3	3	—	—	1	1
49	61	56	62	60	65	30	23	29	13	4	2	—	—	—	—
8	2	1	5	7	4	5	3	10	2	2	1	—	1	—	—
4	2	3	4	1	8	1	1	—	—	—	—	—	—	—	—
[illegible]	2	3	2	—	2	2	—	1	2	1	1	—	—	—	—
7	12	10	5	10	1	3	2	2	—	—	—	—	—	—	—
31	25	21	25	28	11	10	3	2	—	—	—	—	—	—	—
15	25	19	18	20	13	16	8	10	1	1		—	—	—	—
13	10	15	3	7	7	3	1	7	1	—	—	—	—	—	—
1,729	1,358	1,163	1,070	811	700	496	429	290	169	62	23	8	—	—	—
96	78	29	48	38	41	23	11	11	8	6	1	2	—	—	—
22	21	18	8	7	11	8	9	3	2	—	1	—	—	—	—
4	7	7	5	8	6	4	2	—	1	—	—	—	—	—	—
29	42	29	17	14	6	5	5	—	—	—	—	—	—	—	—
4	3	—	2	3	1	3	4	—	—	1	—	—	—	—	—
13	5	6	8	10	8	3	1	1	—	—	—	—	—	—	—
8	3	3	4	—	4	4	3	—	—	—	—	—	—	—	—
197	181	173	178	111	94	73	71	37	23	18	8	1	—	—	—
24	27	14	16	5	6	7	3	1	—	—	—	—	—	—	—
15	4	10	10	5	3	2	2	—	1	—	1	—	—	—	—
462	473	365	296	282	237	142	101	58	38	13	8	2	—	—	—
2	1	1	5	1	1	1	1	—	—	—	—	—	—	—	—
214	210	182	161	133	93	68	57	30	17	12	8	1	—	—	—
4	1	3	2	1	2	2	1	—	—	—	—	—	—	—	—
330	215	173	145	160	107	78	57	31	19	14	8	1	—	1	—
873	797	631	565	438	413	343	271	154	102	42	21	9	3	1	1
985	835	657	564	438	366	242	212	156	71	21	8	1	2	—	—
9	5	12	8	3	1	2	3	1	—	—	—	—	—	—	—
15	12	16	5	4	3	3	1	—	2	—	—	—	—	—	—
2	1	2	1	1	2	—	1	1	—	—	—	—	—	—	—
106	107	63	79	35	26	6	6	4	—	1	—	—	—	—	—
281	303	261	245	190	159	104	62	37	27	10	5	—	—	—	—
1	2	1	—	1	3	—	2	—	—	—	—	—	—	—	—
58	32	37	23	24	25	15	11	7	4	4	1	1	—	—	—
103	89	85	94	52	47	15	23	9	6	2	1	—	—	—	—
2	9	6	2	8	1	2	1	—	—	—	—	—	—	—	—

England und Wales. Beschäftigungen der Personen

Beschäftigungen.	Jeden Alters.	Unter 20 Jahren.	Ueber 20 Jahre.	Unter 5 Jahren.	Alter 5—	10—	15—	20—
13. Messing und andere gemischte Metalle.								
Metall-Raffineure, Dreher, Arbeiter, Händler	1,517	405	1,112		8	141	258	204
Spinner- (unechtes Zink) Geschäft	258	34	224	—	—	4	30	28
Glockengießer	45	10	35	—		1	9	8
Messinggießer, Messinggeschäft	15,985	4,911	11,044	—	58	1,708	3,177	2,709
Messingschmiede	2,219	440	1,779	—	1	90	349	285
Schlosser, Gelbgießer	5,478	1,219	4,253	—	13	450	770	700
Gasinstallationsgeschäft	5,418	1,101	4,317	—	7	236	918	884
Gasapparatfabrication	88	20	68	—	—	10	10	18
Neusilberfabrication	900	231	669			65	166	150
Stecknadelfabrication	337	92	230		4	53	35	36
Haken- und Oesenfabrication	26	7	19	—	—	4	3	—
Schnallen- und Spangenmacher	263	74	189		1	29	44	84
Linealmacher	12	2	10		—	1	1	8
Ciseleure	409	140	269	—	9	29	102	73
Bronzirer	74	17	57		1	8	8	9
Polirer	90	25	65	—	1	13	11	21
Lackirer	17	4	13	—	—	1	3	3
Verfertiger von messingenem Spielzeug	208	67	141	—	1	29	37	19
Uhrschlüsselmacher	40	23	17		2	14	7	2
Metallgalvanisirer, Drucker	87	9	78				9	12
Münzenmacher	44	19	25		1	8	10	8
Wappenciseleure	24	2	22			1	1	6
Drahtmacher	3,348	895	2,453		18	275	598	492
Drahtarbeiter, Flechter	2,287	591	1,696		7	237	347	384
Kettenmacher	52	15	37		1	5	9	3
Verfertiger von metallenem Sargzubehör	57	17	40	—		11	6	7
Gewürzbüchsenmacher	218	67	161	—	3	21	30	27
Leuchter-, Candelabermacher	234	86	148		8	29	55	35
Lampen- und Laternenmacher	919	323	596		3	78	158	148
Badewannenmacher	19	1	18				1	1
Verfertiger von Urnen, Kesseln, Kaffee- und Theekannen	70	15	55		1	5	9	3
Verfertiger von Essig- und Oelkannengestellen	20	9	11		1	5	3	—
Löffelmacher	494	176	318		2	79	95	66
Gewichtmacher (Sinker)	178	28	150			12	16	14
Andere, die in gemischten Metallen handeln und arbeiten	179	70	109		3	41	26	24
14. Eisen und Stahl.								
Eisengeschäft, Eisengießer	123,430	30,010	93,420		341	9,590	20,050	[illegible]
Eisenhändler	76	1	75		—	—	1	[illegible]
Blechschmiede	9,852	2,104	7,748		5	358	1,731	1,438
Grobschmiede	107,170	22,313	85,857		68	3,605	18,230	16,200
Nagelfabrication	15,369	3,753	11,616	—	213	1,766	1,774	1,849
Ankerschmiede, Kettenschmiede	3,984	911	3,060	—	40	343	541	585
Kesselmacher	13,016	2,722	10,294	—	12	738	1,949	2,442
Eisendetailhändler	9,160	1,983	7,177	—	—	626	1,754	1,430
Kurzwaarengeschäft	1,080	126	954	—		21	105	187
Stahlfabrication	3,148	860	2,288		6	290	544	477
Schleifer (nicht näher bezeichnet)	1,247	295	952	—	1	83	211	223
Gasröhrenmacher	585	289	296	—	6	119	114	88
Retortenmacher	52	9	43	—		8	3	[illegible]
Eisenwaaren für Sattler	66	18	48	—		1	17	18

171	180	142	85	[illegible]	43	25	8	9	3	2	—	—	—
27	19	16	8	5	1	1	—	1	—	—	—	—	—
9	7	7	1	4	1	[illegible]	1	1	—	—	—	—	—
1,372	1,059	797	607	391	285	173	106	43	7	5	—	—	—
190	218	164	147	111	115	80	53	21	7	4	2	—	—
494	407	400	298	280	221	170	110	78	19	5	5	—	—
578	410	371	198	148	95	38	16	4	1	—	—	—	—
10	5	3	5	3	1	1	—	—	—	—	—	—	—
74	57	55	47	27	9	16	5	·	—	—	—	—	—
34	20	25	17	11	15	7	9	2	—	2	—	—	—
8	1	3	5	1	1		—	..	—	—	—	—	—
19	27	13	15	20	11	8	4	5	—	—	—	—	—
3		1	2	1		—	—	—	—	—	—	—	—
29	12	23	14	9	6	2	1	—	—	—	—	—	—
8	3	5	7	2	1	1	2	—	1	—	—	—	—
6	8	3	8	2	1	1	1		—	—	—	—	—
2	1	1	1	—	—	1	1	—	—	—	—	—	—
20	17	18	11	12	6	7	6	1	—	—	—	—	—
1	1	6	2	1	1	—	—	—	—	—	—	—	—
8	9	4	5	2	1	2	—	—	—	—	—	—	—
3	1	1	1		—	—	—	—	—	—	—	—	—
2	1	3	3		1	—	—	—	—	—	—	—	—
220	250	173	147	91	78	48	29	14	7	2	—	—	—
194	190	134	114	98	75	37	28	11	6	1	—	—	—
6	4	1	3	1	3	2	1	—	—	—	—	—	—
8	4	4	4	3	1	—	—	—	—	—	—	—	—
20	15	9	12	8	8	1	2	1	—	1	—	—	—
11	13	20	4	3	4	4	—	1	—	—	—	—	—
79	78	52	40	25	12	17	5	1	1	—	—	—	—
3	2	4	6	—		—	—	—	—	—	—	—	—
7	8	7	6	—	1	1	4	—	—	—	—	—	—
1	1	1	1		—	—	—	—	—	—	—	—	—
25	11	20	20	22	16	6	7	1	1	—	—	—	—
8	22	21	11	14	8	5	9	1	1	—	—	—	—
9	9	8	6	7	4	1	2	1	—	—	—	—	—
11,180	[illegible]	[illegible]	4,511	2,980	2,101	1,001	[illegible]	238	110	25	6	3	1
9	10	9	10	6	4	—	1	—	1	—	—	—	—
951	824	626	518	401	316	208	146	66	64	4	—	—	—
9,810	[illegible]	[illegible]	5,819	4,296	[illegible]	2,367	[illegible]	815	[illegible]	104	26	4	—
1,330	1,216	1,313	856	733	749	478	343	167	60	22	8	1	—
414	841	944	114	109	89	48	29	14	3	—	—	—	—
[illegible]	1,074	880	857	194	115	43	20	12	5	—	1	—	—
640	754	968	475	347	302	189	114	48	15	6	—	—	—
96	115	95	67	55	48	28	19	8	2	—	1	—	—
300	229	140	118	79	53	25	14	7	3	1	—	1	—
185	90	75	41	30	22	8	14	1	1	—	—	—	—
30	25	16	16	7	4	6	—	2	—	—	—	—	—
2	1	—	—	—	—	—	—	—	—	—	—	—	—
4	5	4	5	8	8	1	1	—	1	1	—	—	—

England und Wales. Beschäftigungen der Personen

Beschäftigungen.	Jeden Alters.	Unter 20 Jahren.	Ueber 20 Jahre.	Unter 5 Jahren.	Alter 5—	10—	15—	20—
Hefteln- und Handschellenmacher	16	3	13	—	—	2	1	4
Gebißmacher	903	228	675	—	2	76	150	139
Kamingittermacher	61	10	41	—	—	5	5	5
Steigbügelmacher	148	30	118	—	—	7	23	17
Sporenmacher	176	40	136	—	1	11	28	21
Ofen-, Gitter-, Rostmacher	1,042	302	740	—	—	63	200	184
Kohlenkesselmacher	16	6	10	—	—	—	6	4
Schüreisenmacher	334	87	247	—	3	38	46	41
Feuergittermacher (fender)	590	131	459	—	2	56	37	35
Dreifußmacher	15	5	10	—	—	2	3	2
Pfannenmacher	118	28	90	—	—	8	20	8
Eisenkisten-, Eisenschrankmacher	256	55	201	—	—	10	45	51
Spießmacher	60	16	44	—	1	7	8	5
Hohlwaarenmacher	377	90	287	—	2	37	51	47
Nagelmacher	1,871	676	1,195	—	28	257	368	304
Feuerhaltermacher	81	20	61	—	—	12	8	9
Federklingenmacher	36	11	25	—	—	4	7	3
Krampenmacher (staple)	19	3	16	—	—	1	2	6
Schlüsselmacher	1,062	247	815	—	4	111	132	148
Griff-, Handhabenmacher	24	8	16	—	—	3	2	1
Klinkenmacher	155	43	112	—	1	19	23	18
Thürangelmacher	721	187	534	—	8	80	99	78
Steinnagelmacher	329	118	211	—	8	48	49	41
Ziegelmacher	91	10	81	—	—	10	9	9
Schraubenmacher	1,137	435	702	—	21	216	196	153
Schraubenschlüsselmacher	41	17	24	—	1	9	7	8
Eisengalvanisirer	109	21	88	—	—	7	14	16
Stahlklappenmacher	101	30	71	—	—	15	12	14
Lichtscherenmacher	81	11	70	—	—	6	6	7
Stahlwaarengeschäft	31	8	23	—	—	2	6	4
Federn-, Thürschließermacher	667	89	578	—	—	29	70	91
Andere, die in Eisen u. Stahl arbeiten und handeln	394	119	275	—	11	37	71	64
XVI. Tagelöhner und Andere, deren Arbeitszweig nicht näher bezeichnet ist.								
1. Tagelöhner im Allgemeinen.								
Tagelöhner (Arbeitszweig nicht näher bezeichnet)	306,544	47,605	258,939	—	359	13,978	34,069	36,[illegible]
2. Andere Personen mit ungenau bezeichneten Beschäftigungen.								
Handwerker, Handarbeiter	11,831	3,489	8,189	—	10	764	2,665	2,2[illegible]
Laufburschen	3,550	2,049	1,501	—	9	908	1,132	643
Lehrlinge	2,564	2,419	145	—	6	816	1,616	165
Locomotivführer, Heizer, Feuerwehr	9,318	1,244	8,074	—	6	225	1,015	1,557
Gasarbeiter	996	15	981	—	—	8	19	54
Aufseher, Vormänner	191	15	176	—	—	4	11	12
Werkmeister, Vormänner	191	3	188	—	—	1	2	19
Controleure	412	29	383	—	—	9	20	40
Reisende (auch Bettler)	1,550	119	1,431	—	1	25	98	190
Fabrikarbeiter	2,164	864	1,300	—	33	450	401	304
Maschinenarbeiter	71	16	55	—	1	6	9	1
Hochofenheizer	885	49	836	—	1	36	22	34
Hausirer (Hilfer)	648	44	604	—	1	10	51	54
Secretäre	107	4	103	—	—	—	6	6
Auswanderer	50	6	44	—	—	1	5	10
Andere unbestimmte Beschäftigungen	2,172	500	1,672	—	6	164	320	331

...ren Geschlecht in den verschiedenen Altersperioden.

Personen.

30—	35—	40—	45—	50—	55—	60—	65—	70—	75—	80—	85—	90—	95—	100 und höh.
2	1	—	1	1	—	—	—	—	1	—	—	—	—	—
73	98	70	57	48	33	38	25	15	8	7	—	—	—	—
8	10	5	5	8	2	3	1	1	—	—	—	—	—	—
12	18	15	10	15	5	8	5	5	—	—	1	—	—	—
18	14	11	12	18	7	9	6	1	1	2	—	—	—	—
65	92	74	48	45	37	24	11	4	2	—	—	—	—	—
—	1	1	1	8	—	1	—	—	1	—	—	—	—	—
51	34	27	32	16	12	8	6	4	—	2	—	—	—	—
70	45	40	58	40	20	23	10	8	3	2	—	—	—	—
1	2	1	—	1	—	1	—	—	—	—	—	—	—	—
17	9	6	8	7	7	5	4	2	—	—	—	—	—	—
26	21	23	11	8	8	8	—	2	1	—	—	—	—	—
1	2	5	2	4	7	6	3	—	2	2	—	—	—	—
54	37	31	11	13	7	—	6	1	—	—	—	—	—	—
190	139	108	65	60	35	14	8	7	3	2	—	—	—	—
8	5	3	2	4	—	1	—	—	—	—	—	—	—	—
2	4	1	5	2	1	1	—	3	—	—	—	—	—	—
2	1	5	1	—	—	—	1	—	1	—	—	—	—	—
90	97	80	67	63	53	49	33	21	10	7	—	—	—	—
2	8	1	6	1	1	1	1	—	1	—	—	—	—	—
15	11	12	11	11	7	4	5	5	2	1	—	—	—	—
76	71	55	61	39	33	30	18	8	5	4	—	—	—	—
23	27	18	20	10	14	4	3	—	—	—	—	—	—	—
6	9	11	9	7	1	1	—	—	—	1	—	—	—	—
90	75	84	47	40	28	26	20	18	5	—	—	—	—	—
4	8	4	—	—	—	—	—	—	—	—	—	—	—	—
17	15	8	5	5	3	2	—	—	—	—	—	—	—	—
8	12	12	3	4	2	2	1	1	—	—	—	—	—	—
8	8	8	11	6	3	4	6	6	1	—	—	—	—	—
4	4	3	4	1	1	2	—	—	—	—	—	—	—	—
64	57	52	30	24	18	5	4	6	—	1	—	—	—	—
35	38	53	7	4	9	9	9	10	2	—	—	—	—	—
33,796	29,684	29,501	22,953	20,671	14,785	14,867	8,892	6,357	3,794	1,704	500	131	26	5
1,175	888	758	528	410	271	197	119	63	42	16	3	—	—	—
201	107	111	78	56	50	41	16	11	2	2	—	—	—	—
—	—	—	—	—	—	—	—	—	—	—	—	—	—	—
1,455	1,101	871	540	675	241	190	72	43	14	7	—	—	—	—
118	135	152	150	118	77	47	81	19	7	2	1	—	—	—
22	13	20	22	12	18	6	6	5	—	1	1	—	—	—
22	26	22	25	18	9	9	2	—	—	—	—	—	—	—
59	44	48	39	59	25	22	13	4	1	1	—	—	—	—
280	191	150	115	100	58	78	35	26	8	4	2	—	1	—
207	185	141	87	73	53	30	19	5	1	1	—	—	—	—
12	8	8	6	3	—	1	1	—	—	—	—	—	—	—
28	23	33	25	14	18	11	7	6	1	—	—	—	—	—
61	73	54	60	61	55	38	20	9	6	2	1	—	—	—
11	17	6	13	18	8	6	5	1	—	2	—	—	—	—
2	8	—	8	1	—	—	—	—	—	—	—	—	—	—
218	198	162	188	102	88	79	56	27	16	8	2	—	—	—

England und Wales. Beschäftigungen der Personen

Beschäftigungen.	Jeden Alters.	Unter 20 Jahren.	Ueber 20 Jahre.	Unter 5 Jahren.	5—	10—	15—	20—
XVII. Eigenthümer und Vermögende, welche unter keiner Beschäftigung verzeichnet sind.								
Capitalisten	12,407	251	12,156	—	—	—	251	[illegible]
Rentiers	10,463	80	10,383	—		—	80	370
XVIII. Von der Gemeinde Ernährte ohne speciellen Beruf.								
1. Einkommen von freiwilligen Beiträgen u. Steuern.								
Pensionäre (wich) Chelsea, Greenwich oder Ostindien)	2,671	5	2,666	—	—	—	5	41
Von Verwandten Abhängige	1,148	28	1,120	—	1	..	27	[illegible]
In Armenhäusern Lebende	1,169	9	1,160	—	1	2	6	15
Arme ohne Beruf	9,918	1,898	8,050	—	746	743	609	561
Irre ohne Beruf	2,339	412	1,927	—	38	126	248	307
Andere, die durch Mildthätigkeit erhalten werden	45	23	22	—	1	9	13	1
2. Gefangene und andere Verbrecher.								
Gefangene ohne bezeichneten Beruf	1,141	951	190		28	467	456	62
3. Landstreicher u. Zigeuner.								
Landstreicher und Bettler	736	127	609	—	18	48	61	87
Zigeuner	382	158	224	—	47	66	45	38
Reisende, deren Beruf nicht näher bezeichnet ist	9,493	746	8,747	—	60	52	634	691
Andere ohne näher bezeichneten Beruf	47,949	2,640	45,309	—	72	442	2,126	6,5[illegible]

England und Wales. Beschäftigungen der Personen

Beschäftigungen.	Jeden Alters.	Unter 20 Jahren.	Ueber 20 Jahre.	Unter 5 Jahren.	5—	10—	15—	20—
Total der Personen weiblichen Geschlechts	10,798,965	4,836,980	5,760,905	1,345,815	1,171,165	1,045,897	974,713	958,289
I. In der Staats- u. Localregierung Beschäftigte.								
1. Staatsregierung.								
Die Königin	1	—	1	—	—	—	—	—
Die königliche Familie	6	4	2	1	—	2	1	—
Der Königin Hof- und Haushaltung	6	—	6	—	—	—	—	—
Angestellte von der Regierung als Beamte	49	2	47	—	—	—	2	1
Postdienst (Postmeisterinnen)	1,522	137	1,385	—	—	13	124	267

...männlichen Geschlechts in den verschiedenen Altersperioden.

...der Personen.

25—	30—	35—	40—	45—	50—	55—	60—	65—	70—	75—	80—	85—	90—	95—	100 und höh.
878	854	859	878	850	1,018	967	1,267	1,013	1,117	938	189	190	48	8	—
692	558	655	837	847	1,010	1,013	1,175	1,041	1,074	691	528	157	37	6	—
[illegible]	120	[illegible]	410	815	[illegible]	[illegible]	350	865	401	[illegible]	[illegible]	79	13	5	1
[illegible]	78	45	32	33	[illegible]	34	53	57	108	129	110	59	19	7	—
9	11	[illegible]	[illegible]	[illegible]	38	39	[illegible]	148	[illegible]	[illegible]	193	71	18	4	—
[illegible]	503	[illegible]	[illegible]	319	329	313	563	792	1,311	1,350	1,028	[illegible]	[illegible]	15	3
201	778	250	202	151	137	107	97	55	30	13	8	1	—	—	—
5	—	—	1	3	6	1		7	—	4	5	—	1	—	—
[illegible]	25	[illegible]	11	9	9	8	8	3	8	—	1	—	—	—	—
[illegible]	79	[illegible]	87	46	[illegible]	30	40	17	11	5	4	4	—	—	—
33	36	[illegible]	[illegible]	22	12	8	5	4	4	8	3	—	—	—	—
455	887	313	194	125	129	108	180	107	115	92	52	12	5	—	—
6,441	6,602	3,560	3,532	2,800	2,634	2,090	2,750	2,529	2,257	2,850	2,041	813	217	41	8

nen reisende Predigerinnen	118	4	114	—	—
Nonnen	585	44	541	—	—
Klosterschülerinnen	90	90	—	—	4
Barmherzige Schwestern	226	47	179	—	4
Kirchenstuhlöffnerinnen	752	5	747	—	—
Kirchenreinigerinnen	56	—	56	—	—
Kapellendienerinnen	114	3	111	—	—
Küsterinnen	161	2	159	—	—
Andere Religionslehrerinnen, Kirchendienerinnen und Bewohner religiöser Anstalten	941	85	856	—	1
2. Justiz.					
Gesetzpapierverlage (Law Stationer)	17	2	15	—	—
Andere, die mit dem Gesetz zu thun haben	4	1	3	—	—
3. Medicin.					
Zahnärztinnen	17	—	17	—	—
Apothekerinnen	388	23	365	—	—
Hebammen	1,913	—	1,913	—	—
Schröpferinnen	58	—	58	—	—
Hühneraugenoperateurinnen	80	—	80	—	—
Patentmedicinhändlerinnen, Kräuterdoctorinnen	80	—	80	—	—
Andere mit Medicin Beschäftigte	30	—	30	—	—
4. Literatur.					
Autorinnen, Herausgeberinnen, Schreiberinnen	145	5	140	—	—
Literarische, Privatsecretäre	18	—	18	—	—
Andere mit Literatur Zusammenhängende	23	—	23	—	—
5. Bildende Künste.					
Künstlerinnen, Malerinnen	853	130	723	—	—
Graveurinnen	48	11	37	—	—
Photographinnen, Assistentinnen	168	38	130	—	—
Andere den bildenden Künsten Angehörende	10	3	7	—	—

weiblichen Geschlechts in den verschiedenen Altersperioden.

der Personen.															
25—	30—	35—	40—	45—	50—	55—	60—	65—	70—	75—	80—	85—	90—	95—	100 und höh.
—	—	2	3	3	2	—	—	—	—	—	—	—	1	—	—
1	3	1	1	1	1	—	—	1	1	1	—	—	—	—	—
78	[illegible]	70	64	40	30	17	19	12	2	1	1	—	—	—	—
123	162	106	203	219	158	163	84	48	31	9	5	2	—	—	—
—	1	—	—	1	—	—	1	1	—	1	—	—	—	—	—
—	—	—	3	2	1	3	2	1	—	1	—	—	—	—	—
14	18	13	15	19	14	12	6	3	1	—	—	—	—	—	—
36	[illegible]	49	49	47	23	20	12	7	13	6	4	6	—	—	—
—	—	—	—	—	—	—	—	—	—	—	—	—	—	—	—
38	48	24	14	9	4	1	2	—	1	—	—	—	—	—	—
56	19	63	66	82	111	95	130	86	50	31	7	1	1	—	—
1	2	8	4	3	18	8	7	4	3	3	—	—	—	—	—
1	7	6	12	15	17	16	15	10	9	—	1	—	—	—	—
5	5	5	7	11	18	26	26	16	15	10	2	—	1	—	—
160	134	106	96	77	67	53	50	21	14	5	5	4	—	—	—
5	8	—	—	2	3	1	—	—	—	—	—	—	—	—	—
—	1	1	1	—	—	—	—	—	—	—	—	—	—	—	—
—	1	1	6	5	1	—	—	—	—	—	—	—	—	—	—
29	37	83	54	49	86	29	31	72	11	13	1	—	—	—	—
14	60	61	115	141	228	257	348	284	214	134	78	18	9	2	—
—	1	3	4	5	4	13	16	5	4	2	—	—	—	—	—
1	1	3	4	8	5	1	1	—	—	—	—	—	—	—	—
—	8	2	—	7	8	3	—	1	1	—	—	—	—	—	—
4	1	4	4	—	2	4	3	—	3	6	—	—	—	—	—
14	23	16	14	18	10	11	10	5	3	1	1	—	—	—	—
6	1	3	2	4	—	—	—	1	—	—	—	—	—	—	—
2	5	2	3	4	2	—	—	—	—	1	—	—	—	—	—
114	108	107	58	30	35	27	13	18	12	3	5	—	—	—	—
7	5	6	2	5	—	—	1	1	1	—	—	—	—	—	—
31	30	14	12	10	6	3	3	—	—	—	—	—	—	—	—
1	3	—	1	—	—	—	—	1	—	—	—	—	—	—	—

England und Wales. Beschäftigungen der Personen

Beschäftigungen.	Jeden Alters.	Unter 20 Jahren.	Ueber 20 Jahre.	Alter: Unter 5 Jahren.	5—	10—	15—	20—
6. Musik.								
Virtuosinnen	1,618	313	1,305	—	4	49	260	400
Musiklehrerinnen	3,103	509	2,594	—	—	—	509	[illegible]
7. Theater.								
Schauspielerinnen	891	189	702	—	4	30	155	215
Personen im Zusammenhang mit Theatern beschäftigt	60	8	[illegible]	—		—	8	3
Tänzerinnen	79	37	42	4	4	10	22	19
Schaubudenbesitzerinnen, Dienerinnen	51	12	39	—	1	4	7	9
Reiterinnen	36	19	17	—	3	6	10	2
Andere, die mit öffentlichen Darstellungen ec. beschäftigt sind	27	6	[illegible]				5	7
8. Unterricht.								
Schullehrerinnen	37,669	2,257	35,412	—	—	—	2,257	6,00[illegible]
Sprachlehrerinnen	989	119	870	—	—	—	119	218
Lehrerinnen im Allgemeinen	16,[illegible]	9,199	6,791	—	4	1,153	8,045	[illegible]
Gouvernanten	24,770	3,[illegible]	21,[illegible]	—	—	—	3,[illegible]	6,612
Tanzlehrerinnen	183	51	132	—	1	3	47	30
Zeichnenlehrerinnen	91	4	87	—	—	1	3	16
Schreiblehrerinnen	15	—	15		—	—	—	3
Andere mit Unterricht Beschäftigte	37	11	26	—	—	—	11	2
9. Wissenschaften.								
Wissenschaftliche Personen	42	3	39	—	—	.	3	5
III. Personen, die den häuslichen Pflichten obwalten als Mütter, Hausfrauen, Kinder, Verwandte, und nicht anders bezeichnet sind.								
1. Hausfrauen.								
Hausfrauen	3,650,09[illegible]	20,287	3,629,80[illegible]	—	—	—	20,287	212,151
2. Witwen (nicht näher bezeichnet).								
Witwen	269,143	69	269,074	—	—		69	1,381
3. Kinder und Verwandte (als solche bezeichnet).								
Töchter, Enkelinnen, Schwestern, Nichten	2,279,257	2,032,383	246,874	1,130,177	378,877	292,836	234,399	187,831
4. Schülerinnen (nur als solche bezeichnet).								
Schülerinnen	1,597,310	1,595,637	1,673	309,[illegible]	718,255	518,560	39,126	1,445
IV. Mit persönlichen Dienstleistungen Beschäftigte.								
1. Wohnung und Nahrung.								
Wirthshausbesitzerinnen, Hotelbesitzerinnen	6,981	249	6,732	—	—	—	249	394
Wirthshaus-, Hotelbesitzersfrauen	16,127	22	16,105	—	—	—	22	172
Bierhausbesitzerinnen	6,644	254	6,390	—	—	—	254	349
Bierverkäuferinnen	4,016	113	3,903	—	—	—	113	169
Bierhausbesitzersfrauen	29,743	53	29,690	—	—	—	53	1,151
Pensionshausbesitzerinnen	17,257	92	17,165	—	—	—	92	365

…en Geschlecht in den verschiedenen Altersperioden.

Personen.

30—	35—	40—	45—	50—	55—	60—	65—	70—	75—	80—	85—	90—	95—
191	155	76	70	86	27	27	11	5	2	—	—	—	—
355	275	280	189	[illegible]	61	35	20	7	3	1	1	—	—
108	73	65	28	21	8	11	4	1	2		1	—	—
3	4	4	6	4	4	6	—	1				—	—
8	—	2	1	-	8	1	—	—	—		—		—
1	7	4	3	5	2	2	—	1	—	—	—	—	—
5	1	8	2[illegible]	—	—	1	—	—	—		—		—
—	2	2	4	1	2	1	1	—	—	1	-	—	—
3,704	3,3[illegible]	3,506	3,209	2,968	2,485	2,178	1,362	908	477	168	67	11	3
182	105	79	58	37	36	25	3	7	1	—	—	—	—
812	615	478	361	234	140	107	77	84	11	7	—	1	—
3,025	2,162	1,601	1,215	769	550	431	240	157	75	30	9	3	1
19	10	14	9	5	9	7	2	1	2	—	—	—	—
6	11	10	6	8	3	2	2	—	—	—	—	—	—
—	1	3	2	2	—	1	1	—	—	-	—	—	—
3	3	5	1	2	2	2	1	1	—	—	—	—	
4	4	7	2	6	9	4	2	—	1	-	—	—	—
[illegible]	371,[illegible]	[illegible]	[illegible]	218,273	150,[illegible]	116,1[illegible]	68,173	36,[illegible]	16,[illegible]	6095	1074	146	20
5,514	7,683	13,158	15,775	23,[illegible]	25,[illegible]	36,[illegible]	31,[illegible]	[illegible]	[illegible]	[illegible]	7400	2055	471
[illegible]	17,3[illegible]	11,[illegible]	6,1[illegible]	1,7[illegible]	7[illegible]	533	347	107	101	19	25	6	1
43	10					-					-	—	—
418	513	610	707	769	7[illegible]	740	37[illegible]	417	257	123	40	5	—
2,030	2,471	2,543	2,365	1,[illegible]	1,270	[illegible]	457	221	78	17	7	—	1
481	430	[illegible]	[illegible]	737	7[illegible]	7[illegible]	[illegible]	[illegible]	230	105	32	4	3
[illegible]	508	463	[illegible]	457	4[illegible]	41[illegible]	27[illegible]	[illegible]	300	45	13	4	—
4,0[illegible]	4,714	[illegible]	3,974	3,[illegible]	2,[illegible]	1,[illegible]	711	[illegible]	[illegible]	22	5	—	
1,1[illegible]	1,550	2,092	2,[illegible]	2,[illegible]	1,[illegible]	1,[illegible]	1,301	906	465	15[illegible]	60	16	1

England und Wales. Beſchäftigungen der Perſon…

Beſchäftigungen.	Jeden Alters.	Unter 20 Jahren.	Ueber 20 Jahre.	Alte… Unter 5 Jahren.	5—	10—	15—	20—
Penſionshausbeſitzerinnen	2,030	3	2,027	—	—	—	3	4…
Kaffeehaus-, Speiſehausbeſitzerinnen	1,410	94	1,316	—	—	—	94	115
Beſitzerinnen öffentlicher Verſammlungs-Locale	20	2	18	—	—	1	1	3
Köchinnen (Dienſtboten ausgeſchloſſen)	76	—	76	—	—	—	—	2
Bäderbeſitzerinnen, Dienerinnen	250	15	235	—	—	—	15	17
Stellenbureaus	205	4	201	—	—	—	4	4
Beamtinnen in wohlthätigen Anſtalten	945	81	864	—	—	—	81	61
Irrenhausbeſitzerinnen, Directorinnen	84	—	84	—	—	—	—	13
Andere mit Wohnung und Nahrung Beſchäftigte	70	7	63	—	—	—	7	12
2. Perſönliche Dienſtleiſtungen (Dienſtboten ꝛc.).								
Dienſtboten im Allgemeinen	644,271	298,935	345,336	—	779	85,070	138,166	150,054
Haushälterinnen	66,408	1,468	64,940	—	—	78	1,390	5,061
Köchinnen	77,322	4,468	72,854	—	—	66	4,402	16,161
Stubenmädchen	102,462	35,837	66,625	—	29	3,914	31,894	34,83…
Kindermägde	67,785	36,511	31,274	—	983	15,278	19,206	10,44…
Waſchmädchen	4,040	650	3,390	—	2	59	589	1,21…
Hotel-, Club-, Speiſehausdienerinnen	14,145	4,547	9,598	—	1	549	3,997	4,84…
Spital-, Irrenhauswärterinnen, Dienerinnen	2,797	99	2,698	—	—	2	97	46…
Krankenwärterinnen	24,821	106	24,715	—	—	—	106	31…
Schenkerinnen	65,270	1,370	63,900	—	—	—	1,318	3,014
Dienerinnen an Univerſitäten	210	10	200	—	—	1	9	7
Bureaudienerinnen	283	7	276	—	—	2	5	5
Parkaufſeherinnen, Thorhüterinnen	722	7	715	—	—	3	4	77
Andere Dienſtboten	64	6	58	—	—	1	5	—
V. Perſonen, welche Geld, Häuſer und andere Artikel kaufen, verkaufen, halten oder verleihen.								
1. Kaufleute.								
Capitaliſtinnen	1,927	10	1,917	—	—	—	10	68
Bankiersfrauen	38	—	38	—	—	—	—	4
Verſicherungsgeſellſchafts-Agentinnen, Beamtinnen	15	1	14	—	—	—	1	—
Brokerinnen, Mäklerinnen	54	—	54	—	—	—	—	2
Agentinnen, Gehilfinnen	36	4	32	—	—	—	4	1
Verkäuferinnen, Marktfrauen	1,055	121	934	—	—	5	116	179
Buchhalterinnen	34	3	31	—	—	—	3	9
Handelsdienerinnen	274	56	218	—	—	2	54	84
Handelsreiſende	25	1	24	—	—	—	1	7
Andere im Handel beſchäftigte Perſonen	71	5	66	—	—	—	5	11
2. Andere dem Handel Angehörende.								
Pfandleiherinnen	758	111	647	—	—	—	111	134
Schiffsproviant	676	65	611	—	—	5	60	71
Verkäuferinnen, Höckerinnen, Hauſiererinnen	6,831	766	6,065	—	8	84	180	851
Ladenbeſitzerinnen (der Zweig nicht näher bezeichnet)	10,024	297	9,727	—	—	—	297	600

30	22	27	23	19	16	7	4	—	1	—	—	—
28	40	25	23	17	17	6	3	2	—	—	—	—
145	140	112	74	58	35	16	5	6	1	—	—	—
13	13	6	6	4	1	—	—	—	—	—	—	—
7	10	18	2	2	—	3	1	1	2	—	—	—
15,685	11,899	9,559	6,878	7,014	4,573	3,696	2,106	1,096	348	103	10	3
7,476	7,034	8,971	5,545	5,579	3,520	2,352	1,119	443	140	50	9	1
5,951	4,973	3,155	2,161	1,625	764	515	202	118	35	6	4	2
1,885	1,152	688	348	271	163	107	67	53	18	4	—	—
2,037	1,800	1,885	1,317	1,373	896	537	212	96	27	4	1	—
191	135	95	62	58	26	21	4	5	1	1	—	—
299	104	105	77	60	25	14	6	7	2	—	1	—
275	254	273	143	174	55	32	18	7	1	—	—	—
1,764	2,487	3,769	3,640	4,801	3,953	1,880	898	363	106	31	5	2
9,800	7,790	7,790	6,132	6,159	4,038	2,380	1,218	495	103	48	6	3
45	35	39	28	30	12	7	16	5	—	—	—	—
28	41	43	38	31	18	14	6	3	—	1	—	—
53	65	71	76	71	76	73	44	25	6	2	2	—
6	4	10	8	5	4	—	3	—	1	1	—	—

172	180	209	225	257	143	142	81	26	7	2	—	—
8	5	4	5	2	—	1	1	—	—	—	—	—
—	3	1	1	2	—	—	—	2	—	—	—	—
6	3	7	4	4	1	5	1	—	—	—	—	—
4	4	1	1	1	1	—	1	—	—	—	—	—
76	86	51	44	79	45	32	21	17	5	3	—	—
3	1	3	2	—	1	1	—	1	—	—	—	—
24	17	7	5	10	3	6	1	—	1	—	—	—
1	1	1	2	3	2	—	—	—	—	—	—	—
5	7	8	6	6	3	2	2	1	1	—	—	—
65	70	62	46	39	24	10	8	—	—	2	—	—
97	89	86	63	80	87	17	11	7	1	—	—	—
387	294	353	206	275	175	144	65	86	12	1	1	—
1,157	1,091	1,159	902	866	685	483	236	135	41	11	1	—

England und Wales. Beschäftigungen der Person[...]

Beschäftigungen.	Jeden Alters.	Unter 20 Jahren.	Ueber 20 Jahre.	Alter: Unter 5 Jahren.	5—	10—	15—	20—
Ladenbesitzersfrauen	2,038	8	2,030	—		—	8	53
Mode- und Luxusartikel-Importeurinnen u. Händlerinnen	148	26	122		—	3	[illegible]	[illegible]
Modewaarenniederlage-Besitzerinnen	358	57	301		—	8	20	71
Bazarbuden Besitzerinnen	231	45	186	—	—	5	40	43
Zeitungsverkäuferinnen	8,088	833	7,255	—	10	159	671	653
Andere Verkäuferinnen	34	1	33	—	—	—	1	1
VI. Personen, welche mit dem Transport von Menschen, Thieren, Waaren und Nachrichten beschäftigt sind.								
1. Auf Eisenbahnen.								
Eisenbahngesellschaftsdienerinnen, Aufwärterinnen	119	5	114	–			5	9
Andere, die mit Eisenbahnen zu thun haben	38	7	31	—		1	6	5
2. Auf Landstraßen.								
Brückengeld-, Schlagbaumgeld-Erheberinnen	1,638	62	1,576		—	13	49	94
Postwagen-, Omnibus-, Fiakerbesitzerinnen	148	—	148		—		—	6
Karrenführerinnen, Fuhrleute	581	18	563			6	12	37
Miethstallbesitzerinnen	39		39				—	1
Krankenstuhlbesitzerinnen, Führerinnen	12		12					—
Eselbesitzerinnen, Führerinnen	21	5	16			2	3	8
Andere, die mit dem Transport auf Landstraßen zu thun haben	7	1	6			.	1	1
3. Auf Canälen und Flüssen.								
Schifffahrtsdienst der Canäle und des Binnenlandes	25	1	24			—	1	1
Boot- und Kahnbesitzerinnen	30		30			—	–	—
Schifferinnen u. Wasserfrauen	207	43	164		1	6	31	29
Andere, die auf Canälen u. Flüssen beschäftigt sind	2	2				.	2	—
4. Auf Landseen u. Flüssen.								
Schiffsbesitzerinnen	248	4	244	—		—	4	7
Hafen- und Dockdienst	37	13	24			3	10	4
Schiffsgewerbe (Proviantmeisterinnen)	118	3	115			—	3	17
Andere, die auf Seen und Flüssen beschäftigt sind	14	1	13			.	1	—
5. Beim Lagern Beschäftigte.								
Warehousewoman (Lagerdienerinnen)	4,278	1,728	2,550		10	484	1,234	1,045
Waarenaufseherinnen	12	—	12	—	—	—	—	2
Packerinnen	29	11	18		—	3	8	18
Andere beim Lagern Beschäftigte	2	—	2	—	—	—	—	[illegible]
6. Botinnen u. Trägerinnen.								
Botinnen, Lastträgerinnen, Laufmädchen	1,037	705	332	—	55	516	134	[illegible]
Telegraphendienst	213	63	150	—	-	2	41	[illegible]

7	4	1	1	—	—	1	—	—	—
4	2	—	1	—	—	—	—	—	—
136	136	108	58	40	22	5	—	—	—
96	90	9	3	1	3	3	—	—	—
82	73	54	30	10	7	1	—	—	—
5	8	3	2	1	1	—	—	—	—
—	1	2	—	1	—	—	—	—	—
—	—	1	—	—	—	—	—	—	—
1	—	1	—	—	—	—	—	—	—
2	2	—	4	1	1	—	—	—	—
1	4	4	3	1	—	—	—	—	—
10	10	7	3	3	—	1	1	—	—
—	—	—	—	—	—	—	—	—	—
84	35	20	19	13	1	—	—	—	—
1	1	—	—	—	—	—	—	—	—
5	3	1	1	2	—	—	—	—	—
1	1	—	2	1	—	—	—	—	—
60	39	25	10	5	2	—	—	—	—
2	1	—	—	—	—	—	—	—	—
—	—	—	—	—	—	—	—	—	—
—	—	—	—	—	—	—	—	—	—
94	53	39	33	10	5	—	—	—	—
—	—	—	1	—	—	—	—	—	—

England und Wales. Beschäftigungen der Personen

Beschäftigungen.	Jeden Alters.	Unter 20 Jahren.	Ueber 20 Jahre.	Alter: Unter 5 Jahren.	5—	10—	15—	20—
VII. Personen, die Grund besitzen oder darauf arbeiten und Korn, Früchte, Gras und Thiere produciren.								
1. Felder und Weiden.								
Grundbesitzerinnen	15,635	85	15,550	—	—	—	85	358
Pächterinnen, Viehzüchterinnen	22,778	27	22,751	—	—	—	27	185
Pächtersfrauen	163,765	207	163,[illegible]	—	—	—	207	1,78[illegible]
Pächterstöchter, Enkelinnen, Schwestern, Nichten (auf dem Gute wohnend)	83,830	26,693	56,137	—	—	—	26,693	22,319
Landwirthschaftliche Arbeiterinnen	43,964	10,202	33,762	—	256	3,161	6,785	5,165
Bauernmägde	46,561	20,718	25,843	—	90	2,845	18,053	13,116
Andere, die mit der Landwirthschaft zu thun haben	44	8	36	—	—	1	7	2
2. Wälder.								
Holzsammlerinnen	9	2	7	—	—	—	2	—
3. Gärten.								
Gärtnerinnen	1,773	166	1,607	—	—	33	133	144
Blumengärtnerinnen	79	16	63	—	—	—	16	11
Andere, die mit der Kunstgärtnerei beschäftigt sind	5	1	4	—	—	—	1	—
VIII. Personen, die sich mit Thieren beschäftigen.								
Thier- und Roßärztinnen	29	—	29	—	—	—	—	—
Schweinehändlerinnen	16	1	15	—	—	—	1	2
Thier- u. Vogelhändlerinnen	25	1	24	—	—	1	—	1
Fischerinnen	236	75	161	—	—	—	75	34
Blutegelfischerinnen, Händlerinnen	16	—	16	—	—	—	—	—
Andere mit Thieren Beschäftigte	26	1	25	—	—	—	1	3
IX. Combinirte, mechanische und Kunstgewerbe.								
1. Bücher.								
Buchhändlerinnen, Verlegerinnen	952	97	855	—	—	8	86	127
Buchbinderinnen	5,364	2,200	3,164	—	12	683	1,569	1,343
Druckerinnen	419	160	259	—	—	40	111	59
Bücheragentinnen, Colporteurinnen, Hausirerinnen	19	—	19	—	—	—	—	1
Zeitungsagentinnen, Verkäuferinnen, Briefmarkenhändlerinnen	422	85	337	—	—	6	29	28
Bibliothekarinnen	113	6	107	—	—	1	5	5
Andere mit Büchern Beschäftigte	21	1	20	—	—	1	—	—
2. Musikalische Instrumente.								
Musik-Instrumentenmacherinnen	89	13	76	—	—	3	10	17
Saitenmacherinnen	42	6	36	—	—	1	5	12
Musikverlegerinnen, Händlerinnen	70	3	67	—	—	—	4	9
Andere, die mit musikalischen Instrumenten zu thun haben	20	1	19	—	—	1	6	—

dem Geschlecht in den verschiedenen Altersperioden.

Personen.

30—	35—	40—	45—	50—	55—	60—	65—	70—	75—	80—	85—	90—	95—	100 und höh.
[illegible]	836	1,055	1,280	1,594	1,431	2,077	1,793	1,748	1,154	786	247	74	9	2
463	763	1,271	1,737	2,465	2,845	3,536	3,130	2,848	1,851	1,018	348	76	17	—
17,466	20,065	21,563	21,025	19,796	16,032	13,725	6,898	5,102	2,124	681	143	37	6	—
8,874	4,309	2,781	1,807	1,150	646	689	361	273	141	74	29	7	2	—
3,336	3,217	3,384	3,103	2,835	2,385	2,230	1,897	1,275	742	365	148	35	7	2
2,825	1,530	1,049	878	652	496	437	336	274	171	86	36	8	2	—
4	5	2	2	5	3	3	2	6	—	2	—	—	—	—
1	—	—	2		1	1	—	1	1	—	—	—	—	—
132	106	151	130	184	141	173	186	93	68	28	8	5	—	—
1	6	10	5	7	4	7	3	4	1	2	—	—	—	—
—	—	1	—	1		1	—	—	—	—	—	—	—	—
1	2	4	6	3	4	2	3	1	1	—	—	—	—	—
2	1	2	4	1	—	2	—	—	—	—	—	1	—	—
8	3	2	6	1	4	2	1	2	—	—	—	—	—	—
14	17	15	19	16	7	7	5	3	7	2	—	1	—	—
—		2	2	3	1	4	1	1	3	—	—	1	—	—
3	2	3	2	6	3	4	4	3	1	—	—	—	—	—
106	83	77	72	66	55	57	35	32	12	7	1	—	—	—
360	277	265	118	182	77	63	52	35	10	8	2	—	—	—
90	92	78	85	86	14	17	15	4	2	1	—		—	—
—	2	8	2	1	2	2	—	—	—	—	—	—	—	—
35	38	57	46	53	33	39	18	10	6	—	—	—	—	—
8	16	11	15	12	7	4	7	7	3	1	—	—	1	—
2	3		4	2	1	4	1	2	—	—	—	—	—	—
6	8	4	3	7	2	3	2	—	2	2	—	—	—	—
5	1	3	1	3	2	2	—	1	—	—	—	—	—	—
4	6	8	4	11	4	4	4	4	2	2	—	—	—	—
2	2	1	—	2	1	—	1	—	—	—	—	—	—	—

England und Wales. Beschäftigungen der Perso[nen]

Beschäftigungen.	Jeden Alters.	Unter 20 Jahren.	Ueber 20 Jahre.	Unter 5 Jahren.	5—	10—	15—	20—
3. Stiche, Zeichnungen und Gemälde.								
Coloristinnen	114	31	83	—		6	25	7
Kupferstich-, Stahlstichdrucker-Arbeiterinnen, Einrahmerinnen	50	11	39			2	9	
Glasmalerinnen, Färberinnen	17	8	9	—		1	7	
Etikettenmacherinnen, Kartenschreiberinnen	76	[illegible]	30	—	2	15	29	1
Landkartenverfertigerinnen	111	[illegible]	83	—	—	3	25	2
Andere mit diesen Gewerben Beschäftigte	69	24	44	—	—	5	16	1
4. Schnitzereien, Bildwerke.								
Figurenmacherinnen	11	4	7	—	—	—	4	
Holzschnitzerinnen	12	—	12	—	—	—	—	
Wachsmodellirerin., Arbeiter.	83	5	78	—	1	—	4	
Künstliche Blumenmacherinnen	4,472	1,995	2,479	—	17	553	1,443	1,0[illegible]
Hausarbeiterinnen	45	17	28	—	-	6	11	
Andere die in diesen Gewerben arbeiten	29	8	21	—	—	2	6	
5. Mit Sport und Spielen verwandte Gewerbe.								
Ball- u. Schlagbrettmacherin.	29	5	24	—	—	1	4	
Angelruthen- und Pfeilmacherinnen	95	24	71	—	—	8	16	1
Angelhakenmacherinnen	197	66	131	—	1	27	35	1
Spielzeugverfertigerin, Händlerinnen	1,402	280	1,122	—	1	89	190	16
Andere die hiermit beschäftigt sind	36	6	30	—	1	1	4	
6. Zeichnungen, Medaillen, Stempel.								
Musterzeichnerinnen	26	5	21	—	-	1	4	
Formmacher., Stempelmacher.	16	3	13	—	—	—	3	
Andere die hiermit zu thun haben	6	3	3	—	—	—	3	
7. Uhren und physikalische Instrumente.								
Taschenuhren-, Pendeluhren-fabrication	536	130	406	—	1	17	112	[illegible]
Physikalische Instrumentenmacherinnen	25	5	20	—	—	2	3	1
Optikerin., Brillenmacherin.	125	49	76	—	—	13	30	1[illegible]
Wiegemaschinen-, Wagemacherin.	45	14	31	—	—	4	16	1
8. Chirurgische Instrumente.								
Chirurgische Instrumentenverfertigerinnen	85	22	63	—	—	4	18	1[illegible]
Künstliche Zähnemacherinnen	37	17	20	—	—	6	11	5
Bruchbänder- und Bandagenmacherinnen	104	18	86	—	—	1	17	1[illegible]
Andere die mit chirurgischen Instrumenten zu thun haben	5	1	4	—	—	—	1	
9. Waffen.								
Gewehrfabrication	311	73	238	—	—	11	62	4[illegible]
Pulver-Zündhütchenfabrication	234	118	118	—	—	31	83	[illegible]
Patronenmacherinnen	127	86	41	—	1	40	44	[illegible]
Andere die in Waffen handeln und arbeiten	51	20	31	—	—	6	14	13

…iblichen Geschlechts in den verschiedenen Altersperioden.

…er Personen.

…5—	30—	35—	40—	45—	50—	55—	60—	65—	70—	75—	80—	85—	90—	95—	100 und höh.
16	10	7	4	7	8	2	4	1	—	—	—	—	—	—	—
4	2	—	6	3	8	7	1	1	3	1	—	—	—	—	—
8	1	2	1	—	1	1		—	—	—	—	—	—	—	—
4	4	4	4	8	1	8	1	—	2	—	—	—	—	—	—
15	11	10	7	8	3	4	4	1	2	—	—	—	—	—	—
6	5	4	4	6	6	8	—	1	1	—	1	—	—	—	—
1	2	2	1	—	—		—	—	—	—	—	—	—	—	—
9	1	—	3	8	—	—	1	—	—	—	—	—	—	—	—
2	7	5	1	8	2	—	1	—	—	—	—	—	—	—	—
519	223	214	105	64	69	30	40	17	12	6	9	8	1	—	—
5	8	—	3	1	3	1	—	1	2	—	—	—	—	—	—
—	8	—	4	1	3	9	1	—	1	—	—	—	—	—	—
3	1	8	1	1	6	2	8	1	1	—	—	—	—	—	—
4	9	5	7	5	6	6	8	3	—	1	1	—	—	—	—
25	18	10	8	10	7	5	1	8	1	1	—	1	—	—	—
116	111	114	119	121	115	71	77	55	30	18	9	—	—	—	—
6	6	8	1	1	2	4	1	8	1	1	—	—	—	—	—
3	3	3	2	1	—	—	1	—	—	—	1	—	—	—	—
1	2	2	1	—	—	—	1	—	—	—	—	—	—	—	—
	—	1	—	—	—	—	—	—	—	1	—	—	—	—	—
47	33	24	29	25	26	26	20	17	7	5	3	2	1	—	—
1	2	1	3	2	1	—	1	—	—	—	—	—	—	—	—
7	13	5	5	8	7	4	6	1	4	1	—	—	—	—	—
8	3	2	3	4	4	1	8	1	—	1	1	—	—	—	—
9	6	8	6	9	7	—	9	—	3	—	—	—	—	—	—
8	8	4	—	—	—	—	—	—	—	—	—	—	—	—	—
16	8	7	12	11	6	8	6	3	—	8	—	—	—	—	—
-	—	3	—	—	—	—	—	—	—	—	—	—	—	—	—
34	36	18	20	17	11	17	10	5	8	1	1	—	1	—	—
25	10	4	9	8	3	1	1	—	2	—	—	—	—	—	—
6	4	—	1	—	1	—	1	—	—	2	—	—	—	—	—
4	4	1	8	8	2	1	—	—	—	—	—	—	—	—	—

England und Wales. Beschäftigungen der Personen

Beschäftigungen.	Jeden Alters.	Unter 20 Jahren.	Ueber 20 Jahre.	Unter 5 Jahren.	5—	10—	15—	20—
					Alter			
10. Maschinen und Werkzeuge.								
Lokomotiv- und Maschinenmacherinnen, Verkäuferinnen	55	13	42	—	—	1	12	12
Nadelfabriken	1,748	360	1,102	—	15	108	227	230
Scheerenmacherinnen	340	138	202	—	—	25	113	[illegible]
Fingerhutmacherinnen	97	47	50	—	1	10	30	17
Stahlfedermacherinnen	1,268	553	715	—	1	135	417	310
Stahlspielwaarenmacherinnen	26	12	14	—	—	3	9	5
Bleistiftmacherinnen	21	11	10	—	—	2	9	1
Handwerkszeugmacher., Händlerinnen	63	14	49	—	—	6	8	17
Feilenmacherinnen	667	245	422	—	2	59	184	161
Sägeschmiede	71	13	58	—	—	2	11	16
Messerschmiede	256	87	169	—	2	21	64	50
Messermacherinnen	89	31	58	—	—	7	24	17
Gabelmacherinnen	180	72	108	—	—	59	13	36
Bohrmacherinnen	41	11	30	—	—	3	8	1
Drahtschirmmacherinnen	1,020	269	751	—	130	136	272	196
Walzenmacher., Dreherinnen	20	2	18	—	—	1	1	1
Andere die hierin handeln und arbeiten	85	31	54	—	2	8	21	11
11. Wagen.								
Wagen- und Kutschenmacher.	217	22	195	—	—	2	20	19
Andere die mit Wagen zu thun haben	15	—	15	—	—	—	—	3
12. Geschirr.								
Sattler-, Geschirrfabriken	1,179	410	769	—	3	91	316	249
Peitschenmacherinnen	128	34	94	—	1	8	25	34
13. Schiffe.								
Schiffsbaumeisterinnen	16	4	12	—	—	1	3	—
Segelmacherinnen	22	6	16	—	—	—	6	4
Andere die für Schiffe arbeiten	27	1	26	—	—	1	—	2
14. Häuser und Bauten.								
Hauseigenthümerinnen	24,630	80	24,550	—	—	—	80	334
Bauunternehm., Zimmermeister.	31	1	30	—	—	—	1	3
Baumeisterinnen	29	2	27	—	—	—	2	2
Zimmerleute	151	13	138	—	—	—	13	9
[illegible]	69	14	55	—	—	1	13	11
Dachsteinmacherinnen	35	5	30	—	—	—	5	8
Maurerinnen	31	1	30	—	—	—	1	1
Gypserinnen	18	—	18	—	—	—	—	2
Tapetenmacherinnen	25	7	18	—	—	—	7	3
Anstreicher, Bleiglaser., Glaser.	447	23	424	—	—	—	23	41
Andere mit Häuser u. Bauten Beschäftigte	22	2	20	—	—	2	1	4
15. Möbel.								
Kunsttischler., Tapezierer.	5,929	707	5,222	—	—	28	679	834
Sargmacherinnen	107	16	91	—	—	—	16	4
Stuhlfabrikantinnen	1,186	434	702	—	20	181	233	173
Bilderrahmenmacherinnen	19	6	13	—	—	3	3	1
Schnitzer- und Vergolderinnen	74	16	58	—	—	3	13	17
Bettwaare-, Matratzenmacher.	201	56	145	—	—	6	48	45
Möbelhändlerinnen	784	25	759	—	—	—	25	41
Toilette- u. Schreibzeugmacher	16	3	13	—	—	1	2	5
Andere die mit Möbeln handeln	28	4	24	—	—	1	3	2

...eiblichen Geschlechts in den verschiedenen Altersperioden.

...er Personen.

25—	30—	35—	40—	45—	50—	55—	60—	65—	70—	75—	80—	85—	90—	95—	100 und höh.
7	3	1	8	3	6	4	8	—	—	1	—	—	—	—	—
[illegible]	168	145	104	63	75	47	31	19	13	9	1	1	—	—	—
39	25	20	12	10	8	9	7	5	7	—	—	—	—	—	—
10	3	5	6	1	4	—	2	1	—	—	—	—	—	1	—
138	25	61	22	9	8	3	5	3	—	—	—	—	—	—	—
2	3	1	1	—	1	—	—	1	—	—	—	—	—	—	—
—	5	1	—	1	1	1	—	—	—	—	—	—	—	—	—
9	4	3	4	—	3	8	1	1	1	—	—	—	—	—	—
73	69	50	36	18	19	7	7	2	—	—	1	—	—	—	—
17	9	4	5	2	8	3	—	—	1	—	—	—	—	—	—
37	15	19	18	10	13	5	6	6	9	3	—	—	—	—	—
13	6	8	6	2	6	—	1	—	—	1	—	—	—	—	—
19	8	17	11	3	3	4	8	3	5	1	—	—	—	—	—
8	2	5	1	5	5	—	3	8	—	—	1	—	—	—	—
127	118	71	60	53	65	37	27	16	9	4	—	—	—	—	—
4	3	9	1	1	—	2	1	5	—	—	—	—	—	—	—
5	5	6	5	9	3	4	3	2	2	1	—	—	—	—	—
34	12	16	25	20	13	12	15	7	7	3	1	1	—	—	—
1	2	8	4	—	1	3	1	—	—	—	—	—	—	—	—
107	78	60	63	46	66	35	38	23	16	9	7	1	—	—	—
12	8	8	7	5	5	3	4	—	4	—	2	—	—	—	—
3	1	1	—	1	4	1	—	1	1	—	—	—	—	—	—
3	2	3	3	8	5	1	2	—	1	—	—	—	—	—	—
1	1	1	1	4	3	5	4	3	5	1	—	—	—	—	—
368	903	1,080	1,307	1,905	2,716	3,018	3,640	3,111	2,351	1,709	854	254	52	13	2
2	4	3	5	6	7	7	6	4	1	1	3	1	—	—	—
—	6	2	11	14	18	11	11	16	8	5	—	—	1	—	—
4	4	7	17	15	18	18	17	14	11	4	2	—	—	—	—
11	6	5	4	8	2	3	5	3	4	—	1	—	—	—	—
4	3	8	2	3	4	6	1	2	1	—	1	—	—	—	—
1	1	4	1	3	2	5	1	2	3	2	1	—	—	—	—
1	3	2	3	—	3	1	2	1	—	1	—	1	—	—	—
1	—	1	3	8	5	1	1	—	—	—	—	—	—	—	—
88	19	29	47	40	40	47	41	25	26	7	4	5	—	—	—
1	—	8	—	4	3	3	3	—	1	—	—	—	—	—	—
601	510	549	543	534	515	536	349	181	120	77	60	7	4	—	—
7	6	4	8	16	19	7	10	7	7	1	1	—	—	—	—
103	81	85	78	52	43	86	80	9	14	6	1	—	—	—	—
3	—	1	3	3	3	—	—	1	—	—	—	—	—	—	—
4	5	6	6	8	4	4	2	3	2	1	—	—	—	—	—
88	11	11	9	12	8	8	6	3	8	2	—	—	—	—	—
47	57	41	54	78	78	67	64	42	31	10	5	—	—	—	—
5	—	—	1	—	1	1	—	9	—	—	—	—	—	—	—
4	6	1	1	1	1	—	2	2	8	1	—	—	—	—	—

England und Wales. Beschäftigungen der Personen

Beschäftigungen.	Jeden Alters.	Unter 20 Jahren.	Ueber 20 Jahre.	Unter 5 Jahren.	5—	10—	15—	20—
16. Geräthe.								
Nähnadelmacherinnen	83	4	79	—	1	1	2	1
Andere die hierin handeln und arbeiten	14	1	13	..	—	—	1	2
17. Chemische Präparate.								
Chemische Fabriken	243	89	154	-	-	15	74	43
Delicatessenhändlerinnen	18	7	12	-	—	1	6	8
Oblatenmacherinnen	12	—	12			—	—	—
Stärkmehlfabrication	124	78	46	—	—	30	48	21
Schuhwichsemacherinnen	49	10	39			1	6	3
Farbmacherinnen	114	30	84		1	6	23	35
Färber., Fleckenputzerinnen	868	151	717	—	3	17	131	113
Luntenzündhölzchenmacher.	109	71	38	—	1	25	45	18
Feuerwerk- und Nebelsignalmacherinnen	7	2	5	.	.	1	1	2
Tintenmacherinnen	18	5	13	-	-	1	4	1
Zündhölzchenmacher., Verkäuferinnen	189	111	78	—	3	40	68	34
Andere die in diesen Artikeln arbeiten	10	4	6		—	4	—	2
XI. Gewebe und Kleidung.								
1. Wolle und Kammgarn.								
Wollhändlerinnen	29	10	19			1	9	4
Filzfabrication	16	8	8			2	6	2
Wollengarnfabrication, Händlerinnen	258	48	210		1	11	35	39
Strickerinnen	2,025	414	1,611		29	144	241	[illegible]
Wollentuchfabrication	48,530	18,160	30,370		537	6,109	11,714	8,[illegible]
Tuchhändlerinnen	114	19	95		—	1	18	12
Kammgarnfabrication	48,858	22,843	26,015		1,411	9,143	12,159	9,403
Wollenzeugfabrication	1,502	343	1,159			62	281	310
Flaggentuchfabrication	104	13	91			1	12	13
Tapisseriehändler., Arbeiter.	368	180	188		--	23	157	100
Flanellfabrication	196	118	78		1	38	79	60
Bay-Sergefabrication	689	113	576		4	37	72	87
Wolldeckenfabrication	465	198	267		1	84	113	91
Teppichfabrication	1,444	509	935		13	168	328	378
Shawl-Umpreßfabrication	107	56	51			18	38	15
Alpaccafabrication	25	7	18		1	1	5	6
Andere die in Wolle und Kammgarn arbeiten	32	14	18			2	12	2
2. Seide.								
Seide-, Atlasfabrication	66,563	25,146	41,417		398	8,173	15,571	11,301
Seidenfärber., Druckerinnen	14	2	12		—	—	2	1
Seidenhändlerinnen	90	16	74		—	—	16	18
Bandfabrication	1,964	847	1,117		16	232	599	7…
Seidensammtfabrication	601	211	390		-	51	160	1…
Modeartikelfabrication (Seide)	487	231	256		2	74	155	7…
Modeartikelhändlerinnen	44	9	35			3	6	7
Chenillefabrication	60	10	50			2	8	[illegible]
Gazefabrication	37	8	29			—	8	[illegible]
Andere die in Seide handeln und arbeiten	28	11	17	—	-	3	8	[illegible]
3. Baumwolle und Flachs.								
Wergfabrication	57	29	28		1	13	15	[illegible]
Flachs-, Leinenfabrication	12,750	6,182	6,578		34	2,081	3,928	[illegible]
Garnfabrication	713	371	342	—	3	121	247	[illegible]
Leinenbandfabrication	884	365	519	—	1	128	236	[illegible]

weiblichen Geschlechts in den verschiedenen Altersperioden.

der Personen.

25—	30—	35—	40—	45—	50—	55—	60—	65—	70—	75—	80—	85—	90—	95—	100 und höh.
7	4	3	6	10	11	19	11	17	4	4	—	—	—	—	—
—	2	—	8	—	3	2	1	—			—			—	
18	19	19	16	11	15	7	13	8	3	1			—	—	—
4	1	1	1	—	1	—	1	1	—	—	—	—	—	—	—
—	—	1	2	1	2	1	3	—	1	—	—	—	—	—	—
2	2	3	1	5	1	—	—	1	2	—	—	—	—	—	—
4	3	1	3	2	1	6	5	2	4	1	—	—	—	—	—
17	12	3	17	2	6	21	2	7	—	—		—	—	—	—
78	72	57	61	77	73	41	45	32	29	16	1	1	—	—	—
3	4	5	4	1	1	1	1	—	—	—	—		—	—	—
—	—		1		1	—	1		—	—	—	—	—	—	—
1	1	—	3	1	3	—	2	—	1	—	—	—	—	—	—
9	8	2	5	4	4	3	5	2	1	—	—	—	—	—	—
1	1	—	2	—	—		2	—	—	1		—	—	—	—
2	1	1	1	1	1	1	1	1	—	—	—		—	—	—
1	2	1				1	—	1			—	—	—	—	—
17	12	14	17	9	13	18	21	20	14	4	11	4	—	1	1
183	148	106	116	93	113	105	130	161	145	81	48	14	2	1	—
5,157	3,[illegible]	3,042	2,[illegible]	1,[illegible]	1,554	1,[illegible]	1,076	781	501	304	185	26	5	1	—
8	8	7	7	13	16	8	11	2	5	2	—	—	—	—	—
5,[illegible]	3,671	2,775	1,775	[illegible]	547	370	276	211	145	85	14	9	2	—	—
971	[illegible]	125	63	11	32	18	11	12	6	5	1	—	—	—	—
11	9	9	12	10	9	5	5	4	2	2	—	—	—	—	—
128	118	110	67	59	51	32	23	15	8	6	2	—	—	—	—
54	31	18	27	25	10	18	13	11	11	7	2	1	—	—	—
40	46	58	18	34	11	35	36	61	58	20	18	10	1	—	—
45	35	27	28	15	10	5	6	5	2	3	2	1	—	—	—
171	93	65	48	36	33	16	18	6	6	5	1	—	—	—	—
13	6	9	—	2	2	3	—	—	—	—	1	—	—	—	—
—	8	1	1	2	—	—	—	—	—	—	—	—	—	—	—
1	2	2	1		1	2	2	1	2	—	—	—	—	—	—
7,417	5,[illegible]	4,[illegible]	4,093	3,[illegible]	2,591	1,818	1,476	908	610	327	134	33	8	—	1
4	2	2	2		2	2	3	1	—	—	—	—	—	—	—
19	13	3	5	5	4	—	2	1	—	—	—	—	—	—	—
624	590	179	417	351	277	[illegible]	178	107	44	[illegible]	10	8	2	—	—
98	64	38	40	19	9	5	3	1	3	—	1	—	—	—	—
[illegible]	83	11	18	11	4	4	8	1	2	1	1	—	—	—	—
8	4	3	2	3	3	1	1	2	—	1	—	—	—	—	—
10	10	7	2	1	2	—	1	—	1	—	—	—	—	—	—
5	3	5	1	2	—	—	1	1		—	—	—	—	—	—
2	2	1	2	1	1	1	—	—	—	—	—	—	—	—	—
4	3	3	4	2	1	—	—		—	—	—	—	—	—	—
1,[illegible]	[illegible]	511	638	[illegible]	168	109	108	56	47	34	10	6	2	—	—
38	37	29	22	6	8	3	9	7	1	1	1	—	—	—	—
99	56	63	89	35	27	19	18	15	18	—	5	1	—	—	—

England und Wales. Beschäftigungen der Personen

Beschäftigungen.	Jeden Alters.	Unter 20 Jahren.	Ueber 20 Jahre.	Alter: Unter 5 Jahren.	5—	10—	15—	20—
Spitzenfabrication	45,107	14,271	30,836	—	1,359	6,165	6,747	5,684
Spitzenhändler., Spitzenagent.	174	33	140	—	—	4	29	41
Baumwollenzeug-, Cattunfabrication	20	1	19	—	—	—	1	3
Baumwollefabrication	229,014	111,179	117,835	—	5,824	40,136	65,219	54,941
Häkelarbeiterinnen	114	55	59	—	—	16	39	33
Kerzen- und Lampendochtmacherinnen	38	14	26	—	—	2	11	13
Gasfabrication	81	14	67	—	—	9	5	6
Scheerwollefabrication	18	11	7	—	—	4	7	3
Steppdeckenmacherinnen	348	78	380	—	—	3	43	32
Bettdeckenmacherinnen	28	6	22	—	1	2	3	3
Wattenmacherinnen	18	2	16	—	—	—	2	2
Barchentfabrication	2,785	1,301	1,484	—	30	558	713	484
Gingamfabrication	33	14	19	—	—	4	10	7
Mousselinefabrication	60	21	39	—	—	5	16	19
Mousselinestickerinnen	17	2	15	—	—	—	2	3
Cattundruckerinnen	1,860	1,014	846	—	59	404	551	318
Cattunfärberinnen	35	10	25	—	—	2	8	7
Damastweberinnen	84	9	75	—	—	1	8	13
Baumwollensammtfabrication	17	4	13	—	—	—	4	3
Andere die in Baumwolle und Flachs handeln und arbeiten	15	4	11	—	1	1	2	1
4. Gemischte Stoffe.								
Weber. (nicht näher bezeichnet)	3,577	957	2,620	—	8	286	663	681
Spinnerin. (nicht näher bezeichnet)	136	36	100	—	—	11	25	19
Fabrikarbeiterin. (wahrscheinlich in Wolle und Baumwolle	3,145	1,502	1,643	—	31	546	925	714
Schnittwaarenhändler., Gehilfinnen	11,993	3,144	8,849	—	1	309	2,834	2,819
Gürtelmacherinnen	360	91	269	—	1	29	61	55
Stahlfedermacherinnen	138	68	70	—	—	14	54	38
Stahlstiftfabrication	16	10	6	—	—	1	9	1
Franzen-, Quastenfabrication	719	161	458	—	2	54	105	139
Corsetmacherinnen	870	426	444	—	1	88	337	264
Besatzmacherinnen	1,421	483	938	—	3	120	360	271
Seidenhändlerinnen	17	3	14	—	—	1	2	4
Wagendeckenmacherinnen	64	9	55	—	—	4	5	8
Stickerinnen	2,198	674	1,524	—	7	183	484	419
Crepefabrication	914	229	685	—	1	51	177	195
Bleicherin. (nicht näher bezeichnet)	91	50	41	—	2	18	30	24
Andere die in gemischten Stoffen handeln u. arbeiten.	32	13	19	—	—	11	2	8
5. Kleidung.								
Friseur., Perrückenmacher.	412	69	343	—	—	5	64	68
Haarwalkenmacherinnen	61	53	8	—	—	29	24	9
Haarhändlerinnen	28	19	9	—	—	7	12	6
Haarputzmacherinnen	30	18	12	—	—	1	17	13
Hutfabrication	3,084	879	2,205	—	11	269	599	540
Strohgeflechtfabrication	27,739	10,271	17,468	—	1,394	4,257	4,620	3,629
Strohgeflechthändlerinnen	89	—	89	—	—	—	—	1
Strohhutmacherinnen	16,489	4,642	11,847	—	105	1,267	3,270	2,839
Hutmacherinnen	5,756	1,362	4,394	—	8	220	1,134	1,043
Haubenmacher., Händlerinnen	4,827	1,497	3,330	—	13	391	1,093	1,018
Halsbinden- und Cravattenmacherinnen	429	108	321	—	—	25	83	98
Kleidermacher. für Geistliche	29	3	26	—	—	—	3	3

weiblichen Geschlechts in den verschiedenen Altersperioden.

der Personen.

25—	30—	35—	40—	45—	50—	55—	60—	65—	70—	75—	80—	85—	90—	95—	100 und höh.
4,391	8,550	8,101	8,018	2,616	2,881	1,875	1,531	1,104	871	454	180	58	9	4	1
24	15	9	12	7	10	7	6	2	2	3	—	—	1	1	—
—	—	5	—	1	4	—	5	—	1	—	—	—	—	—	—
33,536	20,870	14,451	9,917	5,645	3,885	2,155	1,634	1,085	755	481	174	58	10	2	1
19	5	5	1	4	—	—	1	—	—	—	—	—	—	—	—
4	4	4	1	4	4	2	—	2	—	—	—	—	—	—	—
3	13	9	8	11	6	2	3	1	2	1	—	—	—	—	—
1	2	—	—	—	1	—	—	—	—	—	—	—	—	—	—
15	15	27	29	34	41	25	40	21	10	9	7	1	—	—	—
5	4	4	1	2	2	1	—	—	—	—	—	—	—	—	—
2	1	2	2	2	1	—	—	3	—	—	—	—	—	—	—
251	211	150	176	84	67	43	32	14	22	9	2	—	—	—	—
9	—	—	—	1	1	1	—	—	—	—	—	—	—	—	—
6	5	1	2	1	3	4	2	2	1	3	—	—	—	—	—
2	1	5	1	2	1	2	—	—	1	—	—	—	—	—	—
183	105	84	54	30	19	13	10	5	3	3	—	—	—	—	—
17	3	3	6	2	1	3	4	2	—	3	—	—	—	—	—
17	19	8	4	1	—	1	—	—	1	1	—	—	—	—	—
5	2	8	1	—	—	—	—	—	—	—	—	—	—	—	—
4	1	1	1	1	1	1	—	—	—	—	—	—	—	—	—
601	278	207	183	157	160	103	116	94	108	43	53	19	2	—	—
10	9	3	11	6	7	5	9	5	5	6	3	1	—	1	—
336	204	127	91	65	48	18	23	5	6	1	1	—	—	—	—
1,740	874	653	515	481	401	276	223	171	109	68	20	9	1	—	—
44	32	33	30	19	17	15	18	7	5	2	—	—	—	—	—
14	10	5	—	2	—	1	—	—	—	—	—	—	—	—	—
1	—	8	—	—	1	—	—	1	—	—	—	—	—	—	—
25	61	40	69	35	34	24	12	5	7	2	4	—	—	—	—
25	30	15	8	8	6	6	3	1	—	2	—	—	—	—	—
197	150	83	86	57	50	70	30	13	10	6	7	—	—	—	—
1	1	2	—	—	—	4	1	1	—	—	—	—	—	—	—
6	11	5	3	4	2	4	6	2	—	1	—	—	—	—	—
223	197	172	157	106	53	43	55	31	8	6	4	—	1	—	—
185	118	85	53	48	44	18	10	13	7	8	1	—	—	—	—
7	3	1	3	—	3	—	1	—	—	—	—	—	—	—	—
8	9	1	6	—	—	1	1	2	—	—	—	—	—	—	—
80	37	29	27	31	34	13	27	16	7	6	—	—	—	—	—
2	—	2	1	—	—	—	—	—	—	—	—	—	—	—	—
1	—	1	1	1	1	—	—	—	—	—	—	—	—	—	—
4	1	1	—	1	—	—	1	—	—	—	—	—	—	—	—
401	300	264	277	167	141	85	55	33	27	15	8	2	—	—	—
2,715	2,270	1,776	1,648	1,297	1,164	826	735	527	363	184	52	20	2	1	—
2	1	6	6	1	6	—	1	2	—	—	—	—	—	—	—
2,000	1,648	1,449	1,283	784	594	478	406	165	125	40	21	6	1	—	—
789	625	476	478	306	318	265	148	83	57	29	6	4	—	—	—
631	457	310	283	169	158	160	91	42	29	17	2	—	1	—	—
67	37	44	27	17	16	4	9	3	2	1	1	—	—	—	—
5	9	1	1	2	2	2	2	—	—	—	—	—	—	—	—

England und Wales. Beschäftigungen der Personen

Beschäftigungen.	Jeden Alters.	Unter 20 Jahren.	Ueber 20 Jahre.	Unter 5 Jahren.	Alter 5—	10—	15—	20—
Shawlfabrication	188	37	151	—	4	22	11	21
Pelzwerk	1,651	433	1,218	—	2	75	356	257
Schneiderinnen	27,384	5,750	21,627	—	7	834	4,908	5,318
Kleiderhändlerinnen	1,968	183	1,785	—	4	27	152	170
Hutmacherinnen	265	54	211	—	1	18	35	38
Knopfmacherinnen	3,825	1,646	2,179	—	78	600	968	783
Armee- und Marinebekleidung	307	92	215	—	1	21	70	52
Theatergarderobearbeiterinnen	19	3	16	—	—	—	3	7
Putzmacherin., Kleidermacher.	286,298	62,877	223,421	—	64	5,701	57,116	48,631
Spitzenputzmacherinnen	13	—	13	—	—	—	—	2
Hemdenmacherinnen, Nätherin.	76,015	10,791	65,224	—	114	1,900	8,777	10,816
Nähmaschinenarbeiterinnen	303	158	145	—	1	39	118	93
Maschinenarbeiterinnen	250	148	102	—	—	24	124	68
Kleinkinderwäschemacherinnen	407	97	310	—	..	11	81	77
Corsetmacherinnen	10,598	1,541	9,057		6	238	1,297	1,648
Crinolinfabrication	402	225	177	—	1	51	173	101
Verfertigerinnen von Luxusarbeiten	1,738	550	1,188	—	11	136	403	298
Strumpffabrication	21,433	5,801	15,632	—	490	2,150	3,161	2,930
Strumpfwaarenhändlerinnen	2,126	349	1,777	—	—	33	316	333
Handschuhmacherinnen (nicht näher bezeichnet)	21,871	6,622	15,249	—	222	2,357	4,043	3,841
Seidenhandschuhmacherinnen	699	182	517	—	4	71	107	129
Tuchhandschuhmacherinnen	103	28	75	—	1	10	17	12
Baumwollen- und Leinenhandschuhmacherinnen	532	156	376	—	2	39	115	99
Handschuhstrickerinnen	436	176	260	—	—	61	115	57
Schuh- u. Stiefelmacherinnen	39,358	10,311	29,047	—	139	2,467	7,665	6,905
Schuhmachersfrauen	79,649	581	79,068	—	—	—	581	6,400
Strumpfbandmacherinnen	34	4	30	—	—	1	3	3
Schuhbandmacherinnen	29	19	10	—	1	7	11	4
Schuhlappenmacherinnen	22	13	9	-	—	3	10	6
Filzschuhmacherinnen	35	10	25	-	—	4	6	8
Hölzerne Ueberschuhmacherin.	15	1	14		—	1	—	2
Regenschirm-, Sonnenschirm- und Stockarbeiterinnen	2,587	854	1,733	—	7	259	588	492
Wäscherinnen	166,442	10,773	155,669	—	11	1,085	9,677	13,356
Kabinetkleidermacherinnen	99	7	92	—	1	—	6	8
Andere, die mit diesen Artikeln beschäftigt sind	111	33	78	—	—	4	29	9
4. Hanf u. s. w.								
Mattenmacherinnen, Händler.	382	118	264	—	7	38	73	57
Fegewischmacherinnen	64	9	55	—	1	4	4	2
Cocosmattenmacherinnen	19	7	12	—	1	1	5	3
Hanffabrication	181	44	137	—	2	16	26	36
Strick-, Bindfadenmacherinnen	1,724	499	1,225	—	27	152	320	216
Netzmacherinnen	1,153	508	645	—	19	147	342	279
Canevasmacherinn., Händler.	247	64	183	—	1	11	52	37
Segeltuchfabrication	268	70	198	—	1	14	55	37
Jutearbeiterinnen (indische Grasfaser)	28	9	19	—	2	3	4	4
Sacktuchmacherinnen, Händler.	1,129	265	864	—	4	67	194	188
Seilmacherinnen	81	10	71	—	—	—	10	8
Hängemattenmacherinnen	23	12	11	—	—	2	10	—
[illegible]	10	2	8	—	—	—	2	2
Wachsleinwandfabrication	33	4	29	—	—	1	3	9
Wergarbeiterinnen, Händler.	164	29	135	—	—	10	19	18
Andere, die in Hanf u. s. w. handeln und arbeiten	8	2	6	—	—	1	1	—
XII. Speisen und Getränke.								
1. Animalische Nahrung.								
Kuhhirterinn., Milchhändler.	3,853	340	3,513	—	3	63	274	316

weiblichen Geschlechts in den verschiedenen Altersperioden.

der Personen.

25—	30—	35—	40—	45—	50—	55—	60—	65—	70—	75—	80—	85—	90—	95—	100 und höh.
20	24	28	18	18	6	7	8	5	1	—	1	—	—		—
183	152	121	135	103	[illegible]	[illegible]	51	34	19	9	2	—	—	—	·
2,589	2,881	2,332	2,297	1,656	1,300	837	745	[illegible]	[illegible]	146	[illegible]	11	4	1	—
198	191	190	[illegible]	158	203	144	125	73	54	15	7	1	..		
89	55	81	25	24	15	7	5	4	4	2	1	1	—	—	
602	[illegible]	201	135	128	[illegible]	60	44	31	17	10	6	1	1	—	
33	[illegible]	31	[illegible]	[illegible]	12	[illegible]	5	5	3	2	—				—
3	1	3	6		1	1	1	—	—	—	—				—
47,512	33,056	23,476	17,715	11,951	8,622	6,846	3,429	1,922	1,164	631	224	61	13	4	—
1	3	2	2	1	3	—	—	—	—	—	—	—	—		—
8,202	7,516	6,874	6,911	5,799	5,212	6,051	4,330	2,800	1,848	[illegible]	[illegible]	71	14	3	—
32	11	6	—	2	—	1	—	—	—	—	—	—	—	—	—
27	4	1	2	—	—	—	—	—	—	—	—	—	—		—
48	45	53	24	[illegible]	24	14	9	2	6	2	—	—	—		—
1,260	1,084	1,008	1,020	881	751	[illegible]	427	284	145	61	27	13	2	1	—
24	15	18	31	5	5	2	1	—	—	—		—	—	—	—
141	135	133	142	95	[illegible]	56	47	12	17	7	—		—	—	—
2,107	1,849	1,119	1,412	1,005	1,027	[illegible]	[illegible]	[illegible]	505	[illegible]	103	79	4	2	—
226	199	185	[illegible]	134	153	105	[illegible]	34	67	11	4	6	2	—	—
7,839	2,254	1,764	1,549	1,154	830	506	372	221	141	61	25	8	4		—
93	[illegible]	61	48	[illegible]	24	17	12	5	6	2	1	—	—	—	—
6	13	10	8	9	5	8	2	3	—	—				—	—
72	45	40	36	[illegible]	22	19	9	6	1	1		—		—	—
63	[illegible]	71	21	18	21	7	16	9	10	3	4	1	—	—	—
4,850	4,156	3,396	3,089	2,054	1,645	993	867	498	340	190	[illegible]	26	5	8	—
10,886	11,360	11,183	10,715	8,866	7,388	5,145	3,760	2,214	1,147	477	154	[illegible]	10	-	1
7	6	4	2	4	1	2	—	—	1	—	—	—	.	—	-
4	1		—	—		—	—	—	—	—	1	—	—	—	—
1		2	—	—		—	—	—	—	—		—	—	—	—
8	1	7	6	5		8	1	—	—	—	—	—	—	—	—
3	2	—													
			1	1	1	2	1	—	1	—	1	—	—		—
312	211	175	151	103	[illegible]	[illegible]	80	31	25	10	4	2	—		—
13,[illegible]	14,[illegible]	15,[illegible]	19,085	[illegible]	17,171	13,501	12,753	[illegible]	[illegible]	[illegible]	1,010	353	70	17	2
7	5	8	10	10	13	10	7	6	[illegible]	1	2		—	—	—
20	11	7	10	3	4	3	4	5	1	1	—	—	—	—	—
29	32	25	37	21	25	[illegible]	13	4	[illegible]	3	2	1	—	—	—
3	4	4	2	3	3	2	7	6	[illegible]	5	6	1	—	—	—
5		3	1	1	1	1	—			—	—	—	—	—	—
17	9	13	13	9	14	12	13	9	4	4	8		—	—	
163	143	103	107	104	76	67	[illegible]	60	[illegible]	31	11		—		—
148	[illegible]	113	73	61	[illegible]	36	65	[illegible]	[illegible]	17	10	1	1	—	—
27	19	[illegible]	[illegible]	17	11	9	10	2	5	2	—	—	—	—	—
20	[illegible]	[illegible]	70	19	17	12	8	10	4	6	2	—	1	—	—
1	4	4	8	1	1	2	—				—	—	—	—	—
[illegible]	184	[illegible]	94	71	72	33	[illegible]	32	16	4	—	1	1	—	—
11	11	6	19	6	5	2	3	1	—	—	—	-	—	—	—
3	2	3	2	-	1	—	—	1	—	—	—	-	—	—	—
2	3	—	—	-	1	—	—	—	—	—	—	—	—	—	—
2	3	3	4	2	1	1	—	3	—	—	—	—	—	—	—
9	17	10	27	15	15	9	14	5	—	—	1	—	—	—	—

England und Wales. Beschäftigungen der Personen

Beschäftigungen.	Jeden Alters.	Unter 20 Jahren.	Ueber 20 Jahr.	Alter: Unter 5 Jahren.	5—	10—	15—	20—
Käse- und Butterhändlerinnen	318	24	294	—	—	2	22	34
Metzgerinnen, Fleischerinnen	2,519	361	2,158	—	—	—	201	241
Metzgersfrauen	25,297	153	25,144	—	—	—	153	2,221
Victualienhändlerinnen, Commissionärinnen	3,510	152	3,358	—	—	21	131	406
Geflügel-, Wildprethändlerinn.	578	24	554	—	—	4	20	40
Eierhändlerinnen	90	3	87	—	—	—	3	4
Fischhändlerinnen	2,153	304	1,849	—	—	70	234	240
Fischräucherinnen	13	1	12	—	—	—	1	2
Austern-, Schellfischhändlerinn.	17	3	14	—	—	1	2	2
Andere, die mit animalischer Nahrung handeln	3	1	2	—	—	—	1	—
2. Vegetabilien.								
Kornhändlerinnen	233	15	218	—	—	1	14	13
Müllerinnen	414	21	393	—	—	3	18	24
Mehlhändlerinnen	389	12	377	—	—	2	10	13
Bäckerinnen	6,191	589	5,602	—	—	73	516	453
Zuckerbäckerinnen	6,128	774	5,354	—	1	106	667	703
Gemüse- und Obsthändlerinnen	5,396	346	5,050	—	3	59	284	295
Kräuterhändlerinnen	65	2	63	—	—	1	1	2
Kartoffelhändlerinnen	27	4	23	—	—	—	4	2
Früchte- und Blumenhändlerinnen	1,719	258	1,461	—	4	60	194	153
Brunnenkressesammler., Verkäufer.	117	18	99	—	1	4	13	6
Samen- und [illegible]händlerinnen	147	12	135	—	—	1	11	15
Andere, die in Vegetabilien arbeiten und handeln	25	5	20	—	—	—	5	5
3. Getränke u. Stimulanten.								
Mälzerinnen	96	2	94	—	—	—	2	4
Hefenmacherinnen, Händlerinn.	134	8	126	—	—	2	6	6
Brauerinnen, und solche, die bei Brauereien beschäftigt sind	319	19	300	—	—	4	15	17
Wein- u. Spirituosenhändler.	252	8	244	—	—	—	8	24
Küferinnen	38	5	33	—	—	—	5	7
Sauce-, Pickle- und Catsupmacherinnen u. Händlerinnen	130	30	100	—	—	4	26	27
Ingwerbier-, Sodawasserfabrication	83	2	81	—	—	1	1	4
Zuckerraffineurinnen	54	6	48	—	—	2	4	6
Lakritzmacherinnen	14	2	12	—	—	1	1	4
Kaffeehändlerinnen, Rösterinn.	16	4	12	—	—	—	4	3
Spezereikrämerinnen, Theehändlerinnen, Gehilfinnen	19,744	1,417	18,327	—	1	161	1,255	1,479
Chocolade-, Cacaofabrication	54	22	32	—	—	6	16	16
Gewürzhändlerinnen	20	2	18	—	—	2	—	5
Tabaks-, Cigarren-, Schnupftabaksfabrication	872	496	376	—	4	153	339	170
Tabakshändlerinnen	1,295	119	1,176	—	—	28	91	135
Parfümeurinnen	124	37	87	—	—	7	30	17
Andere, die in Getränken und Stimulanten handeln und arbeiten	38	5	33	—	—	4	1	2
XIII. Animalische Stoffe.								
1. Fett, Gedärme, Bein, Horn, Elfenbein, Fischbein.								
Goldschlägerhautmacherinnen	74	29	45	—	—	4	25	22
Düngerfabrication	11	1	10	—	—	—	1	1
Seifensiederinnen	11	1	10	—	—	1	—	2
Talglichtmacherinnen	219	51	168	—	—	10	41	25

weiblichen Geschlechts in den verschiedenen Altersperioden.

der Personen.

25—	30—	35—	40—	45—	50—	55—	60—	65—	70—	75—	80—	85—	90—	95—	100 und höh.
21	16	20	23	34	37	35	31	18	20	7	5	6	1	—	—
122	179	195	227	224	272	218	206	112	84	49	24	8	3	—	—
3,730	3,861	3,787	3,340	2,580	2,097	1,484	1,029	687	310	109	35	4	1	—	—
225	314	377	140	370	381	340	309	155	104	50	26	8	2	—	1
45	29	47	35	41	63	47	40	35	25	10	3	1	—	—	—
2	7	6	7	8	9	13	13	9	7	2	—	—	—	—	—
169	194	169	277	158	181	144	181	97	83	43	14	1	1	3	—
1	—	1	4	—	—	1	—	—	2	1	—	—	—	—	—
	—	—	5	—	—	—	8	2	2	—	—	—	—	—	—
1	—		1	—	—	—	—		—	—	—	—	—	—	—
12	14	15	19	29	40	25	31	18	12	3	1	1	—	—	—
15	20	19	26	23	29	56	50	36	37	17	1	—	—	—	—
27	27	27	41	38	30	41	36	24	29	14	11	1	—	—	—
288	398	410	507	554	432	490	558	444	326	104	29	14	3	—	1
600	530	310	531	518	478	487	404	359	210	109	37	14	1	—	—
525	420	497	450	571	597	470	507	277	245	111	46	16	1	1	—
2	8	6	10	6	7	14	15	5	2	7	2	1	—	—	—
2	5	—	4	2	4	2	3	—	—	1	—	—	—	—	—
111	129	114	198	141	154	78	178	87	78	31	20	2	—	—	—
8	7	10	13	7	9	7	12	3	6	4	4	—	—	—	—
12	10	8	13	14	20	19	10	5	7	5	3	—	—	—	—
2	—	2	—	1	—	2	2	—	—	—	—	—	—	—	—
7	6	8	4	4	16	15	11	9	5	5	4	1	—	—	—
7	8	10	11	11	9	15	14	22	10	5	1	2	—	—	—
6	16	25	35	25	37	28	36	30	21	10	3	—	1	—	—
31	33	29	41	40	60	72	43	20	6	9	3	2	—	—	—
1	6	2	2	2	4	1	—	2	—	—	—	—	—	—	—
15	10	8	14	7	4	10	6	3	1	—	1	—	—	—	—
1	9	7	9	6	13	10	18	4	2	1	2	—	—	—	—
4	6	6	3	5	3	6	6	2	2	1	2	—	—	—	—
1	—	2	6	1	1	—	—	—	—	—	—	—	—	—	—
—	—	1	1	1	2	2	—	—	—	—	—	—	—	—	—
1,281	1,455	1,672	1,926	1,912	2,054	1,856	1,717	1,279	921	501	190	67	11	1	1
2	3	3	1	—	—	—	—	—	—	—	—	—	—	—	—
1	—	1	—	1	2	2	2	—	1	—	1	—	1	—	—
48	25	26	17	19	17	9	11	6	6	2	7	1	—	—	—
143	150	141	153	124	106	79	72	45	21	2	2	3	1	—	—
16	5	11	4	11	8	6	4	6	1	1	1	—	—	—	—
—	5	3	4	1	5	2	1	2	2	1	2	—	—	—	—
2	5	1	5	2	1	1	1	—	—	—	—	—	—	—	—
1	1	1	1	1	1	1	1	1	—	—	—	—	—	—	—
—	—	1	2	1	2	—	—	1	—	—	—	—	—	—	—
12	6	12	13	20	13	12	12	7	7	3	1	—	1	—	—

England und Wales. Beschäftigungen der Personen

Beschäftigungen.	Jeden Alters.	Unter 20 Jahren.	Ueber 20 Jahre.	Alter: Unter 5 Jahren.	5–	10–	15–	20–
Wachsblumenverfertigerinnen, Händlerin.	39	33	6			11	16	7
Gelatine- und Leimmacherin.	79	18	63			4	14	10
Pferdefleischhändlerinnen	30	1	29			–	1	3
Beinsammlerinnen, Händler.	15	2	13			—	2	1
Beindrechslerinnen	19	3	16			1	2	5
Beinsiederinnen, Calciniererin.	15	5	10			–	5	1
Elfenbeindrechslerinnen	55	18	37			2	16	14
Hornarbeiterin., Drechslerin.	12	3	9			—	3	3
Muschelarbeiterin., Händlerin.	22	9	13		—	1	8	3
Kammmacherinnen	199	78	121		—	17	61	33
Schwammarbeiter., Händler.	12	1	11	—		–	1	1
Andere, die in diesen Artikeln handeln und arbeiten	42	7	35			1	6	5
2. Felle, Federn, Gänsekiele.								
Fell-, Hauthändlerinnen	17	1	16	—			1	3
Kürschnerinnen	36	3	33	—		2	1	7
Gerberinnen	30	2	28	—	–	—	2	2
Lederarbeiterinnen	870	37	833	—	1	6	30	85
Strapsen-, Gürtel-, Riemenmacherinnen	25	10	15			4	6	8
Ledereitui-, Portmonnaie-, Reisesack-, Koffermacherinnen	220	77	143	—	–	23	54	54
Taschenbuch-, Kartenetuimacherinnen rc.	131	54	77	—		9	45	39
Pergament-, Velinfabrication.	13	2	11			1	1	4
Gänsekielschneider., Händler.	24	3	21			-	3	4
Federnbereiterinnen, Händler.	569	262	307		1	79	202	82
Andere, die in diesen Artikeln handeln und arbeiten	41	8	33				8	8
3. Haar.								
Haarhändlerinnen	10	1	9			-	1	2
Haar- u. Borstenfabrication.	1,893	908	985	–	50	351	501	276
Malerpinselmacherinnen	13	3	10	—			3	1
Bürsten-, Besenmacherinnen	2,658	887	1,771		35	242	610	516
Andere, die in Haar arbeiten	11	3	8		–	–	3	2
XIV. Vegetabilische Producte.								
1. Harze und Gummi.								
Oelmüllerinnen, Oelraffinerie	14	1	13				1	2
Oel- und Farbenmacherinnen	112	9	103			2	7	7
Polirerinnen	1,194	368	826		1	67	300	204
Lackirerinnen	1,198	455	743		5	149	321	281
Kautschukfabrication	277	116	161			31	85	41
Waterproofartikelmacherinnen	66	17	49	—		4	13	15
Andere, die hierin handeln und arbeiten	21	5	16	—		2	8	6
2. Holz.								
Bauholzhändlerinnen	16	—	16	—	—	—	—	2
Holzhauerinnen, Hackerinnen.	34	9	25	–	–	3	6	6
Holzhändlerinnen	350	102	248	—	3	38	61	38
Sägerinnen	14	4	8	—	1	1	2	1
Sägespänehändlerinnen	79	24	55			8	16	9
Drechslerinnen	56	14	42	-	—	3	11	4
Holzschraubenmacherinnen	62	23	39	—	—	—	23	17
Kistenmacherinnen	1,852	794	1,058	—	13	212	569	408
Packkistenmacherinnen	40	17	23	—	—	4	13	14
Holzschachtel-, Zündhölzchenschachtelmacherinnen	244	91	153	—	6	35	50	22
Kleiderhängermacherinnen	38	23	19	—	6	8	11	7
Böttcherinnen	101	10	91	—	1	4	5	6

—	—	—	—	—	1	—	—	—	1	—	—	—	—
10	5	5	10	5	1	—	2	—	—	—	—	—	—
2	8	3	1	4	1	2	—	—	—	—	—	—	—
—	8	6	4	—	1	—	—	—	—	—	—	—	—
1	—	1	—	—	1	1	—	—	—	—	—	—	—
2	—	—	1	1	—	—	—	—	—	—	—	—	—
1	8	2	1	—	8	1	—	—	—	—	—	—	—
1	—	—	1	—	1	1	—	—	—	—	—	—	—
—	8	8	—	1	1	1	—	—	—	—	—	—	—
10	13	10	10	2	6	6	8	1	1	1	—	—	—
—	1	1	1	—	1	—	—	1	—	—	—	—	—
5	4	8	4	4	2	1	—	—	—	—	—	—	—
—	3	—	1	1	1	8	2	1	—	—	—	—	—
4	6	2	2	—	1	2	—	—	—	—	—	—	—
4	2	3	4	5	6	2	1	—	—	—	—	—	—
14	24	21	31	27	25	14	11	7	8	8	—	—	—
—	—	—	—	—	2	1	—	—	—	—	—	—	—
13	18	10	8	5	5	5	5	1	—	—	—	—	—
3	7	5	4	5	1	1	2	—	—	—	—	—	—
3	1	1	1	—	—	—	1	—	—	—	—	—	—
6	1	3	4	1	2	—	2	—	—	—	—	—	—
77	24	13	30	13	17	12	4	2	—	—	1	—	—
5	1	—	3	3	8	—	2	—	—	—	—	—	—
1	—	—	1	—	1	—	2	—	—	—	—	—	—
92	71	30	32	15	15	13	6	5	1	—	1	—	—
—	—	1	2	8	1	—	—	—	—	—	—	—	—
174	167	125	68	78	51	40	22	13	6	2	—	—	—
1	1	2	—	—	1	—	—	—	—	—	—	—	—
1	—	—	2	1	1	1	—	—	1	—	—	—	—
7	18	15	8	14	5	4	5	2	1	—	—	—	—
80	79	30	23	18	16	6	3	8	1	—	—	—	—
56	66	42	41	31	8	15	6	4	3	—	—	—	—
6	15	10	5	1	2	2	1	—	—	—	—	—	—
8	3	1	3	8	1	—	—	—	—	—	—	—	—
1	1	8	3	—	—	—	—	—	—	—	—	—	—
1	7	1	8	6	3	1	—	2	—	—	—	—	—
3	4	3	2	—	1	—	2	—	—	—	—	—	—
26	35	22	22	18	18	10	12	7	1	1	—	—	—
—	3	1	2	—	—	—	—	—	—	—	—	—	—
6	18	5	7	8	3	2	1	—	—	—	—	—	—
7	1	3	5	6	3	3	1	1	—	—	—	—	—
8	4	1	1	1	1	—	—	—	—	—	—	—	—
25	78	47	43	19	22	10	8	5	—	—	—	—	—
2	—	1	—	1	1	—	—	—	—	—	—	—	—
13	18	14	3	10	5	4	2	—	—	—	—	—	—
1	5	7	2	2	—	1	—	—	2	—	—	—	—
6	4	12	16	10	15	7	7	1	8	1	1	—	—

England und Wales. Beschäftigungen der Personen

Beschäftigungen.	Jeden Alters.	Unter 20 Jahren.	Ueber 20 Jahre.	Unter 5 Jahren.	Alter 5—	10—	15—	20—
Federhaltermacherinnen	17	8	9	—		—	8	5
Andere, die hierin arbeiten und handeln	75	25	50			2	23	6
3. Rinde.								
Baumrindenarbeiter., Händler.	28	6	22			3	3	6
Korkschneiderinnen, Händlerin.	80	18	62		—	2	16	8
Andere, die mit Rinde handeln.	8	1	7		—		1	[illegible]
4. Rohr, Binsen, Stroh.								
Weidenschneiderinnen, Händlerinnen, Färberinnen	194	75	110	—	6	33	35	22
Korbmacherinnen	780	179	601	—	3	53	123	100
Rohrarbeiterinnen, Händler.	192	42	150		1	18	22	72
Binsen-, Schilfgrasarbeiterin.	57	6	51	—	2		4	7
Andere, die in Rohr rc. handeln und arbeiten	31	2	29		—	2		6
5. Papier.								
Lumpensammlerin., Händler.	1,183	287	900		3	96	168	185
Papierfabrication	6,611	3,029	3,582	—	48	551	1,430	1,070
Musterkartenmacherinnen	18	7	11	—	—	1	6	5
Kartenmacherinnen	62	14	48	—	—	6	14	[illegible]
Schreibmaterialienhändlerin.	1,752	320	1,432	—	1	46	271	278
Couvertmacherinnen	54	35	19	—		2	14	19
Umschlagmacherinnen	860	397	463			85	313	231
Papierschachtelmacherinnen	1,063	556	507		16	191	316	234
Papierlackmacherinnen	485	282	203		9	83	130	81
Papiercylindermacherinnen	39	32	7		4	16	8	2
Papierweißerinnen	56	23	33		1	4	18	18
Kaminpapiermacherinnen	22	5	17		1	1	3	3
Bilderrahmenmacherinnen	15	11	4		—	3	8	6
Papier maché-Fabrication	23	2	21		—	—	2	12
Papierfärberinnen	399	151	248		6	38	107	188
Andere, die in Papier handeln und arbeiten	40	13	27			3	10	8
XV. Mineralische Producte.								
1. Bergwerke.								
Kohlenbergwerkbesitzerinnen	35		35			—	—	—
Bergwerksgesellschaftsbeamtinnen	16		16					3
Andere, die mit Bergwerken zu thun haben	43	7	36	—		3	4	6
2. Kohlen.								
Kohlenhändlerinnen	713	21	692			5	16	87
Kohlenarbeiterinnen	3,763	1,828	1,935		18	117	1,393	297
Coaksbrennerinnen, Händlerin.	98	40	58	—		8	32	24
Torfschneiderinnen, Händler.	13	2	11	—	—	1	1	1
Kaminfegerinnen	78	3	73	—	—	1	2	—
Andere, die mit Kohlen zu thun haben	21	4	17	—	1		3	3
3. Stein, Lehm.								
Steinbrucharbeiterinnen	65	23	42	—	2	7	14	11
Steinegraviren, Schneiderinnen, Arbeiterinnen	33	3	30		—	-	3	3
Schieferfabrication	14	3	11		—	—	2	1
Schleifsteinmacherinnen	30	12	18		1	4	7	—
Sandfabrication	91	22	72		3	2	17	15
Kalkstein-, Kalkarbeiterinnen, Brennerinnen	93	25	68			3	22	12
Gyps- u. Mörtelfabrication	14	3	11			1	1	1

…weiblichen Geschlechts in den verschiedenen Altersperioden.

der Personen.

25—	30—	35—	40—	45—	50—	55—	60—	65—	70—	75—	80—	85—	90—	95—	100 und drüb.
2	1	—	—	1	—	—	—	—	—	—	—	—	—	—	—
12	7	4	5	1	3	2	6	—	1	1	—	8	—	—	—
4	4	2	—	1	3	1	—	—	1	—	—	—	—	—	—
4	3	7	9	5	9	2	6	2	2	1	1	—	—	—	—
—	—	1	1	—	—	1	—	—	1	1	—	—	—	—	—
19	15	18	8	9	10	8	7	1	1	—	1	—	—	—	—
63	65	47	56	59	61	39	47	24	23	18	3	1	1	1	—
12	20	19	25	4	15	6	18	5	6	1	1	1	—	—	—
3	6	4	3	7	3	2	6	5	1	2	2	—	—	—	—
3	4	3	2	2	6	2	3	1	—	—	—	—	—	—	—
106	108	77	120	81	66	48	63	35	12	11	4	2	—	—	—
820	421	344	313	219	188	132	126	75	30	20	4	1	1	—	—
1	8	2	1	—	—	—	—	—	—	—	—	—	—	—	—
7	5	4	4	2	4	1	4	1	6	1	—	—	—	—	—
208	156	137	122	143	134	70	62	41	31	12	4	1	—	—	—
7	3	2	—	—	1	—	—	—	—	—	—	—	—	—	—
125	53	18	10	8	2	2	2	1	—	1	—	—	—	—	—
136	62	27	25	9	6	8	10	4	1	4	1	1	1	—	—
57	12	15	14	18	5	6	3	1	3	—	—	—	—	—	—
3	1	8	—	—	—	—	—	1	—	—	—	—	—	—	—
6	4	5	1	3	1	1	—	—	—	—	—	—	—	—	—
1	1	2	4	2	1	2	—	—	1	—	—	—	—	—	—
—	—	—	—	—	—	—	—	—	—	—	—	—	—	—	—
4	4	1	2	1	3	—	—	—	—	—	—	—	—	—	—
51	27	23	13	6	5	3	5	2	1	1	—	—	—	—	—
1	2	1	5	8	1	1	6	1	—	—	—	—	—	—	—
1	2	6	3	6	7	7	4	8	1	1	—	—	—	—	—
1	3	1	1	2	3	1	—	2	—	—	—	—	—	—	—
6	5	—	5	1	4	3	2	—	4	—	—	—	—	—	—
24	29	47	77	80	86	66	41	57	50	20	9	2	1	—	—
836	177	145	109	74	66	29	42	22	14	6	2	1	1	—	—
8	4	4	5	3	1	1	4	3	—	—	—	—	—	—	—
1	—	2	3	1	—	—	—	1	6	1	—	—	—	—	—
1	7	11	8	8	13	8	6	4	5	2	—	—	—	—	—
2	—	1	3	1	3	1	1	1	2	—	—	—	—	—	—
3	6	8	6	3	8	3	5	1	1	—	—	—	—	—	—
1	4	1	4	5	3	3	2	1	8	—	—	—	—	—	—
1	1	—	1	—	2	4	—	—	1	—	—	—	—	—	—
1	2	3	4	3	1	2	1	—	—	—	—	—	—	—	—
10	5	3	18	6	5	5	4	5	2	—	1	1	—	—	—
18	7	8	5	6	5	7	2	5	2	1	1	—	—	—	—
—	3	1	1	1	2	1	1	—	—	—	—	—	—	—	—

England und Wales. Beschäftigungen der Personen

Beschäftigungen.	Jeden Alters.	Unter 20 Jahren.	Ueber 20 Jahre.	Unter 5 Jahren.	5—	10—	15—	20—
Lehmarbeiterinnen	247	134	113	—	8	26	106	45
Backsteinmacherin., Händlerin.	1,858	1,108	750	—	19	410	673	322
Straßenarbeiterinnen	29	17	12	—	—	9	8	8
Straßenkehrerinnen	15	4	11	—	1	3	—	—
Kehrichtsammlerin., Sortirer.	77	12	65	—	1	3	9	12
Andere, die mit Stein und Lehm zu thun haben	40	11	29	—	—	7	9	6
4. Thongeschirr.								
Thongeschirrfabrication	11,934	5,547	6,387	—	173	2,177	3,108	2,214
Tabakpfeifenmacherinnen	850	210	640	—	4	68	138	125
Thon- u. Glaswaarenhändler.	1,342	134	1,208	—	3	16	115	128
Porcellan- und Thongeschirr-Flickerinnen	10	2	8	—	—	—	1	—
Enkaustische (bunte) Ziegelmacherinnen	10	7	3	—	—	3	4	2
Andere, die mit Thongeschirr beschäftigt sind	17	5	12	—		3	2	—
5. Glas.								
Glasfabrication	1,297	560	737	—	1	98	400	257
Glasflaschenhändlerinnen	28	2	26	—			1	5
Glasperlenmacher., Händler.	110	49	61	—	1	12	34	13
Andere, die in Glas handeln und arbeiten	17	6	11		1	2	3	2
6. Salz.								
Salzfabrication	104	35	69	—	—	7	25	25
Salzhändlerinnen	12	3	9	—		1	2	—
Andere, die in Salz handeln oder arbeiten	7	—	7			—	—	—
7. Wasser.								
Wasserträgerinnen, Händler.	20		20				—	1
Andere, die mit Wasser beschäftigt sind	6	—	6		—	—	—	1
8. Gold, Silber, Edelsteine.								
Steinschneiderinnen	33	20	13	—	—	7	16	7
Goldschmiederei, Silberschmiederei, Juwelierarbeiter.	1,700	702	998	—	1	179	519	373
Goldschlägerei	30	17	13	—	—	3	14	9
Gold- und Silberborten- und Fransenmacherinnen	109	63	46	—	—	12	51	14
Gold- und Silberdrahtmacher.	10	4	6	—	—	1	3	4
Uhrkettenmacherinnen	858	456	402	—	6	179	271	197
Bleistifthaltermacherinnen	20	14	6	—	—	4	10	4
Plattirte Waaren-Geschäfte	132	62	70	—	—	15	47	31
Elektro-plattirte Waaren	39	17	22	—	—	6	12	6
Andere, die in Gold u. Silber handeln	45	15	30	—		4	11	7
9. Kupfer.								
Kupferfabrication	3,961	2,451	1,510	—	34	698	[illegible]	[illegible]
Kupferschmiederei	11	—	11	—	—	—	—	1
Andere, die in Kupfer handeln und arbeiten	9	1	8	—	—	—	1	4
10. Zinn und Quecksilber.								
Zinnfabrication	3,986	2,432	1,554	—	45	837	1,550	607
Zinnarbeiterinnen	111	29	82	—	—	8	31	24
Weißblecharbeiterinnen	282	139	143		1	45	72	[illegible]
Blechspielwaarenmacherinnen	14	10	4	—	—	2	6	—
Staniolarbeiterin., Händlerin.	22	9	13	—	—	3	6	4

weiblichen Geschlechts in den verschiedenen Altersperioden.

der Personen.

25—	30—	35—	40—	45—	50—	55—	60—	65—	70—	75—	80—	85—	90—	95—	100 und höh.
12	10	15	8	11	4	4	3	—	—	—	—	—	—	—	—
117	60	57	40	34	29	23	14	20	5	7	6	—	—	—	—
2	1	—	1	2	1	1	—	1	—	1	—	—	—	—	—
—	—	—	1	2	1	—	3	3	1	—	1	—	—	—	—
5	5	6	9	13	1	2	3	1	2	—	2	—	—	—	—
8	—	—	5	3	6	8	1	5	3	—	1	—	—	—	—
1,178	777	594	516	373	231	162	137	75	42	18	9	4	—	—	1
90	103	68	75	70	85	33	19	16	19	6	1	—	—	—	—
107	113	134	131	161	122	113	81	66	44	17	7	4	—	—	—
—	3	2	1	—	1	1	—	—	—	—	—	—	—	—	—
—	1	—	—	—	—	—	—	—	—	—	—	—	—	—	—
1	1	—	2	2	1	4	—	1	—	—	—	—	—	—	—
136	[illegible]	63	53	45	22	16	11	11	4	1	—	—	—	—	—
3	2	4	1	1	6	—	1	2	1	1	—	—	—	—	—
5	4	8	8	2	7	6	6	4	—	2	—	—	—	—	—
3	1	1	—	1	2	—	3	—	—	—	—	—	—	—	—
17	5	2	8	5	5	1	2	1	—	—	—	—	—	—	—
—	—	1	1	1	1	2	3	—	—	—	—	—	—	—	—
—	—	—	2	—	2	—	1	1	—	1	—	—	—	—	—
2	1	—	2	5	—	1	4	3	1	1	1	—	—	—	—
—	—	1	1	—	1	1	—	1	—	—	—	—	—	—	—
—	—	1	1	—	1	3	6	—	—	—	—	—	—	—	—
150	62	55	71	58	42	47	29	18	15	7	2	—	—	—	—
2	3	—	—	2	—	—	—	2	—	1	—	—	—	—	—
11	5	6	5	—	—	2	—	—	—	—	—	—	—	—	—
—	—	2	—	—	—	—	—	—	—	—	—	—	—	—	—
100	48	23	6	8	8	9	6	4	—	—	1	—	—	—	—
1	—	—	—	1	—	—	—	—	—	—	—	—	—	—	—
12	7	6	5	1	2	1	4	—	—	—	—	—	—	—	—
6	4	1	3	3	1	—	1	—	—	—	—	—	—	—	—
6	8	6	1	2	1	8	1	—	—	1	—	—	—	—	—
278	149	89	66	49	36	31	19	19	6	4	1	2	1	—	—
1	1	1	1	—	2	3	1	—	1	—	—	—	—	—	—
—	1	—	1	—	—	—	—	—	1	1	—	—	—	—	—
314	120	72	72	40	33	37	22	16	7	6	4	3	—	—	—
14	12	9	2	5	1	1	6	6	2	1	—	—	—	—	—
19	10	10	9	4	5	3	5	3	1	2	—	—	—	—	—
2	—	—	—	1	—	1	1	—	—	—	—	—	—	—	—
8	2	—	—	1	2	—	1	—	—	—	—	—	—	—	—

Andere, die in Zinn u. Quecksilber arbeiten und handeln.	19	7	12
11. Zink.			
Zinkgeschäfte	17	14	3
12. Blei und Antimonium.			
Bleifabrication	938	487	451
Schriftgießerei	11	2	9
Andere, die in Blei u. Antimonium arbeiten u. handeln.	21	6	15
13. Messing und andere gemischte Metalle.			
Metall-Raffinerie, Dreherei, Arbeiterinnen, Händlerinnen	177	69	108
Messinggeschäfte	239	108	131
Schlosserei, Schellenmacherei	56	10	46
Gasinstallationsgeschäfte	21	1	20
Weißmetallgeschäfte	165	75	90
Stecknadelfabrication	407	191	216
Haken- und Oesenfabrication	140	52	88
Schnallen- u. Spangenmacherei	50	13	37
Bronzirerinnen	35	13	22
Polirerinnen	930	381	549
Lackirerinnen	484	214	270
Verfertigerinnen von vergoldetem Spielzeug	15	6	9
Drahtmacherinnen, Flechterin.	345	159	186
Kettenmacherinnen	109	58	51
Verfertigerinnen von metallenem Sargzubehör	18	7	11
Servirbrettmacherinnen	142	41	101
Leuchter-, Candelabermacherinn.	23	11	12
Lampen-, Laternenmacherinn.	59	20	39
Löffelmacherinnen	326	150	176
Münzenmacherinnen	31	26	5
Andere, die in gemischten Metallen handeln und arbeiten.	100	32	68
14. Eisen und Stahl.			
Eisengeschäfte	2,341	1,252	1,089
Blechschmiederei	22	1	21
Grobschmiederei	395	10	385
Nagelgeschäfte	10,761	4,067	6,694
Anker-, Kettenmacherinnen	608	295	313
Eisendetailhändlerinnen	441	45	396
Kurzwaarengeschäfte	93	9	84
Metalldruckerei	357	216	141
Scheerenmacherinnen	12	2	10
Haarnadelmacherinnen	12	11	1
Schlüsselmacherinnen	18	2	16
Thürangelmacherinnen	51	26	25
Kleinnagelmacherinnen	21	6	15
Schraubenschneider-, Macher.	1,546	675	871
Stahlgeschäfte	9	6	3
Stahlkurzwaarengeschäfte	16	8	8
Lichtscheerenmacherinnen	10	1	9
Federn-, Uhrfedernmacherin.	12	8	4
Andere, die in Stahl und Eisen handeln und arbeiten.	147	57	90

weiblichen Geschlechts in den verschiedenen Altersperioden.

der Personen.

25—	30—	35—	40—	45—	50—	55—	60—	65—	70—	75—	80—	85—	90—	95—	100 und höh.
2	—	—	1	3	1	3		3	—	—		—		—	—
—	—	—		1	1	—	1		—	—	—	—	—	—	—
23	51	28	27	25	16	7	18	6	1	—	—	—	—	—	—
2	—	—	1	—	1	—	—	1		—	—	—	—	—	—
1	2	3	2	3		3	1	3	—	—	—	—	—	—	—
16	10	9	13	7	5	5		1	1	1		—	—	—	—
25	19	18	18	21	18	10	6	8	3	1	1	—	—	—	—
4	8	3	5	5	3	7	1	6	0	2	—	—	—	—	—
1	3	3	3	1	3	1	1			1	—	—	—	—	—
18	5	11	6	8	5	2	3	—		—		—	—	—	—
25	21	16	22	19	18	11	11	11	7	2	3	2	—	—	—
8	12	12	6	10	3	4	5	1	4				—	—	—
8	6	1	2	1	4	1			1	—		—	—	—	—
4	9	4	3	9	3	1			—	—		—	—	—	—
100	43	37	41	33	26	27	17	4	3	5	—	—	—	—	—
54	12	18	17	25	14	10	4	1	—		1	—	—	—	—
—		2	—	—	—	—	1	2	—		—	—	—	—	
27	18	14	12	11	9	6	7	3	6	4	1	—	—	—	—
11	6	7	2	3	2		—	—	—	—	—	—	—	—	—
1	1	—	1	—	1	—	—	1	—	—	—	—	—	—	—
13	9	13	10	4	6	6	—	2	—	2	—	—	—	—	—
—		—	1	1	—	1	1	—	—		—	—	—	—	—
5	5	2	3	6	2	—	1	—	—		—	—	—	—	—
38	24	13	19	4	8	4	2	—	3	2	1	—	—	—	—
—	—	—	—	—	—	1	—	—	—	—	—	—	—	—	—
7	3	3	3	8	4	4	5	3		—	1	—	—	—	—
176	95	67	61	57	38	25	17	13	7	7	1	—	—	—	—
8	—	3	5	4	—	2	2	1	—	8	—	—	—	—	—
11	8	14	30	51	53	42	68	34	31	26	6	3	—	—	—
1,076	878	730	626	490	344	291	271	108	79	45	16	6	2	—	—
60	37	44	31	33	11	6	10	3	4	1	—	1	—	—	—
54	32	38	49	40	40	36	47	10	22	11	—	3	—	—	—
7	4	13	9	18	7	3	5	1	4	1	—	—	—	—	—
27	25	10	8	1	5	3	3	1	—	—	—	—	—	—	—
1	3	2	1	1		—	1	—	—	—	—	—	—	—	—
	—	—	—	—	—	—	—	—	—	—	—	—	—	—	—
2	—	8	—	1	2	1	—	1	1	—	—	—	—	—	—
6	—	2	2	—	1	—	3	—	1	—	—	—	—	—	—
1	3	2	1	1	3	—	—	—	—	1	—	—	—	—	—
157	99	63	63	34	26	12	6	2	5	2	—	—	—	—	—
1	—	—	—	—	—	—	—	—	—	—	—	—	—	—	—
2	3	—	1	—	—	—	1	—	—	—	—	—	—	—	—
—	1	3	1	1	1	—	—	—	—	—	—	—	—	—	—
—	1	1	1	—	—	—	—	—	—	—	—	—	—	—	—
13	6	8	7	8	8	6	1	3	—	1	—	—	—	—	—

England und Wales. Beschäftigungen der Personen

Beschäftigungen.	Jeden Alters.	Unter 20 Jahren.	Ueber 20 Jahre.	Unter 5 Jahren.	5—	10—	15—	20—
					Alter			
XVI. Tagelöhner und Andere deren Erwerbszweig nicht näher bezeichnet ist.								
1. Tagelöhner im Allgemeinen.								
Tagelöhnerinnen	9,239	581	8,655	—	—	174	500	884
2. Personen mit ungenau bezeichneten Beschäftigungen.								
Ladenmädchen, Gehülfinnen	4,580	1,493	3,087	—	1	209	1,283	1,257
Lehrmädchen	185	170	15	—	1	50	102	8
Reisende (Hausirerinnen)	586	44	542	—	4	9	81	52
Fabrikarbeiterinnen	3,901	2,253	1,648	—	91	883	1,419	756
Maschinenarbeiterinnen (der Erwerbszweig nicht näher bezeichnet)	177	84	93	—	1	9	74	63
Dreher (ohne näh. Bezeichnung)	149	59	90	—	1	29	35	34
Andere unbestimmte Beschäftig.	548	130	418	—	4	22	104	95
XVII. Eigenthümer und Vermögende, welche unter keiner Beschäftigung verzeichnet sind.								
Capitalistinnen	27,430	296	27,134	—	—	—	296	1,260
Rentnerinnen	60,009	403	59,607	—	—	—	403	1,606
XVIII. Von öffentlichen Mitteln Ernährte, ohne speciellen Beruf.								
1. Vom Einkommen von freiwilligen Beiträgen und Beisteuern.								
Pensionärinnen (alle Arten)	1,202	5	1,197	—	—	—	5	15
Von Verwandten Abhängige	2,357	14	2,343	—	1	—	19	42
In Armenhäusern Lebende	2,736	90	2,646	—	18	26	46	41
Arme ohne Beruf	34,071	1,984	32,087	—	452	619	734	1,094
In weiblichen Zufluchtshäusern wohnende	55	36	19	—	—	3	34	17
Irre ohne Beruf	6,273	536	5,736	—	21	104	211	411
Andere die durch Mildthätigkeit erhalten werden	81	2	79	—	—	1	1	4
2. Gefangene und andere Verbrecher.								
Gefangene ohne bezeichneten Beruf	1,598	480	1,118	—	8	125	293	351
Bewohnerinnen von Zufluchtshäusern für Prostituirte	547	338	209	—	—	22	316	144
Bewohnerinnen v. Besserungshäusern	93	76	17	—	—	21	55	13
Bordellbesitzerinnen	44	—	44	—	—	—	—	7
3. Landstreicher u. Zigeuner.								
Landstreicherinnen	429	85	344	—	18	24	43	48
Zigeunerinnen	356	149	207	—	63	48	40	48
Besuchende, deren Beruf nicht näher bezeichnet ist	86,386	7,273	79,393	—	185	1,035	5,839	9,083
Andere ohne näher bezeichneten Beruf	63,053	4,160	58,893	—	52	509	3,601	7,112

weiblichen Geschlechts in den verschiedenen Altersperioden.

der Personen.

25—	30—	35—	40—	45—	50—	55—	60—	65—	70—	75—	80—	85—	90—	95—	100 und höh.
274	261	250	252	201	218	157	202	107	185	95	46	11	4	1	—
444	345	234	173	118	63	52	60	31	18	6	5	1	..	1	—
8	—	—	—	—	1	—	—	—	—	—	—	—	—	—	—
45	58	31	35	23	31	18	28	8	9	2	—	1	—	—	—
333	161	119	85	57	47	25	28	21	12	5	1	—	—	—	—
18	10	7	4	1	—	—	—	—	—	—	—	—	—	—	—
20	8	10	6	5	4	2	1	1	—	—	—	—	—	—	—
42	40	31	20	21	35	34	23	13	25	7	10	2	—	—	—
1,372	1,488	1,706	1,934	2,080	2,874	2,403	3,252	2,781	2,733	1,814	1,004	349	82	16	2
2,129	2,546	3,400	4,130	4,740	5,710	6,018	7,631	6,811	6,702	4,297	2,538	885	246	35	6
32	42	48	65	78	81	104	154	163	181	130	70	28	5	2	—
57	64	56	78	103	237	300	504	414	484	337	188	71	22	5	1
60	90	109	122	187	373	481	1,041	1,546	2,075	1,842	1,167	452	114	30	1
1,082	1,258	1,235	1,416	1,343	1,438	1,770	2,258	4,141	5,324	4,458	2,920	1,112	328	63	10
2	—	—	—	—	—	—	—	—	—	—	—	—	—	—	—
480	627	684	708	668	668	480	689	385	225	106	38	16	5	—	—
6	3	3	2	2	11	4	10	2	6	12	6	3	—	—	—
280	178	180	91	57	30	17	14	9	5	—	—	—	—	—	—
41	10	8	5	1	—	—	—	—	—	—	—	—	—	—	—
4	—	—	—	—	—	—	—	—	—	—	—	—	—	—	—
8	7	5	5	3	1	2	3	1	2	—	—	—	—	—	—
51	42	42	31	23	22	13	32	10	10	8	8	4	—	—	—
24	30	30	21	12	9	9	13	5	2	1	2	—	—	—	1
5,374	3,253	2,213	1,873	1,429	1,423	1,066	1,037	683	566	301	116	53	5	1	—
5,465	4,580	3,463	4,261	3,780	6,036	6,563	5,648	4,278	3,744	2,256	1,311	408	122	25	8

Uebersicht der statistischen Resultate.

Trotz der Mangelhaftigkeit der statistischen Aufnahmen in diesem Gebiete und der durch den Ausfall ganzer Länder bestehenden Unmöglichkeit, auch nur den Zustand Europa's genau im Einzelnen zu vergleichen, — ergeben sich aus den vorstehenden Tabellen doch unter vielen anderen folgende Thatsachen, welche zum Theil allgemein verbreitete Annahmen vollständig über den Haufen werfen:

1. Jedes Land, ja innerhalb eines Landes jede Provinz und Gegend, welche durch die Verschiedenheit der Bodenerhöhung und Breiten-Lage klimatische Unterschiede aufweisen, haben auch wieder ihre verschiedene Ernährungs- und Berufsverhältnisse. Es lassen sich daher nur in wenigen Fällen allgemeine Regeln aufstellen oder allgemeine Reformmaßregeln empfehlen, welche für Alle passen.
2. Die Berufsverhältnisse eines jeden Landes müssen bis ins Detail festgestellt sein, ehe der Gesetzgeber einen klaren Blick über die zu treffenden Maßregeln zur Verbesserung der Lage der arbeitenden Classen erhält.
3. Das Zahlen-Verhältniß der producirenden Classen im engeren Sinne ist in allen Ländern, aus welchen wir statistische Angaben besitzen, gegenüber den liberalen Berufsarten, ähnlich, wenn auch die letzteren von einem zum anderen Schwankungen aufweisen, je nach dem größeren oder geringeren Reichthume eines jeden Landes an Capital und geistigen Kräften.
4. Dagegen zeigen sich zwischen der Landwirthschaft und den Gewerben colossale Differenzen, so daß in einem Lande der Ackerbau um's Doppelte die Gewerbe und Groß-Industrie überschreitet, in anderen umgekehrt.
5. Außer in England und vielleicht in Italien sind in allen Ländern Europa's die geschäftlich selbständigen Berufsleute, einschließlich der Beamten und der erwachsenen Kinder, welche im Geschäfte des Vaters betheiligt sind, zahlreicher, als die unselbständigen Arbeiter, ob man beide mit oder ohne ihre nicht geschäftlich erwerbenden Angehörigen

zählt. Am stärksten ist dieser Unterschied zu Gunsten der Selbständigen in Frankreich ausgedrückt, wenn auch Paris und einige Fabrikdistricte eine Ausnahme machen.

6. Nirgends sind die Angehörigen der unselbständigen Arbeiter zahlreicher, als die der selbständigen. Es ist somit nicht erwiesen, daß die Arbeiter mehr Kinder hätten als die Arbeitgeber; und somit bleibt auch der allgemeine Glaube noch zu untersuchen, daß die Armen mehr Kinder hätten als die Reichen.

7. Die eigentlichen Fabrikarbeiter, d. h. die in geschlossenen Anstalten Arbeitenden, bilden nur einen Bruchtheil der Gewerbetreibenden, und nur einen sehr kleinen Bruchtheil der Gesammtbevölkerung, der in den meisten Ländern zwischen 5—10 % derselben schwankt und sogar in England nicht so viel darüber hinaus geht, als man anzunehmen pflegt.

8. Die, sorgfältigere Ausbildung erfordernden Berufsarten sind in den höheren Altersclassen stärker besetzt, als die in mechanischen Beschäftigungen.

9. Mit der höheren Entwicklung der Industrie vermindert sich die landwirthschaftliche Bevölkerung, deren Ausfall durch Maschinen ersetzt wird; die Beschäftigungsarten vervielfältigen sich, die allgemeine Bevölkerungszahl wächst, die Erwerbsgelegenheit steigt und mit ihr der Lohn.

10. Je mehr die Vervielfältigung der Erwerbsarten wächst, desto mehr vermehren sich auch die Productionsmittel, von welchen ihre Prosperität abhängt; desto mehr müssen die Mittel zur Verbesserung vom Allgemeinen zum Speciellen fortschreiten.

11. Je vielfältiger die Arbeitsgelegenheit und Theilung der Arbeit, desto größer ist auch die Solidarität zwischen den einzelnen Berufsarten: um so höher aber auch das Interesse der Gesammtheit, daß nicht der Egoismus einzelner Classen ohne Rücksicht auf die Gesammtheit handle, — desto wichtiger die Aufgabe der Gesetzgebung.

12. Die auffallend starke Betheiligung der weiblichen Bevölkerung Englands an der Industrie kommt einestheils von den Fabrikmädchen, anderntheils von den Witwen von Gewerbetreibenden her, welche das Geschäft ihres verstorbenen Mannes fortbetreiben. Wenn übrigens eine Thatsache zu Gunsten der geschäftlichen Emancipation der Frauen spricht, so ist es diese.

Die Landwirthschaft.*)

Die Landwirthschaft ist einer derjenigen Nahrungszweige, welche am wenigsten für die Anwendung allgemeiner Hülfsmittel sich eignen, bei der am meisten bezüglich der Beurtheilung der Lage der arbeitenden Classen und ihrer Verbesserung die wirthschaftliche Basis, auf welcher sie beruht, untersucht werden muß.

Die Verhältnisse der Landwirthschaft unterscheiden sich nämlich nicht bloß nach Arbeitgebern und Arbeitnehmern, wie manche Gewerbe, sondern nach einer Menge Gesichtspuncten, 1. der bestehenden Rechte, 2. der Gesetzgebung, 3. der volkswirthschaftlichen Einrichtungen und 4. der Bewirthschaftung. Bei deren Beurtheilung muß beachtet und unterschieden werden:

I. Bezüglich der bestehenden Rechte — die Eigenthumsverhältnisse, und zwar ob die Grundstücke Eigenthum

A. 1. des Staates,
2. der Gemeinde,
3. der todten Hand (der Kirche oder von Stiftungen und Corporationen),
4. von Fidei-Commiß-Grundherren oder
5. von freien Privateigenthümern

sind; ob

B. 1. Güterschluß besteht oder
2. freie Theilbarkeit des Grundeigenthums;

ob

---

*) Als Hauptwerke ganz im Sinne unserer Specialisirung sind für diesen Abschnitt u. a. folgende zu betrachten:

1. August Meitzen, „Der Boden und die landwirthschaftlichen Verhältnisse des preußischen Staates" (Berlin 1868); ein Werk, welches die für das größere Publicum dienende Verarbeitung des während eines halben Jahrhunderts von der preußischen Regierung gesammelten Materials ist.
2. v. Lengerke, „Die ländliche Arbeiterfrage", welcher hauptsächlich aus Material schöpfte, das von den landwirthschaftlichen Vereinen Preußens gesammelt worden ist (1852).
3. von der Goltz, „Die ländliche Arbeiterfrage", besonders bezüglich des Nordostens von Deutschland (1871).
4. Chadwick, Ueber die ländlichen Arbeiterverhältnisse Englands.

C. 1. Gemeinde-Allmenden oder Ackergemeinschaften bestehen, oder ob

2. die Gemeinheitstheilung und Consolidation durchgeführt ist.

II. Es ist zu beachten:

a. welches Hypotheken-Recht,

b. welche Organisation der Hypotheken-Bücher besteht,

c. welches Erbrecht gilt,

d. die Einrichtung des Eigenthumswechsels durch Kauf, Tausch und Schenkung; die dabei event. erhobenen Gebühren,

e. die Feldpolizei,

f. die Steuern,

g. die persönlichen Dienste (Frohnden, Militär),

h. die Gemeinde- und Kreis-Organisation,

i. die Weg- und Feuer-Polizei,

k. die Schulgesetze,

l. die Armengesetze rc.

III. In Hinsicht auf die volkswirthschaftlichen Einrichtungen ist zu untersuchen der Stand

1. der Verkehrswege,

2. des Hypothekar-Credits, dessen Organisation und Anstalten,

3. des ländlichen Personal-Credits (ländliche Credit-Cassen),

4. des Vereinswesens.

a. zur Production:

1. Ackergenossenschaften,

2. Käsereien,

3. Winzervereine,

4. Maschinen-Genossenschaften.

b. zur Beschaffung von Credit und billigen Waaren:

1. Vorschußvereine,

2. Consumvereine;

5. des landwirthschaftlichen Fachunterrichts;

a. höhere Anstalten,

b. niedere landwirthschaftliche Schulen;

6. der wissenschaftlichen Anstalten zur Hebung der Landwirthschaft:

a. Versuchsstationen,

b. Musterwirthschaften;

7. der Stellung der Landwirthschaft zur Hausindustrie;

8. der Ausstellungen, Prämien, Wettrennen rc.;

9. der Märkte;

10. der Maßregeln zur Verbesserung der Viehzucht;

11. der Maßregeln gegen Epidemieen;

12. der Versicherungsgesellschaften:
   a. gegen Hagel,
   b. Viehseuchen, allgem., auf Gegenseitigkeit gegründete (in schweiz. Gemeinden).

IV. Bezüglich der Bewirthschaftung ist zu unterscheiden:
   a. die extensive Wirthschaft:
      1. Latifundien
         α. mit Verpachtung,
         β. mit Selbstbewirthschaftung.
      2. Rittergüter
         α. in Selbstwirthschaft,
         β. in Pacht,
         γ. gemischt.
      3. Käseproduction und Viehzucht.
      4. die Forstwirthschaft.
   b. die intensive Wirthschaft:
      1. Hochcultur mit Selbstbewirthschaftung,
      2. Milchwirthschaft mit oder ohne Verpachtung,
      3. Getreidebau,
      4. Käsewirthschaft,
      5. Viehzucht,
      6. Gartenbau,
      7. Weinbau.

Alle diese mannigfachen Verhältnisse, unter welchen die Landwirthschaft ausgeübt wird, haben ihre besonderen Beziehungen zu den Arbeitgebern wie zu den Arbeitern. Sie müssen sämmtlich nach beiden Richtungen hin untersucht werden, wenn man eine klare Einsicht in die vorhandenen Uebelstände so wie über die anzuwendenden Heilmittel gewinnen will.

Auch dieses Gebiet ist zu umfassend, als daß wir an diesem Orte über die Anregung zur Specialforschung hinausgehen könnten.

Uns genügt auch hier, nachzuweisen, daß selbst in dem scheinbar einfachsten, am leichtesten zu erlernenden Nahrungsgebiete, der Landwirthschaft, so umfassende und verwickelte Verhältnisse und Zustände sich geltend machen, daß der Einzelne sie gar nicht sämmtlich mit seiner Einsicht fachmäßig beherrschen kann. Aus dieser Erkenntniß geht dann wieder so recht einleuchtend die Ueberzeugung von der Sisyphus-Arbeit derjenigen Socialisten hervor, welche alle Nahrungszweige mit Einem Zauberworte beglücken wollen.

Die Eigenthumsverhältnisse allein sind in Europa und in den Vereinigten Staaten so verschieden, daß die Beurtheilung der Landwirthschaft eines jeden Landes seiner speciellen Voruntersuchung bedarf.

In Großbritannien und Irland, sowie in Italien sind die Latifundien vorherrschend, d. h. das Grundeigenthum gehört in der Hauptsache dem Adel und vererbt sich thatsächlich, welche auch die gesetzlichen Einrichtungen seien, nach dem Grundsatze des Majorats, nur auf ein Kind.

In England und Wales gab es 1861 überhaupt nur 30,766 d. h. 15,131 männliche und 15,635 weibliche Grundeigenthümer auf eine Gesammtbevölkerung von 20,066,224.

Die 60,000 Loose, welche einst Wilhelm der Eroberer unter seine Ritter vertheilte, neben welchen aber auch sächsische Grundbesitzer sich behauptet, sind also im Laufe von 800 Jahren auf die Hälfte zusammengeschmolzen. Es muß freilich dabei beachtet werden, daß unter jener Zahl nur diejenigen Personen verstanden sind, deren Hauptberuf der eines Grundbesitzers ist, nicht auch die Gewerbetreibenden, die nebenbei noch Eigenthümer ihrer Bauplätze sind oder sonstigen Grundbesitz haben.

Außer diesen 30,000 Grundeigenthümern nebst ihren Familien-Angehörigen finden wir 226,957 Pächter, 22,788 Pächterinnen nebst 176,151 Kindern und 163,705 Frauen von Pächtern, 188,401 Knechten, 46,561 Mägden von Pächtern und 914,301 ländliche Taglöhner und 43,964 Taglöhnerinnen. Im Ganzen führt die Volkszählung von 1861 — 2,010,454 Personen in der Landwirthschaft auf.

Zieht man die 11,426,720 Angehörigen und häuslichen Dienstboten außer Betracht, so bildet die landwirthschaftliche Bevölkerung gegen 30 % der übrigen Berufsarten, nämlich:

von 481,957	Personen	liberaler Berufsarten;
628,710	"	im Handel;
4,828,899	"	in der Industrie und
544,094	"	Rentiers und Unbekannten.

Unter den Grundherren gibt es Eigenthümer von Latifundien namentlich in Irland, welche einen großen Theil ihrer fruchtbaren Ländereien wieder zur Weide liegen lassen, weil ihr Besitz zu ausgedehnt, als daß sie ihn recht bewirthschaften könnten, und weil sie mit dem Verpachten ihren Reinertrag zu schmälern fürchten. Manche lassen inmitten der fruchtbarsten Gefilde Tausende von Morgen guten Bodens als Jagdgrund verwildern, um ihrer Leidenschaft fröhnen zu können. Kein Wunder, wenn die ländliche Bevölkerung dadurch getrieben wird, schaarenweise auszuwandern, um ein menschenfreundlicheres Land aufzusuchen; oder eben so massenweise zur Industrie übergeht, welche hohe Löhne, sicheres Brod und mittels des Vereinswesens auch ein höheres Maß von Unabhängigkeit gewährt.

Jener Mangel eigenen Grundes und Bodens, welcher die Entstehung eines selbständigen Bauernstandes verhindert hat, in Verbindung mit der in den letzten Generationen aufgekommenen ausgedehnten Anwendung landwirthschaftlicher Maschinen, hat die ländlichen Arbeiter ganz von der Scholle gelöst, so daß sie schaarenweise von Gut zu Gut wandern, zu der Aernte um hohe Preise sich verdingen, aber wenn die Aernte eingebracht ist, wieder froh sein müssen, zum Theil in der Industrie oder in den Kohlenbergwerken unterzukommen.

Neuerdings hat sich auch ihrer der Drang bemächtigt, ihre Lage durch Verabredung und massenhafte Arbeitsausstände zu verbessern; — allein sie stecken zu tief in Elend und Unwissenheit, um ohne Beihülfe der übrigen Stände eine dauernde Hebung ihrer Classe durchzusetzen. Der erste Schritt zu einer soliden Besserung der Lage der ländlichen Arbeiter Englands müßte die Aufhebung des unbedingten testamentarischen Verfügungsrechtes der Grundherren, aus welchem das factische Majorat hervorgeht, — so wie die Einführung des staatlichen Zwangs-Unterrichts sein, sonst wird die Auswanderung immer bedenklichere Dimensionen annehmen.

An dieser traurigen Lage der ländlichen Arbeiter Großbritanniens, welche sich mit der keines anderen Landes vergleichen läßt, — hat die große Verbesserung der Landwirthschaft und Viehzucht, — die Hochcultur mit ihren interessanten Resultaten so gut wie nichts geändert.

Auch die anerkennenswerthen Bemühungen der Free-hold-Land und Building-Societies haben bei der beschränkten Verfügbarkeit freier Bauplätze nur sporadisch Gutes wirken können.

Und doch bestand bis 1846 der noch viel unerträglichere, durch die Aufhebung der Korngesetze endlich beseitigte Zustand, daß das Getreide mit einem Prohibitiv-Eingangszoll belegt war, d. h. daß es erst zu einem hohen Zoll eingeführt werden durfte, wann es Hungersnothspreise erreicht hatte.

Seit dem vorigen Jahrhundert war so die Minorität der Grundherren auf Kosten der großen Masse der arbeitenden Bevölkerung monopolistisch gemästet worden.

Die Vermehrung der Bevölkerung Englands ist einzig das Werk der Fabrik-Industrie und des Aufschwunges des Maschinenwesens. Durch dieses Steigen der Volkszahl und des Reichthums sind auch die Preise der Bauplätze und Ländereien enorm gestiegen und die Grundherren ohne ihr Zuthun bereichert worden.

Dieser unnatürliche die von Natur bestehende Ungleichheit der Menschen noch künstlich vermehrende gesetzliche Zustand ist auf die Dauer nicht haltbar, — noch viel weniger aber kann er für die Beurtheilung der Verhältnisse anderer Länder mit ganz verschiedener Gesetzgebung zum Maßstab genommen werden — wie dies so vielfach mit Unrecht von Dilettanten geschehen ist.

Frankreich mit seiner vollen Theilbarkeit des Grund und Bodens, mit seinen 4 Millionen Grundeigenthümern ohne deren Angehörige, unter wie viel andern Verhältnissen befindet es sich hinsichtlich seiner landwirthschaftlichen Bevölkerung; wie viel andere Gesichtspuncte kommen da zur Geltung?

Ein einleuchtenderes Beispiel von der Unmöglichkeit, die gleichen Mittel auf zwei verschiedene Länder anzuwenden, gibt es wohl kaum.

Gewiß liegt eine der Hauptursachen der starken Auswanderung aus England und der schwachen aus Frankreich in dieser Verschiedenheit der Grundeigenthumsverhältnisse.

In vielen Gegenden Deutschlands und der Schweiz gilt noch als Gewohnheitsrecht eine Art Majorat oder Minorat der Bauerngüter, d. h. entweder der älteste oder der jüngste Sohn erbt den Hof, während die anderen Söhne entweder als Knechte auf dem Hofe bleiben oder mit einer kleinen Abfindungssumme auswandern.

Diese Verhältnisse bieten wieder ganz andere Bedingungen als industrielle dicht bevölkerte Landstriche, wo die Grundstücke unter die Kinder vertheilt werden und völlige Zerstückelung des Bodens herrscht.

Unsere Aufgabe ist, wie gesagt, nur die Verhältnisse anzudeuten, welche untersucht zu werden verdienen. Deßhalb müssen wir uns auch hier beschränken, darauf aufmerksam zu machen, daß allein die Frage der freien Theilbarkeit des Grundeigenthums und des Güterschlusses eben so zahlreiche Fürsprecher und Gegner wie die socialen Streitfragen ins Feld geführt haben. Wir müssen uns auf eine kurze Bemerkung hier beschränken.

Der Gesetzgeber, welcher nur das allgemeine Wohl des Landes im Auge zu behalten hat, muß sich in Beziehung auf das Grundeigenthum darüber klar werden, ob der größte Reinertrag oder der größte Rohertrag für das Land am heilsamsten ist. Die Tendenz der Landwirthschaft, den höchsten Reinertrag zu erzielen, führt zur Latifundien-Wirthschaft, von deren Resultaten die letzten Jahrhunderte des Römerreichs ein so abschreckendes Beispiel geliefert haben, und Irland so wie einige östliche Länder es noch heute gewähren. Die Latifundien-Wirthschaft führt zur Aufsaugung der großen Masse des Volkes, — so daß zuletzt nur noch kolossale Grundherren und arme Proletarier bestehen.

Bei dem Wirthschaftsprincip, den höchsten Rohertrag zu erhalten, wird der landwirthschaftliche Mittelstand vermehrt und dem Staat eine gut genährte, kräftige und zahlreiche Bevölkerung tüchtiger Vaterlandsvertheidiger geschaffen.

Gerade die Tragweite eines solchen Urtheils läßt die Wichtigkeit der eingehenden Untersuchung solcher Verhältnisse hervortreten.

Wieder andere Beobachtungen werden sich ergeben bei einem gemischten System von großen Rittergütern, Bauernhöfen und zerstückeltem Boden.

In Rußland, wo noch bis vor Kurzem die Leibeigenschaft herrschte, besteht noch in den meisten Gemeinden, wenigstens in den nördlichen Regierungsbezirken, die Ackergemeinschaft.*) Das fruchttragende Land wird da, je

*) Sogar in der Schweiz gibt es noch in einzelnen Cantonen (Bern, Graubünden) Gemeinden, z. B. Bönigen und Schüpfen im Canton Bern, wo theilweise Ackergemeinschaft besteht. Es finden sich nämlich drei Arten des Grundeigenthums in solchen: 1) das unbeschränkte Privateigenthum, 2) die Allmend, d. h. das Gemeindeeigenthum in Wald

nach Uebereinkommen, jedes Jahr oder je alle drei, fünf, zehn Jahre unter die Gemeindegenossen vertheilt. Bei dieser Einrichtung ist jede Verbesserung, welche ein zeitweiliger Besitzer am Ackerland macht, ein Reiz, bei der nächsten Theilung ihm seinen Acker durch Intriguen zu entreißen.

Deßhalb geschieht überhaupt nichts zur Verbesserung der Wirthschaft, und dieselbe wird noch so lange nicht sich emporraffen, bis das Sondereigenthum, mit welchem einige Gemeinden angefangen haben, allgemein eingeführt sein wird.

Zu große Zersplitterung des persönlichen Grundeigenthums führt auch wieder andere Mißstände herbei, indem z. B. zu viel Zeit verloren geht, um von einem Acker auf den anderen zu gelangen, und indem die Arbeit nicht ökonomisch eingerichtet werden kann.

Als Normalzustand stellen sich also auch in der Landwirthschaft mittlere Verhältnisse dar; d. h. Sondereigenthum, welches, unter der Gewährung des nöthigen Spielraumes für die Unterschiede, die Klima, Wirthschaftssystem, Verkehrsmittel und Bevölkerungs-Dichtigkeit in der Größe der landwirthschaftlichen Complexe gebieten, — auf einen mittleren Umfang beschränkt bleibt, — gleich fern von Latifundien-Wirthschaft, wie von Güter-Zersplitterung. Da, wo Herkommen, Gesetzgebung, wirthschaftliche Zustände oder andere Bedingungen die Erhaltung größerer Güter mit sich bringen und eine größere Anzahl von Taglöhnern neben dem Gesinde nicht zu entbehren, oder eben überhaupt wo ländliches Proletariat vorhanden ist, — da bleibt auch das kleinste Stück Grundeigenthum noch eine Wohlthat, weil es die Stelle eines Sparpfennigs vertritt, der aushilft, wenn die Arbeit stockt, wenn Krankheit oder andere Unfälle eintreten.

Bei der Beurtheilung der Verhältnisse der Landwirthschaft darf man nie außer Auge lassen, daß die Interessen der Arbeitgeber und ihrer Arbeiter, wenn nicht identisch, doch so eng verknüpft sind, daß auch die Letzteren einen Theil der Leiden zu tragen haben, welche die Ersteren treffen.

Nur in einer aufblühenden Gegend kann der Arbeitslohn steigen und die Arbeitsgelegenheit sich vermehren.

Welchen großen Einfluß äußert nicht z. B. die Gesetzgebung und Organisation des Credits, sowohl des Personal- als des Realcredits, auf die Entwickelung der Landwirthschaft?

Ueber das Hypothekenwesen allein sind Bücher geschrieben worden. Dasselbe ist in den fortgeschrittenen Staaten auf eine Weise entwickelt, daß nur auf diese verwiesen zu werden braucht. Uns selbst bleibt die Pflicht, daran

---

und Weide und 3) ein Complex von Ackerland, welcher Eigenthum der Gemeinde ist, aber an die Bürger derselben in Loosen auf 3, 5, 10 Jahre oder sogar auf Lebenszeit des Familienhauptes vertheilt werden. Man sehe übrigens über die verschiedenen Arten des Grundeigenthums die treffliche Abhandlung von Laveleye in der „Revue des deux Mondes 1872“.

zu erinnern, daß gewisse Länder sich über Leiden der landwirthschaftlichen Bevölkerung nicht wundern sollten, wenn ihre Gesetzgeber zu träge oder leichtsinnig sind, die guten Einrichtungen Anderer zu studiren.

Das Steuerwesen, so vielfach studirt und ergründet, liegt noch in vielen Ländern im Argen.

In Rußland z. B. wird die Grundsteuer, sowohl für die Gemeinde wie für den Staat, in Gestalt einer Kopfsteuer umgelegt. Für den Staat beträgt sie 2 Rubel 60 Kopeken per Kopf. Diese Steuer ist gewisser Maßen ein Correlat der Ackergemeinschaft. Mit ihr ist sie die Hauptursache des tiefen ökonomischen Zustandes, der Armuth des russischen Bauernstandes. Sie ist zugleich eine Strafe für Kinderreichthum. Die Regierung hat endlich die Nothwendigkeit einer Reform eingesehen. Es ist ein Gesetzproject im Werke, nach welchem die Steuer auf die Höfe gelegt werden soll.

Aber auch die nach einem Kataster umgelegte Grundsteuer ist ungerecht, weil sie nicht genügend den Preisänderungen der Grundstücke folgt. In England gar ist sie längst im Preis der Grundstücke amortisirt, so daß die Grundherren genau genommen steuerfrei sind, zumal wenn man die kolossale Bereicherung derselben durch die in Folge der Vermehrung der Bevölkerung eingetretene Preissteigerung des Grundeigenthums in Betracht zieht.

Wie wir bereits an anderer Stelle hervorgehoben haben, sind die Verhältnisse der Preise der Bodenproducte wie des Bodens selbst in Folge des raschen Umschwungs der Verkehrsmittel so wechselnd, daß eine für lange Zeit nach einem ständigen Rein-Ertrags-Kataster berechnete Grundsteuer zu den größten Ungerechtigkeiten führt, weil allein durch den Bau einer Eisenbahn der Moment eintreten kann, wo der Eine die Steuer gar nicht mehr fühlt, der Andere davon erdrückt wird; und weil Bauplätze, mit welchen in Marktcentren am meisten verdient wird, gar nichts zahlen.....

Es würde uns für unsere Aufgabe zu weit führen, wollten wir alle die oben ausgeführten bei der Landwirthschaft in Betracht kommenden Verhältnisse erörtern. Wir müssen uns darauf beschränken, denjenigen Zustand zu beleuchten, bei welchem die Interessen der Arbeitgeber und der Arbeiter am meisten mit einander verkettet sind, — beim Betrieb und dessen Umfang.

Die Verschiedenartigkeit der Wirthschaftssysteme und die Zweckmäßigkeit ihrer Anwendung je nach Klima und Bevölkerungs-Dichtigkeit lassen wir unerörtert — als mehr zur fachmäßigen Beurtheilung gehörend.

In Beziehung auf die selbständigen Landwirthe haben wir schon vorgreifend oben die Frage berührt, ob die mittleren und kleineren Grundeigenthümer nicht im Nachtheil im Vergleiche zu den Großen seien in Ansehung der durch die Fortschritte der Wissenschaft und Technik verfügbaren Mittel zur Verbesserung der Landwirthschaft. Die durch die neuere Volkswirthschaft entbundenen Verbesserungen und Organisationen bestehen wie gesagt im Wesentlichen aus:

1. der Organisation des Hypothekar-Credits;
2. der Organisation des Personal-Credits;
3. technischer Bildung;
4. Anwendung wissenschaftlicher Düngermethoden;
5. Anwendung von landwirthschaftlichen Maschinen;
6. Einführung von besseren Culturfystemen;
7. Einführung von Bodenmeliorationen: Entsumpfungen, Drainirungen, Flußcorrectionen rc.
8. Einführung neuer Fruchtgattungen;
9. Errichtung neuer Verkehrsmittel;
10. Veredelung der Thierzucht.

Alle diese Vortheile sind dem kleinen Landwirthe eben so gut oder fast eben so gut zugänglich, wie dem großen:

Die neuen Hypothekenbanken bestehen für Alle.

Der Personal-Credit wird durch die neuen Vorschußvereine und Volksbanken befriedigt. Die technische Bildung wird durch bessere Lehranstalten, Versuchsstationen, Musterwirthschaften, durch Vereine, Bücher, Zeitschriften, Versammlungen, Vorträge, Ausstellungen befördert. Freilich könnte der Staat noch einen Schritt weiter gehen und von den Primarschullehrern auf dem Lande noch einige landwirthschaftliche Kenntnisse über die neuesten bewährten Fortschritte in Geräthschaften, Düngermethoden und neuen vortheilhaften Gewächsen verlangen. Denn es ist entmuthigend, wie langsam bewährte Fortschritte sich auf dem Lande einbürgern. Mußte ja der Kartoffel- und Kleebau hier und da selbst mit Gewalt eingeführt werden.

Die Anwendung der neuen Dünger, welche durch den Guano, die Poudrette-Fabriken und Knochenmühlen, durch die Liebig'sche Methode so wie durch das Steinsalzlager in Staßfurt aufgekommen, wird überall durch neue chemische Geschäfte auch dem kleinen Landwirthe zugänglich gemacht.

Der allgemeineren Anwendung landwirthschaftlicher Maschinen steht zwar vielfach bei den Einen das coupirte Terrain, bei den Anderen die Kleinheit des Betriebes entgegen; allein schon die Einführung der Käserei-Genossenschaften hat bewiesen, daß der Vortheil großer Güter in der Productions-Methode auch den Kleinen zugänglich gemacht werden kann.

Maschinen, welche durch ihre Anlage- und Betriebskosten und ihre kolossale Arbeitsleistung nur für große Complexe sich eignen, wie Dampfpflüge, Dampfdreschmaschinen, Getreide-Mähmaschinen, können, da sie sich vollkommen bewährt haben, auf dreierlei Art den kleineren Landwirthen zugänglich gemacht werden:

1. durch Unternehmer a. einzelne, b. Gesellschaften, welche die betreffende landwirthschaftliche Maschinenarbeit in Accord übernehmen. Deren gibt es viele am Rhein mit Dampfdreschmaschinen, welche von Hof zu Hof und von Dorf zu Dorf gefahren werden;

2. durch genossenschaftlichen Verband der Landwirthe selbst, und
3. durch die Gemeinden.

Die übrigen Meliorationen sind den kleinen Landwirthen so gut wie den großen zugänglich. Das Haupthinderniß ist mehr ein innerliches, — das angeborene Mißtrauen und die eingefleischte Indolenz des Landvolks gegen jede Neuerung. Dieser Charakterzug hat zwar auch eine Berechtigung, weil nicht jede Neuerung sich bewährt, und weil ein Mißgriff bei der Landwirthschaft längere üble Folgen nach sich zieht als bei einem anderen Geschäfte. Wenn unserer Bauern Klugheit, das Lehrgeld von den größeren Grundherren tragen zu lassen, aber auch ihre Berechtigung hat, so geht sie in vielen Stücken doch zu weit. Und da müssen die Vereine und der Staat durch Belehrung und gutes Beispiel nachhelfen, — wie es auch in vielen Ländern mit Erfolg geschieht. Namentlich die Veredelung der Viehzucht, welche für den Landwirth so wichtig ist, weil ein Thier edler Race, das vierfachen Werth hat, nicht mehr frißt, als eines von schlechter, — pflegt selten ohne die Beihülfe und Aufmunterung von Seiten des Staates (Ankauf von Zuchtthieren, Prämien bei Ausstellungen, Wettrennen rc.) in weiteren Kreisen Eingang zu finden.

Der technische Fortschritt in der Landwirthschaft sollte besonders das Ziel vor Augen haben und hat es auch zum großen Theil, den außerordentlichen Bedarf von Arbeitern bei der Aernte und beim Dreschen allmählich so zu vermindern, daß er durch Maschinenarbeit gedeckt, und daß die Beschäftigung der ländlichen Arbeiter immer ständiger wird. Auf diese Weise würde viel Elend verhütet, welches dadurch hervorgebracht wird, daß Viele nur in einem Theil des Jahres Beschäftigung finden und dann wieder brodlos umherirren.

Diese Andeutungen sollen nur dazu dienen, zu zeigen, wie eng in der Landwirthschaft die Interessen der Arbeitgeber mit denen der Arbeiter verknüpft sind. Alle sonstigen oben aufgeworfenen Fragen müssen Gegenstand des Special-Studiums sein.

Die **abhängigen**, in der Landwirthschaft beschäftigten **Personen** bestehen im Allgemeinen, von besonderen Verhältnissen einzelner Gegenden abgesehen, aus:

1. den Kindern und Verwandten der unabhängigen Landwirthe;
2. Gesinde, d. h. Knechten und Mägden;
3. Taglöhnern und ihren Angehörigen;
4. kleinen Bauern, welche nebenbei noch im Taglohne arbeiten.

Die **Kinder der Landwirthe** haben ein verschiedenes Loos je nach den gesetzlichen und gewohnheitsrechtlichen Verhältnissen der betreffenden Gegend. Es sind in dieser Hinsicht drei Zustände zu unterscheiden:

a. das Bauern-Majorat oder Minorat; d. h. der Brauch, daß der älteste oder der jüngste Sohn des Bauern den Hof erbt und daß die übrigen

Kinder als Knechte und Mägde auf dem Hofe bleiben oder, was seltener, auswandern. Ein solches Minoral besteht im Emmenthal.

b. der Güterschluß, in der Art durchgeführt, daß der älteste oder jüngste Sohn das Gut zu einem billigen Schätzungspreis übernimmt und seinen Geschwistern ihren Vermögens-Antheil herauszahlt.

c. die vollkommene Theilung der Güter unter die Kinder des Erblassers.

Jeder dieser Zustände hat seine Licht- und seine Schattenseiten, indessen müssen letztere natürlich in den ersteren Verhältnissen überwiegen. In dem ersten Zustande, wo ein Sohn den Hof erhält und heirathet, während die anderen Geschwister als Gesinde auf dem Hofe bleiben, sind diese schlimmer daran wie Leibeigene, denn sie müssen der Ehe entsagen.

Wollen die Geschwister nicht auf dem väterlichen Hofe fortleben, so bleibt ihnen nichts übrig, denn als Proletarier ohne Erbtheil in die Welt hinauszugehen. Oft befinden sie sich als solche sogar besser, denn sie haben doch ihren sicheren Lohn. Da wo sie aber bleiben, wird die Sittlichkeit wenig gefördert; wir haben wenigstens von höchst merkwürdigen Zuständen z. B. im Canton Luzern von einem sicheren Gewährsmann gehört. Es herrscht da auf manchen Höfen, wo mehrere Söhne, eine andere Art von Mormonenthums, so daß man nicht wisse, von welchem Bruder die Kinder der Hofbäuerin. In diesem Zustande bleiben allerdings die Höfe ungeschmälert erhalten, allein ein Theil der Bevölkerung sinkt fortwährend ins Proletariat herab, aus dem sich nur Wenige wieder emporarbeiten. Da es indessen offenbar der Zweck der Volkswirthschaft sein muß, alle Schichten der Bevölkerung des Cultur-Fortschrittes theilhaftig werden zu lassen, alle Glieder des jüngeren Geschlechts auf immer höhere Stufen der Kenntniß, Geschicklichkeit, der Bildung, Behäbigkeit und Zufriedenheit zu erheben, — so muß ein solches System als culturwidrig verworfen werden, — selbst wenn es der Wirthschaft beziehungsweise dem Reinertrag vortheilhaft wäre.

Es ist allerdings unbestritten, daß ein gewisses mittleres Maß von Hofumfang für die Wirthschaft am ökonomischsten ist, da ganz große Güter und ganz kleine Grundstücke verhältnißmäßig weniger rentiren, weil zu viel Zeit bei deren Betrieb verloren geht und weil der Viehstand nicht entsprechend groß genug zu sein pflegt. Allein die neueren Fortschritte der Landwirthschaft, der Verkehrsmittel, der Maschinerie und des Genossenschaftswesens haben Manches an den früheren Grundlagen verändert. Konnte z. B. ein kleiner Bauer in früheren Zeiten im Winter keinen Käse machen, weil er nicht genug Milch hatte, so ist dagegen seit Errichtung der Käsereien auch der Besitzer von nur einer Kuh im Stande, deren Milchertrag in Gestalt von Käse zu verwerthen.

Im Canton Bern z. B. hat die Landwirthschaft in den Gegenden, wo die Milchwirthschaft wegen zu großer Entfernung von den Städten unmöglich ist, durch die Errichtung solcher Käserei-Genossenschaften, an welchen die Einwohner einer ganzen Ortschaft Theil nehmen, großen Aufschwung genommen. Man kennt da auf eine Gesammt-Bevölkerung von 506,465 und auf 516 Gemeinden nicht weniger als 986 Käsereien in 264 Gemeinden — die politischen Gemeinden bestehen oft aus mehreren Ortschaften —, welche im Jahre 1870 annähernd folgende Production aufgewiesen haben:

Käse......	167,656 Centner im Werth von c.	Frs. 9,680,000.
Butter....	19,418 " " " "	" 1,940,000.
Uebrige Producte	" " " "	" 760,000.
		Frs. 12,330,000.

Solche Käsereien haben bereits in Rußland bei Moskau Nachahmung gefunden.

Eine andere Art landwirthschaftlicher Productiv-Genossenschaften sind die Winzervereine, wie einer in Würtemberg besteht.

Da treten die kleinen Weinbergbesitzer zusammen, um bei der Weinlese die gleichen Sorten zusammenzuwerfen, durch geeignete Auslese gediegene Weine zu erzielen und sie für gemeinschaftliche Rechnung zu verkaufen. Die Mitglieder einer solchen Genossenschaft haben den vierfachen Vortheil — eines besseren Products, — sicheren Absatzes, — höherer Preise, — und wenn erforderlich — genossenschaftlichen Credits.

In England sind auch schon Fälle vorgekommen, daß Taglöhner genossenschaftlich einen Hof gepachtet haben, und zwar mit gutem Erfolg.

Wir sehen also, daß der Keim zu neuen Gestaltungen vorhanden ist, mit Hülfe deren die etwaigen wirthschaftlichen Nachtheile zu zersplitterten Grundbesitzes gehoben werden können. Dadurch wird aber auch jedes ökonomische Motiv zu Gunsten der geschlossenen Majorats- und Minorats-Güter beseitigt.

Der zweite Zustand des Güterschlusses mit billiger Anrechnung des Hofes an einen Sohn und baarer Abfindung der übrigen Geschwister hat den Nachtheil, daß die Güter, um die Abfindungssumme auszahlen zu können, kolossal mit Hypothekenschulden belastet werden, — denn die Fälle, wo der Vater im Stande war, genügendes Immobiliarvermögen zu sparen, gehören wohl zu den Seltenheiten. Auch pflegen solche Bevorzugungen einzelner Kinder nicht gerade die verwandtschaftliche Eintracht zu fördern.

Der dritte Zustand, die vollkommene Theilung der Güter unter die Kinder des Erblassers, hat allerdings den Uebelstand, daß diese Höfe zersplittert werden und daß alle jene landwirthschaftlichen Nachtheile eintreten, welche mit der Güterzersplitterung verknüpft sind, — allein er hat den Vortheil der Gerechtigkeit. Jedes Kind bekommt wenigstens etwas Mittel, um seinen Weg zur Selbständigkeit in der Welt zu machen und einen Nothpfennig in Zeiten der Krankheit, der Theuerung, der Arbeitslosigkeit und bei Unglücksfällen zu haben.

Das landwirthschaftliche Gesinde nimmt, wie das Gesinde überhaupt, eine eigenthümliche, in gewisser Beziehung bevorzugte Stellung ein. Einerseits ist es allerdings in der Regel verhindert, zu heirathen, und vom Willen des Brodherrn abhängig, — allein andererseits ist es völlig frei von Nahrungssorgen bei mäßiger Arbeit, und namentlich bei guten Herrschaften besser genährt und behandelt, als unabhängige Taglöhner. Bei ordentlichem und sparsamem Lebenswandel sind solche Dienstboten im Stande, nach 10jähriger Dienstzeit — die Magd 300 Thlr., der Knecht 600 Thlr zu erübrigen und damit zu heirathen und ein kleines Grundstück zu pachten, eine Wirthschaft oder ein Fuhrwerk zu übernehmen, — oder auszuwandern und ihr Glück in dem Lande der persönlichen Freiheit, der hohen Löhne und der billigen Bodenpreise zu versuchen. Wer freilich sein ganzes Verdienst am Sonntag verjubelt, muß auf solche Pläne verzichten, hat das Zurückbleiben aber auch nur sich allein zuzuschreiben.

Schwieriger ist die Lage der Tagelöhner; — das Gesinde wird Jahr aus Jahr ein vom Gutsherrn erhalten, — denn der Bedarf an Händen in der Landwirthschaft ist je nach den Jahreszeiten verschieden: stark während der Aernte und während des Dreschens; schwach in der übrigen Zeit. Hier treten also Schwierigkeiten sowohl für die Arbeitnehmer wie für die Arbeitgeber auf. Die Einführung landwirthschaftlicher Maschinen, welche gegenwärtig bereits einen so hohen Grad von Vollkommenheit erreicht haben, scheitert oft an der Erwägung, daß man nicht die nöthigen Leute zur Aernte erhält, wenn man das Dreschen durch Maschinen besorgt.

Diese Lage wird noch durch den Umstand erschwert, daß in Folge der Einführung der mechanischen Spinnerei und Weberei seit 30—40 Jahren die Landbevölkerung einer Beschäftigung beraubt worden ist, welche die freie Zeit wenigstens der weiblichen Bevölkerung vollständig ausfüllte. Den Ausfall wieder durch andere gewerbliche Arbeit zu ersetzen, ist bis jetzt nur in einzelnen Gegenden gelungen, wo Hausindustrie durch besondere Umstände entstanden und durch den Weltmarkt genährt sich zu höherer Blüthe emporschwang. Solche Hausindustrien sind z. B. die Fabrication der Taschenuhren im Jura,*) der schwarzwälder Uhren, der Weißstickerei in den

*) Der Verfasser hat diese Haus-Industrie aus eigener Anschauung kennen gelernt und für eine andere Bestimmung einen Bericht darüber verfaßt, der eine Stelle hier finden mag, da die Erfahrungen der verschiedenen gelungenen Versuche von Haus-Industrie überall die höchste Beachtung verdienen:

Die Hochebenen des Jura bis auf 4000 Fuß ansteigend erlauben ihren Bewohnern im Wesentlichen nur Viehzucht, denn außer Kartoffeln und ein wenig Roggen oder Hafer gedeiht nur noch Gras. Gleichwohl gehört deren Arbeiterbevölkerung zu der wohlgestelltesten der Welt. Dank ihrer Uhren-Industrie, von der eine geographische Karte den Jura aussehen läßt wie eine sternbesäete Nacht. Die intensive Kraft dieser Industrie, welche trotz Kriegen und Krisen und Zollschranken ihre Waaren stets noch siegreich in alle Länder der Erde vertreibt, liegt in der außerordentlichen Theilung der Arbeit; denn mehr als 100 verschiedene Zweige haben sich darin ausgebildet.

schweizerischen Cantonen St. Gallen und Appenzell und in Sachsen, die

---

Zu Gunsten der Haus-Industrie lassen sich folgende Vortheile anführen:

1. Da dieselbe in der Regel auf dem Lande betrieben wird, so dient sie neben der Landwirthschaft zur Vermehrung des Erwerbes, sei es, daß die letztere oder die Haus-Industrie als hauptsächliche Beschäftigung betrieben wird;
2. die landwirthschaftliche Beschäftigung kann ganz nach den Erfordernissen des Wetters besorgt werden, alle freie Zeit, welche sonst verloren geht, wird der gewerblichen Arbeit gewidmet und dadurch eine höhere Ausnutzung der Arbeitskraft erzielt;
3. auch die Thätigkeit der Familienglieder kann besser benutzt werden;
4. die beiden Beschäftigungen bilden eine Art gegenseitiger Versicherung: ist in der Landwirthschaft ein Mißjahr, so bietet der Ertrag der Hausindustrie einigen Ersatz; und stockt der gewerbliche Verdienst, so hat die Familie aus der Landwirthschaft wenigstens das Nöthigste, um sich vor Mangel zu schützen,
5. landwirthschaftlicher Besitz reizt dazu, Ersparnisse productiv anzulegen, während der gänzlich auf sich allein angewiesene gewerbliche Arbeiter, weil er keinen eigenen Herd hat, der ihm theuer ist, leicht zur frivolen Consumtion seiner Ueberschüsse an Sonn- und Feiertagen verleitet wird;
6. im Nothfall hat der landwirthschaftliche Besitz, und sei er noch so klein, außer seinen Wintervorräthen an Kartoffeln und Holz, so wie seiner eigenen Wohnung, auch den Vortheil eines kleinen Realcredits, der ihm bei allgemeinen oder individuellen Unglücksfällen wieder auf die Beine hilft;
7. größere Stätigkeit der Löhne; weil die Arbeiter nicht unbedingt der Willkür des Arbeitgebers Preis gegeben sind, sondern zuwarten können, so ist ihr Lohn vor zu tiefem Sinken gesichert; während andererseits wieder die ersteren doch auf die Dauer mit mäßigen Löhnen sich begnügen, weil sie, durch den Ertrag ihrer Landwirthschaft schon zum Theil gedeckt, die Industrie mehr oder weniger als einen Zuschuß betrachten und deshalb Stätigkeit des Verdienstes vorübergehenden Lohnerhöhungen vorziehen;
8. in der Regel wird die Haus-Industrie nach dem Stück bezahlt, wodurch die Arbeiter zur haushälterischen Benutzung ihrer Zeit und sorgsameren Ausbildung ihrer Geschicklichkeit gereizt und überhaupt angespornt werden, bis zur Hälfte und zum Doppelten mehr zu verdienen;
9. es kann die Theilung der Arbeit in eben so hohem Maße eingeführt werden, als in geschlossenen großen Fabriken.
10. Der wesentlichste Vortheil besteht endlich darin, daß die erforderliche gewerbliche Geschicklichkeit von frühester Jugend an in der Familie gleichsam spielend erworben wird, gleich der Sprache von den Eltern auf die Kinder übergeht, und daß dadurch eine ungewöhnliche Fertigkeit ohne Lehrgeld unter der Bevölkerung ganzer Gegenden verbreitet wird, welche sich der junge Mensch, der aus einer anderen Sphäre hineinkommt, nur mit vieler Mühe, Zeit- und Kosten-Aufwand aneignet;
11. durch die Abwechselung der Beschäftigung im Zimmer und im Freien wird ein der Gesundheit zuträglicheres Leben geführt.

Alle diese Vortheile besitzt die Uhren-Industrie des Jura in hohem Grade. Es gibt nur wenige größere Etablissements in der Hauptstadt des Jura, in dem mit einer gewissen Coquetterie noch immer „großes Dorf“ genannten La Chaux-de-Fonds, d. h. einer modernen Stadt mit 19,930 Einwohnern; allein in der Hauptsache ist die Industrie über den ganzen Berner, Neuenburger und Waadtländer Jura vertheilt und die Hälfte der Bevölkerung ausschließlich mit der Uhrenproduction beschäftigt, während ein Viertheil, die Nahrungs-, Bekleidungs- und Bauhandwerker, wieder von den Uhrmachern lebt.

Die Verfertigung von Taschenuhren, im vorigen Jahrhundert in La Chaux-de-Fonds und Locle eingeführt, ist namentlich im Laufe dieses Jahrhunderts bis in die meisten Orte und Höfe des ganzen Gebirges gedrungen. Bei einer Theilung der Arbeit, wie sie vielleicht in keiner Industrie der Erde mehr vorkommt, überträgt sich die Fertigkeit der Eltern auf die Kinder in immer höherem Maße. Während die Hausfrau die

Seiden-Industrie in den schweizerischen Cantonen Basel und Zürich, die

kleinen Kinder besorgt, kocht und die nothwendigen Reparaturen macht, fangen die Kinder schon vom 8. und 10. Jahre an mit zu helfen in ihrer von der Schule freien Zeit, die freilich in der Schweiz karg zugemessen ist, da die Tagesschule in den meisten Cantonen und insbesondere im Jura bis zum 14. Jahre dauert und noch bis zum 16. eine Repetirschule besucht werden muß, die drei halbe Tage der Woche wegnimmt. So viel Zeit bleibt ihnen aber doch übrig, um die erforderliche Fertigkeit zur Herstellung desjenigen Uhrtheile, welcher sich die betreffende Familie widmet, spielend zu erlangen und schon vom 10. bis 12. Jahre an ½—1 Franken täglich zu verdienen. Sind Großeltern im Hause oder gebrechliche, nur kränkliche Verwandte, dann überwachen diese die kleinen Kinder und verrichten die leichteren Haushaltungs- und Feld- oder Garten-Arbeiten und die Hausfrau hilft mit in der Werkstätte, welche in jedem Hause den geheiligten Ehrenplatz einnimmt. Die schwierigeren Feld- oder Garten-Arbeiten verrichten die männlichen Mitglieder der Familie und bei der Ernte helfen alle Hände zusammen; es wird dazu auch insbesondere das günstige Wetter abgewartet, während der Regen die Werkstätte bevölkert. Der weibliche Theil der Familie hebt auch oft seine Haushaltungsarbeiten für Abends auf, wenn in der Werkstätte die Bestellungen drängen, während der Mann nicht selten den Uebrigen vorläuft, wenn er Feierabend gemacht hat, da nicht alle Arbeiten bei der Lampe fortgesetzt werden können.

Durch die außerordentliche Theilung der Arbeit und die von Jugend auf geübte Fertigkeit sind die Uhren-Fabricanten auch jetzt noch, trotz der erhöhten Eingangszölle der Vereinigten Staaten, im Stande, mit den dort bestehenden Fabriken siegreich zu concurriren, obgleich dieselben mit Hülfe der raffinirtesten Werkzeugmaschinen im Großen arbeiten und nur wenige Sorten von Taschenuhren produciren, was ihnen einen großen Vortheil bietet.

Nur die groben Vorbereitungen werden im Jura mittels Maschinen gemacht, z. B. die Theilung der Räder, das Drehen der Schrauben, Schneiden der Anker und Federn; alle feineren Ausführungen sind immer noch der geschickten Hand der Arbeiter anvertraut.

Die Einen vollenden bloß Räder einer bestimmten Größe, die Anderen bloß Federn, die Dritten setzen bloß Rubinen ein; die Anfertigung der Zeiger, der Zifferblätter, der Gehäuse geht durch je ein Dutzend oder doch ein halbes Dutzend Hände. Schon ziehen sich einzelne Zweige über den Jura hinaus, wie z. B. in Bern eine Fabrik besteht, welche bloß Zeiger von Taschenuhren erzeugt.

Während hundert Arbeitszweige damit beschäftigt sind, die einzelnen Theile der Uhr zu vollenden, besteht ein besonderes Métier für die Zusammensetzung derselben zur vollendeten Zeitmaschine. Diese Arbeit wird dann meistens in geschlossenen Etablissements verrichtet, deren Eigenthümer für ihre Rechnung die Gehäuse fertigen, den Uhrmachern ihre Aufträge ertheilen und dann die Uhren, nachdem sie durchgesehen, geölt und geprüft sind, dem Handel übergeben.

Producte von ausgezeichneter Genauigkeit wie die zu astronomischen und anderen wissenschaftlichen Zwecken dienenden Chronometer sind aber damit noch nicht fertig, sondern werden dem Director der neuenburger Sternwarte, welcher von der Regierung zur Unterstützung der Uhren-Industrie ermächtigt ist, geschickt, der sie mit Hülfe der jede Nacht nach dem Laufe der Sterne gerichteten Pendelregulatoren beobachtet und ihnen, wenn sie den wissenschaftlichen Anforderungen entsprechen, ein amtliches Sittenzeugniß ausstellt, mit welchem sie ihren Weg auf den Weltmarkt antreten.

Es war nach der vorigen londoner Ausstellung in manchen Gegenden Mode geworden die englischen, pariser und besançoner Uhren auf Kosten der Producte des Jura herauszustreichen, namentlich für genauer auszugeben, weil der Jura mehr wohlfeile Waare auf den Markt bringe. Wenn an dieser Behauptung auch etwas Wahres gewesen sein mag, so ist dem etwaigen Mangel längst abgeholfen worden, denn der Neuenburger Jura hält jetzt nicht nur in Chronometern die pariser und londoner Concurrenz aus, sondern liefert namentlich auch eine Anzahl ganz neuer Formen von Luxus-Taschenuhren, welche besonders nach Spanien, Amerika und China gesucht sind.

Es werden jetzt Taschenuhren nach fünf verschiedenen Systemen fabricirt: Cylinder-, Anker-, Duplex-, Federn- (à Remont), Unruhe- (à Rateau)-Uhren, die beiden Letzteren sind

Strohflechterei im Canton Aargau, die Holzschnitzerei im Berner Ober-

---

Chronometer; sämmtlich mit oder ohne Aufziehvorrichtung (Remontoir) am Stiel. Ich sah dort Repetiruhren mit Aufziehvorrichtung, welche die Stunden und Viertel so wie halbe Viertel schlagen; solche, welche Viertel und Minuten schlagen, so wie Chronographen mit oder ohne Aufziehvorrichtung. Der einfache Chronograph ist ein Präcisionsinstrument mit einem großen Secundenzeiger. Sobald man den Knopf des Remontoir drückt, setzt sich der Secundenzeiger, welcher in der Ruhe immer auf 12 Uhr zeigt, in Bewegung, indem er die Secunde in Fünftel Secunden theilt. Drückt man ein zweites Mal, so bleibt der Secundenzeiger sofort stehen; und wiederholt man den Druck ein drittes Mal, so kehrt der Zeiger auf 12 Uhr zurück. Dieser Zeitmesser dient bei besonderen Beobachtungen, z. B. bei Pferderennen.

Der Doppel-Chronograph ist gleich dem einfachen, nur mit dem Unterschiede, daß er noch einen Minutenzeiger dazu hat, welcher wie die Secundenzeiger gehandhabt wird, aber den Vortheil hat, den gleichen Dienst für mehrere Minuten, z. B. zum Gebrauch von Aerzten, zu verrichten.

Ferner werden Repetiruhren mit Remontoir und unabhängigen Secundenzeigern für Aerzte gefertigt, Uhren mit einem einzigen Zeiger und die Stunden in einem Schalter (Guichet); permanente Zeitmesser, welche außer den Secunden, Minuten, Stunden auch die Tage, Wochen, Monate mit dem Wechsel bei Schaltjahren und mit den Mondvierteln anzeigen, in der Regel mit Remontoir.

Ferner kann man haben Chronometer mit oder ohne Schnecke an der Unruhe (Fusée) mit oder ohne Remontoir oder Zeugniß der Sternwarte.

Auf Bestellung können in einer Uhr zwei oder drei der oben genannten Systeme vereinigt werden.

Damen-Uhren mit Aufziehvorrichtung werden bis zu 6 Linien Durchmesser herab gefertigt in allen möglichen Formen von Gehäusen, einfachen, polirten, in rauhem Gold, in Email mit Farben oder mit Diamanten, mit oder ohne Namenszügen aus demselben Stoffe.

Der Lohn oder richtiger der Verdienst eines Arbeiters, weil die meisten Verrichtungen nach dem Stück bezahlt werden, richtet sich ganz nach der Leistung. Da unbrauchbare Waare dem Arbeiter heimfällt, so hat er zugleich das Risico zu tragen, und dadurch erhöht sich natürlich auch der Arbeitsertrag. Je nach der Geschicklichkeit besteht nun eine colossale Stufenleiter des Verdienstes, — vom 10jährigen Kinde an, welches seine Lehrzeit beginnt, aber sehr bald es dahin bringt, einen Franken pro Tag von 10 Arbeitsstunden beziehungsweise 10 Centimes in der Stunde zu verdienen, — bis zum ausgelernten, kunstfertigen Uhrmacher, von welchen mancher täglich seine 20 Franken verdient. Als Durchschnitt ausgelernter geschickter Arbeiter kann man 50 Rappen (Centimes) auf die Stunde, also Frs. 5 auf zehn Arbeitsstunden annehmen. Frauen bringen es im Durchschnitt auf Frs. 2 bis 3 pro Tag.

In der Uhrenzeiger-Fabrik zu Bern, die mittels neuenburger weiblicher und männlicher Arbeiter eingerichtet wurde, welche die berner einschulten, sind die Löhne für letztere niedriger. Weibliche Arbeiter erhalten, wenn sie eintreten, Frs. 1, sobald sie die nöthige Fertigkeit erlangt haben Frs. 1.60, bis höchstens 2.40, männliche Frs. 2.50 bis 5; die geschicktesten bis Frs. 11.

In einer jurassischen Uhrmacherfamilie können jährlich bloß von Mann und Frau Frs. 2000, und wenn mehrere Kinder oder Verwandte mit helfen, Frs. 3000—4000 verdient und dabei noch die kleine Landwirthschaft und Haushaltung besorgt werden: da Milch, Kartoffeln und Gemüse, welche die Familie braucht, nebenbei erworben werden, so kann jährlich ein beträchtlicher Theil des Verdienstes zurückgelegt werden.

Viele sind daher im Stande, sich schönere und solidere Häuser zu bauen, ihr Grundeigenthum zu vergrößern oder auch mit Genossen oder allein selbständige Uhrengeschäfte zu errichten. Viele freilich leben zu üppig, um zu sparen; es gibt überhaupt viel lebenslustiges Volk unter den Uhrmachern welche in der Zeit der Geschäftsflauigkeit lieber darben, als in der Geschäftsblüthe sparen; allein diese Seite der Menschennatur haben wir Volkswirthe den Moralisten zu überlassen.

land*) und in Tyrol, die Spitzenklöppelei in Belgien. — In den meisten dieser Gegenden wird die Hausindustrie dadurch erleichtert, daß sie Gebirgsland sind, wo mehr Viehzucht getrieben wird, welche weniger Hände erfordert. Durch voll-

Im Allgemeinen aber herrscht viel Wohlanständigkeit und Bildung unter der juraßischen Industriebevölkerung, welche sie sehr dem Mittelstande nähert und wozu die zahlreichen Bibliotheken und Gesangvereine nicht wenig beitragen.

*) Die Holzschnitzerei im Berner Oberlande wird noch nicht in solcher Ausdehnung betrieben; ihr Ursprung ist auch noch nicht so alt wie jener der Uhren-Industrie im Jura.

Es ist erst 50 Jahre her, seitdem Christian Fischer von Brienz — wie der Cantonsbaumeister Salvisberg in seinem vortrefflichen Bericht an das Departement des Innern des Cantons Bern erzählt — mit der Anfertigung von Bestickringen und Eierbechern begann, die er mit einfachem Laubwerk versah. Gegenwärtig gibt es ungefähr 2000 Schnitzer unter einer Bevölkerung von circa 20,000 Köpfen, worunter aber auch die wohlhabenden Landwirthe so wie die vielen Gastwirthe, Führer, Kutscher und andere Personen sich befinden, welche von der Fremdenfrequenz im Sommer leben.

In dem Haupt-Schnitzerdistrict, d. h. in Brienz und im Hasli-Thal, kommen auf 10 Ortschaften mit 9227 Einwohnern 1640 Schnitzer. Während also diese Haus-Industrie im Allgemeinen gegen den Jura relativ fünfmal und absolut fünfzehnmal geringer vertreten ist als die Uhren-Industrie im Jura, nähert sie sich in der brienzer Umgegend dem Umfang der letzteren sehr. Es ist dabei zu bemerken, daß in der Holzschnitzerei weniger alle Familienglieder theilnehmen, sondern daß mehr ein oder mehrere Mitglieder sich entweder aus besonderer Geschicklichkeit oder weil sie zu anderen Arbeiten zu schwächlich sind, der Schnitzerei widmen, während die anderen die landwirthschaftlichen Geschäfte betreiben und im Sommer entweder auf den Sennhütten der Alpen das Vieh beaufsichtigen oder den Touristendienst versehen.

Es verdient dabei bemerkt zu werden, daß nicht alle ländlichen Bevölkerungen sich den Geschmack und die Kunstfertigkeit anzueignen verstehen, welche zur Holzschnitzerei erforderlich sind, wie die Bewohner des Berner Oberlandes.

Die Stammesart scheint mit eine der Hauptbedingungen zu sein.* Schon auf den großen Schwingfesten, welche abwechselnd im Oberland und im Emmenthal in Zwischenräumen von mehreren Jahren abgehalten zu werden pflegen, kann man die stets mit einander wetteifernden Oberländer und Emmenthaler auf den ersten Blick von einander unterscheiden; die letzteren an ihrer stämmigen und bärenhaften Statur und Kraft, die ersteren an ihrer hohen schlanken Gestalt und ihren behenden, zierlichen Bewegungen.

Die Emmenthaler sind bekanntlich allemannischen Stammes, welchem ein gutes Maß von Kraft, Muth, nüchternem Verstand und Arbeitsamkeit zugemessen ist, so daß er überall prosperirt — der aber bezüglich des Geschmacks und Schönheitssinnes etwas stiefmütterlich von der Natur bedacht worden ist. Anders ist es mit den Oberländern, wobei wir den Gelehrten überlassen wollen, zu entscheiden, ob sie burgundischen Ursprungs oder Abkömmlinge jener versprengten Gothen sind, welche nach dem Falle des Ostgothenreiches sich in die Alpen flüchteten, worauf auch die Tellsage ihrer Nachbarn, der Urner, hindeuten mag, welche nach den skandinavischen Ermittlungen sich allmählich als eine alte gothische Stammessage entpuppt. Eine bedeutende künstlerische Anlage muß den Bewohnern des Berner Oberlandes innewohnen, weil sie es innerhalb eines Menschenalters ohne alle Vorbildung zu wahrhaft künstlerischer Fertigkeit gebracht haben.

Erst seit neun Jahren besteht eine Zeichnenschule in Brienz, welche von ungefähr 61 Schülern besucht wird und die der Staat Bern mit einer jährlichen Subvention von 1000 Francs bedacht hat, welcher die Gemeinde Brienz eine gleiche Summe beifügt. Durch diese Schule wurden schon viele gute Erfolge erzielt; gleichwohl wird namentlich noch sehr über den Mangel an guten Modellen geklagt, wovon sich noch kürzlich der Director des wiener Gewerbe-Museums überzeugen konnte, welcher in liberaler Weise durch mich der Direction des Innern Gypsmodelle moderner und antiker Kunstwerke zum Kostenpreise anbieten ließ.

kommene Ausnutzung der Zeit der Bewohner sind dieselben trotz geringerer Fruchtbarkeit ihres Bodens in ökonomisch besserer Lage, als viele fruchtbare Gegenden ohne Hausindustrie. Für die kleinen Bauern und Taglöhner solcher

Der Mangel an Modellen von echtem Kunstwerthe hat es mit sich gebracht, daß die Holzschnitzer sich nicht schon in anderen Gebieten der Plastik und auch an anderem Materiale versucht haben, ja, daß nicht schon Bildhauer höheren Ranges aus ihren Reihen hervorgegangen sind, denn die Geschicklichkeit, welche Viele unter ihnen besitzen, würde zu solchen Erwartungen berechtigen.

Ohne feinere Kunstmodelle haben sie sich bisher beschränkt, die Natur nachzuahmen. Und wie prächtig sie dieselbe nachbilden, das konnte man schon auf der pariser Ausstellung von 1867 wahrnehmen, obschon seitdem ganz bedeutende Fortschritte gemacht worden sind. Da ist kein Gegenstand der Natur um seine Hütte herum, den der Schnitzer nicht beobachtet und benutzt, kein Glied des Pflanzenreiches oder der Fauna in seinem Bereiche, welches er nicht in seiner schönsten Entfaltung, Gruppirung und Stellung belauscht und naturtreu copirt. Diese Naturtreue hebt eben die Industrie immer mehr zur Kunst empor.

In der bereits erwähnten Untersuchung von Gabelsberg über diese neue Kunst-Industrie heißt es auch:

„Mit dem Ornamente hat die Holzschnitzerei seit längerer Zeit auch die Darstellung der Figur des Thieres und des Menschen verbunden. Die Insekten und Vögel der Luft, wie sie auf den Blumen und Gesträuchern, den Wiesen, auf den Wipfeln der Bäume, im dunklen Grunde des Waldes sich niederlassen oder nach dem sonnigen Lichte steigen, das Geflügel, das in Haus und Hof herumflattert — sie alle sind dem Schnitzer zum Vorbilde geworden. Er wählt sie zur Belebung seiner Gegenstände, seines Ornaments. Vom heiteren Schmetterlinge an bis zum kühnen Falken und Adler sehen wir sie alle in hunderterlei Arten von Bildern und Gruppen dargestellt. Der stolze Haushahn, die geschäftige Henne, die Schar der pickenden Hühnchen, die Enten stolziren sich gravitätisch, auf dem Deckel der ornamentirten Schatulle flattert über dem Neste der zwitschernden jungen Vögel die sorgsame Alte und hält im Schnabel die erbeutete Nahrung oder brütet über den kleinen Eiern. Auf dem hohen Felsen hat sich der Aar angesiedelt und lauert auf seine Beute. Aber nicht bloß, was beweglich die Luft durchzieht, auch Alles, was da kriecht auf dem Boden, gelangt in den Kreis der Darstellung. Im dunklen Laube, im Grase, am Ufer des Baches, im Schilfe regt sich das Gewürm in allen möglichen Gestalten. Was indessen dem Schnitzkünstler zur Lieblings-Idee geworden, das ist die Darstellung des Wildes. Die Gemse, der Hase, das Eichhorn, der Fuchs, das wilde Geflügel bieten unendlichen Stoff zu Jagdstücken. Hauptsächlich ist es die Gemse, die dem Geschmacke der Holzbildner zusagt, denn er lebt im Gebirge und ist oft selbst Jäger. Er durchstreift dann oft tagelang unter Entbehrungen und Gefahren die Gletscher und Gräte der Alpen, bis er mit einem Gemsbock beladen in sein Thal, in seine Werkstätte zurückkehrt. Dann hat es einen besonderen Reiz für ihn, die Scenen der Jagd plastisch wiederzugeben; er stellt sich selbst dar, wie er, an den Felsen geklammert, den schmalen Pfad über dem Abgrunde verfolgt, wie er zum Schusse anlegt oder am Holze eines Zweiges ausruht mit der Büchse und der Beute zu Füßen, mit dem treuen Hunde zur Seite. Oder es ist auch wohl die junge Maid, die dem schlafenden müden Jäger das Alpenröschen an den Hut steckt. Neben dem Alpenjäger liebt es der Künstler besonders, auch Scenen aus dem häuslichen oder wirthschaftlichen Leben zu bringen; den Senn und die Sennerin mit dem Geschirr und Geräthe, in Feld und Stall bei ihrem Vieh, den Bergführer, den Landmann mit dem schweren Korbe auf dem Rücken, die Familie in ihrem Hause. Auch Producte aus dem öffentlichen Leben begegnen uns, geschichtliche Motive, Scenen aus den Volksspielen, biblische Bilder, die beim Volke populär geworden sind. Neben den ernsten Darstellungen hat auch der Humor seinen Platz. Dazu muß die Figur des Bären besonders dienen — des nationalen Wappenthieres. Der drollige Petz oder Mutz muß deklamiren, musiciren, spaziren, alle möglichen Geschäfte besorgen, als wenn in jedem Berner der leibhafte Bär spuken würde. Sogar die landschaftliche Scenerie bleibt nicht unbenutzt!"

Gegenden besteht eben die Nothwendigkeit, die früher durch Spinnen und Weben ausgefüllte müßige Zeit des Arbeitsstillstandes, welche die Landwirthschaft mit sich bringt, auf andere Weise gewinnbringend zu verwerthen.

Die Hülfsmaßregeln müssen verschiedene sein, — weil die einen dieser kleinen Leute noch eigenen oder gepachteten Grundbesitz bewirthschaften, manche aber ganz ohne denselben sind.

Es hängt eben ganz vom Umfang des Grundeigenthums der kleineren Bauern ab, welche Nebenbeschäftigung sie suchen müssen, um ihre Familie ernähren zu können. Bei dem Einen hilft ein kleiner Handel, sei es, daß der Bauer selbst mit Vieh oder Getreide handelt oder den Unterhändler macht, oder mit Eiern, Butter, Geflügel zu Markt fährt, — sei es, daß er ein Fuhrwerk hält, eine kleine Wirthschaft oder einen Kram oder ein Handwerk neben der Landwirthschaft betreibt.

Eine Stufe tiefer kommen schon solche Leute, deren Grundstück so klein ist, daß sie nebenbei taglöhnern müssen. Während es nun solche gibt, welche mit dem Verdienst von Taglohn beim Mähen, Getreide-Aernten, Dreschen, Rebenschneiden, Weinlesen genug verdienen, um neben dem Ertrag ihres Grundstückes auszukommen, gibt es doch wieder Andere, deren Grundbesitz so klein und deren Familie so groß ist, daß die intermittirende ländliche Beschäftigung ungenügend ist, sie zu ernähren. Wir nähern uns hier bereits dem Stande der Besenbinder, Korbflechter, Holzfäller &c.

Man sieht also, daß eine reiche Grundlage geschaffen ist, auf der allmählich wahre Kunst erblühen kann, wenn der intelligenten Bevölkerung noch von oben herab die Hand gereicht wird.

Nicht bloß in künstlerischer, sondern auch in geschäftlicher Hinsicht aber verdienen die braven Leute mit Rath und That unterstützt zu werden. Bis jetzt wurden dieselben nämlich mehr oder weniger von Händlern ausgebeutet, welche den Rahm abschöpfen. Leider befinden sich die Meisten in gedrückter ökonomischer Lage. Sie lassen sich in solcher Einseitigkeit leicht verleiten, Vorschüsse anzunehmen oder sich anheischig zu machen, nur dem Händler zu verkaufen, unter der Bedingung, daß derselbe ihnen sämmtliche Producte abnimmt. So oft die Gegend von irgend einer Calamität heimgesucht ist — von Ueberschwemmung, hartem Winter, Viehseuche, Krankheit, sieht man die Händler schon gleich Raubvögeln an Ort und Stelle erscheinen, um mit klingendem Beutel möglichst billige Geschäfte abzuschließen.

Unter solchen Umständen wäre es eine Wohlthat, wenn angesehene Männer die Gründung einer Genossenschaft anregten, durch welche ein Magazin errichtet, der Verkauf planmäßig geregelt und der nöthige Credit geschaffen würde, um den Schnitzern mit uneigennützigen Vorschüssen an die Hand zu gehen.

Allein auch schon so, wie die Sachen stehen, hat diese Haus-Industrie bereits viel Gutes geschaffen. Obgleich die Leute es im Durchschnitte nicht höher als auf $2\frac{1}{2}$—3 Frs. Taglohn bringen, so haben sie doch ausreichend sichere Beschäftigung, um dieselben jahraus jahrein zu verdienen — vor allen Dingen Beschäftigung im Winter, die ihnen sonst fehlte.

Man sieht daher trotz der noch herrschenden Ausbeutung, mittels deren die Speculanten die Producte oft zum vierfachen Preise verkaufen, doch nicht mehr jenes Elend im Oberlande, welches noch in anderen Gegenden des Cantons Bern herrscht, wo keine Haus-Industrie sich eingebürgert hat. Und auch die moralischen Zustände haben sich bedeutend gebessert.

Personen, welche die Gärtnerei verstehen, können in Nähe des Marktes, der mit Hülfe der neuen Communicationsmittel für immer ferner gelegene Puncte erreichbar wird, auch von einem kleinen Grundstück ihre Nahrung finden.

Ein kleiner Bauer, der die Zukunft einer zahlreichen Familie sichern will, thut freilich am besten, auszuwandern, wenn er außer den Ueberfahrtskosten nur noch einige hundert Thaler übrig behält; denn während er in Europa mit seinen Kindern nur Aussicht hat, das Proletariat zu vermehren, sichert er denselben z. B. in den Vereinigten Staaten von Nord-Amerika ein sorgenfreies Dasein als freie wohlhabende Grundbesitzer. Wenn auch die erste Zeit, bis man die englische Sprache erlernt und in die neuen Sitten und in die neue Arbeitsart sich eingelebt hat, harte Prüfungen mit sich bringt, so finden diese doch ihren sicheren Lohn..

So lange der Morgen fruchtbaren Bodens dicht an der Eisenbahn noch um ein paar Thaler zu haben ist, da kann man für den kleinen Bauern und Taglöhner durch die Auswanderung mit vollem Rechte — die sociale Frage für gelöst betrachten: namentlich wenn derselbe klug genug ist, sich mit dem Ankauf nicht zu übereilen, sondern zuerst im neuen Lande im Dienst Anderer Sprache, Land und Leute kennen zu lernen, und das Lehrgeld auf Kosten Anderer zu stellen. Bei den kolossalen Löhnen, welche in den Vereinigten Staaten gezahlt werden und welche die europäischen um's Doppelte bis Vierfache übertreffen, ohne daß Kost und Wohnung im Durchschnitt mehr als ½ Mal theurer sind, kann auf diesem Wege sogar ein ganz unbemittelter Handlanger, der nur das Ueberfahrtgeld erschwungen hat, das jeder Knecht von seinem Lohn erübrigen kann, allmählich zum unabhängigen Landwirthe sich emporraffen.

Ueberdies befinden sich gegenwärtig in den Vereinigten Staaten gegen 8 Millionen Deutsche, welche das Culturleben des Mutterlandes mit sorgfältiger Vorliebe in die neue Welt übertragen. Dampfschifffahrt und Telegraph stellen regen Verkehr mit dem Mutterlande her, so daß sich die Zustände nicht mehr mit denen vergleichen lassen, unter welchen unsere Väter das Land besiedeln halfen.

Würden auch unsere höheren Berufsarten bei einer Ueberfiedelung sich enttäuscht fühlen, so darf nicht übersehen werden, daß der kleine Mann auch im Mutterlande kein hochstrebendes Geistesleben führt; und sich vielmehr von der Freiheit, Gleichheit und vom guten Verdienst im neuen Lande sehr angezogen fühlt. Das wird allein durch die Thatsache erwiesen, daß jährlich auf Hunderttausende von Auswanderern kaum eben so viele Hunderte wieder zurückkehren.

Von Wichtigkeit ist, wie sich der Staat zur Auswanderung stellt, sowohl das Mutterland wie die Colonie. Die Geschichte zeigt uns in dieser Hinsicht die entgegengesetzten Erscheinungen, welche zuweilen nicht ganz frei vom Einfluß der Mode sind. Wir sehen das eine Land Colonieen gründen und seine Staatsbürger auf alle Weise zur Auswanderung aufmuntern (England), während andere sich abwehrend dagegen verhalten (Preußen). Einmal sehen wir z. B. in den Vereinigten Staaten die öffentliche Meinung der Einwanderung günstig, zu anderer Zeit wieder feindlich (Nativen, Know-Nothings).

Wir sind der Ansicht, daß der Staat, soweit es unbeschadet der Erfüllung der ihm schuldigen Pflichten geschehen kann, sich in die Frage weder fördernd noch hindernd einmischen sollte (etwa wie die schweizerische Bundesregierung), — um jede Verantwortlichkeit von sich abzuhalten, welche Unglück im alten oder neuen Lande wegen Förderung oder Verhinderung der Auswanderung hervorrufen könnte......

Der eigentliche Brennpunct der ländlichen Frage kommt erst bei denjenigen Leuten, welche ohne allen Grundbesitz sind. Hiebei ist wieder das Interesse der Arbeitgeber und das der Arbeiter, — seien es Taglöhner oder Gesinde — zu unterscheiden und zu berücksichtigen.

Wenn die Frage des natürlichen Zwanges der Verehelichung nicht wäre, so hätte das Gesinde eigentlich im Vergleiche zu vielen darbenden Taglöhner-Familien ein beneidenswerthes Loos, denn es lebt sorgenfrei und kann noch etwas erübrigen, um, wie schon oben bemerkt, nach 10—15jährigem Dienst in irgend einer Weise, sei es auch durch Auswanderung, die Selbständigkeit zu erreichen.

Die Schwierigkeit beginnt bei den besitzlosen Taglöhnern.

Die Lage der besitzlosen ländlichen Taglöhner hat vom Standpunkt der Arbeitgeber eine ganz verschiedene Physiognomie, wie von dem der Arbeitnehmer. Vom Standpunct der letzteren handelt es sich darum, in erster Linie die Familie zu ernähren, in zweiter Linie aber die Kinder besser auszubilden, als die Eltern, so daß sie im Stande sind, sich auf eine höhere sociale Stufe, d. h. zu Berufsarten, welche mehr geistiges und materielles Capital erfordern, zu erheben und ihren Eltern im Alter eine Stütze zu sein. Mögen sie nun Handwerker, Wirthe, Händler, Lehrer, Geistliche, Fuhrleute, Gärtner oder Pächter werden, — oder im Stande sein, einer Hausindustrie sich zu widmen, oder in der Fabrik zu arbeiten, oder endlich den Stand des Vaters fortzusetzen. Grundbesitzlose Taglöhner mit zahlreicher Familie würden freilich am sichersten eine sorgenfreiere Existenz sich gründen, wenn sie noch die Mittel zum Auswandern hätten. Bei unseren gegenwärtigen Zuständen aber muß der arme Handlanger froh sein, wenn er sich nur von einem auf den anderen Tag durchschlägt und nicht bei jeder übeln Wendung der Verhältnisse der Armenpflege zur Last fällt. Gemeinden sind deßhalb schon oft auf den Ausweg verfallen, sich ihrer Armen zu entledigen, indem sie denselben Reisegeld zum Auswandern gaben. Allein diese Experimente sind nicht immer gut ausgefallen, weil die betreffenden Personen oft nicht mehr Energie genug haben, um sich eine neue Laufbahn unter doppelten Anstrengungen zu gründen, und weil sie nicht selten unbrauchbarer wieder zurückgekehrt sind. Auch haben sich nicht mit Unrecht die Behörden der Auswanderungsländer über solchen Zuschub beschwert.

Die Erfahrung lehrt, daß die Auswanderung sich für reiche verwöhnte Leute so wenig eignet wie für ganz arme, ungeschickte, heruntergekommene, weil erstere zu bequem, letztere zu wenig elastisch sind, um in die neuen Verhältnisse sich rasch hinein zu finden.

Ich kenne einen Mann von guter Familie, der die Rechte studirt hatte und wegen politischer Unzufriedenheit mit einem Knecht auswanderte und 20,000 Thaler aufwandte, um sich anzusiedeln und eine Mühle zu bauen. Nach 10 Jahren kehrte er leer zurück und der Knecht war Eigenthümer der Mühle geworden, — und zwar war Alles ehrlich zugegangen. Die hohen Arbeitslöhne und das Lehrgeld hatten Alles verschlungen. Der Knecht hatte kein Lehrgeld zu zahlen.

Vom Standpuncte der Arbeitgeber handelt es sich um die Frage, wie ist es anzustellen, daß dieselben zur geeigneten Zeit die erforderliche Anzahl von Arbeitern erhalten, gegenüber denen sie nicht die gleichen Verpflichtungen einzugehen haben, wie gegenüber dem Gesinde. Schon seit mehreren Jahrzehenten wird von den größeren Landwirthen vieler Gegenden über den Mangel an ländlichen Arbeitern und die hohen Ansprüche derselben geklagt. Dieselben ziehen sich nämlich, seit dem bedeutenden Aufschwung der Großindustrie, so viel es ihnen möglich ist, in die großen Städte und in die Fabrikgegenden, wo sie bei höherem Lohne ständige Beschäftigung finden, oder sie werden durch den Eisenbahnbau angezogen, oder sie wandern aus. Die großen Landwirthe klagen und wünschen Mittel zur Abhülfe zu erfahren. Wir sehen keinen Uebelstand in dieser Erscheinung. Die großen Landwirthe müssen eben die Arbeiter so gut stellen, daß sie es vorziehen, bei ihnen zu bleiben. Zum Theil können sich die Landwirthe allerdings durch Einführung von Maschinen helfen; allein überall reichen diese nicht aus. Solche Mittel, die Arbeiter zu fesseln, sind:

1. Erhöhung des Lohnes;
2. Pachtweise Ueberlassung von Pflanzland zu günstigen Bedingungen;
3. Ständige Beschäftigung;
4. Wohlwollende Hülfe in Fällen der Krankheit und der Noth;
5. Anregung zur Gründung von Kranken- und Altersversorgungs-Cassen mit angemessenen Dotations-Beiträgen.

Die Erhöhung des Lohnes hat sich in den letzten zwei Jahrzehenten von selbst bewirkt, weil in Folge des nach der Entdeckung der Goldfelder in Californien und Australien, so wie der politischen Erschlaffung nach der Revolution von 1848 eingetretenen Aufschwunges der Industrie und des Eisenbahnbaues eine Menge ländlicher Arbeiter von der letzteren abgezogen wurden.

Indessen mit der Erhöhung des Lohnes allein ist den ländlichen Arbeitern nicht gedient, weil es sich für sie darum handelt, ständige Beschäftigung zu erhalten; darin besteht eben die Schwierigkeit, da das Bedürfniß der Landwirthschaft während des Jahres hindurch wechselt.

Deßhalb ist es wichtig, daß unbemittelte Arbeiter in die Lage versetzt werden, noch ein Stück Land zu bebauen, für dessen Bearbeitung sie ihre freie Zeit, so wie die Hülfe ihrer Familienangehörigen verwerthen können, und deren Ertrag ihnen zugleich einen gewissen Vorrath verschafft, der sie der Gefahr überhebt, von der Hand in den Mund zu leben. In vielen Gegenden der Schweiz geben größere Pächter oder Grundeigenthümer solche kleine Ackerparzellen nur gegen Naturalleistung ab. Manche begnügen sich mit der Düngung, manche mit der Arbeitsleistung aller Hände während einiger Tage bei der Aernte. In jedem Jahre wird ein anderes Stück zu dem genannten Zwecke angewiesen. Die kleinen Leute bauen auf demselben wenigstens ihre Kartoffeln und ihren Kohl zu Sauerkraut, oder auch noch Bohnen und anderes Gemüse. Diese Einrichtung hebt die betreffenden Leute auf eine höhere sociale Stufe im Vergleich zu den rein von der Hand in den Mund lebenden Handlangern, weil sie veranlaßt werden, wenigstens Arbeitsleistungen in Gestalt des Aernte-Ertrags für den Winter aufzusparen und sich dadurch von der Gefahr zu wahren, der Armenpflege anheimzufallen.

Dazu kommt noch das Ansammeln des erforderlichen Holzes, des Düngers von der Straße. Haben dann solche Leute noch Gelegenheit, im Winter beim Holzfällen, im Sommer bei Bauten &c. Arbeit zu finden, so können sie zur Noth durchkommen. Die größeren Landwirthe, welche ihre Hülfe bei der Aernte brauchen, sollten das Ihrige dazu beitragen, sie auch außer der Zeit zu verwenden, denn die ständige Beschäftigung ist, wie gesagt, eines der wichtigsten Motive, die Leute zu fesseln. Die Landwirthe könnten diese möglich machen, wenn sie mit richtiger Einsicht auf die Verbesserung ihrer Grundstücke durch Anlage von Drainage, Mergeln, Nivelliren, Wegebau &c. bedacht wären.

Wir halten die Klagen von vielen größeren Landwirthen in allen Theilen Europa's über den Mangel an ländlichen Arbeitern, über deren hohe Ansprüche bei mangelhaften Leistungen für zum großen Theil übertrieben. Denn wenn wir einen Blick auf die Löhne werfen, wie sie noch vor 20 Jahren bestanden, und wenn wir die jetzt bestehende Unregelmäßigkeit und Unsicherheit der Arbeit betrachten, — wenn wir die Summe von Existenzmitteln zu Rathe ziehen, welche noch vor 20 Jahren für die Erhaltung einer ländlichen Arbeiterfamilie ausreichend betrachtet wurden, — so müssen wir gestehen, daß die jetzt eingetretene Besserung eine nothwendige war, und daß noch lange nicht genug geschieht, um die Lage der ländlichen Arbeiter noch mehr zu bessern. Die größeren Landwirthe müssen selbst zu der Ueberzeugung gelangen, daß es in ihrem eigenen Vortheil liegt, ständig Arbeiter von höherer Intelligenz, Bildung, Moral, Charakter und Geschicklichkeit zu haben, wie solche in vielen Theilen des westlichen Deutschlands, Hollands und der Schweiz schon vorhanden sind; — und daß sie überall nur mittels günstigerer Bedingungen zu erhalten sind. Der zu dem Behuf gemachte Aufwand kommt im Ertrag wieder zum Vorschein. Die großen Landwirthe dürfen nicht außer Acht lassen, daß die Bedingungen für die Auswanderung nach Nordamerica mit jedem Jahre günstiger, die Ueberfahrt billiger wird; sie müssen sich vor dem Augenblicke fürchten, wo die Verwandten, wie die irländischen Ausgewanderten, anfangen, ihren zurückgelassenen Angehörigen in größerem Maßstabe Reisegeld zu schicken.

Wie weit bis vor Kurzem noch die Zustände z. B. in Preußen, wo der Staat sich unter allen Ländern am meisten der Landwirthschaft annimmt, von zufriedenstellenden entfernt waren, erhellt besonders aus Meitzen's Darstellung aus amtlichen Quellen.

Meitzen führt in Preußen unter einer Bevölkerung von 18,491,220 der Zählung von 1861 folgende Personen als mit Landwirthschaft beschäftigt auf:

1) Die Landwirthschaft ausschließlich			
betreibende Eigenthümer	763,579	deren Angehörige	3,440,746
desgl. Pächter	30,194		
2. Die Landwirthschaft als Nebengewerbe			
betreibende Eigenthümer	357,039	desgl.	1,481,304
desgl. Pächter	30,415		
			4,922,050
3. Hülfspersonal und Gesinde:			
Inspectoren, Verwalter u. Aufseher	32,647		
Wirthschafterinnen	13,734		
Knechte und Jungen	656,778		
Mägde	498,865		
Tagelöhner, männliche	574,332		
Desgl. weibliche	585,064		
	3,412,672		
Zusammen mit den Angehörigen			8,334,722

Darunter sind nicht die Grundeigenthümer, sondern nur die wirklich mit der Landwirthschaft gewerbsmäßig Beschäftigten gezählt worden.

Die Angehörigen der Kategorieen unter 3 sind bei der Zählung nicht besonders nachgewiesen worden, ein großer Theil der Knechte, Tagelöhner und Aufsichtsbeamten aber ist verheirathet. Werden die von dem genannten Hülfspersonal abhängigen Familienglieder nur auf die gewiß erheblich zu niedrig gegriffene Zahl von 1,059,112 Seelen angeschlagen, so ergibt sich schon, daß die Hälfte der genannten Bevölkerung des Staates in ihrer Lebensstellung auf den Betrieb der Landwirthschaft angewiesen ist.

Wie viel von dieser Gesammtheil als eigentliche Arbeitskraft zu betrachten ist, läßt sich nicht feststellen. Ein nicht unbedeutender Theil der Angehörigen wie der Eigenthümer und Pächter müßte nach der Zeit, die sie Nebenbeschäftigungen widmen, in Abrechnung gebracht werden. Der Umfang und die volkswirthschaftliche Bedeutung der ländlichen Arbeitermasse kommt gleichwohl genügend zur Anschauung.

Meitzen rechnet, daß die Meisten dieser landwirthschaftlichen Classen Tagelöhner, Gesinde und Eigenthümer oder Pächter kleiner Parzellen sind.

Der durchschnittliche Verdienst dieser drei Gattungen ländlicher Arbeiter dürfe in derselben Gegend in der Regel als ziemlich übereinstimmend betrachtet werden. Wo nicht ungewöhnliche Umstände eingreifen, fließen diese Classen in einander über und gleichen ihre Verhältnisse durch die Concurrenz gleicher Befähigung aus.

Der Tagelohn steht anscheinend höher als der Gesindelohn, wird aber durch die unberechenbaren Risicos, die der freie Tagelöhner an Arbeitsunterhaltung und anderen Ausfällen selbst tragen muß, unter die Einnahmen des in ausgebildeter Körperkraft stehenden gewöhnlichen Gesindes herabgedrückt. Der Betrag, um den er sich schlechter als fleißiges Gesinde steht, ist das Opfer, welches der Tagelöhner seiner Selbständigkeit und seinem Familienleben bringt, und welches er allerdings durch besondere Anstrengungen und gesteigerte Betriebsamkeit zu ersetzen vermag, selten aber zu einer reichlicheren Befriedigung der täglichen Bedürfnisse steigert, als sie sich dem Gesinde bietet.

Aehnlich, wie die der Tagelöhner, ist die Lage der großen Mehrzahl der kleinen Eigenthümer und Pächter. Es kommt auf die Leichtigkeit des Grunderwerbes oder der Pachtung nach Lage der örtlichen Verhältnisse an, ob der Tagelöhner zum Pächter oder Eigenthümer wird.

Viele dieser kleinen Besitzer erheben sich durch große, von der Liebe zum Eigenthum und zur Familie eingegebene Anstrengungen rasch und nachhaltig in ihren Einnahmen über den Stand der gewöhnlichen Tagelöhner; — durchschnittlich aber bleibt allerdings der wirkliche Gewinn für die Einnahmen des Bearbeiters aus dem Anbau einer sehr bedeutenden Masse dieser kleinen Grundstücke ein sehr geringer.

Die Erträge der kleinen Parzellen werden durch den Kleinbetrieb in der Regel erheblich gesteigert, aber der Wirth selbst hat diese Steigerung meist als Kaufgeld oder Pachtzins vorausbezahlt. Ihm selbst bleibt nur ein Entgelt für seine Arbeit, das er nicht so kärglich anschlägt, wie es in Wahrheit ist, weil er gegenüber den üblichen Löhnen seine Mehranstrengungen, seine größere Sorgsamkeit und die billigen Mehransprüche seiner gesteigerten Intelligenz nicht in Rechnung bringt. Vielfach sind auch seine höheren Einnahmen in keiner Weise landwirthschaftliche, sondern ein Händlergewinn an seinen Producten, den er sich durch eigenen Vertrieb in Städten oder an anderen günstigen Absatzorten verschafft, der aber dem Durchschnitt der kleinen Wirthe nicht zufällt.

Die Zahl der auf dieser Lebensstufe der Tagelöhner stehenden Eigenthümer, sagt Meitzen, ist ziemlich hoch; wenn man in Betracht zieht, daß es schon ziemlich umfangreiche Wirthschaften gibt, auf denen der Landwirth nur wie ein Tagelöhner lebt und daß nach den Erhebungen des Jahres 1858 etwa die Hälfte aller Landbesitzungen in der Größe von 5 Morgen und darunter und nur 1/5 zu 30 Morgen und darüber verzeichnet werden.

In den Jahren 1848 und 1849 haben die landwirthschaftlichen Vereine auf Veranlassung des Landes-Oekonomie-Collegiums die Frage erörtert und speciel beantwortet: „Was bedarf eine ländliche Arbeiterfamilie, deren Bestand im Durchschnitt auf 5 Personen anzunehmen ist, nämlich Mann und Frau, 2–3 Kinder unter 14 Jahren und eine alte Person (Vater oder Mutter des Mannes oder der Frau), zu ihrem auskömmlichen Unterhalte nach der üblichen Lebensweise dieser Classe von Leuten in einer bestimmten Gegend, in Geld gerechnet?" Das über diese Fragen aus 25 Regierungsbezirken eingelaufene Material ist von Lengerke bearbeitet und veröffentlicht worden und hatte im Allgemeinen folgendes Resultat ergeben.

Im ganzen preußischen Staat kostete der Arbeiterfamilie der Lebensunterhalt

	durchschnittlich Thaler.	im Maximum Thaler.	im Minimum Thaler.
Im Ganzen	105.1	184.9	76.2
Davon an Wohnung	8.6	13.3	4.6
Feuerung und Erleuchtung	8.7	19.3	4.0
Nahrung	53.5	121.3	25.0
Kleidung	18.1	31.7	10.0
Viehfuttermittel	6.1	16.1	1.8
Unterhalt der Arbeitswerkzeuge	3.2	9.0	1.2
Salz (Gewürze)	2.7	6.0	0.8
Abgaben an Staat u. Schule rc.	4.1	9.9	2.0

Dieser ärmliche Bedarf mußte von einem Tagelohne bestritten werden, der für Männer im Sommer nur 10½ Sgr., für Weiber 7½ Sgr. und im Winter 6–8 bzw. 3–5 Sgr. betrug.

Bei solchen Erwerbsverhältnissen ist es klar, daß die volle Arbeit des Mannes und der Frau oder eines anderen erwachsenen Familiengliedes nothwendig ist, um nur den nothwendigsten Lebensbedarf zu sichern; daß an ein Erübrigen nicht zu denken ist und bei der kleinsten Calamität oder Arbeitsstockung die Armenhülfe in Anspruch genommen werden muß.

Diese kleinen ländlichen Arbeiter bedürfen viel eher der moralischen und öconomischen Hebung als die Fabrikarbeiter, welche fast immer Arbeit haben.

Die Aufmerksamkeit volksfreundlicher Forscher sollte sich mehr als bisher der Erforschung dieser speciellen Zustände und der Heilmittel zur Beseitigung der darin vorhandenen Uebelstände hinwenden.

Von manchen Seiten ist der Vorschlag gemacht worden, Arbeitercolonieen zu errichten, oder die Arbeiter durch theilweise Naturallöhnung günstiger zu stellen oder sie am Reingewinn des Gutes zu betheiligen, oder sie zu selbstständigen Unternehmern durch genossenschaftliches Zusammenwirken zu erheben.

Die ersteren Vorschläge laufen im Grunde nur auf bessere Löhnung hinaus; auch ist die Betheiligung am Reingewinn nur bei ständiger Beschäftigung durchführbar. Es ist keine Frage, daß große Grundherren sowohl ihre Interessen, als das Wohl ihrer ständigen Arbeiter fördern, wenn sie für die Ausstattung derselben mit guten, nicht zu weit von den Wirthschaftsgebäuden entfernten Wohnungen und mit Gartenland sorgen; ebenso mag die Betheiligung am Reingewinn bei sehr gebildeter und gut gesitteter Arbeiterbevölkerung in einzelnen Fällen anwendbar sein, und sowohl die Arbeiter besser stellen als den Arbeitgebern manchen Aerger sparen, ohne ihre Einkünfte im Ganzen zu schmälern: allein im Großen sind diese Maßregeln aus mannigfachen Gründen so wenig durchführbar, wie das selbständige landwirthschaftliche Unternehmerthum durch Associationen von Arbeitern. In letzterer Hinsicht werden zwar aus England ein paar Fälle angeführt, wo Tagelöhner eine Pacht-Genossenschaft gebildet haben und prosperiren. Dem Grundherrn kann es in der That gleichgültig sein, ob der Pächter ein Einzelner oder eine Compagnie, — allein solche Beispiele, wo Personen sich zu solchem gemeinsamen Zwecke zusammenfinden und sich auf die Dauer vertragen, können nur unter die Ausnahmen gerechnet werden.

Immer noch bleibt daher im Allgemeinen die Frage ungelöst: welche Mittel sind anzuwenden und welche Factoren sind heranzuziehen, um den unbemittelten ländlichen Arbeitern ständige Beschäftigung zu geben, um ihre freie Zeit auszufüllen, — welche durch den Hinwegfall des alten Hausgewerbes des Spinnens und Webens ꝛc. in Folge der Entwicklung des Maschinenwesens entstanden ist?

Als Hauptmittel zu diesem Zwecke betrachten wir folgende:

1. Die Anweisung von kleineren Grundstücken, auf welchen die Taglöhner und deren Angehörige ihre Kartoffeln und ihre Gemüse in ihrer freien Zeit bauen können; sei es daß der Grundherr durch billigeren Lohn, oder durch Düngung des angewiesenen Landes oder durch Naturaldienst entschädigt wird;
2. die sorgfältigere Bebauung des Bodens durch Culturarbeiten — Gräbenziehen, Drainage, Mergeln, Ebenen, Entsteinen, Wegausbessern, Obstbaumpflanzen, Düngerfahren in der Nähe von Städten, Com-

postbaufenanlegen u. dgl. – Die zu solchen Arbeiten aufgewendeten Kosten lohnen sich, wenn mit Umsicht angeordnet, in der Regel reichlich;

3. Einführung neuer Hausindustrieen. In dieser Hinsicht sind weder die Landwirthe noch die Arbeiter im Stande, durchgreifende Maßregeln zu treffen. Denn die Einführung von Hausindustrieen muß, wenn sie ständig gelingen soll, in so großem Maßstab erfolgen, daß sie auf dem Weltmarkt sich behaupten kann und dadurch sich von Stockungen in einzelnen Ländern unabhängig macht; deßhalb hängt eine solche Unternehmung von äußerer Anregung ab. In der Regel macht sie sich in der Art, daß ein unternehmender Fabricant oder Kaufmann einen Artikel einführt, seinen Absatz nach und nach erweitert, immer mehr Arbeit aufs Land gibt, wo er nach und nach Arbeiter männlichen und weiblichen Geschlechts darauf einschult. Dies ist der sicherste Weg, um eine Gegend zu heben. Zuweilen kann aber auch die Regierung den Anstoß geben, indem sie gewisse Vorkehrungen zum bezüglichen technischen Unterricht trifft, z. B. in Gegenden, wo die Bevölkerung persönliche und äußere Mittel zur Holzschnitzerei besitzt, durch Errichtung von Zeichnenschulen oder Anlegung von Modellsammlungen; durch Herumsendung von Lehrern oder Lehrerinnen zum Anlernen des Weißstickens, der Spitzenklöppelei, Stroh- und Haarflechterei, der Seidenweberei u. s. w.

In Fällen, wo die unternehmenden Köpfe vorhanden sind, denen die Mittel fehlen, kann die Regierung auch mit unverzinslichen Vorschüssen helfen, wenn sie die Ueberzeugung hat, bleibende Beschäftigung dadurch zu gründen;

4. wenn alle diese und ähnliche Mittel erschöpft sind, dann hilft nur noch die Auswanderung, wenn die betreffenden Leute nicht der Armenpflege anheimfallen wollen.

Mit diesen flüchtigen Andeutungen müssen wir uns für unsere Aufgabe begnügen; im Uebrigen auf die citirten Specialwerke und überhaupt auf besondere Untersuchungen verweisend.

Gewerbe, Handel und Verkehr.*)

Die Gewerbe bedürfen einer ganz verschiedenen Beurtheilung, je nachdem es sich um *Großindustrie* oder *Kleingewerbe* handelt. Die Großindustrie spaltet sich wieder in *geschlossene Fabrikanstalten* und *Hausindustrie*.

Die Kleingewerbe scheiden sich in das *Handwerk* und in die mit *Kleinhandel* verbundenen Gewerbe. Der Handel zerfällt in *Waaren-* und in *Effectenhandel*, in *Großhandel*, *Detailhandel*, *Hausirhandel* und in *Wirthschaft*. Die Wirthschaft wieder in *Gasthof-* und in *Schenkwirthschaft*.

Der Verkehr spaltet sich in *Telegraphenverkehr*, in *Land-* und *Wasserverkehr*, letzterer in Dampf- und Segelschifffahrt; ersterer in Fuhrwerk, Eisenbahnen und Post.

Alle diese verschiedenen Berufsarten haben ihre eigenthümlichen Verhältnisse, welche speciel geprüft werden müssen und für welche je wieder eigene Hülfsmittel in Anwendung kommen. Nur insofern lassen sich in Beziehung auf dieselben gemeinsame Gesichtspuncte aufstellen, als es in den einen Berufsarten möglich ist, *selbständig* zu werden, in den anderen *nicht*.

Bei den letzteren Beschäftigungsarten nützt eine Reihe von Hülfsmitteln nichts, welche von Socialisten und Agitatoren als Panaceen ausgerufen worden sind.

Im Dienste des Staats und großer Gesellschaften, bei Betrieb von Telegraphen, Eisenbahnen, Schifffahrtslinien, Bergwerken &c. helfen weder Productiv-Associationen zur Besserung der Lage, noch Vorschußvereine, noch Maschinen-Associationen, noch Organisation des Credits, noch Gewinnbetheiligung und wie die vorgeschlagenen Maßregeln alle heißen mögen.

Solche Arbeiter und Angestellte können nicht selbständig werden, — sie können daher ihre Lage nur verbessern, indem sie ihre Geschicklichkeit ver-

*) Als Specialwerk über diesen Gegenstand ist besonders Prof. Th. Schmoller's vortreffliche Geschichte der Kleingewerbe in Deutschland nachzuschlagen, welche uns überhebt, näher darauf einzugehen.

mehren und dadurch wie durch gemeinschaftliche Verabredung in Zeiten des Aufschwunges die Arbeitgeber zwingen, früher, als es von selbst geschehen würde, die Löhne zu erhöhen oder die Arbeitszeit zu vermindern; indem sie sparen, und zwar durch Betheiligung an Consumvereinen oder Einlagen in Sparcassen; durch Betheiligung an Kranken-, Sterbe-, Invaliden-, Altersversorgungs-Cassen, Lebensversicherungs-Anstalten und anderen Hülfsvereinen; indem sie durch mäßiges und moralisches Leben sowohl ihre Gesundheit schonen und sich vor aufreibenden Krankheiten wahren, als ihre Kinder neben moralischer Erziehung bessere Kenntnisse und eine einträglichere Beschäftigung erlernen lassen, so daß sie im Alter sowohl eine Stütze an ihnen haben, als bezüglich deren Schicksals getrost in die Zukunft sehen können.

Unter den Berufsarten, welche es gestatten, auch mit unbedeutenden Mitteln eine selbständige geschäftliche Stellung zu erlangen, steht in erster Linie — das Handwerk.

In allen Ländern, außer England und Sachsen, bilden die Handwerker die zahlreichste Arbeiterclasse nach den landwirthschaftlichen Berufsarten; auch wenn wir die Fabrikarbeiter bei Seite lassen, welche nur einen Bruchtheil der Gewerbetreibenden im Allgemeinen bilden. Unter den Handwerkern bilden wieder die selbständigen Meister in den Ländern, welche uns statistisch bekannt sind, mit Ausnahme der oben genannten, die Mehrzahl. Schmoller theilt in dieser Hinsicht eine interessante Tabelle aus Preußen mit, welche unsere statistischen Tafeln insofern ergänzt, als sie, über fast 30 Jahre sich erstreckend, volle zehn Volkszählungen umfaßt.

Nach dieser Aufstellung hatte jede dieser Volkszählungen weniger Gesellen als Meister ergeben, nämlich:

Jahre.	Meister.	Gehülfen.	Zusammen.	Bevölkerung in Millionen.	Die Handwerker % derselben.	Gesammte Handwerker-Bevölkerung.	Dieselbe % der Bevölkerung.
1816	258,830	145,459	404,289	10,40	3,88	1,206,869	11,60
1819	276,815	142,149	418,964	11,03	3,79	1,277,090	11,57
1822	295,384	161,964	457,358	11,71	3,90	1,373,862	11,71
1825	315,118	187,176	502,293	12,30	4,08	1,479,159	12,02
1828	323,538	183,594	507,132	12,76	3,96	1,510,099	11,81
1831	331,346	187,565	521,911	13,09	3,98	1,556,383	11,90
1834	356,315	215,850	572,165	13,58	4,21	1,677,361	12,60
1837	375,097	244,875	619,972	14,15	4,38	1,762,773	12,50
1840	396,018	280,087	676,105	14,99	4,51	1,903,754	12,89
1843	409,537	311,456	720,993	15,53	4,63	1,987,840	12,79

Die Volkszählung in Baden ergab nach Schmoller 1861 ein ähnliches Resultat. Da gab es

	Meister	Gehülfen
Schuhmacher	6545	6119
Schneider	4729	3849
Maurer	3711	4192
Schreiner	3404	3138
Schmiede	2968	2307
Bäcker	2698	1965
Groß- und Klein-Böttcher	2496	1271
Rade- und Stellmacher	2446	1146
Zimmerleute	2855	2162
Schlosser	2052	1952
Metzger	1850	1226
Uhrmacher	1713	2812
Glaser	868	438
Sattler	798	446
Dreher	695	839
Seiler	640	357
Barbiere	584	800
Hafner	579	511
Fischer	561	104
Verfertiger grober Holzwaaren	432	166
Gerber	429	504
Steinhauer	429	964
Klempner	403	415
Zimmermaler	407	408
Buchbinder	277	275
Putzmacher	249	154
Seifensieder	249	114
Färber	247	164
Korbmacher	240	53
	46981	37831.

Dies sind nur die Hauptgewerbe. Dazu kommt natürlich noch eine Menge von Nebengewerben. Die Zahl der Fabrikarbeiter mit Einschluß der Weber betrug 50,147 Personen.

Sogar in Paris, wo doch die Großindustrie eine Menge von Arbeitern zur Unselbständigkeit verurtheilen sollte, steht, wie wir oben gesehen haben, das Verhältniß der Meister zu den männlichen Gehülfen wie 1 : 2,8.

Schon aus dem Zahlenverhältniß der Gehülfen zu den Meistern läßt sich entnehmen, daß es den ersteren leicht wird, die Selbständigkeit zu erringen.

Ueberdies sind durchaus nicht alle Gehülfen mittellos und genöthigt, ihr Leben lang unselbständig zu bleiben, wenn es ihnen nicht gelingt, solche Kenntnisse zu erwerben und solche Ersparnisse zu machen, um ein selbständiges Geschäft gründen zu können.

Beim Handwerk kann als Regel angenommen werden, daß in der Mehrzahl der Familien der Sohn das Geschäft des Vaters fortsetzt, und daß nur, wenn viele Söhne vorhanden sind, einige anderen Berufsarten sich zuwenden. Nur sehr selten wird es vorkommen, daß ein Kleingewerbe nach dem Tode des Inhabers in fremde Hände übergeht, wenn dieser Söhne hat.

Aus diesem Umstande geht hervor, daß viele Lehrlinge und Gehülfen des kleinen Gewerbes Söhne von Handwerkern sind, welche nur während ihrer Lehr- und Wanderjahre zu den unselbständigen unbemittelten Arbeitern gezählt werden können, — nachher aber im Geschäfte des Vaters helfen und dasselbe später selbständig übernehmen.

Ein anderer Theil der unselbständigen Arbeiter besteht aus solchen Lehrlingen und Gehülfen, welche nach bestandener Ausbildung in der Lehre und als Gesellen mit Hülfe der Eltern oder eines Erbtheils ihr eigenes Geschäft gründen.

Nur die übrigen unselbständigen Arbeiter sind solche, welche dieser Vortheile des Vermögens und der elterlichen Geschäftserfahrung und Kundschaft entbehren. Damit sind sie aber noch nicht von der Möglichkeit ausgeschlossen, ein selbständiges Geschäft zu gründen. Die meisten Handwerke erfordern so wenig Capital, daß ein fleißiger, mäßiger, sparsamer junger Mann in 10 Jahren so viel erübrigen kann, um sich zu etabliren. Freilich ist der Sonntagsrausch und der blaue Montag nicht der Weg dazu. Oft hilft die Mitgift der Braut; zuweilen auch eine Erfindung. Arbeiter, welche irgend ein neues Verfahren ꝛc. gefunden haben, werden dadurch schon zu besseren Stellungen empfohlen, wenn es ihnen auch nicht gelingt, ein Patent zu nehmen und die Erfindung zu verkaufen. Gerade der Sporn, welche Erfindungen auf die intellectuelle Thätigkeit der Arbeiter ausüben, macht, nebenbei bemerkt, die Verbesserung der Patentgesetzgebung zu einem socialen Bedürfniß.

Wir sehen daher fast täglich Gehülfen, die von Haus aus nicht einen Heller besaßen, sich niederlassen, heirathen und ein selbständiges Gewerbe errichten.

Außer solchen Handwerksgehülfen, welche nicht solide genug sind, um die erforderlichen Ersparnisse zu machen, gibt es aber auch solche, welche die Fähigkeiten nicht besitzen, um ein Gewerbe selbständig betreiben zu können, oder denen die Last der Verantwortlichkeit zu groß ist, und die daher freiwillig unter einem Meister fortarbeiten.

Tüchtige Leute aber haben unzweifelhaft die Möglichkeit, zur Selbständigkeit im Handwerk ohne Mittel sich emporzuarbeiten — selbst in den Gewerben, welche eine ziemlich starke Capitalanlage erfordern. Wir haben ja schon erwähnt, wie sogar viele reiche Fabricanten mit nichts angefangen haben.

Schlechte Ausstattung mit natürlichen Anlagen und ihre Folgen aber kann die Volkswirthschaft nicht abwenden.

Es ist neuerdings vielfach darüber geklagt worden, daß der Handwerker auch deßhalb nicht recht auskommen könne, weil er mit der Großindustrie nicht zu concurriren vermöge. Allein nur träge oder kurzsichtige Leute versuchen es, mit der Großindustrie zu concurriren. Längst haben alle einsichtigen Gewerbetreibenden eingesehen, daß man sich ihrer als Hülfsmacht bedienen muß. Der Handwerker wird daher in allen den Gewerbszweigen, in welchen der Großbetrieb aufgekommen ist, — den Detailverkauf und die Reparatur übernehmen. So haben es längst die Schlosser, Uhrmacher, Hutmacher, Bierwirthe gemacht und befinden sich besser als zuvor. Noch Viele werden ihnen nachfolgen.

Einen großen Vortheil für die Erleichterung der selbständigen Niederlassung hat die neuere Gewerbegesetzgebung durch Aufhebung der Zünfte und aller Schranken der Freiheit der Arbeit und Niederlassung gebracht. Noch sind aber viele Maßregeln zugänglich, durch welche das Handwerk gehoben und die selbständige Etablirung erleichtert werden kann.

Mit der Gewerbefreiheit steht dem Handwerker außerdem eine Welt voll Hülfsmittel zu Gebote, um neben der Großindustrie bestehen zu können.

Neben dem bereits angeführten Detailverkauf und der Reparatur steht es dem Gewerbetreibenden frei, jeden Augenblick ein anderes Geschäft zu ergreifen, wenn sein Handwerk in Folge irgend einer neuen Erfindung oder der Einführung einer Maschine durch den emporkommenden Großbetrieb beeinträchtigt würde. In dieser Beziehung geben die Americaner, welche doch gewiß exacte Arbeiten liefern, ein beherzigenswerthes Beispiel. Da geht derselbe Arbeiter je nach den Conjuncturen des Geschäftes in demselben Jahre zuweilen mehrere Male zu einem anderen Geschäftszweige über.

Uebrigens hat auch der Handwerker die Wahl, in gewissen Geschäftszweigen sich die Vortheile des Großbetriebs anzueignen. Dieselben bestehen in

1. Intelligenz der
   a. technischen und
   b. mercantilen Leistung;
2. in so viel Capital, daß der Betrieb groß genug angelegt werden kann, um die nöthigen besten Maschinen anzuschaffen, sie ständig in Thätigkeit zu erhalten und den Rohstoff unter so günstigen Marktconjuncturen anzuschaffen, daß der billigste Preis erlangt wird.

Besitzt der Handwerker die ersteren Eigenschaften, so kann er sich die letzteren Mittel durch eigene oder genossenschaftliche Hülfe oder durch Credit verschaffen. Nur wenige Handwerke erfordern sehr große Capitalanlagen. Kein Schneider, Schuhmacher oder Sattler kann z. B. gegenwärtig mehr auf die Dauer ohne den Gebrauch einer Nähmaschine concurriren. Die Anschaffung einer solchen Maschine erfordert aber nur ein für jeden Gesellen erschwingliches Capital.

Ebenso verhält es sich mit Blechschmieden, die ohne die neuen americanischen Handmaschinen nicht mehr durchkommen. Andere Handwerker, welche Motoren und größere Anlagen brauchen, wie z. B. Schreiner, die am ehesten Ursache hätten, wegen der Ausgiebigkeit der neuen Holzbearbeitungs-Werkzeugmaschinen den Großbetrieb zu fürchten, sind noch lange nicht genöthigt, zum Rettungsanker der Productiv-Genossenschaften zu greifen. Sie können das Trocknen, das Sägen, Hobeln und Stemmen, kurz die Vorbereitung des Holzes durch mechanische Mittel auf verschiedenem Wege erreichen; entweder daß sie eine Werkgenossenschaft gründen, welche für gemeinschaftliche Rechnung die technischen Anlagen macht, und entweder für jeden abwechselnd arbeitet oder für gemeinschaftliche Rechnung die Hölzer vorbereitet und verkauft, so daß Jeder sich für seinen Bedarf durch Kauf deckt und daß am Schluß der Gewinn repartirt wird; — oder daß sie nur die Werkzeugmaschinen anschaffen und die Triebkraft in einer benachbarten Fabrik miethen.

Andere Gewerbtreibende können, wie die breslauer Tuchmacher, für gemeinschaftliche Rechnung in einer zu dem Zwecke errichteten, mit allen neuesten Maschinen und Motoren ausgerüsteten Anstalt ihre Producte herstellen und dieselben, jeder Genosse für seine eigene Rechnung, den ihm zugekommenen Antheil der Producte verschleißen, auch den etwaigen Reingewinn der Fabrik unter sich vertheilen.

Andere, z. B. Maschinenbauer, Shawlweber, Drucker, können eine vollständige Fabrik in der Form einer Productiv-Genossenschaft gründen. Dieselbe unterscheidet sich aber von einem gewöhnlichen Compagniegeschäft durch nichts, als größere Zahl der Theilhaber. Solche Geschäfte pflegen zu gedeihen, so lange Alles gut geht, aber sehr bald sich aufzulösen, wenn mit Verlust gearbeitet wird.

Endlich sind auch gemeinschaftliche Anlagen möglich, wo wie bei der Schwabenmühle zu Nürnberg die Wasserkraft in einer großen Anzahl von Werkstätten vermiethet wird, in welcher die Gewerbetreibenden ihre zu treibenden Werkzeugmaschinen entweder selbst stellen oder sich ebenfalls gegen Miethgeld von der Anstalt stellen lassen.

Diese Andeutungen werden in technischer Hinsicht für unsere Aufgabe, die nur eine anregende ist, genügen. Es geht daraus hinlänglich hervor, daß die kleinen Gewerbetreibenden sich in der Regel die technischen Vortheile der großen Industrie auch aneignen können.

Es bleibt noch die Frage, ob sie im Stande sind, sich das erforderliche Betriebskapital zu sichern, um die Einkäufe von Rohstoff und anderen Betriebsmitteln so wie auch den Verkauf der Waare auf die vortheilhafteste Weise bewerkstelligen zu können.

Diese Frage ist mehr oder weniger durch die Rohstoff- und Magazin-

Vereine, so wie durch die Credit-Genossenschaften, Vorschuß-Vereine, Volks-Gewerbebanken oder unter welchem Namen und mit welcher Organisation diese neuen Institute bestehen, gelöst worden. Mag es auch eine Fiction sein, daß Vorschuß-Vereine den Arbeitern helfen wollen, d. h. mögen auch diese Credit-Genossenschaften den abhängigen Handwerksgehülfen gar nichts nützen oder ihnen eher schaden, da sie dieselben durch Credit zu überflüssigem Verbrauch reizen möchten, — so dienen sie doch dem kleinen selbständigen Gewerbetreibenden in recht ausgiebiger Weise.

Wir haben indessen diese Einrichtungen oben genügend beleuchtet, um hier nicht wieder darauf eingehen zu müssen.

Es sind nun noch einige Fragen beispielsweise hervorzuheben, welche von Wichtigkeit für die Gewerbe sind. Die Arbeiterausstände (Strikes, Grèves) werden wir bei den Fabrikarbeitern beleuchten. Wir wollen uns auf die Frage des Handwerkercredits, der Behandlung der Lehrlinge und der Kunstindustrie beschränken.

Wir können uns auch hier mit Andeutungen begnügen, da alle diese Verhältnisse schon vielfach Gegenstand der Untersuchung waren.

Es ist eine uralte Klage, daß die Handwerker gewohnheitsmäßig langen Credit geben müssen und große Schwierigkeiten haben, ihre Rechnungen rechtzeitig gedeckt zu erhalten. Namentlich die reichen Leute sind in dieser Hinsicht am sorglosesten, und wir haben schon an anderer Stelle des Falles erwähnt, daß ein londoner Sortimentsbuchhändler, der seine Rechnungen bei der Aristokratie Jahre lang ausstehen hatte und wenn er zur Zahlung mahnte, befürchten mußte, alle seine Kunden zu verlieren, — des Kniffes sich bediente, sich alle 5 Jahre für zahlungsunfähig zu erklären. Das Gericht mußte in diesem Falle für Eincassirung seiner Ausstände sorgen, und nachdem sich herausgestellt, daß die Activen die Passiven um ein Bedeutendes überschritten, so konnte er sein Geschäft wieder fortführen, ohne die Kundschaft der Vornehmen verloren zu haben. Freilich hat nicht jeder Handwerker die Mittel, um so lange zu warten, wie der genannte londoner Buchhändler. Deßhalb hat sich z. B. in Stuttgart eine Gesellschaft von Meistern gebildet, welche eine Art schwarzes Buch hält und gegen böswillige Schuldner öffentliche moralische Zwangsmaßregeln anwendet. Die sicherste allgemeine Maßregel gegen solche Sitten kann aber nur allmähliche Aenderung dieser Sitten oder Credit sein, welcher den Handwerkern den Betrag ihrer Ausstände früher zuführt. Der beste Weg in dieser Hinsicht ist aber vorzügliche Leistung, da der Handwerker dann seine Bedingungen selbst stellen kann, ohne befürchten zu müssen, die Kundschaft zu verlieren. Außerdem steht es den Handwerkern auch frei, eine Art Coalition zu bilden, um durch gemeinsame Verabredung ein Zeitmaximum des Credits festzustellen. Freilich müßten dann auch alle ehrenfest ihre Versprechungen halten, und nicht Einer dem Anderen durch günstigere Creditbewilligungen die Kundschaft abspenstig zu machen suchen.

Ein anderer Weg zum bessern Fortkommen und zum Aufschwung des Handwerks ist das Kunstgewerbe, und zwar im weitesten Sinne, nämlich nicht bloß diejenige Industrie, welche sich mit Vervielfältigung von Kunstwerken befaßt, sondern die Durchgeistigung des Handwerks überhaupt mit besserem Kunstgeschmack. In dieser Hinsicht sind in neuerer Zeit große Anstrengungen gemacht worden, — sowohl durch Verallgemeinerung des Zeichnenunterrichts, durch die großen Industrie-Ausstellungen, durch die Erfindung der Galvanoplastik, sondern auch durch die Anlage von Kunstgewerbe-Museen, wie das Kensington-Museum in London, das gewerbliche Museum in Wien, die Anstalt des arts et métiers in Paris, das gewerbliche Museum in Berlin das historische Museum und die Vasen-Sammlung in München.

In dem Gewerbe der Töpferei und metallenen Geräthe haben die Ausgrabungen in Pompeji, welche die kunstvollsten Hausgeräthschaften zu Tage gefördert haben, eine vollkommene Umwälzung hervorgebracht, welche, von England anhebend, allmählich unser altes germanisches Geschirr mit seinen geschmacklosen Formen vollständig verdrängen wird.

Dem Handwerk ist in dieser Richtung ein glänzender Spielraum offen.

Schließlich müssen wir bezüglich des Kleingewerbes noch eines Mißstandes erwähnen: die von Alters her gebräuchliche Verwendung der Lehrlinge als Kinderwärter und Küchenjungen.

Neuerdings ergreifen die Eltern, so weit nur ihre Mittel es erlauben, den Ausweg, höheres Lehrgeld zu zahlen, um ihre Kinder von diesem Frohndienst zu befreien, der ihnen 1—1½ Jahr ihres Lebens zu rauben pflegt. Andere verpflichten sich statt der Zahlung des Lehrgeldes nach der Lehrzeit noch einen Zeitraum als Gehülfe gegen mäßigere Zahlung beim Lehrmeister zu bleiben. Ueberhaupt ist mit der Einführung der Gewerbefreiheit diesem Mißbrauche die Spitze gebrochen worden. Auch durch Gewerbschulen, Zeichnenschulen, Vorlesungen, Lesevereine, Arbeiterbildungsvereine ist ein neuer Impuls zur besseren Ausbildung der Lehrlinge und Gehülfen gegeben. Auf vielfachem Wege muß so die Einsicht gestärkt werden, — daß das Hauptmittel des socialen Erfolgs die persönliche Tüchtigkeit ist, von welcher die socialistischen Agitatoren nie sprechen.

Weitaus den geringeren Theil der Gewerbetreibenden bildet die s. g. Großindustrie. Dieselbe theilt sich in geschlossene Fabrikanstalten und in durch Hausindustrie getragene große gewerbliche Unternehmungen. Zu den ersteren gehören z. B. Baumwollspinnereien, Maschinenfabriken, zu den letzteren Seidenwebereien, Uhrenfabriken im Schwarzwalde und Jura, Stickereigeschäfte in Sachsen, in St. Gallen und Appenzell.

Die letzteren, welche neben einer kleinen Landwirthschaft betrieben werden und die wir schon oben an einzelnen Beispielen genau geschildert haben, befinden sich in der Regel in guter Lage, weil die beiden Beschäftigungen eine Art gegenseitiger Versicherung gegen zeitweise Arbeitsstockungen bilden, und weil die Arbeiter ihre Zeit besser ausnutzen können. Zugleich wird ihre Lage auf sehr gleichmäßige Löhne, weil sie gut genug stehen, um sich nicht drücken zu lassen, weil sie aber zugleich, an die Scholle gebunden, es nicht gern mit dem Unternehmer verderben wollen und denselben daher nicht durch Ausstände mit dem Lohne über Gebühr hinaufzutreiben suchen.

Die in geschlossenen Fabrikanstalten beschäftigten Arbeiter zerfallen wieder in solche, welche in der Gegend angesessen sind, deren Familie ein kleines Grundstück besitzt und die also in den in Hausindustrie Beschäftigten ähnlichen Verhältnissen sich befinden, und nur dadurch sich unterscheiden, daß sie statt zu Hause in der Fabrik arbeiten. Der andere Theil sind die von der Hand in den Mund lebenden, kein eigenes Hauswesen besitzenden, in geschlossenen Etablissementen beschäftigten Fabrikarbeiter. Dies sind die Fabrikarbeiter „par excellence" — die Arbeiter der socialen Agitatoren, weil sie, zusammen lebend, leicht zu irgend einem gemeinsamen Entschlusse vereinigt, und weil besitzlos, ohne persönliche Gefahr zu radicalen Beschlüssen, welche, wenn von der Gesetzgebung angenommen, zu einer Steuererhöhung führen könnten, verleitet zu werden vermögen; - derjenige Theil der arbeitenden Bevölkerung, welcher von den Mund voll nehmenden Demagogen für die Mehrheit der Bevölkerung ausgegeben wird.

Wie wir bereits gesehen haben, bildet dieser Theil der arbeitenden Classen in allen Ländern nur einen kleinen Bruchtheil der Gesammtbevölkerung.

Sogar in England und Wales, wo in dieser Hinsicht die gespanntesten Verhältnisse, d. h. die wenigsten Grundeigenthümer und die meisten besitzlosen Fabrikarbeiter bestehen, bilden diese immer noch nur eine Minderzahl. Im Jahre 1861 umfaßten bei einer Gesammtbevölkerung von 20,066,224 Köpfen die mit ihrer socialen Stellung angegebenen Personen 19,915,334. Davon waren 11,426,726 Familienangehörige ohne berufsmäßigen Erwerb, und zwar 3,478,916 männliche und 7,952,804 weibliche. Selbsterwerbend waren 8,483,608 Personen. Von diesen gehörten 4,823,399 oder 56 % der selbsterwerbenden Industrie an; und zwar 3,262,510 männliche und 1,565,889 weibliche Personen.

Den großen Gewerben, auf welchen die Massenproduction Englands beruht, d. h. der Metallindustrie, dem Kohlenbergbau, der Baumwollen-, Leinen-, Seide-, Wolle- und Strohflecht-Industrie*) gehörten im Ganzen

*) Dieselben vertheilen sich nach der Volkszählung von England und Wales im Jahre 1861 wie folgt:

	Total.	männlich	weiblich
Baumwollen-Industrie	456648	197572	259074
Strumpf-Wirkerei-Industrie ..	45869	24416	21453
Eisen-Industrie	125771	123430	2341
Eisenbergleute	20626	20626	
Kohlenbergleute	246613	246613	—
Kupferbergleute	17727	17727	—
Total ...	913252	630384	312868

1,446,841 Personen oder 29 % der Industrie überhaupt oder 7⅓ % der Gesammtbevölkerung an, nämlich 997,755 Personen männlichen und 549,286 weiblichen Geschlechtes. Darunter sind aber auch noch sämmtliche Fabricanten und Directoren, kurz, das ganze leitende Personal inbegriffen. Wir stoßen also, auch bezüglich Englands, auf kolossale Uebertreibungen der socialistischen Agitatoren. Nicht einmal in England bilden die eigentlichen Fabrikarbeiter — Männer, Weiber, Kinder zusammen genommen, die Mehrheit der Gesammtbevölkerung; in den anderen Ländern sind sie aber überall kaum ein Zehntheil.

Durch diese Entdeckung verliert aber die sociale Frage bedeutend an ihren Schrecknissen; denn mit der Verminderung der Zahl der Hülfsbedürftigen und der Zurückführung der ausgestoßenen Prahlereien und Drohungen auf ihren wahren Gehalt, — wachsen die Mittel und der gute Wille Derer, welche im Stande sind, zu helfen.

Die Fabrikarbeiter in geschlossenen Anstalten haben vor den ländlichen Arbeitern und manchen Handwerkern die viel beständigere Beschäftigung, höhere Löhne und die leichtere Möglichkeit der Verabredung zum Hinaufschrauben derselben voraus. Während die ländlichen Taglöhner zu gewissen Zeiten des Jahres keine Beschäftigung bei der Landwirthschaft haben, während die Maurer z. B. nur im Sommer verdienen, kommen bei den Fabrikarbeitern Arbeitsstockungen viel seltener, d. h. nur bei außerordentlichen ungünstigen Conjuncturen des Handels und der Politik vor, welche aber nur in längeren Perioden und nicht jährlich wiederkehren.

Durch ihr massenhaftes Zusammensein die Aufmerksamkeit des Publicums, der Presse wie des Gesetzgebers leichter auf sich lenkend, sind die Fabrikarbeiter stets früher mit Wohlthaten der Gesetzgebung bedacht worden, als ihre Genossen in der Landwirthschaft und den kleinen Gewerben. Während die Fabrikgesetzgebung sich längst der Kinder annahm, hat man noch nicht daran gedacht, die Interessen der Handwerkslehrlinge zu wahren, von welchen viele ganz anders mißbraucht und mißhandelt werden als Fabrikkinder.

Transport ...	913252	630384	312868
Bleibergleute	18552	18552	—
Spitzen-Industrie	53987	8880	45107
Leinen-Industrie	22050	9291	12759
Maschinenbau	60862	60807	55
	11639	16121	18
Bergleute im Allgemeinen ...	7502	7502	—
Seiden-Industrie	101678	35115	66563
Strohhut-Industrie	18176	1687	16489
Strohhut-Flechterei-Industrie .	29867	2128	27739
Wollen-Industrie	130034	81204	48830
Streichgarn-Industrie	79242	30384	48858
	1446841	912066	579286

Es sei fern von uns, aus diesen Umständen schließen zu wollen, die Fabrikarbeiter seien schon im Besitze aller möglichen Verbesserungen ihrer Lage, — wir wollen dieselben nur vor Ueberhebung gegenüber ihren Mitbürgern in der Landwirthschaft und im Handwerk warnen, — wir wollen sie vor Selbsttäuschung behüten.

Eine dieser Selbsttäuschungen ist es, daß sie sich in ausnahmsweise schlechter Lage befänden. Dies ist gegenüber den übrigen Arbeitszweigen durchaus nicht der Fall. Im Gegentheil, man kann durchschnittlich annehmen, daß die Fabrikarbeiter unter allen Leuten gleicher Ausbildung und Tüchtigkeit am besten bezahlt und am ständigsten beschäftigt sind.*)

Eine andere Täuschung ist die, daß die Fabrikarbeiter durch selbständige Productiv-Genossenschaften — als Regel — ihr Glück machen könnten; und daß der Staat ihnen dazu das erforderliche Capital schenken oder vorstrecken könne.

Wer irgend Erfahrung in Geschäftssachen hat, der weiß, daß die selbständige Leitung größerer Unternehmungen ein Maß von Verstand, Urtheil, Scharfblick, Geistesgegenwart, von Kenntnissen, Umsicht, Geschicklichkeit, Erfahrung, Lebensart erfordert, welches lange Vorbereitung und theures Lehrgeld erheischt, und auch so nicht von einem Jeden erworben werden kann. Auch wo einer Genossenschaft ein solcher Mann als Leiter zu Gebote stände, ist überdies zu erwägen, daß jede neue Unternehmung schwierig in Gang zu setzen ist, bis alle Arbeiter an ihrem Platz, bis die ganze Maschinerie der Production im Gang, bis Credit und Absatz geregelt, bis der Concurrenz die Spitze geboten ist. Und wenn Alles gelungen, so können schlimme Conjuncturen eintreten, welche die sichersten Berechnungen über den Haufen werfen.

In solchen Prüfungsstunden muß der tüchtigste, erfahrenste, genialste Unternehmer alle seine Geisteskraft und Energie zusammenraffen, um neue Mittel und Wege zu finden, aus der Klemme sich zu befreien, — muß manche Nacht schlaflos mit Nachdenken und Arbeit zubringen, um der Gefahr zu begegnen. Wird ein jeder Dirigent einer Productiv-Genossenschaft, der selbst kein Risico zu tragen hat, sich so bis zur Aufreibung des Lebensmarkes anstrengen, wie der Unternehmer für eigene Rechnung und Gefahr, — werden die Genossen alle ihre Energie aufbieten, um in schlechten Zeiten mehr zu arbeiten und weniger zu verdienen, als unselbständige Arbeiter, — wenn sie selbst das Risico nicht tragen, sondern nur das Capital des Staates gefährden?

In Frankreich wenigstens sind nach der Februar-Revolution von 1848 über 100 Productiv-Genossenschaften mit Staatsunterstützung gegründet worden und fast sämmtlich wieder zu Grunde gegangen. Einige, welche sich

*) In einzelnen Gegenden der Schweiz kommt es vor, daß man, wenn ein sauber gekleidetes Mädchen auffällt, die Auskunft erhält: „Ja, das ist aber auch ein Fabrikmädchen!"

durchgearbeitet, haben oft mit geringerem Einkommen sich begnügen müssen als unselbständige Arbeiter.

Und der Staat, hat er gegenüber solchen Erfahrungen das Recht, Vermögen zu gefährden, das aus der Tasche der übrigen Steuerzahler kommt? Mit welchem Rechte sollen Fabrikarbeiter vor Arbeitern anderer Berufszweige bevorzugt sein?

Damit wollen wir indessen nicht die Möglichkeit absprechen, daß es Fälle geben kann, wo Productiv-Associationen von Arbeitern prosperiren. Nur die principiel ausgesprochene Verpflichtung des Staates, in solchen Fällen durch Geldmittel zu helfen, können wir nicht zugeben.

Dagegen würden wir eine materielle Hülfe des Staates bei der Einführung von Hausindustrieen befürworten können, weil sie eine mehr allgemeine und weniger riskirte Maßregel ist, welche etwa unter die Kategorie der Ausgaben für Bildungsmittel zu rechnen wäre.

Neben den überaus schlechten Erfahrungen, die in Frankreich und in einzelnen Fällen auch in Deutschland mit Productiv-Genossenschaften gemacht worden, sind in England einige Fälle vorgekommen, wo Fabrikarbeiter mit Erfolg Baumwollspinnereien genossenschaftlich gepachtet haben. Bei diesem Experiment wirken freilich überaus günstige Umstände zusammen, um das Gelingen zu sichern. Viele englische Spinner sind nachgerade so reich geworden, daß sie gern sich vom Geschäfte zurückziehen. Viele Spinnereien sind längst amortisirt, und endlich ist das Geschäft so in einigen Bezirken concentrirt und so lange eingebürgert, daß die Kenntniß desselben allgemein ist, daß die Käufer und Commissionäre von selbst kommen, so daß die Producenten sich um den Absatz gar nicht mehr zu kümmern brauchen, und daß alle neuen Verbesserungen so rasch bekannt werden, daß die eine Spinnerei nicht lange einen Vortheil vor der anderen behält. In einer solchen Branche, wo auch Actiengesellschaften gut gedeihen, — da ist ein Feld für Productiv-Genossenschaften. Wo aber Actiengesellschaften nicht prosperiren, — da können Associationen noch weniger fortkommen, weil sie sich geringerer Eintracht zu erfreuen pflegen als jene, und ihre Directoren weniger Spielraum zum Handeln haben, als die der Actiengesellschaften.

Unter solchen Umständen können Versuche von Fabrikarbeitern, selbständige Geschäfte zu gründen, stets nur vereinzelte bleiben. Die Mittel, deren Lage allgemein zu bessern, müssen auf anderem Wege gesucht werden. In erster Linie stoßen wir hier auf die Gesetzgebung. Der Gesetzgeber kann, da er immer die Staatswohlfahrt bei allen seinen Beschlüssen im Auge behalten muß, Maßregeln zum Schutze der Gesundheit und des Unterrichts der Kinder, so wie auch zum Schutze der Gesundheit der erwachsenen Arbeiter anordnen. Denn es kann ihm nicht gleichgültig sein, wenn das Geschlecht der Arbeiter durch gesundheitsschädliche Proceduren an Lebensfähigkeit und Kraft einbüßt, weil dadurch auch das Material der Landesvertheidigung geschmälert wird.

Wenn wir somit Maßregeln welche die Arbeitszeit der Kinder beschränken, für angemessen halten, — so können wir dagegen die Festsetzung der Arbeitszeit der Erwachsenen nicht befürworten; — denn sie ist nichts Anderes, als die mittelalterliche Preis- und Lohn-Taxe, welche wir für einen Eingriff in das Eigenthumsrecht oder richtiger in die persönliche Freiheit halten. Wenn der Staat die Arbeitszeit gesetzlich fixiren will, dann müßte er auch den Lohn festsetzen.

Von da bis zur Forderung der Garantie der Arbeit ist nur ein Schritt weiter auf der abschüssigen Bahn, welche endlich zum Communismus führt, über dessen arbeitserlahmende Wirkung wir kein Wort mehr zu verlieren brauchen.

Diese Ansicht hindert uns nicht, wie schon an anderer Stelle bemerkt, die Herabsetzung der Arbeitszeit zu befürworten. Wir sind nach den beobachteten Erfahrungen überzeugt, daß der Abzug an Zeit durch intensivere und bessere Arbeit ersetzt werden wird, — allein wir hoffen und erwarten diese Reform von dem natürlichen Fortschritt der wirthschaftlichen Bewegung, nicht vom staatlichen Zwang.

Eine andere wichtige Aufgabe der Gesetzgebung war die Gleichstellung der Arbeiter mit den Arbeitgebern bezüglich der Verabredungen über die Arbeitsbedingungen, wie Lohn, Arbeitszeit &c.

Früher besaßen nur die Arbeitgeber das Recht und die Freiheit, sich mit ihren Concurrenten über Lohnsätze &c. zu verabreden. Den Arbeitern war dies untersagt. Die neuere Gesetzgebung hat, dem Beispiel Englands folgend, fast in allen Staaten die Coalitionsfreiheit ausgesprochen, kraft welcher die Arbeiter sich verabreden dürfen, die Arbeit gemeinsam einzustellen, um von den Arbeitgebern günstigere Bedingungen zu erzwingen.

Es muß zugestanden werden, daß diese Maßregel eine gerechte war. Denn wenn es auch richtig ist, daß die Löhne auf die Dauer sich nach dem Stand des Marktes, nach dem Verhältniß von Vorrath und Bedarf der betreffenden Waare, an deren Herstellung die in Frage stehenden Arbeiter beschäftigt sind, regelt, — so ist es doch wieder eine nicht wegzuläugnende Thatsache, daß der Arbeitsmarkt noch lange nicht so rasch den Schwankungen der Productenpreise folgt, wie der Waarenmarkt, — daß in den kurzen Uebergangsperioden die Arbeitgeber sehr rasch mit der Herabsetzung der Löhne und sehr langsam mit dem Erhöhen derselben bei der Hand sind, daß namentlich in Ländern, wo die Valuta der Tausch- oder Umsatzmittel gestört ist, wo Zwangscours des Papiergeldes oder der Banknoten herrscht, und fortwährend Schwankungen der Preise Statt finden, — diese meistens zum Nachtheil der Arbeiter vor sich gehen. Man kann also den Arbeitern es nicht verdenken, wenn sie sich gegen ungerechten Druck zu helfen suchen.*) Freilich wird leider

*) Eines der bemerkenswerthesten Beispiele klugen Vorgehens Seitens der Arbeiter haben schon seit 1848 die Buchdrucker in Deutschland und der Schweiz gegeben. Fest

mit der Coalitionsfreiheit häufig Mißbrauch getrieben, indem die Arbeiter Forderungen — sei es um Lohnerhöhung, Lohnbehauptung oder um Verringerung der Arbeitszeit — stellen, welche in der bestehenden volkswirthschaftlichen oder geschäftlichen Lage nicht gerechtfertigt sind. Die Arbeitgeber sind dann nicht im Stande, nachzugeben, und die Arbeiter fügen durch hartnäckiges Festhalten an ihren Forderungen sowohl sich als dem betreffenden Industriezweige selbst bleibenden Schaden zu, indem die Bestellungen sich an andere Gegenden wenden. So datirt z. B. der Aufschwung des deutschen Maschinenbaues von einem neunmonatlichen Arbeitsausstand der englischen Maschinenbauer.

Ferner ist die Coalitionsfreiheit in neuester Zeit so reichlich und so gewaltsam benutzt worden, daß vielfach nicht bloß Arbeiter von ihren Genossen mit Drohung und Gewalt gezwungen wurden, die Arbeit einzustellen, sondern daß auch verwandte Gewerbe oder solche, welche in irgend einer Weise von jenen abhangen oder in einander greifen, durch die Arbeitseinstellung der ersteren ebenfalls brach gelegt wurden. [In Liverpool kam es vor Kurzem vor, daß 6000 Arbeiter feiern mußten, weil 500 Kärner die Arbeit eingestellt hatten.] Solche Fälle haben aufs Neue die Aufmerksamkeit der Gesetzgeber auf den Gegenstand gelenkt, und es ist die Frage aufgeworfen, ob nicht der Staat verpflichtet sei, auf die Erfüllung der Verträge zu dringen und gegen Vertragsbruch Strafe zu verhängen. Erst kürzlich sind in London drei Heizer, welche vertragsbrüchig die Arbeit eingestellt hatten, wegen dieses Vergehens mit sechswöchentlichem Gefängniß und Zwangsarbeit bestraft worden.

Andererseits sind in Frankreich und England mit vielem Erfolge Schieds-Aemter eingeführt worden, welche, aus Arbeitgebern und Arbeitern zusammengesetzt, die Streitigkeiten zwischen Beiden friedlich zu schlichten suchen.

Alle Erfahrungen auf der einen wie auf der anderen Seite beweisen, daß eine solche organische Einrichtung ein dringendes Bedürfniß ist, um sowohl die Arbeiter gegen harte Herren, welche nicht rasch genug der volkswirthschaftlichen Entwicklung sich anbequemen wollen, zu schützen, wie Arbeitgeber gegen Wortbruch und das Gedeihen der Industrie untergrabendes, selbstmörderisches, gewaltsames Gebahren von Arbeitern, wie solches namentlich unter der „Trades Unions“ in England vorgekommen ist, zu wahren.

Die übrigen Maßregeln zur Verbesserung der Lage der Fabrikarbeiter bewegen sich, da die Bemühung zur Erringung der Selbständigkeit mehr oder weniger ausgeschlossen ist, auf beschränktem Gebiete.

Als ein Ersatz für die Selbständigkeit ist in neuerer Zeit die in der

---

zusammenhaltend haben sie von Zeit zu Zeit Lohnerhöhungen nur verlangt, wenn der Stand des Geschäftes eine solche zu rechtfertigen schien, und ihre Forderungen deshalb auch stets durchgesetzt.

Aehnliche Erfolge wie der Buchdruckerbund haben die Trades Unions in England, denen die deutschen Gewerkvereine nachgebildet sind, aufzuweisen.

ersten Abtheilung ausführlicher berührte Theilhaberschaft angewiesen worden. In den bisher bekannten Fällen behielten die Fabrikherren den größeren Theil der Capitalbetheiligung und die Arbeiter, welche Geld eingeschossen oder Actien übernommen, haben weniger zu sagen, als Actionäre in einer Gesellschaft. Wie schon oben erwähnt, ist diese industrielle Unternehmungsform von Engel (auf die Art des Dorfbarbiers, der alle Krankheiten mit Schinken heilen will) in seiner sanguinischen Weise für das Universalmittel zur Lösung der socialen Frage erklärt; von Prince-Smith dagegen ist gleich das Kind mit dem Bade ausgeschüttet und das Project nur als ein Versuch von schlecht stehenden Fabricanten erklärt worden, Arbeiter und Publicum börsenmäßig auszubeuten. Wir halten dafür, daß auch hier die Wahrheit in der Mitte liegt. Einerseits ist eine solche Einrichtung aus objectiven und subjectiven Gründen nicht als allgemeine Einrichtung zu empfehlen; aus ersteren schon deßhalb nicht, weil sie sich nur für solche Fälle und solche Zeiten eignet, wo das betreffende Geschäft florirt; denn armen Arbeitern kann unmöglich zugemuthet werden, ihre sauer erworbenen Sparpfennige im Geschäft des Principals zu gefährden. Wo aber das Risico nicht mit getragen werden kann, da hört von selbst die Theilhaberschaft als allgemeine Maßregel auf. Ganz eben so verhält es sich in subjectiver Hinsicht. Es gehört zu einer solchen Gemeinschaft ein hoher Grad von Vertrauen von Seiten der Arbeiter, weil den Unternehmern nicht zugemuthet werden kann jedem Arbeiter die beliebige Einsicht in seine Bücher zu gestatten; und ein hoher Grad von Wohlwollen von Seiten der Meister, wenn sie die theilhabenden Arbeiter nur am Gewinn und nicht am Verlust participiren lassen wollen. Ein solcher Grad gegenseitiger Verträglichkeit ist aber so selten, daß er nicht für allgemeine Einrichtungen vorausgesetzt werden kann. Wenn aber eine solche Form der Production nur sich bewähren kann, wenn das Geschäft florirt; dann kann derselbe Zweck auch durch Gewinnantheil oder nur durch Jahresgeschenke vom Reingewinn erreicht werden.

Ich habe kürzlich bei Gelegenheit des internationalen statistischen Congresses in Petersburg die Chocolade- und Biscuit- rc. Fabrik zu Moskau besucht, welche in Anwendung der neuesten Maschinerie und in Vorzüglichkeit der Producte mit den besten Pariser, Londoner und Schweizer Fabriken concurrirt. Der Eigenthümer, ein Norddeutscher, der aber freilich von der Pike auf gedient, hält 200 Arbeiter, die er in seiner Fabrik und Umgebung beherbergt und beköstigt. Derselbe hatte mit Hülfe einiger französischer und deutscher Werkführer nur Russen zu Arbeitern herangezogen und war mit dem Resultat vollkommen zufrieden. Er sagte uns wörtlich: „Wenn das Verhältniß zwischen Arbeitgeber und Arbeitern schlecht ist, so ist der Erstere daran schuld!“

Diesem Ausspruch kann ich den einer noch gewichtigeren Autorität, eines der größten Fabricanten der Schweiz, gegenüberstellen, welcher sagte: „Wenn wir eilige Arbeit haben, so dürfen wir es nicht merken lassen, denn wenn wir im Hinweis darauf größere Arbeitsleistungen wünschten, so würde sicher das Gegentheil davon geschehen. So sind heute die Arbeiter gestimmt."

Beide sind wohlwollende, — der Letztere eher der mildere Mann.

Diese beiden Aussprüche geben eine ganze Welt zu denken auf; die patriarchalische Einfachheit russischer Zustände einerseits und die Hetzereien der socialistischen und internationalen Agitatoren andererseits werden aber bei der Beurtheilung nicht die geringsten Factoren zu bilden haben.

So viel ist indessen in allen Geschäften als Regel anzunehmen, daß der persönliche Umgang zur Harmonie zwischen Meistern und Gehülfen, namentlich in der Fabrik-Industrie die Hauptsache ist. Wenn der Unternehmer seine Sache aus dem Fundament versteht und die nöthige Energie besitzt, um alle geschäftlich nothwendigen Anordnungen rechtzeitig zu treffen, zugleich mit richtigem Verständniß sein Interesse begreift, dann müßte er ein ganz herzloser Mensch sein, wenn er nicht nach Kräften für das Wohl seiner Arbeiter zu sorgen suchte. Ein solcher Principal wird dann seinen Arbeitern aus freien Stücken Vortheile zuwenden, welche durch Arbeitseinstellung und andere Zwangsmittel niemals zu erreichen sind. Wir verstehen darunter nicht bloß Gewährung angemessenen Lohnes, geschenkweise Vertheilung eines Theiles des Reingewinns bei jedem Abschluß, Dotirung mit Capital und jährlichen Ratenzahlungen von Unterstützungs-Cassen in Fabriken in Nothfällen jeder Art, sei es Krankheit, Invalidität, Arbeitsstockung oder Versorgung von Hinterbliebenen im Todesfalle, Errichtung von Arbeiterwohnungen — sondern auch die Sorge um das geistige Wohl der Arbeiter — Errichtung von Bibliotheken, Lesevereinen, Veranstaltung von Vorträgen, Errichtung von Fabrikschulen 2c.

Fabricanten könnten z. B. die Aufnahme in ihre Anstalt von der Bedingung abhängig machen, daß die Arbeiter regelmäßige Abzüge sich gefallen lassen, welche in die Hülfscasse eingelegt werden, die auch vom Unternehmer dotirt wird, unter der Bedingung, daß alle Kranken oder Verunglückten verpflegt werden, und daß den Hinterbliebenen der ganze Betrag der eingelegten Gelder so wie der Antheil des vom Fabricanten dotirten Capitals ausbezahlt wird, während der freiwillig austretende Arbeiter nur den Betrag seiner eigenen Einlage, aber von der Einlage des Fabricanten nichts erhielte.

Ist es also für die Verbesserung der Lage der Fabrikarbeiter und zur Erhöhung der Harmonie zwischen Arbeitgebern und Arbeitnehmern in hohem Grade wünschenswerth, daß die Fabrikherren sich wärmer des Looses ihrer Leute annehmen, so kann der Gesetzgeber sich doch im Interesse des Staatswohls nicht mit diesem frommen Wunsche begnügen.

Es gibt drei allgemeine Maßregeln, über welche sich allmählich alle Parteien — von den radicalsten Freihändlern bis zu den ungenügsamsten Socialisten — einigen könnten. Das sind:

1. Fabrikpolizeiliche Maßregeln zum Schutze der Gesundheit und des

Lebens der erwachsenen Arbeiter (die Maßnahmen zu Gunsten der Gesundheit und der Ausbildung von Kindern setzen wir als selbstverständlich, weil nirgends angefochten, voraus), also:

a) Verbot des Gebrauches gesundheitsschädlicher Substanzen und Producte, z. B. der Verwendung von Phosphor zur Anfertigung von Streichzündhölzchen;
b) Umfriedigung der Motoren und Transmissionen;
c) Gehörige Lüftung der Räume;
d) Genügende Zeit zu den Mahlzeiten;
e) Beschränkung der Nachtarbeit;
f) Wo wegen der Höhe des Capitals, der Natur des Betriebes oder der Dringlichkeit der Bestellungen Nachtarbeit nothwendig ist, z. B. bei Hochöfen, in Bergwerken und anderen großen Anstalten, da könnte die Bergmanns-Schicht zugestanden werden, und mit dieser achtstündigen Arbeitszeit wäre zugleich den Agitationen das Ziel gesetzt.

2. Im Falle der Beschädigung des Arbeiters an Leib und Leben in der Fabrik, deren Folge entweder zeitweise oder dauernde Arbeitsunfähigkeit oder Hülflosigkeit der Familie wäre, sollte der Arbeitgeber gesetzlich zu einer Entschädigung verpflichtet sein, welche dem Verlust entspricht. Und zwar sollte diese Entschädigung nicht bloß bedungen sein, wenn der Unglücksfall ohne Verschulden des Arbeiters erfolgt, sondern eine theilweise Entschädigung sollte auch erfolgen, wenn er mit Schuld trägt, sofern überhaupt die Verletzung im Dienst erfolgt ist.

   Neuerdings sind in England, Deutschland, Frankreich und in der Schweiz die Gerichte der Gesetzgebung bereits zuvor gekommen, indem sie im Falle der Klage des Verunglückten oder seiner Familie gegen Fabricanten und Eisenbahn-Gesellschaften die Entschädigungspflicht aussprachen.

3. Eine dritte Art wichtiger Maßregeln wäre die gesetzliche Verpflichtung zur Betheiligung an Hülfscassen für Fälle der Krankheit, Invalidität, des Todes, der zeitweisen Arbeitslosigkeit, wobei die Frage offen gelassen werden mag, wie weit die Betheiligung der Fabrikherren selbst sich erstrecken soll.

Daraus würde natürlich die Pflicht des Staates folgen, solche Anstalten zu errichten, wo die Initiative der Privatindustrie fehlt.

In vielen Geschäftszweigen, welche aber nicht auf die Fabrikindustrie beschränkt sind, hat die Accordarbeit und der Stücklohn die Ablohnung nach der Zeit mit vielem Erfolge verdrängt. Den meisten Arbeitern ist es dadurch gelungen, ihr Einkommen um ein Bedeutendes, in vielen Fällen um die Hälfte und das Doppelte, zu erhöhen. Bei den durch ihr Trödeln sprüchwörtlich gewordenen Maurern z. B. hat die Accordarbeit eine wahre Reform hervorgebracht. Der Accordarbeiter braucht weniger Aufsicht, weil das Resultat seiner Thätigkeit nur von Zeit zu Zeit zum Behuf der Feststellung und Ablohnung seiner Leistung untersucht werden muß. Da er vom Augenblicke des Accords durch Trödeln nicht mehr die Zeit des Arbeitgebers, sondern seine eigene stiehlt, so hört lahmes, zeitvergeudendes Arbeiten sofort auf, der Arbeiter spannt alle seine Aufmerksamkeit an, um Zeit zu sparen, zeitsparende Griffe zu lernen und seine Geschicklichkeit zu vermehren. Auf diese Art haben die Arbeiter z. B. bei der Maschinenweberei solche Fortschritte gemacht, daß ich selbst Mädchen zwei Stühle bedienen sah, daß man von einzeln Arbeitern in England hört, welche 3 bis 4 Stühle zu gleicher Zeit bedienen, ja, daß Manche mehrere Stühle besorgen und noch ein Buch dabei lesen. Vergleiche man diesen Fortschritt gegen den zusammengekauerten, elend bezahlten Handweber und man wird nicht mehr über die Maschinen klagen.

Die Accordarbeit ist aber nicht bloß dem Arbeiter, sondern auch dem Arbeitgeber nützlich, weil derselbe sicherer auf die Vollendung einer Aufgabe rechnen, seine Verbindlichkeiten pünctlicher lösen kann, und dadurch nicht sowohl sein Geschäft verbessert, sondern den ganzen Industriezweig hebt, was rückwirkend wieder dem einzelnen Arbeiter in gesteigerter Nachfrage zu Gute kommt.

Sogar denjenigen Arbeitern bringt der Stücklohn Gewinn, welche wegen der Eigenthümlichkeit des Betriebs ihres Industriezweiges nur durch Zeitlohn entschädigt werden können; denn bei Berechnung ihres Lohnes muß doch am Ende der Maßstab dessen angelegt werden, was der Arbeiter in einer bestimmten Zeit — Tag oder Woche — fertig bringen kann.

Die Transport- und Verkehrs-Gewerbe und Anstalten befinden sich zum Theil in derselben Lage, wie die Handwerker, z. B. die Fuhrleute, Kärrner, Kutscher; zum Theil sind sie denselben Bedingungen unterworfen, wie die Arbeiter in der Großindustrie, im Bergbau und Hüttenwesen. Wir meinen die Schifffahrt, die Eisenbahnen, die Post, die Telegraphie.

In der Lage des Handwerks befindet sich auch die Wirthschaft und der Kleinhandel.

Der Großhandel dagegen und das Speculationsgeschäft bewegen sich bereits unter denselben Bedingungen wie die liberalen Berufsarten.

Liberale Berufsarten.

Während die Landwirthschaft, die Industrie und die Verkehrsgewerbe im weitesten Sinne, einschließlich des Bergbaues und des Hüttenwesens, ihren Geschäftsbetrieb in gemessenen Bahnen halten, so daß die Fortschritte in diesen Zweigen menschlicher Production und Berufsthätigkeit zwar durch Wissenschaft und Technik ermittelt, der Gang der Geschäfte aber ein mehr mechanisch festgestellter ist, der an die Intelligenz der Arbeiter keine besonderen oder doch keine unvorhergesehenen Anforderungen stellt, — Alles vielmehr in einem gegebenen Geleise geht, — hört bei den liberalen Berufsarten, wie beim Groß- und Speculationshandel, die mechanische Hantirung auf, und der ganze Erfolg des Berufs hängt von der Intelligenz, von dem Scharfblick und von der Gewandtheit ab, mit welcher die betreffende Person die vorkommenden Geschäfte behandelt.

In diesen Berufsarten, in welchen der Erfolg am meisten von der persönlichen Tüchtigkeit abhängt, spielt die Erziehung und der Unterricht eine kolossale Rolle der ausgleichenden Gerechtigkeit bezw. billigeren Vertheilung der Güter gegenüber den Vorzügen der Natur und der Geburt. Die erforderliche Ausbildung kann dabei auch von Selbsterziehung herrühren, und solche autodidactische Erfolge tragen oft nicht wenig zum allgemeinen Fortschritt bei, indem sie Erfindungen und andere positive Verbesserungen ins Leben rufen, so wie der großen Masse der Arbeiter zum Vorbild dienen.

In diesen Berufsarten sehen wir am meisten armer Leute Kinder ohne alle Mittel zu den höchsten Ehrenämtern und financiel glänzendsten Stellungen durch Talent und eigene Anstrengungen sich emporarbeiten.

Natürlich bleiben auch diese höheren Berufsarten immer noch von einer Anzahl mehr oder weniger mechanischer Arbeiter umgeben, — die Großhändler und Bankherren von Commis, Packern und Ausläufern, die liberalen Berufsarten von Subaltern-Beamten, alle von Gesinde. Diese untergeordneten Dienstleute aber befinden sich in der Regel in ausnahmsweise guter Stellung, weil ihre Vorgesetzten, denen vor Allem daran liegen muß, daß ihre Befehle richtig ausgeführt werden und daß ihnen so viel wie möglich Zeit gespart wird, welche für sie Geld ist, — ein großes Interesse daran haben, gute und zuverlässige Gehülfen zu besitzen, und deßhalb von selbst darauf bedacht sein müssen, sie so zu stellen, daß sie willig und aufmerksam arbeiten und an sie gefesselt werden. Wenn solche Leute tüchtig und zuverlässig sind, so befinden sie sich in der Regel in so gesicherter Lage, um auch ihren Kindern eine bessere Erziehung zu geben, als sie selbst genossen. Unzuverlässigen Leuten dagegen kann die Volkswirthschaft nicht helfen.

Für die höheren Berufsarten ist die Wahl des Berufs von besonderer Wichtigkeit. Wir haben schon in der ersten Abtheilung länger bei dieser Frage verweilt.

Die Hauptsache für diese Berufsarten ist die Ausbildung der Logik und des Styls, welche in der Regel schon auf dem Gymnasium gewonnen wird. Mit der Grundlage der Gymnasialbildung ist man geeignet, in einer Menge von Fächern Aufnahme zu finden. Sogar im Großhandel und Bankgeschäft wird neuerdings die Erfahrung gemacht, daß junge Männer mit Gymnasialbildung viel rascher in den verwickelten Geschäften selbständig handeln lernen, als sogar solche, welche ihre Ausbildung auf Handelsschulen erhalten. Denn mit logischer Ausbildung findet man sich in allen Situationen zurecht und die Details sind rasch gelernt.

Daraus ergibt sich der Vorzug der classischen Bildung sogar für gewöhnliche Geschäftsleute, ganz abgesehen von den geselligen Vortheilen, welche humanistische Studien bieten. Kaiser Alexander II. von Rußland war deßhalb gut berathen, als er kürzlich zur Wahl zwischen classischer und Realbildung als Grundlage des höheren Unterrichts in Rußland veranlaßt, für die erstere sich entschied.

Schluß.

Wir sind am Ende unserer Aufgabe angelangt. Dieselbe bestand nicht darin, Panaceen anzugeben oder für jeden speciellen Fall socialen Uebels Heilmittel zu ersinnen, sondern den richtigen Weg zu ermitteln, auf welchem allein die volkswirthschaftliche Arbeit zum Ziel der Besserung der Lage der arbeitenden Classen gelangen kann; an Hand der großen Classen der Berufsarten beispielsweise vorhandene Uebelstände zu prüfen und die Mittel zu ihrer Beseitigung anzudeuten. Wir wollten nur die Richtschnur liefern, mittels deren die vorzunehmenden Specialuntersuchungen bei jeder einzelnen Berufsart und in jedem einzelnen Falle dann zum Ziele führen können.

Die Hauptlehrsätze dieser Richtschnur, welche wir gefunden, sind folgende:

A. Im Allgemeinen.

1. Die Cultur ist für die Menschen solidarisch und entbindet mit den Fortschritten der Wissenschaft fortwährend neue Productions- und Genußmittel, welche Gemeingut Aller werden, und damit auch die Lage der arbeitenden Classen verbessern.
2. Die Menschen sind von Natur und Geburt ungleich, d. h. ungleich an körperlichen und geistigen Anlagen so wie an den durch die Geburt gebotenen Erziehungs- und Productionsmitteln.
3. Diese Ungleichheit der Menschen von Geburt ist früher durch die Gesetzgebung noch vermehrt worden, indem sie Bevorrechtete und Rechtlose schuf.
4. Die erste Aufgabe der ausgleichenden Gerechtigkeit des Staates war daher, diese Ungleichheit aufzuheben und volle Freiheit der Arbeit herzustellen.
5. Die zweite Aufgabe des Staates ist, so viel als möglich allen seinen Angehörigen die Errungenschaften der Cultur durch Volksunterricht zu Theil werden zu lassen.

6. Die beiden noch übrigen Wege zur Verbesserung der Volkszustände bezw. der Lage der arbeitenden Classen sind die **Vermehrung der Production** und die möglichst billige **Vertheilung der Producte**.
7. Der Vermehrung der Production steht eine Menge von Hindernissen entgegen, welche durch Naturereignisse, politische Begebenheiten, Gesetze, Sitten und Gewohnheiten &c. Capital zerstören oder dessen regelmäßige Ansammlung verhindern, — Menschen vernichten oder in der Arbeit lähmen.

   Diese Hindernisse abzuwenden oder deren üble Folgen zu beseitigen, müssen alle Factoren der menschlichen Thätigkeit zusammenwirken: die allgemeine Cultur und der Fortschritt der Wissenschaft, der Staat, die Gemeinde, die Familie, die Corporation und das Individuum selbst.
8. Der billigeren Vertheilung der Producte steht in erster Linie die Ungleichheit der Menschen von Natur und Geburt entgegen, welche die Grundursache der Theilung der Arbeit, der Scheidung und Vervielfältigung der Berufsarten, von Arm und Reich ist.

   Vier Factoren können mitwirken, um in dieser Hinsicht eine Besserung herbeizuführen:
   a) der allgemeine Fortschritt der Cultur, welche, wie bemerkt, fortwährend neue Genußgegenstände und Arbeitsmittel schafft, welche Gemeingut Aller werden, z. B. die Vermehrung des allgemeinen Ansehens und Credits einer Nation, des Rufes eines Industriezweiges und in Folge dessen die Erhöhung des Absatzes und der Löhne, die Verbesserung der Unterrichts-, Verkehrs-, Kleidungs- und Nahrungsmittel;
   b) der Staat: indem er nicht bloß alle Vorrechte und besondere Begünstigungen einzelner Stände aufhebt, sondern im Gegentheil sich eher der ärmeren Classen annimmt, wo er es, ohne die allgemeine Gerechtigkeit zu verletzen, thun kann; wir führen hier die Unentgeltlichkeit der Volksschule, ein Steuersystem, bei dem zwar der geringste Arbeiter durch einen noch so kleinen Beitrag für das Interesse des Staates einzustehen hat, bei dem aber der Reiche verhältnißmäßig mehr beiträgt, als der Arme; so wie die Armenpflege als Beispiel an;
   c) die Arbeitgeber sollten werthätiger an der Besserung der Zustände mitwirken, indem sie sich nicht kalt und vornehm von den Arbeitern abschließen, sondern deren Interessen mit ihnen berathen. Wenn auch das alte patriarchalische Verhältniß nicht mehr allgemein herzustellen ist, wo der Gehülfe einen Theil der Familie des Meisters bildete, in seinem Hause wohnte und an seinem Tische aß, so können sie doch durch freundliches Entgegenkommen mit Rath und

Thal ein innigeres Verhältniß herstellen und so den Agitatoren das Handwerk legen, welche gegenwärtig nicht selten die Arbeiter zu selbstsüchtigen Zwecken mißbrauchen;

d) aber auch die Arbeiter können dazu mitwirken, indem sie durch Selbsterziehung ihre moralische Kraft, ihre geschäftliche Tüchtigkeit und ihre Sparpfennige vermehren. Die Abschaffung des Sonntagsrausches und des blauen Montags würde, wie schon erwähnt, allein mehr Gutes schaffen, als alle socialistischen Systeme zusammengenommen.

B. Im Speciellen.

Die Mittel zur Besserung der Lage der Arbeiter müssen in zweiter Linie auf die Statistik der Berufsarten basirt und in jedem einzelnen Falle studirt werden.

Es wäre wünschenswerth, daß Sachverständige aus allen Berufszweigen Untersuchungen über die Lage der einzelnen Geschäftsarten, an welche sich die geeigneten Verbesserungsvorschläge anknüpfen ließen, anstellten. Es wäre ein nützliches und vielleicht sogar ein lucratives Unternehmen, ein Sammelwerk mit solchen Specialbeleuchtungen der einzelnen Berufsarten zu veröffentlichen.*) Dadurch würde mancher Fehlgriff in der Wahl des Berufs, welcher die Ursache vieler verfehlter Lebensbahnen, verhütet, und zugleich der richtige Weg zur Besserung der Arbeiterverhältnisse gefunden.

Wir erkennen an, daß der Kampf der Parteien nothwendig ist, um das Volksleben vor Einseitigkeit zu wahren, — allein Eines steht doch über ihnen — das Streben nach Wahrheit, — ob sie den Meinungen des Tages auch zuweilen wenig entsprechen mag. Ueber den Schlagwörtern der Selbsthülfe und der Staatshülfe steht die Erkenntniß, daß der Mensch einerseits der Freiheit und der Selbstverantwortlichkeit bedarf, um alle seine Anlagen zur vollen Blüthe zu entfalten, daß er andererseits aber auch nur durch die Solidarität des Gedankenwerkes aller Menschen — der Cultur — fortschreiten und höhere Entwicklungsstufen erreichen kann; daß die Cultur selbst aber wieder durch die Uebertragbarkeit der Gedanken mittels der Sprache bedungen wird, welche letztere ein Product der Volks-Gemeinschaften ist, ohne welches eine höhere Blüthe des Menschengeistes unmöglich errungen werden könnte. Da nun aber die Cultur mit der Besserung der Lage der arbeitenden Classen d. h. der Lösung der socialen Frage identisch ist, so ist damit auch erwiesen, daß eine dauernde Besserung der Zustände nicht bloß aus der Selbsthülfe der einzelnen Individuen her-

*) Bezüglich der Frauenarbeit ist dies von Daul, nach einem amerikanischen Werke bereits ausgeführt.

vorgehen kann, sondern daß dazu alle volkswirthschaftlichen Factoren zusammenwirken müssen: Die internationale Entfesselung der Arbeit durch Freihandel und Verkehrsanstalten, die kosmopolitische Milderung der Sitten durch Wissenschaft und Kunst, der internationale Friede durch Weltausstellungen und Schiedsgerichte, — die staatliche Gesetzgebung und Volkswirthschaftspflege, — die Thätigkeit der Gemeinde und Corporationen, — der Familie und des Individuums, — der Arbeitgeber und der Arbeitnehmer! —

In hoc signo vinces!

www.ingramcontent.com/pod-product-compliance
Lightning Source LLC
Chambersburg PA
CBHW030858270326
41929CB00008B/474
* 9 7 8 3 7 4 1 1 3 0 4 2 7 *